弘扬法治文化
砥砺检察初心
——新时代法治文化建设理论征文获奖作品集

最高人民检察院新闻办公室 ◎ 编

中国检察出版社

图书在版编目（CIP）数据

弘扬法治文化　砥砺检察初心：新时代法治文化建设理论征文获奖作品集/最高人民检察院新闻办公室编. —北京：中国检察出版社，2024.2
ISBN 978-7-5102-2941-1

Ⅰ.①弘…　Ⅱ.①最…　Ⅲ.①社会主义法制－建设－中国－文集　Ⅳ.①D920.0-53

中国国家版本馆CIP数据核字(2023)第172758号

弘扬法治文化　砥砺检察初心
——新时代法治文化建设理论征文获奖作品集
最高人民检察院新闻办公室　编

责任编辑：王　欢
技术编辑：王英英
封面设计：徐嘉武

出版发行：	中国检察出版社
社　　址：	北京市石景山区香山南路109号　（100144）
网　　址：	中国检察出版社（www.zgjccbs.com）
编辑电话：	(010) 86423780
发行电话：	(010) 86423726　86423727　86423728
	(010) 86423730　86423732
经　　销：	新华书店
印　　刷：	北京联兴盛业印刷股份有限公司
开　　本：	710 mm×960 mm　16开
印　　张：	34.25
字　　数：	576千字
版　　次：	2024年2月第一版　2024年2月第一次印刷
书　　号：	ISBN 978-7-5102-2941-1
定　　价：	99.00元

检察版图书，版权所有，侵权必究
如遇图书印装质量问题本社负责调换

一体学思践悟习近平法治思想和习近平文化思想，以高质效检察履职服务文化强国建设（代序）[*]

最高人民检察院党组书记、检察长　应　勇

党的十八大以来，以习近平同志为核心的党中央把宣传思想文化工作摆在治国理政的重要位置，作出一系列重大决策部署，新时代宣传思想文化事业取得历史性成就，为推进强国建设、民族复兴伟业注入了强大精神力量。习近平总书记准确把握世界范围内思想文化相互激荡、我国社会思想观念深刻变化的趋势，围绕新时代文化建设提出一系列新思想新观点新论断，丰富和发展了马克思主义文化理论，构成了习近平新时代中国特色社会主义思想的文化篇，形成了习近平文化思想，为做好新时代新征程宣传思想文化工作提供了强大思想武器。检察机关要坚持以习近平新时代中国特色社会主义思想为指导，全面贯彻党的二十大精神，在推动习近平法治思想的检察实践中领悟和践行习近平文化思想，紧密结合履职实际，深入贯彻落实习近平总书记对宣传思想文化工作作出的重要指示和全国宣传思想文化工作会议精神，充分运用法治力量服务文化强国建设，持续加强和改进检察宣传文化工作，更加有力服务强国建设、民族复兴。

一、从全局和战略高度，准确把握检察机关学思践悟习近平文化思想的职责使命

文化兴国运兴，文化强民族强。党的二十大报告专章部署"推进文化自信自强，铸就社会主义文化新辉煌"，明确了新时代新征程文化建设的具体路径。检察机关学思践悟习近平文化思想，根本是聚焦用党的创新理论武装全党、教育人民这个首要政治任务，坚持不懈用习近平新时代中国特色社

---

[*] 原文刊载于《人民日报》2024年1月8日，第6版。

会主义思想武装头脑、凝心铸魂，在真学真懂真信真用、深化内化转化上下功夫，让坚定拥护"两个确立"、坚决做到"两个维护"成为新时代新征程检察机关的鲜明政治底色。要一体学思践悟习近平法治思想、习近平文化思想，深刻把握中华文明的突出特性，自觉汲取和用好中华法治文明精华，学习和传承中华优秀传统法律文化，继承和弘扬红色法治文化，进一步坚定中国特色社会主义制度、法治道路和司法制度、检察制度自信，旗帜鲜明反对和抵制西方所谓"宪政""三权鼎立""司法独立"等错误观点，确保检察工作始终沿着正确方向创新发展。

检察机关作为党绝对领导下的政治机关、法律监督机关和司法机关，学习贯彻习近平文化思想，关键是结合检察履职实际，突出检察工作特点，自觉担负起推动文化繁荣、建设文化强国、建设中华民族现代文明这一新的文化使命。一方面，中国式现代化是物质文明和精神文明相协调的现代化，社会主义先进文化是重要内容。检察机关更好服从服务于推进中国式现代化这个最大的政治和坚持高质量发展这个新时代的硬道理，必须肩负起充分运用法治力量服务文化强国建设的重要责任。另一方面，检察宣传文化工作是党和国家宣传思想文化工作的重要组成部分。推进检察工作现代化，必须加强和改进检察宣传文化工作，更加充分发挥检察宣传文化工作塑造精神、凝聚力量、涵养品质、树立形象、推动发展的作用。各级检察机关必须坚持以习近平法治思想、习近平文化思想为指引，坚定文化自信、坚持守正创新，统筹推进落实，为建设中华民族现代文明、现代法治文明贡献更大检察力量。

二、高质效履行检察职能，充分运用法治力量服务文化强国建设

文化关乎国本、国运。推进中国式现代化，需要加快建设文化强国，促进人民精神生活共同富裕。检察机关要坚持从政治上着眼、从法治上着力，认真贯彻党的二十大关于文化建设的各项决策部署，以高质效检察履职，为文化强国建设提供有力法治保障。

坚决维护政治安全、意识形态安全和文化安全。安全是发展的基础，意识形态安全、文化安全事关政治安全。检察机关要增强斗争意识，提高斗争本领，用足用好法律武器，依法惩治意识形态领域犯罪。认真落实《关于加强新时代检察机关网络法治工作的意见》，依法惩治"网络水军"造谣引流、舆情敲诈等犯罪活动，积极参与网络文化治理，促进营造清朗网络文化

空间，坚决维护网络意识形态安全。

以法治之力守护中华文脉。历史文化遗产承载着中华民族的基因和血脉，是传承中国文化和民族精神的重要载体。要认真贯彻文物保护法，依法打击防范文物犯罪，加大追捕追诉追缴力度，加强涉案文物追索返还工作，实现全链条打击、一体化防治。持续加强文物和文化遗产保护公益诉讼检察工作，促进传承中华文明、守护历史文脉。

自觉服务文化产业繁荣发展。现代文化产业体系和文化市场体系，是社会主义市场经济的重要组成部分。要履行检察职能，充分运用法治力量，依法惩治破坏文化市场竞争秩序犯罪，平等保护各类文化经营主体，加强文化领域知识产权综合司法保护，注重加强对数据库、网络域名、数字版权等网络知识产权的司法保护，为文化产业繁荣发展营造更好的法治化营商环境。

立足办案弘扬社会主义法治风尚。检察机关监督办案，既要维护个案公正，更要以检察履职弘扬社会主义核心价值观、引领社会主义法治风尚。围绕"努力让人民群众在每一个司法案件中感受到公平正义"目标，坚持"高质效办好每一个案件"，自觉把社会主义核心价值观融入监督办案，多办有影响、有引领、效果好的案件，做到检察办案质量、效率、效果有机统一于公平正义，更好实现法、理、情相统一，"润物无声"地传播社会主义法治文化、中华优秀传统法律文化，促进提升人民群众法治意识和法治素养。全面落实"谁执法谁普法"的普法责任制，充分发挥检察指导性案例、典型案例引领法治风尚的积极作用，加大以案释法、普法宣传力度，努力让尊法学法守法用法在全社会蔚然成风。重视加强青少年法治宣传教育，持续深化法治副校长、法治进校园等工作，建好用好未成年人法治教育实践基地，将中华优秀传统法律文化和红色法治文化融入法治宣传教育，助推培养崇尚法治、自信自强的新时代接班人。

三、加强和改进新时代新征程检察宣传文化工作，为持续推动习近平法治思想的检察实践汇聚强大精神力量

新时代新征程，检察宣传文化工作弘扬社会主义核心价值观、传播法治正能量的责任更重，坚定检察文化自信、凝聚服务党和国家工作大局精神力量的责任更重，深化全媒体传播体系建设、打造检察宣传新格局的责任更重，传播中国检察好声音、促进扩大中国法治国际影响力的责任更重。面对新形势新任务，全国检察机关特别是检察宣传文化战线要始终胸怀大局、把

握大势、着眼大事，聚焦"举旗帜、聚民心、育新人、兴文化、展形象"，进一步找准加强检察宣传文化工作的着力点，为党的检察事业创新发展提供坚强思想保证、强大精神力量、有利文化条件。

巩固壮大检察主流思想舆论。统一思想、凝聚力量是宣传思想文化工作的中心环节。推进检察宣传文化工作，必须紧扣这个中心环节，做大做强检察主流思想舆论。严格落实意识形态工作责任制，旗帜鲜明坚持党管宣传、党管意识形态、党管媒体原则，坚持讲政治与讲法治有机统一，进一步管好守住建牢检察机关意识形态主阵地。聚焦"强信心、聚民心、暖人心、筑同心"加强正面引导，积极宣传中国特色社会主义法治建设的历史性变革、历史性成就，宣传习近平法治思想的检察实践成果，宣传检察机关为大局服务、为人民司法、为法治担当的实绩实效，增强正面宣传的感染力、影响力。大力推进检察全媒体传播体系建设，把握"传统媒体与新媒体深度融合"工作路径，统筹"报刊网微端屏书"多元阵地，集聚中央和地方各类媒体资源，善用数字赋能推动四级检察机关新闻宣传工作融合发展，加快打造检察全媒体传播生态链，更好推动"主力军全面挺进主战场"。自觉将检察新闻宣传工作融入国家法治外宣工作布局，加强检察国际传播能力建设，向世界传递中国检察声音。

繁荣发展中国特色社会主义检察文化。检察文化是社会主义先进文化的重要组成部分，是检察事业不断发展的重要力量源泉。新时代新征程，必须坚持文化润检、文化兴检，把繁荣发展检察文化摆在更加突出位置来抓，切实提升检察文化软实力。丰富检察文化内涵，从党的百年法治求索中汲取智慧力量，从人民检察事业百年奋斗历程中赓续红色基因。更加注重传承中华法系的优秀思想和理念，深入挖掘民为邦本、礼法并用、以和为贵、明德慎刑等中华优秀传统法律文化精华，根据时代精神加以转化，传承运用到检察文化建设中。坚持以人民为中心的创作导向，繁荣检察文艺创作，把社会效益放在首位，以宣传中国特色社会主义法治道路、弘扬社会主义法治精神为己任，打造更多具有时代意义、法治内涵、检察特质、观众口碑的检察文艺精品力作。培植检察精神家园，统筹用好检察文化资源，加大检察文化品牌培育、宣传力度，营造浓厚的检察文化氛围。加强检察理论研究，为检察文化发展繁荣提供坚强的理论支撑。

构建检察宣传文化工作大格局。检察机关主要的办案任务在基层，新闻宣传鲜活的素材来源在基层。要积极构建"最高检统筹、省级院督导、市级院融通、县区院协同"的检察宣传工作机制，破解策划能力、媒体资源、基础保障等呈"倒三角"态势的问题。统筹检察宣传主阵地，完善检媒良性合作机制，注重加强议题设置、主题策划，推动优质检察新闻的二次传播和多次传播，让更多的检察故事走到群众身边、走进群众心里。

建强检察宣传文化工作队伍。做好新时代新征程检察宣传文化工作，离不开一支政治过硬、本领高强、求实创新、能打胜仗的专门工作队伍。要加强检察宣传文化人才培养，结合深入推进主题教育，以政治建设为统领，一体加强政治建设、业务建设、职业道德建设、纪律作风建设，配齐配强工作队伍，健全保障激励机制，深入推进增强"脚力、眼力、脑力、笔力"教育实践，锻造过硬新时代检察宣传文化队伍。

学习贯彻习近平法治思想、习近平文化思想是长期重大政治任务。全国检察机关将更加紧密地团结在以习近平同志为核心的党中央周围，守正创新、开拓进取，以服务文化强国建设、加强检察宣传文化工作的新成效，为以中国式现代化全面推进强国建设、民族复兴伟业作出新的更大贡献！

目 录

一体学思践悟习近平法治思想和习近平文化思想，以高质效检察
　履职服务文化强国建设（代序） ………………………………… 应　勇 / 1

一等奖作品

1. 构建新时代法律监督格局下的检察文化体系
　　——以江苏省苏州市检察机关为例 ………………………… 李　军 / 3
2. 学习贯彻习近平法治思想　塑造以"蒙古马精神"为核心的
　内蒙古检察文化 ………………………… 郑佳玫　陈宝峰　陈羽枫 / 11
3. 加强文化强国背景下的新时代检察文化建设
　　——以贵州省检察机关文化建设为视角 ……… 李　波　柳盘龙 / 24
4. 推进安徽检察文化建设的几点建议 ……………… 王宇松　吴贻伙 / 32
5. 文化强国背景下新时代检察文化的概念厘清和进路建构
　　………………………………… 浙江省杭州市人民检察院课题组 / 53
6. 社会主义核心价值观融入检察工作的路径 ……… 王　炜　张　源 / 70
7. 深耕文化品牌建设　助推未检工作高质量发展 … 温建军　周慧娜 / 80
8. 新时代基层检察文化建设路径
　　——以基层检察机关工作实践为视角 …………………… 徐　菁 / 88
9. 论法律监督语境下新时代检察文化的内涵 ………………… 刘少谷 / 96
10. 加强新时代基层检察文化建设的思考与实践
　　——以北京市密云区人民检察院为例展开 …………… 熊　正 / 106

二等奖作品

1. 区域法治文化建设对检察业务高质量发展的影响现状研究
　　——以粤港澳大湾区为例证 ……………………………… 褚　韵 / 115

2. 检察文化浸润下检察事业高质量发展研究
   ——"牧云书院"的探索与实践 ………… 李 军 胡玉兰 / 124
3. 检察公共关系文化的社会功能、价值功能与实践功能分析
   ………………………………… 任 磊 刘 新 赵晓蕾 / 133
4. 简论新时代检察影视文艺精品创作的要点及探索方向 …… 张鑫慧 / 141
5. 以高质量文化建设铸魂固本凝心　彰显新时代检察担当
   ……………………………………………………… 唐晓宇 / 148
6. 站在人性基点上讲好案例故事
   ——《女检察官手记》二十年创作谈 ……………… 纪 萍 / 156
7. 做好散落文物建筑保护的检察路径 ………… 郝慧琴 庞瑞波 / 166
8. 新时代基层检察机关文化品牌塑造的现状、困局与破局路径
   ——基于上海实践的样本分析 …………… 陈洁婷 徐蕾蕾 / 172
9. 榜样的力量是无穷的
   ——略论新时代检察先进典型培树工作
   ……………………………… 崔增辉 田清路 陈玉环 / 182
10. 优秀传统文化融入检察工作路径分析 ………………… 黄祖旺 / 190
11. 深耕品牌　筑魂立检
    ——以吉林检察文化品牌创建为视角谈新时代检察文化
    品牌塑造 ………………………………………… 迟久阳 / 200
12. 夯实新时代检察法治文化建设的基础 ……… 刘宝林 刘 寅 / 209
13. 新时代检察文化与检察业务融合发展路径 …………… 陈 宏 / 217
14. 加强新时代检察机关廉洁文化建设的实践路径 ……… 刘 峰 / 223
15. 文化强国背景下检察文化建设路径 ………………… 王东海 / 231
16. 关于检察机关选树先进典型的实践与思考
    ——以湖南省检察机关为视角 …………………… 谭亚峰 / 239
17. 以史为鉴：慎刑思想在新时代检察文化建设中的"古为今用"
    ………………………………… 吴兴亮 张 茂 邵淑琼 / 246
18. 运用地方红色文化资源加强新时期检察文化建设的若干思考
    ……………………………………… 邢志坚 王维新 / 254
19. 法治文化建设中的地方特色考量
    ——以青海自然与社会特征为视点 ……………… 马天山 / 262

20. 媒体融合环境下"本在检察工作、要在检察文化、效在新闻宣传"理念实现路径探析 …………………………… 李建功 王克权 / 276

三等奖作品

1. 育、树、用好先进典型　为检察队伍注入"源头活水"…… 董宇丹 / 289
2. 新时代检察文化品牌塑造
    ——以"富春"系列检察品牌为例 …………… 桑　涛　蔡旭栋 / 297
3. 弘扬东北抗联精神　打造红色检察文化 ………… 姜宝奎　吴广泰 / 305
4. 公益诉讼视域下红色文化遗产保护实践进路研究
    ………………………………… 刘慧萍　鲁春燕　白　薇 / 311
5. 新时代检察文化与检察业务的融合发展
    ——以检察文化与公益诉讼业务双融双促为例
    ………………………………… 邢光英　施　蓓　许佩琰 / 318
6. 传统清廉官德对检察廉洁文化建设的启示 ……………… 董史统 / 324
7. 新时代检察机关先进典型培树路径思考 ………… 葛业锋　刘光跃 / 333
8. 论基层检察院新时代检察文化的建设与完善 …………… 郑晓静 / 340
9. 基层检察机关推进社区治理的理论探讨与实践路径
    ——以江西省靖安县人民检察院为研究样本 …………… 解天明 / 349
10. 新时代基层检察文化建设的理论反思、政治逻辑与实现机制
    ………………………………………………… 赵圣圆　李宝诚 / 357
11. 浅议新时代检察机关的廉洁文化建设 …………………… 周新文 / 367
12. 新时代检察文化的建设路径考察：概念、立场与方法 … 郑国宝 / 373
13. 文化强国背景下检察文化建设之理论解读与路径探索 … 谢瑞琴 / 379
14. 新时代基层检察文化建设路径探究
    ——以广西壮族自治区田东县为例 ……………… 零霄宇　黄色秀 / 389
15. 廉洁文化建设对基层检察事业的价值和完善路径 ……… 戴丽萍 / 398
16. 检察机关在法治文化建设中的使命担当 ………………… 李永航 / 405
17. 基层检察品牌建设"质量效应"思考 …………………… 赵　霞 / 414
18. 浅析"检察工作为本、检察文化为要、新闻宣传为效"理念
    …………………………………………………………… 曾啟秀 / 420

19. 基层视野中的检察文化品牌建设路径 ………… 杨　坤　饶万兰 / 426
20. 新时代检察文化与检察业务的融合发展
　　——以 B 市检察机关检察文化建设工作为视角
　　……………………………………………… 廖国柳　陈　桃 / 435
21. 以检察文化建设助推检察工作高质量发展 …………… 魏忠敬 / 443
22. 新时代新闻宣传工作释放检察文化品牌生命力的思考与实践
　　——以陕西检察机关文化品牌构建为例
　　……………………………………… 刘孟骐　郝　雪　张　林 / 450
23. 社会主义核心价值观融入检察工作的三重路径 ……… 庞　磊 / 457
24. 关于新时代基层检察文化建设路径的思考与探索 …… 李郁军 / 464
25. 以习近平法治思想为指导"书写"新时代高质量检察文化
　　实践探究 …………………………………………… 赵德金 / 472
26. 新时代基层检察文化建设途径 ………………………… 郭孟强 / 479
27. 构建中华民族共同体背景下新时代检察文化建设
　　…………………………………………………… 魏江波　王新峰 / 493
28. 新时代检察机关先进典型选树宣传一体化新路径探究 … 许耀允 / 502
29. 聚焦法律监督主业背景下检察职业精神的塑造 ……… 吕　益 / 508
30. 现状与展望：新时代检察文化与检察业务融合发展的"三大路径"
　　——以我国西南地区检察机关发展现状分析研究为例
　　……………………………………………… 陈星吉　罗燕梅 / 515

后　记 …………………………………………………………………… / 525

附：关于新时代法治文化建设理论征文活动获奖作品和优秀组织
　　单位的通报 ………………………………………………… / 527

新时代法治文化建设理论征文

一等奖作品

构建新时代法律监督格局下的检察文化体系

——以江苏省苏州市检察机关为例

李 军[*]

党的二十大报告专门强调"加强检察机关法律监督工作",这在党的代表大会报告历史上是第一次,体现了对检察机关的信任和期待。检察机关法律监督作为党和国家监督体系的"子体系",是保证法律得以规范运行和实施的重要基础。检察文化是检察机关在长期法律监督实践和管理活动中逐步形成的与中国特色社会主义检察制度相关的思想观念、职业精神、道德规范、行为方式以及相关载体和物质表现的总和。司法体制、监察体制、内设机构改革之后,检察工作整体架构改变,检察事业进入新发展阶段,与此同时,文化建设也亟待丰富体系、提升能级、增强实效,以引领新时代检察工作实际发展需要。本文拟结合苏州检察文化发展实际,从政治、理念、制度等文化维度对新时代检察文化建设的路径予以思考与阐释。

一、在推进法律监督中建设检察文化的时代价值

作为中国特色社会主义文化的组成部分,作为法治文化的重要内容,检察文化是检察机关履行法律监督职能过程中产生并发展的。保罗·拉尔金(Paul Nesbitt-Larking)对文化进行过社会学定义,认为文化就是"一种社会活动,人们通过这些活动创造并传递信息"。按照这种解释,"检察文化"意味着"与检察工作相关的职业活动方方面面的综合实践"。作为检察机关的灵魂,检察文化是文化的本质和人的本质在检察工作中的统一,由理念形态文化、物质形态文化和制度形态文化综合而成。它首先是一种专属于检察职业群体的法治文化,具有时代性、地域性、民族性等社会文化的通常特

---

[*] 作者单位:江苏省苏州市人民检察院。

性，体现在每一位检察人员的认知、理念、行为等具体文化实践中，体现出系统化、类型化、群体化特点。最高人民检察院 2010 年印发的《关于加强检察文化建设的意见》提出，检察文化是检察机关在长期法律监督实践和管理活动中逐步形成的与中国特色社会主义检察制度相关的思想观念、职业精神、道德规范、行为方式以及相关载体和物质表现的总和。

"法与时转则治，治与世宜则有功。"党的二十大报告首次把法治建设作专章论述、专门部署，首次专门强调"加强检察机关法律监督工作"，首次专门要求"完善公益诉讼制度"。2021 年，党中央印发的《中共中央关于加强新时代检察机关法律监督工作的意见》（以下简称《意见》），在党的历史上也是首次。四个"首次"充分体现了党中央对全面依法治国、对检察机关法律监督职能作用的高度重视、殷切期望。书写政法改革新时代"检察答卷"，和建设与检察事业职责使命、历史使命相适应的检察文化体系是分不开的。苏州市检察机关以法律监督保护地方文化的探索已有近 15 年历史，通过践行"恢复性司法＋社会综合治理"理念提升江南文化保护实效，建立了文物和文化遗产保护检察工作品牌，以法治力量守护"江南文化"的传承发展，先后办理了明朝礼部尚书董份墓志铭盗窃案、韩世忠祠行政公益诉讼案等近百件案件，推动《苏州市古城墙保护条例》《苏州历史文化名城保护条例》等多项地方法规出台。历史文化资源是民族宝贵财富，充分发挥法律监督职能推动历史文化资源保护，是检察机关的应履之责。反之，以文化的无形之力来推动法律监督，则是时代之需、履职之需、发展之需。无论是以能动履职推动法律监督职能全面充分行使，还是以畅通渠道提高府检联动工作质效，抑或是以提升监督能力促使法律监督质量、效率和效果进一步优化，均可从检察文化体系构建方面进行探讨、找到路径、寻求支持。

二、构建检察文化引领法律监督"三维体系"

《意见》确立了检察机关法律监督的刑事、民事、行政、公益诉讼"四大检察"体系。在新形势下，如何以检察文化引领"四大检察"协同发展，共同推进法律监督工作，是检察机关面临的重大课题。法律监督不是你输我赢的"零和博弈"，而是以能动履职推动双赢多赢共赢的司法实践，需从政治文化、理念文化、制度文化等三个维度综合架构。

（一）丰富政治文化，筑牢"生命线"

《意见》要求检察机关"旗帜鲜明把加强党的政治建设放在首位"，深刻说明了检察机关首先是政治机关。检察人员应立足党性与人民性的统一，强化政治机关意识，坚持马克思主义在意识形态中的指导地位，深刻领会"两个确立"的决定性意义，始终胸怀"国之大者"，增强"四个意识"、坚定"四个自信"、做到"两个维护"，促使党建业务深度融合发展，不断提高政治判断力、政治领悟力、政治执行力。

首先，没有中国共产党，就没有社会主义检察制度。党史是增进道路自信、理论自信、制度自信、文化自信的重要法宝和富矿宝库。90多年的人民检察史，是党探索社会主义法治建设规律的历史，也是人民检察事业同党的事业同呼吸共命运的历史。检察机关是政治性极强的业务机关、业务性极强的政治机关，无论是业务部门，还是综合行政部门，首先都是政治组织。要注重在党史学习教育中进一步学习了解人民检察史。1934年2月成立的中央工农检察委员会，开创了代表普通民众利益的人民检察制度。中华人民共和国成立后，中央人民政府就独立设置了最高人民检察署。党的十一届三中全会以来，按照党中央的指示，检察机关恢复重建，《人民检察院组织法》重新颁布实施。党的十五大报告明确提出了司法改革的任务之后，从党的十六大报告到党的二十大报告，均为司法体制改革、法律监督工作指明了前行方向、提出阶段任务。

其次，党对检察工作的绝对领导，为检察机关正确行使职权指明方向。党的二十大报告指出，"要坚持和加强党中央集中统一领导，健全总揽全局、协调各方的党的领导制度体系，完善党中央重大决策部署落实机制，确保全党在政治立场、政治方向、政治原则、政治道路上同党中央保持高度一致，确保党的团结统一"。相较党的十九大报告，党的二十大报告着重强调"完善党中央重大决策部署落实机制"，只有在政治上同党中央保持高度一致，对党中央作出的各项重大决策部署坚决贯彻执行，才能把党的政治主张贯彻到检察工作的各个方面，实现党对检察工作的绝对领导。检察机关只有融入党的中心工作履行检察职能，才能得到党和人民的认同，才会有广阔的发展空间。新时代检察干警要坚持用党的创新理论最新成果武装头脑、指导实践、推动工作，深刻领悟"两个确立"的决定性意义，坚决做到"两个维护"，永葆忠诚干净担当的政治本色。

最后，把在党领导下开展法律监督同依法独立行使检察权联系起来。无论是《意见》的出台，还是顺利推进一系列司法体制改革举措，还是自身发展相关困难的解决，都是检察机关紧紧依靠党的领导取得的成果。诉源治理是检察机关依法能动履职最突出的体现,是落实习近平总书记强调的"法治建设既要抓末端、治已病,更要抓前端、治未病"的关键举措。社会治理最大的优势、最本质的特征,就是党的领导。在党的集中统一领导下,不同社会治理主体共同参与,落实以人民为中心,夯实长治久安基石。要想在法律监督过程中实现双赢多赢共赢的更优结果,检察机关必须在党的领导下争取各方支持配合。同时,依法行使检察权就是按照党的主张行使检察权,也是坚持党的领导,应当把坚持党的领导与依法独立行使检察权有机结合起来。检察机关在办理案件过程中,应当按照法定程序依法独立行使检察权,综合考虑案件办理的政治效果、法律效果、社会效果,恪守司法公正,独立自主地对案件的处理作出决定。

唯有将政治性和人民性相融,才能锚定检察履职"国之大者"坐标方向。讲政治是检察机关的底色和根本。近年来,苏州市检察机关认真落实最高检要求,以张家港精神、昆山之路、园区经验"三大法宝"融入血脉,牢固树立大党建思维,坚持党建与业务深度融合、讲政治与抓业务有机统一,创新实践"融智、融力、融心、融创"党建模式,护航长三角一体化、长江大保护、大运河文化带建设、太湖生态保护工作,运用法律智慧和政治智慧输出高质量检察产品有一定成效,为进一步满足新时代人民群众在民主、法治、公平、正义、安全、环境等方面的新需求,努力让人民群众在公平正义等方面有更多获得感、幸福感、安全感,不断提升检察履职能力水平,努力实现政治性和人民性相融。

(二)创新理念文化,绷紧"责任线"

现代司法理念是法治现代化的必然要求,是人类社会法律文化的精华,是司法客观规律的集中反映。党的二十大报告第七章"在法治轨道上全面建设社会主义现代化国家",强调了中国式法治现代化对实现中华民族伟大复兴的重要价值。作为支配检察官在司法过程中一系列思维和行动的意识形态和精神指导,建设先进的司法理念文化是贯彻落实习近平法治思想、助推全面依法治国的重要方面。为此,建议加快构建能动司法、平等保护、宽严相济理念文化体系,以高质量理念文化引领检察履职。

一是"能动司法"理念文化。《人民检察院组织法》修订后,完善了检察机关法律监督职能配置,规定了法律监督职责权限、办案组织设置以及运行方式,法律监督方式和操作性也得到丰富。在此基础上,司法理念作为检察监督办案的先导,首先要解决检察机关政治性和业务性的关系,这一关系既是全面依法治国进程中党法关系在检察单元的集中反映，又决定了检察机关如何厉行监督助力执法司法制约监督体系建设。2022年以来，苏州市检察机关把构建各执法司法机关之间健康良性关系摆在加强法律监督的重要位置，在市委坚强领导下，各级各部门形成了解、重视、支持、配合、参与法律监督的立体化格局，府检联动的良性模式初步构建。通过大数据手段等打破信息藩篱，苏州市检察机关启动大数据法律监督工作一年来，已梳理监督业务模型30余个，实现模型转化16个，由被动监督转化为能动性、系统化、融入式监督初见成效。在全省率先推出《大数据赋能法律监督工作三年规划》，按照"1234"总体思路，布局"六横四纵"总体架构，推进大数据深度应用，充分实现检察监督智慧化、体系化、精细化。推进法律监督工作中积极践行双赢多赢共赢理念，把问题线索摸排的目的置于源头治理、预防化解的良性关系中把握，争取执法司法机关理解支持，形成解决问题合力，更好实现"办理一案、牵出一串、治理一片"的监督规模效应，及时以检察建议等手段提示风险点，为治理体系和治理能力现代化提供检察支撑。

二是"平等保护"理念文化。"平等"是民法典的核心原则，集中反映了民法所调整社会关系的本质特征，是全部民事法律制度的基础。检察机关服务大局的一个重要切口，就是通过履职办案为企业营造公平竞争的法治环境，做实对民营企业的依法"平等"保护。在全国率先开展涉案企业合规改革试点以来，苏州市检察机关通过积极拓展企业合规适用范围、探索涉企重罪案件二元化处理模式、完善第三方机制、建立"行刑互认"等一系列首创性探索，充分放大合规从宽制度挽救"带病企业"的司法康复作用，为真心悔改纠错的企业保存发展"元气"，助力经济社会高质量发展，2022年前三季度，全市共办理涉案企业合规案件22件。精细化办案与机制化创新并行，公检法就企业合规检法衔接、整改结果互认及破解"合规长期性"与"办案期限"矛盾开展协作，联合凝聚出更大合规合力。平等保护理念还体现新型经济模式保护领域。数字经济的快速发展带来了全新的社会风险和挑战，为服务保障数字经济走向深化应用、规范发展、普惠共享，苏州市检察机关发布《依法履职服务苏州数字经济发展白皮书》，通过坚持平等保护、精准审慎、严守底线原则，融合"四大检察"，构建全方位司法保护网。一方面聚焦知识产权综合保护、金融风险防范、反垄断、反不正当竞争等重点领域，为创新企业提供全方位司法服务，引导企业合规经营；另一方面聚焦电子信息、装备制造、生物医药、先进材料四大主导产业，促使检察服务往"专"里走、往"深"里走，为产业集群建设创造更优法治环境，着力写好"创新驱动"和"产业集群"检察综合保护文章。

三是"宽严相济"理念文化。《意见》明确指出，根据犯罪情况和治安形势变化，准确把握宽严相济刑事政策，落实认罪认罚从宽制度，严格依法适用逮捕羁押措施，促进社会和谐稳定。"宽以济猛，猛以济宽，政是以和。"宽与严，一直以来都是具体的、历史的统一。随着经济不断发展，社会治安形势发生变化，司法办案更要用好用足宽严相济刑事政策，依法当宽则宽、该严则严，最大限度减少社会对立面，促进社会内生稳定。检察机关作为国家法律监督机关，要从讲政治的高度全面准确把握宽与严的辩证关系，统筹落实宽严相济刑事政策和认罪认罚从宽制度，切实做到宽中有严、严中有宽、宽严适度。苏州市检察机关统筹落实宽严相济刑事政策，通过畅通机制对外凝聚共识，加强侦查协作办公室建设，明确案件繁简分流，对内系统推进。建设上下贯通、内外结合、"四位一体"的执法司法制约监督体系，确保"行为有制约、监督有实效"。创新长三角一体化"异地联动"检察协同，推动三地统一轻微刑事案件相对不起诉标准，适用非羁押措施"同城待遇"。通过落实宽严相济刑事政策的实际行动释放司法善意，让犯罪嫌疑人自愿认罪、真诚悔改。做好认罪认罚从宽"后半篇文章"，用心关注被害方情绪，通过公开听证、释法说理、司法救助等方法，让被害方对从宽处理能认同、可接受，从源头上减少群众申诉。

司法理念文化关系到检察履职有效助力经济社会发展，关系到群众对公平正义的实际感受，唯有培树与时代同频、与发展共振、与人民同行的司法理念文化，才能进一步推进检察机关能动履职，助推以"我管"促"都管"，释放司法善意，实现治罪与治理并重，画出社会和谐的最大同心圆。

（三）完善制度文化，划定"质量线"

制度带有根本性、全局性、稳定性和长期性。检察制度文化以行为文化为实践路径，对于推进检察工作现代化具有基础性、全局性作用。当前，健全完善规范制度是规范司法行为的治本之举，它不仅是维护司法公正、增强司法公信的必然要求，也是确保检察权正确行使、确保法律正确实施的重要抓手。规范化建设是检察机关开展法律监督工作过程中打基础、利长远的重要内容，只有让制度文化深入每位检察干警履职全程，让各项工作在制度框架下系统化推动，才能促使规范办案成为检察人员的"肌肉记忆"，让建设制度文化释放出最大检察动能。根据调整对象或适用范围的不同，检察制度文化可分为检察履职制度文化、队伍建设制度文化和廉洁守纪制度文化。

一是检察履职制度文化。检察机关深入推进司法规范化机制建设，要坚持全面从严治党、全面从严治检方针，不断完善程序严密、标准统一、责任明确的司法规范体系。要推动检察人员深刻认识规范化不是某个单一方面、单项工作、单个任务的规范化，而是综合的、整体的、成体系的。以系统思维认识规范化建设，全面提升检察业务、事务等工作科学管理水平，推进"四大检察"齐头并进。近年来，苏州市检察机关出台《起诉书制作规范指引》《证据审查百问》等四十多项规范化文件，加强对"检察一体化""能动履职""诉源治理""检察大数据战略""法律监督与其他各类监督有机贯通"等问题的探索与研究，注重强化监督、促进业务工作规范化运行，完善质量管控、风险防范、考核评价等配套机制，形成全覆盖、精细化、可追溯、可问责的监管机制。围绕"四大检察"相关领域，以智慧检务助力规范化建设，千方百计打通和行政机关、政法系统的数据通道，加强数据共享，做大检察监督的数据池。此外，通过加强检察事务规范化建设，完善文件审批、信息发布等程序，实现内部管理智能化、规范化。

二是队伍建设制度文化。检察工作自身高质量发展是一项系统性、根本性、全局性工程，基础在基层，立足在办案，支撑在人才。建设队伍，首先要建强基层。市检察院发挥"一线指挥部"作用，出台"特色建院、品牌强院"工作规范，制度化推进基层院建设，融夯实工作基础与强化基层院建设为一体，指导十家基层院结合区位实际、立足自身发展打造各具特色工作品牌，形成苏州检察"10＋1"特色发展品牌，系统推进新时代"五好"基层院高质量发展。同步推动基层院进一步立足自身资源禀赋、地域特色和检察特质，以小切口构建起"各美其美、美美与共"的检察文化品牌矩阵。例如，张家港市院以最早参与企业合规改革试点为契机，打造全国典型，逐步形成"合规'企'航"文化品牌；姑苏区院立足国家历史文化名城保护区定位，将检察文化与本土文化深度融合，描绘出一幅独特的"名城检察双面绣"。与此同时，搭建精准育才成长阶梯，提升人才队伍综合素能，实施"333"人才培养工程，着力打造32支专业化办案团队，培育39名青年精英人才，培养35名"东吴讲师团"优秀兼职教师，为其搭建"STEP"（四个字母分别对应"spirited""talent""exact""pioneer"，意为"信念坚定、锻造才干、严谨作为、誓为先锋"）文化育才平台，开展小课堂、演说会、同堂培训、辩论授课等一系列活动，让检察干部经风雨、长才干、壮筋骨，推动培养一大批检察业务专家、办案能手和其他复合型人才。

三是廉洁守纪制度文化。2500多年的历史滋养出源远流长的苏州历史文化，吴地先贤在时光长河中留下熠熠生辉的片段。十年前，苏州市检察院从苏州千年历史中总结提炼出"干将砺剑""孙武练兵""况钟洗冤""陆绩奉廉"四个故事的时代法治精神，创意设计"姑苏正气图"文化墙。十年来，这面文化墙始终激励着苏州检察人不忘本来，开辟未来。其中"陆绩奉廉"中东汉太守陆绩押送廉石回乡的故事，留给了苏州检察人忠诚干净、担当为民的情怀传承。检察机关坚持敢于监督、善于监督、勇于开展自我监督，认真执行《中国共产党廉洁自律准则》《关于加强新时代廉洁文化建设的意见》《新时代政法干警"十个严禁"》等，通过"制度建院、管理强院、规范兴院"，建立专职内部督察队伍和问责机制，狠抓作风建设和检察纪律，实现对司法履职行为的全面管理；以"事前巡诊、事中联诊、事后问诊"的"三诊"模式打造"环督察"品牌，建立"廉督建+"专项实地督查机制，出台《执法督察联席会议工作办法》《检察人员违反检察职责线索移送管理规定》《关于开展"廉督建+"廉政风险防控及成果转化应用专项督察的实施方案》等；坚持思想建党与制度治党同步落实，把涵养廉洁文化、科学配置权力、增强执纪刚性结合起来，切实防止"理想滑坡""监督缺失""问责不力"等问题，同时常态化落实"三个规定"填报、个人重大事项报告等制度机制，突出"关键少数"和检察自由裁量权行使等重点环节，强化廉政风险防控，坚持惩治和预防"两手都要抓、两手都要硬"，驰而不息正风肃纪、廉政为民。

三、结语

党的二十大报告强调，要推进文化自信自强，建设具有强大凝聚力和引领力的社会主义意识形态，足见文化对于凝聚人心、团结精神的绝对重要性，也侧证了以文化之力推动法律监督工作的可行性和正确性。最是文化能致远。新时代检察文化建设只有把握历史与现实、继承与发展的统一，把握系统观念、法治思维、强基导向的统一，构建真正有利于开展法律监督的检察文化体系，才能产生推动"四大检察"融合发展的巨大推背力，更好地肩负起强化法律监督、维护公平正义的神圣使命。新要求、新目标、新方向，需要检察机关拿出"一分部署、九分落实"的韧劲和决心，全面提升法律监督质效，致力推进更高水平的平安中国、法治中国建设，为中国之治贡献检察力量。

学习贯彻习近平法治思想塑造以"蒙古马精神"为核心的内蒙古检察文化

郑佳玫　陈宝峰[*]　陈羽枫[**]

2014年1月,习近平总书记在考察内蒙古时首次提出弘扬"蒙古马精神"。此后总书记多次以"蒙古马精神"勉励内蒙古各族干部群众,要像蒙古马一样吃苦耐劳、一往无前、不达目的誓不罢休,在新征程上书写内蒙古发展新篇章。蒙古马体形矮小、其貌不扬,却能在寒风肃杀的蒙古高原披荆斩棘、一往无前,在刀山血海的边塞战场纵横驰骋、战功卓著,成为游牧民族心爱的伙伴,积淀了中华民族悠久的历史文化和不屈的精神特征。内蒙古草原的独特环境和气候条件造就了蒙古马的外形特征和优良习性,也塑造了内蒙古各族干部群众独有的性格特点和精神群像。内蒙古检察文化的内核就是"蒙古马精神",展现了内蒙古检察的职能定位、价值追求与法治信仰。作为中国共产党领导下的人民司法机关,内蒙古检察机关继承发扬人民检察优良传统,确立"忠诚、尚法、包容、坚韧"的检察文化,深刻领会运用以"蒙古马精神"为核心的文化内涵,在新时代推动检察工作高质量发展。

一、忠诚:"苟利国家生死以,岂因祸福避趋之"

习近平总书记强调,我们党一路走来,经历了无数艰险和磨难,但任何困难都没有压垮我们,任何敌人都没能打败我们,靠的就是千千万万党员的忠诚。忠诚,是"蒙古马精神"的重要内容,为内蒙古检察文化血脉提供了动力源泉。内蒙古检察文化中"忠于信仰、忠于国家、忠于法律、忠于人民"的特质与"蒙古马精神"有一脉相承的精神谱系。

---

[*] 作者单位:内蒙古自治区人民检察院。
[**] 作者单位:内蒙古自治区海拉尔铁路运输检察院。

（一）忠诚者，信仰坚定

"理想之光不灭，信念之光不灭。"忠诚源自信仰，信仰铸就品格。信仰坚定，则不忘初心，砥砺前行。新时代中国共产党人的信仰是坚持和发展中国特色社会主义，内蒙古检察文化主脉根植于此。

1. 尊重历史，担当勇为

新中国成立后，中国共产党创建了新中国检察制度。1950年，绥远省人民检察署成立。1953年，内蒙古自治区人民检察署成立。1954年，撤销绥远省建制，两署合并组成内蒙古自治区人民检察署。这一时期，内蒙古检察机关以"自上而下、积极稳妥"的步骤，建立各级检察机构，参加"三反""五反"和司法改革等运动，为巩固新生革命政权，保障社会主义经济建设成就，促进民族团结作出贡献。1978年，内蒙古检察机关恢复重建，以党的十一届三中全会精神为指导，全面深入拨乱反正，受理公民控告申诉，推进纠正冤假错案、平反昭雪等活动。1988年，确立"为经济建设服务"指导思想，严厉惩治打击职务犯罪、严重刑事犯罪。1993年，高举邓小平理论伟大旗帜，强化反腐办案，打击严重刑事犯罪，加强执法监督。1998年，贯彻"公正执法、加强监督、依法办案、从严治检、服务大局"工作方针。2003年，落实"强化法律监督，维护公平正义"主题。2008年，坚持党的事业至上、人民利益至上、宪法法律至上，加强检察工作和自身建设。新时代新征程，内蒙古检察机关弘扬"蒙古马精神"，秉承"忠诚、尚法、包容、坚韧"检察文化理念，确立"1231"发展战略，实施"十大举措"，提振精神、提升业绩、提高能力，助力完成好习近平总书记交给内蒙古的五大任务。

2. 忠于信仰，善于作为

习近平总书记指出，要坚持党对政法工作的绝对领导，从党的百年奋斗史中汲取智慧和力量。坚持党对检察工作的绝对领导是中国特色社会主义检察制度最本质的特征。内蒙古检察机关始终坚持对党绝对忠诚，坚定不移地走中国特色社会主义法治道路，将政治建设与业务建设有机融合，以高质量检察履职服务内蒙古经济社会发展。始终坚持人民主体地位，时刻保持政治清醒，规范检察权力运行。回顾历史，尽管历经挫折，内蒙古检察机关在自治区党委和最高人民检察院的领导下，各项工作仍取得长足进步，在维护内蒙古政治稳定、民族团结、司法公正、生态安全等方面作出重要贡献。内蒙古检察机关坚持弘扬"蒙古马精神"，不畏艰辛、意志如磐，始终保持对党忠诚、对国家忠诚、对人民忠诚的初心,以检察履职推动法治进步,护航经济社会发展。"游牧检察官"潘志荣扎根边疆民族地区三十年,"真情像草原一样广阔"。检察人员郭建平突发疾病倒在工作一线,用生命和行动书写检察担当。

政治忠诚是内蒙古检察文化的基石,也是内蒙古检察人恪守的政治品格。内蒙古自治区人民检察院党组书记、检察长李永君强调,我们开展学习贯彻习近平新时代中国特色社会主义思想主题教育,就是要进一步增强政治机关意识,持续提振不甘落后、奋起直追、争先进位的精气神,靠实干、奋斗实现我们的工作目标。① 内蒙古检察机关深入学习贯彻党的二十大精神,狠抓政法队伍教育整顿和主题教育,开展"以案促改"等专项行动,筑牢"两个维护"思想根基和行动自觉。倒查 2018 年以来检察人员违纪违法案件,严格执行"三个规定",有效遏制干预过问插手办案,排查整治"七大顽瘴痼疾",监督整改落实成效,刀刃向内革除积弊。推动建章立制,制定任务清单,出台系列正风肃纪、法律监督制度。

(二)忠诚者,以民为本

"江山就是人民,人民就是江山。"习近平总书记指出,人民是历史的创造者,是真正的英雄。"立党为公,执政为民"是中国共产党的根本政治立场,是新时代共产党人的党性必修课。忠诚为民,也是内蒙古检察文化的主要内容之一。

1. 人民至上,司法为民

新中国成立后,中国共产党创建了人民检察制度,从此"检察"与"人民"密不可分。内蒙古检察机关以"四个一"模式保障弱势群体权益。依法打击整治养老诈骗,提高老年人法治意识和防骗能力,为老年人追赃挽损 4 亿元,守护人民群众"养老钱"。依法打击震慑恶意欠薪犯罪行为,能动履职助力农民工维权。严惩涉医违法犯罪,维护医疗秩序,保障医务人员安全。推进无障碍环境建设,排查出全区 23 个城市案件线索 182 件并监督问题整改。赤峰市院建立"一案一建议"机制,解决村两委换届程序不规范、惠农资金落实不到位问题。

---

① 《自治区检察院召开学习贯彻习近平新时代中国特色社会主义思想主题教育工作会议》,载 http://www.nm.jcy.gov.cn/xwzx/ttxw/202304/t20230418_4099254.shtml,最后访问日期:2023 年 5 月 23 日。

以"真抓实干"助力脱贫攻坚。联合自治区扶贫办、乡村振兴局出台国家司法救助融入脱贫攻坚机制。协调社会扶贫促进会、基金会，赴察右中旗帮扶性收购农户滞销南瓜157吨。派驻察右中旗脱贫攻坚工作队助推当地脱贫摘帽，脱贫攻坚干部田河三年间行程7万余公里，撰写10万字民情日记，被评为"全区十大法治人物"。京蒙两地检察机关联合向一起交通肇事案被害人发放司法救助金，助力奈曼旗国有六号农场最后的贫困户脱贫。锡林郭勒盟检察人员察日苏扶贫驻村8年，对18户贫困户结对帮扶实现脱贫。

以"如我在诉"的使命做好控申工作。落实首次信访领导包案制，各级院检察长主持公开听证同比增长7倍。推进诉源治理，确保"7日回复、3个月答复"，推动化解5千余件信访案件，重复访下降三成。自治区院接待化解一起因购房后八年未交工导致的集体访，房屋复建结果赢得群众满意。"开门办案"释法说理，组织公开听证充分听取民意。打造"一站式"检察服务平台，开展"千名检察官接访"，与多省市检察机关协作开展律师互联网阅卷，打通阅卷服务"最后一公里"。将司法救助融入社会综合治理，向数百名被害人发放司法救助金1348万元，"双向延伸大治理工作机制"获评"五佳国家司法救助事例"。

以"求极致"态度办好未检案件。推行"捕诉监防教"一体化办案机制，落实未成年人特别程序和特殊制度。开展未成年人司法救助，发放救助金400万元。指导创建青少年法治教育基地和多功能云平台。推动自治区人大常委会出台《关于进一步加强未成年人检察工作的决定》，构建未成年人保护"六位一体"机制。

2. 保护公益，生态利民

习近平总书记考察内蒙古时指出，要筑牢祖国北方重要的生态安全屏障，坚定不移走生态优先、绿色发展之路。党的二十大报告专门强调"加强检察机关法律监督工作""完善公益诉讼制度"，体现党中央对检察监督、公益诉讼工作的肯定和期许。内蒙古检察机关树立以人民为中心的生态司法理念，依法打击生态环境资源违法犯罪活动，建立生态检察协作机制。

以"双赢多赢共赢"理念开展协作。建立"一府两院"、"河湖长＋检察长"、军地检察机关联动协作机制。与晋冀辽、东北三省、沿黄八省区检察机关跨界协作，与蒙古国建立边境地区会晤机制，推进跨区域、跨流域生态保护。构建"专业化监督＋恢复性司法＋社会化治理"的内蒙古生态检察模式。联合林草、生态、自然资源等部门，制定内蒙古生态修复标准，引入"蒙草"等专业力量探索推进生态环境保护新路径。设立"公益守护人驿站",为草原提供检察护盾。建设"法眼"公益诉讼大数据平台,以科技赋能检察监督。发布公益诉讼白皮书和典型案例,增进认同、推广经验。打击生态环境资源违法犯罪,监督修复受损草原、林地、湿地、耕地2540万亩。

以"专项行动"实施生态保护。李永君在首届服务保障黄河国家战略检察论坛上发言指出,"几字弯"地区既是内蒙古膏腴富庶之区,也是生态脆弱之地,是离不开的生命线、大动脉,必须格外呵护。[①] 内蒙古检察机关开展"河湖保护协作统一行动",与水利部门召开工作交流会,发挥黄河和"一湖两海"治理辐射带动作用,推动形成河湖大保护大治理"一盘棋"格局。加强草原林地专项保护,出台《草原林地行政执法与刑事司法协作意见》《关于深入推进内蒙古公益诉讼检察工作高质量发展的意见》《关于内蒙古检察服务保障国防和军队建设加强公益诉讼工作的意见》,督促恢复草原林地7万余亩。开展公益诉讼守护美好生活、黄河流域沙土治理、"为民办实事破解老大难"等十个专项活动。开展食品药品、国土国财、煤炭资源领域专项整治工作,筑牢食品药品安全防线,监督收回国有土地出让金2.55亿元,追缴煤炭领域国财损失61.58亿元。

二、尚法:"徒法不足以自行,徒善不足以为政"

习近平总书记强调,公正司法是社会公平正义的最后一道防线。法律是司法人员坚守的底线、作战的武器、信仰的基石,内蒙古检察文化中对法律的信仰与追求,对公平正义的执着与坚守,与蒙古马奋勇争先、一往无前,不达目的誓不罢休的精神高度契合。

(一)尚法者,公正司法

"公生明,廉生威。"司法机关执法司法权力运行,需要反映社会普遍正义,实现"三个效果"有机统一,要努力让人民群众在每一个司法案件中感受到公平正义。

1. 锻造能力,筑牢防线

蒙古马具备强悍的身体素质,在大漠戈壁、蒙古高原上纵横驰骋。具备

[①]《以检察能动履职守护黄河"几字弯"的壮美》,载http://www.nm.jcy.gov.cn/xwzx/ttxw/202304/t20230414_4092928.shtml,最后访问日期:2023年5月23日。

过硬的能力素质是弘扬"蒙古马精神"的重要表现之一，也是内蒙古检察文化中"尚法"的基础。内蒙古检察机关持续优化案件质量评价指标，监督提升办案质效，开展刑事检察"三高两低"和民事检察"三低两少"问题治理统一行动，开展行政检察打造精品统一行动。内蒙古全区近八成案件质量评价指标同比上升，近二成指标进入全国第一方阵。"相邻院集中办案"经验受最高检推广，"守护娜荷芽"获评全国检察机关优秀文化品牌。内蒙古检察人具备扎实的理论基础、丰富的办案技能、坚定的职业追求和端正的个人品德，以能动检察履职服务经济发展大局。检察官白静入选党的二十大代表，荣获全国先进工作者、全国模范检察官等荣誉称号。两名选手获全国行政检察业务标兵、能手称号。主编专著《监狱检察概论》获评全国检察基础理论研究优秀成果三等奖。

公平正义不仅是我们党始终追求的崇高理想，也是法的基本和首要价值，是社会法治文明和政治文明的当然内涵。[①] 检察机关既是公平正义实践者，又是公平正义守护者，承担监督国家法律正确实施的使命与责任。[②] 最高人民检察院党组书记、检察长应勇指出，要坚持以习近平法治思想为指引，坚持"高质效办好每一个案件"，努力实现办案质量、效率与公平正义的有机统一，既要通过履职办案实现公平正义，也要让公平正义更好更快实现，还要让人民群众真正、切实"感受到"公平正义。[③] 公平正义是内蒙古检察人的职业追求，在追求大局公正的同时，关注个案正义。扎实开展"以案促改"专项行动，全面倒查涉黑恶案件线索，专项整治"纸面服刑"，倒查四十年"减假暂"案件，开展刑事错案评查，追究相关人员司法责任。

2. 崇敬恪守，加强监督

习近平总书记指出，一个错案的负面影响足以摧毁九十九个公正裁判积累起来的良好形象。执法司法中万分之一的失误，对当事人就是百分之百的伤害。内蒙古检察机关坚持弘扬"蒙古马精神"，破解制约法律监督短板弱

---

① 文正邦主编：《马克思主义法哲学在中国》，法律出版社2014年版，第68页。

② 肖罗：《让公平正义不缺席不迟到》，载《光明日报》2017年7月22日，第2版。

③ 苗生明：《高质效办好每一个案件推动实现更高层次公平正义》，载《检察日报》2023年4月3日，第3版。

项。引导案件质量主要评价指标会商研判、日常动态监控、法律监督线索移送。协调自治区党委落实检察机关法律监督重点措施，制发强制隔离戒毒检察监督方案、立案侦查司法工作人员职务犯罪规范。协调各级党委贯彻落实《中共中央关于加强新时代检察机关法律监督工作的意见》。与监委等部门联合出台意见，强化监察执法与刑事司法规范有序衔接。

加强法律监督。做优刑事检察监督，诉前羁押率、侦查活动违法监督率、监督撤案率上升至全国前十，无不捕不诉复议复核案件，向法院提出财产刑执行书面纠正意见同比增长9倍。做强民事检察监督，民事生效裁判抗诉改变率、再审检察建议法院采纳率超过80%，提出民事审判、执行活动违法检察建议同比增长率和采纳率处于全国第一方阵。制发内蒙古民事执行案件监督审查要点，形成执行监督模型。做实行政检察监督，实质性化解行政争议案件同比增长3倍，行政审判活动、执行活动监督较五年前增长86倍以上。做好公益诉讼检察监督，"守护北疆草原林地"专项监督活动获评"全区十大法治事件"。

加强自我监督。恪守公正清廉职业规范，满足人民群众对司法机关的信赖和对公平正义的期待。从政治意识、组织观念、廉洁自律、工作作风、道德行为等方面制定检察人员禁业事项。开展违纪违法案件"以案促改"专项工作，以"身边人"教育"身边事"，组织警示教育活动引导检察人员家属共筑思想道德防线。

（二）尚法者，德法兼修

"法安天下，德润人心。"修德在心以立身，学法在身以明道。重法厚德，方能以德育人，德法同行方能崇德向善。德法并举是内蒙古检察文化的鲜明特点，与"蒙古马精神"的优良传统一脉相承。

1. 考核导向，德才兼备

内蒙古检察机关坚持把政治建设考核标准放在首位，全面考核检察人员"德能勤绩廉"。发挥案件质量评价指标"指挥棒"作用，以案件指标应用于考核实际，通过科学考核解决业务发展、脱薄争先和作风建设等方面突出问题，督促检察人员不断提升能力素养和办案质效。积极落实司法责任制综合配套改革，全面推进内设机构和检察人员分类管理改革，完善检察官遴选、员额退出动态管理机制，健全互派挂职、对口支援机制。以领导班子换届为契机，选派年轻干部走上基层领导岗位，基层检察长平均年龄降至48岁。

2. 崇尚法治，宽严相济

司法是一种精神活动，指为社会生产道义这种强大的精神力量。[①] 法律面前人人平等是社会主义法治的核心要义。[②] 内蒙古检察机关坚持打击犯罪与保障人权相结合，通过行使批捕起诉等检察权打击刑事犯罪、维护社会稳定，同时注重保障人权，强化提前介入、侦查监督、审判监督等检察监督手段，保障当事人合法权利。以"蒙古马精神"为核心，贯彻宽严相济刑事政策，让案件办理彰显司法温情。联合法院、公安厅、司法厅出台赔偿保证金制度，保障当事人合法权益。出台非羁押诉讼工作指导意见，开展羁押必要性审查专项行动。出台轻罪案件相对不起诉指导意见，缩短交通肇事、危险驾驶等轻罪案件办案时间。评查全区交通肇事、危险驾驶不起诉及免刑案件，针对"同案不同判、同案不同诉"问题，加强对下指导，规范标准适用。贯彻宽严相济刑事政策，依法不批捕、不起诉人数明显增长，认罪认罚从宽适用率及案件质效有效提升，通过羁押必要性审查释放或变更强制措施1千余人。

三、包容："黄河落天走东海，万里写入胸怀间"

习近平总书记强调，要坚持从本国本民族实际出发，坚持取长补短、择善而从，讲求兼收并蓄。蒙古马生命力强、适应性强，具有行稳致远的能力气魄、因地制宜的奋斗智慧。内蒙古检察机关对不同文化的兼容并蓄，对人与自然和谐发展的悠久传承，体现了"蒙古马精神"中宽广博大、豁达包容的特质。

（一）包容者，厚德载物

"海纳百川，有容乃大。"内蒙古地域辽阔、草原广袤，草原文化底蕴深厚、海纳百川，根植于这片土地的内蒙古检察人，胸怀宽广、情怀豁达、虚怀若谷、雅量包容。

1. 守望相助，稳固边疆

习近平总书记殷切嘱托内蒙古，要倍加珍惜、继续保持"模范自治区"崇高荣誉。内蒙古各族干部群众认真学习贯彻习近平总书记重要指示要求，共同维护民族团结和边疆稳固。

---

① 孙笑侠：《司法的特性》，法律出版社 2016 年版，第 5 页。
② 张晓东：《砥砺新时代检察职业精神》，载《人民检察》2019 年第 15 期。

在铸牢中华民族共同体意识方面。自远古时期起，内蒙古高原就是北方各游牧民族争夺、交战、融合的舞台，呈现各民族交错分布之势，形成了"你中有我、我中有你"的伙伴关系。内蒙古成立了我国第一个少数民族自治区，各民族守望相助，在社会主义建设时期取得了巨大成就，留下了"江南孤儿进草原""最美牧场为航天""各族人民建包钢""克服困难捐粮畜"的历史佳话。[①] 改革开放以来，内蒙古在加强和改进民族工作中取得显著成效，各族干部群众以铸牢中华民族共同体意识为主线，巩固社会主义民族关系，发展民族团结进步事业，呵护"模范自治区"崇高荣誉。党的十八大以来，内蒙古推动民族团结进步事业巩固发展，实现民族团结与脱贫攻坚"双融合、双促进"。各族干部群众对党和社会主义伟大事业高度认同，像石榴籽一样紧紧抱在一起，把民族团结生命线扎得更深更牢。党的二十大是在全党全国各族人民迈上全面建设社会主义现代化国家新征程、向第二个百年奋斗目标进军的关键时刻召开的一次十分重要的大会。站在新的历史起点上，内蒙古检察机关深入学习贯彻党的二十大精神和习近平法治思想，传承弘扬"忠诚、尚法、包容、坚韧"的检察文化，以"蒙古马精神"为引领，在推进中华民族共有精神家园建设、推动各民族共同实现现代化等方面贡献了检察力量，涌现出"游牧检察官老潘""四语乌娜吉敖云""边疆公益人白静""卓兰护航者王君"等先进英模事迹。

在筑牢祖国北方安全稳定屏障方面。内蒙古是祖国的"北大门"，有绵延四千多公里的边境线。作为边疆地区，维护国家安全，实现社会长治久安，是内蒙古的重大政治责任。新时代弘扬"蒙古马精神"，是内蒙古人民践行初心使命，筑牢安全稳定屏障的内生驱动。内蒙古检察机关认真学习贯彻习近平总书记关于民族工作的重要指示批示精神，牢牢把握"两个屏障、两个基地、一个桥头堡"重要战略定位，严厉打击"三股势力"渗透破坏活动，用法治思维和方式处理民族事务，保障民族权益，维护民族团结。讲好检察故事、民族团结故事、大美边疆故事，检察履职融入边疆民族地区社会治理，筑牢祖国北方安全稳定屏障。

2. 求同存异，文化多元

内蒙古地处中国北方游牧文明和农耕文明犬牙交错带，是"上帝之鞭"

---

① 李春林：《奋进新征程书写内蒙古发展新篇章》，载《光明日报》2018年5月10日，第8版。

挥舞的起点，其历史悠久，文化底蕴深厚。从赵武灵王胡服骑射到昭君出塞胡汉和亲，从北魏拓跋氏建都盛乐到漠南敕勒牧马阴山，从大唐白道云中都护到女真灭金扬鞭丰州，从阿拉坦汗和平归化到红色政权解放内蒙古，展现了内蒙古草原两千年文明兴衰沉浮、各民族迁徙融合的历史画卷。内蒙古有两千多万人，由蒙古、汉、满、回、达斡尔等49个民族组成。不同民族长期融合，形成"多样文化交相辉映，各族人民美美与共"的精彩画卷，演绎出"平等、团结、互助、和谐"的社会主义民族关系。内蒙古检察人创作的词牌《念奴娇·青城不老》《蝶恋花·青城故事》《水调歌头·大青山》再现塞外古城呼和浩特在中国历史上留下的遥远记忆。

受历史上民族文化融合的影响，我国各民族法治文化也存在继承性、延续性和交融性，具有冲突融合、多元多样的特点。民族法治文化凝聚着各族人民的集体智慧和生活经验，承载着本民族的精神品格和价值追求。内蒙古地域跨度大、民族众多，各地区、民族间法治观念差异较大。内蒙古检察文化中的"包容"，不是同化、千篇一律，而是尊重法律，尊重少数民族传统和各地区人民社会心理，在取长补短的过程中形成共有的民族法治精神，成为民族团结的纽带。新时代内蒙古检察文化的根本特性，是各地区、民族法治文化交融交流、互相借鉴。运用"四种语言+检察"工作模式，选派"四语"检察官深入牧区开展工作，将听证搬到草原深处，打通社会治理"最后一公里"。

（二）包容者，锐意创新

"惟创新者进，惟创新者强，惟创新者胜。"内蒙古草原文化深邃博大、包罗万象，根植于这片土地的内蒙古检察人，开拓进取、锐意创新。

1. 加强交流，互通有无

中俄蒙三国是山水相连的友好邻邦，各领域互利合作成果丰硕。为扩大检察机关国际"朋友圈"，提升中国检察机关在国际司法领域的影响力、号召力，内蒙古检察机关致力于做好中俄蒙检察机关合作交流工作，开展全区沿边口岸检察统一行动。受最高人民检察院委托，内蒙古检察机关参加在俄罗斯举行的第五届东方经济论坛，就论坛主题与俄方代表会谈。组织召开中蒙两国检察长视频会晤，提高边境地区检察机关司法交流合作水平。与蒙古国毗邻四省检察院召开视频会晤，交流边境地区生态环境保护司法合作事项，与蒙古国东方省检察院签署保护界河界湖合作协议。编译推出我国首部汉文和西里尔蒙古文对译的《蒙古国检察官法》。举办八省区检察机关蒙汉双语培训班，提升双语检察人员政治素养和业务素能。与苏浙沪三省市检察机关签订人才交流合作协议，互派干部交流锻炼。召开检律协作座谈会，保障律师执业权利。侦查监督与协作配合办公室全覆盖，开启检警协作新篇章。

2. 科技创新，优化服务

内蒙古检察机关大力推进"数字检察"战略，各地建构要素筛查、数据碰撞、关联分析与异常统计四种大数据监督模型，利用大数据赋能法律监督。明确"个案办理—类案监督—系统治理"实践路径，实现数据业务化、监督类案化、治理社会化。运用政法大数据智能化应用平台，实现数据共享和办案信息网上流转。上线运行互联网阅卷系统，实现律师互联网阅卷。"草原直通车"覆盖全区，打通服务群众"最后一公里"，成为农牧民家门口的"移动检察院"。铁检"法眼"公益诉讼大数据平台解决线索获取难、修复监督难等问题，为办案提供智能辅助。呼和浩特市院通过检察服务热线、"卓兰安全岛"小程序和"卓兰未检社会化支持体系云平台"APP等渠道，筛查核实侵害未成年人案件举报线索，全程监督案件办理情况。

四、坚韧："黄沙百战穿金甲，不破楼兰终不还"

习近平总书记强调，全党必须增强忧患意识，坚持底线思维，坚定斗争意志，增强斗争本领，以正确的战略策略应变局、育新机、开新局，依靠顽强斗争打开事业发展新天地。总书记对全党提出的要求，与蒙古马能够长期忍受艰苦自然环境的坚韧性格不谋而合。

（一）坚韧者，服务大局

"善弈者谋势，善治者谋全局。"中国社会进入网络时代的转型期，以娱乐、消费、解构为表征的后现代主义思潮兴起，对社会主义核心价值观带来较大冲击。中国共产党带领中国人民穿过转型期的"历史三峡"，越过激流险滩，闯过惊涛骇浪，迎来"潮平两岸阔，风正一帆悬"的彼岸潮涌，实现中华民族伟大复兴中国梦。新时代坚持中国特色社会主义是中国共产党人需要书写的大文章，也是内蒙古检察文化的核心章节，写好这一关键章节需要壮阔恢宏的政治视野和高度自觉的大局意识。

1. 心怀大局，参与治理

习近平总书记指出，必须牢固树立高度自觉的大局意识，做到正确认识大局、自觉服从大局、坚决维护大局。内蒙古检察机关扎根北疆深耕四十载，以铁一般理想信念、纪律担当服务大局。刚刚跨越"两个一百年"的历史交汇点，迎来第二个百年奋斗目标，内蒙古检察机关必须把握历史大势，聚焦党和国家工作大局，把检察工作往深里做、往实里做。积极履行检察职能，办好呼格吉勒图案复查纠正等一批影响性案件。参与社会综合治理，在扫黑除恶、司法救助、企业合规、信访维稳等方面发挥检察职能，多个集体、个人获平安内蒙古建设先进奖。提高政治站位，坚持法治思维，严把案件事实、程序、法律适用关，依法打击黑恶势力犯罪。坚持打伞破网，对压案不办、放纵涉黑恶罪犯的司法人员立案侦查。坚持打财断血，制定财产处置意见，加强涉案财产处置、执行监督。参与社会综合治理，保障人民群众安全，推动扫黑除恶延伸治理，针对29个行业制发检察建议441份。

2. 能动履职，服务营商

深入开展"优化营商环境"大讨论活动，开展促进企业合规改革统一行动，推动涉案企业合规改革。出台服务保障民营经济高质量发展、优化法治化营商环境系列措施，公开发布典型案例。严厉打击侵害民营企业产权、企业家人身财产权犯罪。对企业相关人员涉罪案件，依法不捕不诉，变更强制措施。清理完成涉民营企业刑事诉讼"挂案"，助力企业发展。赤峰市院针对涉企主体实施"建设八大平台、服务十大活动、办好十类案件、建立十项机制、惩治损害营商环境十种行为"等举措，包头市院设立涉企案件绿色通道，鄂尔多斯市院开展优化法治化营商环境"五个一"举措，保安沼地区院针对性解决涉企服刑人员企业生产经营和服刑期间困难的实际问题。

（二）坚韧者，自强不息

"天行健，君子以自强不息。"内蒙古检察人立足新时代，践行新思想，展现新作为，发扬吃苦耐劳、一往无前的"蒙古马精神"，同各族人民一道建设亮丽内蒙古。

1. 脱薄争先，提质增效

内蒙古检察机关落实"质量建设年"任务，出台强基导向措施。推行"公检法律"同堂培训，举办"检察大讲堂"，联合浙江大学等高校为检察人员开展素能培训。深化与行政机关人才交流合作，选聘特邀检察官助理1千余人。出台方案帮扶相对薄弱院，通过下派挂职、选派任职等方式提升干部队伍素能。强化典型引领，组织"双先"表彰活动。开展"优化职能职责、优化工作流程"专项行动，厘清部门职能，明晰工作责任，缩短办案办事时限，助力检察工作"规范、精减、提速"。广泛征集意见建议，梳理取消下放职权，缩短精简要件环节时限。修订权力清单，规范检察权运行，制定容错纠错机制。

2. 维护稳定，诉源治理

致力维护国家社会安全稳定，打击危害国家社会网络安全犯罪、脱贫攻坚领域犯罪、严重暴力和社会影响较大犯罪。主动服务三大攻坚战，防范化解重大风险，依法打击涉众涉金融犯罪。向监管部门制发检察建议防范化解金融风险。深入基层延伸治理，检察人员定点派驻苏木嘎查助力脱贫攻坚，加强与农牧区群众沟通交流，打通检察机关参与基层治理"最后一公里"。与乡村振兴局建立国家司法救助助推乡村振兴帮扶衔接机制，建立案件线索移送反馈机制。做好多元化司法救助工作，将当事人纳入防止返贫动态监测和帮扶范围。

内蒙古有句谚语："千里疾风万里霞，追不上百岔的铁蹄马。"2023年是全面贯彻落实党的二十大精神开局之年，是"以检察工作现代化服务中国式现代化"的破题之年，是内蒙古检察工作力争上游的发力之年。① 内蒙古检察机关将深入学习贯彻党的二十大精神和习近平法治思想，努力完成好习近平总书记交给内蒙古的"五大任务"，坚持生态优先、绿色发展导向，弘扬守望相助、团结奋斗传统，筑牢"两个屏障"重大政治责任，让"模范自治区"这面旗帜绽放更大荣光。将大力弘扬"蒙古马精神"，塑造"忠诚、尚法、包容、坚韧"的内蒙古检察文化，努力做依法治国的实践者、内蒙古法治文明的捍卫者，为保障内蒙古民族团结的政治环境、繁荣安定的边疆环境、风清气正的法治环境、国泰民安的社会环境、平稳健康的经济环境贡献检察力量，在新征程上书写内蒙古高质量发展新篇章。

---

① 《全区检察长会议吹响内蒙古检察工作现代化冲锋号》，载 http://www.nm.jcy.gov.cn/xwzx/tpxw/202302/t20230213_3994697.shtml，最后访问日期：2023年5月23日。

加强文化强国背景下的新时代检察文化建设

——以贵州省检察机关文化建设为视角

李 波 柳盘龙[*]

社会主义法治文化是中国特色社会主义文化的重要组成部分。检察文化作为中国特色社会主义法治文化的重要组成部分，是检察事业发展的重要力量源泉，是加强检察队伍建设的重要推动力，也是密切检察机关与人民群众血肉联系的桥梁和纽带。检察文化建设是新时代检察工作高质量发展的重要一环，也是助力文化强国全面建设社会主义现代化国家征程中的重要力量。

一、推进"文化育检"对实现文化强国的意义

（一）坚持"文化育检"是检察机关维护国家文化安全的重要举措

社会主义法治文化建设与国家文化安全息息相关，而检察文化建设，是社会主义法治文化建设的重要组成部分，对于维护国家文化安全具有重要意义。2022年4月，中共中央办公厅、国务院办公厅印发的《"十四五"文化发展规划》中指出"实现文化发展质量、结构、规模、速度、效益、安全相统一"。全国各级检察机关认真贯彻落实党中央和最高检关于法治文化建设的安排部署，坚持以习近平新时代中国特色社会主义思想为指导，推动习近平法治思想入脑入心，将新发展理念贯穿检察文化发展全过程，大力弘扬宪法精神，传承红色文化，打造文化宣传阵地，深化检察理论研究，建设具有强大凝聚力和引领力的社会主义意识形态，牢牢掌握党对意识形态工作的领导权，巩固壮大主流思想舆论，切实树牢文化防线，维护国家文化安全。

（二）坚持"文化育检"是发挥检察文化教育引导作用的重要举措

一方面，"文化育检"能够帮助检察干警转变办案理念，切实做到为民

---

[*] 作者单位：贵州省人民检察院。

司法。通过把社会主义核心价值体系融入检察文化建设的全过程，开展廉政文化建设，巩固检察人员共同思想道德基础，使检察人员始终坚持"忠诚、为民、担当、公正、廉洁"的价值取向，让"让人民群众在每一个司法案件中感受到公平正义"看得见、摸得着。另一方面，"文化育检"能够加强与群众的血肉联系，以落实"谁执法谁普法"工作为抓手，加强家风建设、弘扬传统美德，引导人民群众尊法、学法、守法、用法，做社会主义法治的忠实崇尚者、自觉遵守者、坚定捍卫者。同时，坚持以人民为中心，鼓励人民群众参与文化创新创造，让群众在参与检察文化建设、感受检察文化内涵的过程中，深入了解检察机关、检察职能、检察干警，促进检察文化与群众文化的融合，进一步密切检群关系，提升司法公信力。

（三）坚持"文化育检"是推动检察文化与时俱进促进检察事业发展的重要举措

检察业务与检察文化是相互影响、相互促进的关系，随着社会结构的深刻变动、利益格局的深刻调整、思想观念的深刻变化，检察文化只有不断创新、不断发展，才能更好地服务检察事业发展。首先，"文化育检"要求加强对文化的法律保护。我国有着悠久的历史文化、丰富的红色文化和民族文化，要想继承和发展好文化，就要依法打击文物犯罪，保护好文化资源，这对公益诉讼等检察业务水平提出新的更高的要求。其次，"文化育检"在弘扬法治精神、传承优秀法律文化过程中发挥着重要作用。检察机关吸收优秀传统文化精髓和先进法治建设经验，形成独具特色的本地检察文化的过程，也是弘扬社会主义法治精神，传承发展中华优秀传统法律文化的过程。此外，"文化育检"也是检察机关能动履职的重要表现。检察机关能动履职，不但体现在业务工作上，也体现在检察文化建设上。要通过加强检察文化建设，增强干警的政治自觉、法治自觉、检察自觉。

（四）坚持"文化育检"是增强检察文化传播力影响力传播正能量的重要举措

打造专业文化工作队伍、创作优质文化作品、整合文化创作时间和规范文化传播平台管理，是新时期检察文化具有更强传播力、影响力的重要条件。只有坚持"文化育检"，通过加强学习培训、引进专业人才等方式，进一步提升检察干警文化作品创作、文化活动组织、文化平台管理等方面的能力水平，通过学习吸收先进法治文化，借鉴各行业文化优秀成果，发挥基层检察文化建设的主观能动性和创造性，依托地方文化、历史等特色资源，积极推进检察文化理论、内容、载体和机制创新，不断激发检察文化创新创造活力，促进检察文化交流、融合、发展，才能讲好新时代检察故事、传播检察好声音，不断提升人民群众的安全感、幸福感、获得感。

二、贵州省检察文化建设的实践与探索

近年来，为推进贵州省检察文化建设，贵州省检察院部署开展"4+1"工程建设，制定下发《"十三五"时期检察文化建设规划》等文件，围绕更好发挥文化的精神凝聚、辐射带动、创新引领、展示交流和服务保障功能，建设检察文化和检察队伍建设协调发展，法治文化和传统、现代文化融合共生，具有检察职业特点的检察文化。

（一）加强思想教育，强化理论武装

一是加强政治教育。贵州省检察机关坚持用中国特色社会主义理论武装头脑、凝聚共识，认真学习贯彻落实习近平新时代中国特色社会主义思想、习近平法治思想，牢固树立"四个意识"，坚定"四个自信"，做到"两个维护"，深入开展社会主义核心价值观宣传教育，巩固全体检察人员团结奋斗的共同思想基础。二是加强职业道德教育。开展以"忠诚、为民、担当、公正、廉洁"为核心的检察职业精神教育，组织"检察职业精神大讨论"活动，进一步明晰"检察职业精神是什么""为什么要培养检察职业精神"等问题，教育引导检察人员坚定理想信念和职业信仰，转变办案理念，筑牢检察人员的思想根基。三是深入开展"不忘初心、牢记使命"主题教育、党史学习教育、政法队伍教育整顿、学习贯彻习近平新时代中国特色社会主义思想主题教育等，统一思想、凝聚共识，增强全体检察人员的思想认同、理论认同和情感认同，推动"知行合一"的自觉行动。通过"检察官宣讲"、"书香检察"、"文化讲堂"、主题征文、读书会等形式，组织干警学习领会中国特色社会主义法治思想、法律思维和法学理论，强化法治信仰，为规范办案提供文化引领。

（二）营造文化氛围，培育优良检风

风清气正则事业兴旺，贵州省检察机关着力培养优良检风，为检察干警干事创业创造良好环境，为检察事业不断发展奠定良好基础。一是营造"比学赶超"的良好氛围。深化检察业务竞赛和岗位练兵活动，坚持练兵与

实训相结合,部署开展各业务条线以岗位素能基本标准为核心的业务竞赛和岗位练兵活动,切实解决司法办案不规范、不严谨、不专业等短板和问题,全面提升检察人员业务能力水平。二是营造"传帮带"促发展的良好氛围。组织全省检察业务专家、检察业务骨干、办案一线检察人员带头开展规范司法的调查研究,结合相关业务条线和岗位素能基本标准,按照"理论+实践+案例"要求,开发本业务条线的规范司法业务培训课程,通过线上线下同步教学,充分发挥"传帮带"作用,培养业务骨干。三是营造知礼学礼行礼的良好氛围。举办检察职业行为和礼仪培训讲座,利用"周末讲坛""道德讲堂"等活动,邀请知名法学专家和全国、全省检察业务专家讲授检察职业行为和礼仪方面的培训内容,帮助全省检察人员提高职业素养,养成良好职业行为及礼仪习惯。

(三)加强阵地建设,丰富文化载体

一是强化宣传阵地建设。贵州省检察机关认真做好新媒体平台建设管理,全省三级检察院已实现微博、微信和网站全覆盖。省检察院门户网站、抖音和"两微一端"等新媒体平台通过"系列报道""先进典型报道""专题报道"等形式,讲好贵州检察故事,影响力不断增强,微信公众号"贵州检察"、官方资讯类账号"湄潭检察"被中政委第二届"四个一百"优秀政法新媒体评选为先进单位。二是加强检察文化设施建设。全省各级院坚持因地制宜原则,积极建设检察文化阵地、开展检察文化体育活动。利用文化长廊、橱窗、庭院、警示教育基地、附属建筑等载体,激发检察人员主人翁意识和才智,参与设计、规划、制作反映规范司法理念、体现检察职业精神的格言警句、警示语、承诺牌等,营造相应文化环境。三是加强文化载体建设。结合基层检察院建设"4+1"工程创建的经验,开展检察文化示范院创建暨"院训、院赋、院歌、院徽"评选展示活动,展示贵州"传统文化、红色文化、民族文化"与检察文化深度融合的特色检察文化。同时,加大典型案例宣传力度,将检察文化与检察业务相融合,进一步丰富检察文化内涵。

(四)注重文化创新,加强文化保护

一方面,充分调动干警的积极性,积极开展文艺作品创作。注重发现和培养检察文艺人才,鼓励支持基层院干警进行文艺创作,组织开展全省检察机关书画摄影评选及巡展活动、微电影及专题片创作评选展播活动,其中,

《我是检察官·古寨新传》《公开听证》《苗岭密码》等作品在平安中国"三微"比赛等全国比赛中斩获多项大奖。另一方面,为了充分发挥公益诉讼检察职能,更好地推动红色文化资源的保护开发,省检察院把红色文化资源的发展和保护纳入检察公益保护范畴,在全省范围内开展了针对红色文化资源保护状况的专项调研活动。其中,省检察院办理的刀靶水红色资源保护案引起全省广泛关注,实现了"三个效果"的统一。

(五)选树先进典型,增强文化自信

一是积极开展先进典型选树培育工作。坚持聚焦司法办案工作、聚焦一线办案人员,深入挖掘各地先进典型的生动事迹,组织开展"规范司法标兵""检察英模"评选、典型人物先进事迹巡回演讲等活动,充分发挥先进典型的示范带动作用。其中,2022年8月30日,黔东南州检察院干警杨再滔被授予全国"人民满意的公务员"荣誉称号。二是发挥"检察文化建设示范院"辐射带动作用。充分调动基层检察文化建设的主观能动性和创造性,依托地方文化、历史等特色资源,促进各地文化资源优势互补、共同发展,引领推动全省检察文化建设向更高层次迈进。2021年以来,在省委省政府的领导下,贵州省检察机关积极参与法治毕节示范创建,推广法治建设经验,传播法治文化。三是满足干警精神需求,增强检察职业认同。教育督促干警践行检察官职业道德基本准则、职业行为规范和文明用语规范,开展宪法宣誓、入职教育,组织检察人员到检察博物馆、荣誉室、陈列室、廉政警示教育基地等法治文化场馆参观学习,组织观看优秀检察影视作品等,加深检察人员的职业认同感、归属感和尊荣感。

三、检察文化建设面临的风险挑战

(一)文化建设面临挑战

当前,我国发展进入战略机遇和风险挑战并存、不确定难预料因素增多的时期,国际矛盾冲突频繁,特别是在意识形态领域的斗争更加激烈。争夺话语权、网络控制权、信息权、文化领导权等"软实力"成为国家综合国力竞争的焦点。在社会主义市场经济条件下,人们的思想既有符合社会主义核心价值观的积极因素,也存在逐利、拜金等消极因素,使主流意识形态遭受冲击。在多种因素的作用下,检察文化建设也将面临更多意识形态领域风险的挑战。

（二）司法改革尚待完善

司法体制改革涉及方方面面，特别是利益调整、办案理念转变等，容易对检察干警在思想观念、价值取向、执法意识、工作态度、利益需求等方面产生影响。由于司法体制改革后，对检察文化的调研指导不够充分，不能及时研究解决检察文化工作中的重大理论与实际问题，检察人员极易受到不良和错误思想、理念的影响。检察文化建设在主动适应改革、积极反映改革、努力推动工作变革和帮助干警树立新理念，为检察工作高质量发展发挥引领作用方面还需进一步加强。

（三）文化保护还需加强

近年来，文化资源遭受破坏的事件仍然存在，部分群众对文化资源保护的意识不强，相关管理部门保护力度不够，导致红色文化、民族文化等不能很好地得到继承和发展。检察文化建设要从红色文化、民族文化、传统文化中汲取养分，就要进一步加强文化资源保护工作。就目前来说，检察机关在充分发挥公益诉讼检察职能，保护文化资源的过程中，对典型案件办理、总结、推广、宣传力度不够，未真正做到办理一案、警示一片、治理一方，实现办案"三个效果"的统一。

四、关于加强检察文化建设推进"文化育检"的思考

习近平总书记在党的二十大报告中指出，要坚持中国特色社会主义文化发展道路，增强文化自信，围绕举旗帜、聚民心、育新人、兴文化、展形象建设社会主义文化强国。这为新时期检察机关推进"文化育检"建设文化强国指明了方向。

（一）坚持党的领导，推动党建在检察文化建设中发挥引领作用

"举旗帜"，检察文化建设要一以贯之地坚持党的领导，贯彻落实党管宣传、党管意识形态、党管媒体原则。坚持用习近平新时代中国特色社会主义思想、习近平法治思想武装头脑，把握新发展阶段，贯彻新发展理念，构建新发展格局，贯彻落实《中共中央关于加强新时代检察机关法律监督工作的意见》，建设具有强大凝聚力和引领力的社会主义意识形态。充分发挥文化的教育引导作用，用社会主义核心价值观铸魂育人，持续开展学习贯彻习近平新时代中国特色社会主义思想主题教育、党史学习教育等，用党的创新理论武装全党，推动检察事业高质量发展。充分发挥党建引领在检察文

建设中的重要作用，特别是发挥好党支部主阵地作用和支部书记"领头雁"作用，健全检察文化建设相关工作机制，推动社会主义核心价值观传播，中华优秀传统文化得到创造性转化、创新性发展。

（二）坚持联系群众，推动群众在检察文化发展中发挥更大作用

"聚民心"，检察文化建设始终坚持以人民为中心，尊重人民主体地位，注重把握时代脉搏，顺应历史发展，通过创新文化传播的内容与形式，满足当代人的审美需求、文化需求。深耕于群众，善于发掘人民群众的所思所想，注重从群众关注的热点案件、重点工作中，发现总结文化作品创作素材。用好从群众中来、到群众中去的工作方法，运用短视频、漫画、海报、电视剧等人们喜闻乐见的形式，将检察工作和队伍建设中的好故事、好事迹宣讲出去。切实做到让检察文化建设走进群众生活，鼓励动员群众参与，反映群众心声，回应群众需求，积极引导群众加强文化保护，在继承和发扬中华优秀传统文化和建设先进检察文化过程中，推动明大德、守公德、严私德，提高人民道德水准和文明素养，提升群众安全感、幸福感、获得感。

（三）增强文化自信，突出干警在检察文化建设中的主体地位

"育新人"，坚持以人为本、以我为主、眼睛向内、重心向下，强化检察干警的主人翁意识，积极动员干警参加检察文化建设。坚持实现服务和教育引导检察人员相结合，满足检察人员精神文化需求和提高检察人员综合素养相结合，推动形成共谋共建共享、全员参与的检察文化建设格局，促进检察人员全面发展，进一步提升检察队伍凝聚力、向心力、战斗力。围绕传播检察文化正能量、树立检察队伍新形象、提升检察机关公信力，积极做好先进典型的发现、培育、宣传工作，加强先进典型的表彰工作，充分发挥先进典型的示范带动作用，用检察文化宣扬激发正向动力，为干警树立远大目标、正确的价值观，以文化自信增强检察人员职业认同感、归属感、使命感。

（四）总结经验教训，推动新时代检察文化大融合大繁荣大发展

"兴文化"，坚持中国特色社会主义文化发展道路，明确检察文化建设思路，提升检察文化建设层次，总结推广经验做法，打造检察文化特色品牌。推动检察文化与传统文化、民族文化、红色文化的融合，依托地方特色文化资源，积极开展检察文化活动，培育富有检察特色、体现地方元素、反映时代特征的检察特色文化品牌。推动检察文化与检察工作融合，通过开展

文化品牌选树、检察典型选树、文化建设成果展示、检察影视精品创作、红色检察文化保护与传承应用等活动来探索实践，在各项检察工作中融入文化元素。推动地区检察文化、检察文化与其他司法机关的文化、检察文化与群众文化的融合，以文化交流、文化融合畅通检察机关与其他司法机关及群众沟通交流的渠道，推动新时代检察文化大融合大繁荣大发展。

（五）营造文化氛围，不断加强新时代检察文化传播能力建设

"展形象"，推进检察文化传播能力建设，讲好检察故事、传播好检察声音，向群众展现真实、立体、全面的检察机关，积极助推国家文化软实力和中华文化影响力的提升。在新时代下，检察机关要创新宣传业务、规范宣传流程、重构宣传格局。要充分发挥主动性与创造性，注重高质量文化作品创作，组织形式新颖多样的检察文化活动，丰富文化内涵和文化载体，营造良好的检察文化氛围。加强与新闻媒体的沟通，进一步扩大宣传影响力。抓好自身新闻宣传阵地建设，规范检察新媒体平台管理，结合融媒体中心建设，建好用好媒体矩阵，构建具有鲜明检察特色的传播体系和一体化"大宣传"工作格局。

推进安徽检察文化建设的几点建议[*]

王宇松[**]　吴贻伙[***]

对于"检察文化"这个概念,最高人民检察院办公厅在 2010 年 12 月 1 日印发的最高人民检察院《关于加强检察文化建设的意见》中将其表述为:检察文化是检察机关在长期法律监督实践和管理活动中逐步形成的与中国特色社会主义检察制度相关的思想观念、职业精神、道德规范、行为方式以及相关载体和物质表现的总和,是社会主义先进文化的重要组成部分,是检察事业不断发展的重要力量源泉。这个概念虽然很长,表述得也较为全面,但实际上只是描述了检察文化的表现形式和基本内容。我们认为,要精准地推进检察文化,还要首先从检察文化的本质属性探究。

一、检察文化的本质属性探究

文化本质上是一套非正式行为规范。要快速、准确、有效地认识和理解"文化"这个概念,首先必须将其看作一套行为规范。更多地从行为规范属性角度来看待文化,主要集中在制度经济学学者的著述里。大多数制度经济学研究者都认为规则系统是文化的核心组成部分,文化永远具有规范性内涵,是一套规则系统。大多数制度经济学学者往往喜欢将文化定性为一种非正式制度系统,它与正式制度系统一起来规范和指导着人们的行为。认为一个社会能否健康、有序、高效地运行,关键是正式制度和非正式制度的有效配合、协同运作。[①] 相较于其他类型的规范,文化作为一套规范系统,有一

---

[*] 此文系安徽省人民检察院宣传处申报的安徽省委宣传部"部门出题　智库解题"重点课题,由安徽省重点智库——安徽师范大学安徽文化发展研究院承担。
[**] 作者单位:安徽师范大学。
[***] 作者单位:安徽省人民检察院。
① 〔澳〕柯武刚、〔德〕史漫飞、〔美〕贝彼得:《制度经济学:财产、竞争、政策》(第二版),柏克、韩朝华译,商务印书馆 2018 年版,第 210 - 212 页。

个鲜明的特色,就是有很强的信念和价值色彩,需要有广泛的社会认同基础。我国著名社会学家费孝通就指出:凡是能被社会不成问题加以接受的规范,往往都是文化性的。① 由于强调信念和价值色彩,文化又往往被许多人赋予了很浓厚的道德和伦理意味。但这里需要注意的是,这种道德和伦理意味更多是在行为规范意义上的强调。我国较早的一本检察文化专著《当代中国检察文化研究》就指出,规范特征是文化的主要特征。② 费孝通也指出,一种文化对于一个新分子来说,是具有强制性的。③ 这些完全符合行为规范的"条件假设+行为模式+法律后果"的构成要件。

当然,在不同的社会学科领域里,人们对文化有着不同的认知和判断,其中所含有的规范性成分也各有不同。如在艺术、文学等领域里,文化内涵中的规范性成分就不是太突出。但是在法律领域里,文化的规范性成分是它的核心和主体。当我们说到法律文化、司法文化,必须从规范性角度来认知和判断。检察文化属于法律文化范畴下的司法文化。因此,检察文化也必须从规范性角度来认知和判断。当前,有些人没有从规范性角度来认知和判断检察文化,而仅仅从规范性的外在投射物角度来理解文化,如说到检察文化建设,就是检察院办公区域建个文化走廊,举办个摄影活动,搞个读书室等。这种只是从检察文化的表象角度来理解和认识检察文化,很难真正推动和繁荣检察文化。

在现代社会里,单有法律等正式制度,而没有非正式制度与其配合,正式制度往往是很难发挥其应用的规范功能;单单有非正式制度,没有正式制度,规范效果也会大打折扣。作为检察院工作人员也一样,一方面要遵循正式的相关制度,另一方面也需要一些非正式制度来约束。当不从行为规范角度来把握检察文化的本质属性,而去关注检察文化的表象,检察文化作为一种非正式制度,就很难有效协助正式制度规范和引导检察队伍工作人员的工作,发挥检察文化的应有功能。随着我国整体国力提升,法治建设不断取得新的成就,法治文化建设变得越来越重要。这既是提升和完善我国法治建设的重要内容,也是提升和发展我国"软实力"的重要内容。检察系统是我国发展建设的核心力量,检察文化建设是我国法治文化建设的重头戏之一。

---

① 费孝通:《乡土中国》,上海人民出版社2007年版,第62页。
② 徐汉明、金鑫、郭清君、周泽春、吴世文:《当代中国检察文化研究》,知识产权出版社2012年版,第42页。
③ 费孝通:《乡土中国》,上海人民出版社2007年版,第62页。

在这一背景下，在检察院系统，从行为规范这一角度来认识和理解检察文化，并要求检察队伍的每一个成员都将其视为自己新时期工作的基本行为准则要求，履行遵守行为准则是一项当然义务，而不再是可有可无的一项选择，才能较好引导和督促检察工作人员去主动参与和实践检察文化建设，推动检察文化建设的发展繁荣。

基于上述考虑，我们认为，应让检察队伍的每一员都认识到检察文化是一套规范检察人员行为的非正式制度、内在制度，进而在思想上重视检察文化建设。在本质上，文化是一套规则系统，以协调人们的行为。从这个意义上说，文化永远是一种规范性内涵，是一种行为规范在人们思维实践中反复实践的内化，它创造了人们内在的思维模式和决策参考架构，是人们行为决策形成的隐蔽决策机制。相对于规范检察工作和检察队伍建设中的各种法律法规等正式制度、外在制度，检察文化是一套规范检察工作和检察队伍建设的非正式制度、内在制度。在这个意义上，通过宣传教育，让检察队伍中的每一员都认识到，参与检察文化建设，自觉实践检察文化，对自己来说，不再是简单的自愿与否的一般要求了，而是履行本职工作的应有义务。

二、审慎确立检察院的院训

一个检察院的院训是该检察院价值理念和思维方式的集中体现。选定一个恰如其分的院训，有效地将本院追求的价值理念和思维方式凝练其中，是推动检察文化建设的有力抓手，以确保检察文化建设能持续朝向一个明确的既定方向推进。

从检察文化的结构要素来看，院训属于检察精神文化层面的内容，在检察文化建设中，处于统领地位，居于检察文化系统结构中的最高层次，影响着检察文化的其他要素，特别是对检察制度有效运行有着深层次影响。有学者就指出，"检察精神文化是检察文化中结构层次最深的，它是指受过专业法律教育、对检察权行使拥有更加专业化认识的人的观念，特别是检察干警与其他参与检察活动的人，他们对检察活动能产生较为有力的影响或价值，其在检察权行使过程中体现出来的法治观念，直接决定了程序法治化的进程及实现程度，时刻影响着检察制度的运行"。[①] 一般来说，文化从功能层面

[①] 舒国兵：《新时代检察文化建设论纲》，载《西南民族大学学报（人文社会科学版）》2020年第3期。

对于人的影响表现在三个层面,即心理层面、行为层面、物质层面。依据这种功能主义标准,徐汉明教授在2011年发表的一篇论文中将检察文化细化为检察精神文化、检察行为文化和检察物质文化。所谓检察精神文化,指的是检察工作人员在检察活动中体现的思维方式和价值体系,是检察文化的核心所在。所谓检察行为文化,是指检察工作人员在检察实践活动中彰显的文化,主要包括在执法行为、管理行为、教育行为、交往行为等行为。而检察物质文化,指的是由检察建筑、设备、服饰等具体物质所表征出来的文化,属于特定时期检察文化传承的外在载体和反映。[①] 之后,在徐汉明教授等人于2012年出版的专著《当代中国检察文化研究》中,将检察文化三个结构要素概括为精神文化、行为文化、物质文化。[②] 徐汉明教授对检察文化系统这三个层次的划分,既得到了检察院系统许多人的认同,也得到了学术界许多人的认可。西南政法大学的舒国兵老师认为检察文化"由浅入深可以具体细化为四个层次,第一层是检察物质文化,具体来说,是指检察机关在行使检察权时所需要的各种条件、办公环境,以及检察干警在执法过程中需要使用的物资保证、制服配备等,都统归检察物质文化。第二层是检察制度文化,即与检察权运行相关联的各种行为规范。第三层是检察行为文化,即检察人员从事与检察相关联工作的行为模式。第四层是检察精神文化,是体现在检察干警在从事检察工作中所表现出来的意识形态、法治观念、法律思维等"。[③] 相比较而言,舒国兵老师将徐汉明教授的检察行为文化又细分为检察制度文化和检察行为文化,有效地在制度层面将检察文化的行为规范属性突出来。

我们基本认可上述对检察文化系统所作的结构层次划分,不论是徐汉明教授的三层次结构划分,还是舒国兵老师的四层次结构划分,都具有一定的科学性。但是从如何直接、简洁、快速把握检察文化要义,如何让检察文化建设在实践中更具有可操作性这个角度来讲,我们更倾向于将整个检察文化作为一套非正式制度来看待,并将其与正式制度的法律进行类比,参照其结

[①] 徐汉明:《检察文化建设:理念更新与实践创新》,载《法学评论》2011年第3期。

[②] 徐汉明、金鑫、郭清君、周泽春、吴世文:《当代中国检察文化研究》,知识产权出版社2012年版,第211页。

[③] 舒国兵:《新时代检察文化建设论纲》,载《西南民族大学学报(人文社会科学版)》2020年第3期。

构要素进行划分。

我们知道在一般的法理学教材中，多数都是将法的三要素提炼概括为：法律原则、法律规则、法律概念。检察精神文化就类似于法律原则，检察行为文化（或者检察行为文化＋检察制度文化）就类似于法律规则。虽然检察物质文化和法律概念相似性要少一些，不好进行前面的类比，但将检察物质文化作为检察文化系统结构中一个相对独立的构成要素是不成问题的。因此，一个完整的检察文化系统的三个结构要素，在我们看来就是检察精神要素、检察制度要素、检察器物要素。之所以用"制度要素"这个概念，一是突出检察文化的制度属性，二是尊重人们的表达习惯，如制度学派、法社会学、法人类学等学科，都是用"非正式制度"来表述具有规则属性的文化。之所以用"器物要素"这个概念，一是突出"制度"与"器物"的不同，它们在塑造人的精神观念上的差异。二是它们是一对经常放在一起使用的概念，我们可以经常看到将"制度"和"器物"作为一对概念放在一起用，但是很少看到将"制度""物质"这对概念放在一起用。这样的表述，可能会显得更加规范一些。

将检察文化中的"精神要素"和"制度要素"比作法律中的"法律原则"和"法律规则"，我们就可以发现，检察文化体系中"精神要素"和"制度要素"是本，是检察文化中的核心内容，检察文化建设应该从这两个方面去着力。而"器物要素"是末，只是"精神要素"和"制度要素"的投射物和外在载体。当"精神要素"和"制度要素"建设取得了成功，"器物要素"自然也就水到渠成。当然，三者之间也是相互影响的，检察精神文化会影响检察制度文化，检察制度文化也会影响检察精神文化；检察精神文化和检察制度文化会影响检察器物文化，检察器物文化也会影响检察精神文化和检察制度文化。但是，一般来说，检察精神文化和检察制度文化对检察器物文化的影响更大，是一种决定性的作用，而检察器物文化对检察精神文化和检察制度文化的影响是非常有限的，只起到一个辅助性、间接性的影响。因此，必须将检察精神文化和检察制度文化作为检察文化建设的着力点和重心，就如同法律体系的建设，重心是法律原则和法律规则的建设。法律概念只是服务于法律原则和法律规则表述准确和方便的需要，如果没有法律原则和法律规则的存在，法律概念将变得毫无意义。同理，如果没有检察精神文化和检察制度文化的成功建立，检察器物文化建设的意义也将大打折扣，或者说得更极端一点，如果没有检察精神文化和检察制度文化的支撑和导入，检察器物文化就是无源之水，无本之木。

检察文化作为一套非正式制度，其最基本、最核心的功能就是配合和促进与检察工作相关的正式制度能得以有效运行。最高人民检察院《关于加强检察文化建设的意见》第2条就指出，"检察文化具有独特的教育、规范、凝聚、激励等功能，加强检察文化建设，对于提升检察人员的综合素质、促进各项业务健康发展具有基础性、长期性推动作用"。在学术上，关于检察文化功能的探讨也很多。如有的学者认为，检察文化具有导向功能、约束功能、激励功能、辐射功能。有学者指出，检察文化具有导向功能、凝聚功能、约束功能、激励功能。这些功能看似很复杂繁多，其实归根结底就是配合和促进与检察工作相关的正式制度能得以有效运行。如对检察人员的教育、凝聚、激励等功能，看似和正式检察制度的运行没有直接关系，但实际上正是通过对检察人员观念、思维等方面的培养和塑造，从而让检察人员在遵循正式制度时更加自觉、主动，减少正式制度运行的摩擦力，让正式制度运行得更加顺畅、有效。至于约束、规范、引导等功能更能直接辅助正式制度的有效运行。因此，在检察精神文化建设过程中，必须始终牢牢围绕检察文化配合和促进正式检察制度以有效运行这个中心任务来开展，千万不能出现检察精神文化与正式检察制度、检察实践在价值追求、观念、思维方式层面出现任何冲突和不协调之处。

一般来说，在价值追求、观念、思维方式层面，检察文化和正式检察制度的原则要求是一致的。首先，它们都属于广义意义上的法律文化范畴之中的内容，然后又都是法律文化中的司法文化的内容，所以在大多数情形下，检察精神文化的价值追求、观念、思维方式与正式检察制度的价值追求、观念、思维方式几乎可以画上等号，表现为正式制度的原则就是检察精神文化的内容，如公正、崇法、尚德等。其次，在一个主权国家内，为了实现法治的统一性，也要求无论是法律文化层面，还是具体的法律制度层面、法律实践层面，都强调在价值追求、观念、思维方式方面保持统一性。随着我国法治建设不断深入，对外开放不断扩大，对统一的法治环境要求也越来越高，因此，也就要求全国各地在对法律的价值追求、观念、思维方式上保持更高水平的统一。在这样的背景下，在检察精神文化建设中，每个检察院都要建立一个有自己特色的院训，是非常困难的，也没有太多的必要。

在我们的调研过程中，不论是通过网络对全国各地的检察院进行搜索，还是到省内外一些检察文化建设有特色的检察院实地调研发现，大部分检察院都没有院训。有的检察院有院训，如果将其单独拿出来看，不论是放在法院、公安，还是放到其他检察院，都让人觉得非常适合，看不出有什么不和谐、突兀之处。还有的检察院院训虽然突出了检察院的特色，但只是与法院、公安相比而言，还不能突出甲检察院与乙检察院的不同之处。可见，检察精神文化虽然非常重要，但是它与一般的法律精神文化之间没有什么实质性的区别，它们是一体两面的，只要注重一般的法律伦理、法治观念、法律思维的培育，就可以实现检察精神文化建设的需要。在实践中，虽然大多数检察院都没有自己的院训，但其中的有些检察院的检察文化建设依然做得非常好。

但这里不是说，院训绝对没有必要，没有意义。而是说，选择、确立院训必须慎之又慎，它至少必须符合两个基本原则要求：一是以院训为代表的检察精神文化所体现的价值追求、观念、思维方式，必须与正式制度、检察实践的价值追求、观念、思维方式保持高度一致，或者相互配合、促进。二是当地必须有鲜明特色的地方文化资源，且这一文化的价值内核与正式制度、检察实践的价值追求、观念、思维方式高度契合，或互为补充促进，是对正式制度、检察实践价值追求、观念、思维的进一步拓展和深化。如安徽徽州地区的徽文化非常有特色，徽文化中的徽骆驼精神包含的百折不挠、忍辱负重、恪守诚信的精神就寓意深远。如果徽州地区的某个检察院要突出地方检察院的检察精神文化特色，将这种徽骆驼精神融入到检察精神文化之中，就可以先在诸如《中华人民共和国检察官职业道德基本准则》此类文件中找到那些与徽骆驼精神一致，或相互配合促进的检察职业道德基本准则，如充分发挥徽骆驼"百折不挠、忍辱负重、恪守诚信"精神这个角度，将两者结合起来，凝练成院训。万不可仅仅只是为突出地方文化特色，抛弃甚至背离了正式制度、检察实践的价值追求、观念、思维方式，舍本逐末，违背检察精神文化建设的初衷和功能定位。如果做不到上述要求，就干脆不要制定院训，直接将正式制度中的价值追求、观念、思维方式作为检察精神文化的内容，然后在检察制度文化建设中充实、突出某一方面的特色。

如果有些检察院比较追求检察文化建设体系形式上的完整性，非常希望选择、确立一个院训，也未尝不可。根据我们对相关学术资料的梳理，结合调研过程中对其他检察院做法经验的总结，课题组成员认为选择、确立一个院训，可以遵循如下步骤和原则：第一步，对正式制度、检察实践中的价值追求、观念、思维方式进行梳理，凝练出正式制度、检察实践中有代表性的价值观念、思维方式，作为本院院训选项的基础性资源。第二步，收集、整理本地的地域文化资源，找寻能和正式制度、检察实践中有代表性的价值观念、思维方式相契合、相协调、相补充、相促进的东西。第三步，根据自己院里的现有检察文化、人员状况、物质基础、期望追求的目标等，再与凝练出的正式制度、检察实践中有代表性的价值观念、思维方式，收集、整理出的本地地域文化资源结合，实现三种资源的有效整合，选择、确立出院训。这里需要注意的是，院训不需要将正式制度、检察实践中有代表性的价值观念等全部概括进去，而只需要选择与本地文化资源和检察实际情况最有效整合的部分，以点带面。特别是通过后期的检察制度文化来充实、弥补、具体化检察精神文化。具体操作过程中，许多检察院都是召集本地的法律人才、地方文化研究专家等共同参与确定，有的还召集一些外地相关人才提供咨询建议。这些人才中，高校占据主要部分，当然还有一些实务专家也会被邀请加入。有些地方检察院还通过奖励方式向社会征集，然后由各个专家参与评审，来确定院训。

基于上述考虑，我们认为，在价值理念上要与规范检察工作和检察队伍建设的各种法律法规等正式制度、外在制度高度契合，相互促进、相互强化。检察文化作为一套规范检察工作人员行为的非正式制度、内在制度，与规范检察工作和检察队伍建设的各种法律法规等正式制度、外在制度之间是一体两面的。如果两套规则系统在价值理念上存在冲突，势必会导致规则体系混乱，运行成本增高，乃至难以运行。因此，不能为一味追求各自检察文化特色，导致检察文化在价值理念上偏离规范检察人员行为的各种法律法规等正式制度、外在制度的价值理念，而应让它们之间保持高度一致，或者直接遵循同一套价值理念。

三、重视检察制度文化建设

在一个完整的检察文化系统中，虽然说是由精神要素、制度要素和器物要素三部分构成的，但真正具有实质意义的只有制度要素，无论是精神要素，还是器物要素，没有了制度要素的存在，都将难以存续，也无法实现其自身的功能目的和载体展示。我们甚至可以比较极端地说，精神要素和器物要素都是制度要素的衍生物，没有制度要素这个根，精神要素和器物要素都将灰飞烟灭。我们在前面说过，在检察文化建设中，关键是检察精神文化和检察制度文化的建设，检察器物文化只是前两者的投射物、载体而已，当检察精神文化和检察制度文化建设成功，检察器物文化也就水到渠成。我们虽然不能将检察精神文化与检察制度文化做这样的类比，从学理逻辑上，检察精神文化应是检察制度文化的本，检察制度文化是检察精神文化的外在展示。但是从检察文化建设的实际有效操作层面来讲，我们应该将检察制度文化放在首位，检察精神文化反而处于次要位置。在整个检察文化建设中，至少应将80%的精力放在检察制度文化上来。

首先，精神要素是抽象的、空洞的，它需要制度要素来具体化、来逐步填实。在我们将检察文化中的"精神要素"和"制度要素"比作法律中的"法律原则"和"法律规则"，我们就可以发现，虽然"精神要素"所处的位置很高，属于最高层次，但是"精神要素"中的内容是抽象的、原则的，需要通过"制度要素"去具体化，去填实。就如同在法律中，"法律原则"的内容本身是抽象的、原则的一样，它需要通过"法律规则"去具体化，去填实。考察我们的宪法到各个部门法，都是遵循这一要求。宪法中规定了每个人都有平等的劳动权利，这是原则性的规定，在一个国家具有最高权威，但是如果没有以《劳动法》为代表的一系列保护劳动者平等劳动权的具体制度，宪法中这个权利就很难落地。民法中"诚实信用"这个原则，学习过法律的人都知道它是民法中的帝王原则，但单纯这个原则本身也是抽象、空洞的，在没有民法中诸如合同法、物权法、侵权法等一系列具体法中的众多制度体系将其具体化、实在化的情形下，当一个人违反了这一原则，我们既不容易对其进行有效界定、判定，也不知道如何去处置。

其次，精神要素中的价值理念、思维方式，是借助制度要素这个载体植入人的大脑中的，也是通过制度要素被感知，并得以不断强化、展示、传承的。观念并不是凭空进入大脑之中的，自柏拉图推崇的理念论以来，对于观念如何进入人们大脑之中，又如何重新塑造人的观念和思维，进行了无数次的论战。马克思强调实践经验对观念意识的塑造和决定性作用，这对我国思想界、实务界的影响都是巨大的，所谓物质决定意识、实践出真知等，都是这种认知理论的反映。这些有关理念、观念、经验、思维等问题及其相互间关系的探讨，回到检察文化精神要素和制度要素之间的关系中，都在不同程度上强调了精神要素中的价值理念、思维方式等，需要借助制度要素实践化这个载体和环节来植入人的大脑。

此外，通过制度不断实践化植入人大脑中的价值理念和行为方式，一旦在人的大脑中生根，就会形成路径依赖，不断自我强化，成为一个民族的传统和习惯，在人的行为决策中起到一种本能性反应，对一个群体的价值观念、思维方式、行为方式真正起到了决定性的影响。在决策心理学中，一般把人的行为决策机制分为两种：显性决策机制和隐性决策机制。所谓显性决策机制，是指一个人在做一项行为决策时，会有意识地主动进行分析比较，然后在充分比较分析后，十分谨慎地做出一项选择。所谓隐性决策机制，是指一个人在做一项行为决策时，会无意识、不假思索、本能性地做出一项选择，用一句时髦话来描述，就是跟着感觉走。但需要注意的是，这里的无意识、不假思索，并不是真正的无意识、不假思索，而是对类似情形经过无数次实践后形成的一种自动意识反应。根据行为科学的研究发现，人们日常生活、工作中的大量行为决策都是由隐性决策机制完成的，只有很少一部分行为决策是通过显性决策机制来完成的。根据近年来经济学和行为科学的研究显示，人们大量行为决策由隐性决策机制来完成，从人的大脑资源分配和效率角度来说，是最经济、最高效的。

回到检察文化建设上来看，通过检察制度文化的建设，将包含检察精神内容的检察制度在实践中进行不断地实践化，也就会在检察工作人员的大脑中植入检察精神的内容。这种制度实践化植入方式，会不断形塑和强化检察人员工作和生活行为方式的潜意识和本能性反应。不同的检察制度，不仅会形塑出不同的检察人员工作和生活行为方式的潜意识和本能性反应，形成真正意义上的检察文化，而且还会形成不同的路径依赖，得以传承、延续下去。

这里需要注意的一点是，正式制度与非正式制度之间从来都不是单向转化的，它们之间一直都是在相互转化着。也就是说，在正式制度向非正式制度转化的同时，非正式制度也在不断向正式制度转化，这是一个自始至终都在互动的制度演化过程。如我们今天大量存在的正式法律制度，很多都是由非正式制度转化过来的，用人类学家或社会法学学者的说法，这是一种"习惯的再制度化"。习惯是一种非正式制度，是在人们不断的实践探索过程中，总结形成的经验成果，最后凝练成一些简单的非正式制度规则。"习惯的再制度化"就是将这种非正式制度规则，经过二次制度化，主要通过立法或司法过程，将其转化成正式制度规则，一般表现为法律。在法理学上，将这种非正式制度向正式制度的转化方式称之为"对习惯的认可或确认"。我国的民法典总则编第10条规定"处理民事纠纷，应当依照法律；法律没有规定的，可以适用习惯，但是不得违背公序良俗"。可见，非正式制度向正式制度进行转化，在我们的日常生活中是无处不在、无时不在的。另外，之前大量的正式制度，随着时代情势的变化，正在不断地转化成非正式制度。如在我国，我们当前大量的人际交往和行事规则还有很深的儒家思想的烙印，属于非正式制度，但在过去都是法律，都是属于正式制度范围内的。如我们现在人际交往仍然适用的各种礼仪规则要求，在过去很多都属于正式制度范畴的，违背这些规则，就可能会面临着刑事处罚。回到检察制度文化上来看，正式制度和非正式制度之间，既是相互转化的关系，又是相互配合、促进的关系。发达的非正式制度体系和运行实效会对正式制度的运行起到润滑作用，大大减少正式制度的运行阻力，促进正式制度的有效运行。同时，高质量的正式制度得以有效实施，形成良好的法治风范，自然可以促进这些正式制度自身的道德化、伦理化，培育和形成发达的非正式制度体系和运行体系。

从促进和繁荣检察文化，加速我国法治进程角度来看，应当优先考虑强化高质量正式制度的法治化运行，以加速培育、演化出非正式制度。与此同时，对于检察院开展的检察文化培育活动，也一定要制定相应的制度，并进行有效实施。如现在各个检察院都强调融媒体宣传的重要性，就需要围绕如何开展融媒体宣传活动制定一系列相关制度，并有效贯彻实施。我们在省内外检察院的调研过程中发现，这里的理论推演得出的结论是可靠的。只要重视检察制度文化建设，并有效实施，这些检察院的检察文化建设都搞得红红火火。反之，检察文化建设都很难有所成就。如安徽省马鞍山市花山区检察院就非常重视正式制度和非正式制度的同步抓、同步建，强调检察文化建设要"内化于心、固化于制、外化于行"，不仅很早就制定了检察文化建设的总体布局，出台了《2012—2020年检察文化发展纲要》，而且逐步完善了相关配套制度。为保障正式制度的有效实施，催化和培育非正式制度，建立了一系列配合、促进正式制度实施的院里的配套制度，如为提升检察干警的业务素质，建立了诸如"青年导师制""AB岗位制"等检察干警人才培育机制。为推动非正式制度的有效生成和固化，也制定了一系列的相关配套制度，如《花山区人民检察院信息宣传调研工作目标管理办法》《花山区人民检察院新媒体平台管理办法》《花山区人民检察院年度绩效考核实施方案》等。在这些制度的保障下，花山区检察院在检察文化建设中取得了丰硕的成果，先后荣获全国文明接待室、全国优秀青少年维权岗、全国检察宣传先进集体、安徽省文明单位、全国先进基层检察院、全省检察机关基层院建设示范典型单位、全省民族团结进步创建活动示范单位等荣誉。可见，通过强化检察制度文化建设，对检察文化建设的整体水平提升作用是非常显著的，也非常有效地推动了检察院各项功能的实现。

就各级检察院如何来制定相关推进检察制度文化建设的配套制度来说，至少需要做到两点：首先，对院里准备制定的制度进行分类。一般来说可以分为两大类，一类是对正式制度内容的细化、丰富、拓展、延伸，以配合、促进正式制度更加高效率、高质量实施。如各种"以案析理"的制度、"规范化执法评比"制度等，各种"检务公开""阳光检察""检察开放日"活动等，都可以归入此类。另一类是与正式制度实施没有直接关系，但会间接配合、促进正式制度更加高效率、高质量实施。如为促进对外宣传提供保障的各种制度，院图书阅读管理制度等，都属于这一类。其次，结合本地文化资源、经济社会特色、检察院自身人力物力资源等，打造一批自身的检察文化品牌特色。也就是说，一定要走品牌化路线，突出自身特色。正式制度本身及其实施，作为基层检察院可作文章的空间非常之小，但是在细化、丰富、拓展、延伸其实施方式上还是有大空间的，这也是体现不同地区检察院文化特色的主体部分。如未成年人保护是我们检察工作的一项重要职能，但如何把这项工作做细、做出特色，并通过一系列的制度将其固化，让其传承下去，对于各地检察院来说，就各不相同，有很大空间可以去做。对于那些与正式制度实施没有直接关系的做法，更需要结合自身优势，通过制度化方法来固化它们，再通过制度的不断实践化，来巩固和完善这些好的做法，培育成一个检察院的一种传统。如现在的多媒体宣传这块，凡是做得比较好的检察院，几乎都制定了相应的配套制度。

基于上述考虑，我们认为，在两套制度相互转化上，应侧重通过强化正式制度有效实施来实现向非正式制度转化，即遵循"抽象法→道德法→伦理法"的制度演化逻辑。检察文化作为非正式制度、内在制度，与规范检察工作和检察队伍建设的各种法律法规等正式制度、外在制度间是始终相互转化的。但是正式制度是本，非正式制度是末，不能本末倒置。只有这些正式制度质量高，并得到切实有效实施，才能推进检察文化等非正式制度发展，繁荣检察文化。反之，检察文化建设则容易流于形式，难以真正建立起有生命力的检察文化，也难以期望通过检察文化建设来促进各项检察工作科学发展。当高质量的正式制度得以有效实施，形成良好的法治风范，就自然可以促进这些正式制度自身的道德化、伦理化，最终内化于检察人员的思维中，外化于他们的行动中，实现检察文化的繁荣。反过来，又促进各项检察工作的开展。

四、不宜过于强调检察器物文化

一种文化一旦形成，对处于这一文化中的人来说，遵循这一文化的要求去行为，对自己的工作、生活安排和活动往往是最经济、最高效的，成为人们自觉不自觉的行为选择，可以有效降低正式制度的运行成本。检察文化之所以重要，也是同样道理。一旦符合国情的检察文化形成，成为检察干警们日常工作、生活的自觉不自觉选择，不仅可以有效降低正式制度的运行成本，还可以有效推进检察工作建设，对于加强检察职业道德建设、法律监督能力建设、执法规范化建设、廉政建设等，都将起到非常有效的推动和提升作用。在全面依法治国的大背景下，加强检察文化建设，对于我国的法治建设无疑将起到十分重要的基础性作用。文化是一种生存战略，而不是一堆毫无生命活力的器物堆砌。检察器物文化只不过是检察文化精神和制度运行中产生遗留下的副产品，是一种外在投射物，一种相对静态的具有物质性意义的东西。如果没有检察精神文化的不断浇灌，没有检察制度文化的生命注入，检察器物文化就会丧失它的功能和价值，成为一堆干瘪瘪的器物。

当然，一些名言、警句，一些励志故事，一些具有特殊象征意义的饰物、建筑、服装等，会向我们传递一些检察精神、检察制度的内容，会在我们的思想观念和内心情感中激起几波涟漪，甚至对个别人能产生巨大的冲击和震撼作用，对我们的思想观念形成会产生一些影响，对我们的行为方式也会在不同程度上起到一定的塑造作用。但随着时代的变化，器物层面的影响作用已经大大削弱了。我们知道现在是一个信息大爆炸时代，每天都是各类信息铺天盖地向我们每一个人袭来，大部分人几乎完全淹没在信息的海洋中而不能自拔。过多的信息传递至少带来三重危害。一重危害是我们对信息刺激的反应越来越不敏感。二重危害是收集有效信息的成本和难度大大增高，关注点难以集中。三重危害是过量的信息伴随着快节奏的生活，让人们难以静下心来去体悟感受，对有效信息进行深度加工，让一些即使是很严肃的信息也被快餐化，难以对人的心灵和行为产生有效影响。正如儒家经典《大学》开篇就指出的那样"静而后能安，安而后能虑，虑而后能得"。

省内外调研活动获得的结果，验证了我们的判断。无论是基层检察院，还是市级检察院，乃至省级检察院，负责检察文化建设的检察干警和相关负责人都承认，脱离了检察制度文化建设，过度单纯注重检察文化器物层面建设，对于检察文化建设所能起到的作用是微乎其微的，也偏离了检察文化建设的初衷，让器物文化建设变成了一种形式主义，变成一块"文化的荒漠"。[①] 在和我们省里检察院的相关干警交流时，他们的感受也是相似的，同时也表达了类似的看法。对于这一问题的探讨，我国历史上心学派的主要代表人物早有深刻的洞见和阐述，如心学集大成者的王阳明就指出，在知与行的关系上，虽然要强调"知"，但应更加强调"行"，只有知中有行，行中有知，"知行合一"，让二者互为表里，不可分离，才能实现真正的"知"。也就是说，"知"必然要表现为"行"，如果"不行"，那么也就不能算"真知"。过度强调检察文化中的器物文化，而忽视检察文化中的制度文化建设及其运行，就类似于王阳明指出的那种只强调"知"，而忽视了"行"，不能算是"真知"。那么，即使检察文化的器物层面做得再好，没有制度文化的建设和运行，也不能算是真正建立了检察器物文化，而仅仅徒有形式而已，仅仅是一堆没有任何实际价值意义的堆砌物而已。我们这里再重复一下冯·皮尔森的那句话"文化不是名词而是动词"。

在检察精神文化、检察制度文化、检察器物文化的检察文化三分法中，检察文化的各类宣传活动可以归类到检察器物文化之中。目前的检察文化建设中，融媒体现在正逐渐成为检察文化宣传的一种重要载体形式，用得好，对于检察文化建设会起到非常好的促进作用。但各级检察院在融媒体载体的使用上，也不同程度存在着上述问题，削弱了这种新媒体载体在检察文化建设中的应有功能。在《关于深化"全国检察文化建设示范院"创建工作的指导意见》中，其第一项基本原则的标题是"坚持突出特色"，具体表述是："把紧紧围绕检察中心工作，紧密融合检察业务和队伍建设开展检察文化建设作为创建工作核心，结合本地工作实际，汲取法治文化、传统文化精髓，因地制宜开展检察文化建设，推动形成具有法治文化特征、检察职业特点和自身品牌特色的检察文化建设示范院。"在这个表述中，首先强调检察文化建设一定要以检察工作为中心，推动检察业务和队伍建设为前提，在其

[①] 徐汉明、金鑫、郭清君、周泽春、吴世文：《当代中国检察文化研究》，知识产权出版社 2012 年版，第 296 页。

基础上，再结合本地工作实际，汲取法治文化、传统文化精髓来突出特色，最后建成的检察文化一定首先是一种具有法治文化特征、检察职业特点的检察文化，在此基础上，凸显自身品牌特色。千万不能为了特色而特色，忘记了检察文化建设的根本目的。

　　文化既是人类整体生存的一种战略，也是人类中每个个体生存的一种战略。既然是一种生存战略，文化的建设就一定要与个体的生存和发展密切联系。放到检察文化建设的语境下，检察器物文化的建设也需要与检察院工作的每一个个体的生存发展密切相关，而不仅仅是负责检察文化建设干警的事情，更不是一堆冷冰冰的器物堆砌。

　　在查阅一些资料和实地调研的基础上，我们认为，各级检察院当然需要对检察器物文化建设给予一定的关注，但需要注意从以下几个方面考虑：首先，要分清、理顺检察精神文化建设、检察制度文化建设与检察器物文化建设三者之间的本末关系和先后顺序。要坚持以检察精神文化、检察制度文化建设为本，顺序上在先。检察器物文化建设为末，顺序上在后。检察器物文化是检察精神文化和检察制度文化的自然延伸，是为了展示、强化检察精神文化和检察制度文化的，让检察精神文化和检察制度文化更加直观化、艺术化，千万不可一味地为器物文化而器物文化，而应做到一个院的器物文化一定是这个院的检察精神文化和检察制度文化的实物再现和直观展示。它们三者之间应该相互补充、相互呼应、浑然一体，而不是相互分裂、相互抵触，趋于碎片化的。其次，在内容选择上，应与检察院的功能定位相吻合，必须是服务于检察工作和检察队伍建设，并尽量是以本院的业务工作重点为基本素材来源，谋划特色品牌。如公益诉讼是检察院现在的一项重要职能，但不同地区的经济发展和产业结构是不同的，导致不同地区检察院的公益诉讼业务侧重点实际上是不一样的，有侧重保护矿产资源有序开发、有侧重避免化工企业无序排污、有侧重防范过度开发当地水资源等。在矿产资源开采比较多的地方，可就如何通过公益诉讼促进本地矿产科学合理开采，促进环境保护上做文章，打造自己院的公益诉讼品牌，并在器物文化建设上，将其以一定的形式进行固化和具体化。最后，在展示方式上，为了凸显地方特色，在建设检察器物文化时，可以和地方的一些特有器物文化结合起来，如芜湖铁画比较有特色，可以将检察器物文化建设和铁画艺术结合起来。我省古徽州地区的石刻、木刻等比较有特色，可以将其作为器物文化的表现载体。此外，在利用各种现代媒体进行检察文化宣传时，也应遵循上述要求。同时还要特别注意，就是在素材的选择上一定要真实，尽可能是自己院发生的真实感人的身边事。借助现代的媒体技术，如小视频，将这些本院发生的真实感人的身边事拍成小视频，利用网络媒体进行宣传，基本上都会取得非常好的效果。

  基于上述考虑，我们认为，应侧重检察文化的价值理念和制度体系，而不应一味强调其各种外在载体和表现形式。在检察文化中，价值理念和制度体系是本，诸如书画展、读书会、荣誉室、文化长廊等各种外在载体和表现形式是末，是价值理念和制度体系的外在投射物、承载物。一旦价值理念和相应的制度体系不能有效建立起来，这些外在的投射物、承载物存在的意义就将大打折扣，甚至完全丧失其应有意义，成为一种摆设。因此，应将重心放在检察文化价值理念的凝练和其相应制度体系建设上，特别是制度体系建设。要尽最大可能地将价值理念内容分解、细化成一项项具体制度，而不是一个个空洞的口号。在检察文化建设初期，侧重组织实施这些具体制度，各种载体和外在表现形式只是起着一种辅助作用。如读书会，重点是首先制定出切实可行的开展读书会的具体制度，然后将这项具体制度组织实施起来，而不是简单地买一些书，建一个图书资料室。

五、检察制度文化设计中的奖惩机制至关重要

  任何一项制度，不管是正式制度，还是非正式制度，要有效运行起来，都必须有一套与之相配套的奖惩机制。一项制度如果没有奖惩机制，就如同不会燃烧的蜡烛，不会发光的灯泡一样，没有任何实际价值意义，只能作为一种摆设而已。不论是人们在试错过程中通过经验形成的一些规则，还是人为利用理性制定的规则，都是一样的，都必须有相应的奖惩机制，并得到有效实现。法律规则的构成要件中，奖惩机制更是其中最为重要的一个构成要件，在"条件假设+行为模式+法律后果"中，"法律后果"实际上就是奖惩机制。在法律的语境下，一条规则如果没有奖惩机制，就是缺少了一个基本的构成要件，最多只能算是一种宣示，而根本就不能称其为法律规则。

  所有的规则都必须有奖惩机制才会有效。在中国传统文化中，儒家思想就比较多地强调了奖惩机制在各种规则运行、社会秩序和风范形成中的重要作用。《大学》被认为是儒家的修身之法，其中有许多地方是将遵循道德规则与相应的奖惩机制联系在一起的，如"《康诰》曰：'惟命不于常。'道善

则得之，不善则失之矣？""好人之所恶，恶人之所好，是谓拂人之性，灾必逮夫身。"《中庸》对遵循道德规则与相应奖惩机制之间的联系描述得更加具体明确，如《中庸》中就列举了孔子对舜王取得伟大成就的原因分析："故大德必得其位，必得其禄，必得其名，必得其寿"，其大意是指舜之所以取得让后世人敬仰的丰功伟绩，是因为舜遵循儒家的道德规则要求，在道德修养上取得了较高的成就。因此，有大德的人一定能得到他应得的地位，一定能得到他应得的财富，一定能得到他应得的名声，一定能得到他应得的长寿。这也间接强调了奖惩机制在鼓励人们遵循道德规则中不可替代的作用。科学合理的奖惩机制设置，是调动和激励人们实施一定行为的必要条件，成为保障规则得以运行、社会秩序和风范得以形成的基本前提和要素。检察文化作为一种非正式规则体系，如果没有相应科学合理的奖惩机制设计也将无法有效运行，难以起到影响检察干警工作和生活的行为方式，进而难以影响到检察干警的思维方式和思想观念，检察文化建设也就难以奏效。

在检察文化建设中，凡是奖惩机制设计得较为科学合理，并得到有效贯彻执行的检察院，检察文化建设一般都做得比较好。反之，缺少相应的奖惩机制，或者虽然有，但是没有得到有效贯彻执行的检察院，检察文化建设几乎都是不太理想的。最高人民检察院办公厅在2010年12月1日印发的最高人民检察院《关于加强检察文化建设的意见》第19条就指出："要把检察文化建设纳入工作考核体系，建立健全目标管理、考核评价和激励机制。"我们必须要时刻注意并牢牢记住的是，"'文化'这个术语常被用来描述人与人相互之间生存的方式"。[①] 检察文化也不例外，是绝不能仅仅将其看作是一个人一时的性情之举，一种简单的宣传熏陶就能实现的，而应从生存策略的高度来对待，既有动物生存保全的本能驱使，也有利益得失考量的理性选择。

奖惩机制建设是检察制度文化建设中的一部分内容，之所以将其拿出来单独进行论述，实在是其本身太重要了，可以说，它既是制度文化建设能否成功的关键，也是整个检察文化建设能否成功的关键。基于此，奖惩机制的建设可以融入到制度文化建设之中，遵循制度文化建设的基本逻辑来设计。首先，对院里准备制定的奖惩机制进行分类。一般也是按照制度文化分类的

---

① [美] 马修·梅尔科：《文明的本质》，陈静译，中国社会科学出版社2016年版，第8页。

方法分为两大类：一类是对正式制度奖惩机制内容的细化、丰富、拓展、延伸，以配合、促进正式制度奖惩机制更加高效率、高质量实现其功能。另一类是与正式制度奖惩机制没有直接关系，但会间接配合、促进正式制度奖惩机制更加高效率、高质量运行。其次，结合本地经济社会发展状态、检察院自身人力物力资源等，在现有法律允许的框架下，量身设计一些有自身特色的奖惩措施。

基于上述考虑，我们认为，检察文化作为一种非正式制度、内在制度，要让其有效运行，就必须遵循法律等正式制度规则设计的"假定＋行为模式＋法律后果"逻辑结构要求，不仅要有一定的行为内容要求，还要有相应的奖惩机制设计，不断完善考评体系。如针对检察院、检察官等单位或个人主体，应依据他们在检察文化建设中承担的不同角色、作出的不同贡献，给予不同的奖惩。就作出贡献的个人而言，可以在评优评先、职位提升、奖金待遇等方面给予激励，并依据时代变化，动态设计考评指标，不断完善考评体系。

六、要突出关键少数的带头示范作用

非正式制度没有正式制度那种强制力来推动其运行，而是更加依赖示范力量的引导鼓励和一些非正式的柔性强制力来推动它们运行。正式制度虽然有强制力支撑和推动，但在好的示范力量的引导鼓励下，在非正式的柔性强制力辅助推动下，能使其更容易让人接受而自行遵守，往往会让其运行更加顺畅高效，运行成本也因此变得更小。关键少数是这些示范力量和柔性强制力的十分重要的来源之一，在某些状态下，甚至是最主要的、主导性的来源。这些示范力量和柔性强制力的属性，我们既可以将其看作是一种正式强制力的外溢和扩展，也可以将其看作是其他各种综合因素的混合作用，如传统文化的惯性力，利益的诱导力等。这些力量是强大的，在潜移默化中往往能产生令人难以置信的价值观念和行为方式的改变。所以，要让检察文化建设能够快速取得实效，必须牢牢抓住关键少数。如果不能抓住关键少数，也就难以形成有效的示范力量引导鼓励机制，非正式的柔性强制力也难以有效形成，必然导致非正式制度无法有效运行，最终导致检察文化建设无法取得好的效果，甚至无果而终。

关键少数的行为表率之所以能够产生如此强大的示范力量和强有力的柔性强制力，至少有三个方面的原因：一是可以降低决策成本，提高预期收益机率。我们经常听到这样一句话："榜样的力量是无穷的。"有了一个好榜样，大家有可能会照葫芦画瓢，跟着去学习、去做，这和没有一个榜样还是有不少差别的。从经济学上来看，跟着榜样后面去做，一般会减少一个人决策的计算成本，从资源使用效率角度来说，是一种理性、明智的选择，这也是容易产生从众效应的重要原因之一。二是有传统文化资源的支撑。中国自古就有"以吏为师"的文化传统，这种传统至今都有非常重要的惯性力量，关键少数是检察院的领导，其表率行为特别容易被普通干警和一般工作人员所接受，并被学习模仿，即我们经常所说的"上行下效"。三是权力运行规律的支撑。所谓权力，可以简单理解为"影响他人行为选择的能力"。关键少数主要是掌握权力者，对他人行为选择一般具有较大的影响力，当他（她）们选择一种行为方式时，实际上代表着一种权力行使方式的外在表现，普通的检察干警和工作人员也更多倾向于跟着去做，这是由通常的权力运行规律所决定的。

基于上述考虑，我们认为，检察文化在制度层面上作为一种非正式制度、内在制度，其有效运行，在大多数情况下，更多依赖于关键少数的带头示范作用。以读书会为例，如果检察院的主要领导带头参加读书会，制定具体的制度，领着大家按期读书讨论，当这种状况能持续达到一定的时间要求后，就会慢慢形成为一种习惯或传统，成为该院检察文化实实在在的一部分。反之，则可能流于形式，或者不了了之。每个检察院可考虑将本院的检察文化分为几个板块或单元，每一个板块或单元由一位相关领导负责牵头。

七、应注重从安徽优秀文化中汲取营养

安徽有许多优秀传统文化资源，如老庄文化、佛教文化、徽商文化、红色文化等，其中的徽商文化最具有地方特色，其中不仅有先秦形成的传统儒家文化内核，还将程朱理学、陆王心学等新儒学内容也深度融入其中。近代以来，特别是新民主主义革命时期，又形成和积累了大量的红色文化，其不怕牺牲、勇敢担当、爱国爱民等精神也一直在滋润和激励着江淮儿女。这些文化对安徽人民个人人格品性的塑造、经济社会特色的形成都非常重要。

符合法治文化要求的，安徽可挖掘的主要有皋陶"坚持公正，刑教兼施"的法治思想、管仲"法德同源"的法治思想，包拯"公正慎刑"的法治思想。如果把法治文化资源的条件要求再放低一点，范围再扩展一下，还

可以把徽商"诚信""契约"的理念，淮南子中"法宽刑缓"的法治思想也可纳入安徽地域特色的法治资源中。

皋陶作为与尧、舜、禹齐名的"上古四圣"之一，一直是被奉为整个中国的司法鼻祖。皋陶本人虽不是安徽人，但葬于今安徽六安地区，禹又根据他突出的功德，封了他后裔于六安地区，将其法治思想作为安徽法治文化资源去挖掘，有其积极意义。管仲是安徽颍上人，他的法律思想对后世影响比较大，如他被认为是"以法治国"理念提出的第一人；其"天不为一物枉其时，明君圣人亦不为一人枉其法"的公正法治思想，即使在当代，也是各国法治建设所追求的理想图景。其在中国，乃至世界法律思想史上都有极为重要的地位。包拯是地地道道的安徽人，生于安徽，在安徽长大，早年在安徽多地做过官，办理过许多有影响的案件，死后葬于合肥，与安徽有着深度联系。包拯留给后人最鲜明的特色形象，就是清正廉洁、铁面无私、刚正不阿，同时还非常体恤普通民众，这非常吻合检察文化的精神内核要求。此外，中国民间流传着特别多的包拯公正清明、断案入神的故事，被老百姓称之为"包青天"。元明清三代，有大量包拯断案的小说、戏曲在社会流传，这在通俗文学中几乎可以说是独一无二的。如元杂曲中也有大量包公戏流传，以完整剧本保存下来的包拯断案，就多达十一种之多。改革开放以来，有关包拯的各类影视作品更是层出不穷，其人其事，不仅在国内妇孺皆知，即使在国外也有一定的知名度，具有广泛的影响力。这些法治文化资源，对于安徽法治文化、检察文化建设而言，都是有很多文章可以去做的。检察文化是法治文化的一种，有自己的一些特色，作为检察院系统推动法治文化建设，需要将检察文化从一般意义上的法治文化建设中突出出来。

基于上述考虑，我们认为，安徽优秀传统文化（包括传统法治思想）、革命文化和社会主义先进文化，都是培育安徽检察文化可资汲取的丰富营养，应使之成为安徽检察文化的底色。各地检察院在此基础上，结合自己本地文化、历史资源，因地制宜，积极创新，形成自己的检察文化特色和品牌。

结　语

检察文化建设是一个系统工程，上述七个方面只是我们浅显的思考。需要注意的是，检察文化建设过程中的所有目标设定、实施方案设计都必须始终关注不同主体间的利益互动,并真真切切付诸实践,只有互惠的实践才能真正保证人们的主体互动的满足。① 只有在这种互动满足中,才能真正推动检察文化的发展。

---

① [德]阿克塞尔·霍耐特:《自由的权利》,王旭译,中国社会科学出版社2013年版,第94页。

文化强国背景下新时代检察文化的概念厘清和进路建构

浙江省杭州市人民检察院课题组[*]

文化是一个国家的灵魂,[①] 经济的发展也离不开文化的支持。[②] 2021年12月,习近平总书记在中国文联第十一次全国代表大会上提出,要坚定文化自信,建设社会主义文化强国。在此背景下,检察文化作为中国特色社会主义先进文化的组成,作为法律文化的重要分支,其作用不言而喻。[③]《中共中央关于加强新时代检察机关法律监督工作的意见》和《中共中央办公厅、国务院办公厅关于加强社会主义法治文化建设的意见》都为检察文化建设指明了方向,提出检察文化要深刻解读为大局服务、为人民司法、为法治担当背后蕴含的法治理念,同时务必将文化与检察业务深度融合,以检察文化培根铸魂,展现当代检察官的良好素质形象,同时做好普法文化宣传,建立一批特色文化品牌,完善检察基础设施。

一、寻根:检察文化的概念与溯源

(一)文化的基本内涵

古今中外,对"文化"的理解一直有各种不同的观点。中国古代文献

---

[*] 课题组成员:郝铁川(作者单位:杭州师范大学沈钧儒法学院、华东政法大学法律学院);邬秀君(作者单位:浙江省杭州市人民检察院);史笑晓(作者单位:浙江省杭州市人民检察院);方芳(作者单位:浙江省杭州市人民检察院);金晶(作者单位:浙江省杭州市人民检察院);崔倩如(作者单位:浙江省杭州市拱墅区人民检察院)。

[①] 中国共产党第十九次全国代表大会报告——《决胜全面建成小康社会 夺取新时代中国特色社会主义伟大胜利》。

[②] 习近平:《文化是灵魂》,载《浙江日报》2005年8月12日。

[③] 徐汉明:《文化建设:理念更新与实践创新》,载《法学评论》2011年第3期。

中,"文化"一词始见于西汉时期,有"文治加以教化"之意。① 中国近代思想家梁启超将文化分为物质和精神两方面,认为文化是人类历代以来开创和积累起来的有价值的"共业"总和。② 人类学家马林诺夫斯基则认为,文化是人类创造的事物的总和。③ 英国学者泰勒提出,文化是一种复杂的综合体,既有社会成员的习惯和行为,也有人类创造和总结的知识、艺术和法律等。④ 格尔茨则偏重于强调文化的历史传承性,认为文化是历史发展下人们用于沟通交流的技能、知识和习惯。⑤ 不同学科对文化的定义不同,目前学界仍没有一个公认的答案。

我们认为,现代汉语体系中的"文化"应当普遍含有两层内涵:一是精神财富之和,包含了传统、理念、价值等精神方面的内容;二是人类创造的物质财富之和,包含了文字、知识、建筑、制度等实体方面的内容。⑥ 简而言之,大家较为公认的"文化"的定义和理解是指相对于政治、经济而言的,人类群体所产生的精神和物质财富的积累。⑦

---

① 西汉时期刘向撰在其著述《说苑·指武》中道:"圣人之治天下也,先文德而后武力。凡武之兴为不服也。文化不改然后加诛。夫下愚不移,纯德之所不能化,而后武力加焉。"刘向撰、程翔译注:《说苑译注》,北京大学出版社2009年版,第49页。

② 梁启超认为:文化者,人类心能所开积出来之有价值的共业也。易言之,凡人类心能所开创,历代积累起来,有助于正德、利用、厚生之物质的和精神一切共同的业绩,都叫作文化。梁启超:《饮冰室文集点校》(卷二),吴松等点校,云南教育出版社2001年版,第332页。

③ 《中国大百科全书》《辞海》以及人类学家马林诺夫斯基均持这样一种观点。邴正:《马克思主义文化哲学》,吉林人民出版社2007年版,第41页。

④ [英]泰勒:《文化之定义》,载《多维视野中的文化理论》,顾晓鸣译,浙江人民出版社1987年版,第98页。

⑤ 林同奇:《格尔茨的"深度描绘"与文化观》,载《中国社会科学》1989年第2期。

⑥ 谢选骏:《空寂的神殿:中国文化之源》,四川人民出版社1987年版。

⑦ 李丰:《日常生活的文化属性与服务型政府建设》,载《行政论坛》2019年第1期。

(二) 法律文化的基本内涵

按文化的内容和类型进行分类,法律文化是其中重要的组成部分。[①]"法律文化"这一概念的首次出现是由弗里德曼[②]在 1969 年提出的,他认为法律文化是指公民对法律的认识和理解,决定了法律人的法律行为方式,也决定了普通人的法律行为模式,是连接法律与社会的桥梁。[③] 张文显教授从中国传统法律文化的视角,提出我国的传统法律文化经过了历史的积淀和传承,已经深刻影响了整个民族对法律的理解和认知,进而形成了较为稳定的中国特色法律文化的思维和行为模式。[④] 武树臣教授则独创性地将中国传统法律文化划分为法统和法体,法统是法律文化的精神理念,法体是中国运用的成文法与判例法相结合的模式。[⑤] 关于中国传统法律文化所具备的特点,有学者也作了总结,认为其包含四个方面,分别是追求无讼、追求权威、追

[①] 对于法律文化的认识,学界基本认为法律文化是文化的一个组成部分。如张文显教授就认为:"法律文化与文化是个别与一般、部分与整体、子系统与母系统的关系。因此,它必然具有文化现象共有的一般性质、特征和功能,而且与其他文化子系统,如宗教文化、道德文化、政治文化等相互作用、互为补足。脱离总体文化,与其他文化子系统不相干的单纯的法律文化是不存在的。但是,法律文化毕竟是总体文化中的特殊文化,或者说是文化现象中的一种特殊形态。"张文显:《法哲学范畴研究》(修订版),中国政法大学出版社 2001 年版,第 237 页。类似的观点还有:"法律文化是人类文化的组成部分之一,它是社会上层建筑中有关法律思想、法律规范、法律设施、法律艺术等一系列法律实践及其成果的总和。它包括以往人类法律实践的结晶,又标志着现实法律实践的状态和发展程度。"刘学灵:《法律文化的概念、结构和研究观念》,载《河北法学》1987 年第 3 期。

[②] See Lawrence M. Friedman, "Legal Culture and Social Development", Law and Society Review, 4/1, 1969, p. 34. 弗里德曼的"法律文化"用语受到了阿尔蒙德、维尔巴"政治文化"概念的启发,其解释认为法律文化这个词语描述的是对法律的态度,类似政治文化,阿尔蒙德和维尔巴将政治文化界定为"表现在人民认识、感情和评价中的政治制度"。[美] 劳伦斯·M. 弗里德曼:《法律制度》(修订版),李琼英、林欣译,中国政法大学出版社 2004 年版,第 17 – 18 页。

[③] J. H. Merryman et al., "The Civil Law Tradition", Charlottesville: The Michie Co., 1994, pp. 3 – 4.

[④] 张文显:《法哲学范畴研究》(修订版),中国政法大学出版社 2001 年版,第 230 页。

[⑤] 武树臣:《中国传统法律文化鸟瞰》,大象出版社 1997 年版,第 2 页。

求伦理、追求礼治;① 也有学者总结为贵和谐、隆教化、尊人伦、兴调解、重预防、行专制、尚特权、轻权利、严刑罚、贱诉讼等十个方面;② 还有学者总结为礼法合一、皇权至上、无讼厌讼等三个方面。③

（三）检察文化的基本内涵

1. 检察制度的历史演进和文化特征

我们所论述的检察文化隶属于法律文化,④ 检察文化涵盖了法律文化尤其是我国传统法律文化的内容,并随着时代的发展衍生出了新的含义。御史制度是检察文化的历史渊源,中国历史上第一次出现"检察官"的称呼,始于1906年清政府颁布的改革官制上谕,在大理寺审判厅设置了不同级别的检察厅,同时"改司直为检察官"。⑤ 此时,检察机关拥有逮捕权⑥、取

---

① 秦强:《中国传统法律文化的基本特征及其现代性改造》,载《重庆社会科学》2007年第11期。

② 汪汉卿:《中国传统法律文化和现代法制建设》,载《法学评论》1994年第1期。

③ 姜素红:《充实与超越:关于中国传统法律文化的思考》,载《中南林学院学报》2004年第6期。

④ 学界有一个共性认识,即检察文化是法律文化的一种。如徐苏林认为:"检察文化是法律文化的一种,是一个在社会中存在的,与检察法律相关的价值观念、规范制度、程序规则和行为方式的总和。"徐苏林:《检察文化的界定、结构与功能》,载《北京政法职业学院学报》2008年第1期。赵志建、闻立树均认为检察文化是法律文化的组成部分。赵志建、闻立树:《检察文化漫谈》,载《检察风云》2005年第20期。曾加认为:"检察活动是由法律规定并以法律监督为主的法律实践活动,这一法律实践活动及其成果就应当是法律文化的一部分,我们称其为检察文化。"曾加:《论中国检察文化的特色——中西检察文化的比较》,载《西北大学学报（哲学社会科学版）》2009年第4期。关于法律文化和法治文化的概念在学者文章中都有提及,我们认为法治文化是法律文化的当代传承,作为社会文化的重要组成,不管是法治文化还是法律文化,都对人民的生产生活形成了规范和约束。

⑤ 闵钐编:《中国检察史资料选编》,中国检察出版社2008年版,第27页。

⑥ 此时逮捕权可以指挥调度司法警察逮捕罪犯,司法警察在执行检察事务时要受检察厅长官的调度。曾宪义主编:《检察制度史略》,中国检察出版社2008年版,第161-164页。

证权①、公诉权②、上诉权③、判决执行的监督权④和特定民事案件的干预权⑤。而中国共产党绝对领导下的人民检察制度建立自1931年，鄂豫皖苏区首次设置了检察机构即国家公诉处。第二年明确了检察长、检察职务称谓⑥，1954年明确了检察院称谓⑦，并通过了新中国第一部人民检察院组织法⑧。传承法律文化的同时，检察机构逐步形成了一系列中国特色的检察文

---

① 《检察厅调度司法警察章程》明确规定：检察厅应当指挥司法警察调查、搜集有关犯罪人的犯罪事实和证据。司法警察搜查证据时须听从检察官的调度，对于有可能作为证据使用的物品，应当设法保存，勿使淹没或移动位置，以待检察官莅临勘验。曾宪义主编：《检察制度史略》，中国检察出版社2008年版，第161-164页。

② 《检察厅调度司法警察章程》《各级审判厅试办章程》规定，例如因被害者告诉、他人告发司法警察官之移送或自行发觉者之刑事案件，都由检察官提起公诉，检察官在收受诉状后24小时内要移送审判厅。刑事案件虽有原告，概由检察官用起诉正文提起公诉，其未经起诉者，审判厅概不受理。凡经检察官起诉案件，审判厅不得无故拒却，被害者亦不得自为和解。曾宪义主编：《检察制度史略》，中国检察出版社2008年版，第161-164页。

③ 对于上诉权而言，检察官可以对刑事案件的判决结果提起上诉，与原告人、被告人、代诉人提起上诉后还能撤回上诉不同，检察官提起上诉后不能撤回。曾宪义主编：《检察制度史略》，中国检察出版社2008年版，第161-164页。

④ 《各级审判厅试办章程》明确规定：凡判决之执行由检察官监督指挥之，凡死刑经法部宣告后，由起诉检察官监视行刑。曾宪义主编：《检察制度史略》，中国检察出版社2008年版，第161-164页。

⑤ 清末的检察机关对于一般民事诉讼案件采取不干涉的态度，但为了维护伦理纲常，检察官必须莅庭监督婚姻事件、亲族事件、嗣续事件的审判。有关上述事件的审判，如果审判官不待检察官莅庭而为判决者，其判决为无效。曾宪义主编：《检察制度史略》，中国检察出版社2008年版，第161-164页。

⑥ 1932年2月，中华苏维埃共和国临时最高法庭成立，首次明确检察长、检察职务称谓。

⑦ 1954年9月20日夜，首次明确"检察院"称谓。中央政治局讨论了毛泽东主席的意见，一致同意改"检察署"为"检察院"。

⑧ 1954年9月15日至28日第一届全国人民代表大会第一次会议在北京召开，会议通过了新中国第一部人民检察院组织法。

化，如要求检察人员忠诚、为民①、公正、廉洁、恪尽职守等，②后续逐步发展为检察机关能动司法、客观公正立场、维护公平正义、强化法律监督等文化理念和行为。具体来说：一是"集体本位"③的法律文化发展为新时代公共利益至上的准则，④检察机关具有的公益诉讼职能有利于防止"公地悲剧"，实现公共利益最大化。⑤二是"德主刑辅""明德慎刑"⑥的传统法律文化，提醒检察机关要重视教化，以人为本进行人文关怀，⑦执法司法过程

---

① 我国传统政治文化中，"民惟邦本，本固邦宁"的观念深入人心，也不乏有关"民本"的经典论述。早在西周时期，周公旦最早提出"敬天保民"的思想，要求国君"知稼穑之难，闻小人之劳"。（《尚书·无逸》）"君者舟也，庶人者水也，水则载舟，水则覆舟。"（《荀子·王制》）"民为贵，社稷次之，君为轻。"（《孟子·尽心下》）

② 例如在抗日战争时期，挑选监察干部要能够忠实于革命的事业；要能够奉公守法；要能够分析问题，辨别是非；要能够刻苦耐劳，积极负责；要能够看得懂条文及工作报告；在解放战争时期，各解放区一般均要求司法干部要拥护与实行民主政府的施政纲领，忠实于人民事业，具有全心全意为人民服务的决心，大公无私，廉洁奉公，艰苦朴素，恪尽职守。（《陕甘宁边区高等法院对各县司法工作的指示》）马锡五：《新民主主义革命阶段中陕甘宁边区的人民司法工作》，转引自闵钐编：《中国检察史资料选编》，中国检察出版社2008年版，第343页。

③ 著名学者武树臣教授指出：中国传统文化的"人本"主义，是"集体本位"的哲学支柱，它深造的"家本位"（即家族本位）始终极大地支配着传统法律实践活动。武树臣：《中国传统法律文化》，北京大学出版社1994年版，第722页。

④ 马克思曾经指出："只有维护公共秩序、公共安全、公共利益，才能有自己的利益。"《马克思恩格斯全集》（第2卷），人民出版社1972年版，第609页。

⑤ 检察机关的公益诉讼职能很早就有，比如清末时期检察官可以充当民事案件的诉讼当事人和公益诉讼代理人，北洋政府时期则明文规定了公益诉讼制度"检察官为公益代理人须法律明定只适于特定事宜"。人民检察制度创立以后，也出现了大量有关公益诉讼的规定：抗日战争时期《陕甘宁边区高等法院组织条例》第三章第14条规定："检察员之职权如下：（一）关于案件之侦查；（二）关于案件之裁定；（三）关于证据之搜集；（四）提起公诉，撰拟公诉书；（五）协助担当自诉；（六）为诉讼当事人，或公益代表人；（七）监督判决之执行；（八）在执行职务时，如有必要，得咨请当地军警帮助。"1949年12月中央人民政府颁发的《中央人民政府最高人民检察署试行组织条例》第3条第5项规定：最高人民检察署对于全国社会与劳动人民利益有关之民事案件及一切行政诉讼，均得代表国家公益参与之。1954年9月第一届全国人民代表大会第一次会议通过的《中华人民共和国人民检察院组织法》第4条规定，地方人民检察院职权之一是：对于有关国家和人民利益的重要的民事案件有权提起诉讼或参加诉讼。

⑥ 《尚书·康诰》。

⑦ 谢晖：《司法技巧与人文关怀》，载《检察日报》2009年2月19日，第3版。

中要执行宽严相济的刑事政策，① 落实认罪认罚从宽制度，从而充分保障人权。三是传统法律文化中"鞫谳分司""令鞫治之"② 发展成为检察机关要坚持客观公正立场。四是"监察文化"③"推鞫狱讼"④"行刑监督"⑤ 等文化创造性转化为检察机关发挥能动司法、开展全面高质量法律监督的要求。五是以血缘关系和地域归属挂钩的集体认同⑥，发展为检察机关的政治认同⑦和物质层面的认同，如社会主义核心价值观的追求和检察官制服从无到有，从军装到西装，由上到下统一着装看不出级别等，都是检察官群体作为法律监督者身份集体认同感的体现。

2. 检察文化的定义厘清

关于检察文化的定义也有很多。有人认为，检察文化是在检察权下衍生

---

① 宽严相济也是中华法系的一个重要思想。郝铁川：《中华法系的创造性转化》，载《东方法学》2022年第1期。

② 《汉书·景武昭宣元成功臣表》。

③ 学界一般认为古代监察制度部分职权的设置其实就体现了古代国家机关的检察职能。我国古代的御史制度十分发达，著名学者王桂五教授曾经指出："中国的御史制度，作为一种古代的法律监督制度，自秦至清，两千年从未间断，可谓历史悠久，制度完备，沿革清晰，规范详密，特点鲜明。在实现封建政治法律统治中发挥了不可替代的作用，是世界政治法律史上绝无仅有的。"刘佑生：《中国古代法律文化烙印下的现代检察制度》，载《中国检察官》2008年第8期。

④ 早在秦朝时，"天子置三法官：殿中置一法官，御史置一法官及吏，丞相置一法官"。在这样的制度规定下，御史便拥有了干预和监督司法审判的权力。（《商君书·定分第二十六》）

⑤ 行刑监督也是古代监察御史的一项重要职责。比如在隋唐时期，监察御史要对死刑、流刑、徒刑以及笞杖刑的执行进行全方位的监督，包括期限是否如数执行、刑具是否合格、执行者是否违法等方面。

⑥ 我国传统民俗文化十分讲求"认同感"，"老乡见老乡、两眼泪汪汪"等朴素的话语反映出了中华民族独特的认同感。有学者总结出了中华民族的认同要经历三个阶段，即以血缘关系和地域归属为基础的认同、对民族文化的认同、对政治理想和思想意识的认同。周谨平：《社会主义核心价值观是中华民族集体认同的核心》，载《中国社会科学报》2010年7月1日，第B5版。

⑦ 根据哈贝马斯的观点，政治文化的认同是集体认同形成的关键。童世骏：《政治文化和现代社会的集体认同——读哈贝马斯近著两种》，载《二十一世纪》1999年第4期。

出的法律文化，是检察官在执法过程中形成的道德标准和价值理念。[①] 也有人认为应把主体扩大到所有检察人员，把范围从仅限于检察业务扩大到检察自身业务、信息化建设、队伍建设和内部管理活动等。所以提出检察文化是所有检察人员的制度、设施、理念、价值、组织所具有的文化内涵，也是行为方式。[②] 但也有人认为，检察文化是观念、伦理和形象等精神成果，从"小文化"的概念入手，区分了文化及其载体。[③] 有人认为检察文化是检察人员实践活动及成果的综合，包括思想、设施、技术、制度等，是维护公平正义、提升法律监督、创新管理体制、营造人文环境等形式的精神财富。[④] 也有人将检察文化的内涵划分为思想政治、职业道德、执法理念、职业形象、行为规范，[⑤] 或直接划分为精神、制度、行为和物质四个方面来理解。[⑥] 笔者赞同"大文化"的概念，提出检察文化应当包含理念、物质、制度和行为四方面，是在检察工作实践中逐步形成的检察人员所接受和遵守的检察观念、检察伦理、职业操守、检察形象等价值和理念的表现形式，是将文化固定下来的物质设施，是检察机关和检察人员履行职责的内在动机和制度建设，是检察机关和检察人员呈现给社会的行为模式和精神风貌。

二、革新：中国特色检察文化的现状分析和当代建构

社会经济形势的不断变化，新型犯罪模式层出不穷，检察队伍的思想状况呈现出新的特点，因此，要深化中国特色检察文化的渗透作用，更有助于检察机关统一理念、公正司法、规范行为、打造队伍。而检察文化建设与检察业务建设日益紧密联系，检察理念与检察权的运行相交织，构成了检察制度的基础，也反映了检察官的行为方式和外在形象。因此，新时代加强检察

[①] 刘佑生：《在竞争中发展检察文化》，载刘佑生等主编：《基层建设与检察文化》，中国检察出版社2005年版，第355页。

[②] 刘斌：《检察文化概论》，载《人民检察》2009年第21期。

[③] 谢鹏程：《检察文化的概念重构》，载《国家检察官学院学报》2013年第3期。

[④] 种松志：《检察文化的核心：忠诚、公正、清廉、文明》，载《检察日报》2010年1月29日，第6版。

[⑤] 常洪森、高霞：《检察文化建设的层级结构》，载《中国检察官》2009年第4期。

[⑥] 刘荣九、刘正：《检察文化的塑造及其途径》，载《政治与法律》2007年第1期。

文化建设务必要从加强理念、制度、物质、行为等各方面加强建构，从而助推检察实务高质量发展、[①] 服务中心大局、培养过硬队伍。

（一）理念文化的建构

理念是文化的基础，只有筑牢思想建设，才能外化于行为。全国检察机关深入学习贯彻习近平法治思想，采取多措并举，致力于对每一个检察官的理念文化培育，从法治理念、检察理念和职业精神等领域全面把握和覆盖。[②]

1. 深化法治理念教育

把习近平法治思想贯彻到检察的各项工作尤其是文化建设工作尤为重要。近年来，各级检察机关都把习近平法治思想作为党组理论学习和检察官学院学习的重点，作为各级各类培训、政治轮训的"第一课"和"必修课"，依托检答网、中检网院开设学习专栏，多形式、全覆盖，不断提高检察人员的政治素养。各级院也结合自身实际，开展主题教育，推进思想政治和文化建设，确保政治方向与党中央高度一致。

2. 践行检察理念创新

检察文化源于检察工作，[③] 尤其检察理念对检察文化起着决定性作用，检察文化也伴随着检察理念得到了创新和发展。近年来，检察理念被赋予了更多内涵，"讲政治与抓业务有机统一""秉持客观公正立场"[④]"在办案中监督，在监督中办案""政治效果、社会效果、法律效果相统一""双赢多赢共赢""能动司法"等一系列检察理念深入人心，在重大工作部署和重点检察工作中取得了良好成效。理念文化与法治建设的深层次发展之间有着密不可分的联系，展现了不同阶段检察文化新气象，也为统一认识、加强宣传提供了契机。

3. 重视职业精神培育

检察有其特色的职业精神：忠诚、为民、担当、公正、廉洁。只有建立

[①] 舒国兵：《新时代检察文化建设论纲》，载《西南民族大学学报（人文社会科学版）》2020年第3期。

[②] 吴建雄：《检察工作科学发展机理研究》，中国检察出版社2009年版，第309页。

[③] 谢鹏程：《检察文化的概念重构》，载《国家检察官学院学报》2013年第3期。

[④] 客观公正立场，在检察官法中规定，要求检察官在履行职责全过程中秉持客观公正立场，这不同于检察官客观义务，"立场"更具有能动性，且贯彻"四大检察"，视野更为广泛，是新时代背景下检察官职业的新要求。贾宇：《检察官客观公正立场》，载《检察日报》2021年5月20日，第3版。

起法律信仰，强化法治理念，才能确保各级检察工作朝着正确的方向发展。也因此，检察机关重视培育检察职业精神，加强内部党建文化氛围、重视院风院训建设，坚持"从严治检"，开展教育整顿保障廉政文化建设，严格落实"三个规定"①，防止干预司法。紧紧围绕服务保障大局，开展检察文化建设工作。长期以来，检察机关在保障奥运、防控疫情等工作中，都能有效运用能动司法、主动办案，为经济社会的稳定起到了重要作用。随着时代发展，全国检察机关不断充实中国特色检察职业精神的科学内涵和实践经验，开展全国电视电话视频会议和各类线上线下教学培训等，将检察职业精神纳入常规教育培训体系。

（二）制度文化的建构

文化的表现形式之一就是制度的建立，检察文化建设工作体制机制的不断健全，才能确保文化育检的深入推进。

1. 建立完善文化建设规范

2022年2月，中共中央办公厅印发了《关于加强新时代廉洁文化建设的意见》，推动新时代检察院的廉洁文化建设。最高人民检察院结合工作实际，先后制定了《关于检察机关培育和践行社会主义核心价值观的意见》《检察职业行为基本规范（试行）》《"十三五"时期检察文化建设规划纲要》《检察机关文明用语规范》《检察机关执法工作规范》《关于深化"全国检察文化建设示范院"创建工作的指导意见》等一系列规章制度，对新时期规范检察行为、建设检察文化工作进行了全面部署，也指明了方向。

2. 培育和树立文化品牌制度

检察机关向来重视文化品牌的建设工作，打造了一批"全国检察文

---

① 2015年，中办、国办、中政委、"两高三部"先后出台的《领导干部干预司法活动、插手具体案件处理的记录、通报和责任追究规定》《司法机关内部人员过问案件的记录和责任追究规定》《关于进一步规范司法人员与当事人、律师、特殊关系人、中介组织接触交往行为的若干规定》，简称为"三个规定"。为落实好"三个规定"，2019年和2020年，最高人民检察院又分别制定了《关于建立过问或干预、插手检察办案等重大事项记录报告制度的实施办法》《关于执行"三个规定"等重大事项记录报告制度若干问题的工作细则》，把记录报告的事项从司法办案扩大到干部选拔任用、项目安排、工程建设、监督执纪等五个方面，明确了需要记录报告的情形，并实行月报告、"零报告"制度。

建设示范院"①，还在 2021 年底开展了全国检察机关文化品牌选树活动，形成了"以上率下、由高到低、点面结合、一院一品"的立体化检察文化建设发展格局，②从检察业务中提炼检察文化，并树立典型。同时，注重对品牌的宣传和推广，对已经形成较强社会影响力的知名检察品牌加大推广力度，并在"两微一端"平台进行展示，实现媒体多层次呈现，培育检察文化建设先进典型，形成了一批可复制可推广的经验和做法。

3. 法治文化宣传形成长效机制

检察机关还落实了"普法责任制"，结合履职积极落实《关于开展法治宣传教育的第八个五年规划（2021—2025 年）》，制度化开展检察特色的普法宣传，健全指导性案例和典型案例常态化发布机制，引导老百姓信仰法律，信任检察机关办案，增强全社会的法治信心。持续推进未成年人检察常规化进校园普法的工作，实行"法治副校长"负责制，结合"一号检察建议"，有针对性地做好青少年普法教育。

（三）物质文化的建构

文化的有形体现就是物质设施的建设，是直观感受检察文化的重要载体，包括了检察机关的场地、建筑、装备、服装、文化等内容。

1. 建设法治文化传承基地

人类文明的进步，是文化传承和发展的结果。③推动检察文化高质量发展，首先要处理好传承与创新的关系。我们的中华民族传统文化中有许多值得发扬和继承的优秀内容，需要每一个检察人坚定文化自信，并从中汲取养分，以新时代精神激活历史文化的生命力，推动传统法律文化创造性转化、创新性发展。④近年来，检察机关充分开展公益诉讼职能，加强对我国法律文化历史遗迹的保护，比如浙江绍兴的梁柏台红色检察文化基地，在新时代继续传承着红色基因；天津市河东区的焦裕禄勤政为民工作室，创造性地将司法为民的检察文化理念与"枫桥经验"相结合，成为了检察文化与矛调

---

① 如 2012 年最高检首次命名确定了 66 个"全国检察文化建设示范院"，2017 年最高检再次启动该项工作，又命名确定了 99 个"全国检察文化建设示范院"，同时还印发了《关于深化"全国检察文化建设示范院"创建工作的指导意见》。

② 最高人民检察院《"十三五"时期检察文化建设规划纲要》。

③ 陈华文：《文化学概论新编》，首都经济贸易大学出版社 2009 年版，第 2 页。

④ 《中共中央办公厅、国务院办公厅关于加强社会主义法治文化建设的意见》。

工作深度结合的典型。同时，加强对红色法治文化的传承和创新。2021年是人民检察制度创立90周年，检察机关结合中国共产党成立100周年，布置了一系列活动，更好地弘扬光荣传统，赓续红色血脉，深挖党史、人民检察史的宝贵精神和物质财富，挖掘了一批红色根脉并加以保护和宣传，从中提炼了检察机关崇尚法治、敢为人先、勇于创新等优良文化传统。

2. 繁荣丰富检察文艺创作

最高人民检察院落实《中共中央关于繁荣发展社会主义文艺的意见》，综合运用各类报纸、刊物、网站、微博、微信、抖音等资源和平台，推进法治融媒体传播基地的建设，成立了最高检影视中心。最高检影视中心和中国检察出版社的音像部门都制作了一些深入人心的检察题材文艺作品。比如《人民的名义》《巡回检察组》《十二公民》《人民检察官》《你好检察官》等体现检察特色的影视剧，在社会上引起了良好反响，检察官的形象越发深入人心。举办的检察机关微电影展播活动和摄影展，推出了以《白发亲娘》《盲区》为代表的优秀作品，也在检察系统内挖掘了一批文学、编剧、摄影和影视创作人才，迸发了检察文艺活力。而且通过正义网、人民网等网络平台和直播平台，宣传检察法治文化作品，通过各类检察文艺作品引导检察人员爱党爱国爱检，引领社会法治风尚。

3. 建设检察文化活动阵地

各级检察机关都积极建设法治文化阵地，完善检察博物馆、检史陈列室、检察荣誉室、警示教育基地、检察图书馆、阅览室、法治咖啡吧等建设，为检察人员的工作和进修学习创造良好的环境。未成年人检察工作室、公益诉讼快检室、大数据研判中心等基础设施的完善，也为推进检察实务工作提供了保障。全国各级检察机关在办公场所积极营造文化氛围，反映检察工作理念，加强检察机关公用区域的文化设施建设。比如在大院的走廊墙设置"廉政警示语""文化橱窗""明星公诉人"等，展示检察的文化传承，激发检察人员的职业使命感和单位归属感。另外，还通过设立多样的书画室、兴趣小组、文化活动等，不断激发检察人员的团队凝聚力。

（四）行为文化的建构

迪韦尔热认为，文化是其成员展示的所有行为模式的一览表。[①] 文化的

---

① ［法］迪韦尔热：《政治社会学——政治学要素》（中译本），华夏出版社1987年版，第63页。

价值在于行动，检察人员的行为受到文化氛围的深刻影响，检察院非常重视检察人才队伍的培养和传承，文化育人最终的目的也是培养出一批行为规范的检察人才。因此要注重发挥人的主观能动性，不断提高检察队伍的综合素质。

1. 抓文化建设队伍

各级检察机关不仅重视"四大检察"业务部门人才的培养，也注重挑选有文化素养的优秀干部和文艺人才到相应的行政岗位进行锻炼。比如办公室宣传部门会对检察文化工作者进行专业化的新闻素养培训和文字水平能力培训。比如支持工会开展特色文化活动，挖掘本地的文化资源和文化人才，凝聚各方力量共推检察文化事业发展。具体来说，检察机关会找寻文联成员，或者有漫画、摄影、歌唱、视频制作等技能的文艺高手，结合检察业务工作，将他们的所长发挥到极致，让他们参与检察宣传工作，为检察文化添砖加瓦。还会把法治文化建设内容纳入检察干部培训课程体系，促进检察人才、科技人才、传媒人才、出版人才、文化人才融合式发展，建立全国检察新闻宣传文化人才库，建立起一支高素质、专业化的检察新闻宣传文化队伍。

2. 展现检察官高素质形象

检察官的客观公正立场需要通过办案行为来体现，检察行为文化最主要的表现形式就是执法司法是否规范，具体就是检察官的外在形象以及办案中语言、作风和行为是否文明，是否做到了保障人权、注重程序；在办案过程中是否坚持公平公正的法治原则、法治精神、法治理念。将每一个案的法律效果传达给公众，做到"三个效果"相统一，提高公信力。为了展现检察人员的良好风貌，检察机关积极推行"公开听证""检务公开""检察开放日"等活动，贴近百姓生活，让人民更加了解检察官的工作，提高工作透明度，树立检察官良好形象。

3. 合作交流增强文化互动

加强检察机关法治文化交流与合作可以促进人才培养。近年来，检察机关充分利用国际论坛、学术交流、访问考察、司法协助等契机，加强法治外宣，讲好中国法治故事，推动了"一带一路"沿线国家、地区检察机关开展法治文化交流合作。还与公安、法院、司法行政机关共建法治共同体，加强法治文化的学术交流，并与高等政法院校开展检校合作，促进检察业务的应用研究与理论研究交汇融通，将检察干警派往高校进修深造博士硕士，还将高校教授引进检察机关挂职锻炼。

（五）高质量发展背景下检察文化迭代转型的再反思

新时代新征程，要服务高质量发展，打铁还需自身硬。检察文化如何迭代升级，能动发展，需要不断检视自身存在的问题。目前，检察文化建设工作体制机制仍不够完善，如何以系统的观念，运用系统的思维来解决时间、精力分配和工作统筹的问题，做到文化和办案共促共融、共同推进，不断提升检察文化的知名度和传播力，纵深融入社会主义法治文化大格局，需要从宏观维度重新研判和建构。

1. 检察文化服务监督办案力度不足

在检察系统内，还是存在"重业务轻文化"的思想，一些人员对检察文化的认知不够，文化建设流于表面功夫，甚至觉得检察文化会影响主责主业，这就导致部分基层检察院投身文化建设的积极性受挫。还有一些人机械地把文化建设和检察工作割裂开来，从而导致学用"两张皮"。没有抓住检察文化推动监督办案这个"牛鼻子"，没有找准文化和业务的共益点，具体工作中仍存在推动难、见效慢的短板，对检察主业的推动转化能力尚待加强。

2. 文化传播和传承有待提升

综合运用"报、网、端、微、屏"等资源和平台的能力有待加强。融媒体时代，内容为本，创新制胜，如何把检察文化品牌利用法治融媒体增强传播力，提升检察文化影响力，真正"走出去"，是我们必然面对的瓶颈和挑战。同时，我们对红色基因的传承尚不到位，对诸如民为邦本、明德慎刑等传统法律文化的挖掘不够，未能与时代精神结合进行创造性转化，让法律文化焕发出新的生命力。

3. 融入法治文化程度亟须加强

一方面，公众对检察院的职能认知度不够，检察机关的"两微一端"，公众主要关注焦点是与自身关系更为密切的法律常识、食品药品安全、就学就业等，对检察文化和检察职能的阅读量仍较少。检察院该如何在做好本职工作的同时，将办理案件中蕴含的法治正能量传递出去，并以公众喜闻乐见的形式传递检察文化，是当前面临的一项重要工作。另一方面，检察文化关注内部建设，与公安、法院、司法行政部门等机关互通互动不够多，不利于学习借鉴其他主体法治文化建设的经验，难以形成法治文化共同体。

三、新时代检察文化的实践探索——以浙江省杭州市人民检察院为样本

检察文化是软实力,杭州市人民检察院针对文化建设中存在的一些问题,正确认识检察文化内涵,重视将检察文化与业务建设深度融合,并创新发展文化影响力,不断加快外部和内部融合,同时以人为本、做好检察业务和队伍建设,以拓载体、融业务、强品牌为手段,潜心培育杭检文化,全力打造杭州检察文化特色和品牌,逐步探索了一套具有杭州特色的检察文化理论和实践体系,为中国检察文化建设提供了范例样本。

(一) 以政治文化筑牢信念

检察机关首先是政治机关。杭州检察把检察文化作为政治建设的重要载体,把检察文化作为服务检察业务、推进整体检察工作的内生动力。组织习近平法治思想大讲堂、政治轮训等核心价值观及革命传统教育活动,在学教践悟中引导全体干警始终坚持党的绝对领导,坚定法治理想信念。在政法队伍教育整顿和党史学习教育中,检察长带头坚持"批评与自我批评",坚决"从严治检",正视问题解决问题。组织开展"光荣在党50年"纪念章颁发仪式、"检心向党"重温誓词、章百家先生讲党史、五四主题团日等活动,在全院营造党史学习教育的浓厚氛围。

(二) 以品牌文化引领特色

杭州检察担负"重要窗口"职责,服务保障浙江"高质量发展建设共同富裕示范区",勇于担当历史使命,以文化助推全面发展,将文化建设作为基础建设,并不断促进与业务工作的良性循环,发挥头雁作用,力争成为文化风向标。围绕业务、服务与院史"三大主题",本着清廉、合规、简约的原则,出台了《关于推进杭州检察机关文化建设的若干意见》,以场地、机制、规划、内容等"六有"标准,推出十大举措,引领全市各区、县级检察机关围绕业务、服务、院史三大模块,打造"一院一品牌""一院一特色"的文化品牌。提出"检察文化建设是杭州检察机关的核心竞争力"这一命题,定期开展全市成果展示会,通过观摩和交流,让每一个基层院的检察长、政治部主任、机关党委、团群组织负责人参加,检验全市检察文化建设成果,推动文化建设比学赶超。

（三）以创新文化反哺业务

杭州检察立足"数字之城"区位优势，近年来以创新文化为抓手，精准融通业务需求，提升检察业务数字化水平，推出一系列全国性的创新机制，将信息化、数字化融入检察文化建设始终，打造了充满科技感的检察文化空间。推动数字检察建设，建立了大数据指挥中心和城市大脑杭州检察驾驶舱，研发出全国首个"非羁押"APP，推出"非羁码"数字监控系统，提速信息化建设步伐，推出了绩效考评数字管理系统、城市法治地图指数系统、全域数字法治监督体系等，打造"数智杭检"品牌。还建成了公益诉讼互联网创新实践基地、全省首家图像证据实验室、未成年人检察工作展示区等新型展示区域，将工作开展和文化建设融为一体，还依托"国家检察官学院杭州分院"平台，以检察官教检察官等方式，打造实案实训品牌，反哺办案实践。

（四）以法治文化凝聚队伍

杭州检察注重通过文化建设凝聚人才队伍建设，培养了一批具有法治信仰的检察人才。检察机关内烘托出浓厚的法治氛围，如每年举行宪法宣誓，对党、国家和人民作出庄严承诺；提炼"崇法、理性、人本、科学、忠诚、公正、清廉、文明"十六字院训，让打造品质检察、争创一流，成为全体干警的共同价值遵循；以全国检察业务专家、杭州"工匠"桑涛，浙江省优秀检察官、杭州市担当作为好干部吕静等为榜样，积极发挥先进典型的示范引领作用；组织新老检察人初心分享会，搭建沟通桥梁；开展寻找"最美检察人"活动，用他们的鲜活感人事迹激励更多的年轻人，在全市形成良好氛围。

（五）以人本文化丰富情怀

文化即"人化"，本质上就是文化的、能动的人。[①] 杭州检察努力打造"优秀书香机关"，推出了"杭检人文大讲堂""望潮书院"等文化载体，邀请国家级非遗传承人、在浙知名学者等各界专家，先后举办了音乐、建筑、摄影、诗词、青瓷、心理等文化讲座。组织兴趣小组，依托文联和工会，成立书画、摄影、毅行、球类等兴趣小组，培养文体骨干人才。在近年来的体育赛事如全省"三大球"比赛中，均取得良好成绩。举办"读书半月谈"

---

① 习近平：《文化育和谐》，载《浙江日报》2005年8月16日。

"阅读马拉松"等活动，以检察长荐书、干警畅谈感想、两级院干警观看直播形式展开。组织集体庆生会，关心关爱干警，注重仪式感，每月为当月生日干警举办温馨简朴的庆生会。组织退休干部荣休仪式，组织召开退休干部座谈会，赠送纪念影集，寄语老干部们不忘检察初心，永葆政治本色。组织"温情夏日，安心成长"关爱检察干警子女主题夏令营活动，解决幼儿无人照顾的问题，让干警无后顾之忧，全身心投入工作。

（六）以物质文化提升品质

杭州检察不断优化资源布局，高水准提升物理空间品质。重新打造院史馆，将院史、城史、检史以高科技形式融合展示。建立全新的党员活动中心，努力打造别具一格、各具特色的楼层文化长廊。升级图书馆、茶吧等设施，设立江景健身、球场等文娱设施，满足干警锻炼身体、增强体质、身心放松等现实需求。以图书馆为例，在市院领导的大力推动下，杭检书屋积极提升硬实力、改善软环境，将平面阅读空间升级为"立体式"的书友交互共享空间，书友间以读相约、以书会友，打造"心连心"检察文化品牌。创新推出"一脸通全院"数字管理系统，改造食堂和办公室，告别钥匙和卡片。完善各类生活配套，无人超市、理发室等设施陆续建成投入使用，极大方便了干警的生活，提升了干警的生活质量和幸福指数。

社会主义核心价值观融入检察工作的路径

王 炜 张 源[*]

《中共中央关于加强新时代检察机关法律监督工作的意见》提出，要将社会主义核心价值观融入法律监督，以司法公正引领社会公正。实践中，检察机关既要重视法律的强制性、规范性、威慑性作用，又要发挥道德的教化性、调节性、引领性功能。[①] 社会主义核心价值观作为中华民族优秀传统文化的高度凝练与概括，其整体上呈现出抽象性的显著特征，在规范构造上亦不同于法律规则，并不能直接指引人们的行为并预测后果。因此，社会主义核心价值观要适用于司法实践，尚需在立法上完成从抽象到具体的转换，或在司法实践中通过解释学补正规范性条文的论证说理。然而，通过修法方式融合社会主义核心价值观并非朝夕之事，短期内无法满足现实需求，在案件办理过程中利用社会主义核心价值观加强释法说理无疑是最佳选择。

一、社会主义核心价值观融入法律监督的特征

法律渊源（以下简称法源）这一概念从本质上回答了"检察官从哪里发现监督规则（法律发现）"或"何种规范可以被附条件地作为法律对待（法律拟制）"的问题。[②] 质言之，将社会主义核心价值观引入法律监督实践，作为可以适用于释法说理中的法源，关键在于把握适用的前提及说理的限度，以免陷入"为了说理而说理"的窘境。

（一）融入法律监督时的补充性与辅助性

根据博登海默的法源理论，正式法源是具有权威性的法律文本，非正式

---

[*] 作者单位：甘肃省人民检察院兰州铁路运输分院。
[①] 何君姬、张源：《将社会主义核心价值观融入法律监督实践》，载《检察日报》2021年8月18日，第3版。
[②] 陈金钊：《法源的拟制性及其功能——以法之名的统合及整饬》，载《清华法学》2021年第1期。

法源则只体现出一定的法律意义，而未获得法的效力，如习惯、道德、公共政策等。① 社会主义核心价值观作为凝结中华民族优秀传统文化的集大成者，类型丰富、内涵深刻。诚然，在国家层面出台了大量倡导、推行社会主义核心价值观的政策性文件，但由于其并非法律法规，显然不属于严格意义上的立法。从法源地位来看，社会主义核心价值观属于"非正式法源"。但其又具有特殊性，以"看得见的方式"影响着"正式法源"，具体表现为以规范性条文的形式嵌入到法律文本之中，如：《民法典》第1条就规定了要"弘扬社会主义核心价值观"，并在其原则条款中多有体现。据此可见，社会主义核心价值观虽然作为一种非正式法源，但其却可以融入正式法源，尚需注意的是，其不能代替正式法源，在法律监督实践中更多地体现出一种补充性与辅助性的作用。一方面，其只能作为一种"候补"法源，在法律规则出现冲突或存有立法空白时，作为监督依据出现；另一方面，其不能单独出现，总是伴随着一定的法律条文作为加强说理的依据，且在适用时要与规范性条文相互融通。具体而言，检察官在案件办理过程中，首先应当检索与案件事实相对应的规范性法律文件并先行释明，其后才能结合社会主义核心价值观进一步明晰法律内涵、阐明立法目的、论述监督理由。

（二）融入法律监督时的针对性与层次性

在法律监督案件中引入社会主义核心价值观加强释法说理，应当在案件类型的选用上更具"针对性"。结合司法实践，大致可从以下案件着手：一是涉及国家利益与社会公共利益的案件；二是社会公众广泛关注的案件；三是容易引发社会道德风险的案件。虽然上述案件的表现形式及法律关系各不相同，但其皆具有一定的疑难复杂性，要么涉及公益与私益的衡量，要么涉及法律与道德的博弈。而社会主义核心价值观则恰好提供了一个新的解决视角，能够为疑难复杂案件的处理提供"支持"。

当然，基于"四大检察"协调发展的态势考量，在不同类型的监督案件中社会主义核心价值观的适用尚存在一定差异。在民事监督案件中，如果无明确的法律依据，检察官便可依据习惯或社会主义核心价值观类推适用相应的规范性条文，或对法律原则加以"具象化"处理，深刻阐释其内涵及适用缘由。相较而言，在刑事案件办理、行政监督案件中，由于其涉及制约

---

① ［美］博登海默：《法理学：法律哲学与法律方法》，邓正来、姬敬武译，中国政法大学出版社2004年版，第429页。

公权力与保障私权的双重目的,特别是受"罪刑法定"及"法无规定即禁止"原则的限制,类推适用受到严格限制。而公益诉讼案件由于涉及国家利益与社会公共利益,尤其是行政公益诉讼秉持"双赢多赢共赢"的价值诉求,因此存在大量利用社会主义核心价值观说理的空间。

(三)融入法律监督时的非强制性与倡导性

从司法实践来看,社会主义核心价值观融入法律监督实践呈现出"形式上的非强制性"与"实质上的倡导性"。检察机关并未出台相关文件就适用社会主义核心价值观予以规制,检察官据以引用亦是出于案件办理需求及主观状态上的自觉性,只是倡导性地鼓励检察人员在案件办理过程中加以阐释。根据瑞典学者佩策尼克关于法源的分类,可将其细化为"必须适用的法""应当适用的法"与"可以适用的法"。①"必须适用的法"具有最强的拘束力,检察官在办理案件时必须据以引用并接受其约束,如果脱离了这种规范性法源的拘束,则案件办理结果就失去了合法性与正当性。譬如:我国的法律、行政法规等皆属于"必须适用的法"的范畴。"应当适用的法"要求在一般情况下要加以引用,但遇到特殊情况亦可以不予适用。譬如:"两高"公布的指导性案例。"可以适用的法"并不具有强制约束力,而是交由办案人员结合具体案情选择性适用。譬如:学说、习惯等。据上述分类可以看出,社会主义核心价值观属于"可以适用的法",其并不具有强制性。这就意味着,检察官在案件办理过程中负有"较弱"的引用义务。

二、社会主义核心价值观融入法律监督的方法

"法律非经解释不得适用。"只有通过对规范性条文的精确阐释,才能释明其内涵与原意,克服规范性条文抽象性与模糊性的缺陷。亦即,法律解释是适用规范性条文的前提,也是法律适用方法中最常见者。因此,探究社会主义核心价值观的说理方法,首先得从法律解释方法入手。

(一)文义解释方法

文义解释是指对法律文本字面含义进行具体化的解释方法,文义解释是

---

① [瑞典]亚历山大·佩策尼克:《论法律与理性》,陈曦译,中国政法大学出版社2015年版,第298页。

法律解释中最为基础与常见的方法,即所谓"法律解释始于文义终于文义"。[①] 在履行法律监督职责过程中,检察官应当运用文义解释准确解读规范性法律条文所蕴含的社会主义核心价值观,并充分说明社会主义核心价值观在个案中的适用语境及内在要求。由于社会主义核心价值观与规范性法律条文皆具有高度的抽象性与概括性,因此,倘使对其不加以解释,则会形成"抽象—抽象"的逻辑闭环,从而使得监督理由空洞无物,脱离实际。所以,检察官不应当仅停留在对规范性条文与社会主义核心价值观的转述、引用上,而应当结合具体案情,深度剖析法律关系所涉及的社会主义核心价值观,实现从"抽象—具体"的转变,实现案件办理法律判断与价值判断的高度融合。

具体而言,司法实践中可采取"一般解读+具体分析"相结合的模式,即首先对社会主义核心价值观的一般意义进行阐释,其后再结合案件详情,将其放置于具体语境进行深度剖析。譬如:在对一起合同纠纷案件进行监督时,检察官首先要根据申请监督人的请求分析案件所涉法律关系,在解读规范性条文关于"契约精神"的规定时,可以穿插社会主义核心价值观中的"诚信""平等""自由"等理念。

(二) 体系解释方法

体系解释是指将法律规范视为一个整体,通过对整体规范间的相互关系进行理解来解释具体规范条文的意义,主要体现为"联系上下文"或"目光流转于整体与部分之间"。[②] 检察官在运用体系解释方法时,要在宏观视野上将中国特色社会主义法律体系与价值体系连接起来,全面阐释规范性条文的意旨内涵。

为了保持社会主义核心价值观司法适用上的体系性,检察官在进行解释时,应当尽量做到:一是对于某一规范性法律条文进行解释,应当尽可能多地寻找与之相对应的社会主义核心价值观类型;二是对于查找的与之对应的多个核心价值观,要根据与案件事实及法律条文的紧密关系进行排序;三是可以通过引用指导性案例、典型案例等方式强化核心价值观的说理能力,增强体系解释的权威性与说服力。

[①] [德] 伯恩·魏德士:《法理学》,丁晓春、吴越译,法律出版社2013年版,第311页。

[②] 黄茂荣:《法学方法与现代民法》,中国政法大学出版社2001年版,第379页。

（三）目的解释方法

目的解释可以划分为主观目的解释与客观目的解释，德国法学家耶林称"目的是整个法律的创造者"，可见其重要性非比寻常。检察官在利用社会主义核心价值观进行目的解释时，应当立足于社会发展方向及立法目的，使释法说理与法律的价值诉求与精神内涵保持一致。

从立法方式来看，社会主义核心价值观融入法律往往是通过立法目的或立法原则的条款予以实现，因此，社会主义核心价值观的目的解释路径需遵循"核心价值观—立法目的（原则）—具体条文"的转换过程。从文义内涵范围的逻辑关系来看，社会主义核心价值观与我国主要法律的立法目的存在交叉重叠关系，社会主义核心价值观的部分内容往往也是某些法律的立法目的之一。① 因此，检察官在进行解释时，往往需要在两者交叉重叠的部分寻找"交集"，再结合案情加以阐述。

（四）社会学解释方法

社会学解释方法要求检察官在办案过程中要追求"三个效果"的有机统一，通过对政治效果、法律效果与社会效果的综合考量，以确定规范性法律条文在当前社会生活中的具体含义。② 一般而言，其与历史解释往往相伴而行，运用社会学解释方法亦可以参照立法文献资料，或者根据历史沿革作出"具象化"阐释。

三、社会主义核心价值观弥补法律漏洞的方式

大陆法系一般将法律漏洞界定为"违反法律计划的不圆满状态"，法律漏洞会导致由法律体系形成的法律秩序处于一种不圆满或不协调的状态。③ 检察机关在履行法律监督职责的过程中，要善用社会主义核心价值观来填补法律漏洞。尤其是在对民事检察、行政检察案件予以监督时，倘使法律缺乏明文规定，而人民法院在裁判时采用了类比推理的方式，检察机关应当充分

---

① 孙跃、陈颖颖：《社会主义核心价值观融入司法裁判的法律方法》，载《山东法官培训学院学报》2021年第4期。

② 王利民：《法律解释学导论——以民法为视角》，法律出版社2017年版，第434页。

③ [奥]恩斯特·A.克莱默：《法律方法论》，周万里译，法律出版社2019年版，第157页。

发挥社会主义核心价值观的指引作用，对类推适用部分进行重新审视。司法实践中，常用的漏洞填补方法除了"类比推理""法律原则的具象化"外，还存在目的"扩张性解释"与"限缩性解释"等。

（一）类比推理

类比推理又称为类推适用，主要解决在无法律明文规定时，参照适用其他条文办理案件的做法，其旨在弥补立法漏洞。以"最相类似的规定"来参照适用于法律空白领域，其关键点在于对不同案件及规范性条文之间相似性的对比。根据考夫曼的"本质论"，可将其具体思路拆解如下：由于 A 与 B 具有一定的相似性，因此适用于 A 的规范 X 便可类推适用于 B。

在适用社会主义核心价值观的案件中引入类比推理，实质上是借助于对"事物本质"的价值判断来实现的。这就要求检察官在对民事检察、行政检察案件予以监督的过程中，首先需查明案件事实所反映的本质属性及其呈现的社会主义核心价值观类型，然后才能在规范性法律文本之中查找最相类似之条文，并经反复推理、考察决定类推适用是否契合法律原则与社会主义核心价值观的要求。

（二）反向推理

将反向推理应用于法律监督实践，需要慎之又慎。其主要倡导如果法律存在空白，便据此推定立法者"有意保持沉默"。其在实践中的适用要符合一定的前提要件，即检察官需要根据立法文献探究立法者之目的，从而推导出立法者是出于何种心态对法律调整的范围留有空白，是"立法疏漏"还是"故意沉默"。前一种情形前文已论及需采用类比推理之方式，而后一种情形则需考虑运用反向推理。同理，反向推理亦离不开法律解释方法的运用，且为了保证结果的正确性，实践中需穷尽其构成要件。这往往也是该推理方式的难点所在，在部分案件中，我们很难做到将其法律适用要件全部穷尽。因此，反向推理在司法实践中并不是单独适用，一般需结合其他法律方法而综合应用。譬如：在"知假买假"案件中，由于法律并未就消费者的主观购物动机作出明确规定，因此便可运用反向推理的方法，并结合社会主义核心价值观中"自由"之价值，及民事领域"法无禁止即自由"的原则惯例，进而推导出妥适性结论，维护消费者合法权益。

（三）目的性扩张及限缩解释

目的性扩张或限缩的解释方法往往具有适用上的滞后性，只有当法律存有漏洞而在两者之间找不到相似之处时，方可纳入考虑范畴。目的性扩张是指立足于立法目的，对规范性条文的适用范围适度拓展，以适应其未能涵盖的法律后果；而目的性限缩则是立足于立法目的，将并不应由该规范性法律条文调整的法律后果排除在外。譬如：根据《道路交通安全法》第47条之规定，机动车停车礼让的前提条件是"行人正在通过人行横道"。那么，实践中往往出现由于红绿灯时间设置行人停在人行横道上的时间。此时如何解释这种行为，我们可以对"通过人行横道"进行扩张性解释，将"停留在人行道"的行为囊括进来，这亦符合社会主义核心价值观的内在要求。

（四）法律原则的"具象化"

当运用上述方法仍不能妥善填补法律漏洞时，检察官便可通过对法律原则的"具象化"来进行"创造性补充"。[1] 在侵害英烈人格利益第一案中，由于当时《民法总则》（现《民法典》）尚未出台，因此并未有保护英烈名誉、荣誉的明确规定。为了填补法律漏洞，当时司法机关对《侵权责任法》第2条中"人身、财产利益"进行了"具象化"处理，将侵害英烈名誉、荣誉上升为社会公共利益的高度，并运用社会主义核心价值观对其加以阐释。

四、社会主义核心价值观融入法律监督的路径重构

（一）以核心价值观为指引对不同价值进行权衡

将社会主义核心价值观运用于法律监督实践，本质上是检察官进行价值判断的过程，当这种价值判断引入具体个案，则必然会涉及对不同价值的权衡与取舍。质言之，检察官在进行价值判断时，肯定会事前对不同价值可能引发的后果进行预判，确定能够适用于个案的价值取向，从而比对得出最优选择方案，此即"法律的二阶证立"。

首先，当个案涉及多种利益，且存在明显的价值冲突时，检察官要以社会主义核心价值观为指引，通过价值衡量选择需要优先保护的利益。当案件的双方当事人在经济能力、身份地位上存在一定程度的强弱之分时，检察机关要在法律的范畴之内更好地保护弱势群体的利益，尤其是双方当事人为劳动者与用人单位、消费者与经营者、保险人与保险公司时，这种利益冲突便

---

[1] 杨仁寿：《法学方法论》，中国政法大学出版社2013年版，第205页。

更加明显。此时应当以维护弱势群体利益为目的弘扬"文明""和谐""诚信"等社会主义核心价值观。

其次,当案件涉及国家利益、社会公共利益与个人利益时,根据文化传统偏向于优先保护国家利益与社会公共利益,检察官在予以阐释时会附带对个人利益的行使范围、权限、边界等进行界定,立足于"法治"与"自由"的双重维度对社会主义核心价值观加以诠释。譬如:在知识产权民事监督案件中,商标权利的取得和行使皆是公民的自由,但这种自由亦要遵循诚信原则,不能损害他人合法权益。

最后,检察官在个案办理过程中要具有"向前看"的监督理念,在监督理由的诠释上尽可能选择能够体现社会主义核心价值观的阐释路径。譬如:在公益诉讼案件办理中,可以通过引入风险管理理论来论述违法行为可能引发的损害后果,亦可以通过经济学中的成本理论来就整改方案进行调适,以最小的投入达到最佳的整改效果。

不过,后果论证可能在"后果预测"(后果预测的不确定性或不准确性)和"后果评价"(后果评价标准的单调性或本身的不合理性)等两个层面存在问题。① 因此,当检察官利用后果论证的范式时,需要尽可能对社会主义核心价值观的类型及内涵予以明晰化,将其放置于特定个案语境中,而不能对其加以宽泛的理解或抽象地运用于具体案件,此时便需要通过引入法律解释方法加以实现。此外,在进行后果预测时,检察官还应当运用其他学科的知识,借助于常识判断以实现预测的精准性。对于"后果评价",检察官往往需依托三段论的逻辑推演模式,确保后果论证的形式有效性。

(二)以工作受众为导向改进释法说理方式

检察工作不仅要追求司法活动本身的合法性与合理性,还应当关注工作面向的受众,以社会公众更容易接受的方式来实现。在案件办理过程中,检察机关要鼓励当事人、辩护人以社会主义核心价值观作为司法理由,并及时予以回应。根据阿尔尼奥的观点,法律论证应当避免专断式的证立,尽可能在"理性商谈"与"可接受性"之间寻求交集。② 因此,检察官在案件办

---

① 雷磊:《司法裁判中的价值判断与后果考量》,载《浙江社会科学》2021年第2期。

② [芬兰]奥利斯·阿尔尼奥:《作为合理的理性:论法律证成》,宋旭光译,中国法制出版社2020年版,第264页。

理过程中，不能对当事人及辩护人以社会主义核心价值观作为论证理由时置之不理，亦不能对其以不属于法律的明确性规定进行回应。检察官应当通过对社会主义核心价值观内涵的诠释及其与案件之间所具有的关联性有针对性地作出回应与说明，以翔实的论证提升社会主义核心价值观应用于个案中的权威性与说服力。

此外，为了更好发挥检察机关参与社会综合治理的功用，有必要将视角上移至司法与社会的互动交融层面，建立社会公众对社会主义核心价值观融入检察工作的反馈交流机制。检察机关要通过12309检察服务中心等收集公众意见，倾听对检察工作的建议，并运用大数据予以分析，从而为社会治理提供建设性意见建议。将大数据、区块链等现代技术引入检察工作实践，进一步拓宽了检察机关听取民意的渠道，提升社会公众对检察工作的参与感，对社会主义核心价值观的培养、弘扬起到更加积极的作用，亦有利于检察机关更好地改进其在法律文书中运用社会主义核心价值观进行说理的方式及限度。

最后，检察机关利用社会主义核心价值观进行说理时，在法律文书中应当尽量使用通俗易懂、简洁明了的方式，该繁则繁、当简则简，通过运用修辞论证增强释法说理的接受度与认可度。具体而言，检察官利用社会主义核心价值观进行说理论证时，需注意如下两方面问题：一是关注说服对象。不同案件所涉及的"受众"会有所不同，亦会受到不同群体的关注，因此在对社会主义核心价值观予以诠释时，在语言风格、论证模式上要进行"个性化定制"，从而增强说理的针对性。二是运用修辞资源。除了上述语言风格外，检察官还应当适度运用谚语、科学知识等增强社会主义核心价值观说理的接受度，以社会公众喜闻乐见的方式阐释其内涵。

（三）通过类案检索保持释法说理的一致性

社会主义核心价值观融入法律监督实践，还需要妥善解决好"同案不同判"问题，以社会公众朴素的正义价值观作为重要参考因素，确保法律实施的统一性。因此，检察官应当在案件办理中力求做到同种类型案件法律适用及说理论证的一致性，借助最高人民检察院建立的检察案例库，通过类案检索机制的运用确保同种类型的社会主义核心价值观在内涵诠释及说理模式上尽可能保持一致。

在检察案例库的建设方面，最高人民检察院应当定期收集、整理、汇编适用社会主义核心价值观取得良好办案效果的典型案例。在检察案例库的应用方面，要更加凸显类似案件的类似处理。尚需注意的是，社会主义核心价值观融入检察工作实践，对于个案办理而言其更多的针对的是法律适用，而并非对案件事实的认定，类案检索及参照适用机制主要包括案件事实与法律适用两个方面。因此，检察官在对案件事实的认定上，要秉持客观公正立场，不能为了弘扬社会主义核心价值观而忽略案件事实，甚至出现案件事实认定错误的情形。检察官在利用类案参照办理具体个案时，主要据以为引的还是案件中社会主义核心价值观的说理部分。

此外，检察官在个案办理过程中需检索、参照适用关于社会主义核心价值观的司法案例时，不仅可以对案件事实与法律适用进行比对，还可以借鉴、吸收社会主义核心价值观的论证方式及适用方法。一般而言，检察官在参照先决案例时，首先需要对该案例所涉及社会主义核心价值观的内涵诠释予以重新解读，并在此基础上分析其与案件事实之间、法律适用等方面的关联性，以确保社会主义核心价值观的选择与案件存在一定的契合度。同时，检察官还需对典型案例中运用社会主义核心价值观进行释法说理的法律方法进行分析，并适度借鉴、参照适用。

深耕文化品牌建设
助推未检工作高质量发展

温建军　周慧娜[*]

未成年人保护工作是党中央高度重视的一项工作，不仅事关国家的未来，更是衡量国家司法文明的标志。中华民族自古以来就有"老吾老以及人之老，幼吾幼以及人之幼"的恤幼文化传统，加大对未成年人的司法保护力度，既是以人为本的科学发展观的必然要求，更符合中华民族的情感和文化传统，是社会公众广泛接受和认同的。检察机关是国家法律监督机关，也是参与未成年人司法保护全过程的政法机关，对未成年人司法保护承担着特殊重要的责任。未成年人检察制度经过三十多年的发展，专业化、规范化、社会化建设取得了长足进展，在推进未成年人全面综合司法保护、保障未成年人健康成长、促进社会和谐稳定等方面发挥着重要作用，成为检察机关一项独具特色、亮点纷呈的重要业务。

近年来，各地检察工作中涌现出了重庆"莎姐"、河北"琢玉"、四川"亮晶晶"、内蒙古"娜荷芽"、浙江"西子姐姐"、福建"刺桐花"等社会认可度高的优秀未检文化品牌，对新时期未成年人检察工作的发展起到广泛的示范带动作用，在弘扬社会主义法治文化，让社会充分了解未成年人检察工作的新举措，争取更多支持力量，提升检察机关影响力、公信力、知名度等方面发挥了重要作用。品牌化建设已经成为增强新时期未检工作影响力的"助推器"。

一、未检文化品牌建设的必要性

步入新时代，随着社会主要矛盾发生变化，未成年人健康成长是人民美好生活的重要内容，人民群众对未成年人司法保护的关注从"有没有"到

---

[*] 作者单位：河北省邯郸市邯山区人民检察院。

"好不好"向"更加好"发展，不仅要求处理好个案，更希望在制度上提供司法保障，对未成年人检察工作提出许多更高的要求。《中华人民共和国未成年人保护法》《中华人民共和国预防未成年人犯罪法》修订后，未检工作在未成年人国家保护大格局中的主导责任更加明确，做好未检工作既是人心所向、时代之需，也是推进"中国之治"的应有之义、应尽职责，引入品牌理念有助于促进未检工作的更大创新和发展。

（一）打造未检文化品牌有利于弘扬社会主义法治文化，持续提升公民法治素养

法治文化是一个国家或民族对于法律生活所持有的以价值观为核心的思维方式和行为方式，集中反映了国家的文化状态和精神风貌。中共中央办公厅、国务院办公厅印发的《关于加强社会主义法治文化建设的意见》要求切实提高全民族法治素养和道德素质，引导全体人民成为社会主义法治的忠实崇尚者、自觉遵守者、坚定捍卫者。《大戴礼记·礼察》记载："贵绝恶于未萌，而起教于微渺，使民日徙善远罪而不自知也。"加强法治教育，对于预防和减少涉及未成年人的犯罪具有重要意义。

在未成年人价值观形成和确定的关键时期，如何引导其"扣好人生第一粒扣子"，考验法治教育手段的有效性。近年来，检察机关严格落实"谁执法谁普法"普法责任制，持续开展"法治进校园"巡讲活动，打造特色未检普法品牌，让法治理念和法治信仰在未成年人中生根发芽，打牢法治文化根基，不断提升全体公民的法治意识和法治素养。比如笔者所在的邯山区检察院借助"琢玉"品牌效应吸纳其他部门检察人员、社会工作者、志愿者等加入法治宣传队伍，借助以案释法、法治教育实践活动、加强校园法治文化建设、增强社会参与度等手段，通过线上线下多种形式在未成年人当中持续开展法治教育，构建起预防未成年人犯罪的"安全网"，在校生犯罪率持续下降，获得社会各界的广泛认可和支持，并荣评2020年"检察机关法治进校园"全国巡讲表现突出单位。

（二）打造未检文化品牌有利于提升检察公信力和知名度，营造良好的外部环境

品牌就是形象，品牌就是影响力。习近平总书记在对政法工作的批示中强调"要进一步提高政法工作亲和力和公信力，努力让人民群众在每一个司法案件中感受到公平正义"。检察文化品牌代表着整个检察系统的形象，

是加强和改进检察文化建设、提高检察工作亲和力和公信力的有效途径。我们打造的检察品牌越成功，社会各界和人民群众对检察工作的了解就越深入，内心也就越认同。

司法改革和检察机关职能转变后，未检工作作为检察机关职能之一的重要性就显得更为突出。一个成功的未检品牌在弘扬未成年人保护理念、争取更多理解支持方面发挥着重要的作用，能够最大限度地聚焦政府、人大、政协和社会各界的目光，使他们通过未检品牌这一"闪光"的窗口，更加形象地了解检察工作，更加关注和支持未成年人保护工作。正因如此，各级检察机关每年都会利用"两会""六一"等重要时间节点，通过检察开放日、新闻发布会、发布典型案例等多种方式，介绍检察机关在保护未成年人方面的新举措、新动态、新成效，回应社会关切，形成良好舆论氛围。而知名的未检品牌和口碑，可以让其所在的检察机关在相同时间段、类似的新闻矩阵中占得优势和先机，吸引广大媒体和大众关注，产生更大的社会影响力。

（三）打造未检品牌有利于实现新时代未检工作的检察职能定位，扩大未成年人保护"朋友圈"

作为我国未成年人司法的重要组成部分，检察机关既是未成年人保护工作的监督维护者，又是推动共建者，还是共享共治者。未成年人保护工作是一项系统工程，尤其是未成年人检察始终以帮助涉罪未成年人回归社会为基本任务，这就更加需要职能部门合力共建，社会公众广泛参与，积极配合构建起社会治理长效机制。

近年来，检察机关持续加强与社会各界协作配合，下大力气构建未成年人社会支持体系，推动形成未成年人保护合力，进一步提升未成年人司法保护质量和效果。各级检察部门通过未检品牌的聚合效应引入更多社会资源，为深入推进未成年人全面综合司法保护提供了便利条件和力量支持。比如重庆检察机关发挥"莎姐"品牌效应，吸纳爱心人士、志愿者等社会力量参与，组建法律志愿者服务队伍，开展包括未成年人犯罪预防在内的法律维权、援助、帮教、宣讲等多样化的服务活动，实现未成年人保护由检察院"单打独斗"向全社会"抱团作战"转变。

（四）打造未检品牌有利于队伍专业化建设，形成良好的职业道德文化氛围

大力推进检察队伍革命化、专业化建设是《中共中央关于加强新时代

检察机关法律监督工作的意见》明确提出的要求。职业化是未检队伍专业化建设的重要一环，在这一环中人的因素是最重要、最关键的。未检检察官是个特殊的职业群体，承担着法律监督、守护公平正义的责任，还肩负着守护祖国明天的神圣使命，人民群众对这一职业给予了很大的期望。未检队伍在遵循检察官"忠诚、为民、担当、公正、廉洁"的职业道德之外，还应形成具有未检特色的职业精神，譬如"爱心、责任、激情"等。检察文化在引领检察工作发展方向，提高检察人员的思想境界、职业操守、法律素养和执法能力等方面提供着强大的精神动力。加强未检文化品牌建设，发挥检察文化在凝聚力量、激励斗志、陶冶情操等方面的作用，强化典型实例的示范引领，可以通过有形和无形的教化引领以及各种荣誉的获得过程，激发未检人员干事业的不竭动力，不断提高未检队伍综合业务能力，更好推动未检事业的可持续发展。

二、未检文化品牌的概念及构成

检察品牌是指检察机关在履行法律监督职责中借鉴企业管理中品牌建设的成功经验和方法，不断改革创新的成果，是检察机关业绩、形象、文化、管理、创新、服务俱佳的综合标志。未检文化品牌是在检察业务和检察文化、传统文化、地域文化深度融合过程中经过创新培育、实践检验和精心提炼出的关于未成年人检察工作理念、制度、机制、方法、措施和文学艺术等内容的具有代表性和鲜明性的文化复合体。一个成功的未检文化品牌应由以下几个部分构成：

（一）识别度高的品牌名称

品牌名称是品牌的代表和灵魂，体现了品牌的个性和特色，是品牌被消费者认识、接受、满意乃至到达忠诚的前提，是品牌建设和传播的基础。检察品牌首先要有一个反映其优秀特征的"词"或者短语作为品牌的名称，既要朗朗上口、简单易记，又要寓意深刻、识别度高。一个好的未检品牌名称不仅能体现未检业务的特殊职能还蕴含着创建单位所秉承的未成年人保护理念，同时因工作服务对象为未成年人，其命名还应具有亲和力、号召力和感染力。

实践中未检品牌命名方式大致分为四类：一是用文学作品中对少年有"守护"或"指引"意向的词语，如浙江省台州市、河南省宝丰县等院均用冰心先生《小桔灯》作品中那个象征"勇敢、乐观、光明"的"小桔灯"

作为未检品牌名称；二是用未检团队核心检察官的名字命名，如重庆"莎姐"、成都"亮晶晶"、浙江"春燕工作室"；三是用"爱""护""检""未"等直接体现未检职能和特色的文字组合命名，如"检爱""护未"；四是用象征生命力和希望的动植物名称命名，如"小葵花""娜荷芽""刺桐花"。

（二）寓意深刻的品牌内涵

菲利普·科特勒（Philip Kotler）认为，品牌内涵从本质上说，是销售者向购买者长期提供的一组特定的特点、利益和服务的许诺，最好的品牌传达了质量的保证，它能表达六层意思：属性、利益、价值、文化、个性、使用者。简言之，品牌内涵就是通过品牌向消费者传达的信息。

未成年人检察具有特殊属性和独立品格，未检机构和检察官应该淡化其"国家公诉人"身份，突出其"国家监护人"身份，但并不是淡化检察机关的威严，而是完善其职能。未检工作应始终坚持教育感化、惩教结合的原则，品牌内涵上也应该体现宽容不纵容、严管又厚爱的态度，不能一味地强调"关爱""呵护""救助"而忽略对涉罪和问题未成年人的惩戒、教育、纠正。纵观成功的未检品牌在内涵上都是兼顾了"爱"和"教"，如重庆"莎姐"品牌，"莎"之本意为一味治病救人的良药，取"以法为药去病灶""未病先防"之意；"姐"字形象地体现了对未成年人采取的有别于以往严肃司法形象的"亲和型"司法探索。再比如笔者所在的邯山区院培育的"琢玉"品牌，"琢"字取"琢磨、雕刻"之意，体现了对涉案未成年人的教育矫治、"玉"字体现了"珍爱"和"守护"。未检文化品牌在创建过程中，还应不断地挖掘延伸已有未检品牌的内涵，使其不断适应新时代未检工作新要求。

（三）多种形式的品牌载体

未检文化品牌既是一种制度体系，又是一种思想观念，更是一种法治文化载体，它既具备一般检察文化品牌的属性也有自身的特征和表现形式。实践中未检文化品牌建设主要有以下几种表现方式和载体：一是在实践基础上总结提炼出效果显著的工作模式。如笔者所在的邯山区检察院打造的"琢玉"品牌，把涉案未成年人视为璞玉，总结近十年的办案帮教经验，逐步摸索出一套成熟的邯山"琢玉"之道，即"采玉、识玉、雕玉、护玉、归玉"五步"琢玉"法；二是独具特色的普法产品，例如最高检与中央电视台法制频道联合打造的大型未成年人检察普法节目《守护明天》；三是在工作实践中涌现出来的先进未检检察官典型人物塑造，如玫梅、毕冬云、章春燕等优秀未检检察官，他们长期从事未成年人检察工作，长于帮教、善于沟通协调、勇于探索创新，形成了广泛的示范和带动效应；四是以未检为题材和主题的小品、情景剧、广播剧、微电影、微视频、小说、诗歌、散文、报告文学等艺术文学影视作品，运用雅俗共赏的表现方法来反映与未检相关的工作与生活，在潜移默化中对受众进行法治教育，弘扬法治精神；五是对未检品牌理念、内涵、精神进行综合展示的法治教育基地和法治广场（公园），通过特定空间设施把抽象的法治文化内涵具体化、直观化，便于青少年和大众全面而深刻地理解法治精神。

另外，未检文化品牌还应有品牌 Logo、宣传口号、形象代表、宣传曲目、文创产品等物质形态的系列宣传载体。

三、未检文化品牌建设的一般性路径

文化品牌的形成不是一朝一夕的事，它要经过创立、实践、总结和不断完善的过程，有其自身发展历程。在新时代，未检文化品牌建设必须遵循未成年人检察工作的内在规律，以习近平法治思想为指导，充分发挥法治文化的引领作用，实现新时代未成年人检察工作的高质量发展。

（一）习近平法治思想是未检文化品牌建设的理论基础

法治国家是制度、机制和文化的有机统一。人们的行为不仅受法律制度和经济利益的约束，还深受法治文化等精神世界的影响。党的十八大以来，以习近平同志为核心的党中央高度重视社会主义法治文化建设，作出许多重要论述，习近平法治思想为社会主义法治文化建设提供了根本遵循和行动指南。中共中央办公厅、国务院办公厅印发的《关于加强社会主义法治文化建设的意见》，要求把建设社会主义法治文化作为建设中国特色社会主义法治体系、建设社会主义法治国家的战略性、基础性工作和建设社会主义文化强国的重要内容。弘扬社会主义法治文化、培育法治精神是构建新型社会主义法治社会的首要任务，也是检察文化品牌建设中的关键。未检文化品牌承担着提升公民法治素养，推动全民守法，促进全社会广泛参与未成年人权益保护，教育和引导青少年做国家法律的自觉尊崇者、模范遵守者、坚定捍卫者的重大使命，这就要求各院在实践中以习近平新时代中国特色社会主义思想为指导，深入学习贯彻习近平法治思想，守正创新，持之以恒推进社会主义文化建设，根据自身的优势、特点，针对不同区域的偏好，有所侧重地培育和建设具有独特特色的未检文化品牌。

（二）最有利于未成年人是未检文化品牌培育的核心理念

品牌理念是指能够吸引消费者，并建立品牌忠诚度，进而创造品牌优势地位的观念，是品牌持有者所倡导的价值目标和行为方式，对品牌的发展具有导向功能、激励功能、凝聚功能和稳定功能。加强未成年人检察工作，最大限度地保护未成年人合法权益，最大限度地挽救涉罪未成年人，最大限度地预防未成年人犯罪，是检察机关参与推进国家治理能力和治理体系现代化的重要内容和载体，关乎未成年人的健康成长，关乎万千家庭的幸福安宁，关乎社会和谐稳定和国家民族未来。2020年4月印发的最高人民检察院《关于加强新时代未成年人检察工作的意见》在总体要求中提出，"以未成年人利益最大化理念为指引，持续推进未成年人双向、综合、全面司法保护"。据此，在未检工作实践中要自觉地将"最有利于未成年人"的理念原则贯穿未成年人检察工作的始终，用于指导未成年人保护的理论创新和实践改革。在未检文化品牌创建过程中同样也要充分地体现这个主题，提升未成年人保护工作品质与效果。

（三）实践与创新是未检文化品牌发展的动力源泉

检察文化表现为一种实践的文化，是检察人员群体实践的文化形态和成果，从实践中来，在实践中发展完善，到实践中去指导实践，这是检察文化的实践逻辑，也是它的生命力之所在。检察文化品牌是在检察工作中创造和发展的，只有与检察业务实践紧密合作才能让品牌保有生命力。未成年人检察工作对象、程序、理念、方法、职能、目标和价值取向等方面都与成年人司法具有根本区别，具有自身的专业属性和基本特征，在司法实践中也要遵循独特的司法规律。未成年人检察制度作为检察机关的新型业务领域，从无到有，由弱到强，发展到今天是不断创新、不断探索、不断实践的结果，而且在许多方面仍然极具探索空间，仍需坚持不懈地推动顶层设计与基层首创相结合，形成可复制的经验、模式。未检文化品牌建设既要根植于实践，又要因地制宜、积极探索、勇于创新，更要持之以恒地对本院未检工作中的特色亮点工作进行深入研究、修正和完善，全面推进理论创新、制度创新、实践创新，进一步做好品牌内涵的延伸工作，形成在全国有影响力的未检文化精品，使未成年人检察工作持续迸发生机活力。

（四）大宣传格局是未检文化品牌推广的有力武器

检察文化宣传的目的是让公众知晓，影响公众对检察的认识。体制机制建设是未检工作发展的基石，是决定未检未来长远发展的根本，外部宣传是未检工作发展的重要组成部分，二者缺一不可。在未检文化品牌建设中要充分利用各种宣传途径特别是要注重运用好"互联网"的宣传模式，形成立体化、多层次的传播推广格局，综合运用文字报道、书籍出版、影视拍摄等传统宣传媒介和微信、微博、微电影、卡通动画等新媒体手段，介绍检察机关在保护未成年人方面的工作举措及成效，形成良好舆论氛围。值得注意的是，在未检品牌文化培树初期，为了让人民群众了解未检工作，加强宣传尤为必要，但不能满足于轰轰烈烈、热热闹闹的形式主义，一味地追求所谓的"第一""首例""首次"却不考虑实际的社会效果，而是要始终如一地坚持"本在检察工作""要在检察文化""效在新闻宣传"的检察宣传理念，实现政治效果、社会效果与法律效果的有机统一。

新时代基层检察文化建设路径

——以基层检察机关工作实践为视角

徐 菁[*]

观乎人文,以化成天下。加强新时代检察文化建设,应以引领法治进步、促进社会治理、服务经济发展以及提升检察公信力为目标,观察研究基层检察队伍群体的现实诉求,探索发掘先进文化的引导、凝聚、协调、培育功能,形成有效有用的文化理念和建设路径,以检察力量赋能新时代法治文化建设。在当前工作实践中,由于受地域、经济、传统等综合因素影响,基层检察机关存在对检察文化重视不够、内在本质把握不准及文化建设表层化等问题。我们通过对省院、部分市州院、17个县区院及铁检院走访调研,座谈交流、线上话题参与561人次及网络问卷104份,旨在了解当前基层检察文化建设的现状和不足,进行深层次原因分析,探索加强检察文化建设的方法路径,成为引领检察事业创新发展的精神力量,切实担负起党和人民赋予的新时代重任。

一、恰中肯綮,看当前基层检察文化建设的现状及存在问题

《庄子·养生主》云:技经肯綮之未尝。后衍生出成语恰中肯綮,寓意解决问题的方法对、方向准。对基层检察文化建设面临的新情况新问题,亟须切合实际地查找问题出现的源头、成因及现实表现,探索发掘检察文化建设好的方法路径。

(一)基层检察文化建设的现状调查

1. 有建设固定文化场所,但工作不够扎实不够深入。在受访调查的基层检察院中,均有固定文化场所或干警活动室,但是有的基层院检察文化建

---

[*] 作者单位:湖南省衡阳铁路运输检察院。

设力度小、形式少,仍处于起步阶段。在问卷调查参与人员中,30岁以下占28.85%,30—40岁占29.80%,40—50岁占28.85%,50岁及以上占12.5%;大学本科以上学历占总人数的78.84%,聚集为一个核心,大专院校人数占10.58%,研究生及以上学历占10.58%;工龄5年以下占29.81%,5年至10年占23.08%,11年至20年占22.11%,20年以上占25%,调查人员结构基本符合当前基层实际情况。部分干警认为,当前基层院在检察文化中投入的人力、物力、精力还不够,对基础设施建设未能充分体现检察文化内涵目标,在"让社会公众对检察机关的第一印象深刻"方面做得不够。

2. 有建设检察文化阵地,但作用发挥不够突出。在检察文化建设中,有的基层检察院存在着"重物质、轻本质"现象,把思路局限在办公环境建设和体育设备上,形式上止步于征文、演讲、运动会等文体活动层面,有活动却无创新,有学习却乏沉淀,没有形成自身的一种文化精髓,使检察文化建设有形无神。问卷显示,对"当前检察文化建设存在的主要问题"这一选项,选"过于注重形式,内容不太贴近生活"的有60.58%;选"活动形式较少,不丰富"的有68.27%;选"文化活动场所较少,难以满足需求"的有37.5%。有些干警认为检察机关形象建设还不到位,从思想上重视不够,导致检察文化建设在很多地方还有很大提升空间。

3. 能开展检察文化建设,但表现形式较为单一。在"对所在基层院是否成立兴趣小组、沙龙、文艺团队等"这一选项,选"是"的有85.58%,没有或者正在成立的有14.42%,说明当前大部分基层院已经把检察文化建设纳入日常工作开展中,并着手建立相应兴趣小组和文艺组织。但由于有的基层院对检察文化内涵和外延理解还不够全面、准确,并未真正理解检察文化的价值所在,对检察文化的理解和研究不够明晰。

(二)基层院文化软实力不足的表现

1. 理念培树方面,"以人为本"的文化涵育不够。部分干警对检察文化的认识不够透彻,参与检察文化建设积极性不高是阻碍进行基层检察文化建设的重要原因。据问卷了解,基层检察人员对"多久参与一次文化活动"这一选项,每年1—4次的有29.81%,每月1次及以上的有29.81%,很少参加的有37.5%,不参加的有2.88%。少数干警对检察文化的认识还仅停留在嘴上,没有在心中扎根,没有在行动中落实,认为只要做好本职工作、圆满完成各项任务就可以,对检察文化建设的重要性和必要性的认识不足。

2. 文化需求方面，存在对检察文化精神实质的重视不足。在检察文化当中，物质文化只是检察文化的载体之一，精神文化才是检察文化的核心内涵。通过走访调研了解到，有的院把检察文化建设等同于设计制作宣传栏、墙贴和标语牌，忽视文化活动组织开展的精神实质，没有真正了解检察人员对于文化的需求。通过问卷了解到，有些干警希望在工作时间根据需求开展文化学习项目，有些干警希望在下班之后开展体育休闲类文化活动，有些干警希望在周末有能和家人子女一起参加的家风教育、亲子互动等，这都亟须成为切合基层检察文化实际的建设路径。

3. 氛围营造方面，亟须"文以化之"的有效载体。检察文化既有共性的一面，也应有其鲜明的个性特征。实际工作中，有的基层院推进检察文化建设，尤其是促进本院精神文化品格形成中，尚未注重体现检察特点、文化渊源和发展趋势，趋于一般化，个性不明显，也没有为干警需求量身定做相应的文化产品，在"如果成立相关的文化兴趣小组等您是否愿意参加"这一选项中，有积极参与意愿的受众达到95.19%，这说明文化建设这一载体正是当前检察机关特别是基层院所需要的，并且对创造以人为本的文化氛围、激励全体检察人员努力工作有着不可或缺的意义。

（三）文化建设突出存在的几个问题

1. 文化工作普及率有待提高，有些处于形成和酝酿阶段。有的基层院囿于机构设置、经费紧张、业务繁忙等诸多因素影响，对检察文化建设没有进一步探索挖掘，在一定程度上阻碍检察文化的建设。对于"多久举办一次文化体育活动比较合适"这一选项，选择"每周一次"的有12.5%，"每月两次"的有14.42%，"每月一次"的有49.04%，"每季度一次"的有24.04%，说明当前基层检察人员参与检察文化活动的愿望是迫切和渴望的。

2. 复合型文化人才匮乏，专业能力建设存在短板弱项。检察文化是一种文化，一项实践，没有一支具备较强研究水平和创新能力的专业化队伍，在检察文化建设推行中就会有困难，甚至无从下手。在认为文化建设应当如何组织这一选项中，建议由院工会牵头的有61.54%，由党支部或青工委牵头的有25%，由本院干警自发组织并推荐召集人的有8.65%，其他有4.81%。广大干警认为这些组织所应承担文化建设的更多责任，所属干警也应成为文化建设当中的骨干力量，需定期专业培训、交流座谈或走出去学先进经验，需在组织协调、艺术表现或者文化创新等方面不断提升，不断培育锻炼复合型专业型的文化力量。

二、溯流从源，对制约基层检察构建文化软实力的成因分析

《齐东野语·道学》中载：学行于世，溯流徂源。比喻探求源头，追根究底查找问题。随着社会快速发展演进，在检察文化构建中存在诸多制约和瓶颈，如何溯求检察文化的源头活水、保持鲜活持久的生命力，这是当前基层检察文化建设新的课题挑战。

（一）文化引领作用不够明显

在信息时代，对于主要从什么途径获取资讯这一选项，依托网络、手机的占88.46%，依次为报刊、电台、电视了解，社区、单位及亲友宣传。科技带来便利也改变现状，而与此不匹配不适应的是，有的基层院和检察人员存在对信息化认识不够全面，对如何高效能建设检察文化及创新开展信息化检察建设模式缺乏深入思考探索，没有建好"船"，搭好"桥"，接不上数字化检察事业发展的新路径，也无法为干警提供行之有效的文化引领。

（二）文化基础设施和文化活动内容需进一步创新丰富和多样发展

检察文化建设存在共性，但更应凸显"个性"。重点不突出、特色不明显是基层院文化建设共通的问题。结合实际分析，在推进文化建设过程中，一些基层院没有发掘人文地理、历史环境和传统发展等特色，创新思考不足，未能体现本地区本系统行业特色个性，未能发挥检察文化所应具有的独特作用。

在对基层院检察人员调研时，对"是否希望本院举行一年一度的大型文化活动"这一选项，希望举行的有74.04%，表明受众对精品文化项目有一定的期待。对"如果成立文化沙龙（兴趣小组），最希望参加的是什么？"这一选项，受众各抒己见，纷纷表示对书画沙龙、音乐舞蹈沙龙、读书会、摄影兴趣小组等项目有热情、想报名。而在实地走访中发现，有的基层院文化建设特色并不鲜明，文化活动没有体现检察特色，也没有自己独特的引申创造。

三、文以载道，把文化赋能融入新时代检察工作的路径探索

《周子通书·文辞》文：文所以载道也。意思是"文"如车，"道"如车上所载货物，通过车的运载方可到达目的地。加强检察文化建设就要顺应

法治潮流同向同行,创新文化建设体系路径,推进文化强检、文化惠民工程,以检察视角讲好中国法治故事。

(一)创建"新时代检察文化+"力量,全面启动文化领航

1. 深耕"文化+中心"工作,夯实基层建设文化阵地。文化是种子,有土壤才能生根。要主动适应新时代发展,把文化建设与检察中心工作同研究、同部署、同落实、同检查,紧密结合基层检察履职贡献文化力量。在主要建设路径方面,选"立足以文化建设强化履职实践"的有56.73%,选"着眼于文化继承创新"的有35.58%,选"文化之间的交流、借鉴与融合"的有7.69%。提示在基层检察文化建设中,要积极倡导求极致、诉源治理、依法能动履职等检察新理念,提出"我们办的案子就是办别人的人生",在办案同时加强对案件背后社会现象和民生问题的关注,切实让人民群众在每一项法律制度、每一个执法决定、每一宗司法案件中都感受到公平正义,以此作为基层检察文化建设着力解决的问题和追求的最高价值目标。

2. 加强"文化+廉政"教育,建立从严治检长效机制。文化如春风,让廉政建设既有力度更有温度。日常工作中,要坚持文化建设与从严治检同频共振,层层传导,推动基层建设不断向纵深发展。近年来,检察文化为基层建设发展不断加"芯",如精心打造检察廉政教育基地,以格言警句、勤政故事、家风建设为内容设立廉政文化走廊;原创廉政短片展播、楼层廉政漫画挂墙、廉洁主题文化雕塑、展览等,有的贴心地为干警的办公电脑定期更换廉洁从检温馨提示屏保,让廉政文化"看得见、摸得着、听得到"。通过这些不起眼的细节和潜移默化的廉政文化教育,使检察人员在细微处中受教育促提升,风清气正的氛围蔚然形成。

3. 搭建"文化+队建"平台,形成争创一流良好局面。文化无处不在,不仅在院落走廊的一匾一画间,更在检察人员的一言一行中。在"通过文化活动主要希望获得"这一选项,希望通过参与文化活动"调节工作、学习生活,愉悦心情"的有50%,获得"技艺上的满足感"的有5.77%,"提升个人素养、核心竞争力"的有18.27%,"培养增进同事之间感情"的有11.54%,其他有14.42%。说明基层文化建设要突出"以人为本"理念,提倡无形的文化理念有形化,以文化给检察工作注入新的活力。要梳理完善文化管理,规范活动竞赛流程,加强队伍素能建设,同时倡导典型文化,发挥先进人物引领示范功能,开展"向身边典型学习"活动,激发干事创业的斗志,使争先创优创品牌的氛围日益浓厚。

一等奖作品

(二)搭建"三建三带三创"平台,深入落实文化强基

1. 把文化建设融入检察工作血脉,使之鲜活而有生命力。以文化"三建"(建强组织、建好机制、建活载体)为基础,探索发掘基层检察文化建设路径,注重建强组织抓设置,通过"机关独立建、依托工会建、支部统一建、部门联合建"形式,通过有形载体来展现无形的检察文化。近几年,基层检察在建强文化阵地方面做了很多有益尝试,如开设电子阅览室、图书借阅室,在院内、楼道、电梯间、休息厅设置社会主义核心价值观和检察文化内容,建成职工之家、体能活动中心等,结合实际打造各具特色的文化项目,更能在耳濡目染中将法治精神内化于心。

2. 抓好"码头"和"源头"建设,使之繁荣并持续发展。检察文化建设是一项系统性工程,要以文化"三带"(带领集中建设、带头组织开展、带动深入发动)为内容,切实以担当带动担当、以作为促进作为。在"认为检察文化建设应该发挥的作用"这一选项,认为"丰富业余生活,缓解工作压力"的有50%,"提升机关队伍凝聚力"的有25.96%,"深化理想信念教育,倡导正确价值观"的有7.69%,"为机关干部提供各类平台"的有2.88%,"促进机关干部沟通交流互动"的有13.47%。在检察实践中,基层院要以培育检察精神、强化职业道德为着力点,全面规划、逐步实施、整体推进;要进一步加大硬件建设,建设文化阵地,打造优质活动,给检察文化人才更多锻炼展示的空间。着力打造有利于人才成长的内部机制,充分调动参与积极性、主动性和创造性,坚持因人而异、以能选材,让更多文化人才脱颖而出。

3. 提升检察文化品牌"辨识度",使之经典且深入人心。文化如水,润物无声。基层检察要以文化"三创"(思维创新、履职创先、服务创优)为载体,结合需求打造具有检察辨识度的文化品牌。在调研中,基层检察人员对文化建设的重点需求为思想引领、道德教育、知识传播、传统文化传承、大众娱乐、文化创新。因此在文化实践中,一是融入12309检察服务中心,不断丰富为民服务载体,打造网上信访大厅,最大限度地方便群众;二是与未检工作相结合,持续推进"一号检察建议"落实,定期开展"送法进校园""当诚信考生、做文明学生""向校园欺凌say'NO'"等普法宣讲;三是与平安建设相结合,深入铁路沿线设立安全警示标识,在铁路单位设立检务文宣窗口,定期开展检务公开、综治管理和法治宣讲,做到铁路有多长,司法保障的路就走多远。

（三）构建"服务治理双融合"体系，坚持推行文化惠民

1. 传承历史文脉，让检察文化建设"活"起来。加强检察文化建设，要从交织交融民俗传统、地方特色中激活，据问卷显示，对传统文化的学习理解"了如指掌"和"略知一二"的占比11.54%和75%，这说明当前检察干警对历史文化内涵是感兴趣并愿意沉浸其中的。近年来，我们通过邀请省委宣讲团成员、教授讲《光辉历程——中国共产党100年》党史课，作《学党史忆先辈　牢记初心使命》专题辅导，到毛泽东铜像广场集体敬献花篮等，从党的百年伟大奋斗历程中汲取文化力量。通过开展"潇湘红色资源保护"公益诉讼专项行动，把文化建设与贯彻《英雄烈士保护法》紧密结合，推动全社会形成尊崇英烈、保护英烈的浓厚文化氛围。通过开展"传承红色基因　赋能检察青春　服务'三高四新'"主题论坛、东江湖生态司法修复增殖放流等公益文化活动，有效推动文化建设基层全覆盖。

2. 讲好检察故事，让新时代检察蓝"潮"起来。新时代对检察机关文化建设提出新挑战。一是充分发挥互联网、新媒体等最新科学技术运用，以"传播检察正能量，讲述检察好故事"为目标，多运用互动式、服务式、场景式以及手绘、动漫、插画等喜闻乐见的方式，将检察工作和队伍建设中的好故事、好典型宣传出去。二是检察文化要随时关注人们的所思所想所需，用通俗易懂的话语和表现形式，让检察文化从"法律圈"走进民众"朋友圈"。三是广泛开展文化交流，如组织"学习有声——党史经典诵读"活动，举办"深入学习党史检史、做新时代检察官"主题演讲，开展"讲述党史检史、永葆奋斗精神"主题研讨等，主动适应新形势新要求，始终与进步的社会同发展同成长。

3. 根植群众心中，让基层文化实践"热"起来。文化与人类社会相伴而生，百姓的"钱袋子""脚底下""舌尖上"的问题，都是影响人民群众安全、利益和感受的民生大事，要把为人民服务宗旨融入检察文化建设始终。一是坚持"检企共建"，成立检务联络工作站，大力开展送法进企业，在办案中坚持"除虫护花"机制，帮助企业完善制度，堵塞漏洞。二是坚持检察文化"从群众中来，到群众中去"，认真落实中央各项惠民政策，深入运输一线全力保障、协助防控，开展"护航铁路、春运有我"安全宣传、"5·12防灾减灾日"铁路跨河桥梁安全检查宣传活动，守护人民群众生命财产安全和出行安全。三是要运用新媒体平台，开设微博、微信公众号与广

大民众交流互动，通过全民安全教育日、全国法制宣传日及《民法典》学习宣传，将党性教育、爱国主义教育、普法教育寓于形式多样的文化活动之中，促进新发展理念在检察工作每个环节的落地落实。

论法律监督语境下新时代检察文化的内涵

刘少谷[*]

习近平总书记在中国共产党第二十次全国代表大会上提出,要"传承中华优秀传统法律文化","推进文化自信自强,铸就社会主义文化新辉煌"。新时代检察文化是社会主义先进文化的重要组成部分,是加强新时代检察机关法律监督工作的精神力量,具有"坚定理想信念、提升职业素质、规范司法行为、塑造良好形象、推动工作发展"的功能。然而,由于对新时代检察文化的内涵研究不多、定位不清,导致出现检察文化理论的偏差性以及检察文化建设实践的浅表性,甚至把检察文化建设片面理解为"栽花种草、刻字挂画"等"门面工程",把检察文化和检察工作搞成"两张皮",制约了检察文化的功能发挥。因此,研究新时代检察文化的内涵具有重要现实意义。

一、法律监督语境下审视检察文化内涵的合理性

文化与人类社会相伴而生,具有多元复杂性。文化是什么?古今中外对文化的内涵解读众说纷纭。美国人类学家阿尔弗雷德·克罗伯和克莱德·克拉克洪对1871年至1951年80年间出现过的文化概念进行了统计,共有161种。根据《新不列颠百科全书》表述,文化大约有160种概念,有学者认为有300多种概念。受文化概念的高度抽象性、极端复杂性、巨大争议性影响,有关检察文化的概念也可谓五花八门、莫衷一是。魏启敏认为,检察文化是检察机关和检察人员在履行法律监督职能中形成的价值观念、思维模式、行为准则以及与之相关联的物质表现的总和。徐汉明提出,检察文化是检察工作人员以中国特色社会主义检察制度及检察权的运行为依据,在检察工作实践中所体现出来的群体性思维方式、行为方式和外在表征的总和。钟

---

[*] 作者单位:重庆市酉阳土家族苗族自治县人民检察院。

勇等认为,检察文化指的是在社会主义条件下,检察机关工作人员的检察实践活动及其成果的总和。彭胜坤等把检察文化定义为能够体现检察群体的"价值观念、规范制度、行为方式、思维方式、法治精神、法律语言、文化作品"及有关上述的"物质表现"的"一种整体的检察生活"。谢鹏程提出,检察文化是检察机关和检察人员在检察工作中创造、发展和传承的,体现检察工作职业规定性的检察观念、检察伦理和检察形象等精神成果。徐苏林则从广义和狭义两个方面对检察文化进行定义:广义上的检察文化是指支配检察实践活动的价值基础和该价值基础社会化的过程或方式;狭义上的检察文化单指精神文化,即支配检察官进行检察实践活动的意识、理念、方法等精神文化,是作为管理理论而言的检察文化。

以上观点,概括起来大致可以分为两类:一类是基于"大文化"的视角,认为检察文化包含了价值观念、思维方式、规范制度、行为准则等"精神成果",以及与"精神成果"有关的外在表征等"物质成果";另一类则基于"小文化"的视角,认为检察文化只包括"精神成果"。正如对文化的研究一样,从哲学、人类学、社会学、伦理学、管理学、法理学、历史学等不同学科视角考察,有关检察文化的概念自然不同。不可否认,这些观点有助于多维度认识检察文化。但是,基于"大文化"的视角,从不同学科背景、学术立场提出的林林总总的观点造成了对检察文化内涵的把握主次难分、精芜难取,进而影响到检察文化的本质表达,不利于形成检察人员的集体认知、精神认同、文化自觉。为准确把握检察文化的内涵,有必要以"小文化"为切口,找到一个透视检察文化的"最佳视角"。

梁漱溟先生认为,文化即人生活的一种样态,一种生活方式。借鉴这种观点,检察文化应该是检察人员的工作样态,是与检察中心工作密切相关的本质,是长期检察工作实践中的沉淀。《中华人民共和国宪法》第134条规定,中华人民共和国人民检察院是国家的法律监督机关。《中共中央关于加强新时代检察机关法律监督工作的意见》进一步明确,人民检察院是国家的法律监督机关。法律监督是检察机关的主责主业,是检察工作的核心内容。最高检有关检察宣传文化的重要论断——"本在检察工作、要在检察文化、效在新闻宣传",精辟阐释了检察工作与检察文化的辩证关系。申言之,检察工作是检察文化的根本来源,检察文化是检察工作的精神结晶。离开检察工作、离开法律监督,检察文化就成了无源之水、无本之木。所以,法律监督构成检察文化的基本内核,法律监督的价值理念是阐释检察文化内涵的基本依据,这也是区别于法院文化、警察文化、律师文化的根本所在。透视检察文化,立足法律监督无疑是"最佳视角"。

二、法律监督语境下新时代检察文化的内涵解读

检察文化与检察实践相生相伴。自 1979 年《人民检察院组织法》赋予检察机关法律监督的性质定位以来,检察机关法律监督体系不断优化、完善。特别是党的十八大以来,中国特色社会主义进入新时代,随着新时代政治体制改革特别是国家监察体制改革、检察机关的反贪污贿赂反渎职侵权及职务犯罪预防职能转隶、司法体制改革的深入推进,检察机关法律监督的范围、检察业务工作的内容也跟进调整。与之相应,新时代检察文化的内涵也发生了变化。

新时代检察文化的内涵,与新时代检察机关的性质定位密不可分。检察机关首先是政治机关,必须始终做到各项工作首先"从政治上看",毫不动摇坚持党对检察工作的绝对领导,自觉捍卫"两个确立"、坚决做到"两个维护"。2021 年 6 月《中共中央关于加强新时代检察机关法律监督工作的意见》明确,人民检察院是国家的法律监督机关,是保障国家法律统一正确实施的司法机关,是保护国家利益和社会公共利益的重要力量,是国家监督体系的重要组成部分,在推进全面依法治国、建设社会主义法治国家中发挥着重要作用。党的二十大报告提出,要"加强检察机关法律监督工作"。以上有关检察机关的性质定位,为解读新时代检察文化的内涵提供了基本遵循。

(一)新时代检察文化的根本立场:政治忠诚

政治忠诚是从检之魂。党的二十大报告强调要"坚守中华文化立场"。新时代检察文化坚守的根本立场就是政治忠诚,集中体现在坚持党对检察工作的绝对领导上。检察机关作为党领导下的人民民主专政的国家政权机关,首先是政治机关,必须把讲政治摆在第一位。这是习近平法治思想中"坚持党对全面依法治国的领导"的应有之义。"事在四方,要在中央。"在我国政治生活中,党是居于领导地位的。坚持党的领导,是中国特色社会主义法治的本质特征和根本要求,是检察机关法律监督工作的最高原则、最大优势,是人民检察事业行稳致远的最根本保证,也是新时代检察文化的根本底色。马克思主义法学认为,法律是一定社会统治阶级意志的产物。《宪法》第 1 条第 1 款规定,中华人民共和国是工人阶级领导的、以工农联盟为基础

的人民民主专政的社会主义国家。作为国家的法律监督机关，通过履行法律监督职责、保障国家法律统一正确实施来维护"统治阶级意志"——实现人民民主专政，这是新时代检察文化阶级属性的内在要求。每一种法治形态背后都有一套政治理论，每一种法治模式当中都有一种政治逻辑，每一条法治道路底下都有一种政治立场。党的领导是中国特色社会主义最本质的特征，是我国社会主义法治之魂，是我国法治同西方资本主义法治最大的区别。坚守新时代检察文化的根本立场、做到政治忠诚，广大检察人员必须深刻领悟"两个确立"的决定性意义，更加自觉地维护习近平总书记党中央的核心、全党的核心地位，更加自觉地维护党中央权威和集中统一领导，全面贯彻习近平新时代中国特色社会主义思想，坚定不移在思想上政治上行动上同以习近平同志为核心的党中央保持高度一致。

坚守新时代检察文化的根本立场、做到政治忠诚，广大检察人员必须坚决贯彻《中国共产党政法工作条例》，牢牢把握"检察工作是政治性极强的业务工作，也是业务性极强的政治工作"，从政治高度认识和处理业务问题，让业务工作更深更实体现政治要求，在司法办案中落实和维护党的领导。坚守新时代检察文化的根本立场、做到政治忠诚，广大检察人员必须坚定不移走中国特色社会主义法治道路，增强政治自信、底气和定力，推动中国特色社会主义检察制度更加成熟更加定型，增强检察文化自信，守好涉检意识形态文化阵地，防止所谓的西方"宪政""三权鼎立""司法独立"等错误思潮的不良影响。

（二）新时代检察文化的核心价值：客观公正

客观公正来源于"客观义务"这一现代各国检察官普遍接受的职业精神和具有普遍约束力的国际准则。2019 年修订的《中华人民共和国检察官法》第 5 条第 1 款规定，检察官履行职责，应当以事实为根据，以法律为准绳，秉持客观公正的立场。《人民检察院刑事诉讼规则》进一步明确，人民检察院办理刑事案件应当秉持客观公正的立场。检察机关处在刑事诉讼过程的"中段"，向"前段"可以制约警察权的滥用，向"后段"可以限定审判权的范围。客观公正，体现了检察机关作为国家法律监督机关的宪法定位，体现了新时代检察官职业的根本要求。从检察官"客观义务"到"客观公正"，是新中国检察发展史上的重要里程碑，也是我国社会主义法治文明史上的一件大事。新时代，社会主要矛盾发生变化，人民群众在民主、法治、公平、正义、安全、环境等方面有着内涵更丰富和水平更高的需求，全社会对"全面依法治国""公平正义"的愿望更加强烈,"促进社会公平正义是政法工作的核心价值追求"的共识逐步形成。但是,检察工作中"重打击轻保护、重实体轻程序、重支持配合轻监督制约"的现状仍然没有得到根本扭转。加之司法责任制改革的深化落实,检察官起诉自由裁量权进一步加大,权力被滥用的风险也随之增加。为防止检察官对控诉职能的片面理解以及对起诉自由裁量权的恣意妄为,客观公正无疑是规范检察权最好的"笼子"。这既是时代发展的必然要求,也是法律监督的客观需要。

秉持客观公正立场,就是要树牢正确监督理念。检察官既是犯罪的追诉者,也是无辜的保护者,不能单纯扮演"国家律师"角色,而应把客观公正作为履行法律监督职责的本质要求。在履行法律监督职责过程中,最根本的就是要以习近平新时代中国特色社会主义思想为指导,深学笃用习近平法治思想,坚持"在办案中监督、在监督中办案",尊重和保障人权,实现"双赢多赢共赢"。秉持客观公正立场,就是要依法能动检察履职。"立场"是观察、认识和处理问题的立足点,具有极强的能动性。从我国检察机关的宪法定位和刑事诉讼制度设计看,检察官在整个刑事诉讼中的检察环节是承担主导责任的。检察官作为"准司法官""法律守护人",担负着法律监督的使命,需要坚持斗争精神,充分发挥主观能动性,切实解决"履职姿态上消极被动,履职方式上机械司法、就案办案,履职效果上仅注重法律效果,履职目的上仅为完成办案任务"等问题,在办理"四大检察"过程中敢于监督、善于监督,实现"三个效果"有机统一。秉持客观公正立场,就是要维护社会公平正义。党的二十大报告提出"公平、正义"是"全人类共同价值","公正司法是维护社会公平正义的最后一道防线",要"严格公正司法"。检察机关作为司法机关,"办理的一切案件,旨在维护当事人合法权益,维护社会公平正义,别无其他"。所以,检察官在履职中要时刻怀有一颗公平正义之心,兼顾天理、国法、人情,让人民群众切实感受到公平正义就在身边。

(三)新时代检察文化的主体定位:公益代表

李德顺教授认为,文化的本质是"人化"和"化人"。之所以存在文化,根源在于人的存在。因此,检察文化的主体职能是检察人员,最主要的群体是履行法律监督职能的检察官。放眼世界,各国检察官具有不同的职能,但从历史的角度考察,检察官在不同历史时期都有着共同的职责使命。在封建君主制时期的法国、英国、沙皇俄国,虽然检察官出身不同,但都有着国王的代理人身份；在民主宪政时期的一些国家，检察官逐步发展为公共利益的代表；在现代社会的一些国家，检察机关的各项职权与公共利益更加紧密地联系在一起，检察官在公共利益保护方面发挥着重要作用，早已完成了从"国王代理人"到"公共利益代表"的现代转型。以刑事诉讼活动为例，犯罪之所以受到国家追诉，不仅因为其侵犯了被害人的法益，更是因为其侵犯了公益——公共秩序和社会利益，于是国家设置了检察机关并赋予其代表国家对犯罪进行追诉的权力。新时代，随着我国社会主要矛盾由"人民日益增长的物质文化需要同落后的社会生产之间的矛盾"转化为"人民日益增长的美好生活需要和不平衡不充分的发展之间的矛盾"，公共利益的内涵也由传统的人身、财产等物质性利益发展到个人信息、安全感、环境等非物质性利益，对检察机关法律监督职能提出更高要求。2017年9月，习近平总书记在致第二十二届国际检察官联合会年会暨会员代表大会的贺信中指出，检察官作为公共利益的代表，肩负着重要责任；中国检察机关是国家的法律监督机关，承担惩治和预防犯罪、对诉讼活动进行监督等职责，是保护国家利益和社会公共利益的一支重要力量。习近平总书记的重要论断，进一步明确了新时代检察机关的职责使命，深刻揭示了新时代检察官的核心定位，也间接阐明了新时代检察文化的主体定位，即公益代表。《中华人民共和国民事诉讼法》和《中华人民共和国行政诉讼法》赋予检察机关公益诉讼职权，就是为了让检察官更加充分发挥"公共利益的代表"的作用，更好满足公共利益多元化的需求。虽然保障国家利益、社会公共利益、个人和组织的合法权益都是检察官的职责，但新时代检察官的核心身份定位只能代表公益，而不是代表地方利益、部门利益甚至个体利益。党的二十大报告强调，要"完善公益诉讼制度"。这进一步强化了新时代检察文化"公益代表"这一主体身份定位，有利于增强检察官群体的身份认同，增强检察职业荣誉感。

（四）新时代检察文化的基本操守：清正廉洁

清正廉洁是司法核心价值之一，与我国传统文化中"为政以德"思想一脉相承。班固《汉书·宣帝纪第八》中的"吏不廉平，则治道衰"，年富《官箴》刻石的"公生明，廉生威"，《清史稿》中"吾官可罢，狱不可鬻"等，无不体现了传统司法文化中清正廉洁的价值追求。清正廉洁不仅是中华优秀传统文化的核心要素，也是检察官职业道德基本准则的重要内容以及检察官履行法律监督职责的基本操守。检察机关作为法律监督机关，具有反腐败的司法职能，特别具有在诉讼活动法律监督中发现司法工作人员利用职权实施的侵犯公民权利、损害司法公正的犯罪的侦查权，检察官是否清正廉洁，不仅直接影响到检察官群体的声誉、形象，还直接影响到司法公信力。

2022年2月，中共中央办公厅印发了《关于加强新时代廉洁文化建设的意见》，把加强廉洁文化建设提升到反对腐败、建设廉洁政治基础性工程的高度。加强新时代检察机关的廉洁文化建设，一体推进检察人员不敢腐、不能腐、不想腐，既要有中华优秀传统文化涵养克己奉公、清廉自守的精神境界，也要有新时代廉洁文化培育为政清廉、秉公用权的文化土壤。清正廉洁，事关对党忠诚的大德。腐败是党面临的严峻考验，司法腐败是危害司法公正的"毒瘤"，直接影响党的执政根基。清正廉洁，事关造福人民的公德。为民司法是法律监督的宗旨，检察权来源于人民、根植于人民、服务于人民，艰苦朴素、公而忘私是人民检察官厚重的底色。清正廉洁，事关严于律己的私德。检察官的私德联系着法律监督的公权，只有品行高洁、情趣高雅，管好自己的亲友圈、生活圈，弘扬优良家风，养成"吾日三省吾身"的修身习惯，才能防微杜渐，筑牢拒腐防变堤坝。

弘扬新时代检察文化，需要根植廉洁理念，要求检察官牢固树立监督者更要接受监督的意识，把强化自身监督与强化法律监督放到同等重要的位置，牢记自身是公共利益的代表，是保护国家利益和社会公共利益的重要力量，除了法律和政策规定范围内的个人利益和工作职权以外，没有任何私利和特权。弘扬新时代检察文化，需要完善廉洁制度，制定契合《检察监督办案基本规范（2022年版）》的廉洁规范，细化落实检察官职业道德基本准则、"三个规定"等。弘扬新时代检察文化，需要强化廉洁监督，一方面建立健全检察权运行内部监督制约机制，加强综合业务管理部门对案件实体和程序的监督，另一方面主动接受人大、政协、人民监督员、新闻媒体等外部监督，使检察权的运行与对检察权的监督同频共振，永葆人民检察官清廉本色。

三、法律监督语境下新时代检察文化的内涵塑造

习近平总书记指出，文化是民族的血脉、人民的精神家园；一个民族的复兴需要强大的物质力量，也需要强大的精神力量。检察文化是全体检察人员的精神家园，是推动检察机关法律监督工作的精神力量，对引领检察事业的高质量发展意义重大。加强新时代检察文化建设，要围绕法律监督这条主线，把新时代检察文化"政治忠诚、客观公正、公益代表、清正廉洁"内涵融入检察人员的精神血脉。

（一）新时代检察文化塑造的必要反思

"文化"只能是观念存在。检察文化应是检察实践的精神成果。前述有关检察文化的概念，以及有论者把物质、制度、行为等也纳入检察文化概念范畴实为不妥，尤其是把检察文化包含"物质文化"的观点。文化、法律都属于上层建筑的范畴，作为国家法律监督机关的检察院并不从事物质生产，检察文化自然也不能包括物质文化。即使是检察官徽章、检察服饰等也不过是检察文化的一种载体或者表现形式，而并非检察物质文化。由于认识上的偏差，导致一些检察机关把所谓的检察文化建设重点放在了基础设施等物质方面，比如修建气派的办公大楼，装饰精美的文化长廊，设置富有寓意的石雕木雕，建造声光电俱全的检察文化室等。这无疑是将检察文化的物质载体与检察文化的精神内涵本末倒置，致使检察文化建设表面化、肤浅化。检察文化是检察人员从事检察工作的产物，新时代检察文化建设的重心也只能是法律监督工作。最高人民检察院常务副检察长童建明在第二届全国检察机关文化品牌选树活动定评会上强调，要进一步树立"从检察业务中丰富积淀检察文化、以优秀检察文化引领推动检察业务"的理念。这是对较长一段时期以来检察文化建设物质化、器物化的错误纠偏，回归到了检察文化建设的正轨。

（二）新时代检察文化塑造的理论支撑

文化的发展在理论上主要有进化主义和建构主义两种观点。进化主义认为人的理性力量相当有限，文化的发展是一个从低级到高级、由简单到复杂、不可跨越的序时性过程。建构主义则充分肯定人的理性能力，认为文化的发展按照人的意图进行塑造或设计。在某一个具体的历史时期，建构主义更加符合实际需要。中国特色社会主义文化的发展就遵循了建构主义逻辑。在继承中华优秀传统文化基础上，中国共产党把马克思主义文化引入中国，承担起文化先锋队使命，废除中国古代封建糟粕文化，自上而下推动发展面向现代化、面向世界、面向未来的，民族的科学的大众的社会主义文化。党的十八大以来，党中央对文化建设与发展作出一系列规划，近年党中央又先后出台了《关于加强社会主义法治文化建设的意见》《关于加强新时代廉洁文化建设的意见》等重要文件，有力推动了中国特色社会主义文化建设不断深化。这种建构主义逻辑也体现在检察文化建设中，最高人民检察院《关于加强检察文化建设的意见》《"十三五"时期检察文化建设规划纲要》《关于深化"全国检察文化建设示范院"创建工作的指导意见》《检察官职业道德基本准则》等文件就是检察文化塑造的具体式样。

（三）新时代检察文化塑造的基本路径

新时代检察文化塑造，总的要求是坚持以习近平新时代中国特色社会主义思想为指导，把握好中国化时代化马克思主义的世界观和方法论，深学笃用习近平法治思想，认真贯彻落实党的二十大报告中有关中国特色社会主义文化建设新要求，以社会主义核心价值观为引领，发展社会主义先进文化，弘扬新时代法治文化和社会主义法治精神，传承中华优秀传统文化特别是中华优秀传统法律文化，坚持以文铸魂，坚持以文弘业，坚持以文培元，坚持以文立心，紧紧围绕法律监督主责主业，不断创新检察文化"政治忠诚、客观公正、公益代表、清正廉洁"的时代内涵，以更加坚定的检察文化自信谱写中国检察制度发展历史新篇章。

童建明常务副检察长在第二届全国检察机关文化品牌选树活动定评会上的讲话，为新时代检察文化塑造指明了路径。一是选树检察文化品牌。检察文化品牌是检察职业精神、法律监督价值追求、检察人员精神风貌的集中展示，也是检察文化繁荣发展的重要标志。持续开展检察文化品牌选树活动，有利于聚焦中心、突出重点，防止检察文化建设的泛化。选树检察文化品牌，要注意将检察文化与法治文化、廉洁文化、历史文化、地域文化有机结合，深入挖掘检察文化品牌内涵，提升检察文化传播力影响力。二是培育检察英雄模范。检察英模是检察机关中可亲、可敬、可学的光荣群体，是忠诚干净担当的检察标杆，是检察人员"身边的榜样"。近年来，检察机关大力弘扬英模精神，推出了知心"莎姐"梅玫、"新时代检察'工匠'"施净岚、"新时代检察理念的践行者"王勇等一大批检察英模。培育检察英模，要注重深入挖掘"底色+亮色"的新时代检察英模精神，发挥先进检察人物的精神引领、典型示范作用，推动全体检察人员见贤思齐、崇尚英雄、争做先锋，形成学习英模、尊重英模、崇尚英模、人人争当英模的良好氛围。三是宣传检察典型案例。新时代检察文化离不开检察业务的丰富积淀。检察办案中的典型案例，体现出坚守法治精神、维护法治权威、弘扬美德义行的鲜明导向。2021年，最高检召开的检察新闻宣传工作座谈会上强调，检察机关不仅要提供更优质的司法产品、检察产品，还要宣传好阐释好工作背后、职能深层的法治意义,让人民群众感受到公平正义。宣传检察典型案例,要注重引导人民群众做社会主义法治的忠实崇尚者、自觉遵守者、坚定捍卫者,使尊法学法守法用法蔚然成风。四是打造检察文艺精品。习近平总书记指出,文艺是时代前进的号角,最能代表一个时代的风貌,最能引领一个时代的风气。打造检察文艺精品,要坚持文以载道、文以明道、以文化人,充分运用影视、文学等文化载体,推出更多人民群众喜闻乐见的《巡回检察组》等现象级检察文化精品,讲好检察故事、传播好检察声音,展现可信、可爱、可敬的检察形象,实现对检察人员的精神塑造。

著名历史学家钱穆认为,一切问题,由文化产生;一切问题,由文化解决。新时代检察文化研究根本是要解决新时代"应该有什么样的检察文化"以及"怎样建设检察文化"的问题。党的二十大报告有关"加强检察机关法律监督工作""推进文化自信自强""弘扬社会主义法治精神""传承中华优秀传统法律文化"等重要论述为新时代检察文化内涵的解读与塑造指明了方向。中华文化、社会主义先进文化、新时代法治文化、检察文化就像一个从大到小的同心圆,检察文化的实践,只有立足法律监督职能这个根本,与新时代法治文化、社会主义先进文化、中华优秀传统法律文化结合起来,继承发展、守正创新,才能形成检察人员群体的文化理念及文化自觉,更好构筑检察精神、检察价值和检察叙事体系,为检察人员提供强大、正确的精神指引。

加强新时代基层检察文化建设的思考与实践

——以北京市密云区人民检察院为例展开

熊　正[*]

新时代检察文化建设对推进检察工作高质量发展具有决定性作用，是关键变量。最高检强调的检察宣传文化建设本在检察工作、要在检察文化、效在新闻宣传，深刻揭示了检察工作、检察文化之间辩证统一的关系，是当前推动检察文化建设的总要求。北京市密云区人民检察院深入贯彻习近平总书记给建设和守护密云水库的乡亲们重要回信精神，立足于落实保护密云水库首要政治责任，打造与区域大局高度契合，同时充分突显检察特点与职业属性的"云水蓝·生态检察守护密云水库"特色文化品牌（以下简称"云水蓝"），以文化建设为检察工作高质量、内涵式发展构筑坚实持久的文化支撑。

一、强化地域性探索，以生态检察固其"本"

"社会生活在本质上是实践的。"文化是人类实践活动的产物，文化发生的现实依据和根本动力来源于实践，只有在实践中才能探寻文化的本质。加强文化建设必须以唯物史观视野中的马克思主义文化理论校正方向、把握规律、推陈出新。

密云区检察院坚持检察文化来源于检察实践，扎根于检察实践，在检察文化建设中充分发挥检察实践基础和决定性作用，强化地域性探索，立足区域实际，深挖本土"生态文化"基因，创新性提出了坚持"法治＋生态"一体理念、增强"司法＋行政"两翼合力、完善"检察＋库区"多方机制，

---

[*] 作者单位：北京市密云区人民检察院。

积极打造生态检察守护密云水库"一体两翼多方"密云样本的发展思路,以生态检察工作激发出检察文化更基本、更深沉、更持久的力量。就具体路径而言,检察文化建设基建于"守护好密云水库"的政治责任,"以人民为中心"的发展思想、"大数据战略"的现实需要。

(一)立基于"守护好密云水库"的政治责任,体现职责属性

2020年8月30日,在密云水库建成60周年之际,习近平总书记给建设和守护密云水库的乡亲们回信,饱含对密云人民的亲切关怀,提出"希望你们再接再厉、善作善成,继续守护好密云水库,为建设美丽北京作出新的贡献"的殷切期望。习近平总书记重要回信精神,是对密云的新期待、新要求,对全区来说,保水护水一直是密云区的"首要政治责任"和"头等大事",必须坚持生态优先、绿色发展,完整、准确、全面贯彻新发展理念,加快形成绿色高质量发展的密云特色之路。这是密云区检察院立足生态检察工作加强检察文化建设的大背景。

在此理念下,密云区检察院立足生态检察工作实践,推出反映检察人员职责使命和核心价值,具有"密云味"的基层检察文化特色品牌。"云水蓝"文化品牌具有鲜明的职责属性。"密云""水库""检察蓝",展现了密云区检察院融合"密云元素"和"检察元素",传承弘扬求实创新、无私奉献、团结奋进、艰苦拼搏的密云水库精神,更好践行初心使命,能动融入区域保水护水工作大局,坚定不移履行保水护水"首要政治责任",用法治护生态,以实际行动守护密云水库这一盆"净水"的智慧和决心。

(二)立基于"以人民为中心"的发展思想,体现生态属性

习近平法治思想坚持以人民为中心,全面依法治国最广泛、最深厚的基础是人民,必须坚持为了人民、依靠人民。习近平生态文明思想坚持人民至上,深刻回答了生态文明建设为了谁、依靠谁、成果由谁共享等根本问题。习近平总书记在党的二十大报告中对文化工作的论述,为检察文化建设指明了前进方向,"坚持以人民为中心的创作导向,推出更多增强人民精神力量的优秀作品"。这是对中华优秀传统文化的创造性转化和创新性发展,坚持以人民为中心,具有深厚的历史文化根基。这意味着检察文化建设必须坚持以人民为中心的工作导向,满足人民群众对美好生态环境的需要。

"云水蓝"文化品牌是密云区检察院深入践行习近平法治思想和习近平生态文明思想,全面落实"为大局服务、为人民司法、为法治担当"理念

要求，立足生态检察职能，积极回应人民群众对生态环境领域新要求新期待，系统研究和解决生态环境领域人民群众反映强烈的突出问题，不断增强人民群众获得感、幸福感、安全感，具有鲜明的生态属性。"白云""净水""蓝天"，展开了用法治之笔浓墨绘出顺应时代绿色发展潮流和人民群众对美好生态环境诉求和意愿的一幅碧水蓝天绿地景美的生态画卷，用检察力量擦亮绿色生态这一最大财富、最大优势、最大品牌。

（三）立基于"大数据战略"的现实需要，体现发展属性

党的十八届五中全会提出实施"国家大数据战略"，党的十九大报告提出建设数字中国，党的二十大报告提出加快建设网络强国、数字中国。2021年6月，中央印发《中共中央关于加强新时代检察机关法律监督工作的意见》明确要求，"运用大数据、区块链等技术推进公安机关、检察机关、审判机关、司法行政机关等跨部门大数据协同办案"。检察大数据战略强调要以检察大数据战略赋能新时代检察工作高质量发展，是国家大数据战略的重要组成部分，是检察机关落实中央部署的重要举措。

检察文化建设在大数据时代迎来了新的发展契机，也面临着诸多挑战，检察文化理念、检察文化实践、检察文化主体等要素自身及相互关系都在"变"与"不变"中延展，呈现出诸多新特征与新态势。加强检察文化建设要顺应时代发展、把握当下形势、结合基层实际，对检察文化发展理念和思路作出及时调整，引导检察文化发展取得成效。"云水蓝"文化品牌具有鲜明的发展属性。"数据云""水资源""蓝图"，展示了密云区检察院以大数据赋能保水护水检察工作，着力绘就生态检察守护密云水库密云样本的发展蓝图。

二、强化融合式发展，以精神积淀得其"要"

社会学家迪尔凯姆认为，文化和社会是相互诠释的，"它们融为一体且只能从对方的角度才能描述"。检察文化与检察工作的关系，是一组持续动态互补的耦合关系，检察文化源自长期的工作实践和精神积淀，为检察工作提供内在的精神支撑，加强新时代检察文化建设要把检察文化置于检察工作发展全局中科学谋划，构建契合检察实际的检察文化体系，推动检察文化与检察工作互融互促，为检察工作高质量发展注入丰富养分和深厚的动力。

密云区检察院坚持以文化塑精神，积聚全院智慧合力，在生态检察工作中总结提炼出富有密云区域特色、有较强普适性，容易被干警理解与接受的

"团结、包容、拼搏、向上"的"云水蓝"文化精神。坚持以文化润党建，为党建工作增加厚重的精神力量和独特的凝聚力。聚焦"人"和"事"两个关键要素，淬炼出党建工作要"见物见人、有形有神、用心用情"的理念。特色党建品牌获评第一批全国检察机关党建业务深度融合"十佳案例"。

（一）在理念上，处理好"传下来"和"活起来"的关系

加强检察文化建设，需要保护好、传承好、利用好优秀传统检察文化，挖掘其丰富内涵，坚定检察文化自信，凝聚检察精神。推动优秀传统检察文化创造性转化、创新性发展，本质上就是要"传下来"并"活起来"。

密云区检察院在深入梳理、挖掘和研究本地特色检察文化、特色检察工作、特色检察资源基础上，精心打造"云水蓝"文化品牌，并牢牢抓住检察中心工作这个立足点，精准"咬合"区域保水保生态需求，将"云水蓝"文化品牌转化为优质检察产品，促进生态检察工作在实践中体系化、制度化。比如，以文化共识为"司法+行政"两翼合力注入"强心针"，实现检察机关公正司法与行政机关严格执法在生态检察工作上的同频共振。依法履职、主动担当，督促追缴人防工程易地建设费，挽回国有财产损失4000余万元，以个案办理推动行政主管部门建章立制，实现行业治理。积极促成有关单位补种生态公益林2600余株，恢复被改变用途的林地8700余平方米，切实维护了国家和社会公共利益。作为保护长城的重要力量，在全市率先启动长城现状调查评估项目，探索密云长城城堡保护及传承利用新模式，并通过"公益诉讼+社会治理"等方式，以磋商座谈、制发诉前检察建议、邀请区政协领导和委员进行实地调研、普法宣传等多种具体有效的措施推动涉及长城保护问题得以有效治理，让保护长城成为社会共识。在2022年的北京市人代会上，加强密云区检察院生态检察品牌建设的议案受到高度关注。

（二）在组织上，处理好"颜值"和"内涵"的关系

检察文化来源于检察工作，与检察工作具有本质的契合性，但也存在相对独立性。加强检察文化建设既要重视打造具有一定"颜值"的硬件环境，也要强化具有辨识度的文化内涵，只有这样才能打破"两张皮"式的合而不融。

为将"团结、包容、拼搏、向上"的"云水蓝"文化精神落到实处，密云区检察院坚持"解决好一件涉及干警切身利益的小事，胜过百遍千遍的大道理"，树立实干用人导向，畅通职级晋升通道，切实释放政策红利。

对短期难以解决的问题，耐心地做好解释工作，通过真心实意的解释，说明真实情况、解开思想疙瘩。精心改建突出生态检察特色的院史馆、打造"云水蓝"文化墙，在院内设置了"一堂""一讲""一室""一廉"。"一堂"即夜校讲堂，通过"夜校"讲堂，练手、练嘴、练脑、练心，全面提高干警综合素能。"一讲"即每月一讲，邀请中央党史和文献研究院专家、密云区委党校专家为干警解读中共党史和密云本土文化，增强干警文化修养、家国情怀。"一室"即生态检察办公室，依托生态检察办公室桥梁纽带作用，充分发挥本地红色资源在生态环境保护教育中的优势，精心谋划"检察蓝缅怀英烈红感受生态绿"系列主题活动，增强干警历史使命感和社会责任感，促进"三色"深度融合。"一廉"即不定期开展廉政家访活动，把廉政文化融入家风家教，以清廉家风涵养清廉检风。修建阅览室、健身房、乒乓球室等基础设施，组建摄影、跑团、书画、读书、舞蹈等兴趣小组，开展读书沙龙、演讲比赛、趣味运动会等活动，丰富干警生活，增强队伍凝聚力。加大先进典型的挖掘力度，着力营造积极向上、健康良好的文化氛围，2名干警荣获"首都最美家庭"。

（三）在模式上，处理好"点"和"面"的关系

检察文化"高效运行"，离不开"火车头"的牵引、定向作用，同时也需要激发每个层级、每个单元甚至每个人的内在动力，实现"动力叠加"。加强检察文化建设，需要我们摸清家底，做好整合文章，既要抓好各支部文化品牌的创建，更要抓实"整体"文化品牌的不断创新、发展和完善。

密云区检察院立足本地区本单位本部门实际，构建"1＋10＋n"文化品牌矩阵，将文化触角延伸到每一个角落。以"云水蓝"文化品牌为牵引，全院统筹协调，各部门携手挖掘、研究、细分、提炼本部门、各办案组独有的检察元素、特色文化等，创建了多个具有不同文化内涵、富有活力的支部文化子品牌，形成独具魅力的文化格局，以"一枝独秀"激发"百花齐放"，让检察文化不断焕发出新的蓬勃生机。"云水蓝"获评北京市检察机关第二届优秀文化品牌。围绕"云水蓝"文化品牌拍摄的微视频获评北京市检察机关"三微评选"二等奖，打造以"春之发""夏之兴""秋之韵""冬之毅"为体系的"生态检察·四季文化"子品牌，有效发挥生态检察文化在示范引领、凝聚检心、助力主业等方面的作用。获评"2016—2020年首都文明单位标兵""文明接待示范窗口"等荣誉称号。未检办案组多措并举打造"护苗"文化品牌，以文化赋能推进工作开展，被评为"全国巾帼

文明岗"。

三、强化体系化宣传，以文化人求其"效"

习近平总书记在《之江新语》中提到文化产品也要讲"票房价值"。以文化人，要注重体系化宣传，全方位展现检察工作，把检察文化的感染力、穿透力表达出来，让检察文化由"软"到"硬"、脱"虚"向"实"，为检察工作"涡轮增压"轰出发展"新动力"。在这方面，密云区检察院取得了丰硕成果。

（一）以"柔性宣传"推动生态检察深入人心

在体系化宣传格局中，不断增强"受众意识"，改进检察宣传的策略方式，以"柔性"的方式"润物细无声"地呈现生态检察故事，推动生态检察声音直抵人心，全面展现可信、可爱、可敬的检察形象。保水护水践行生态修复理念、宽严相济融合法理情办好每一个涉水案件、延伸触角凝聚生态环境保护合力，生态检察的理念在密检人心里扎下根，生发出源源不竭的动力，《为了总书记的嘱托》被《检察日报》头版报道，《北京市密云区人民检察院公益诉讼守护岸绿水清》被《人民日报》法治版报道。拓展"文化符号"外延，找准与群众的话语共同点和情感共鸣点，精心设计、制作印有"云水蓝"文化品牌标识的口罩、围裙、背包等文创产品，倾力打造检察文化艺术作品，2021年发布北京市首份《生态检察白皮书》，用严谨的法言法语和生动的故事情节来增强案例传播力、引导力和影响力，得到全国人大代表周光权、郭洪泉，全国政协常委、国务院参事甄贞，中国人民大学副校长王轶等专家学者的一致认可和推介，新华社、《法治日报》《检察日报》等主流媒体广泛报道，相关做法被北京市委办公厅和最高检办公厅转发。

（二）以"生态检察沃土"滋养检察文化自信

检察宣传要取得好的传播效果，必须同时抓住检察文化元素和生态检察理念这两个关键要素，让检察宣传具有艺术性、思想性。密云区检察院通过加强检察文化建设内强素质、外树形象、履职尽责、勇于担当，推动生态检察工作高质量发展。反过来，又以生态检察工作高质量发展为"云水蓝"文化品牌提供硬核"内容"。严厉打击涉生态环境资源领域犯罪，扛起守护绿水青山的政治使命。2019年以来，共办理各类环境资源案件54件83人，依法对12名危险废物污染环境犯罪嫌疑人提起公诉获有罪判决，被最高检、公安部、生态环境部评为"两打"专项行动表现突出集体。以公益诉讼为抓手,为密云水库穿上"防护衣"。2015年至今,密云区检察院办理公益诉讼案件共171件,其中,生态环境资源公益诉讼案件133件,占比达78%。依法推动拆除密云水库周边违建6万余平方米,相关工作做法被最高检编写的《行政公益诉讼典型案例实务指引》收录。连续3年在密云水库开展"公益诉讼护航保水护水"增殖放流活动,共投放生态鱼苗近4000斤,相关活动被新华网等媒体深度报道。守护好密云水库这颗"燕山明珠"被《检察日报》头版报道。

(三)以"多点发力"促进"全面开花"

检察工作、检察文化、检察宣传三者相得益彰,通过检察宣传展示具有独特魅力的检察文化,拉近了密云区检察院与外界的距离。让外界在感知"云水蓝"文化之美的同时,认识、了解、支持密云生态检察工作。2022年9月22日,按照中央网信办统一安排,《法治日报》法治网承办的"良法善治"网络主题宣传活动组织人民网、新华网、光明网、人民论坛网等13家中央重点新闻网站、中央重点理论网站,新京报网、北京时间等6家北京市重点新闻网站,法治日报社北京记者站、法治网一行30余名记者深入密云区检察院生态检察案件现场开展调研式、体验式采访,综合稿件《良法善治绘就密云生态富民新画卷》在《法治日报》头版专栏刊发。《谁破坏谁修复!北京密云检察院探出公益诉讼新路》被中央网信办全网重点推送,涵盖微信公众号、微博、客户端、网页等,宣传形式包含报纸稿件、新媒体报道、视频等,生态检察的社会认可度和影响力日益凸显,生态检察文化日益繁荣。

新时代法治文化建设理论征文

—— 二等奖作品 ——

区域法治文化建设对检察业务高质量发展的影响现状研究

——以粤港澳大湾区为例证

褚 韵[*]

古汉语中,文化的含义是"以文化之",有别于"武功",探讨的是"自我(族群)"如何与"他者"相处的方式,因此"文化"的概念先天具有"地域范围"的属性,是一定社群范围内形成的"集体意识"和"集体精神"的代表。马克思主义认为,文化离不开人的实践,区域法治是现代国家"构建理性主义法治建设历程"的现实动力。特定法治文化所产生的"软实力"影响,可以打破因制度差异、政治偏见等因素导致的误解乃至指责,除了促进一定区域内的社会成员尊重法治、遵守法律,提升治理成效,还能够争取心理认同和认知接纳,进而在国际合作与竞争关系中产生更积极的内驱作用。

基于职能配置和组织架构特点,我国检察机关对在特定区域中,法治文化与检察业务的融合发展已具有一定经验,并逐渐延伸为构建社会治理新体系的新动能。但与常见的区域内"检察一体化发展"实践相比,粤港澳大湾区还要面临迥然不同的法律渊源、司法机制及组织架构等产生的碰撞,需要应对的问题更加复杂多样,这也因此使得这一实践过程具有更加宏大和开放的价值,即,不仅仅是特定地域客观现实的检察业务发展需求,更是运用法治方式推动建设更高水平的对外开放,以建设性态度积极参与国际规则制定的重要"试验窗口"。在这一背景下,如何立足粤港澳大湾区区域法治文化协同效应优势,增强检察机关不同法域背景下融合发展的能力建设,以解决高质量发展中所面临的挑战与冲突,助力提升治理能力现代化,相当具有

---

[*] 作者单位:广东省广州市越秀区人民检察院。

理论意义与实践价值。

一、区域法治文化对检察业务的影响因素分析

从法治的实现路径而言，无论是国家还是地区，都不仅仅会根据国家颁布的成文法进行调整，往往会通过国家法、地方法和民间习俗等的结合来构造，这些因素以不同的形式和方法发挥作用，从而形成了复杂的法律文化网络。法治文化真实地反映了一国或一个地区内法治建设现状、公民对本辖区内法治理念的理解与接纳，以及该辖区内法治建设的前景。基于现代国家结构的特点，法治文化必然既富有区域本土特色，又彰显现代法治精神，国家法治统一与区域法治个性不断磨合，不断推进法治文化的形成、丰富与发展。

对于检察机关而言，要有效运用区域法治文化的协同优势，促进业务高质量发展，首先需要立足于现代检察制度基础，观测区域内法治文化的特点及其所产生的影响。学界有观点认为，法治文化可区分为显性法治文化与隐性法治文化，显性法治文化一般又被称为制度性法律文化，隐性法治文化又称观念性法律文化，前者主宰于现实，后者隐藏于人性。粤港澳三地在司法体制特别是检察制度上有较明显的差异，但守护法治和代表公共利益的价值取向是统一的，因此在法治文化层面上进行研究和梳理，有合理基础。

二、粤港澳大湾区检察职能差异化分析

一般而言，同属一个国家范围内，区域间法制体系具有相当高的同一性。以世界知名湾区为例，东京湾区处于单一制国家体系下，社会制度统一，区域内施行大陆法系的法律制度；而纽约湾区虽然横跨纽约州、康涅狄格州、新泽西州等不同州的行政区划，各州法律体系有所不同，但基于美国联邦制的特点，跨州际区域法律协调具有相当完善的制度体系，比如非正式途径有相似法律有选择地颁布、出台示范法等，正式途径有州际协定、行政协议和有关州际冲突的司法裁决等。在粤港澳大湾区，依照"一国两制"和港澳基本法，区域内既有实行中国特色社会主义法系的广东省省内城市，也有保持原有社会制度不变，分别归属英美法系和大陆法系的港澳特别行政区，这使得大湾区所面临的法律问题更为复杂。

以检察职能的运行为例，由于《香港特别行政区基本法》第63条规

定,"律政司主管刑事检察工作,不受任何干涉",因此过往很多资料中将律政司等同于香港的检察机关,但实际上,律政司作为特区政府下辖的部门之一,除了"坚守其独立的刑事检察职能",还承担"为政府提供独立和专业的法律意见""担任公众利益维护者"等众多复杂的职能,具有相当明确的行政权属性。而内地检察机关在国家体制中则具有独立的宪法地位,即属"国家法律监督机关"。同时,随着社会主义检察制度的不断发展和完善,检察职能也不再限于"刑事指控"的内容,法律监督权的运行领域更加丰富。再对比澳门特别行政区,基于澳门特别行政区《司法组织纲要法》第56条及后续条文等规定,澳门检察院在职权方面与内地颇为相似,但司法组织架构上却采取"一院建制、三级派任"的方式,并设立"检察长办公室",这种特殊设置在管理上"扁平化"趋势更强,与内地有所区别。

即便同属社会主义司法制度下的检察体系,粤港澳大湾区内剩余7市的各基层检察机关建设也各有特点。以前海、横琴及南沙三地为代表,横琴地区的"广东省横琴港澳深度合作区人民检察院"在2021年底刚刚经过广东省人大常委会决议批准成立,并撤销了原成立于2013年的"珠海横琴新区人民检察院";前海地区的"深圳前海蛇口自贸区人民检察院"则是在2016年前海蛇口自贸区成立一周年之际成立的;而广州市南沙区人民检察院则与广东自由贸易区南沙片区检察院属"一个机构,两块牌子"。与大湾区其他非特区及自贸区的基层检察机关相比,这三地的检察机关在检察业务领域和协作探索方面也有一定的差异,突出表现在海洋公益诉讼、未成年人检察保护协作等领域。在不同的组织结构和业务领域侧重的影响下,粤港澳大湾区检察事业的发展一方面呈现更多元和丰富的态势,另一方面也因此面临着制度性的差异所导致区际司法协作的复杂性,对区域"检察一体化"职能的发挥产生了影响。

三、粤港澳大湾区检察制度性文化差异现状

基于司法制度及组织架构的区别,即便是在加强大湾区法律交流及合作背景下,短期内仍不会也不应当建立一个凌驾于三个法域的"统一性"检察业务机构。实践中,内地与港澳的区域检察制度的交流、冲突与互动相当复杂:一方面,三地间的检察职能部门在法律适用、管辖归属、司法程序、证据标准等多方面都具有差异。例如,由于网络犯罪的跨地域和分工合作等

特点，司法管辖权"缺失与交叠"现象常常并存，而其中涉及妨害社会经济秩序及管理秩序类的犯罪（以"法定犯"为代表），还涉及不同社会背景下犯罪认知和司法尺度问题，容易发生管辖权冲突。又例如，在国安法实施背景下，三地互涉案件中基于刑事实体法及程序法适用差异等方面的问题，其他典型问题诸如逃犯移交、辩诉交易、死刑适用等也各具争议。

另一方面，基于"一国两制"的政治前提，三地之间的司法机关的确更多地会强调互相协调与合作，以现实地面对共同的司法问题。在粤港澳大湾区持续发展背景下，三地之间对解决司法冲突的探索也在不断加强，但相比在婚姻家庭民事判决互认、仲裁程序（保全制度）及执行以及破产程序试点，包括虽然尚未生效但已有明确规范的民商事判决互认安排等，其他司法领域的协助规范和合作章程，甚至是相比侦查机关（警方）在有组织犯罪等特定类型的深度合作，检察领域尤其是刑事检察领域的共性制度设计的步伐速度相对落后。尤其是虽然经过长期的磋商，但至今没有一份明确的区际刑事司法协助协议签订，实践中大多数合作以个案协查为主，依据还停留在二十年前出台的有关文件（最高人民检察院发布的《关于同港澳地区司法机关进行案件协助调查取证工作程序的规定》《关于进一步规范涉港澳个案协查工作的通知》等），对解决典型性的制度冲突作用有限。三地的检察"显性文化"制度性差异仍然非常突出。

四、粤港澳大湾区检察观念性文化高度融合

与制度间存在差异显著不同，粤港澳大湾区检察业务活动的主要参与者，包括如检察官、律师等法律职业共同体、案件当事人，以及一般的民众，却有着相对一致的文化认知，即具有相当高度的法治观念性文化"趋同性"。这既源于从秦朝开始，粤港澳三地始终处于同一行政区域，有着不可分割的地缘、血缘和史缘关系，尤其是在文化的基石——语言上具有高度一致性，粤语均是三地固定居民最常用的语言类型。更重要的是，粤港澳大湾区内观念性法律文化的核心是文化认同，民众对区域内文化的主流认知是建立在共享世系、共同祖先的主观情感下，属于原生性的"归属"感。粤港澳大湾区民众的法律文化意识，具有强烈的民族认同感。以粤港大学生国家认同感的调查结果对比为例，两地学生普遍都展示出较高的国家认同感，特别是在民族文化（国家历史、传统文化等）认同方面，与美国等西方国家的以国家共同体认同为中心的国家认同感偏低存在显著差异。

除了传统观念的因素外，粤港澳也都是受到西方法律文化、市场经济文化影响最早的区域。广东从近代以来一直是引领中国新文化潮流的地方，"敢为人先"的创新意识始终存在，特别是近年来在民众法治意识的培育，公益法律服务等的首创，在商事登记"五证合一"及自贸区条例试行机制等方面的突破等种种努力，进一步使粤港澳大湾区整体的法律文化意识始终具有相对稳定性和共通点。

当然，基于粤港澳法律规范及体系上的冲突，观念性法律文化必然存在不同。虽然存在差别，但一是如上文所述的文化传统的延续导向影响，二是在港澳回归后，大湾区内部文化的交流与互动不断增强，三是在世界主要法系间抛弃固守壁垒、不断取长补短的大背景下，观念性法律文化中的差别在不断融合，司法活动参与者的法治观念也在相互影响。

对检察机关而言，借助"隐性法治文化共识"增强司法协助的动机十分强烈，在实践中也进行了许多有效探索。在广东省检察院印发的《关于充分发挥检察职能服务保障粤港澳大湾区建设的意见》和《广东省检察机关服务保障粤港澳大湾区建设行动计划》两份重要文件中，都明确了司法理念上要有所更新，要"进一步加强和拓展司法交流协作、增进司法共识、提升服务大湾区发展法治化水平"。各地检察机关也纷纷探索从法治理念、普法宣传等角度入手，形成由区域"文化共同意识"向"检察交流协作"迈进的转变。例如，广州市南沙区人民检察院创设了"涉外中英葡三语告权服务"，对文书中的权利告知要素进行专门翻译，通过增强语言文化的便利沟通，加强涉外诉讼监督和丰富法律服务方式，并积极参与打造大湾区暨"一带一路"（广州·南沙）法律服务集聚区的建设。又例如，深圳、珠海等地检察机关根据涉港澳未成年人案件特点，在积极探索开展跨境未成年人帮教的过程中，专门结合港澳民间社团在该领域的活跃性特点，组织开展合作，为加深刑事司法"公私联动"进行有效探索。

此外，在企业合规试点、企业营商环境构建、聘任港澳人士担任人民监督员以及组织面向港澳青年、学生的检察开放日活动等方面，都在持续加强合作交流。这些探索不仅密切了大湾区内部的司法活动交往，也由此搭建了司法协作与合作交流的良好平台，基于人员互通的基础上，推动运用"观念性文化"的潜在作用，向促进"制度性文化"在规则衔接、案件合作等方面的落实，着力化解三个不同法系和不同组织架构下的法治认同差异问题，提升大湾区检察合作的协同性和一致性。

五、粤港澳大湾区检察文化与业务融合的发展路径思考

立足本地特征,继续发挥法治文化作为"软实力"的引领作用,既是大湾区检察机关日常业务发展中的必然选择,也是今后增强以法治思维和法治方式,构建权威有效的治理机制,通过融合创新规范来保障法律秩序有效运作的应有之义。

为此,检察机关需要持续发挥区域内共性法治文化的作用优势,既要完善"文化软实力"在促进检察业务高质量发展中的有效探索,也要促进粤港澳三地的规则衔接、要素流动等机制构建,积极培育能够促进区域法治文化与检察业务协同发展的人才力量,构建粤港澳大湾区检察业务迈向"制度型开放"的新阶段,培育形成具有极强示范性效果的国际法治合作交流平台,为社会主义法治建设提供有力支撑。

(一)大湾区检察文化与业务融合促进高质量发展的实现方向

积极运用粤港澳大湾区的法治文化协同促进检察业务高质量发展,首先应当着眼于推进扫清制度障碍,努力推进经济、社会合作和法律合作齐头并进,积极服务于国家战略。在粤港澳大湾区司法文化趋同化的过程中,广东检察机关应当也已经表现得更为积极和主动。近年来,以法律文化和司法理念为代表的"软法"在基层治理实践中发挥着主导性作用,其主要策略在于强调对社会多元主体的充分尊重,强调多元主体自我决策,强调平等协商、自律互律,推动社会自我治理、自我规制,逐步形成软法开展公共治理,而这恰恰与粤港澳大湾区所面临的"制度多元性"矛盾相匹配,因此,加强软法治理可以成为消解两制阻碍,推动大湾区检察发展的一种必然现实选择。

要加强软法治理,核心是建立健全多元沟通机制。大湾区要获得持续健康发展,必须解决粤港澳大湾区的区域合作合法性难题,克服"良性违法",增强区域法治观念。为此,在强调国家统一、中央权威的基础上,建议通过完善制度设计,进一步拓展相关区域检察合作权能范围,消除大湾区间司法机构合作的权源疑问,增强民众的法治信仰,并持续完善大湾区检察合作信息公开及交流机制,促使大湾区的制度安排真正契合现实需要,得到广大民众的理解与支持,从而形成软法实施的压力机制,促进大湾区法治文化的内生协同成长。同时,考虑到近两年新冠疫情等社会不稳定因素增多的影响,这种协作机制需要兼顾线上对接与线下互动,以在更大程度上保障交

流与沟通的稳定性。

（二）大湾区检察文化与业务融合促进高质量发展的制度构造

成熟的制度设计，需要根植于司法现实，并充分考虑到司法实践的需要。粤港澳大湾区内三地的检察文化尤其是制度性文化具有明显的差异性，这既是检察司法实践中面临的挑战，却也是发展和丰富检察业务职能内容的"资源"。一方面，通过解决三地不同法系下的司法流程规范冲突问题，构建制度性对接桥梁，这实际上也为检察机关在参与涉外案件和国际司法协助中构建了良好的观察视角和解决思维。另一方面，结合当前粤港澳大湾区检察协作领域中的实务经验，尤其是将个案协查的方案逐步归纳总结为规范性文件乃至法律制度，这将为内地与港澳加强司法合作与交流，共同打击犯罪、维护社会秩序方面提供强有力的保障。以《香港特别行政区维护国家安全法》为代表，就吸收了指定管辖、采取强制措施后的辩护保障以及违法所得追缴等一系列的实践经验，同时又充分考虑了特区司法执法活动的特性。

因此，需要进一步发挥制度性法治文化在检察业务中的作用，很重要的一点在于收集和整理现有的三地制度性规范资源，既要相互协作做好法律查明工作，为此可以参考民商事领域中的"域外法查明平台"，探索进行"粤港澳检察制度文件规范数据库"的建设完善，对检察业务的流程差异和规范区别进行梳理，今后在三地更新和制定有关规范性文件时，也应当充分考虑是否存在与其他地区文件的冲突问题，为粤港澳大湾区内检察机关构建和完善能够直接对接、快速组织协作的程序机制，提高司法协作和协商决策效率打好基础。

又例如，在海洋资源保护等独具湾区特色的公益诉讼等检察新领域，可以充分发挥港澳融入国家一体化秩序的思路，创新构建专门性的内部规则，逐步将检察实务经验上升为统一规范。还有如刑事检察业务衔接方面，针对电信网络诈骗等三地居民具有相当共识的类型，可在管辖及证据采集等方面作出专门性衔接规范。待各个试点领域的探索逐渐深化，有助于形成"由点到面"的检察整体性规范性文件，由此将不同区际法律制度之间的适用衔接"堵点"逐一疏通。同时，要进一步完善检察合作交流平台，推动粤港澳三地在司法管辖与法律适用协议、跨境文书送达、调查取证等程序性流程优化，以及通过协商合作或者借助案例主动适用，在更大范围内相互承认与执行生效判决、裁定、仲裁裁决等。

（三）大湾区检察文化与业务融合促进高质量发展的案例示范

"法律的生命在于实施"，解决纠纷需要引用被普遍接受的法律价值，而法律价值往往正体现于个案之中。香港特别行政区属于英美法系，澳门特别行政区属于大陆法系，内地是社会主义法系，三地的法治文化交融发展下，尤其在尚未建立统一的区际实体法、冲突法规范时，具体判例的呈现对于本地的司法活动有"填补空白"和在一定程度上细化、发展成文法规范的意义。虽然判例法是英美法系的法律渊源，但这些国家目前也在加强成文法的立法工作，普遍适用成文法的大陆法系也在尝试创设判例，双方的文化是有趋向性的。内地近年来日益成熟发展的最高法、最高检指导性案例机制、巡回法庭机制等，为充分运用判例文化中的积极因素，引导检察业务发展奠定了可行性的基础。而从法理角度，有效运用判例，能够在区际冲突方面实现便捷的突破和创新，具备较快回应社会需求的优势，又避免了成文法的滞后性。

因此，建议在粤港澳大湾区重视检察典型案例作用的发挥，通过建立三方共同参与的案例遴选、判例汇编等模式，为立法空白、程序惯例等提供参照。而在具体个案处置过程中，也可以通过有效援引这种特定法域影响下的判决规范，来优化处理法律与事实问题的方式。包括在刑事检察过程中，通过对比三地司法规范的异同，进一步释法说理、明确定罪标准和处罚要旨，促使人们在诉讼过程中达成共识，并形成规范效力，从而在提高司法裁判合法性的同时，增强裁判的可接受性，并运用判例发挥"法律续造"功能，使可能频繁发生的跨境司法争议有例可循，促进区际检察职能的有序发展。

（四）大湾区检察文化与业务融合促进高质量发展的人才保障

在粤港澳大湾区协调发展中，人的意识发展和情感交流是具有重要意义的。特别是对于内地检察机关与港澳地区的律政司和检察院而言，相较于规范更新、制度对接中所需要考虑的司法成本投入，人员的相互交流和学习不仅可以结合办案实务，分享三地间在打击犯罪和保护人权的工作经验，创造资源共享和利益共赢的局面，更有利于三地检察人员自身提高业务能力和素养，推动从人力资源整合向社会资源流动，持续拓展粤港澳大湾区法治文化发展的社会基础。例如，围绕环境公益诉讼、反腐败制度建设等方面的内容，粤港澳大湾区的检察院和律政司之间，可通过制定合作计划、引入人才共建模式等，加强各层面人员交流往来、司法协助、培训发展等，并以此为契机，通过人员在认知上的普及，进一步延伸业务交流互鉴，深化执法司法合作，寻求共赢互利之道。共同开展大湾区检察研究工作，通过设置调研专题，联合举办检察合作论坛等方式，加强内地和港澳法律规则衔接研究。

同时，要进一步强化检察职能在社会治理中的作用，以文化协同和人文参与促进检察业务高质量发展，拓展开放交流的群体面，带动形成粤港澳司法联系互动的良好局面。针对涉及地区公众利益的案件，考虑到关联行业与部门众多、难以协调统筹的问题，粤港澳大湾区检察职能部门之间可考虑建立联席会议制度，成员单位由粤港澳三地司法机关及环保部门组成，定期组织交流办案经验，讨论突出问题，明晰协作规程，统一监督尺度。内地检察机关尤其需要持续主动作为，要利用目前"四大检察"均衡发展的有利机遇，重视港澳长期发展的社群志愿团队、专业界别等民间力量，邀请相关智库成员及公众力量积极参与粤港澳大湾区检察建设，积极开展检察文化宣讲活动，由三地检察机关联动开展基层活动，结合官方网站互联、意见征询等方式，定期收集大湾区居民、企业对检察工作的意见和建议，方便他们了解三地检察信息、促进交流互动。

检察文化浸润下检察事业高质量发展研究
——"牧云书院"的探索与实践

李 军 胡玉兰[*]

习近平总书记指出:"文化自信,是更基础、更广泛、更深厚的自信。"[①] 2022年10月16日,党的二十大提出了"推进文化自信自强,铸就社会主义文化新辉煌"[②] 的号召,对扎实推进社会主义文化强国建设提出了新部署和新要求,令人备受鼓舞。作为新时代社会主义先进文化的重要组成部分,检察文化为检察事业高质量发展提供了不竭动力。

功臣山下,一方田园,孕育出临安人民"满堂花醉三千客,一剑霜寒十四州"的非凡胆魄。钱王故里,半边山水,绵延千年的吴越文化,更影响一代又一代临安人,亘古至今。杭州市临安区人民检察院坐落于临安核心古城区,历史文化名城深厚的历史积淀和文化底蕴为临安检察提供了丰富的滋养,而临安区检察院党组也非常注重通过检察文化建设来反哺文化名城。在这样的滋养与反哺中,临安检察工作不断发展,进入了"全省先进"的行列,连续4年荣获全省先进基层检察院、全国检察宣传先进基层检察院,1名干警获评全国优秀办案检察官,2名干警入选全省检察机关专业人才库。本文从检察文化的界定这一基本工程出发,深入揭示检察文化的三重属性,进而在共同富裕大背景下探讨检察文化,剖析"牧云书院"的内涵、体系和特色,提出杭州市临安区人民检察院构建检察文化浸润检察事业高质量发展的路径探索和实践。

一、溯源探索——什么是检察文化

对于文化的定义,不同的学者从不同的视角给出了不同的解释。但从研

---

[*] 作者单位:浙江省杭州市临安区人民检察院。
[①] 习近平2016年7月1日在庆祝中国共产党成立95周年大会上的讲话。
[②] 习近平在中国共产党第二十次全国代表大会上的报告。

究检察文化的视角而言，笔者赞同 James Q. Wilson 在《官僚制度》一书中对文化所作的定义："文化，对于一个组织来说，就像是人的个性一样的东西。"所以，检察文化，应当是检察机关或者检察官群体的"个性"。参考国内外关于检察文化的研究方法和研究成果，笔者认为，从广义上看，检察文化从属于法治文化，受限于国体和司法体制的框架，是检察机关制定的机制制度、开展的司法实践活动及其各项成果的总称。[①] 当代中国我们的检察文化是中国特色社会主义框架内，在人民民主专政的条件下，检察制度、检察官行使法律监督职能的司法实践活动及其成果的总称。从狭义上看，检察文化单指精神文化，即引领检察官进行一系列检察实践活动的思想、理念、方法等精神文化，是作为管理理论而言的检察文化。

无独有偶，与法律文化的概念类似，检察文化的概念很难被界定，但又必须得以界定。在意识形态层面，检察文化囊括制度、理念、信仰等要素，在物质载体层面，包括器物、仪式、符号等要素。其中，意识形态要素是核心，物质载体是意识形态的映射。检察权是国家职权原则的重要体现，是一种复合性权力，围绕这一权力的运作所形成的意识形态要素和物质载体要素两个部分构成了检察文化的肌体结构。

对于检察文化的定义，国内外专家学者进行了漫长的探寻和研究，至今对如何界定检察文化，尚没有达成统一确定的共识。笔者认为可以这样定义检察文化：检察文化是检察机关在行使法律监督职能的过程中，逐步形成的与中国特色社会主义制度相匹配，与检察事业相关联的思想观念、职业精神、道德规范、行为方式以及相关载体和物质表现的总和，一言以蔽之，检察文化是具有鲜明检察特色的物质文化和精神文化的总和。

笔者认为，检察文化具有以下三重属性：一是政治属性，二是法律属性，三是文化属性。

(一) 检察文化的根本属性：政治属性

习近平总书记在党的十九大报告中强调：党政军民学，东西南北中，党是领导一切的。作为社会主义先进文化的重要组成部分，毋庸置疑，检察文化的根本属性是政治属性。作为政治性极强的司法机关，检察机关的根本属性就是旗帜鲜明讲政治，坚持党对检察工作的绝对领导，对党绝对忠诚，坚

---

① 徐苏林：《检察文化理论研究期待新进展》，载《检察风云》2018 年第 18 期。

定政治站位是开展一切检察工作和检察活动的根本前提。检察文化作为检察机关的旗帜,其建设必须要以习近平新时代中国特色社会主义思想为根本遵循,只有保持政治本色,才能更好地建立检察文化的精神实质,保证检察文化建设的可发展性和可持续性,确保检察文化一脉相承而又各有特色。

(二)检察文化的本质属性:法律属性

依法治国必须坚持和发展中国特色社会主义法制体系,全面推进依法治国,既是本质要求,也是重要保障。检察机关作为司法体系中的法律监督机关,在全面推进依法治国中发挥着举足轻重的作用,检察文化显然必须保证中国特色社会主义的司法属性,其建设也必须坚持党建的引领,与党建工作融会贯通、相辅相成,如此,方能保证检察机关正确落实全面推进依法治国的总体要求和部署,真正做到为全面推行依法治国服务,践行党和国家全面推行依法治国的目标。

(三)检察文化的价值属性:文化属性

毫无疑问,作为一种文化成果,检察文化天然地具有文化属性。作为新时代中国特色社会主义文化的重要组成部分,检察文化的价值属性昭然于为检察事业发展提供根本动力。检察队伍要想获得长足的发展与进步,确保与时俱进,做到开拓创新,必须树立检察文化自信,这种自信的外在形式必须附着于品牌之中,这种自信的实质必须建立在坚持党的领导之上。法治化的标志性特征,就是法律代替道德和君主,成为了社会控制的主要手段。依法治国也替代以德治国和君主治国,成为近现代世界各国统一的治国方略。作为法律文化,检察文化必然地体现法治特征,也必然地体现社会控制。检察文化内涵的丰富性——道德的、法律的和文化的,使它具有更全面的控制与调节功能,不仅规范、约制包括检察官在内所有检察人员的职业行为,同时也影响、约制与检察人员职业行为相关联人员的行为。[①]

二、溯流从之——共同富裕场域下的检察文化

2021年6月,中共中央、国务院公布了《关于支持浙江高质量发展建设共同富裕示范区的意见》。这是以习近平同志为核心的党中央把促进全体

---

① 徐苏:《检察文化基础理论研究期待新进展》,载《民主与法制时报》2018年7月7日。

人民共同富裕摆在更加重要位置作出的一项重大决策，充分体现了党中央对解决我国发展不平衡不充分问题的坚定决心，为浙江高质量发展促进共同富裕提供了强大动力和根本遵循。共同富裕是社会主义的本质要求，是人民群众的共同期盼。① 通过改革在浙江率先形成促进共同富裕的目标体系、工作体系、政策体系、评价体系，能够为全国其他地方促进共同富裕探索路径、积累经验、提供示范。

2022年4月26日，最高人民检察院党组2022年第16次会议通过了最高人民检察院《关于支持和服务保障浙江高质量发展建设共同富裕示范区的意见》，第21条即为"加强新时代基层检察院建设，增强服务保障共同富裕示范区建设的基层履职能力"。最高检党组要求，检察机关要坚持以习近平新时代中国特色社会主义思想为指导，深刻领会"两个确立"的决定性意义，进一步增强"四个意识"，坚定"四个自信"，做到"两个维护"，自觉融入支持浙江高质量发展、建设共同富裕示范区工作大局，找准工作切入点，综合运用"四大检察"职能，为浙江高质量发展建设共同富裕示范区提供有力司法保障。② 同年5月13日，浙江省人民检察院印发《浙江省人民检察院关于〈最高人民检察院关于支持和服务保障浙江高质量发展建设共同富裕示范区的意见〉的实施方案》，号召全省检察机关以"从浙江看全国，以浙江促全国"和"排头兵"的精神，努力把浙江打造成在全国范围内具有引领力、可复制、可推广的新时代检察工作高质量发展示范区。

在共同富裕大背景下，检察文化面临着解构、培育和发展的良好机遇，加强检察文化建设是助力争当区域高质量发展建设共同富裕示范区"排头兵"的需要，是检察事业高质量发展的需要，是司法改革反推的需要，也是培育复合型人才的需要。基于这一认识，临安区人民检察院启动"牧云书院"建设，注意深入挖掘、总结、提炼临安检察文化精华，逐步形成体系完整、特色鲜明、内涵丰富的"牧云书院"检察文化。

三、溯游而上——"牧云书院"检察文化的探索与实践

"天目之山，苕水出焉，龙飞凤舞，萃于临安。"临安位于长江三角洲，

---

① 《国家发展改革委有关负责同志就〈中共中央国务院关于支持浙江高质量发展建设共同富裕示范区的意见〉答记者问》，载《政策瞭望》2021年第6期。

② 邱春艳：《以高质量检察履职助力共同富裕》，载《检察日报》2022年4月28日。

东邻杭州，南连富阳、桐庐、淳安，西接安徽歙县，北界安吉及安徽绩溪、宁国。境域由原临安、於潜、昌化三县合并而成。地处太湖和钱塘江两大水系的发源地，坐拥天目山、清凉峰两大国家级自然保护区、青山湖国家森林公园，璀璨的吴越钱王文化在这块土地上孕育，一曲"陌上花开"浸润千年、历久弥新。

2021年12月27日至29日，中国共产党杭州市临安区第一次代表大会召开。撤市设区后首次党代会，临安聚焦文化兴盛，提出推进产业强区、富民安区、实干兴区，为高水平建设"吴越名城·幸福临安"而努力奋斗的战略目标。"吴越"和"名城"是"吴越名城"的解构，在此作简单剖析。"吴越"，经历了地域概念向政治、文化概念的演变历程。"吴"涵盖浙北、苏南一带，"越"指称浙东宁波、绍兴一带，这两地在先秦时期是吴国、越国故地。钱镠统一两浙一军十三州之后，"吴越"由此并称管辖，成为"五代十国"之一的"吴越国"，"吴越"由此也就从纯粹的地域概念变成了集地域、政治、时代、文化等属性于一体的集合概念。"名城"，顾名思义，指称著名城市，延伸来讲就是在人文、地理、风貌、科学、社会等某一领域或几个领域因突出而著名的城市，当然地包括具有重要历史文化价值如六朝古都，或者革命纪念意义如南昌、井冈山等城市。其必要条件是发生过重要历史事件，或者历史文化资料遗存丰富，具有重要的历史研究、艺术鉴赏、科学技术等价值。由此看来，"吴越"是"名城"的基础支撑，"名城"是"吴越"的时代折射。

坐落于"吴越名城"的杭州市临安区检察院，饱受历史文化名城身后的历史积淀和文化底蕴的滋养，同时非常注重通过检察文化建设来反哺文化名城，将检察文化与临安特有的红色文化、吴越文化结合在一起，打造出具有核心竞争力、浙江辨识度的临安检察特色文化品牌——"牧云书院"。

（一）寻根"牧云书院"

临安东中西部文化与检察文化异曲同工，东部钱王文化中的保境安民与检察机关打击犯罪、维护公平正义职能高度契合，中部天目文化执法如山、守身如玉也是以事实为根据、以法律为准绳，把握好廉洁底线的透视与呈现，对党忠诚、爱国爱家是对西部忠孝文化的传承与发展。

一是"牧云书院"以"司法为民"为本，与绵长厚重的吴越文化高度契合。在纷争的五代十国时期，吴越国是当时经济发展最快、人民生活最富足的乐土。临安区博物馆馆藏的越窑青瓷褐彩云纹熏炉、盖罍、油灯3件吴越国文物被列入国宝级文物,占全省总数的 1/6。吴越国王陵考古遗址公园太庙山区块如期亮相,并列入省级考古遗址公园。钱镠有着浓厚的儒家"民为贵"思想,他修建捍海石塘弥平潮患,造福钱塘江两岸百姓。有术士建议钱镠填西湖以建王府,但钱镠认为"无水即无民"而否决。吴越国历代钱王以百姓利益为重,实现区域社会稳定和经济文化发展,这与检察机关"以人民为中心"的为民理念高度契合。

二是"牧云书院"以"立检为公"为基,与保境安民的钱王文化一脉相承。钱王文化流芳千年,仅一部《钱氏家训》,虽只有 532 字,但在个人修养、家庭构造、社会关系、治国方略上深明大义。《钱氏家训》中以"严以驭役,宽以恤民"和"执法如山,守身如玉,爱民如子,去蠹如仇"作为执政为官的圭臬信条。前句强调对官员要严,而对百姓要宽;后句则强调执政者应当秉公律己,为民做主,对隐藏在自身队伍里的"蛀虫"般的贪官污吏要坚决祛除,均体现了从严治吏、秉公执法的廉洁为官理念。钱镠当政期间"严以驭役、执法如山",其法律面前人人平等的理念与检察机关追求公平正义的价值追求一脉相承。

三是"牧云书院"以"重学明礼"为要,与兼收并蓄的天目文化相得益彰。天目山位列"浙江十大名山"之首,天目文化是内涵十分丰富、底蕴十分厚重的文化体系。东汉道教大宗张道陵出生于天目山,东汉《洞渊集》称天目山为"三十四洞天"之一。道教天师张道陵、有"北宋苏武"之称的滕茂实、"宋词六十名家"之一的洪咨夔、清末数学家方克猷等,都出生于天目山区。南宋於潜县令楼璹创作 45 幅《耕织图》,是现存最早的古代生产农业图谱。唐代李白、宋代苏轼、元代张羽、明代刘伯温都到过天目山并留下诗文。以天目书院为中心,重学明礼传统在天目山世代相沿。民国复立天目书院,曾举办"江南古文物展",第一次向世人揭开"天目瓷"神秘面纱。1937 年 9、10 月期间,抗战时期的浙江大学西迁首站落脚天目山,为民族、社会培养了大批人才。兼收并蓄的天目文化堪称人才的"孵化器",这与"牧云书院"为检察事业培育革命化、正规化、专业化、职业化干部队伍的目标追求相得益彰。

四是"牧云书院"以"共同富裕"为本,与"幸福临安"的奋斗目标同向发力。吴越国和南宋王朝先后在杭州建都,时间跨度长达 230 余年,其政治影响之大、经济辐射之深、文化覆盖之广可见一斑。欧阳修曾在《有美堂记》中赞扬:"钱塘自五代时,不被干戈,其人民幸福富庶安乐。"几千年后，在钱王故里临安，撤市建区后，让人民更加幸福更加富庶更加安乐，成为临安建一座新城最大的初心动力。"幸福临安"是临安全区人民共同的追求，践行了"为人民谋幸福"的初心使命，体现了高质量发展建设共同富裕示范区的历史担当，彰显了尽一切可能让每一个主体得到尊重的价值取向。当前浙江在省域范围内，稳扎稳打推动高质量发展建设共同富裕示范区，临安检察不断探索助力共富示范区建设的路径和举措，以能动履职回应人民关切。锚定让城乡共同富裕，聚焦刑事检察、民事检察、行政检察和公益诉讼检察，通过能动履职，贡献共富检察力量。

（二）寻路"牧云书院"

临安区人民检察院注重做好挖掘、结合、创造文章，取材天目山脉为背景，将古城的风貌事物引入到检察文化的肌理之中，建成了融合地域文化底蕴、红色文化精神、廉政文化元素、人文文化品格的检察文化新格局——"牧云书院"。

一是立足文化传承，激活肌底动力。"求木之长者，必固其根本；欲流之远者，必浚其泉源。"中华民族的命脉在于传承千年的中华优秀传统文化，新时代社会主义核心价值观也发端于此。传承中华文化，绝不是对传统文化进行简单的复制和粘贴，也不是对外来文化不加甄别地排斥和拒绝，"牧云书院"秉承"古今相成、中外相鉴"理念，在辩证取舍的基础上注重推陈出新，以新时代的创新精神激活中华优秀传统文化的生命力。"牧云书院"创新设置检校同行、检爱同行、检心临安、检悦之家、青春思辨、巾采同行、红色先锋等七大课程，打造自上而下的"品鉴体系"，即"一院一品""一室一品""一人一品"，成立了书画、健身、摄影、国学、太极拳等兴趣小组，联合区文联挂牌成立"天目艺站"，通过开展学术交流研讨、公益文化、特色活动等，不断增强干警的文化自信、身体素质和履职能力，激发检察文化凝聚人心的功能。为学习弘扬英模精神，2022年7月，临安区检察院主要领导带队实地走访"全国模范检察官""浙江省优秀共产党员"蒋春尧同志生前挂职工作地——临安区清凉峰镇林竹村，启动党员示范教育点建设工程，将"牧云书院"建设到英模生前为之奋斗过的农村，带动全体检察干警投入到服务基层群众的检察工作中去。

二是立足区情直通，焕发源头活力。择"临"而居，心"安"吾乡。临安是一座古老又年轻的城市，千年的文化在此激荡升腾，又是一方幽静而热烈的土地，满目绿色中是无尽的诗和远方，吸引了越来越多的有梦想的年轻人扎根于此，成为"新临安人"。近年来，临安区人民检察院招录的外地青年干警比重逐渐提高，经统计，截至2022年10月，该院省外干警的比例为19.11%，市外干警比例为22.06%，区外干警比例为33.82%。外地干警和本地青年干警对区情区策缺乏深入了解，"牧云书院"将区情区策培训纳入必修课，让干警更好地了解区域发展规划和思路，在司法办案中找准服务大局的切入点和群众工作的突破口，为青年干警成才成长提供肥沃的"临检土壤"。临安区人民检察院锚定"当好助力共同富裕排头兵"目标，结合当地工作实际，出台《关于建立驻雪山村实践基地的实施方案》。2022年4月8日，驻村检察实践基地揭牌仪式在湍口镇雪山村举行，通过法治宣讲、法律咨询等方式开展普法宣传，用心用情践行法律服务、化解矛盾、共护公益等职责。相关做法被新华网、正义网、《中国青年报》、浙江新闻、《浙江法制报》等多家省级以上媒体报道，致力开创共富路上检察有作为的新篇章。

三是立足学术交流，深挖发展潜力。"学而不思则罔，思而不学则殆。"学术研究与交流是古代书院的基本功能之一，"牧云书院"也继承这一功能，充分利用检校合作、党建联盟等载体对外联络的优势，积极开展法律职业共同体共建、法治宣讲、读书沙龙、青年辩论等活动，增强"检共体""检联盟"之间互信和共识，并为社会公众提供更加优质的法治服务和检察产品。2022年3月，临安区人民检察院联合浙江农林大学文法学院打造"天目品鉴"联盟，以组织融合牵引推动品牌共塑、平台共建、资源共享、人才共育，切实发挥联盟"品思想见行动、品文化鉴韵味、品业绩鉴质效、品数智鉴服务、品队伍鉴清廉"作用，以"围绕中心、建设队伍、服务群众"为导向，以"资源共享、优势互补、志愿联动"为原则，通过党建联席会、助村（企）恳谈会、志愿化服务等方式，最大限度整合甲乙双方资源，形成一批党建为民项目，推动检校合作纵深发展，为奋力实现"吴越名城·幸福临安"贡献联盟力量。半年多来，已先后开展专家智库（邀请8名专家学者担任杭州市听证员）、"双百"行动（检察长与大学生面对面）、课题调研（检察干警、高校教师组成课题组开展实务研究）、教育培训（邀请高校专家学者授课）等活动10余次。

（三）寻思"牧云书院"

可以说检察文化是检察事业的旗帜，起着凝聚力量、鼓舞人心的重要作用，是检察事业行稳致远的智力引擎和精神风帆。"牧云书院"将"忠诚、为民、担当、公正、廉洁"的检察职业精神与"奋进、团结、务实"的临安检察精神相融,整合而成一种别样多彩的临安检察文化风貌,激励全院干警形成共同的价值追求。

一是抓住"文化的检察"这个引领。文化是铸造价值高地的引领之基,党中央多次提出要提升我国的文化软实力,这里的文化就是一种抽象意义上的文化,决定国家文化软实力的不仅仅是有形的文化产品和服务的竞争力,更主要的是国家意识形态、政治模式、社会制度和生活方式的感召力与吸引力。检察文化可谓形塑检察人员法律信仰的文化图腾,把对检察人员的外在向心灵升华,向思想深入,从而内化为检察人员思维的内生动力和行为的内在维度。"牧云书院"为上述"文化的检察"的构建提供了一个思路,从细微处着眼,构建包括入职、任职、表彰、退休等一整套完整的检察职业仪式,提高检察职业的尊荣感和自豪感。"牧云书院"检察文化品牌拥有丰富的内涵,硬件设施建设和软件制度保障日臻成熟,并释放出无形的凝聚力,将全体"临检人"拧成一股绳、形成一股劲,乘风破浪,砥砺奋进。

二是抓住"检察的文化"这个根本。高度的文化自信是中华民族伟大复兴的根之所在,文化的繁荣兴盛是中华民族伟大复兴的魂之所依。置身于新时代的大背景之下,坚定文化自信的实现路径,一方面要汲取中华传统文化的精髓,为文化肌体注入营养,另一方面要激活时代精神的生命力,为文化肌体汇入智慧。具体到检察文化而言,就是要充分发挥检察文化对检察肌体的反哺功能,不断推动检察事业高质量发展。"牧云书院"检察文化以"一厅二馆三廊四室"文化硬实力为依托,引导干警深入贯彻习近平法治思想、习近平生态文明思想,培育干警家国情怀,不断提升文化软实力,聚焦法律监督主责主业,以守护青山绿水、推进诉源治理、助力共富示范为己任,坚持实干担当、数智赋能、温暖司法,着力争创一流业绩,切实服务保障经济社会高质量发展,为"吴越名城·幸福临安"建设贡献检察力量。近年来,先后办理国家级精品(典型)案例3件、省市级精品(优秀)案例30余件,连续4年获评全省先进基层检察院,连续多年区委综合考评优秀。检察干警荣获全国优秀办案检察官、省市业务竞赛标兵(能手)、杭州市优秀共产党员等荣誉,多名干警入选省市检察理论(专业)人才库,"牧云书院"检察文化下反哺下的临安检察事业扬帆远航,为检察文化浸润下的检察事业高质量发展提供了实践范例。

检察公共关系文化的社会功能、价值功能与实践功能分析

任 磊* 刘 新** 赵晓蕾***

  文化是生产力和软实力的创造者，起到凝聚人心、向心力的作用。党的十八大以来，习近平总书记把文化建设提升到了一个新的历史高度，把文化建设放在新的历史方位加以审视，强调"古往今来，任何一个大国的发展进程，既是经济总量、军事力量等硬实力提高的进程，也是价值观念、思想文化等软实力提高的进程"。习近平总书记在党的十九大报告中指出："文化是一个国家、一个民族的灵魂。文化兴国运兴，文化强民族强。"在现代的汉语体系中，"文化"普遍是指以下三个含义：一是指在某一历史时期内，遗迹、遗物所代表的抽象的价值观；二是指人类所创作的财富的总和，特指精神财富；三是运用文字能力及一般知识。[①] 文化是大概念，文化建设涉及不同的层面和领域，上到国家，下到集体，都能形成文化。不同的组织有不同的文化。埃德加·沙因在其所著《组织文化与领导力》一书中对组织文化作了如下定义："在解决组织的外部适应和内部整合问题的过程中，基于组织习得的共享的基本假设的一套模式，这套模式运行良好，非常有效，因此，它被作为对相关问题的正确认识、思维和情感方式授予新来者。"[②]

  检察文化是社会主义先进文化的组成部分，对检察工作和检察队伍建设起着至关重要的作用。关于检察文化如何理解，最高人民检察院《关于加

---

  * 作者单位：山东省滨州市博兴县人民检察院。
  ** 作者单位：山东省滨州市委党校。
*** 作者单位：山东省滨州市博兴县人民检察院。
  ① 谢选骏：《空寂的神殿：中国文化之源》，四川人民出版社 1987 年版，第 56 页。
  ② ［美］埃德加·沙因：《组织文化与领导力》，马红宇、王斌译，中国人民大学出版社 2011 年版，第 13 页。

强检察文化建设的意见》指出，检察文化是检察机关在长期法律监督实践和管理活动中逐步形成的与中国特色社会主义检察制度相关的思想观念、职业精神、道德规范、行为方式以及相关载体和物质表现的总和。

就公共关系而言，其主体是社会组织，其对象主要涉及特定的社会公众，媒介是交流与沟通，目的是获取公众的支持，且在公共关系建设过程中，有其特定的底线和原则。检察公共关系是公共关系建设在检察领域的具化样态，故具有其特殊性。检察公共关系建设的推进主体是检察机关；对象既包括社会公众也包括相关职能部门；方式是双向沟通与信息交流，具体手段包括检务公开和监督反馈等；其目的在于更好地履行检察职能，进而提升检察机关形象与公信力。[①] 在推进检察公共关系建设中，为促进检察机关和社会公众之间的良性互动，必然要强化文化建设，用检察文化元素来推动塑造良好的检察公共关系，提升检察活动的公信力。

基于以上分析，检察公共关系文化是检察机关和检察人员在能动履职的过程中塑造、建立和维护良好形象的价值观念、行为方式以及社会公众对检察机关和检察人员形成的态度、观念、认识和评价。检察公共关系文化的本质由检察职业的内在规定性和外在社会性共同决定。一方面，检察公共关系文化是检察活动所塑造的一种职业状态，是检察职业规定性决定的检察思维方式、心理定势、行为方式、职业能力、职业形象的集中体现和综合反映；另一方面，检察公共关系文化有利于检察人员树立正确的价值观念和价值信仰，可以有效促进检察机关正确履行法律监督职能发挥重要的思想引领和精神引领作用；再一方面，检察公共关系文化也蕴含了社会公众对检察职业群体的心理认同以及社会公众对检察机关和检察人员的总体性评价、印象和信任程度，检察公共关系文化建设的初衷就是坚持以人为本的原则，切实维护人民群众的利益，做到"为民""便民"。检察公共关系文化更侧重于精神、价值观层面，它并不局限于停留在检察机关内部的文化，还包括与广大人民群众形成良性的互动、对社会产生的影响、社会公众的参与评判等。因此，检察公共关系文化集社会功能、价值功能、实践功能于一体。检察公共关系文化与新时代文化建设要求相适应，通过检察公共关系文化的传播与塑造推动新时代检察工作高质量发展。

---

① 冯姣、叶伟忠：《检察公共关系：概念与框架界定》，载《人民检察》2019年第23期。

一、检察公共关系文化社会功能分析

一是检察工作主体和社会公众共同构成了检察公共关系文化的主体。检察主体是指检察机关和检察人员。社会公众的范围较为广泛,不仅包括与检察决定之间不存在直接利害关系的一般社会公众;也包括与检察机关和检察人员发生直接接触,一般与检察决定具有利害关系的检察工作相对方,如犯罪嫌疑人(被告人)、被害人、证人等案件当事人,以及诉讼代理人、辩护人等诉讼参与人;还包括以检察业务工作为纽带形成的同检察机关保持工作往来的国家机关和有关单位,如基于上下级关系而产生的检察机关与地方党委、政法委、人大及其常委会等机关之间的关系,基于公共传播关系而产生的检察机关与新闻媒体、网络平台等新老媒体之间的关系,基于同等对等关系而产生的检察机关与同级公安、法院、司法行政等机关之间的关系。检察机关与律师协会之间的关系也属于广义检察公共关系的范畴。

二是检察机关的司法行为构成了检察公共关系文化的载体。检察机关创造、发展和传承的检察观念、伦理和形象等精神成果在具体的司法活动中与社会公众的感受和评价形成互动。从司法实践中看,如果检察观念、检察伦理和检察形象蕴含关注社会公众的司法需求,切实把维护社会公平正义、服务保障经济社会高质量发展的理念能动贯穿于检察司法全过程,体现在检察活动的每一个环节,就会顺应社会公众对公平正义和公共安全的新期待,就会大幅提升检察机关参与社会治理的广度、深度和效果,必然会获得社会公众良好评价和积极认同,也必然会起到肯定、彰显和支撑检察人员精神风貌和职业形象的作用。相反,如果检察司法行为在工作理念上出现偏差或者失误,就会引发社会忧虑,对检察人员的精神状态和职业形象产生消极影响。

三是检察公共关系文化集中体现为检察机关和检察人员履行法律监督职责的公正性和权威性。维护社会公平正义是检察工作的生命线。检察机关不仅要在自身的司法办案中努力实现公平正义,而且要通过法律监督保障行政机关和审判机关在职能活动中实现公平正义。检察机关和检察人员在履行职能过程中维护公平正义的能力和水平,直接影响社会公众对检察机关的信任程度。新时代的检察机关始终要"依法公正对待人民群众的诉求,努力让人民群众在每一个司法案件中感受到公平正义",在每一起案件中妥善处理好情、理、法的辩证关系,使人民群众真正尊崇法律、信仰法律。司法实践证明,公正才能带来权威,公正才能符合人民群众的司法期待,赢得社会公众对于检察机关的信赖和认同，维系检察工作的公信力和亲和力。

四是检察公共关系文化的成效依赖社会公众的参与和评判。检察机关司法活动的亲和力和公信力最终要由公众来评判，社会公众对于检察机关和检察人员的职业状态的评价是通过与检察机关和检察人员具体接触而产生的，通常是通过发生在自己身上或者生活周围的一个个鲜活案件感知的。因此，检察公共关系文化建设离不开社会公众的有效参与。司法实践证明，公众参与司法是一项不可替代的成功经验，也是司法获得群众信任的重要途径。通过引入社会公众参与检察活动，可以从源头上预防选择性、随意性、粗放性、机械性，提高检察活动的透明度，促进司法与民意之间良性互动，对于提升检察活动亲和力和公信力具有重要作用。当前，检察机关和检察人员践行党的群众路线，组织开展检察为民办实事活动，主动联系群众，建立健全让公众评判检察工作的机制，建立与群众之间良性互动的检民关系，是检察公共关系文化的重要内容。

二、推进检察公共关系文化建设的价值功能分析

一是检察公共关系文化的价值功能首先表现为能有效提升检察机关回应社会的能力，促进能动适用法律的准确性，提升检察决定权、检察建议权的可接受性程度和认可度。提升推进检察工作回应社会的能力，既是现代司法文明发展的趋势和走向，也是提升检察工作公信力的重要抓手。积极推进检察公共关系文化建设，可以有效促进检察机关和检察人员与社会公众之间良性互动，拓宽检察决定与社会公众之间的沟通渠道，让社会公众评判检察工作、提出意见建议。检察机关通过广吸民意、广纳民智，把群众的建议、批评和意见建议转化为工作决策或者改进执法办案的重要措施，使检察机关的执法活动更加符合检察规律和人民群众的要求，使社会公众在与检察机关和检察人员互动中更加熟悉、理解和支持检察机关的执法办案工作，达到促进司法和民意之间的良性互动的目的。

二是推进检察公共关系文化建设具有消除社会公众顾虑的功效。司法公开化不仅要求检察机关在形式上公开司法决定，并且要求公开作出决定的理由，充分展示决定形成的过程，否则，人们就无从知晓该决定是否公正合理，就会给司法办案决定的正当性蒙上一层阴影。检察人员在客观公正履行法律监督职责过程中，通过充分释法说理，将事实、证据、法律用通俗的语言释明当事人，将法律评价和道德评价相契合，将天理国法人情相统一，将

检察权的外在强制变成当事人的内在自觉，有利于被追诉人认罪认罚；在政策与法律限度内给予有困难的当事人相应的帮助，使当事人和诉讼参与人在检察环节切身感受到检察机关的关怀和亲和力，有利于促进其对指控罪名的接受，确保诉讼程序的顺利进行。推进检察公共关系文化建设就是要把办案程序和办案活动中的关键环节公之于众，努力消除检察机关执法办案的神秘化倾向，打破司法活动的封闭性。这既是适应司法体制改革、加强司法民主化的时代要求，也是增强当事人对司法过程和结果的满意度和认可度的现实需要。

三是推进检察公共关系文化建设有助于促进矛盾纠纷化解，避免诉讼矛盾扩大化。检察机关司法办案的目的之一是吸纳化解社会矛盾纠纷。如果只注重司法办案，片面追求法律效果，而不注重在办案的同时着力化解矛盾纠纷追求社会效果，就会导致简单矛盾复杂化、诉讼矛盾社会化、局部矛盾扩大化。推进检察公共关系文化建设可以有效加深群众对检察机关执法办案的了解度、理解度和参与度，通过对当事人释法说理，打开群众"心结"，以消除、减少群众对立情绪和逆反心理，可以有效化解矛盾，修复被破坏的社会关系，维护社会和谐稳定。

三、检察公共关系文化建设基于社会功能、价值功能的实践功能分析

检察公共关系文化建设具有导向性和约束性，既是促进检察机关内部形成向心力、凝聚力的有效手段，也是机关成员与社会公众形成良性互动的软性约束。因此，推进检察公共关系文化建设就是要着力增强检察"软实力"，提升社会沟通能力和群众工作水平，塑造检察机关的良好形象，提升社会公信力，赢得社会各界支持和好评。通过对检察公共关系文化的基本内核问题的认知以及有关检察公共关系文化的价值功能的分析，在检察公共关系文化的路径设计上，应当注重以下四个方面。

一是落实《中共中央关于加强新时代检察机关法律监督工作的意见》，着力提升法律监督水平，推动检察与执法司法之间良性互动。首先，强化双向沟通、信息公开以促进检察公共关系文化建设，推动检察人员与执法司法人员之间良性互动。在准确厘清检察机关法律监督权与相关执法司法部门权界的基础上，准确、有效地互相传递、共享工作信息，以真诚换取彼此的理解、信任和支持。其次，坚持监督而不干涉原则，做到监督到位不缺位、不

越位，协调配合而不矛盾对立。既要善于、敢于发现纠正执法司法中的不规范、不依法的问题，又要在监督中支持相关执法司法主体严格公正执法，促进检察监督和相关执法司法工作实现双赢多赢共赢。最后，注重运用案例指导推动公共关系建设，把办案人员保护自由、维护秩序、公正司法、高效司法的司法要点总结好、提炼好，以推动检察人员如何做到保护自由、维护秩序、公正司法、高效司法。最高检指导性案例发布后，要进行必要的宣讲，把指导性案例的指导效果和具体要求落实到位，使检察人员真正掌握刑法价值，更好地为人民司法、为社会司法、为时代司法。[①]

二是以有效化解矛盾纠纷为抓手，提升参与社会综合治理的成效。注重借鉴运用新时期"枫桥经验"，加强检察环节预防和化解社会矛盾机制建设，是新时期的检察工作机制创新。[②] 因此，要更加注重丰富矛盾化解方式，充分吸纳人大代表、政协委员、人民监督员、律师、村民代表、人民调解组织等社会力量，搭建多途径、多方式的刑事和解平台，参与矛盾纠纷化解。要为人民群众方便诉讼创造便利的条件，打造方便快捷的诉讼渠道，充分运用新媒体技术，充分发挥数字网络平台的作用，使检察机关与民众之间沟通畅联。在办案中则要强化向当事人释法说理，着力提高释法说理的水平，在释法说理过程中，积极推进社会主义核心价值观融入刑事检察监督办案矛盾化解过程中，把阐释法律规定和社会主义核心价值观融合起来，充分考虑地缘、血缘、亲情等因素，顺应社会的真实情感和要求，将天理国法人情相衔接，将法律评价和道德评价相契合，以此来向当事人宣示社会提倡什么，反对什么，保护什么，制裁什么。把释法说理贯穿办案全过程，将事实、证据、法律用通俗的语言释明给当事人，以消除、减少群众对立情绪和逆反心理，实现有效化解矛盾的目的，让当事人在了解、理解和监督检察机关执法办案活动的基础上，充分表达所思、所需、所愿，促进检察机关在执法办案中实现天理、国法、人情的完美结合。在政策与法律限度内给予有困难的当事人和诉讼参与人相应的关照，让当事人和诉讼参与人切身感受到检察机关的人文关怀和亲和力。

---

① 荣晓红：《论我国刑事检察案例指导公共关系建设》，载《江西警察学院学报》2020年第1期。

② 贾宇主编：《新时代"枫桥经验"检察实践案例精选》，浙江人民出版社2018年版，第2页。

三是以运用新媒体为载体,促进检察公共关系文化主体之间信息交融、良性互动。在社会公众中塑造、建立和维护检察机关的良好形象是检察公共关系文化建设的根本目的,这既是检察机关和检察人员的努力方向,更与公众的状态和变化趋势直接联系。信息化的猛进发展已经改变了传统的舆论状态,也改变了检察文化建设的传统格局。这亟须积极推动检察文化建设工作理念、制度和方法创新。采取双向沟通、信息公开、服务媒体等措施,着力检察公共关系文化建设,推动检察机关和检察人员与社会公众之间互动的开放性、科学性、平等性,是当前检察公共关系文化的重中之重。着力加强和改进与党政机关、司法机关、社会组织、代表委员以及人民监督员的联络工作。采取双向沟通、信息公开、服务媒体等方式推动检察机关与社会各界之间互动的开放性、科学性、平等性,创新"对话性"的沟通表达,让各机关组织、代表委员及人民监督员通过更有效的方式、在更多的领域、在更大的程度上了解检察工作、支持检察工作,向检察工作建言献策,以此来推进检察公共关系文化建设。检察机关通过广吸民意、广纳民智,把社会公众的建议、批评和意见建议转化为工作决策或者改进执法办案的重重举措常态化、制度化、科学化。着力加强对新媒体技术的开发与运用,引进技术人才、服务外包、向专业公司深度定制媒体服务等多种形式弥补工作"短板",积极顺应新媒体技术给检察公共关系带来的影响,并充分利用新媒体的优势建设检察公共关系,可以充分利用互联网、微博、手机短信等网络平台,保障社会公众的知情权、参与权、表达权、监督权;检察机关通过新媒体及时、准确、有效地向公众传递检察工作信息,以真诚换取公众对检察机关的理解和信任;通过沟通交流获取公众意见、建议及舆情,为检察机关民主科学决策提供信息和咨询。①

四是着力提升检察机关服务群众和司法办案公共区域建设的现代化,科学拓展检察执法办案中的民意征求以及深化检务公开的渠道。提升检察机关服务群众和司法办案公共区域建设的现代化水平,完善检察服务大厅功能设置,将5G、大数据、人工智能等技术与检察业务融合,为群众提供服务,让数据多跑路,让群众少跑腿,为人民群众和有关各方提供更加优质的一站式、便捷式服务,以热情的态度、务实的作风为群众方提供更优质的检察服

---

① 陈侃:《新媒体时代构建新型检察公共关系的路径选择》,载《人民检察》2014年第13期。

务，以真诚的态度和优质的服务换取社会各界对检察机关的信任和支持。创新检务公开、用检察信息参与社会管理创新，服务人民群众。将推进检察公共关系文化建设与科技强检结合起来，利用现代传媒、互联网、电子显示屏、电子政务具有开放透明、便利快捷、机动互动、覆盖面广的优势，增强检务公开的渗透力、感染力、影响力。把检务公开作为促进社会了解检察工作、监督检察工作的重要渠道，以真诚、有效、及时的检务公开，拓宽公众参与检察决策、评判检察工作、提出意见建议的广度和深度，尽最大努力消除检察机关执法活动给群众带来的隔膜和恐惧，让社会公众在了解、参与的基础上对检察机关执法的公正性、权威性产生亲切感和认同感。让群众更多地知晓和了解、监督和制约检察机关执法活动，促进检察机关的执法活动更加符合检察规律和人民群众的要求，让群众对检察机关所作出的决定发自内心的服从、尊重。

简论新时代检察影视文艺精品
创作的要点及探索方向

张鑫慧[*]

进入新时代,科学技术飞速发展,传媒途径越发多样,检察宣传工作也呈现出丰富多彩的特点。在各种宣传方式中,影视剧因其情节生动、故事性强、贴近生活而容易吸引广大人民群众的关注,从而成为检察宣传的重要途径之一。近年来,包括检察题材在内的优秀政法题材影视剧,日渐成为影视文艺作品中不可忽视的重要部分,这些影视作品中既有未来的创作者们可资借鉴之处,也蕴含着值得进一步探索的空间。在撰写本文的过程中,笔者与一些关注影视剧的朋友(其中既有政法工作人员,也有来自其他行业的群众)共同讨论了《湄公河大案》《人民的名义》《人民检察官》《巡回检察组》《警察荣誉》《破冰行动》《底线》等口碑较好的优秀政法题材影视作品,并通过部分政法机关微信公众号等途径,了解了一些政法干警对于上述作品的观后感触。在本文中,笔者将以这些优秀政法题材影视剧为例,阐述新时代检察影视文艺精品的创作要点及未来可探索的发展方向。

一、新时代检察影视文艺创作的要点

在前文中,笔者已经列举了多部近年来较受观众欢迎的优秀政法题材影视剧。经过研究发现,这些影视剧之所以受到观众们的欢迎,主要原因包括以下四点:一是剧中的情节整体而言比较符合政法工作的专业常识;二是剧中的内容广泛涉及社会生活的各方面,从而引起了各行各业观众们的共鸣;三是剧情在肯定政法人员辛勤付出的同时,也真实地展示了政法人员在工作、生活中遭遇的一些难题,呼吁社会给予关注;四是在剧中人物塑造方面,摆脱了"脸谱化"的框架,人物形象生动鲜活。而这四点,也正是新

---

[*] 作者单位:天津市西青区人民检察院。

时代检察影视文艺创作的要点。

（一）符合政法工作专业常识

在撰写本文的过程中，笔者除了关注前文所述的几部深受观众欢迎的政法题材影视剧，还注意到了早些年出品的一部检察题材电影。然而，与后来一些政法题材影视剧不同的是，该电影引发一些争议，主要原因便在于剧中出现了许多违反检察工作专业常识的情节，如一些检察干警指出的："剧中的检察官居然留着胡须，这是违反检察人员仪容要求的，而且剧中检察官的制服着装也很不标准。""剧中的庭审情节照搬了许多西方律政剧中的法庭戏，与我国的实际情况很不相符。""剧中检察官在法庭上的一些质证语言很不专业，有些问话甚至是原则上不应该提出的。"凡此种种，不一而足。而后来出品的一些政法题材影视剧之所以得到了更多的欢迎，原因之一便是"剧情更专业了"。就像观众评论所言："《人民检察官》中的女性检察官，着检察制服时没有佩戴首饰，着便装时才佩戴了耳钉等首饰。""《警察荣誉》中的警官们在面对持有凶器的犯罪嫌疑人时，没有冲上去与其硬拼，而是巧妙地展开周旋，避免了己方不必要的流血牺牲，最终将犯罪嫌疑人制服，这才是最好的工作方式。"而对于这些影视剧中仍然难免存在的一些专业常识方面的细小纰漏，观众们也有所提及，希望在未来的创作中加以改进，但态度普遍比较宽容。其实，无论是观众们对早期电影的批评，还是对后来出品的一些政法题材影视剧的肯定，无不表明一个道理：政法工作是专业性极强、要求非常严格的工作，因此包括检察题材在内的政法题材影视作品，其内容情节也必须严格遵守政法工作专业常识，如此方能真实反映政法人员的付出和人民群众的诉求，发挥应有的宣传作用。

（二）广泛反映社会生活的各个方面

日韩、欧美等国家的律政题材影视剧，因受这些国家提倡个人主义、崇尚个人荣誉的文化影响，普遍将较多的笔墨用于描绘警察、检察官、法官、律师等法律工作者的日常，将案件的成功办理归因于法律工作者的个人能力突出、描绘为法律工作者的个人荣耀，而对推动法治进步和社会文明进步的真正主要动力——人民，却描绘较少。值得注意的是，近年来，这种"为法律工作者个人树碑立传"的宣传态度，在个别政法机关的宣传内容和政法题材影视剧的情节中，也有所显露，主要表现为"对政法干警的辛勤付出讲得多，对人民群众的生活变化讲得少"，没有带来应有的宣传效果。可见,无论是政法题材影视剧,还是其他宣传方式,都应始终遵守"人民才是历史的创造者"这一准则,着力描绘出社会主义法治国家建设进程中人民生活的方方面面,真实反映广大人民群众的法治诉求。而综览当下那些较受观众欢迎的政法题材影视剧,无不做到了这一点。如电视剧《人民的名义》涉及城市拆迁改造、企业工人下岗等关系人民群众切身利益的问题,电视剧《警察荣誉》中提出了父母因忙于工作而难以陪伴教育未成年子女的问题,电视剧《破冰行动》中揭露了封建宗族观念、乡村宗族势力对人民生活和国家法治的不利影响,电视剧《底线》中通过一个个改编自现实案件的故事反映了群众的种种诉求等。这些情节不仅反映了人民群众的生活和愿望,实现了社会主义文艺作品"为人民鼓与呼"的目标,也唤起了各界群众的共鸣,大大增强了影视剧的宣传效果,值得检察题材影视作品的创作者们参考借鉴。

(三)在肯定政法干警们辛勤付出的同时,也真实反映了干警们在工作与生活中遇到的难题

目前,部分政法机关宣传工作和政法题材文艺作品创作中存在一个需要注意的误区,那就是将政法干警们塑造成"不食人间烟火,不受病痛侵袭,不通七情六欲"的"超级英雄"。有群众网友曾用这样一段话,概括并批评了这种"过度拔高"的宣传手法:"每天加班忙工作,身体健康顾不得;病痛来袭没空治,结婚一推再推迟;恋爱约会没时间,父母儿女没空管;红白喜事没空去,亲友疏远难相聚;张口闭口是法律,业余生活没情趣;荣誉得了一大堆,应有待遇一再推。"这段话语虽然有些刺耳,却生动地表达了人民群众对这种"过度拔高"的宣传方式的不满意、不接受。"过度拔高"的宣传方式之所以不受人民欢迎,原因在于其违背了最起码的人情伦理。正如一些群众直言:"如果政法干警们自己家里都有许多后顾之忧没有解决,还怎能安心工作?""如果英雄为国家立下了许多功劳,为人民做出了很大奉献,但却得不到应有的待遇和奖励,甚至得不到人们的理解和尊重,那还有谁崇敬英雄、愿当英雄?""一个人如果连自己的健康都不顾,对亲人朋友都漠不关心,那还能真心爱护人民吗?"反之亦然,笔者在前文中列举的数部政法题材影视作品,之所以能够受到政法干警和人民群众的欢迎,一个重要原因就在于,这些作品没有将政法干警刻画成十全十美、无所不能的"超级英雄",而是真实反映了他们在工作、生活中面临的种种难处和问题,并呼吁相关各方共同帮助他们解决这些问题。如《警察荣誉》中反映了部

分群众法治意识淡薄、干警家人对干警的工作不理解甚至反对、聘任制辅警人员待遇较低等问题;《湄公河大案》《人民检察官》《巡回检察组》等剧中反映了犯罪分子对政法干警的打击报复问题;《人民的名义》《破冰行动》等剧中反映了司法腐败问题;《底线》中反映了政法干警夫妻异地难团聚、干警因忙于工作而难以照顾家庭、政法机关加班加点问题较重、人民群众对政法工作的误解问题;等等。而在现实中,这些问题也是检察人员在工作和生活中时常遇到的情况,因此,检察题材影视作品的创作者们在作品中同样需要生动真实地反映这些情节,并唤起政法机关、干警亲友和人民群众对政法干警、政法工作的理解和支持,方能赢得政法干警和社会各界观众的肯定与欢迎。

（四）真实反映人物的个性和人性的复杂,避免"脸谱化"

部分政法工作宣传报道和政法题材文艺作品因人物的"脸谱化"而不受欢迎,甚至招致干警和群众的反感,这种"脸谱化"主要有两种表现:一是对人物的描绘千篇一律,但凡优秀的政法干警,无不是"一心扑在工作上,全不顾自己和家人",甚至"心里只有工作,没有任何业余爱好";而违法犯罪分子更是"个个都是奸懒馋滑的大坏蛋";二是语言和故事情节走极端,政法干警"全都好得不得了,工作起来废寝忘食,下班后也总在做好事帮助他人";违法犯罪分子则是"一个比一个阴险狡诈,一个比一个贪婪好色,一个比一个狠毒无情"。可想而知,这种"脸谱化"的描绘,不仅不符合人性真实和社会现实,也是对人的不够尊重,自然会遭到政法干警和人民群众的反感。而受人欢迎的政法题材影视剧,在人物塑造方面都较好地避免了"脸谱化"问题,对政法干警的描绘有血有肉、各有个性;对违法犯罪分子也非一味丑化,而是详细刻画其复杂的内心世界、激烈的思想斗争和其从无罪到有罪的蜕化过程。如电视剧《湄公河大案》《人民检察官》中,分别将公安干警高野、于慧夫妻和检察官夏静茹与丈夫的爱情、家庭故事作为剧中的主要线索之一,进行了比较详细的刻画,但这一情节不但没有影响整个作品的质量,反而使剧中政法干警的形象显得更加亲切动人,也更能够唤起观众们的共鸣;又如电视剧《人民的名义》中,对赵德汉、祁同伟、高育良等贪腐干部的描绘,并没有简单地停留在其中饱私囊、危害人民的罪行上,而是详细地描述了他们从无罪者甚至英雄模范一步步沦落为腐败分子的过程,不仅刻画了他们个人思想意识的变化,也指出了导致他们走向腐败的种种社会原因（如法律和机制的不够完善、封建社会官场文化的遗留、监督措施没有完全落实等)。这些创作经验，都值得检察题材影视作品的创作者们汲取和发扬。

综上，笔者以近几年来涌现出的优秀政法题材影视剧为例，论述了新时代检察题材影视作品创作中应注意的要点。但时代在发展，检察事业在不断进步，政法干警和社会各界人民群众对于检察题材影视作品的欣赏要求，也日益提高。因此，检察机关宣传部门在参与创作检察题材影视作品时，有必要思考和探索更广阔的空间，不断提高作品质量。

二、探索新时代检察影视文艺创作的发展方向

目前，政法题材影视文艺形式越发丰富，微电影、MTV已成为政法机关日趋普遍的宣传方式，《守护解放西》等半纪实性质的系列片也受到了不少观众的欢迎。与形式的创新相比，内容的创新显得更加重要，笔者也与一些检察干警朋友和从事其他行业的群众探讨了这一话题，并听取了他们的观点，这些观点或可作为检察题材影视作品未来的创作方向。

(一) 对"非热门"的检察工作岗位给予更多关注

此标题中的"非热门"检察岗位，并非指不重要的检察工作岗位（实际上，在检察机关中，所有的岗位都很重要)，而是指政法题材影视作品乃至整个社会关注较少、了解较少的检察工作领域。由于影视作品甚至检察机关的宣传报道中往往很少提及这些岗位，包括干警亲友在内的各界群众对这些工作了解较少，对其重要性认识不足，甚至可能因此而对从事这些工作的干警产生误解。正因如此，包括检察干警在内的许多观众，都希望检察题材影视剧对这些检察岗位和检察人员给予更多的关注。正如笔者所听到的一些来自观众的观点："《人民的名义》写了监察体制改革前检察机关的反贪部门，《人民检察官》写到了公诉部门，后来的《巡回检察组》还反映了刑事执行检察部门。但实际上，检察工作中的其他许多岗位同样很重要，目前的影视剧中却少有涉及，人民群众甚至干警的家人对这些工作也不太了解。例如民事、行政检察工作和控告申诉检察工作，往往直接关系到群众的切身利益和合法权益，甚至关系到许多群众的日常生活，却因其'知名度'不如刑事检察工作而很少在影视剧中出现；又如检察机关中的办公室、政治部、检务保障部等综合工作部门，这些部门的检察人员承担着大众宣传、机要保密、队伍管理、教育培训、人事安排、后勤保障等基础性工作职责，这些工作的重要性丝毫不亚于检察业务工作，甚至关系着检察业务工作的正常进

行,但影视剧中却鲜少提及这些工作;再比如影视剧中反映未成年人检察工作时,往往着重展现和赞扬女性检察官的爱心与奉献,'检察官妈妈''检察官姐姐'的形象屡屡出现,但实际上未检部门也有许多优秀的男性检察官,他们同样像父亲、兄长一样悉心引导着涉案的孩子们走出迷途、健康成长,但影视剧中对他们的描绘却比较少。"观众们的这些呼声,值得检察题材影视作品的创作者们高度重视,并在未来的作品中加以体现。

(二)影视作品中应更多体现家庭、社会和各级检察机关对检察干警的关心和帮助

在前文中,笔者已经提及,部分政法题材影视剧因真实反映了政法干警们在工作、生活中遇到的各类难处和问题,而受到政法干警以及许多观众的认可和欢迎。但与此同时,笔者也注意到一个现象,那就是这些影视剧在反映问题的同时,却较少表现干警的家人、单位以及社会相关各界是如何采取具体措施关心干警、如何帮助干警解决问题的。笔者认为,这样的剧情安排,虽然突出了政法干警从事政法工作的辛勤不易,但却仅仅停留在"诉说辛苦"的层面上,较少上升到"解决难题"的阶段,因而没有起到很好的示范作用,也不利于政法队伍内部的团结和政法干警与家庭、群众关系的和睦。检察题材影视作品的创作者在未来的创作中,应当注意避免这一问题,在真实反映干警遇到的难处的同时,也充分描绘家庭、社会和各级检察机关对干警的关心和帮助,体现相关各方力量帮助干警解决问题的具体过程,从而使影视剧发挥其应有的示范效应,推动法治进步。

(三)检察影视作品情节中可增加更多群众熟悉的"烟火气"

据笔者的亲身观影观剧体验,目前的一些政法题材影视剧中,虽然也有不少故事情节反映了人民群众的生活与诉求,但这些故事的主线往往仍然是政法人员的办案过程,故事发生的地点也往往仍然是案发现场、涉案场所或政法机关、法庭之上,与广大人民群众的日常生活依然存在一定的距离。因此,笔者认为,未来的检察题材影视作品情节中,可以增加更多的"烟火气",即与人民群众日常生活更加贴近的故事内容。实际上,检察机关的日常工作中,并不缺乏这类故事素材,如办公室和刑事检察部门干警一次次深入群众开展的法治宣传工作,民事、行政检察部门干警的走访调查,公益诉讼检察工作,控告申诉部门干警与来访群众的耐心交流和帮助群众解决困难的司法救助工作等,都可以作为素材提炼出优秀的检察故事,并以影视作品

的生动方式讲述给社会，而这些更加贴近人民生活的影视剧情也将对广大群众产生更强的吸引力，促使人民群众更加关注法治建设、积极守法用法。

上述便是笔者综合自己及一些观众的观影观剧感触，对检察题材影视作品未来发展方向的思考。但要不断提高检察题材影视作品的质量和影响力，还需要创作者和检察机关宣传部门不断改进工作方式，紧跟时代发展、检察工作变迁和观众们欣赏需求的变化。

三、关于检察题材影视作品创作和检察机关宣传工作的一些思考

与所有的文艺作品一样，优秀的检察题材影视作品必须来源于真实鲜活的日常生活；同时，检察机关的宣传报道也是检察题材影视作品的主要素材来源之一，因此，检察机关宣传部门必须讲好检察故事，塑造形象丰满、生动感人的检察人员形象，为影视作品创作者提供良好的原型材料和人物。因此，影视作品创作者和检察机关宣传部门都需要不断改进工作方式，并保持通畅的交流与合作，方能贡献出一部部质量上乘的检察题材影视作品。影视作品创作者和检察宣传人员都需要深入检察干警的日常工作与生活，从看似平凡无奇的日常点滴中，发掘提炼出亲切感人的事迹，避免凭空编造故事、照搬新闻稿件等问题。同时，影视作品创作者和检察宣传人员都需要打破"对检察人员一味拔高，对犯罪分子极力贬低"的"脸谱化"思维框架，无论是进行宣传报道，还是影视作品创作，必须充分考虑到人性固有的复杂性和人物个性的多样化，从而对宣传报道或者剧情故事中的人物进行活灵活现、真切可信的描绘。此外还有最为重要的一点，即影视作品创作者和检察宣传人员都应时刻谨记，无论是文艺作品，还是检察宣传工作，永远都要服务人民，因此，在创作影视作品和讲述检察故事时，应注重突出人民的地位、反映人民的诉求、采取人民乐于接受的方式、描绘人民熟悉的场景和生活、为人民解答疑惑，并且避免宣扬与基本人情伦理相悖、与现实严重不符的故事和观念。总而言之，检察题材影视作品的创作者和检察宣传人员，唯有遵循"贴近生活，服务人民"的工作方式，才能够共同贡献出深受观众欢迎的检察题材影视精品，并使这些影视作品真正发挥普及法律知识和法治思想、推动检察工作和法治事业进步的作用。

以高质量文化建设铸魂固本凝心彰显新时代检察担当

唐晓宇[*]

文化是一个国家、一个民族的灵魂。党的十八大以来,以习近平同志为核心的党中央高度重视文化建设,始终坚持以人民为中心的文化建设导向,中华文脉不断赓续传承,在新的历史坐标上彰显出勃勃生机,为中华民族伟大复兴筑牢精神基底。

中国特色社会主义文化源自于中华民族五千多年文明历史所孕育的中华优秀传统文化。作为一种精神力量、制度导向和生活方式,法治文化体现了人与社会之间的共在关系,法治文化的源远流长与人民群众的内心拥护和真诚信仰密不可分。弘扬社会主义法治精神,建设高质量检察文化,就要努力从中华民族世代累积的法律文化传承中汲取营养和智慧,以新时代新任务激活文化生命力,这是当前检察文化得以发展壮大的力量源泉。

徒法不足以自行。检察机关应当以习近平新时代中国特色社会主义思想为指导,深入学习贯彻习近平法治思想,着眼检察事业高质量发展,以提高队伍政治素质、业务水平和职业素养为目标,充分发挥检察文化铸魂、固本、凝心的功能,在坚定理想信念、规范司法行为、提升司法公信力方面起到积极作用,以更高质量的法律监督服务保障更好推进中国特色社会主义法治体系建设。作为法治文化的传承者、践行者和弘扬者,检察机关要真正从检察业务中丰富积淀检察文化,要学会以优秀检察文化引领推动检察业务,要实现把文化建设作为推动人民检察事业高质量发展的重要组成部分,任重而道远。

---

[*] 作者单位:江苏省无锡市惠山区人民检察院。

一、高质量检察文化是新时代检察队伍建设的必然要求

习近平法治思想系统阐述了中华法系和法治文明传统，总结了中国法治经验，为人类政治文明进步、全球治理体系变革提供了中国智慧和中国方案，对外有底气、有自信，努力以中国智慧、中国实践为世界法治文明建设作出贡献。从继往开来的历史高度审视，检察文化源自于检察实践，涵盖了思想政治、业务水平、社会阅历、道德建设，这一切都构成检察文化的底层逻辑，也潜移默化地影响着检察干警的行为习惯、办案模式、价值判断。

（一）强化思想理论武装是检察文化建设的首要任务

法治文化作为一种具有正向政治价值的文化，是一个国家精神文明成果、制度文明成果以及法治行为方式相统一的文化现象和法治状态。司法者的素养有高下之别，所以司法的结果有公正与偏私之别。法治是文明社会的基石，是国家治理体系现代化的标志，更是治国理政的重要手段，其在国家管理和促进社会进步方面的作用得到全世界的广泛认同。检察机关应当坚持以思想政治建设为统领，以党建带队建，切实维护国家利益和公共利益，不断加深对中国特色社会主义法治文化的理解和认同，产生强烈的职业尊荣感。检察文化水平越高，检察干警自身的文化水准也越高，这种认同感就越强烈，为全面依法治国的伟大目标奉献自我的崇高境界就越容易建立，并转化为对理想信念和法治愿景的不懈追求，真正起到以文铸魂的效果。

（二）推进检察文化建设有助于提升队伍专业化水平

法律是一门艺术，它需要经过长期的学习和实践才能掌握。众所周知，法律法规因语义表述天然具备模糊性，检察干警需要规范适用，必须以文化素养为积淀，这是公正文明司法的必然要求。法律是兼具理性与感性的人类文化实践，要求检察干警从迷雾中发现真伪，从冲突中找到均衡，对检察干警的文化素养提出了更高要求。检察机关应当始终把规范司法作为检察文化建设的重要内容，深刻理解检察权运行规律，强化规范司法意识，提升规范司法能力。检察干警一方面应娴熟运用法律条文，系统掌握法律专业文化知识，具备深厚的法律修养；另一方面，要以宽宏的人文情怀和良好的文化素养为基础，运用法治精神、司法理念去演绎或弥补法律不足，体现对司法运作规律的尊重。

（三）深化检察文化建设能有效提升社会沟通能力

帕金森定律指出，因沟通不畅而造成的隔阂，将很快充满谣言和误解。司法本身是一种动态的文化现象，与社会环境紧密相关。检察机关的社会沟通能力主要是指在司法实践中通过规范执行司法政策、法律法规，实现与社会层面良性互动，真正融入国家社会治理体系的能力。检察环节的社会沟通能力，涉及诉讼参与人和社会公众等层面，贯穿在侦、诉、审全流程，在矛盾纠纷化解、司法救助、法治宣传、舆情风险稳控"三同步"等活动中亦有体现。检察干警言谈、能力、仪表是社会公众对检察机关留下的第一印象，这与其日积月累的文化涵养有着密切关联，融会了对世俗人情的遵守、对法律精神的理解和对职业的尊重。近年来，检察机关涌现出一大批为民情怀深厚、严格规范司法、清正廉洁自律的优秀检察人物，成为检察机关与社会公众之间的桥梁，有效增强了社会对检察工作的认同。

（四）加强检察文化建设将促进检察职业道德养成

道德具有文化情境。中国历来高度重视公民道德建设，诸多优秀的传统文化至今仍在引导社会道德风尚，如自强不息、忠诚担当、尊老爱幼、勤俭节俭等道德品质，既是传统文化的重要内涵，也是人民普遍认同的优良品德。自检察制度产生以来，检察职业道德也在不断丰富和发展，吸取了传统法律文化的精华，由于司法职业天然应当具有的坚定性和纯粹性更自带红色基因，以忠诚、干净、担当为政治底色。2016年12月，最高人民检察院修订印发了《中华人民共和国检察官职业道德基本准则》，构建了检察职业道德的基本要求，促进了检察职业道德与社会主义核心价值观相互融合。检察职业道德与检察文化建设有着密切联系，体现检察干警在司法实践中的价值取向。检察机关应当充分认识和发挥检察文化具有的铸魂、凝心、感召和教育价值，以文化为媒介和纽带，将检察职业道德内化为检察干警的自身修养，外化为能动履职的自觉行动。

二、高质量检察文化的内涵

近年来，疫情多点散发和数字经济给社会带来深刻变化，人民群众对公正、高效、权威司法的需求日益多元化，矛盾纠纷数量持续增长，纷繁复杂的法律现象对检察官的文化素养提出了更高要求。最高人民检察院印发的《"十三五"时期检察文化建设规划纲要》（以下简称《规划纲要》）明确了检察文化具有精神凝聚、辐射带动、创新引领、展示交流和服务保障功能，检察文化建设总体目标的具体表现是社会主义核心价值体系建设深入推进，服务大局成效明显，检察职业形象进一步提升。

实践证明，要建设高质量检察文化，不仅要着眼提升队伍专业素养、培养职业道德操守，还要博采人文历史、风土人情、自然景观和时代流行，帮助干警在履行职责和日常生活中不断借鉴吸收先进的文化知识和经验，并通过独立思考、剖析、提炼，形成自己独特的内在涵养、人文理念和能力。因此，检察文化建设必须涵盖党性修养、理论修养、人文修养、道德修养和气质修养等方方面面。

（一）以思想政治建设为引领，锤炼忠诚的政治品格

"人之忠也，犹鱼之有渊。"忠诚是检察职业道德的第一准则，是检察官必须坚守的政治品格。忠诚是检察官应有的政治底色，是一种崇高的思想境界和道德准则，是检察文化的基本特征。在我国现阶段，检察官的忠诚品格是指忠于党、忠于国家、忠于人民、忠于宪法和法律。必须坚定实现中华民族伟大复兴的理想，坚定中国特色社会主义事业的信念，忠诚才能有牢靠的基础，才能做到"千磨万击还坚劲"，帮助干警切实担负起党和人民赋予的重大使命、宪法法律赋予的神圣职责，在思想上政治上行动上坚如磐石、不可动摇。

（二）以专业理论修养为支撑，涵养深厚的专业功底

检察工作具有较强的专业性，有着自身的职业特点和规律。在一般观念里，法律工作者包括检察干警应当是"通才"，应当具备办理各领域各类型案件的能力。检察专业化，是指各类检察人员具备与其岗位相适应的理论知识、思维方式、检察工作技能等素质，不仅仅局限于背诵法条、运用证据、适用法律。一个成熟优秀的检察官，必须要深刻地理解司法目的，拥有扎实的法律理论、丰富的社会阅历和娴熟的司法实践，才能更好地为国家服务、为人民造福。要全面提升社会治理能力现代化水平，检察官的任职资格要求只会日趋严格，检察官在入职后，各国都设置了职务序列对应的专业素养要求，说明检察官提升专业知识修养是终身性的。

（三）以丰厚的人文积淀为储备，实现情理法有机统一

以史为鉴，察往知来。习近平总书记为《复兴文库》作序强调，以文化人是中华民族延续几千年的一个传统。除深厚的法学功底外，一名成熟优

秀的检察官还要广泛涉猎政治、文学、历史、社会等领域的知识，从中体察时代变迁，增加知识储备，以专业思维解决实务中千变万化的情况。要从中国源远流长的法律文化中汲取养分，既要与时俱进，具备现代法律思维，也要立足传统，从更加宽广的角度审视法律问题的解决途径，实现情理法的有机统一。有了社会阅历、人生经验作为铺垫，检察干警在化解各种矛盾纠纷、办理疑难复杂案件时，必然会从我国的情理法传统和文化积蕴出发，促进案结事了、以"三个效果"为目标，彰显对人文的关怀，而这一本质也不与当代法治相冲突，甚至还是追求形式合理性的方法之一。

（四）以高尚的职业道德为依托，树立清正的队伍形象

"淡泊明志，宁静致远"，任何职业对其理想的从事者均要求其德才兼备，这是对检察官道德修养的生动注释。除具备普通人所应有的品质和公德外，高质量检察文化建设还应与检察职业道德的基本要求相融合，帮助干警树立正确的价值取向，在面对纷繁的法律关系、面对社会舆论的质疑、面对物质利益的诱惑时，修身正己、远离喧嚣、抵御诱惑，理性中立地作出推演判断，体现高尚的职业操守。

（五）以亲和的仪态形象为载体，培育优良的气质风范

我国台湾学者史尚宽先生认为，对司法者而言，法学修养虽为切要，而气质的修养尤为重要。检察官代表了国家司法机关的形象，其言谈举止是否符合角色定位，关系着检察形象能否得到尊重，关系着司法权威能否被公众认同。仅从检察制服的变迁，我们隐隐可以看到改革开放以来中国司法制度的发展和司法理念的变化，是记录了我国法治建设进程的特殊角度。内在修养是外在形象的根基，外在形象是内在素质的外化，检察文化建设应当包括检察干警仪表仪态的部分，避免华而不实的虚浮，也不提倡不修边幅的粗糙，坚持以良好的外在形象，自然流露深厚的内在修养和人格魅力，增强内心遵循，维护检察机关的权威形象。

三、贯彻法治精神，增厚文化底蕴，彰显检察担当

高质量检察文化的形成、发展、凝练、完善是一个长期且复杂的过程，是队伍自律与社会他律相结合的循环过程。既需要检察官的行为自觉，更有赖于制度建设的健全完善，最终实现公正文明司法的根本目标。在推进司法体制改革、建设社会主义法治国家的背景下，加强检察文化建设可从多个方

面进行探索完善。

（一）依托检察文化建设，熔铸理想信念

检察文化建设应坚持党对全面依法治国的领导，牢固确立习近平法治思想在全面依法治国中的指导地位，确保社会主义法治文化建设的正确方向。要始终把强化理论武装作为高质量检察文化建设的首要任务，坚持"政治建检"的工作方针，认真落实"党建带队建"的要求，深入学习贯彻中国特色社会主义理论体系，学习实践社会主义核心价值体系，切实用马克思主义中国化的最新成果武装头脑。要深入学习贯彻落实习近平总书记对检察工作的重要指示精神，广泛开展深化习近平法治思想教育、党史学习教育等主题实践活动，加强党情国情教育和理想信念教育，促进检察队伍的思想素质和理论水平有明显提高。

（二）依托检察文化建设，秉承为民情怀

"博学于文，约之以礼。"从历史唯物史观的高度审视，党将人民创造历史的唯物史观贯穿于中国革命的始终，这种真挚的人民情怀是由中国共产党的性质宗旨所决定的。检察干警要将文化素养融入人性化办案之中，改变司法方式，在行动上践行检察文化。要用群众信服的方式、用尊重人性的态度执法办案，不能单纯地把每一次执法办案活动当作纯粹、机械的技术性操作，而应将每一起案件的办理都作为一堂生动的法治课，处理案件进行换位思考，耐心细致地做好释法说理工作，向公众阐释法律精神，传播法律文化。要进一步改进执法方式，对犯罪嫌疑人坚持无罪推定，体现人情味，展现法治美，努力实现法律效果与社会效果的有机统一。要以案件信息公开为核心，着力构建开放、动态、透明、便民的阳光机制，探索重大案件和重大决策公开审查机制，让群众从检察机关办理的每一起案件、处理的每一起纠纷、接待的每一起申诉、化解的每一个矛盾中，实实在在地感受到检察队伍高度的文化素养，感受到检察机关的公正文明司法。

（三）依托检察文化建设，维护司法公正

司法的灵魂在于公正，公正的前提在于规范。理念是行动的先导，提升检察官文化素养，必须在思想上匹配新时代检察文化要求，自觉提高运用法治思维和法治方式办理案件、处理问题的能力和水平。在规范司法中体现文化素养，必须树立责权利统一的意识，明确不同岗位、不同人员的职责权限，划清权力边界，不给权力"任性"留下空间。要严格依照法定权限和程序行使权力，依法履行检察职能，严密司法程序，规范司法环节，减少和杜绝司法办案的随意性。要坚决摒弃将习惯、经验、变通做法等同于规范的错误认识，切实纠正司法行为的偏差。

（四）依托检察文化建设，打造人才高地

法律职业的社会地位是一个民族文明的标志。在现代法治精神指引下，检察队伍作为高素质群体，是"社会的精英"和"正义之路的开拓者"，在法律素养、实践能力、人文精神和人格品质等方面具有高度的卓越性。要让检察官培育深厚的法律素养，以法律涵养为基础，落实"三严三实"要求，坚持自重、自省、自警、自励，提升道德修养，培养良好生活习惯崇尚正义，以德载法，通过司法行为去实践并传承社会文明伦理，履行作为精英群体的使命。要全面落实法律赋予的职业权利和职业地位，抓牢"关键少数"，不断落实领导干部干预司法活动、插手具体案件处理的责任追究制度，确保检察官依法独立公正行使职权，维护司法公正。要培育领军型复合型人才，强化检察职业尊荣，完善检察官职业保障体系和运行机制，完善单独职务序列，使检察干警的精神状态、服务意识、敬职奉献精神不断提升，从而形成更具文化亲和力与人文精神的办案模式。

（五）依托检察文化建设，锻造过硬作风

只有全面加强职业熏陶，才能最有效地使人获得文化素养。一支过硬的检察队伍，是全面推进依法治国的重要保障，也是检察机关履行宪法和法律赋予的监督职责的重要保障。检察机关要全面贯彻落实新时代党的建设总要求，将检察文化建设贯穿在打造信念过硬、政治过硬、责任过硬、能力过硬、作风过硬的目标之中，久久为功，让公正文明司法成为检察干警自觉的行为选择和行为习惯。要始终把风清气正的政治生态作为检察工作的红线和底线，开展亲情助廉、举行廉政座谈、征集廉政格言等活动，引导干警严格遵守各项廉洁纪律和法规。要规范干警八小时以外行为，始终把《新时代政法干警"十个严禁"》要求挺在前面，引领带动检察队伍践行新思想、展现新气象、实现新作为，自觉做新时代法治中国建设的忠实践行者。

（六）依托检察文化建设，构筑精神家园

文化是一种软实力，涉及方方面面，其最主要的核心是文化吸引的力量。在注重提升检察文化品位的同时，也应注重文化"软环境"的打造。以法律文化、公正执法、品德修养、廉洁自律、学习进取为目标，将具有现代气息的检察文化,融入深厚的地域文化积淀。要盘活红色资源,依托支部文化品牌建设,精心布局支部活动室等"微阵地",随处可见红色经典、理论读物,让干警耳濡目染皆是书香致远。要创新楼宇文化,充分利用楼道空间塑造特色文化墙,按照"一楼层一主题"的建设思路,诠释文化建设主题,于无形中凝心志、聚人气、树形象。要浸润书香氛围,利用院训、法学社等精神资源,融入院内自然景观,让干警在体味四季风景变换时不断升华对检察事业的热爱。

站在人性基点上讲好案例故事

——《女检察官手记》二十年创作谈

纪 萍[*]

2003年6月23日,我的办案手记《罪犯的妻子》在《常州日报》发表,三天后报社总编辑约见我,要给我开"女检察官手记"专栏,一咬牙答应了。二十年过去了,案例故事已发表约500期,《女检察官手记》已出版四部,编写的50集普法栏目剧在地方台及网络平台播出,接踵而来的荣誉奖牌已摆满橱窗,但我的案头依然是厚厚的案卷,电脑桌面依然是数篇没成稿的案例素材……

一、对个体的关注,永远是法律人应具备的内心素养

1985年8月我经全国检察机关公开招录考试,以笔试面试及专业测试名列前茅的成绩被录取,踏进江苏省常州市武进县人民检察院,成为一名新时代的女检察官。半年后,在新录用人员中第一个在党旗下庄严宣誓,加入了中国共产党。从此,坚定地迈出每一步,历任起诉科副科长,控申科科长兼举报中心主任,被评为省级优秀公诉人,负责的科室被最高人民检察院荣记集体一等功。

在办案条件极其艰苦的年代,顶寒风冒酷暑,步行下乡核实证据,带上几块烧饼赶火车宿夜船,去外省艰难补证;审讯室与犯罪嫌疑人斗智斗勇,强壮胆子对死刑执行现场的罪犯验明正身,紧急处置因告急上访引发的爆炸(未遂)事件;承办某基层法院院长受贿案,促使被告人在证据面前认罪服法;以第一公诉人的身份主办省纪委省检察院督办的亿元虚开增值税发票案;带领"公诉七姐妹"在全省百庭考核中奋勇率先……办案一线23年,

---

[*] 作者单位:江苏省常州市人民检察院。

我从一名"像个幼儿园老师的小资女生",成长为嫉恶如仇、善办铁案的公诉人,检察事业的崇高感、使命感始终坚定不移。

最初是出于朴素的认知,做一些案外延伸工作,在看守所大门外等候刑满释放的孤儿,为他联系打工单位,落实帮教师傅;为吸毒去盗窃、身患重疾的少女找回父母亲情,落实住院手术,直到她彻底戒毒,过上普通人的正常生活……渐渐养成一个习惯,每次询问被害人或提审犯罪嫌疑人之后,不急于收工,留点时间与他们聊聊,在宽松的氛围下,他们才能敞开心扉,人性的多面性才能真实显露,而这些都是案卷中没有的。以平视的目光、共情的心态、真诚的话语去触碰一颗颗敏感脆弱、卑微丑陋的灵魂,去审视家庭背景、成长经历,乃至秉性为人,与他们一起分析犯罪及悲剧原因,错在哪几步,以后该怎么做,他们以信任的目光及主动悔罪回报我,收到了意想不到的感化教化效果。对个体的关注应是法律人应具备的内心素养,是基于对法治的内心确信及人性化执法的精准拿捏,法律的终极目的不是惩罚,而是拯救灵魂,在认罪服法的前提下才能引导向善。

见多了人世间的自私贪婪,普通人普通家庭的悲欢离合、艰难支撑,我开始思考扩大办案效果,运用案例故事给大众警示启示,让更多的人懂法守法,守护人生。

我是一名初中生,15岁当工人,自学高中文化考取中央电大首届汉语言文学专业,进入检察院后历经"八年抗战"获得法律大专及本科文凭。都说学中文的人有情怀,学法律的人讲理性,加上办案积累,具备了写作案例故事的基本能力。"女检察官手记"专栏开设第三年,《女囚身后的男人》获第四届全国检察机关精神文明建设"金鼎奖"文学类二等奖,《故事会》《意林》《上海文学》《青春》等文学刊物纷纷转载,入选《中国2006年度小小说选刊》,坚定了我写作案例故事的信心。

办案是审视别人的人生,写作是洞察人心的通道,办案与写作都是完善提升自我的过程,我从一名埋头办案的"法律的工匠",历练为站在人性基点上剖析案件的专栏作家,努力践行着一名共产党员的坚守和忠诚、一名检察官对法律的信仰和社会担当。

二、努力提升普法宣传的能力,好的案例故事等于故事加意义

《检察日报》《方圆》各版面的案例文章、《南方周末》法治版,都是我的启蒙老师,逐渐认识到:一个案例到手,必须先问十个为什么,为什么

走到这一步，一定与他的家庭、成长经历、所处环境，甚至时代背景有关，把这些都弄明白了，才能把案例写透。

犯罪都是源于内心的变化。为深入探寻犯罪原因，我自学本科心理学专业全部课程，系统阅读《犯罪心理学》及家庭教育、婚姻情感专著，努力寻找一种有别于一般案例报道、具有现实意义的案例写作，将新闻要素、文学技巧和大众视角有机结合，逐渐形成自己的风格，后来文学界把这种写作叫作"非虚构写作"。

2007年初，我的第一部专栏合集《女检察官手记》由上海文艺出版社付梓出版并通过新华书店向全国发行，第一版售罄后连续三次再版印刷又全部售罄。这本不显眼的普法小书由最高人民检察院原检察长贾春旺题写书名，中国作家协会副主席、上海市检察机关人民监督员叶辛老师亲笔作序，他还欣然为"纪萍工作室"题名。那年，我应邀在上海图书馆"东方论坛"举办《我看女性犯罪——从〈女检察官手记〉谈起》的演讲，叶辛老师开了场，他娓娓道来，像一位邻家大哥拉家常一般介绍我的案例手记，生动风趣的语言立刻让我领会到了他的点——讲故事是写作案例的好方式！叶辛老师说：你可以用小说手法写作案例故事。于是我的手记里就有了完整的故事结构，引人入胜的情节，戏剧性的矛盾冲突，层层展现的心理活动，较立体的人物形象。当年，叶辛老师的长篇小说《孽债》《蹉跎岁月》成为人们对一代知青最具象的记忆。叶辛老师的知青文学作品不仅仅有汗水和艰辛，有苦涩和眼泪，更有希望和憧憬，把这些借鉴到我的案例写作中，不仅仅写悲剧和罪恶，还写人性的亮点，写重生和希望，让法律的温暖感染读者。

2010年5月，易中天教授应常州市委宣传部邀请，在常州红星大剧院作《先秦诸子百家的核心思想》演讲。他以通俗幽默的语言解读传统核心价值观，笑声掌声不断，场面火爆热烈。那两天与易中天教授近距离交流，互赠书籍，他的风趣幽默感染了我，认真阅读了他的《先秦诸子，百家争鸣》《闲话中国人》等论著，在他笔下再严肃沉重的话题都以轻松诙谐的面目呈现给读者，读他的书，会笑出声来。之后，我尝试转变写作语言风格，常州市作家协会原主席、我的忠实读者邹国平先生打来电话：你的手记风格在变，有诙谐幽默的语言，还夹带网络语言和方言，运用得恰到好处，读来更有味道啦。

故事讲得再生动有趣，没有明确的意义，不是好的案例故事，好的案例故事等于故事加意义，通过意义来加深大众对主流价值的认同，对个体、对社会乃至时代的理解,进而上升为对法律的信仰及遵守,这是普法宣传的最终目的。意义就是叙事立场,说到底是一份责任,揭露罪恶,发现闪光,引导向善,关注人和人性,努力探索人的心灵,描述极端情境下人的超常体验和艰难选择,触及社会敏感问题。没有人是天生的罪犯,没有人不想做个守法的好人,而沦为罪犯,是有诸多个人及家庭和社会原因的;不抹杀犯罪嫌疑人的某些善意,客观地评判被害人的过错,比偏颇的批判更能震动读者心灵,更显真实丰满;虽然都是不幸或罪恶或悲剧,但是读下来,不觉得血腥,不觉得黑暗,不觉得窒息,甚至觉得有光、有暖、有救,有向善而行的启示。

38年积累的案例素材,除了发表的之外,没发表的有近百篇,静静地躺在我的文件夹里,永远!因为一些涉及个人隐私、血腥暴力等内容并不适宜发表。国内某发行量最大的知名杂志社小编们曾连续几年不断联系我约稿,要求按照杂志体例写,即探秘当事人隐私,甚至夸大负面内容,每篇6000字版面,稿费一字一元,这一笔稿费相当于我在《常州日报》专栏三年的稿费,被我婉拒了,我说:我不是一名挣稿费的写手,我是对当事人对社会担当责任的专栏作家,更是一名彰显正义良善的检察官,必须坚持职业操守!

写作案例20年,坚持每日收看央视新闻频道、社会与法频道,及时了解法治事件、社会热点、百姓冷暖,据此收集典型案例,从着重案情描述转变为追踪个人成长经历,探寻社会关注点;从严肃的法律道德评判转变为以叙事为主且具鲜明立场的案例故事;从新闻语言转变为更加亲民的个性化风格,努力延伸办案的社会效果,警示大众,倡导和谐,努力践行着检察官的社会担当。

三、在对生活常态的追寻中,探索法律和人性之间的平衡

习近平总书记在2015年春节团拜会上强调:不论时代发生多大变化,不论生活格局发生多大变化,我们都要重视家庭建设,注重家庭、注重家教、注重家风。

没有鲜活的生活,就不能组成一个完整生动的故事。很多违法犯罪,特别是青少年违法犯罪,多与原生家庭生活有关。我的《女检察官手记》大多选择百姓身边的家长里短,《老子栽树儿乘凉》《十五岁少年的罪与罚》《没等到慢慢变老》《勉强成婚后》《邻里小事酿大祸》《老小孩之间的战

争》……最极端最复杂的人性就在形形色色的刑事、民事案件中,不仅讲案件,还讲事件的起因,人生的隐患,案件背后的人心人情人性,告诉读者"病灶"在哪里,分析致命的那几步错,用法理和情理倡导和谐。

我最初的一篇案例手记源于一起职务犯罪案件。职务犯罪侦查部门在犯罪嫌疑人家中对其采取强制措施,恰巧遇上刚放学回家的犯罪嫌疑人的女儿,她看见一向敬重的爸爸被戴上手铐押上警车,深受刺激,生理期紊乱,名列前茅的成绩一落千丈,最终没能参加高考。我也是一位母亲,发自内心地心疼这个女孩。这个情节我运用到了案例故事中,我写道:执法者应该满怀悲悯情怀,法律既有力度也应该有温度,切忌以法律的名义伤害无辜。职务犯罪侦查部门采纳我的建议,人性化办案,再也没发生类似的情况。

那个年代报纸是人们获得信息的主渠道之一,每周五读者们等着《常州日报》,第一时间读我的手记。他们给我写信,把专栏文章剪下来保存,迷茫时捏着刊登专栏的报纸找我求助,说:就信你,你说怎么做我就怎么做。常州东坡诗歌研究会理事邓丽云女士病重时给我打来电话:你要坚持,社会需要这样的故事!那时居民小区都有报刊亭,菜场卖鱼的、蒸包子的、修锁的都是我的读者,他们说,写的都是我们身边的事,能打动人心。一次上班路上,一辆出租车迎面开来,"嘎"停在我身边,司机微笑着探出头来:检察官,你辛苦啦,报纸专栏有你的头像,一眼就认出你了!在这个很少有人写信的年代,收到来自大学校园的信件:我是一名在校大学生,在网上买了你的三部《女检察官手记》,仔细看了,才知道,原来检察官是有温情的,法律是有温度的!我想,能打动读者的应该是故事里的人性。

近年来,我在《检察日报》明镜周刊版发表20多篇案件深度报道,与CCTV社会与法频道《夜线》栏目合作近十年,提供案例故事,应邀出镜剖析犯罪原因。我在《常州日报》专栏坚持写作18年,发表案例故事400余期共90余万字,成为该报刊自创刊七十多年来持续时间最长的个人专栏。国家级刊物《民主与法治》专栏坚持至今9年,发表案例故事220余期共85万字,专栏分别获江苏省优秀新闻专栏、江苏省优秀法治专栏一等奖,拥有了数以万计的读者。

2021年5月18日,在我的第四部专栏合集《纪萍手记——女检察官手记Ⅳ》首发式上,团结出版社副总编辑张阳说:从社会层面说,这本书是一本家庭伦理教科书,是写给这个社会的绝大多数的普通人的一本书。我是《纪萍手记——女检察官手记Ⅳ》的责任编辑,逐字逐句阅读了30多万字的书稿，内容全部取材于真实案例，写的都是小人物，是普通人的人生，爱情婚姻，子女教育，家庭伦理，心理疾病，老年人情感，职场困惑，林林总总，都是你我身边的故事，而千千万万普通人组成了我们这个社会，这本书是能给千千万万读者带来教育和警示的好书。

20世纪90年代中期，我光荣地成为全国检察机关第一批法治副校长，从事青少年法治教育25年，摸索出适合青少年认知及成长的法治教育模式，即以案释法，以案讲德，用案例故事串联法律知识，形象生动地启发青少年在日常生活中树立法治观念及社会主义核心价值观、道德观，自觉摒弃低级趣味、不良风气，养成自觉守法、遇事找法、解决问题靠法的思维习惯和行为方式，懂得避免伤害，学会自我保护。

疫情防控期间，我第一时间在"常州市民大讲堂"开讲《家长孩子一起听——怎样远离性侵害》，这个课程讲了15年，不断增补法律法规，更换案例，切合现实生活及人性的特点，传授防范知识。针对残疾未成年人认知较迟钝，极易遭遇不法侵害的特点，我就选择与他们日常生活有关的案例编制课程，配备手语老师，结合PPT图片展示，贴近残疾孩子实际情况，实用管用。8年前，我开设了《大学时期要远离的那些事》课程，深入了解大学生的人际关系、情感心理等问题，生活中的案例、法律知识与人性化的剖析相融合，唯此，他们才能始终跟随你的目光，倾听你的声音，才能现场互动，踊跃提问，达到台上台下心灵相通的效果，切实提高法治教育的实效。《家长孩子一起听——怎样远离性侵害》《大学时期要远离的那些事》获得2021年度江苏省政法系统关工委法治宣传教育创新成果一、二等奖。

2008年、2010年，常州市检察院与制片方合作，拍摄50集普法电视栏目剧《女检察官手记》，一案一集，每集40分钟，都与大众生活息息相关。为避免场景雷同，每集变换家庭拍摄场地。一听说拍摄《女检察官手记》，市民都热情地敞开家门，共有60多户居民免费提供家庭拍摄现场。摄制组车队每到一处都受到热情帮助，有的送来一箱箱矿泉水，餐饮店包送摄制组盒饭，快捷酒店给摄制组住宿免单，摄制组招聘群众演员的广告一公布，工作人员手机都被打爆了……"人民战争"中完成了极低成本的拍摄。该剧在常州、上海、武汉等地方电视台及网络平台播出，收获了13%的较高的收视率。

2022年1月1日《中华人民共和国家庭教育促进法》正式施行，家庭教育由传统家事上升为新时代的重要国事。我第一时间选择30多起有关家庭教育及青少年成长的真实案例，在喜马拉雅音频专辑"纪萍说案"播讲，国家级刊物《民主与法治》原总编辑刘桂明留言：为你的表达与分析而点赞，为你的责任与担当而叫好！

家是最小国，国是千万家。法律的精神除了正义，还有对生活常态、对人性的追寻，努力将天理、国法、人情融为一体，随风潜入夜，润物细无声，入心入耳入脑，追求让人民群众在每一个案例故事中感受到公平正义，从中学法懂法，进而让守法成为大众日常状态下的自觉行为，最终达到惩恶扬善、创建法治理念的目的，这正是新时代法律人应有的责任和担当。

四、保持学习力，跟上检察文化面向大众的需求，担当职业"把关人"

检察文化，有对内对外之分，从对外传播检察文化这层意义上讲，从事检察文化的检察人就是传媒人，仅仅具有法律知识及业务能力远远不够，还应具备传媒人的专业素养，保持学习力，勇于尝试探索，才能跟上时代和大众的需要。

最早我在广播电台、电视台与主持人合作法治专访，对着镜子锻炼在镜头前不怯场不说错话。20年前向年轻人学做PPT，醒目的图片及文字能直观形象地展示讲课内容，加深听众对法律点的记忆理解。尝试把案例故事改编成青少年喜闻乐见的动漫片，编写50集普法电视栏目剧共计60余万字剧本，克服重重困难，本色出演剧中女检察官角色，没拿一分钱报酬；出版四部法治文学书籍《女检察官手记》，没拿一分钱版权费，全部用于法治教育宣传工作。观众、听众、读者发信息给我：让每个家庭看到这些案例故事，能救助很多青少年及很多家庭，你为社会做了一件非常有意义的事。

仅仅是传媒形式上的转换还不够，更重要的是跟随时代及法治进程，提升执法理念、创作技巧及鉴赏水准。讲好一个案例故事，并不那么容易，背景素材，犯罪手段，人物结构，法律点，履职成效，社会关注度……哪些简化，哪些突出，哪些不能展现，一个看似普通的案件讲得有声有色，引人入胜，需要我们既像裁缝那样精确裁剪拼接，又要像厨子那样化腐朽为神奇，把普通食材做成美味的料理。为参加最高检第二届案例故事评选活动，基层院发来一则案例故事《失而复得的积分》，1500多字把素材都说清楚了，但是并不打动人。我从三个方面下手修改：第一，调动共情点，把个体困境与一个群体的生存联系起来，强调大众关注度；第二，突出检察官为民执法的热忱,凸显能动履职的广泛社会效果;第三,增加当事人心理活动及情感波动过程,加入对话、表情、场景及圆满结局的描写,情感丰满,形象生动。在全市演讲比赛中,这个案例故事获得一等奖,得到人大代表、政协委员的高度评价。

检察文化面向社会,除了普法功能外,还具备引领主流价值观、审美观的导向作用,因此我们还肩负职业把关人的重任,需要努力提升识别鉴赏、审美评判及新媒体创作能力。微信公众号、短视频等各类新媒体作品大多不涉及版权问题,一旦播发就会全网海量转发,收不回来。人教版教科书图片事件,一小时内上了热搜头条,前车之鉴,细思极恐。产品需要检验合格才能出厂,检察文化作品需要严格审核意识形态、法律法规,乃至情节细节、语言动作等,揭露批判违法犯罪得有个度,不能任意恶搞丑化,避免阴暗丑恶、暴力血腥,接地气不等于低俗,烟火味不等于猎奇,短平快的节奏很容易出现同质化、低质化的作品,而独特优质才是检察文化品牌的王道,匠人之心才是检察文化能走得更远的利器。

五、一滴水融入大海才不会干涸,坚守信仰,传承接力棒

我退休至今十年了,没有放慢脚步。坚守信仰是共产党人的政治灵魂及精神支柱,我的坚持,来源于我对党的忠诚和对法律的信仰,也来自于父母亲对我的言传身教。我在刚出版的第四部《女检察官手记》扉页写道:无比崇敬父母这代知识分子的无私无畏,忠诚执着,勇于奉献,我的精神原乡来自于父母亲!

我的《女检察官手记》系列作品获"五个一工程"奖等多项省市级、国家级奖项,我被授予江苏省首届十大法治人物,江苏省关心下一代工作先进个人,退休前一年被最高人民检察院荣记个人一等功。

一次母亲塞给我一张纸片,是醒目的四个大字:名缰利锁。意思是:名利束缚人,就像缰绳和锁链一样。母亲希望我不要把荣誉太当回事,名和利都是身外之物,应该把精力都投入到工作中。

我的父母亲在大学期间在接受地下党团组织的引导下,抛弃优渥的物质生活和安宁的大学学习环境,相继加入中国人民解放军,投身解放全中国的人民战争之中,行军打仗,历经艰辛。解放后父母转业到中央机关从事文化工作,为新中国基本建设和文化事业作出贡献。父母一生坚守信仰,默默奉献,不图名利。父亲因出身原因年轻时没能入党,直到耄耋之年提交了入党

申请书。父亲为终身坚守信仰、无私奉献，清白一生而感到自豪。经党组织特批，86岁的父亲如愿以偿地成为一名中国共产党党员，老人家捧着特批入党的红头文件，老泪纵横。就在那一年，55岁的我退休了，我对父亲说，我会像您一样，初心不改。

写作案例故事成为我的主要生活内容。2009年9月，因药物性肝损住院治疗31天，没让手记专栏断档，没有电脑就手写稿子，没有纸张就抽出软塌塌的卫生纸写，没有书桌就趴在病床边沿写作。去内蒙古疗养没顾上畅游大草原就一头扎进女子监狱采访；新年将至，给笔下的服刑人员寄去贺年卡，鼓励他们积极改造，早日回归社会；他们出狱后在我的博客秘密留言：我一定做个好人再来见你！总在夜幕笼罩时才关上电脑，走出检察院大门，晚风拂面，万家灯火，我想，如果有一名读者因为读了我的案例故事，在他走向罪恶、走向悲剧的那一瞬间收回了脚步，让这个城市少一些罪恶，多一些安宁美好，再辛苦，也值了。

退休那年，江苏省常州市人民检察院创立了全国检察机关第一个以个人名字命名的法治文化创作基地"纪萍工作室"。我为工作室负责人，两级院宣传部门干警为工作室主要成员。一滴水只有融入大海才不会干涸，在团队的协作努力下，"女检察官手记"系列作品有了质的飞跃，集体创作出覆盖各类媒体的法治文化作品：数十名干警参与拍摄50集普法电视栏目剧，获常州市"五个一工程"奖；法治教育动漫片、微电影获江苏省维权微视频一、二等奖，在全市公共场所大屏幕常年滚动传播；编撰《老检察人口述史》，传承革命传统；与央视合作深度案例报道专题片获常州市法治新闻优秀作品一等奖；"常州检察在线"微信公众号定期推出"女检察官手记"专栏，新浪网、正义网、中国网、江苏检察在线、银河悦读中文网、常州网持续十多年连载，发表500多篇案例故事，拥有百万读者，影响力辐射全国。2020年春全国抗击新冠疫情期间，集体创作的37篇《检察干警防控一线日记》在"学习强国"、《人民日报》视频客户端、《检察日报》、《民主与法治》等20多家媒体报道转载，回味那些温暖的瞬间，展示检察干警的热血担当。一年前，与小伙伴合作的音频专辑《纪萍说案》在喜马拉雅官方平台首页推送，至今播出50集，江苏少年网、常州市人民政府网、常州政法系统长安网及"常州检察在线"等多个单位微信公众号连载转载，获2021年常州市政法系统法治宣传教育三等奖。2019年最高检授予常州市检察院"全国检察文化建设示范院"。

"纪萍工作室"逐渐成为检察干警探讨案例写作的"沙龙",两级院检察官夹着案卷"到此一游",不断输送案例素材,我毫无保留地将23年办案经验及20年写作案例故事的技巧传授给他们,启发他们努力延伸检察职能,扩大社会效果,人性化办案,在哪几个点提出检察建议,怎样救助"失依儿童",怎样化解当事人双方结怨;共同探讨法治文化创作,一起修改案例故事、微电影微视频剧本;向新录用人员传承职业理想和纪律,年轻干警遭遇职场人际困惑、家庭情感纠葛时,也来到工作室,经过促膝谈心,为其化解情绪。大家亲切地称呼我:纪萍大姐!这种被尊重成为动力,激发了我向年轻检察官学习,从他们身上汲取当代检察官的思辨睿智、敢想敢为的动力。

五四青年节期间,我与全市年轻检察官代表座谈对话,我说:法律不仅仅是我们赖以生存的职业,更重要的应该是提升自我的历练平台;办案不仅仅是办的别人的人生,也是淬炼完善自我人格的过程,抛弃功利,全身心投入,才能用心用情去做好做成。

有的初心,走着走着丢失了,而有的初心,走得再远,我们依然会坚定地去靠近它。孔子说:居之无倦,行之以忠。当有一天,我们会发现,抛开一切世俗的附加,我们所坚守的信念和初心是最为宝贵的,它存在于向善向美向真的追求之中。

未来,我终将告别挚爱的检察事业,告别小伙伴们,但愿到那时,蓦然回首,可以自豪地说:我无愧于胸前鲜红的中国共产党党徽,无愧于共和国检察官这一神圣的称谓,无愧于我无比怀念的父母亲!

做好散落文物建筑保护的检察路径

郝慧琴 庞瑞波[*]

山西省晋中市平遥县地处晋中盆地,坐落其中的平遥古城始建于西周时期,距今已经有2800多年历史。各朝代漫长的历史积淀以及尚商重土的人文因素共同塑造了其独具一格的历史文化建筑,相对稳定的社会环境和干旱少雨的气候特点则让这些建筑得以长期保存。作为文物大县、晋商故里,其境内从新石器文化遗址到汉代城址,从东汉古墓群到唐五代木结构建筑,从宋金古塔到元代道观,从明代城池到晋商故居等多有分布,无不昭示历史之悠久,遗存之丰富。据有关资料显示,该县现有不可移动文物1075处,列入各级文保单位143处,其中国家级文物保护单位20处,省级文物保护单位14处,市级文物保护单位3处,县级文物保护单位106处。2012年以后,随着文物普查力度的加大,文物保护单位数量进一步增加,尤其是大量地处偏远村落中的散落文物建筑更是被进一步挖掘,但是其保护力度远远没有达到应有要求。结合地区特点,针对散落文物建筑充分发挥检察职能,做好刑事检察"治已病",做实公益诉讼检察"治未病",以"我管"促"都管"综合推进一体化保护大格局建设,多措并举将散落文物建筑保护工作落到实处,是检察机关讲政治的具体要求,是讲担当的具体体现,更是时代赋予的检察历史重任。

一、充分认识散落文物建筑的独特价值以及保护的现实困境

文物是中国古代历史的物质体现,是中华传统文化的命脉延续,是一个地区人文文化特点的高度凝结,具有不可替代、不可复制、不可还原等诸多特点。作为文物的重要组成部分,文物建筑不仅直接反映出了不同朝代的经济发展水平,反映出了不同阶段艺术审美风格,更反映出了当地的民风民

---

[*] 作者单位:山西省平遥县人民检察院。

俗与宗教信仰等精神生活，对研究中国历史与文化具有不可忽视的价值。在平遥县域内，广为人知的以平遥古城为主要群体的文物建筑集群和在各村落中大量分布的古戏台、古民居、墓塔、石窟等散落文物建筑共同代表并传承着平遥本地以历史文化、宗教文化、晋商文化、家族文化为核心的传统历史文化，传承着传统中国文化理念，传承着中国建筑特有的古典美学价值。

　　随着文物保护理念的进一步树立和文物保护力度的进一步加大，平遥县现存集群式文物建筑比如平遥古城、双林寺、镇国寺等已经被修缮整理并被合理地积极开发利用，不仅实现了文物建筑的有效保护，也拉动了当地旅游经济的发展，实现了文物保护与经济发展的良性互动。但是不容忽视的是集群建筑之外，在平遥古城外区域内仍然存在着数量巨大的散落文物建筑，与集群文物建筑相比其独特价值尤为关注：一是建筑风格上的传承性，表现为时代跨越长度大，历朝历代文物建筑多有出现，比如普明寺元代风格明显，同时也兼有明清时代建筑特点，不同朝代建筑风格的融合对研究中国传统建筑史具有独特价值，其中存在的碑刻则对研究本地区历史发展，甚至为中国历史发展提供了一手资料；二是文化传承上的包容性，不仅有晋文公祠等中国古代历史人文特点明显的道教建筑，也有观音堂等佛教建筑，还有张氏祠堂等家族文化建筑，不同类型文化均有体现，不同文化也得以保存和包容；三是宗教文化上的独特性，比如地处冀郭村的慈相寺为仅传三代的佛教"慈恩宗"寺院，在全国都极为少见，对于研究宗教具有独特价值。

　　虽然价值独特，但是这些散落文物建筑却遭遇了保护困境，究其原因有以下三点：一是位置分布上高度分散，甚至在县辖区内常住人口极少的孟山地区仍然有文物建筑分布，导致保护力量覆盖明显不足，盗窃等人为破坏时有发生。二是个体价值相对较小，体量巨大、不可移动等特点导致保护修缮力度明显不够，等发觉时往往已经无可挽回。三是全球气候因素改变引起的自然破坏日益明显，据相关资料显示，山西近3万件建筑文物中，被列为国家级、省级文物保护单位的不到3%，受2021年暴雨影响较为严重的文物级别绝大多数为低级别和未定级文物。达到比较严重状况的有750处，其中84%为市、县级"低保"和未定级不可移动文物。平遥县域内受连续暴雨影响，平遥古城部分城墙垮塌的同时，也造成了大量散落文物建筑受损严重。多方因素叠加，一旦导致某处文物建筑消失，那么其承载的最原始、最真实、最底层的文化基因与信仰必将无迹可寻，造成无法弥补的损失。

二、履行刑事检察职能，加大文物犯罪打击力度，突出司法保护

随着山西县域城镇化进程的逐步加快，大量村落因位置偏僻、交通不便等因素，空心化、无人化现象明显，青壮年劳动力的减少直接导致了散落文物建筑保护力量的严重缺乏，进而出现明显的管理漏洞，大量的壁画、石鼓等极易成为文物犯罪的对象，对散落文物建筑的犯罪屡见不鲜。近年来山西通过连续开展打击文物犯罪专项行动加大文物保护力度，仅从2018年开展的打击文物犯罪专项行动就破获文物犯罪案件700余起，追缴文物17000余件，其中就存在着为数不少的古壁画等涉及散落文物建筑的珍贵文物。具体到平遥境内，西良鹤村龙天庙和东凤落普照寺壁画被盗案一度被社会广为关注，这就要求我们发挥刑事检察职能加强散落文物建筑保护。

（一）充分发挥刑事检察职能，坚决打击文物犯罪

检察机关要深刻认识文物盗窃、走私等犯罪行为对于本地区散落文物建筑的严重破坏性，在办案过程中要在夯实证据基础形成完整证据链、查明犯罪事实的基础上，严格区分"盗"与"贩"的行为不同，综合考量犯罪动机、犯罪手法等，准确定性，准确打击，形成对地区内涉文物犯罪的高压态势。要正确运用大数据模型，积极排查行政机关线索，挖掘出行政处罚背后隐藏的文物犯罪。要时刻关注文物犯罪网络化的新动向，督促市场部门加强对收藏品网络交易等的监管，及时发现可疑线索，有效实现行刑对接。

（二）把握宽严相济刑事政策，坚持全链条打击

深刻认识文物犯罪与其他刑事犯罪相比团伙特征更为突出、协作配合更为突出、产业链条更为漫长、上下游犯罪联系更为密切等特点，打破"就案办案"常规模式，主动履职深挖犯罪链条。要重视发挥认罪认罚从宽制度优势，在依法对初次犯罪、仅提供体力劳动的外围犯罪分子进行处理的同时，积极引导其主动交代线索，查清上下游犯罪，查清核心成员，深挖每一起文物犯罪案件背后的犯罪团伙。

（三）坚持能动履职，推动基层治理

针对每起文物犯罪案件应重视调查研究，及时发现案件背后反映出的古村落保护与城乡建设、民生发展等的普遍性矛盾，从源头治理的高度及时向相关部门、基层组织等提出具有合理性、可行性的社会治理类检察建议，推

动其发挥应有职能，补齐短板漏洞，真正实现法律效果、政治效果和社会效果的有机统一。

三、履行公益诉讼检察职能，推动协同作战，发挥公益保护作用

近年来，国家出台的多部法律对检察公益诉讼作出了授权性规定，最高检在《关于积极稳妥拓展公益诉讼案件范围的指导意见》中要求各地检察机关要在文物和文化遗产保护领域进一步深化探索，加大办案力度。2021年，最高检发布10起文物和文化遗产保护公益诉讼典型案例，在明确将文物和文化遗产领域作为检察公益诉讼领域重点，增强社会公众文物保护意识的同时，有效激活了政府对文物保护的主体责任，更为基层检察机关办理文物保护公益诉讼案件提供了借鉴和指引。检察机关要充分发挥公益诉讼职能，多角度主动开展散落文物建筑保护。

（一）强化办案"亲历性"，摸清散落文物建筑底数

公益诉讼是走出门才能做好的检察工作，掌握第一手资料是做好文物建筑保护公益诉讼工作的关键。公益诉讼检察部门干警要在文物保护部门提供的文物建筑分布情况为底本的基础上，全面展开地毯式排查，确保深入所有乡镇乡村走访，实地查看文物的实际保护情况，系统梳理出不同年代文物建筑分布脉络，掌握详实的一手文物资料，消除散落文物盲区，坚决防止"纸面文物建筑"的出现。针对已经出现完全坍塌、完全翻修等已经没有文物价值的散落建筑要及时建议销号，防止出现挤占、套用文物保护资金的情况，针对具有文物价值但是尚未纳入保护范围的要积极建议文物保护部门建立相应保护档案，纳入保护范围，做到掌握资料的真实全面。

（二）依法"对症下药"，督促有效履职

散落文物建筑保护级别不同，所处环境不同，亟须保护的原因也不同，这是调研走访时必须掌握的重点内容。以平遥三处散落建筑文物为例，地处洪善镇冀郭村的麓台塔为宋庆历年间（1041—1048）遗物，近年来已经出现倾斜迹象，调查走访时笔者了解到其作为国家重点文物保护单位严格受文物保护修缮相关条例限制，虽然已经制定修缮方案，但需上级批准以后才能启动修缮工程，因此，实际上修缮工程暂时无法启动。地处平遥县襄垣乡长则村的普明寺为明代遗构，殿内据记载原残存61平方米明代佛教壁画，现场调查时发现虽然其主体结构已经修缮完整，但受"修旧如旧"文物修缮

原则制约，其主殿门窗仍保持着原有木质结构，并没有加装玻璃等必要设施，在常年冷风侵蚀下其残存壁画面积进一步缩小，断裂、起甲、空鼓等多种病害明显，多处原来相对清晰的壁画已经模糊难辨。地处平遥县卜宜乡的白云寺周围分布着多座墓塔，均为国家级文物保护单位，但是经过走访发现，坐落在寺庙对面的怡山大和尚灵塔等虽然在2013年被评定为国家级文物保护单位，并有明确的保护单位，但因为位置偏僻实际长期处于脱管状态，风化破损明显，周围并没有完善的保护设施。综上，不难发现，虽然散落文物缺乏保护程度结果相同，但是在具体原因上不尽相同，因此，必须在实地勘察的基础上准确分析不同文物面临的困境，才能找准责任部门、责任人进而对症下药，"因案施策"，在督促履职的同时实现精准履职，不仅要防止出现检察建议千篇一律、针对性不强、操作性不高等一纸空文现象的出现，更要防止出现以回函代替建议落实的情况出现，适时展开检察建议回头看。

（三）以我管促都管，形成部门合力

文物建筑保护需要资金、技术、人力等多方面投入，这就决定着散落文物建筑保护不是检察机关的独角戏，更不可能凭借一家之力完成，这就要求我们加强协作意识，积极争取地方党委支持，推动形成保护合力。要深刻认识文物保护资金从国家到省市县投入递减的现状，推动财政部门落实资金投入及监管，确保资金用在刀刃上，发挥应有作用。要认识文物建筑修缮的技术要求，推动文保部门落实专业维修、及时维修、日常维修。要充分发挥村委等基层治理力量作用，做好日常保护工作。

四、发挥法治宣传作用，集聚民间力量，推动形成文物保护大格局

办精品案件，提升文物保护案件的社会影响力。检察机关要积极办好古村落散落建筑文物类公益诉讼案件，"小案大办、大案细办"，将此类案件办成精品案件；要积极探索与文物保护等部门召开新闻发布会，共同发布此类公益诉讼典型案例，提升此类案件的社会影响力。要加强法治宣传，加大以案释法力度，加强该类案件在农村地区尤其是偏远农村的宣传力度，通过对发生在本地区案件进行普法，真正实现"办理一案、治理一片"的效果，用发生在本地区的文物犯罪案例提高村民保护意识和法治意识，引导其主动参与地区文物村落保护，共同守护乡村记忆，积极营造全社会共同参与保护

古村落散落建筑文物的社会氛围。

发挥桥梁纽带作用，协同多元主体共同推进。检察机关要充分发挥好桥梁纽带作用，充分利用"一村一警"等常态化开展的专项活动，在日常履职深入乡村的过程中注意排查散落文物建筑隐患，引导村委会等积极履职。通过联席会议建立散落文物建筑保护信息共享机制，定期开展数据分析，会签相关文件，积极督促文物保护等部门建立古村落散落建筑文物"地图"，协同多元主体共同推进相关公益损害问题的系统性解决。积极推动落实山西省"文明守望工程"，鼓励引导社会力量通过文物认养的方式参与文物保护利用，充分发挥市场资源的应有力量。

改变理念，推动乡村振兴与文物保护共同发展。围绕地区发展，结合现在开展的乡村振兴工作探索散落文物实现保护性开发，积极整治文物周边环境，做到保护好的同时开发好、利用好，将古村落散落建筑文物与发展大环境需求高度融合，进一步融入社会发展和文化发展大局，让散落文物建筑焕发新的生机。

2022年1月，习近平总书记考察调研山西时强调，"历史文化遗产承载着中华民族的基因和血脉，不仅属于我们这一代人，也属于子孙万代。要敬畏历史、敬畏文化、敬畏生态，全面保护好历史文化遗产，统筹好旅游发展、特色经营、古城保护，筑牢文物安全底线，守护好前人留给我们的宝贵财富"。做好散落建筑文物保护工作是贯彻落实习近平总书记考察调研山西重要指示精神的重要举措，是落实党中央关于加强文物保护政策的现实需求，是检察机关讲政治的具体体现。平遥古城是中国古城，更是世界文化记忆。做好古城外散落建筑文物保护工作，是检察机关对时代的回应，更是对民族和子孙后代的回应。

新时代基层检察机关文化品牌塑造的现状、困局与破局路径

——基于上海实践的样本分析

陈洁婷 徐蕾蕾[*]

一、问题的提出

习近平总书记指出,一个没有精神力量的民族难以自立自强,一项没有文化支撑的事业难以持续长久。文化作为综合国力的重要组成部分,是一个国家和民族的精神和灵魂,是国家发展和民族振兴的强大力量,国家之间的竞争越来越表现为文化的竞争与融合、文明的碰撞与交汇。2021年4月5日,中共中央办公厅、国务院办公厅印发的《关于加强社会主义法治文化建设的意见》中明确指出:社会主义法治文化是中国特色社会主义文化的重要组成部分,是社会主义法治国家建设的重要支撑。检察机关作为国家法律监督机关,在推动经济社会发展和文化繁荣方面肩负着重要职责。而检察文化是社会主义法治文化的重要组成部分,更是检察事业的重要精神支柱,是检察工作发展的内在动力。在全社会致力于提升文化软实力的大背景下,检察文化建设的重要性与日俱增,全国检察机关纷纷开展了检察文化建设的理论探索和基层实践。其中,检察文化品牌塑造是在加强和弘扬检察文化建设过程中的一次有现实意义的基层探索,并通过自下而上的"经验反馈",逐步形成覆盖全国检察机关的年度"文化盛宴"。但与此同时,检察文化品牌塑造因其出现时间短、探索路径狭窄等客观限制因素,对其内涵外延的理解及建设路径的规划仍有诸多不明晰之处。因此,如何在新时代进一步加强检察文化品牌塑造,尤其是加强占检察机关绝大多数比例的基层检察机关的

---

[*] 作者单位:上海市人民检察院。

文化品牌塑造，成为了一个值得探讨的新话题。

二、背景：检察机关文化品牌的内涵和外延

（一）检察文化品牌的内涵

文化，指的是人类在社会实践过程中所获得的物质、精神的生产能力和创造的物质、精神财富的总和。狭义的文化指的是精神生产能力和精神产品，包括自然科学、技术科学、社会意识形态等一切社会意识形式。品牌，指的是受众对某类产品及产品系列的认知程度，是一种具有经济价值的无形资产，可用抽象化的、特有的、能识别的心智概念来表现其差异性，从而在人们意识当中占据一定位置的综合反映。

在我国，检察文化是检察机关及全体检察人员在履行法律监督职能和管理活动过程中逐渐形成的价值观念、思维模式、行为准则、制度规范以及相关的物质表现的总和，是社会主义先进文化的重要组成部分，是检察事业不断发展的重要力量源泉。因此在我国，检察文化品牌指的是各级检察机关在工作中逐渐形成并主动提炼的，可展示于受众并从而反映出依托检察工作而展现出的系列价值观念、思维模式、行为准则、制度规范等文化价值的具象化、形象化的总和。

（二）检察文化品牌的外延

1. 检察文化品牌的特征

（1）职业性

检察文化品牌根植于检察职业群体，是被赋予了检察职业内涵的特定的文化形态，体现着创建该品牌文化的检察群体所共同具有的理想信念、价值观念、思维习惯、行为方式、职业道德等，它区别于其他群体的文化，具有鲜明的职业特征。

（2）专业性

检察文化品牌来源于检察业务工作，是检察业务工作的总结和凝练，因此，与一般的文化品牌相比，具有较高的理解门槛和专业特征，因而要求检察文化品牌在塑造和宣传的过程中，使用更为通俗易懂、人民群众喜闻乐见的语言、形式、内容载体，从而拉近与受众之间的距离。

（3）凝聚性

"检察一体化"不仅体现在检察机构、检察业务、检察职能的上下一体

化，还表现在全体检察人员拥有共同的文化价值追求。检察文化品牌的塑造可以在检察人员内部形成共同价值体系，并内化于心，在检察机关内部产生巨大的凝聚力，使检察人员产生强烈的归属感和自豪感，从而进一步推动"检察一体化"履职成效。

2. 检察文化品牌的功能价值

（1）丰富社会主义法治文化体系

检察文化是社会主义法治文化的重要组成部分，检察文化的建设是丰富社会主义法治文化体系的客观要求。检察文化品牌塑造是检察文化建设工作的一项具有前瞻性、探索性意义的新举措，对于进一步丰富社会主义法治文化体系内涵具有重要作用。

（2）进一步推动检察工作高质量发展

"一年发展靠领导，三年发展靠制度，十年发展靠文化。"检察文化品牌可涵盖检察业务建设、政治建设、思想建设、规范建设、道德建设等各方面，并对各项工作都具有独特的教育、引导、规范、凝聚、激励等功能，在检察工作高质量发展的时代背景下，加强检察文化品牌塑造，对于提升检察人员的综合素质，促进各项业务工作健康发展具有基础性、长期性推动作用。

（3）提升检察机关队伍整体形象

检察文化品牌可通过长期积累，形成较为固定的模式，其价值不仅在于在检察机关内部对检察人员产生影响，更重要的是通过各种方式作用于广大社会受众，将所蕴含的崇高的道德追求和优良的价值观念推广到人民群众当中，从而在社会上树立良好的检察形象。

三、实践：基层检察机关文化品牌塑造的地域样本——以上海探索模式为样本分析

上海基层检察人员占全市检察队伍总量的70%以上，基层院办案量占全市检察机关办案总数的90%。近年来，上海检察机关把基层建设作为长远之计和固本之举，按照上海市委和最高人民检察院关于推进基层检察院建设的部署要求，坚持最高检提出的"本在检察工作、要在检察文化、效在新闻宣传"三位一体统筹推进的理念，深入推进"四大检察"全面协调充分发展，坚持深化基层检察院文化品牌建设，加强精细化培育，逐步形成了"一院一品""一院多品"的检察文化品牌矩阵，展现出了对党忠诚、服务

人民、司法公正、纪律严明、保障有力的新时代上海基层检察院良好风貌。其中，上海铁路运输检察院"跨区检察蓝，守'沪'食药环"获评首届全国检察机关十佳文化品牌；金山区检察院"金牌CASE"获评第二届全国检察机关优秀文化品牌。

2020年，上海检察机关开展了基层建设风采展示活动（又称"一院一品"活动）。全市17家基层检察院结合本院文化建设情况、检察工作特点，申报了27个文化品牌。笔者以该次风采展示活动为样本，对基层检察院展示的文化品牌特点进行逐一分析：

（一）区域特点明显

立足检察职能，积极为地区经济社会高质量发展提供检察服务保障，是检察机关的重要职责。上海基层检察机关围绕国际科创中心建设、长三角一体化发展等国家重点工作提供优质法治产品，孕育出了独具区域特色的文化品牌，且数量上占到了较大比例。

例如坐落在上海市徐汇区的漕河泾新兴技术开发区，是上海市建设具有全球影响力科创中心所依托的六大重要承载区之一。徐汇区检察院于2016年成立"漕河泾检察官工作室"，在依法打击侵犯知识产权犯罪的同时，面向开发区企业提供多元化检察服务，为上海新兴科创产业提供司法保障。"漕河泾检察官工作室营业ing"也成为该院的文化品牌。

又如地处长三角一体化示范区的上海市青浦区检察院，与江苏省苏州市吴中区检察院、浙江省嘉善县检察院联合形成了"三城记"品牌。三地检察机关发挥地域核心优势、检察职能优势，创新跨省检察协同发展一体化机制，为长三角检察协作一体化作出了有益探索。

（二）改革成效独特

在推进司法体制改革进程中，上海检察机关先行先试，探索出了一批可复制、可推广的工作机制。这些成果在检察文化品牌中亦有所体现。

例如上海市浦东新区检察院打造"以'精'攻'专'的专业化检察官办案组"文化品牌。该院于2017年首创的专业化检察官办案组，在办案组织架构、权力配置、权力清单等方面的探索，为上海检察机关在深化司法改革中建立的150余个专业化检察官办案组以及全国未成年人检察专业化办案组建设提供了先行经验和实践基础。

又如上海市闵行区检察院在前期内部监督管理考核办法和系统的基础

上，全面对照梳理评价指标，修订完善制度体系，配套升级信息化系统，高效推进检察官业绩考评工作全面落地，实现从注重办案数量为主转变为以办案质量和效果为主；从主观静态转变为留痕动态考评管理；从注重办案考核转变为对办案延伸效果的考核；从结果公开转变为全流程公开的四大转变，形成了"当检察官遇到KPI"文化品牌。

（三）重点工作鲜明

检察文化品牌是一家检察院的文化名片、检察标志，除体现区域特色外，也与本院的重点工作、特色亮点工作密切关联，或者说是特色亮点工作孕育出了具有特色的检察文化品牌。

例如，2016年起上海铁路运输检察院先后集中管辖全市环境资源、食品药品等一审刑事案件。该院由此培育出了"跨区检察蓝，守'沪'食药环"的文化品牌，着力打造专业化办案团队（DEF），发挥去行政区划优势，坚持刑事打击与公益诉讼无缝衔接，不断突破新领域、新类型案件办理难题。

此外，上海是中国未成年人检察制度的发源地，探索的多项工作制度被立法吸收，各基层院未检工作品牌百花齐放。例如，上海市嘉定区检察院创建的"七色花开，绽放未来"未成年人检察工作文化品牌。该院以"爱心传承、护航成长、静待花开"为理念，发展出全方位观护体系、罪错未成年人分级干预、关爱未成年被害人、特色普法网络等具有特色的工作子项目，照亮每个孩子的成长之路。

四、困境：开展基层检察文化品牌塑造所面临的现实难题

虽然基层检察机关文化品牌创建已收获若干成果，但在实践中依然遇到不少困境：

（一）部分检察文化品牌内涵提炼不足，检察文化品牌与检察工作的融合度有待进一步提升

地处党的诞生地所在区，上海市黄浦区检察院的"党旗红引领检察蓝"文化品牌是检察文化与检察业务深度融合的典型代表。该院大力推动红色文化品牌建设，充分依托区域内丰富的历史红色文化资源，深度挖掘办公场所背后的革命志士英勇斗争史和独特法治历史，以"勇担初心使命，守卫光荣之城"为内涵，将红色法治精神注入检察业务工作。同时通过"四大检

察"职能的发挥,通过在全国率先成立行政检察监督办公室、督促儿童门票"双轨制"落地等一项项成果,不断丰富、反哺红色检察文化,用"检察蓝"辉映"党旗红"。黄浦区检察院文化品牌建设的成功,与其独特的区位优势密切相关。纵观本次活动中报送的文化品牌整体项目,虽各具特色,但能将检察文化品牌内涵提炼至一定高度的仍属于"稀缺"项目,文化品牌与检察工作的融合度仍有待提高。检察文化品牌来源于检察工作,建设文化品牌最终目的是为检察工作服务。文化品牌不仅是特色工作的简单总结,更是检察工作背后价值观念、司法理念的深度体现。有了文化内涵的支撑,并与检察工作深度融合,检察文化品牌才能更好地行稳致远。

(二) 部分检察文化品牌辨识度不足,检察文化品牌的影响力有待进一步提升

1. 对外宣传效果仍需提升

此次上海检察机关的风采展示活动中,市检察院组织对17家基层检察院以"一院一品"的形式,通过提炼文化品牌、制作短视频、网络投票、现场演说等,进行全方位展示。其中,现场展示活动通过抖音、今日头条、正义网、腾讯新闻、新浪微博等网络平台进行全程直播,百万人次点击观看,30余家全国及上海主要媒体对此次活动进行了报道;展示活动后由市检察院牵头,通过与广播台等主要媒体开展直播访谈、深度报道,进一步加强文化品牌宣传,取得了较好的宣传效果,扩大了基层检察文化品牌工作的影响力。但除去市检察院牵头组织的全市性宣传活动,各基层院虽对各自文化品牌进行宣传却表现出冷热不均、单打独斗影响有限、缺少策划质量不高等问题。检察文化品牌有助于树立和提升检察机关形象,扩大社会影响力和公信力。其对外宣传需要全面和深度的策划,既包括市院层面的整体宣传,也包括各基层院自行开展的单项文化品牌宣传,只有突出不同宣传侧重点、匹配最佳宣传形式、提高宣传质量,才能使品牌影响力得到提升。

2. 系统内部宣传亦有待强化

对检察文化品牌的宣传,不能忽视在检察系统内部的宣传,应避免出现外部宣传看似轰轰烈烈,而系统内部却鲜有所闻的局面。一个文化品牌的成立,特别是若要保持其持久,必然也是需要得到系统内部的检验与认可,而文化品牌的影响范围若只限于本院,也不能较好地体现出文化品牌对检察工作的示范与引领价值。因此,检察系统甚至政法系统应多搭建宣传、交流平台,平时的检察工作中需要加强品牌意识,善于使用品牌、亮出品牌,扩大

文化品牌在系统内部的知名度与显示度。

3. 检察文化品牌名称辨识度不够

无论是对外影响力，还是内部的影响力，都需要一个既体现特色，又能好念好记的文化品牌名称来相助。一些文化品牌工作成效显著、特色明显，但之所以影响有限，一定程度上受到了品牌名称字数过多，取名过于平实、未体现特色等影响。一个好的文化品牌名称，必定是简洁明了、比喻恰当、特色显著、朗朗上口，才能使人印象深刻，过目难忘。

（三）部分检察文化品牌的持续性不足，检察文化品牌对检察业务工作的引领性有待进一步提升

任何一个文化品牌的形成都不是一朝一夕的，必须要经过一段时期的工作探索和沉淀才得以发展，而检察文化品牌更是检察文化建设与检察工作融合发展的宝贵结晶。例如上海市静安区检察院打造的"涉老检察，有铁臂有柔情"文化品牌从产生到创建，经历了长达十余年的探索。位于上海市中心的静安区是上海老龄化程度较高的区之一，静安区院于2009年开始探索涉案老年人司法保护课题，经过10多年的实践和完善，才逐渐形成了以专业化办案组为主、其他部门共同参与的"捕诉研防"一体化的"静安模式"，为涉案老年人提供更为精准、优质的检察服务，为应对老龄化社会下，日益增多的涉老案件处理提供了宝贵经验。

但在实践中我们发现，检察工作的重点会随地区经济社会发展、相关工作部署改变而发生变动，导致一些已有一定工作积累的文化品牌遭遇"浅滩搁置"的窘境，其发展的可持续性和连贯性都会受到影响。一个文化品牌若不能长期坚持，势必会失去打造和培育的动力，甚至失去文化品牌建设的意义。作为检察文化与检察业务的结晶，文化品牌不应仅限于一段时期的"工作总结"，更应着力将其打造成本院工作的"金字招牌"，甚至以院训、院魂等形式融入到检察工作的方方面面，从而作为一种指引，贯穿本院检察工作的发展始终，引领和带动业务工作、队伍建设齐头并进，形成由"一院一品"发展成"一院多品"的良好局面。

（四）现有基层检察文化品牌对"四大检察"的覆盖面不足，检察文化品牌的全面性有待进一步提升

党的十九大以来，检察机关探索形成"四大检察"法律监督新格局，实现了新时代检察工作职能重塑。但以风采展示活动上报的文化品牌来看，

依然存在不均衡现象。如风采展示活动中上报的文化品牌里服务营商环境类品牌占了多数。而从检察职能来看，刑事检察与公益诉讼检察占了较大比例，控告申诉文化品牌（如上海市徐汇区检察院的"多元化解矛盾指南"）、民事检察文化品牌（如上海市宝山区检察院的"透明化听证赢取民心"）、行政检察文化品牌（如上海市黄浦区检察院的"行政检察的'网、桥、窗'"）则占比较少（仅各有一个），一方面反映出多年来，在基层检察机关传统检察工作的发展依然存在不平衡不均衡现象，另一方面亦反映出检察文化品牌的塑造必须依靠大量的检察业务工作的积累和沉淀。

五、破局：加强新时代基层检察机关文化品牌塑造的路径探索

《关于加强社会主义法治文化建设的意见》中明确指出，鼓励和支持各地区各部门根据实际情况大胆探索、勇于创新。加强培育法治文化建设先进典型，形成一批可复制可推广的好经验好做法。这为加强新时代基层检察机关文化品牌塑造工作提供了坚实的政策依据。但我们同时要清醒认识到，加强基层检察机关文化品牌塑造，是一项系统工程，关键在于理念的更新和机制的引导保障。结合新时期检察机关各项工作高质量发展的时代背景，可尝试从转变品牌塑造理念、更新品牌宣传方法，建章立制保障品牌持续培育及注重成果导向，提升品牌覆盖面等方面入手，有效构建新时代基层检察机关文化品牌塑造的机制体系。

（一）理念为先，加强检察文化品牌内涵提炼

文化品牌是有形价值和无形精神内涵的有机统一，文化品牌塑造是一个动态提升过程，沿着"功能价值—情感价值—精神价值"这一路径不断深入发展。因此，要加强对检察文化品牌内涵的提炼，也应遵循从功能到情感再到精神的价值提升路径。加强检察文化品牌内涵的提炼，首先要转变观念，摒弃文化就是"吹拉弹唱"，"文化""业务""两张皮"的错误思想，从检察文化品牌的确立初始就明确品牌定位，精准找到文化品牌与创建单位的检察工作，尤其是业务工作的有机融合点，明晰该品牌所承载的核心价值和初心理念，只有具有文化深度的检察文化品牌才能打动受众，而只有具有温度，体现司法为民初心使命的检察工作方能凝练出不忘初心的检察文化品牌。

（二）方法为要，着力提升检察文化品牌影响力

在媒体传播环境日益多样化的背景下，受众的注意力越来越分散，零敲

碎打、单打独斗的生硬品牌宣传形式很难吸引受众注意，无法有效输出检察文化形象。因此，检察文化品牌的传播形式更需要进行创新和优化。可以采用"软性传播"的方式"找共鸣"，赋文化品牌信息于潜移默化之中，通过"讲故事"的方法使信息的呈现方式更加多元。同时在品牌名称上多下功夫，通过精练形象化的语言，通过名称生动化地展现出文化品牌的关键内涵，提升品牌辨识度。

此外，检察文化的精髓是重视人的价值、发挥人的作用。检察文化品牌要在检察系统内部产生影响力，离不开全体检察人员的支持。检察人员既是检察文化品牌的积极创建者，同时也是检察文化品牌的基本载体和重要受众。在检察文化品牌传播过程中，要充分尊重检察人员的主体地位，调动各类检察人员的积极性，让其在文化品牌塑造中充当主角、获得认同，从而更加自觉、主动地推动检察文化品牌的创新发展，从而内外结合，提升检察文化品牌的影响力。

（三）机制保障，注重检察文化品牌培育持续性

检察文化品牌建设是一项系统性、长期性工程，不可能一蹴而就，需要检察人持续不断地努力，更需要长时间检察业务的沉淀与积累。检察文化品牌是一种实践中的探索，也将在继承中创新。基层检察机关在检察文化品牌培育的过程中，需要树立长期积累、长期建设的思想，处理好长远和近期的关系，结合当前实际，围绕工作重心，规划制定检察文化品牌建设目标，并制定相应配套的长效工作机制，通过建章立制，研发可嵌入式的检察文化品牌塑造培训课程，同时建立相应的考核评价制度，才能逐步完善、依次推进检察文化品牌建设工作，保持检察文化建设的持久性和延续性，不断提升检察文化品牌对检察业务的引领力。

（四）成果导向，提升检察文化品牌覆盖的全面性

最高人民检察院党组副书记、常务副检察长童建明在第二届全国检察机关文化品牌选树活动定评会上明确指出，要在检察机关依法能动履职中进一步树立"从检察业务中丰富积淀检察文化、以优秀检察文化引领推动检察业务"的理念。检察文化品牌的塑造与检察精品业务的打造往往是互为表里，相辅相成的。检察业务发展全面、均衡的区域，检察文化品牌塑造也得以全面发展。在检察业务工作高质量发展的新的时代背景下，各级检察机关尤其是基层检察机关，要牢记以工作成果为导向，充分结合自身区位特征及

业务工作特长，通过抓实工作责任、借助业务大数据分析研判等方式，以指标为导向抓落实、以问题为导向补短板、以质量为目标促提升，注重业务分析研判成果转化运用，努力推动"四大检察"全面协调充分发展，相信假以时日，各项检察职能、各项业务工作均会涌现出一定量的文化品牌。

榜样的力量是无穷的

——略论新时代检察先进典型培树工作

崔增辉 田清路 陈玉环[*]

习近平总书记指出："榜样的力量是无穷的。善于抓典型，让典型引路和发挥示范作用，历来是我们党重要的工作方法。"先进典型是指在社会发展的某个阶段中具有先进性或代表性的人或事物，是推动社会历史发展的代表和重要力量，具有鲜明的时代性、强烈的先进性和强大的感召力等特征。就检察机关而言，先进的典型人物、典型事例、典型案例等都属于此类范畴，都是检察事业发展的精神财富，具有强烈的示范效应和价值导向。

一、价值考量：典型对于新时代检察机关的深刻意义

好典型的精神价值总是站在新时代的前列，又指引着其他人前进的方向，也在激励着很多人向他看齐。先进典型为时代所生，为时代所需，与时代相伴。当前，检察机关已经进入新时代，特别是近年来，随着司法责任制改革，检察机关的职能职责、管理体系、工作模式、司法方式都发生了根本性的变化。新的变化需要新的典型，从而达到"点亮一盏灯，照亮一大片"的效果。而典型培树的过程就是改变思维、与时俱进的过程，对新时代检察机关的发展进步具有十分重要的意义。

就典型发现而言：抓典型，是践行检察工作新理念、新导向的必然要求。面对新时代新形势新任务，检察机关深入贯彻习近平法治思想，确立了总体要求，提出了坚持以人民为中心、秉持客观公正立场、双赢多赢共赢、"三个效果"有机统一等新的司法理念，这些新的司法理念和部署要求，都需要与检察实践相结合，这个结合点就是典型。只有通过典型的突破和引

---

[*] 作者单位：山东省潍坊市人民检察院。

导，新的司法理念才能落地生根，达到预期目的。抓典型，是推动落实"质量建设年"任务的现实需要。最高检党组确定2022年为检察工作"质量建设年"，以强作风、重落实、提效能为导向，推动检察政治建设、履职能力水平整体提升。质量标准的提高，必然以能力素质的提高为前提。典型和榜样都是看得见的力量，具有强烈的感染力和吸引力，通过发挥典型和榜样的示范、引导、鼓舞作用，有助于影响和带动全体检察人员锐意进取、担当作为，在比、学、赶、超的氛围中创先争优、奋力争先，实现全员能力素质的提升，为"质量建设年"落实打下坚实基础。抓典型，是提升检察队伍素质能力的有效途径。先进典型都是靠工作实绩评出来的，本身就是能力素质的体现，同时还要站在更高起点、对照更高标准，着力锻造更加过硬的能力素质。抓典型、培育典型，目的就是要以此倒逼检察队伍进一步树牢创新意识和品牌意识，持之以恒地学知识、磨练能力、总结经验，以典型的发现和培育，示范和带动检察工作高质量发展。

就典型宣传而言：从历史角度看，典型宣传是我们党的优良传统。党历来高度重视典型宣传工作，通过宣传让人民群众学有榜样、赶有目标、见贤思齐，并在我国革命、建设和改革开放的伟大征程中发挥了不可替代的重要作用。以典型人物为例，从战争时代的白求恩、董存瑞、黄继光、邱少云，到发展时代的雷锋、王进喜、焦裕禄、孔繁森，再到当今的任长霞、宋鱼水、钟南山、张桂梅等，不同时代的先进典型如群星璀璨，激励广大党员牢记初心、不忘使命，引导广大人民群众坚定信仰，带动整个社会进步，其中宣传的力量不可或缺。从逻辑上看，典型宣传是抓典型的重要环节。一个典型就是一面旗帜，通过宣传将典型的影响力发挥到最大，这也是典型培树工作的根本目的所在。典型工作是一个系统工程，典型培树之后能否起到示范引领作用，关键在于典型的内外部宣传推介工作。"看到听到才有心动行动""心之所向，行之所往"，一个典型被挖掘和培养后，只有及时宣传推广，才能真正发挥其凝聚人心、弘扬正气、催人奋进的作用，否则只能淹没于平常、平庸中。从检察实践角度看，典型宣传是激励检心士气、树立检察队伍良好形象的客观需要。最高检层面上的"守望正义——群众最喜爱的检察官""全国十大检察官""全国模范检察官"等评选，省院、市院层面上的最美检察官评选等，为检察机关典型人物宣传提供了越来越多的平台。这些脱颖而出的检察人员，无不成为我们钦佩的榜样与学习标杆，激励一批批检察人员立足岗位职责，为检察事业贡献力量。以家喻户晓的检察官白云为例，1998年他被评为第三届"十大杰出检察官"，因为他的典型影响力，山东省聊城市东昌府区开通了"白云热线"，后来经《法制日报》等多家媒体报道以后，"白云热线"为全国人民所熟知，成为了检察机关了解民意的"晴雨表"、党和人民群众的"连心桥"、普及法律的"空中大课堂"。随之而来的是一批批检察干警接力接听"白云热线"，加入这个团队，为人民群众排忧解难，"白云热线"成长为全省乃至全国政法系统的先进典型和重要品牌。

二、路径探析：如何做好新时代检察机关典型的培树

典型的培树主要从两个方面入手。"培"就是发现、培养典型，古人云"千里马常有，而伯乐不常有"，典型一直都在，但需要一双慧眼去发现、挖掘；"树"就是宣传、推介典型，俗话说"一花独放不是春，百花齐放春满园"，要让大家看到典型，学习典型，才能真正发挥出典型的应有之义。

（一）从培养角度来说，典型的发现就是要透过表象看本质

一是要有发现典型的自觉意识。典型的发掘不是一时的灵光乍现，需要长期日积月累发现典型的素能培养，即通过长期的培训与理念的灌输，形成发现典型、挖掘典型的自觉意识。要从思想上养成重视典型发掘的习惯，从而指导自己的实践，真正让自己有一双发现美的眼睛。在日常生活工作中，经常会遇到这样的情况，当看到典型培树成功之后才惊奇地发现典型人物就在身边，而自己和典型如此亲近。只要有心，人人都是伯乐；只要用心，人人都能成为典型。让1600余名贫困山区女学生圆梦大学的张桂梅老师，在很多人眼中她只是做了一名合格老师应做的事，但当我们将她作为新时代优秀教师代表的时候，我们不难发现她平凡的一件件小事构成了不平凡的壮举，潜心育人的敬业精神值得我们每个人去尊敬、去学习。

二是要有发现典型的制度支撑。第一，坚持核查机制。深入先进"典型"和"标杆"工作生活的地方，从不同层面对其事迹调研核实，听取不同对象对"典型"和"标杆"的真实评价，从不同视角深度挖掘"典型"和"标杆"的事迹。同时，还应听取不同部门的意见，听取社会各界的评价，确保先进"典型"和"标杆"靠得住、过得硬，经得起群众和时间检验。第二，建立评价反馈机制。通过座谈交流、社会调查、网上测评等，广泛听取各种评价反馈意见，以此作为检验"典型"和"标杆"质量的重要手段。第三，用好问责"指挥棒"。通过精准考核，一旦发现是劳民伤财、

缺乏实效的伪典型，要对相关领导和责任人进行严惩，让打造假典型、伪标杆的人付出代价，起到以儆效尤的警示作用。

三是要有发现典型的行为路径。从哪里选出叫得响、立得住、推得广、经得起时间、实践和群众检验的先进典型？第一，在急难险重任务中发现典型。主要体现在关键时刻发挥关键作用的人和事。例如在党和国家工作大局中主动作为、带头冲锋；在重大疑难复杂案件办理中攻坚克难、不讲条件；在危难时刻尽显英雄本色、舍身忘我等，都是寻找典型的关键点。第二，在平凡岗位上发现典型。习近平总书记指出："英雄模范们用行动再次证明，伟大出自平凡，平凡造就伟大。"[①] 要广泛听取群众意见，发掘出那些在平凡岗位上勤勉敬业，发挥孺子牛、拓荒牛、老黄牛精神的"无名英雄"，发现平凡人的不平凡之处，挖掘普通事的不普通之处，只有得到广大群众的认同，才能让典型可亲可敬、可比可学，典型离群众越近，越有说服力、感染力。第三，在竞技比赛、评比中选树典型。竞赛活动中优胜者，都是在本岗位的业务尖子，能够尽心尽力做好工作，爱岗敬业、勤于学习、刻苦钻研、奋力拼搏。同时他们有一定的群众基础，是群众中的一员，为群众所熟悉，有亲切感、更真实可信，是可以看得见的榜样，能与广大群众产生共鸣。

（二）从宣传角度来讲，典型的宣传推介需要天时地利人和的统一

习近平总书记曾指出宣传工作承担着"举旗帜、聚民心、育新人、兴文化、展形象"的使命，并强调要"加强党对宣传工作的全面领导"。[②]

一是增强总体谋划，建立典型宣传推介长效机制。一要紧扣中心工作，反映时代呼声。要高度重视典型宣传推介工作，把典型宣传推介放在党和国家大局，尤其是检察工作全局中去谋划、推进，把典型宣传推介工作融入到检察职责落实中，立足当前，着眼长远，如此才能起到指导实践、推动工作的效果。二要明确责任分工，注重协作配合。明确由专门的部门，总体负责典型宣传推介工作，集中力量加强总体谋划，重点研究具体宣传推介计划，防止典型宣传陷入无序状态。同时，要牢固树立宣传工作"一盘棋"思路，

[①] 习近平：《在国家勋章和国家荣誉称号颁授仪式上的讲话》，载新华网，2019年9月29日。

[②] 习近平：《举旗帜聚民心育新人兴文化展形象　更好完成新形势下宣传思想工作使命任务》，载新华网，2018年8月22日。

各级院、各部门广泛参与进来，充分调动各方面在提供典型宣传推介线索素材、加强典型学习等方面的积极性，形成上下互动，左右协调的局面。三要加强与典型培养等工作的衔接。纵观历史，典型如璀璨的群星，有的似流星稍纵即逝，有的则如恒星光芒永存。因此，要注重典型培树的相对稳定性，集中力量进行宣传推介，坚决杜绝走马灯似的换来换去，使得所谓的典型成为"过眼云烟"，无法有效发挥先进典型在检察工作中的示范、引领作用。

　　二是注重深入挖掘，保持典型宣传推介的延续性。一要坚持真实性，以真情实感打动人。典型宣传推介首先要保证真实，"唯其真才美"。典型人物不拔高、不神话、不粉饰，典型经验既讲成功又讲失败、既讲经验又讲教训，全面展现立体、生动鲜活的形象，这样的典型才能真正"立得住、学得来、推得开"。山东省潍坊市人民检察院检察长张敬艳同志曾讲过连续11个晚上与老上访户约谈，促成息诉罢访的故事，在大众网的一篇报道中大家看到了这个故事背后更为让人感动的一面，之后的一个凌晨，老上访户发信息说案子处理不好不想活了，检察长立马赶到见面地点对他耐心劝说。检察长的妻子不放心，悄悄跟在后面，在几十米外等候。几个小时后，对方情绪稳定，检察长返身回家，刚走几步，才发现妻子一直在附近陪伴。对工作兢兢业业、背后有家人默默的支持陪伴，这不正是时时刻刻发生在每一个检察人身边的故事吗？事业有成、夫妻恩爱，这也不正是每一个检察人所向往与追求的"小幸福"吗？这样的宣传推介读起来很"接地气"，让人感觉典型就在我们身边，在我们的平凡生活中，是触手可及的，容易让人产生共情，更进一步激励大家向典型学习。二要结合侧面讲述，挖掘典型闪光点。《检察日报》曾刊发过一篇宣传全国模范检察官、全国十大最美检察官张飚的文章，文中写道"张飚所在单位荣誉室内有一块木质牌匾，10公斤重，上面雕刻着的'公平正义'四个大字遒劲有力。这是张高平、张辉叔侄二人被浙江省高级人民法院依法宣判无罪释放后，专程从安徽送来的"。纠正张氏叔侄案，当时被视为"具有影响中国法治进程的事件"之一，文章没有直接讲述张飚纠正张氏叔侄案的历程，反倒以牌匾的来历娓娓道来，让人深受鼓舞。因此，在典型宣传推介中，在抓好正面宣传推介的基础上，可以采取"侧面烘托"的方式，以第三方视角讲述典型背后的故事，"思想不拔高，成绩不掺水，经验不作假"使典型宣传更具感染力，更容易被信服。三要善于把握时机，重点宣传推介典型。例如，潍坊市人民检察院新宣办与

第七检察部联合组织开展的"携手落实'两法'共护祖国未来"未检主题宣传活动，就是结合特殊时间节点进行典型宣传推介的生动实践。该活动抓住了"六一"儿童节这个特殊时间节点，深入宣传全市检察机关立足检察职能保护未成年人的经验做法、优秀成果、典型案事例等，充分展示全市检察机关强化未成年人全面综合司法保护的成效，在当时营造起了强大的舆论声势。

三是加强资源整合，形成典型宣传推介合力。一要善于利用各种媒体的优势。习近平总书记曾说过"宣传思想工作就是做人的工作，人在哪里，宣传思想工作就要做到哪里"。随着科技和传播手段的不断发展，互联网、手机等新媒体已经成为人们生产生活的新空间。因此，典型宣传推介既要综合运用报刊、电视、网络等主流媒体，特别是《检察日报》、正义网、《山东法制报·检察专刊》等媒体，夯实好宣传基础；更要用活用好"两微一端一抖"等新媒体，坚持"移动优先"策略，制作大量形象直观、深入人心的宣传文章或短视频等，以大家喜闻乐见的形式营造声势，形成宣传矩阵效应，增强典型宣传的覆盖面和冲击力，让先进典型真正走进人心里。二要主动向当地党委、政府和上级检察机关汇报先进典型，赢得当地党委政府领导强有力的支持，更进一步扩大典型宣传的影响力。如2021年潍坊市人民检察院案件管理办公室朱红明同志以总分第一名的成绩荣获"全国检察机关案件管理业务标兵"称号后，时任山东省人民检察院党组书记、检察长陈勇与其见面，潍坊市原市委书记惠新安做出专门指示，市委政法委给市院党组发来贺信，市院印发《关于在全市检察机关开展向朱红明同志学习活动的决定》，进一步激励全市检察机关新时代新担当新作为，积极营造崇尚先进、学习先进、争当先进的浓厚氛围，充分推动了先进典型示范引领作用的发挥。三要提升典型宣传推介的互动性。通过典型经验交流会或者个人事迹报告会等形式，让典型走上讲台舞台，使广大检察干警从与先进典型的互动交流中，受到润物无声的启发和教育，从而在宣传学习典型中既收获感动，更见诸实际行动，达到"一花引来百花开"的效果。

四是用活用好检察机关外脑资源。因工作需要，检察机关有特约检察员、人民监督员、特邀检察官助理、听证员等大批"外脑"资源，他们多为在社会上有一定影响力的人员，可以通过他们参与检察活动的机会，积极宣传典型事迹、典型人物，再由他们利用自己的工作渠道、社会影响去讲好检察故事、传递检察好声音，进一步扩大检察典型的影响力。

三、经验启示：新时代检察机关典型培树的注意事项

树典型、立标杆可以起到以点带面的效果，通过树导向、树旗帜、树亮点，充分发挥"典型"的榜样和示范作用。从把论文写在大地上的当代活雷锋赵亚夫，到万能电工钱海军，从当代愚公黄大发到深藏战功六十年的老英雄张富清，一大批在全国具有影响力的先进典型被发掘、塑造、宣传，给我们的思想和行为都带来了深远的影响。但我们也发现现实中存在着部分"速成典型""盆景典型"等，这样的典型不但不利于长远发展，反而会起到阻碍作用。因此，在典型的培树中要避免"入坑"。

（一）要做好跟踪培养，切不可"断水断肥"

任何典型的塑造都不是一蹴而就的，都需要一个成长的过程。就像一粒再好的种子，要想成长为参天大树，也离不开合适的空气、水分和养分。一个先进典型的成长成才，除了个人的主观努力外，离不开一个好的外部环境，离不开各级组织的精心培养和帮助。同样，成为典型后，如果不注重后续跟踪，任其自我发展，这个典型可能很难再有新的作为，典型的作用发挥也会出现瓶颈。因此，在典型的培养过程中，一定要遵循客观规律，对于发掘出的"雏形"，要为其提供好的环境和土壤；成为典型后，要不断为其提供发挥的空间和平台，保证典型的连续性。

（二）要主动关心解难，不可"快马无草"

在现实社会中，有的典型会有一定的思想负担，甚至有人觉得当典型就是要吃亏。主要原因在于典型往往是通过实干被发现的，部分人会存在典型就是多干的错误思想。要避免这种情况就要主动关心解难，政治上"扶向"，平时对先进典型加强教育引导，帮助其校正思想靶标；精神上"减压"，不要对典型求全责备，既肯定其先进性，也包容其不足，避免"鞭打快牛""累垮典型"；后勤上"给力"，积极做好排忧解难，帮助其解决思想上、工作中、家庭里的困难，尽可能助其解决后顾之忧，以最大限度激发典型的积极性和创造性。

（三）要完善工作机制，不可"一劳永逸"

要想典型长久保持强大的生命力，而不是昙花一现，要有完善的"售后"机制。小到一次单位优秀人才的培养，大到一个国家典型楷模的培树，前期制度建设的完善直接关系到典型培养的成功与否。完善的制度机制，有

利于形成齐抓共管，上下协作模式，既让每个单位部门和领导都有发现先进典型的责任和意识，又让每一个人明确如何成为先进典型，人人争做先进典型，确保典型培育工作的有序开展，同时典型培养长效机制的建立，还有利于解决典型培树过程中后劲不足、中途乏力等问题。就日常工作实践而言，要根据检察机关"四大检察"的特点，制定自己切实有效的发掘培树机制，多角度培树不同类别、不同条线的先进个人、典型案例，使得每个人在典型中都能找到适合自己学习和效仿的榜样，从而扩大典型的示范效应和指导意义。

习近平总书记强调，"崇尚英雄才会产生英雄，争做英雄才能英雄辈出"。[①] 每个典型都有时代的印记，对典型人物的培树，可以赓续党的优良传统，彰显党的优良作风。作为检察机关，培养、推树检察英模，就要像施净岚、王敏、王朝阳那样，当业务专家、做法律"活字典"、勇立创新办案潮头，引领广大检察人员往前走，[②] 展现新时代检察队伍风采。

[①] 习近平：《崇尚英雄才会产生英雄　争做英雄才能英雄辈出》，载中国新闻网，2019年9月29日。

[②] 时任最高人民检察院检察长张军同志于2022年1月17日在全国检察长（扩大）会议上的讲话。

优秀传统文化融入检察工作路径分析

黄祖旺[*]

习近平总书记高度重视传承和弘扬中华优秀传统文化，党的十八大以来，习近平总书记发表了一系列重要论述，多次强调推动中华优秀传统文化创造性转化、创新性发展。《中共中央关于加强新时代检察机关法律监督工作的意见》明确要求将社会主义核心价值观融入法律监督，以司法公正引领社会公正。最高检认真贯彻习近平新时代中国特色社会主义思想，高度重视检察文化建设，提出推动社会主义核心价值观贯穿融入检察工作全过程要求。新形势下，如何深入贯彻习近平法治思想，深入挖掘本土优秀传统文化融入检察工作，推动检察工作高质量发展，是检察机关面临的一项重要课题。

一、优秀传统文化及其对检察工作的影响

中华优秀传统文化是中华民族的精神命脉，无数的优秀传统文化铸就了中华民族的精神谱系和发展动力，以安徽省为例，安徽具有丰富的优秀传统文化资源，在推进包括检察工作在内的法治安徽建设中发挥了重要作用。

（一）徽商文化：夯实经济强的文化基础

徽商是中国历史上的十大商帮之一，历史上徽商文化曾出现过"相互依存、相互促进、共同繁荣"的景象，留下了宝贵的物质和精神财富。徽商文化的源远流长、经久不衰，既有徽商吃苦耐劳的品格和地理环境等主客观原因，也内含了其"贾而好儒"的内在文化底蕴，徽商在经营过程中尊崇儒家思想，吸收儒家思想中的"君子重于义小人重于利"等内核，讲究义利之道，提倡诚信之德，"以儒术饰贾事"，徽商将诚信作为道德规范的事例比比皆是，如清末胡开文墨店发现一批墨锭质量上有瑕疵，老板便令所

---

[*] 作者单位：安徽省池州市人民检察院。

有店铺停止销售这批墨锭,已销售的高价回收,倒入池塘销毁,可见诚信之徽商的重要性,正如徽商许宪所说,"惟诚待人,人自怀服;任术御物,物终不亲"。当然,徽商文化绝不仅仅是诚信经营,有学者将徽商精神总结为:赴国急难、民族自立的爱国精神——输粮于边境,参加抗倭斗争,抵抗外地侵犯;不畏艰难、百折不挠的进取精神——小本起家,不畏艰难,"一贾不利再贾";审时度势、出奇制胜的竞争精神——把握市场特点,善观时变,因地制宜从事经营;同舟共济、以众帮众的和谐精神——相互帮助,共克时艰。

作为发源地,徽商精神虽然历经时空的变迁,也得到了很好的传承,有关体现徽商"以诚待人""以信接物""以义为利"(徽商学者张海鹏语)的事例也屡见不鲜,如2016年全国道德模范,安徽省阜阳市嘉安建筑劳务有限公司经理马虎,秉承"干良心活,盖放心房"的理念,信守"不缺农民工一分钱"的承诺,始终守住工程质量的底线,带领万名农民工在北京建筑市场打拼,不仅在北京重大建设项目中树立了诚信形象,也展现了"徽商精神"。这种徽商精神虽然是价值层面的指向,但其中所具有的诚信、竞争因子乃是现代法治的重要内核,"徽商在经营活动善于运用法的规则,具有尚法理念也是促进其繁荣的因素之一"[①]。近年来,安徽检察机关加强对民营企业及产权保护,服务保障法治化营商环境,如办理的最高检交办的一起虚假诉讼监督案件,担保人为转移担保财产,伙同他人虚构债权债务关系提起诉讼,骗取法院判决,领取执行标的款近1300万元,侵犯了担保权人某企业合法权益。经检察机关监督后,相关当事人以虚假诉讼罪获刑,错误民事判决得以纠正。这就是对背离诚信原则的违法犯罪行为的纠偏。据统计,2021年全省检察机关提出的民事诉讼监督意见中涉及虚假诉讼的达953件。

(二)"六尺巷"文化:维系人际关系的文化纽带

发生在安徽桐城的六尺巷典故源于清朝文华殿大学士兼礼部尚书张英的老家人与邻居发生了宅基地争执,于是写信给张英,让他利用权力摆平这件事。但张英只写了一首打油诗:"千里家书只为墙,让他三尺又何妨。长城万里今犹在,不见当年秦始皇。"家人收信后即将交界处围墙后移了三尺,

---

[①] 闻庆云:《徽商尚法理念及现实意义探究》,载《牡丹江师范学院学报(哲学版)》2013年第5期。

邻居也非常感动，也让出了三尺空间，形成了六尺巷，从而两家"化干戈为玉帛"。这个故事也反映了邻里之间要相互谦让，相互谅解，不能过于计较。在中国传统的熟人社会里，一直秉承着"远亲不如近邻"的观念，因为当时经济生活条件较为低下，交通也十分不便，加之天灾人祸相对较多，相对封闭空间里的人之间相互扶持，对于克服困难，提高生活质量就非常必要，"六尺巷"的文化就必然会成为处理邻里关系的"金科玉律"。

现代社会，生活条件发生了巨变，人员流动也得到极大的增强，但用"六尺巷"文化处理人与人之间的关系仍然十分必要。党的十九届四中、五中全会都部署了市域社会治理工作，而如何加强基层社会治理也是市域社会治理的重点，处理好包括邻里关系在内的人与人之间纷争也关系到基层社会治理的成效。我国法律对邻里之间发生的纠纷一直持"宽容"态度，《治安管理处罚法》就明确，对于因民间纠纷引起的打架斗殴或者损毁他人财物违反治安管理行为，情节较轻的，公安机关可以调解处理，经公安机关调解，当事人达成协议的，不予处罚。在调解的过程中，公安机关完全可以用与邻为善、"远亲不如近邻"道德标准来进行调解，化解矛盾。用"六尺巷"等道德伦理进行调解、开展行政争议实质性化解在安徽已经稳步开展，仅2022年上半年，全省检察机关开展行政争议实质性化解200件，同比上升57.48%。"'六尺巷调解工作法'展现出强大生命力，这一创新做法不仅成为桐城市化解矛盾纠纷的特色品牌，现在已经被复制到安徽省很多地方。"[①]

（三）"天人合一"：加强生态保护的文化之源

天人合一指的是人与自然和谐共生的关系，作为认识世界、改造世界的方法，天人合一代表了我国先贤们对人与自然最朴素的价值认知，《周易》提出"天地人合"观点，"与天地合其德，与日月合其明，与四时合其序"。孔子"钓而不纲弋不射宿"，孟子"斧斤以时入山林"，曾子"树木以时伐焉，禽兽以时杀焉"，以及古诗云："劝君莫食三月鲫，万千鱼仔在腹中。劝君莫打三春鸟，子在巢中待母归。"说的就是对自然规律的尊重，对自然资源的合理有序利用，说明了人与自然是命运共同体，尊重了自然，自然就能为人类造福，破坏自然、掠夺自然，自然就会报复人类，比较典型的是恩

---

① 伍彪、李光明：《现代"六尺巷"再演动人"让墙"故事 桐城利用传统文化资源走出化解矛盾纠纷新路》，载《法制日报》2016年12月16日，第1版。

格斯在《自然辩证法》里所说,"美索不达米亚、希腊、小亚细亚以及其他各地的居民,为了得到耕地,毁灭了森林,但是他们做梦也想不到,这些地方今天竟因此而成为不毛之地"。我国的楼兰古城因屯垦开荒、盲目灌溉,导致孔雀河改道而衰落。中华优秀传统文化中的"天人合一"思想,人与自然和谐共处的世界观,仍然是今天我们需要遵循的重要价值理念和行为准则。

我们党历来重视生态环境保护,党的十八大以来逐渐形成了习近平生态文明思想,党的十九大把生态文明纳入了"五位一体"的总体布局,将"绿色"纳入了新发展理念,并明确指出,我们要建设的现代化是人与自然和谐共生的现代化,既要创造更多物质财富和精神财富以满足人民日益增长的美好生活需要,也要提供更多优质生态产品以满足人民日益增长的优美生态环境需要。"以'天人合一'为代表的中国传统环境伦理思想,凝聚了中国古代思想家的集体智慧、融合了中国人所追求的社会理想,是历代先贤的理论汇集体,指导了古代环境立法与环境保护实践。"[①] 安徽省检察机关深入贯彻习近平生态文明思想,落实中央关于打好污染防治攻坚战一系列具体部署,围绕打造水清岸绿产业优美丽长江(安徽)经济带、长江"十年禁渔"部署,积极探索"专业化法律监督+恢复性司法实践+社会化综合治理"的安徽生态检察实践,创造性地将"天人合一"等生态理念运用在办案实践中,安徽省池州市检察机关围绕生态立市战略,着力打造生态检察品牌,有关经验做法被《法治日报》头版头条刊用。

二、优秀传统文化对法治建设作用的实证分析

作为思想层面的优秀传统文化,既发挥着对人的行为的引导作用,也通过与法治的融合,发挥对社会关系的调整作用。同时,通过考证优秀传统文化对法治建设的作用,也为在检察工作中如何运用优秀传统文化提供重要参考。

(一)优秀传统文化入法

优秀传统文化与法的价值取向是一致的,"优秀传统文化因地貌、时代、社会的变迁有所变化。但是,它内在的文化因子却折射着人类更崇高的

---

① 胡静懿、张成丽:《中国传统文化"天人合一"对我国环境保护立法的影响》,载《环境与发展》2019年第6期。

诉求"。① 优秀传统文化所倡导的一般都是法律保护的,这就决定了优秀传统文化纳入法律范畴具有可能性。作为不同层面的工具,一方面,优秀传统文化和法律在不同领域规范、指引着人们的行为,另一方面,随着社会文明程度的提高,适应人民群众日益增长的美好生活需要,传统的一些作为道德要求的文化被纳入了法律,成为了人们在社会生活中最低限度的义务要求,实现了优秀传统文化入法的过程。"将仁理念运用于法律中,使法律植根于社会现实、合乎人情、体现温情,有助于应对法律形式理性的不足,防止法理之教条僵化与冷漠。"②

实践中,优秀传统文化法律化的路径也存在多种形式,一是法律直接将有关文化层面的内容纳入法律规定,如安徽省的池州、亳州、六安等地人大常委会都通过了文明行为促进条例,这些地方性立法都直接将一些邻里和睦相处、培育家风、弘扬优秀传统文化以及公共场所应当遵守的文明礼仪确定了公民应当遵守的行为规范——过去一直是道德上鼓励、倡导的,这在一定程度上反映了人民生活品质的提高。二是将传统优秀文化作为原则纳入有关法律的总体要求中,这在《民法典》中表现得最为突出,如《民法典》总则部分规定,民事主体从事民事活动,应当遵循诚信原则,秉持诚实,恪守承诺;不得违背公序良俗;应当有利于节约资源、保护生态环境等,基于这些原则要求,在有关分则中也进一步明确了违背公序良俗的民事法律行为无效;违背诚信原则订立合同的应承担缔约过失责任;当事人应遵循诚信原则履行合同,并应当避免浪费资源、污染环境和破坏生态;处理相邻关系,法律、法规没有规定的,可以按照当地习惯。三是其他形式,这主要体现在中共中央于2018年印发的《社会主义核心价值观融入法治建设立法修法规划》中,明确用5年到10年时间,推动社会主义核心价值观全面融入社会主义法治体系,主要包括六个方面的主要任务,即完善社会主义市场经济制度、推动社会主义民主政治法治化、建立健全文化法律制度、加快完善民生法律制度、建立严格严密的生态文明法律制度、把一些基本道德要求及时上升为法律规划等,其中提到建立健全有利于中华优秀传统文化传承发展的法

---

① 宇恒敏、胡卫平:《优秀传统文化、文化自信和依法治国关系辨析》,载《宝鸡文理学院学报(社会科学版)》2018年第2期。

② 连赛君:《从优秀传统文化到美好生活——以仁理念的法律意义为例》,载《江汉论坛》2020年第6期。

律制度。最高法随后也发布了《关于在司法解释中全面贯彻社会主义核心价值观的工作规划（2018—2023）》，最高检也要求各级检察机关要依法积极参与立法修法释法活动，推动社会主义核心价值观入法入规。我国第一部《民法典》则直接将弘扬社会主义核心价值观作为立法目的确立下来。社会主义核心价值观融入《民法典》，有利于在"规范解释""漏洞填补"等发挥重要作用。[①] 应该说，社会主义核心价值观是中华优秀传统文化的系统集成，社会主义核心价值观入法将直接推动中华优秀传统文化与现代法治的结合。

（二）优秀传统文化影响执法司法自由裁量权

自由裁量权直接关系到人民群众的切身利益，对执法司法机关来说，虽是"自由"权，却也并非不受限制，除了在法定范围内之外，在法定范围内也不能"任性"，必须要做到公平合理地行使执法司法自由裁量权，这其中就要用优秀传统文化来作为衡量的重要标尺。执法司法办案时要坚持合法性和合理性相统一的原则，特别是在弹性较大、裁量空间范围较大的情况，要充分发掘优秀传统文化作为内心参考的因素，从而作出有利于依法行使职权和保护相对人合法权益相一致、法律效果和社会效果相统一的执法司法决定，因此在自由裁量权的范围内，就要充分考虑有关因素，如对一个企业追究有关法律责任时，如果企业家在生产经营过程中对违规经营不知情，或者生产的产品质量本身合格但欠缺有关审批手续等其他情节并非恶劣，且企业能积极整改的，如果给予较重处罚，影响企业进一步扩大规模，或者影响技术改造升级，甚至造成停工停产的，这种情况就可以给企业一个相对较轻的法律惩罚。例如，在办理有关资源和生态环境相关刑事案件时，仅科以较重刑罚处罚未必有好的效果，如果当事人真诚悔改，积极开展补植复绿、土地复垦、增殖放流等恢复被破坏的生态的，也可以进行从轻处罚等。这方面的例子在现实生活中也比较多，比如出租车司机在送危重病人去医院途中，为了赶时间实施了闯红灯或交通肇事的行为，即使处罚，也应与其他违反交通管理法规的行为区别对待，某人实施见义勇为而造成他人人身伤害的，即使存在治安或刑事处罚，也自然不能一罚了之，这些就反映了优秀传统文化对执法司法的影响。

---

① 宋才发、许威：《传统文化在乡村治理中的法治功能》，载《中南民族大学学报（人文社会科学版）》2020年第4期。

（三）优秀传统文化参与司法化解矛盾过程

把优秀传统文化融入司法过程由来已久，在司法过程中长期、全面适用的调解制度被认为是中国司法特点，"马锡五审判方式"被作为司法工作中的经验，作为有利于化解矛盾的一种重要方式，调解至今在司法过程中仍然广泛适用，而调解制度的适用，也为优秀传统文化注入司法过程提供了有力的制度平台和渠道。在司法参与社会治理过程中，不仅要依法办案，而且要积极化解矛盾，推动案结事了，实现"三个效果"的统一，这就要在办案过程中进行大量的释法说理，用优秀传统文化教育、感染当事人，让当事人知道法律为什么如此规定，司法为什么如此决定，诉求为什么合理或者不合理，从而使当事人对司法审判既知其然也知其所以然，做到服判息诉。前述最高法、最高检要求将社会主义核心价值观融入司法的规定，也为传统优秀文化正式、全面地影响司法办案提供了重要依据。如上面提到"六尺巷"的典故在司法实践中处理相邻关系就发挥了很大作用，安徽省池州市检察院办理的刘某、谢某诉某县自然资源和规划局、第三人任某土地行政确认纠纷监督案中，因刘某、谢某与邻居任某对约1米宽不规则的梯形隔巷权属有争议，某县国土局（现自然资源和规划局）应任某申请将争议区域登记在任某名下，形成争议。池州市检察院在充分调查了解的基础上，举行公开听证会，听证主持人援引"六尺巷"的故事，劝解双方邻里之间要以和为贵，正确处理邻里关系，建议双方均享争议隔巷的使用权，促成双方达成和解协议，从而使一起经过一审、二审和再审当事人仍不服的行政案件，在检察机关用"六尺巷"典故进行释法说理下得以最终化解矛盾。据了解，用"六尺巷"典故化解矛盾在安徽被一些司法机关运用得较为普遍。

（四）优秀传统文化增强守法效果

我国民间长期有"厌讼"的传统，有以诉讼为耻的心理，同时，在一些相对封闭、人员缺乏充分流动的社会里，有些当事人对法律的信任不够，并不看好法律在解决纠纷中的作用，缺乏对法律的信仰，在这样的背景下，缺乏对法律应有的尊重无疑将会影响守法的效果。在推进全面依法治国的过程中，实施法治国家、法治政府、法治社会一体建设，增强司法判决的权威性，必须要把全民守法摆在更加突出的位置，与立法、执法、司法相比，守法需要全社会法治观念的增强，这就要法治文化氛围的养成，在这个过程中，离不开优秀传统文化的持续浸润和渗透，"当务之急需要构建和坚守法治信仰，运用传统文化的力量，让人们相信法律、遵守法律"。① 通过文化的影响，让平等、公正、法治等理念深入人心，使人民群众不断提高对规则之治重要性的认识，不断提高对法律权威性的尊重——虽然对法律适用的过程有自己的观点，但法律适用的结果一经生效就坚决服从并履行相应的义务，这对执法司法尤为重要，在某种程度上能从根本上减少涉法涉诉信访的发生。中共中央办公厅、国务院办公厅《关于加强社会主义法治文化建设的意见》要求，推动中华优秀传统法律文化创造性转化、创新性发展，"挖掘民为邦本、礼法并用、以和为贵、明德慎罚、执法如山等中华传统法律文化精华，根据时代精神加以转化，加强研究阐发、公共普及、传承运用"，为此，在建设法治安徽过程中，各地依托五年普法规划，以法律夜市、茶馆说法、村民普法夜校、法治副校长等形式，大力挖掘优秀传统文化、地域文化加强宣传，推动形成"办事依法、遇事找法、解决问题用法、化解矛盾靠法"的自觉。

三、优秀传统文化融入检察工作的路径

立足检察实际，让更多的优秀传统文化渗透到检察工作中去，使检察工作内含更多的优秀传统文化的因子，这也是检察领域"中华优秀传统文化创造性转化、创新性发展"的必由之路。

（一）强化优秀传统文化向检察制度改造

"将优秀传统文化应用于现代社会，并不是简单地移植或复制，而是立足于现实，正确地发挥、延展和完善传统文化的过程。"因此，作为检察机关，要以高度的自觉和自主精神，梳理中国历史上与法治特别是与检察工作相关的优秀传统文化，尤其是跨越历史时空仍然具有正能量并具有现实运用价值的优秀传统文化，深度提炼蕴含其中的天理、国法和人情，打造服务检察工作文化资源库；在收集整理过程中，要坚持去伪存真、去粗取精的原则，做好优秀传统文化的传承，为其检察"制度化"奠定基础。吸收优秀传统文化的价值因子，提炼、总结能够规范、指引人的行为，调整法律关系的规范内容，将其涵摄到有关检察制度的诚实信用、绿色等原则规定和习惯内容中去，使有关抽象的检察规定经由优秀传统文化的融入更加具体化，也

---

① 房丽：《传统文化对地方纠纷解决法治化的影响》，载《黑龙江社会科学》2019年第4期。

使得优秀传统文化经过检察制度的内化直接发挥在检察办案中的作用。对于积极弘扬主旋律，积极引领社会发展进步的优秀传统文化，在时机成熟时，经过人大或最高检转化为具体的检察法律或规范性文件内容；而对于有些在实践中运用较少的或者进入立法层面尚不成熟的优秀传统文化，被有关司法机关在调解、主持和解、认罪认罚等阶段以不同形式运用的，可总结为指导性案例或典型案例发布，以期在实践中对检察个案发挥指导作用。

（二）推进优秀传统文化经检察实践再造

优秀传统文化在检察环节的运用，关键在于检察人员在办案过程中驾驭优秀传统文化的能力，而作为检察人员之前在校学习、进入检察机关的选拔方式，都鲜有将优秀传统文化的学习掌握纳入其中。因此，有必要对检察人员进行优秀传统文化的再学习、再培训、再教育，特别是对年轻的检察人员，要加强其对优秀传统文化的掌握，培养他们善于运用优秀传统文化融入司法办案过程促进定分止争的能力。在具体办案过程中，检察机关要将优秀传统文化的适用和市域社会治理现代化的要求紧密结合，通过宽严相济刑事政策的运用，促进源头治理、依法治理、综合治理、系统治理，如在办理因邻里之间、亲属朋友同事之间等纠纷引起的案件，要引导当事人在优秀传统文化的感召下，修复彼此之间的关系，从而从根本上防止矛盾扩大化；在办案过程中，应广泛借助案件公开听证、释法说理等形式，将优秀传统文化作为践行办案"三个效果"统一的重要抓手，特别要运用好已经全面推开的认罪认罚从宽制度，用优秀传统文化促使当事人真正做到认罪认罚和悔罪，从而实现犯罪的特殊预防作用；在办理有关民事监督案件、行政争议实质性化解等案件中，要广泛运用好调解、和解这一行之有效的做法，既讲法理、也讲情理，促进当事人在优秀传统文化的熏陶下"各让三尺"，从而在司法办案过程中实现形式合理性和实质合理性的统一。

（三）运用优秀传统文化促守法氛围营造

检察机关在落实"一号检察建议"过程中，要将优秀传统文化特别是法治文化的普及宣传作为一项重要内容，让孩子们从小接受优秀传统文化的洗礼，这既是优秀传统文化传承的必然要求，也是培养孩子们包括诚信、公平、正义内核的法治意识必要途径；对广大人民群众而言，检察机关可采取送文化下乡、农村夜校等形式，通过通俗易懂的语言，让群众知道什么是优秀传统文化倡导并且法律支持的，什么是应当摒弃的不正确认识和陈规陋习，使他们在观念转变的基础上养成守法的习惯。除了这种一般性、漫灌式的教育引导外，检察机关结合办案开展的宣传则具有更强的针对性，如将有关涉及邻里关系、破坏当地生态的案件听证或协调人民法院将开庭地点设在案发地，就能够起到办理一案教育一片的作用。因此，在办理此类案件时，就要广泛组织当地基层组织、附近群众旁听，通过发生在身边的具体案件的警示，来深刻认识优秀传统文化的内涵，以及与之相适应的法律制度，以此让法治意识深入人心。

深耕品牌　筑魂立检

——以吉林检察文化品牌创建为视角谈新时代检察文化品牌塑造

迟久阳[*]

文化是一个国家、一个民族的灵魂。文化兴国运兴，文化强民族强。没有高度的文化自信，没有文化的繁荣兴盛，就没有中华民族伟大复兴。党的十九届五中全会站在党和国家事业发展全局高度，明确提出到 2035 年建成文化强国。习近平总书记在党的二十大报告中提出，推进文化自信自强，铸就社会主义文化新辉煌。作为中国特色社会主义先进文化的组成部分，检察文化在社会主义文化强国建设中，使命在肩，任重道远。

检察文化是检察机关的灵魂，是检察机关的全体检察人员共同拥有的、用来指导彼此行为的价值观体系，是检察机关履行法律监督职能过程中衍生的法律文化。那么，在社会主义文化强国建设中，检察文化如何勇担使命奋发作为？那就是在继续加大检察文化建设的基础上，着力在新时代检察文化品牌塑造上，下大力气，做好文章。

一、新时代检察文化品牌内涵

"品牌"作为营销学名词，简单地说就是产品的牌子或标志，是广大消费者对一个企业及其产品过硬的产品质量、完善的售后服务、良好的产品形象、美好的文化价值、优秀的管理结果等所形成的一种评价和认知，它所带来的效应，除了可以带动商机、显示出消费者自身身价的同时，也无形中提高了商家的品位。因此，借鉴营销学"品牌"理念，"检察文化品牌"就是在检察文化建设中，通过系统思考，精心打造，不断总结取得的宝贵经验，

---

[*] 作者单位：吉林省人民检察院。

能够全面展示检察工作和检察人员精神和风貌的牌子或标志,是经过日积月累留存下来的深厚的文化积淀,它就像一面高高飘扬的旗帜,以文化的样式,传递着检察人的价值观念、生活态度、审美情趣、个性修养、时尚品位、情感诉求等精神象征。优秀的检察文化品牌,不仅涵盖了检察人在忠实履行宪法法律赋予的职责中形成的价值观、品位、格调、生活方式,而且还能在品牌的激励下,不忘初心,牢记使命,勇于担当,奋发进取,放飞人生的梦想,实现他们的追求,尤其是在立足当下检察工作实际,更好服务检察机关履行法律监督职能的基础上,放眼未来,勇于创新,以文化的力量,促进新时代检察工作在实现中华民族伟大复兴的道路上,开启人民检察事业新的征程,为全面建设社会主义现代化国家作出新贡献。从这个意义上说,新时代检察文化品牌应具有以下四个方面内涵:

(一) 品牌的时代性

新时代检察文化品牌,重在"新"上。习近平总书记在党的十九大报告中指出:"经过长期努力,中国特色社会主义进入了新时代,这是我国发展新的历史方位。"这一科学判断,不仅概括了中华民族的伟大飞跃,坚定了中国共产党的时代使命,更是明确了旗帜,预示了未来。在党的二十大报告中,习近平总书记指出,全面建设社会主义现代化国家,必须坚持中国特色社会主义文化发展道路,增强文化自信,围绕举旗帜、聚民心、育新人、兴文化、展形象建设社会主义文化强国,发展面向现代化、面向世界、面向未来的,民族的科学的大众的社会主义文化,激发全民族文化创新创造活力,增强实现中华民族伟大复兴的精神力量。因此,这个"新"就要在品牌塑造上,以习近平新时代中国特色社会主义思想为指导,深入贯彻习近平法治思想,忠实履行宪法法律赋予的职责,以文化所固有的凝聚力,全面开创新时代检察工作新局面。

(二) 品牌的形象性

新时代检察文化品牌,要充分体现品牌的鲜明个性和特色。一是该品牌只能属于当今新时代,通过品牌,全面展示新时代检察工作和检察人员精神风貌。二是该品牌必须具有鲜明的个性和特色。品牌之所以能成为品牌,一定有它自己固有的个性和特色,而且是别人无法取代和替代的,这也是能否被大众认识、接受、满意乃至达到忠诚的前提。鲜明的个性和特色,是品牌的灵魂。

（三）品牌的本质性

新时代检察文化品牌，要充分体现新时代检察工作本质。"四大检察"不是品牌，但从中总结提炼出来的优秀人物品质和出色的工作方法所具有的本质特征，就构成了检察文化品牌的核心要素。品牌的本质性不是优秀人物的自然属性，而是这个人物身上表现出来的具有时代特征的优秀品质；是在工作中提炼出的对检察工作发展具有积极意义的独创性做法。离开了检察工作本身，检察文化就没了血肉，品牌也就没有了生命力。因此，新时代检察文化品牌塑造，首先要明确检察文化是社会主义法治文化建设的重要组成部分，是弘扬社会主义法治精神的有效途径；明确塑造好新时代检察文化品牌，目的是为检察事业发展提供强大动力，激励广大检察干警的责任感、使命感、紧迫感，引导检察干警在检察事业大发展中实现自身价值，让每名检察干警的努力汇聚成推动检察工作科学发展的整体合力。其次是在新时代检察文化品牌塑造中，要坚定理想信念，坚持用社会主义核心价值观来统领，始终与党中央保持高度一致；要凝心聚力，更好地推动发展；要全力打造新时代检察新风貌、新形象。

（四）品牌的理论性

新时代检察文化品牌，需要一定的检察品牌理论来支撑。理论符合事物的客观规律，反映事物的本质，具有普遍意义。建立在理论基础上的新时代文化品牌才具有说服力，才能够被人接受，没有理论支撑的"品牌"不能称为品牌。

二、新时代吉林省检察文化品牌塑造开展情况

目前，吉林省各地检察机关已结合自身工作特点开展了检察文化品牌创建活动。如：

长春经济技术开发区检察院在检察文化品牌创建活动中，全力塑造以"竹青"为名的检察文化品牌，通过将"竹青"精神与检察事业有效结合，培养全院干警从小事做起，始终坚守为群众办实事的初心，锻造检察队伍的责任心与使命感，推动全院各项检察工作长足发展。

红石林区检察院在检察文化品牌创建活动中，从抓党建带队伍，全面提升队伍凝聚力、向心力和战斗力出发，塑造了"党建促业务，能动助检魂"检察文化品牌。

扶余市检察院把检察文化建设视为检察工作的支撑点和动力源，全力打造"尚剑文化"这一检察文化品牌。"尚剑"取自古时代表皇帝行使监督职权的信物——尚方剑，它是一种最高权力象征，也是老百姓对公平正义的期许。该院的"尚剑文化"是检察机关担当起宪法赋予的法律监督职能的写照，其中蕴含了法为尊、慎为重、公为心、精为要的精神内涵，体现着扶余市检察机关践行法治精神、忠于事实真相的新时代工作标准，为促进检察工作科学发展提供强大的精神动力。

靖宇县检察院坚持以东北抗联精神滋养队伍的作风，以红色检察文化锻造队伍的精魂，形成了"弘扬东北抗联精神、打造红色检察文化"的检察文化品牌，培养出了一支始终冲在一线的检察精兵，先后多次获得全省文明单位、全省普法依法治理先进集体、全省优秀青少年维权岗和全省先进基层检察院等荣誉，被最高检通报表扬并评为全国先进基层检察院。

柳河县检察院以检察文化建设为"灵魂"，坚持"融合柳河地域文化，打造柳检特色品牌"建设方向，积极打造"传承'红色文化'""落实'制度文化'""培育'行为文化'""厚植'廉政文化'""凸显'物态文化'"这一"五化育检"检察文化品牌，从而使文化的凝聚、引领、激励作用得以充分发挥，队伍活力显著增强，内生动力进一步释放，基层院建设取得长足进步。

长春市南关区检察院围绕人民群众对检察工作的新期待、新要求，着力打造"责任检察"品牌，以"党建品牌"创建践行政治自觉，以建设"业务品牌"践行法治自觉，以建设"服务品牌"践行检察自觉，持续提升检察公信力。

梨树县检察院以岗位业绩、作风纪律、两亮活动、组织生活、创新奉献为内容的"五星级党建品牌"为载体，将地方特色同检察文化建设相融合，把检察文化的触角不断延伸，形成了检察文化和检察队伍建设协调发展、检察文化与检察业务相融互促的可喜局面。

白城市洮北区检察院通过大力创建"公益洮北"检察文化品牌活动，持续聚焦公益，着眼生态保护着力法律监督，守护百姓美好家园，努力为人民群众提供优质的法治产品、检察产品，全力助推地方经济发展。

四平市铁东区检察院在聚积文化力量中培育理念、促动发展，在推动工作中厚植文化根基，延续满乡文脉，践行使命初心。他们将科技元素注入公益行动，利用全国领先的检察天眼护卫 e 站硬件装备，融合大数据应用的联动机制，坚持做到水环境、水生态、水资源、水安全、水文化"五水统筹"，打造了独具特色的"检察天眼护卫 e 站"检察文化品牌，在守护绿水青山中体现"检察担当"。

磐石市检察院以传承红色基因、赓续红色血脉为内涵，塑造了"灯芯"检察文化品牌。"党是灯芯，群众是油，灯芯离开油还能亮吗……"80 多年前，在遮天蔽日的原始森林中，在生死拼杀的战场上，民族英雄杨靖宇将军提出了著名的"灯芯理论"。耳熟能详的抗联故事和可歌可泣的抗联精神深深地激励着该院检察干警，"灯芯"检察文化品牌的塑造为队伍确立了一个红色文化精神坐标。他们深挖红色资源，提炼抗联精神，通过定期开展重走抗联路、重学红色历史等活动，深入开展"我为群众办实事"实践活动等，将抗联精神与检察工作紧密融合，推动检察工作高质量发展，走出了新时代检察人的新步伐——他们先后获得"全国文明接待室""全国节约型机关""全省先进基层检察院""全省精神文明单位""全省政法系统先进单位""全省政法系统省级文明窗口"等荣誉称号。2022 年，在第二届全国检察机关文化品牌选树活动中，"灯芯"检察文化品牌被评为第二届全国检察机关十佳文化品牌。

除此之外，吉林省检察机关在新时代检察文化品牌塑造中，大力从检察业务中积淀优秀检察文化，切实抓好优秀检察文化产品创作，倡导检察人员积极开展诗歌、散文、小说、剧本、书画、摄影等检察文化产品创作，创作了《留住芳华》《案的延长线》《追梦》《红色守陵人》等一批影视作品，在中政委、最高检"三微"作品评选中脱颖而出；创作的短视频作品《电信诈骗要警惕，高利诱惑要看清》《踔厉奋发，检察担当》在吉林检察官方抖音发布后，由于依托创新性普法形式，被最高检评为《民法典》宣传优秀抖音账号。在建党百年、人民检察制度创立 90 周年之际，制作的短视频作品《他穿越回"90"年代》，阅读量破 10 万＋；制作的《讲述：追寻时光记忆，传承检察精神》被最高检官方微信转发。在此基础上，吉林省检察机关还常态化组织系列文化产品评选活动。2021 年在建党百年前夕，为弘扬伟大建党精神，面向全省三级院征集了书画、摄影类作品 135 幅。其中，延吉市检察院《阿迈的笑》，龙井市检察院《田间地头忙普法》两部作品入围最高检"红心向党、检徽闪耀"主题评选活动。2022 年，为迎接党的二十大胜利召开，面向全省检察机关征集摄影、书法、美术作品千余幅，举办了"喜迎二十大　奋进新时代"全省检察机关主题文化作品展。如雨后春笋般涌现出来的优秀检察文化作品不仅有力地促进了检察文化与检察业务工作的深度融合，而且充分发挥出了检察文化"示范引领、凝聚检心、助力主业"的新作用，为新时代吉林省检察文化品牌塑造打下了扎实基础。

从以上吉林省新时代检察文化品牌塑造开展情况来看，应该说，吉林省在新时代检察文化品牌塑造工作中，做出了积极探索，形成了较为系统的理念方法，而且在实际检察工作中，塑造的检察文化品牌也正成为各项工作的总抓手，并且日益为广大人民群众了解和熟悉，彰显了新时代检察文化的品牌效应。但是，在看到已取得成绩的同时，还要从中汲取经验，寻找差距和不足。在具体实践中仍存在三个方面难题亟待破解。

一是检察工作与文化品牌融合深度有待加强，需要更深入研究二者相结合的"切入点"。这个"切入点"就是检察工作中的"亮点"。在检察工作中，被认可是"亮点"工作的，一定有其独到而其他院所不具备的特质。如果能在"亮点"工作中捕捉到其中的文化内涵，以加法或乘法的方式，从中提炼出"亮点"的灵魂，进而上升到塑造检察文化品牌层面，那么，塑造出来的检察文化品牌不仅接地气，更能体现出该品牌的本质。

二是在品牌的塑造中，载体较为简单，有时停留在一些面上的文体活动上。实际上，从本质上充分发挥文化的聚魂作用，首先需要让检察文化理念深入人心，理念指导实践，实践升华理念，这样才能让文化品牌行深致远。因此，在品牌塑造上，首先，要营造一种氛围，听到的，看到的，都是品牌，让品牌的感召力无处不在。其次，要在继续开展各类文体活动的同时，更要挖掘检察人员的内在文化潜力，强化文化素养，让品牌始终牢记心中，积极努力读书、创作、钻研，自觉参与到品牌的塑造中，真正让品牌起到以文育检、以文化人的作用。

三是在品牌的名称上，注重内容而忽略了品牌名称在检察文化品牌塑造中应具有的强大功效。品牌名称是品牌的代表和灵魂，是品牌被大众认识、接受、满意的前提。检察文化品牌能否被同行和人民群众接受，首先要有一个反映其品质特征的名称，具体说，要有一个反映其优秀特征的"词"或者"短语"作为"品牌"的名称。最重要的，是这个品牌名称要简单易记，要让看到的人产生正面联想，要能引起人们的注意，让人对这个品牌感兴趣。

三、全力推进新时代吉林省检察文化品牌塑造

新时代检察文化品牌塑造是检察文化繁荣发展的重要标志，代表着新时代整个检察系统的形象，加强新时代检察文化品牌塑造是提高司法公信力的有效路径，更是在社会主义文化强国建设中所肩负的崇高使命。如何立足吉林实际，打造富有吉林特色的检察文化品牌？

（一）把新时代检察文化品牌塑造上升到战略高度强力推进

1. 在思想观念上，大力倡导"干好本职业务是底线，创出新时代检察文化品牌是政绩"的理念，把新时代检察文化品牌建设作为创先争优的重要举措，作为检验检察长工作能力和业绩的重要指标。

2. 在工作部署上，要把新时代检察文化品牌摆上重要日程，纳入到未来检察工作发展的规划。在组织推进上，各级院检察长要高度重视新时代检察文化品牌塑造。省级院要制定全省新时代检察文化品牌塑造长远规划，要结合吉林省检察工作实际，统一协调部署各地检察机关新时代检察文化品牌塑造，要重特色，合理布局，在"百花齐放"的前提下，做到个个"争芳斗艳"。

3. 在品牌结构上，要放眼长远，形成梯次结构的"品牌群"，既要有全国的品牌、全省的品牌，也要有地区的品牌和基层院的品牌，并逐步培育升级。

4. 在宣传推广上，要及时总结推广新时代检察文化品牌塑造的经验，加强品牌的包装推介，通过各种方式，加大力度宣传品牌，扩大品牌知名度，让品牌真正被大众和社会接受。

（二）以考评促进新时代检察文化品牌塑造

考评是检察工作的指挥棒和风向标，起到引领和导向作用。要把考评引导到鼓励新时代检察文化品牌创新上来，使各级检察机关能够高度重视新时代检察文化品牌塑造，把足够的力量投入到品牌建设上来，对创新成果突出，进而在省和全国形成有影响力的检察文化品牌增加权重，努力打造出一批更有影响力的新时代吉林检察文化品牌。

（三）注重特色，塑造独具特色的新时代检察文化品牌

要结合本地检察工作实际，把握地域丰富的自然资源和人文资源，精心提炼，找准切入点，精确塑造独具特色的新时代吉林检察文化品牌。从这个

意义上说，吉林在新时代检察文化品牌塑造上，得天独厚，大有可为。吉林有广阔的被誉为"耕地中的大熊猫"的黑土地，保护好黑土地，是吉林省检察机关的神圣职责。目前，检察长巡田已成为吉林省检察机关黑土地保护专项工作常态。松原市检察机关办理的督促农业农村、林草部门等依法履行防治外来入侵物种职责案被评为全国黑土地保护典型案例。白山市江源区检察院办理的督促整治非法占用黑土地行政公益诉讼案，白城市检察院办理的督促整治菟丝子保护生物多样性行政公益诉讼案，还有通化市柳河县种植户占用基本农田种植苗木案……这些立足黑土地，充分发挥检察职能，展现检察机关担当作为的"亮点"工作都是精准塑造新时代吉林省检察文化品牌的"切入点"。除此之外，吉林还有长白山、松花江、鸭绿江等广为人知的自然资源，有杨靖宇殉国地、四保临江纪念馆、四战四平纪念馆等红色文化和以白城地域为主的草原文化、吉林市地域的萨满文化、白山地域的人参文化等人文资源。准确把握这些丰富的自然资源和人文资源，再融入具体的检察工作实际，精心提炼，都能找到精确塑造新时代吉林省检察文化品牌的"切入点"。

（四）在"筑魂立检"中，为新时代检察文化品牌注入生命活力

检察文化离不开维护法律的尊严，维护宪法的权威。它体现了检察制度建设、实践活动、工作成果等，支配着检察官的行为、意识、理念等。检察文化不是管理方法，而是形成管理方法的理念；不是行为活动，而是产生行为活动的原因；不是人际关系，而是人际关系反映的处世哲学；不是工作状态，而是这种状态所蕴含的对工作的感情；不是服务态度，而是服务态度中体现的精神境界。因此，在新时代检察文化品牌塑造中，就要把着力点放在"四大检察"上，通过具体的检察工作实践，展示成果和检察队伍形象，通过品牌让更多人更加了解检察工作，更加关注和支持检察工作。

（五）丰富载体，以深厚的文化底蕴全力推进新时代检察文化品牌塑造

新时代检察文化品牌塑造，离不开文化这一本质属性。不仅要丰富人们看得见的文体活动来支撑这个品牌，更要用文化来培树检察队伍的素质、修养，让检察干警把提升文化素能变成一种自觉，这就需要丰富的载体来支撑。

1. 在提高文化素养上，通过举办读书、演讲、大课堂、体育比赛、文

艺活动等，营造良好的文化氛围。同时，鼓励检察干警积极踊跃投入文艺创作中，通过文学、美术、摄影、书法等各种载体，展现个人文化提升水平和精气神，以良好的精神状态做好各项检察工作。

2. 在扩大品牌知名度上，让他山之石可以攻玉，可以邀请社会上的文化知名人士走进检察机关，为检察文化品牌塑造增色添彩。

3. 在宣传品牌的形式上，还可以用品牌之名来打造电视、电影、小说、戏剧等，以文艺的形式让检察工作和检察队伍广为人知。电视剧《巡回检察组》就是一个成功的典范。

检察文化是检察机关的灵魂。检察文化品牌是检察机关的形象、影响力。全力推进新时代检察文化品牌塑造，有利于提升新时代检察公信力，营造良好的外部环境。只有全力推进新时代检察文化品牌塑造，形成检察文化"品牌效应"，才能在检察机关能动履行检察职能的基础上，以文化的力量，开创新时代人民检察事业新征程，为社会主义文化强国建设作出新的贡献。

夯实新时代检察法治文化建设的基础

刘宝林 刘 寅[*]

一、筑牢全社会新时代法治文化建设的基础是法治社会建设的必然要求

（一）对"新时代"的理解

我们的"法治文化建设"正处在"新时代"，我们对"新时代"的特点就应当了解，为法治文化建设体现时代性，打下思想方向的基础。中国特色社会主义进入新时代，新在哪里？《习近平新时代中国特色社会主义思想学习问答》一书给出了答案："新时代新就新在我国社会主要矛盾发生新变化；新时代新就新在党的理论创新实现新飞跃；新时代新就新在党和国家事业确立新目标……"我们现在的"法治文化建设的基础"，如果建设得不牢，这一法治文化的意义、作用，乃至由此升华的精神就会缺乏应有的活力来支撑好"新时代法治文化建设"，也就使我们新时代法治文化建设难以实现初衷。

（二）对"法治文化建设的基础"的理解

既然法治文化建设的"基础"这么重要，其具体含义就一定要弄清楚。从全社会来看，是各部门、各行业、各系统共同的建设的基础，就是"共同基础"。除"共同基础"之外，还有体现本部门、本行业、本系统工作性质的"基础内容"，即"非共同基础"。

共同基础，就是全社会在法治文化建设的过程中，各部门各行业各系统都存在的内容相同的基础成分。首先是思想基础，就是《关于加强社会主义法治文化建设的意见》（以下简称《意见》）中的"指导思想"，即"以习近平新时代中国特色社会主义思想为指导……深入学习宣传贯彻习近平法

---

[*] 作者单位：黑龙江省哈尔滨市阿城区人民检察院。

治思想……"缺乏这一思想基础，就会在新时代法治文化建设过程中迷失方向，就会偏离新时代法治文化建设的轨道，就难以全面实现我们新时代法治文化建设的初衷。其次是文化基础，就是中华优秀传统文化的基础，缺乏这一文化基础，在新时代法治文化建设过程中，就会缺乏中国特色社会主义元素中的一个方面的力量；就是法律文化基础，缺乏这一文化基础，在新时代法治文化建设的过程中，就会缺乏社会主义法治文化产生与发展的脉络；就是红色文化基础，缺乏这一文化基础，在新时代法治文化建设中，就会缺乏使命感乃至精神动力的持续与增强；就是道德文化基础，缺乏这一基础，在新时代法治文化建设过程中，就会缺乏涵养法治文化的个体内在约束力，因为我们认为，道德是心中的法律；就是精神文化基础，即建党精神、抗联精神、长征精神等，缺乏这一精神基础，在新时代法治文化建设过程中，就会缺乏精神支撑与信仰的力量。

非共同基础，就是体现各部门各行业各系统业务工作性质方面的基础。如"党委宣传、网信、法院、检察院、教育、财政、文化和旅游等部门"的本部门本行业本系统业务工作所涉及的相关业务知识等。以检察院为例，其开展的新时代法治文化建设，除具备"共同基础"条件之外，法律监督工作所依据的法律，运用这些法律的思想及能力，就是全社会的新时代法治文化建设"共同基础"之外的"基础"内涵中的"非共同基础"元素。检察官、检察辅助人员、检察行政人员，掌握了本部门即法律监督工作部门开展工作必备的业务知识，就是"非共同基础"的内容；教育，与每个人、与家家户户都直接相关，教育系统开展新时代法治文化建设，其具备的基础条件，除"共同基础"之外，掌握教育法，理解未成年人保护法，懂得教育规律，紧跟教育改革尤其是素质教育的步伐，就是新时代法治文化建设所应当具备的"基础"内涵中的"非共同基础"内容。如此举例，其他部门行业系统开展新时代法治文化建设所需"基础"条件中的"非共同基础"含义，我们就都明了了。这也便于不同部门不同行业不同系统的新时代法治文化建设的立意启发，路径启迪，效绩启示。

（三）对"全社会"的理解

我们要筑牢的"新时代法治文化建设的基础"，是"全社会"的。筑牢新时代法治文化建设的基础，为什么强调"全社会"呢？

《意见》中"（三）总体目标。……到2035年，基本形成与法治国家、法治政府、法治社会相适应，与中国特色社会主义法治体系相适应的社会主义法治文化，基本形成全社会办事依法……"因此，落实《意见》要求，就要筑牢全社会新时代法治文化建设的基础。无论什么部门、行业、系统，在贯彻《意见》精神的过程中，都应当把本部门本行业本系统的法治文化建设置于全社会的新时代法治文化建设的范畴来谋划、定位、推进，使本部门本行业本系统的法治文化建设的"共同基础"共同筑牢，优势互补，经验互鉴，比学赶超，合力共筑。同时，按照《意见》要求，"各群团组织和社会组织要充分发挥作用，通过各种途径和形式参与法治文化建设"。"参与法治文化建设"，就应当了解"新时代法治文化建设的基础"是什么。掌握其"基础"内容，是"参与好"新时代法治文化建设的必要条件。

（四）对"筑牢"的理解

"全社会新时代法治文化建设的基础内容"我们了解了，那么怎样"筑牢"这一"基础"？充分发挥各部门各行业各系统的职能作用，各展其新时代法治文化建设的"才能"，或高超的"才艺"，或新时代法治文化建设的创新力乃至创造力，就可以达到"筑牢全社会新时代法治文化建设的基础"的目的。

二、全面夯实新时代检察法治文化建设的基础

检察机关在全社会新时代法治文化建设的宏图大业中，如何充分发挥职能作用？"全面夯实新时代检察法治文化建设的基础"，就是其"充分发挥职能作用"的重要方面。

在"基础"的具体内容中，除了全社会各部门各行业各系统新时代法治文化建设的"共同基础"之外，"非共同基础"就是体现各部门各行业各系统业务性质、工作任务特点的具体内容的"建设基础"。检察法治文化建设"非共同基础"的具体内容，我们认为，包括法律监督工作所依据的全部法律法规；包括开展检察工作的宏观指导思想，即习近平法治思想与检察工作实践相结合，孕育、融汇、总结、提炼出来的指导思想，例如，习近平法治思想"十一个坚持"中的坚持党对全面依法治国的领导，在检察工作中，党组发挥作用的思路，党支部对党员干警的"党员的权利与义务"的保障与指导，就是检察工作的宏观指导思想；而微观指导思想，就是融汇宏观指导思想的检察人员，在接待当事人，在办理每一起案件等工作中，其语言行为所能体现出来的政治意识和敬业精神的支撑思想，即为人民服务的思想。再比如习近平法治思想"十一个坚持"中的坚持建设德才兼备的高素

质法治工作队伍的思想，贯彻这一思想，把检察工作队伍建设成德才兼备的思想、思路等，尤其最高人民检察院党组就领悟贯彻落实《中共中央关于加强新时代检察机关法律监督工作的意见》而形成的"加强新时代检察机关法律监督工作 更实担起党和人民赋予的更重责任"的思想；包括检察人员的专业能力、专业作风、专业精神等；还包括检察官职业品质，检察辅助人员、检察行政人员素质要求等，参与新时代检察法治文化建设所应具备的检察特色方面。

我们了解了全社会新时代法治文化建设的基础中"共同基础"的具体内容，又熟知检察机关新时代法治文化建设"非共同基础"的具体内容，接下来，就是怎样"夯实新时代检察法治文化建设的基础"的探索。

我们通过回顾加强检察工作队伍建设的阶段性状况，反思检察机关文化建设尤其二十来年的检察文化建设成效，结合关于对法律监督工作，对社会主义法治文化建设等方面的有关要求，借鉴环保、教育、公安等部门行业系统法治文化建设的经验，深入了解新时代检察机关尤其基层检察机关的法治文化建设特点，从中感到，在筑牢全社会新时代法治文化建设基础的同时，夯实检察法治文化建设的基础，应当做到"八要八不要"。

（一）要必要形式，不要形式主义

人民出版社出版的《法治之魂》一书中写道：《现代汉语词典》对"形式"的解释：形式是"'事物的形状、结构等'，形式是相对于内容而言的……内容'事物内部所含的实质或意义'"。夯实检察法治文化建设的基础，必须通过一定的形式，也就是"必要形式"，例如读书（《习近平法治思想概论》等）、研讨、参加会议、参加演讲、学习新规、"检法律"同堂听课、交流学习体会等，都是夯实检察法治文化建设基础不可缺少的"形式"，也就是"必要形式"。如果形式没有为内容服务，如果形式没有促进夯实检察法治文化建设的基础，即"共同基础"和"非共同基础"，使"形式"下面没有内容，仅仅是读书，没有读以致用，夯实检察法治文化建设的基础就没有得到一个方面的夯实，甚至也没有去"夯实基础"，就涉嫌了"形式主义"，"片面地注重形式，不管实质的工作作风，或只看事物的现象，而不分析其本质的思想方法"，这是《现代汉语词典》对形式主义概念的解释。由此可知，夯实检察法治文化建设的基础，"要必要形式，坚决不要形式主义"。

（二）要法治思想，不要关系思想

检察人员应当树立什么思想，确立什么性质的思想，所确立的思想是否一定能够促进夯实检察法治文化建设的基础？这是一个极其重要的问题，因为思想是夯实新时代检察法治文化建设的基础工作的指南。因此，我们树立的思想一定是法治思想。具体说来，在新时代树立习近平法治思想，《习近平法治思想概论》第二编第四节中强调"……培育全社会办事依法、遇事找法、解决问题用法、化解矛盾靠法的法治环境……"这其中的培育"四项"，我们认为，就是在培育法治思想，同时也就否定了办事找关系、遇事找熟人……就是与法治社会、法治文化建设基础背道而驰，又长期盛行的人治思想或者说关系思想，就要放弃。

（三）要强化能动，不要怠于努力

夯实检察法治文化建设的基础，需要检察人员的能动作用，因为"能动"的含义是"自觉努力、积极活动的"。无论是检察机关的领导还是被领导者，也无论是直接参加夯实检察法治文化建设基础的有关方面，还是间接参与夯实检察法治文化建设基础的方方面面，是否具有参加或参与的主观能动性，直接关系到夯实检察法治文化建设基础的质量和效绩。因此，我们就要充分发挥主观能动性，自觉自愿地积极地做好夯实检察法治文化建设基础的工作，对于身在检察法治文化建设范畴内的全部人员，都要鞭策、鼓励、熏陶其发挥主观能动性。具体说来，就是主动学习专业知识尤其新颁布施行的法律法规，自觉阅读《检察日报》等报刊刊载的检察业务方面的专家学者的专题研究文章，尤其与自己业务工作有直接相关的学术研究内容，积极磨炼检察法治文化建设方面的专业精神，促进夯实检察法治文化建设基础的使命担当等。对此，还要自我强化、组织强化、重点强化"能动"，由此触动或带动或推动"怠于努力"的夯实检察法治文化建设基础的有关责任方面。

（四）要表率作用，不要淡化做功

"要表率作用"，不仅仅是夯实检察法治文化建设的基础，在全社会全面依法治国的过程中，都需要表率作用。"表率"的"好榜样"作用，是其他不能替代的，尤其"关键少数"的表率作用，那就更重要了，重要到什么程度？重要到可以带好一批人，也可以带不好一批人；可以使事业攻坚克难，不断推向新阶段，如大庆铁人王进喜的表率作用；可以使事业难以健康开展，甚至使其所在的单位或所从事的事业蒙受损失，甚至重大损失。在疫情防控过程中，被免职被撤职的党政干部的"关键少数"范畴中的领导干部，就足以说明了"关键少数"表率作用的不可忽视，不可低估。在《习近平法治思想概论》一书中，关于"领导干部在全面依法治国中起着以上率下的作用"一题中写道："……领导干部尊法学法守法用法，就会产生'头雁效应'，老百姓就会去尊法学法守法用法。领导干部装腔作势，装模作样，当面是人，背后是鬼，老百姓就不可能信你那一套。正所谓上行下效，'其身正，不令而行；其身不正，虽令不从'。"以上列举的现象，阐述的道理，具有普遍意义，也就是在夯实检察法治文化建设基础方面，关键少数的表率作用其"价值"是相同的，只不过具体的事业、领域、工作性质等内容不同，而表率的"作用"是"共同"的。检察机关除了"关键少数"的作用要高度重视起来，在检察工作实践中，"次'关键少数'（中层干部正职）"的"表率"作用，仍然不可低估，尤其在一把手新到一地任职，在不熟悉单位一些情况或失察的情况下，或者另有什么原因在其中，"次'关键少数'"的表率作用，在夯实检察法治文化建设基础的过程中，其发挥职能作用的表率，其检察职业道德表率，其处理横向与纵向利益关系等方面，一把手都应当明察，以避免"人下滑"，导向有干扰，工作受影响。我们要表率作用，同时不要淡化做功，就是表率作用要体现在夯实检察法治文化建设基础的行动尤其是取得实际成效上。

（五）要自我批判，不要自我放任

"批判"的含义：（1）"对错误的思想、言论或行为做系统的分析，加以否定"；（2）"分析判别，评论好坏"。"要自我批判"，我们这里表达的意思是第二种含义。在夯实检察法治文化建设基础的"共同基础"和"非共同基础"的过程中，会遇到多元文化碰撞，检察事业的发展必然会出现改革与创新的问题，尤其在我们所处的这个新时代，社会主要矛盾已经发生变化，陈旧的思想不会一日都跑掉，"法治的确立与人治的退场"，在利益得失中博弈，又有西方腐朽思想的诱引等，我们夯实的是新时代中国特色社会主义检察事业中的社会主义法治文化建设基础。如果我们不具备一定的分析判别能力，又缺乏评论好坏的"政治、思想、法律、检察、文化"等诸多方面的一般素养，就可能会出现方向不清，性质不明，随波逐流的现象，对夯实检察法治文化建设基础中的"共同基础"和"非共同基础"，都会产生不利的影响，偏离我们实现初衷的轨道。具体说来，西方所谓"宪政"

"三权鼎立""司法独立"的渗透与诱惑,在人情关、金钱关、权力关等面前,不具备一定的自我批判素养尤其自我革命精神,就难以坚定新时代检察法治文化建设的立场。

(六)要时代烙印,不要滞后痕迹

夯实新时代检察法治文化建设的基础,必须突出时代性,突出新时代,突出习近平新时代中国特色社会主义思想,突出习近平法治思想,突出中共中央办公厅、国务院办公厅印发的《关于加强社会主义法治文化建设的意见》,突出党中央专门印发的《中共中央关于加强新时代检察机关法律监督工作的意见》,突出最高人民检察院党组提出的加强新时代检察机关法律监督工作 更实担起党和人民赋予的更重责任,突出新时代检察机关"四大检察",使被夯实的新时代检察法治文化建设基础,蕴含着这些"突出方面"的元素,体现这些"突出方面"的鲜明特色,使新时代检察法治文化建设基础更具时代性,更有针对性,就会更深入地具有前瞻性地筑牢新时代检察法治文化建设的基础。所谓"不要滞后痕迹",就是在新时代检察法治文化建设基础中,不存在不符合新时代检察法治文化建设基础中"共同基础"元素、"非共同基础"元素的要求,如新时代开始之前的法治文化观念,西方的法治文化意识,人治冲淡法治的思维惯性,遇事找关系的观念等,都是"滞后痕迹"的写照,坚决不要。

(七)要应有高度,不要贬低自己

在夯实新时代检察法治文化建设基础的法治文化事业中,存在着思想、意识、认知、动力、推进、提升、信心等方面的问题。这些方面不搞清楚,不够明朗,缺乏宏观思考,缺乏大局观念等,在具体的法治文化建设中,就会缺乏钻研精神,缺乏责任感,缺乏使命感,直接关系到新时代检察法治文化建设的成效,也就是"基础"不够牢固。新时代检察法治文化建设基础牢固,还体现在"应有高度"。什么是"应有高度"呢?我们来看法律监督工作,例如办理公益诉讼方面的案件,具体说环境污染性质的案件。人民群众对企业或单位垃圾处置不当影响正常生活有意见,多次反映,依据事实、证据和相关法律,检察机关进入办案程序……而对"垃圾处置不当"的意见,并非是群众物质生活范畴的需要,而是对美好生活向往的需要。这一需要的性质,属精神文化方面的范畴,可以概括为对公益文化的需要,检察机关办理这类案件,使公益文化增加了法治元素,就可以叫作公益法治文化;

公益法治文化建设，是"四大检察"的基本内容之一。用法律监督的方式解决环境污染问题，回应人民群众在新时代新要求新期待，就是在解决新时代社会主要矛盾，即"人民日益增长的美好生活需要和不平衡不充分的发展之间的矛盾"，这也正体现了社会主义本质属性的共同富裕，即"广义上的物质生活和精神生活的共同富裕"。办理公益诉讼案件的法律意义、社会意义、政治意义，认识到这一高度，才是应有的高度，即就办案而办案——宣传法治（"谁办案谁普法"）、传播法治文化——满足人民群众对环境美好的新期待（美好生活中的具体内容之一）——解决新时代社会主义主要矛盾（"……不平衡不充分发展……"）——"应有高度"物质生活和精神生活的"共同富裕"——社会主义就是这样的"两个生活""共同富裕"：社会主义的本质。这就是办理公益诉讼等"四大检察"案件办案人员应有的认识高度，也是新时代检察法治文化建设基础的思想高度。

（八）要坚定信仰，不要目标不一

夯实新时代检察法治文化建设基础，筑牢全社会新时代法治文化建设基础，还要有信仰的力量。李大钊、方志敏等先烈，他们信仰共产主义，信仰社会主义，为了自己的信仰，宁可"头可断，血可流，信仰的主义不能丢"。我们党员检察人员，是红色检察事业的重要接力人，信仰的是社会主义法治精神，检察事业是社会主义法治事业的重要组成部分。信仰社会主义法治精神，就要建设社会主义检察法治文化，建设新时代检察法治文化，就要夯实社会主义检察法治文化建设的基础，就要检察人员的信仰坚定。有了这一政治力量，就有了政治保障，就会使夯实新时代检察法治文化建设基础增添力量，就会充分发挥职能作用，与全社会的各行各业各系统一样，在筑牢全社会新时代法治文化建设基础的过程中，不负使命，使新时代法治文化建设事业不断向前推进。果真如此，就是"目标始终如一"，就是始终坚定新时代社会主义法治文化信仰，像《马克思传》中马克思的"自白"一样："目标始终如一。"这就启发与告诫我们：在新时代社会主义法治文化建设中，不要"目标不一"，一定要"目标始终如一"，向马克思学习，我们的新时代检察法治文化建设，就一定能够向前推进。

新时代检察法治文化建设的实践将会充分地证明：做到"八要八不要"，就一定会夯实新时代检察法治文化建设的基础，同时也在促进着"筑牢全社会新时代社会主义法治文化建设的基础"，使新时代法治文化建设的基础更加牢固，新时代社会主义法治文化矗立的大厦，就一定会稳如泰山。

新时代检察文化与检察业务融合发展路径

陈 宏[*]

文化是一个国家、一个民族的灵魂。习近平总书记指出:"中华文化既坚守本根又不断与时俱进,使中华民族保持了坚定的民族自信和强大的修复能力,培育了共同的情感和价值、共同的理想和精神。"大到国家、民族层面,小到机关、社团层面,文化内在所具有的强大凝聚力、引领力和感召力,能够将身在其中的无数个体紧紧团结在一起,形成磅礴的精神力量和实践力量。进入新时代,党和国家将文化建设提升到一个新的历史高度,将其摆在更加突出的位置。

文化的本质是"人化",是个体在集体中改造世界的共同结晶;文化的本质是"化人",是集体通过对个体的培养熏陶,反过来延续、提升文化,进一步深化对世界的理解和改造。研究检察文化,就不能脱离具体检察业务的语境,不能脱离检察个体的具体实践。检察文化作为我国法治文化的重要构成,作为法律职业群体文化,对检察群体及其事业发展具有关键性的作用,是推动检察工作和检察队伍建设高质量发展的内在源泉和不竭动力。优质的检察文化能够强化检察个体为民司法的理想信念,潜移默化地影响个体的执法行为,为检察事业发展注入强劲动力。笔者试从政治建设、价值理念、品牌载体和行为管理等四个层面入手,梳理新时代检察文化与检察业务的融合路径,更好达到以文化人、以文育人、以文培元的目的。

一、政治建设:检察文化找准聚合方向

新时代检察文化融入检察业务的根本出发点要落在政治建设上,发挥政治建设举旗定向作用,凸显检察文化培根塑魂功能,引导检察人员坚定理想信念,锤炼忠诚干净担当的政治品格。实现以检察文化为融合剂,全面推动

---

[*] 作者单位:广东省广州市番禺区人民检察院。

政治性极强的业务工作与业务性极强的政治工作融为一体。

锻造红色思想文化，传承检察红色基因，要始终将思想政治建设作为打基础、重长远的长期工程，实现从虚到实、由表及里、以思促行的良好效果。引导广大检察人员在强化理论武装中筑牢政治忠诚，忠诚拥护"两个确立"、坚决做到"两个维护"。坚持把"从政治上看"有机融入检察履职全过程，不断锤炼忠于党、忠于人民的政治品格，不断增强在办案中实现"三个效果"有机统一的能力。坚持强化理论学习"先导工程"，把深入学习习近平新时代中国特色社会主义思想作为首要政治任务，原原本本学、全面系统学、联系实际学，把政治理论武装融入业务建设和检察办案实践，更好地推动检察工作。坚持用马克思主义立场、观点、方法分析和处理问题，不断增强从政治高度把握问题的能力。把党史学习作为永恒课题、终身课题，源源不断汲取党史力量，不断加强政治忠诚教育、革命传统教育和爱国主义教育，将学习成果转化为坚定的理想信念、能动履职的自觉行动。

聚焦检察主责主业，在检察机关内部积极打造具有部门特色的"党建+业务"融合品牌，推进"一支部一品牌"建设，创建党建业务双融合品牌项目。紧扣机关党建时代特点和业务工作规律，探索检察特色党建工作法，提升党建工作质效，切实做到党建强则业务精，业务强则党建实。发挥党组织的战斗堡垒作用，对照党支部标准化规范化建设标准，严格落实"三会一课"、主题党日、组织生活会、党性分析和民主评议党员等制度。搭建党建实践平台，内容上突出党建和业务工作实际，坚持以支部作为落实落细党建工作的重要载体，激活党支部"神经末梢"，发挥支部政治功能和组织力，着力从政治上发现和推动解决检察业务问题、从业务上推进政治建设走深走实。强化组织纪律观念，强化担当奉献的自觉，提升法治思维和能动履职工作能力，推动每一名党员干警成为党建实践者、参与者、受益者。

检察文化建设的根本在于检察队伍，要突出政治、业务、人才、文化建设一体推动，把党管人才全程融入检察队伍建设，立足忠诚底色、专业成色，通过"思想领航""业务领路"，深入开展思想政治、检察业务和职业道德教育，强化政治素养和业务能力的系统培养。要搭建干部实践锻炼平台，引导年轻干警到办案一线、窗口部门、驻村扶贫、援藏援疆等工作中锻炼成长，坚定青年检察人员"为大局司法、为人民司法"的价值取向，增强职业尊荣感、责任感和使命感。把年轻干警放到推动发展的主战场，引导他们积极思考价值定位、发展方向和职业目标，在实践历练中得到精神洗礼和党性成长。

二、价值理念：检察文化实现凝神聚力

牢牢把握习近平法治思想对检察工作高质量发展的时代新要求，坚守检察机关在法治建设中的职责定位，进一步推动司法体制改革，增强人民群众的安全感、公平正义的获得感，要求我们做到检察文化的价值取向与检察业务相向同行。通过价值理念引领，厚植法治文化建设之根，彰显司法文明，传递崇法守正检察情怀，才能真真正正以文化涵养业务，同时以业务促使文化不断发展。

追求公平正义、崇尚法治信仰，引领服务法治建设，服务保障党和国家工作大局，才能让法治文化不断扩大影响力。要进一步贯彻落实好《中共中央关于加强新时代检察机关法律监督工作的意见》精神，强化能动履职理念，创新检察工作新实践，真正让业务体现政治、体现党的意志和宗旨。深化落实领导干部上讲台制度，将检察长到党校讲课形成长期工作机制，结合新时代检察工作的新理念，系统介绍检察机关依法能动履职，为大局服务、为人民司法、为法治担当的情况，有利于拓宽平台，进一步凝聚新时代法律监督共识，汇聚检察监督合力。

丰富法治文化，必须来源于具体生动的检察实践，必须紧紧依靠讲政治的办案站位和专业化的办案本领。检察机关职在司法办案，责在以法律监督促诉源治理，做好标本兼治工作，更好发挥法治对改革发展稳定的引领、规范、保障作用。要注重找准检察工作服务大局的"小切口"，围绕精准服务市场主体，构建"检察＋商会、园区、企业"联络沟通机制，准确研判行业法律风险，助力营造法治化营商环境。检察官必须防止就案办案、机械办案，要从社会视角通盘考虑法理情，加强司法检察政策考量，更加自觉地以"如我在诉"的精神状态办好每一起案件，推动更多矛盾纠纷解决在基层、在源头、在诉前，实现治罪与治理并重。加强和改进群众信访工作，切实做到"民有所呼，我有所应"，多渠道接收群众诉求，提高发现矛盾焦点敏锐性，增强释法说理能力，促进矛盾纠纷在法治框架下有效化解，提升社会治理能力和水平。

在办好案件的基础上，打造彰显法治内涵的文化平台，促进社会主义核心价值观转化为群众的情感认同和行为习惯。结合检察办案实践，在公开听证、适用认罪认罚从宽制度、涉案企业合规改革试点等工作中，全程融入检

察普法，厚植法治根基。突出做好宪法、民法典等重要法律法规的普法宣传，及时发布指导性案例和典型案例，精准提供普法产品，提升检察机关在民众心里的公信力和认同感，促进全民法治观念养成。

针对新时代对检察办案提出的更高要求，坚持理论研究与办案实践相结合，通过办案实训、专题研讨、案例指导等方式，提升检察办案团队专业化水平。同时，结合司法体制改革后不同岗位检察人员的知识结构和技能标准，做好队伍专业化、职业化的长期规划，针对性引进具有民事、行政、知识产权、信息技术、金融等多领域专门人才。下大力加强高、精、专人才选拔培养，运用精准对口的业务培训、实用性强的技能竞赛和精选案例研讨等形式，努力培养业务尖子、办案强将和综合管理人才，更好地满足经济社会发展的需要、人民群众对于公正的需求。

三、品牌载体：检察文化形成系统效应

要深化检察文化建设，就必须树立检察工作、检察文化、检察宣传三位一体统筹推进的理念，将检察文化基础建设植根于业务实践，从具体业务实践中沉淀优秀检察文化，形成系统呈现的集成载体。通过树品牌、强品牌，自觉以新发展理念为标尺，以求极致的精神专注打磨亮点，实现"软文化"的"硬装修"，使文化与业务互动互融、相促相生的成果更加可感、可知、可亲。

新时代新发展，检察文化建设释放发展效能的重要性日益凸显。近年来，很多基层检察院在这方面积极开展创新探索，以更加宏大的视野和全局思维去思考新时代检察的发展路径，加强顶层设计，推动检察文化与检察业务同频共振，打通检察文化建设内、外循环，形成对内有平台、对外展形象的良好格局。这些探索都无一例外充分发挥检察文化的"孵化器"作用，形成系统、集群性效应，将具体检察业务做到嵌入式发展。积极培树检察文化品牌，能够使检察文化具有更为坚实的附着，使检察业务具有更为直观的展现，成为新时代检察工作的增长极。从重庆的"莎姐"未检品牌，到福建泉州"亲清护企"模式，再到广州花都"花检飞花"人才建设文化品牌，都很好地做到了深挖本地区文化要素、先行先试、边试边调，通过办案实践的推进不断完善品牌创建模式。他们的成功经验在于找准司法需求，讲好司法故事，传播引领司法理念和法治风尚，以检察文化品牌激活新时代检察自信，切实做到了将检察软实力化为检察新动能。

在"文化+业务"品牌建设中，也要避免陷入生搬硬套的误区，出现急于冠名、偏重"颜值"、削足适履等"造星"行为。这种短视行为或许可以产生一时的"吸睛效应"，但长期来看是不可持续的，文化动力会很快耗竭，最终产生反效应。基层检察院要重心往下，注重"造形"，选准品牌的外在呈现形式，丰富其内在独特内涵，使其具有鲜明的辨识度，但是要更加注重"铸魂"。要精心挖掘自身特色和优势，将传统文化、地域文化不断融合，打破思维定势，提炼核心治院理念，融入到基层院建设、检察工作的各个环节。要围绕主动适应"四大检察"全面协调充分发展的新要求，注重将司法办案延伸至社会领域，把检察工作更深融入社会治理，展现检察担当和作为。深化以案促治，持续推进当前信息网络、自然资源、金融监管等重点行业领域整治，形成更多创新社会治理的有效载体。在办案过程中，可以更加善于提炼精品案例、打造优秀检察产品、锻造优秀办案团队，充分发挥文化建设的主观能动性和创造性，在文化品牌的包装下更好呈现出来，充分彰显检察工作特色和创新亮色，有效增进社会公众对检察工作的了解、认同和支持，为检察事业发展注入勃勃生机。

四、行为管理：检察文化强化集体纽带

文化建设在于集体熏陶涵养，把正确导向传递到每位检察人员，以润物无声的方式诠释工作背后、职能深层的法治文化，达到由表及里的作用。在潜移默化中引导检察人员坚定法治信仰、强化能动履职，充分认识到一份不严谨的司法文书、一句不规范的庭审用语、一个不妥当的接访行为带来的负面影响，从而不断促进检察人员行为规范、司法文明。

检察文化具有无可比拟的感染力、号召力和凝聚力，需要以鲜活的载体将抽象的文化化虚为实，使其真正植于心、塑于形、践于行。要打造集法治文化、廉政教育和检察理念于一体的文化环境，突出职业特点，在硬件上因地制宜建设院史室、文化墙、读书角等，将核心价值植入办公环境、融入日常生活，营造庄重和谐、健康向上、文化气息浓郁的政治机关氛围。鼓励内部各个部门提炼各自的理念，升华思想境界，规范集体行为，变成深化和延伸检察文化的具体行动。在软件上开办礼仪讲座、文艺兴趣班、减压心理课等，充实检察人员的精神文化生活，从而更好提升内在修养和外在形象。锻造健康生态文化，将检察人员精神培育与文化建设相结合，促进检察人员在精神上解忧、文化上解渴、心理上解压，引导他们自觉远离社会低俗、浮躁

之风。

　　持续释放文化的渗透力,激发干事创业的热情。建立健全关心关爱检察人员机制,充分落实党团组织关怀帮扶,坚持严管与厚爱、解决思想问题与解决实际问题相结合,增强检察人员组织归属和情感认同。对生活出现困难、思想产生波动的干警实行家访谈心,掌握干警思想动态,注重增进干警家属及子女的情感交流与教育培养,搭建、畅通日常交心交流渠道,让干警带着归属感和幸福感投入学习和工作。针对检察机关履职要求和队伍现状,进一步完善人员分类管理机制,完善各项改革配套措施,充分保障各类人员的晋升空间和福利待遇,使检察官、检察辅助人员、司法行政人员安心履职。

　　充分发挥文化的约束力,涵养机关清风正气。领导干部带头树立良好家风,从优秀传统和先进典型中提炼家风家训家规,起到以点带面的良好作用,教育引导检察人员廉洁修身、廉洁齐家。落实"三个规定"等重大事项报告制度,开展制度解读、政策宣讲、温馨提示,引导树牢自觉接受监督的意识,不断强化如实记录报告的思想自觉、行动自觉,防止"小问题"演变成"大过错"。加强八小时外监督管理,善用谈话提醒抓早抓小,督促干警自觉净化朋友圈、社交圈、生活圈。治理干部队伍中存在的"庸、懒、散、慢"等行为,培育敢做善为的优良作风,激发检察人员争先创优热情。在执法办案一线、保护群众利益、承担急难险重任务中选树先进典型,积极营造争当先进的浓厚氛围。开启办文办会精简模式、食堂用餐光盘模式和公共场所节能模式,养成务实简朴的机关作风。

加强新时代检察机关廉洁文化建设的实践路径

刘 峰[*]

七十多年前,民主爱国人士黄炎培曾在陕北窑洞问毛泽东,中国共产党如何走出"其兴也勃焉,其亡也忽焉"的历史周期律,毛泽东对黄炎培说:我们已找到跳出历史周期律的办法,那就是让人民起来监督政府,就不会人亡政息。建党百年之际,党的十九届六中全会提出百年建党的"十个坚持"的历史经验,其中一条就是坚持自我革命。习近平总书记在"七一"重要讲话中指出:勇于自我革命是中国共产党区别于其他政党的显著标志,要始终坚持党要管党,全面从严治党,确保党不变质,不变色,不变味。党中央高度重视廉洁文化建设,强调反对腐败、建设廉洁政治,是我们党一贯坚持的鲜明政治立场,是党自我革命必须长期抓好的重大政治任务。检察机关作为政治性极强的业务机关和业务性极强的政治机关,在一体化推进不敢腐、不能腐、不想腐的制度建设体系中,既要接受外部监督的他律,又要强化内部监督制约的自律,促进公正司法,提高司法公信力。

一、自觉接受外部监督,营造不敢腐的法治文化

要树立监督者更要接受监督的权力观,检察机关就必须接受国家机关、社会组织和公民的监督。检察机关在依法监督的同时,必须自觉接受党内监督、社会监督、群众监督,确保权力受到严格约束。检察机关要接受各级人民代表大会及其常委会的监督和支持,各级政协对检察机关的民主监督。各级纪检监察机关对检察人员履职行为的监督。检察人员必须敬畏法治、敬畏权力、敬畏责任、敬畏人民,自觉接受国家机关的权力制约和公民的权利监督。

---

[*] 作者单位:重庆市江津区人民检察院。

敬畏法治。法来自正义，是善良和公正的艺术。在法治国家、法治政府、法治社会一体推进情况下，检察人员要善于运用法治思维和法治方式办案和处理问题。加强法治理念教育。要以职业道德基本准则、职业行为基本规范为基础，加强职业伦理培训，坚决克服和反对有罪推定、口供决狱、罪从供定的习惯思维，牢固树立惩治犯罪与保障人权并重、实体公正与程序公正并重等司法理念，树立忠诚、为民、担当、公正、廉洁的职业理念，养成崇尚法治、恪守良知、理性公允的职业品格，守住廉洁的职业底线，树立良好职业形象。实现良法善治。公平正义是法治的价值追求，要让人民群众在每一个司法案件中感受到公平正义，必须做到刑法适用平等。就犯罪人而言，任何人犯罪，都应当受到法律的追究；任何人不得享有超越法律规定的特权；对于一切犯罪行为，不论犯罪人的社会地位、家庭出身、职业状况、政治面貌、才能业绩如何，都一律平等地适用刑法，在定罪量刑时不应有所区别，一视同仁，依法惩处。就被害人而言，任何人受到犯罪侵害，都应当依法追究犯罪、保护被害人的权益；被害人同样的权益，应当受到刑法同样的保护；不得因为被害人身份地位、财产状况等情况的不同而对犯罪人予以不同的刑法适用。保障程序正义。在刑事诉讼活动中，人民法院、人民检察院和公安机关应当分工负责，互相配合，互相制约，以保证准确有效地执行法律。"分工负责、互相配合、互相制约"是我国宪法和法律确定的调整公、检、法三机关在刑事诉讼活动中相互关系的重要原则。互相配合是在分工负责前提下，为促成程序上的顺序连接的配合，任何机关均不能超越法定权限或者互相代替行使职权；制约与分工是密切相连的，分工就是为了达到制约的目的，制约是在分工基础上的制约。制约与配合不是互相矛盾的，作为刑事诉讼的职能主体，三机关对于刑事诉讼程序的顺利进行、国家刑罚权的顺利实现都负有不可推卸的责任。因此，检察机关既要加强对侦查活动和审判活动的监督，又要通过行使检察权，有效发挥政法机关打击犯罪，保障人权的整体合力。因此，检察机关在强化法律监督，促进公正司法的同时，也要受来自公安、审判机关的制约。

敬畏权力。绝对的权力导致绝对的腐败，检察机关在加强法律监督工作的同时，也要接受国家机关和人民的监督，在民主政体下，任何国家机关既是监督的主体，又是接受监督的客体。接受人大及其常委会的法律监督。在我国，全国人大是最高权力机关，其他国家机关都由它产生，对它负责，受它监督。按照宪法和相关法律的规定，人大通过听取和审议检察机关工作报告、专项工作报告以及开展法律实施情况检查、询问和质询、特定问题调查，督促议案办理、开展执法检查及人事任免等方式对检察机关进行监督。接受政协及其常委会的民主监督。政协机关是我国统一战线的组织形式，各民主党派和社会各界通过政协参政议政，对检察机关的监督主要体现在听取检察工作报告和政协委员提出相关的提案。检察机关可以根据工作需要向同级民主党派组织、无党派人士介绍有关情况，邀请同级民主党派组织、无党派人士列席有关工作会议、参加专项调研和检查督导等。接受纪委监察委监督。近年来，我国加大了反腐败的法治建设，监察法、监察官法、公职人员政务处分法相继出台，纪检监察监督是监督执法执纪的专责机关，对党员领导干部和国家公职人员进行监督。除此以外，还要接受组织人事监督、财政监督和审计监督。

敬畏责任。习近平总书记在2013年全国组织工作会议上讲话指出：好干部必须有责任重于泰山的意识，坚持党的原则第一、党的事业第一、人民利益第一。为官避事平生耻。各行各业都需要尽责有为，检察官的职责就是严格履职，捍卫法治。守土有责、守土负责、守土尽责，有权必有责，法无授权不可为，法定职责必须为，不履责是失职，不尽责是渎职。检察机关是法律监督机关，监督就是检察官的职业担当和使命。敢于监督，对违反法定程序或适用法律错误的，要坚决依据法律规定，纠正违法行为，督促改正，而不能打不开情面，撕不下脸，不敢监督，不能监督。善于监督，要采取方式方法，提高监督水平，使被监督者乐于接受和改正。规范监督，不断完善法律监督的范围、程序和措施，不断提升监督质量，提高监督的针对性和实效性，从而取得良好的监督效果。

敬畏人民。检察机关应当贯彻落实习近平法治思想和以人民为中心的司法理念，坚持依法全面、安全规范、及时主动的原则，健全完善开放、动态、透明、便民的阳光司法机制，不断提升线上线下公开工作质效，最大限度方便人民群众参与和监督检察工作。接受代表委员的监督。代表委员植根人民、来自人民，最了解人民群众的所需、所想、所盼。检察机关要坚持以习近平法治思想为指引，邀请代表委员视察、走访、座谈，邀请代表委员参与检察调研和专项活动，增进代表委员的参与感。以高标准、高质量做好代表委员建议提案办理答复，解决人民群众反映强烈的操心事、烦心事、揪心事。接受人民监督员的监督。依据最高检和司法部的文件规定，人民检察院对不服检察机关处理决定的刑事申诉案件、拟决定不起诉的案件、羁押必要性审查案件等进行公开审查,或者对有重大影响的审查逮捕案件、行政诉讼监督案件等进行公开听证的,应当邀请人民监督员参加,听取人民监督员对案件事实、证据的认定和案件处理的意见。人民监督员的监督活动覆盖"四大检察",对检察办案实现全方位、多层次的监督。检察机关要自觉接受人民监督员对办案活动监督,依法保障人民监督员知情权、参与权和监督权。接受群众监督。"知屋漏者在宇下,知政失者在于野。"检察人员要自觉接受群众监督,切实贴近基层、贴近群众,倾听群众呼声,关注群众生活,解决群众困难,化解社会矛盾,促进和谐稳定。要采取各种措施,利用12309网上平台、民生热线、意见箱等,畅通渠道,广开言路,倾听群众的意见、批评和建议,克服官僚主义和形式主义,提高工作效率。

二、完善内部监督制约,营造不能腐的制度文化

检察机关内部监督是指检察机关据以执行或制定的关于我国各级检察机关及其工作人员相互监督制约的法律、法规、规章的制度体系,也是检察机关自律机制。内部监督相对于外部监督而言,具有更直接、更具体、更有针对性,更容易实现的特性。内部监督分为两个层面,一是检察一体化的领导下的纵向监督,即上级人民检察院对下级人民检察院的监督,二是检察机关内的监督,即部门与部门之间的横向的监督制约。

一体引领公正。上级检察院对下级检察院的监督主要是加强对党的路线方针政策和上级检察院重大决策部署,决议决定、规章制度执行情况的监督。加强对中央、最高检重大决策部署和制度执行情况的监督;加强对最高检和上级院决议决定、命令指示贯彻执行情况的监督。加大问责力度,坚决杜绝有令不行有禁不止的现象。干部人事监督方面,依据《人民检察院组织法》和《检察官法》规定,下级人民检察院检察长的任免,须报上一级人民检察院检察长提请同级人民代表大会常务委员会批准;对于不具备检察官法规定条件或者违反法定程序被选举为人民检察院检察长的,上一级人民检察院检察长有权提请同级人民代表大会常务委员会不批准;上级人民检察院发现下级人民检察院检察官的任命有违反检察官法规定的条件的,应当责令下级人民检察院依法撤销该项任命,或者要求下级人民检察院依法提请同级人民代表大会常务委员会撤销该项任命;最高人民检察院和省级人民检察院检察长可以建议本级人民代表大会常务委员会撤换下级人民检察院检察长、副检察长和检察委员会委员。检察业务监督方面,依据诉讼法和相关司

法解释规定，上级人民检察院对下级人民检察院起诉、不起诉决定，发现确有错误的，应当予以撤销或指令下级人民检察院纠正。检察纪律监督方面，上一级人民检察院通过开展检察巡视和检务督察工作，对下级人民检察院的检察业务工作、检察队伍建设和各项检察管理工作进行监督。检务督察涵盖"党务、业务、事务"三大监督内容，形成对检察权运行全方位、全覆盖的立体监督格局。政治巡视侧重党内监督，司法办案活动监督聚焦业务，内部审计侧重事务，从三个不同层面强化内部监督。

流程监管公正。案管部门依托统一业务应用系统，建立案卡填录审核和公开法律文书审核登记台账，形成每月案件流程监控情况通报，针对案件风险评估、法律文书使用、案管系统操作等提醒各部门整改问题，真正做到"以问题促规范"。定期开展质量评查。每季度对在检察环节已经办结的侦查、审查逮捕、审查起诉、抗诉、民事检察、行政检察、公益诉讼等案件，对照法律法规标准，进行全面的核查、分析和评价，形成案件质量综合分析报告，提出合理化对策与建议，促使业务部门不断总结经验教训，有针对性地提高执法质效。不定期组织出庭考核。组织检委会委员、人民监督员对检察官的出庭行为进行考核，重点对公诉人着装用语是否规范、准备是否充分、释法说理及法庭教育效果是否良好等进行评价，并在庭审后，对公诉人的行为进行点评、指出不足，规范公诉行为。

监督保障公正。纪检监察部门应当强化政治监督，把坚持和加强党的领导贯穿工作全过程各方面，推动做到"两个维护"，贯彻党的理论和路线方针政策，落实党中央决策部署。派驻纪检组对派出机关负责，加强对被监督单位领导班子及其成员、其他领导干部的监督，发现问题应当及时向派出机关和被监督单位党组织报告，认真负责调查处置，对需要问责的提出建议。在司法责任制改革中，明确规定对于领导干部等干预司法活动、插手具体案件处理，或者人民检察院内部人员过问案件情况的，办案人员应当全面如实记录并报告；有违法违纪情形的，由有关机关根据情节轻重追究行为人的责任。按照《人民检察院司法办案廉政风险防控工作指引》，通过一系列改革措施的部署实施，扎紧制度"笼子"。

制约实现公正。完善内部监督是确保检察权依法正确行使、防止检察权滥用的有效措施。加强内部监督是履行好法律监督职责的基础和前提，是源头治腐，确保严格、公正、文明、廉洁司法的重要举措。检察机关内设部门职权要互相制约、互相监督、合理控权，才能正确行使人民赋予的检察权，履行宪法和法律赋予的法律监督职权。内设部门合并，不代表制约职能的消失，只是实现信息、数据、资源的共享，案件线索受理与立案，侦查与批捕、起诉，扣押款物执行与管理相分离，刑事执行检察部门对检察环节羁押犯罪嫌疑人情况的监督，控告申诉检察部门的反向纠错职能，各司其职、互相制约，保障检察权内部运行的客观公正。评价考核指标科学合理。虽然内设部门的相互制约决定考核指标存在矛盾，但系统评价标准应客观规范，制定科学的评价标准和考核指标，有利于客观全面反映内设部门工作。

三、勇于自我革命，营造不想腐的政治文化

习近平总书记指出，一百年来，党外靠发展人民民主、接受人民监督，内靠全面从严治党、推进自我革命，勇于坚持真理、修正错误，勇于刀刃向内、刮骨疗毒，保证了党长盛不衰、不断发展壮大。全面从严治党是新时代党的自我革命的伟大实践，开辟了百年大党自我革命的新境界。勇于自我革命揭示了百年大党风华正茂的基因密码，体现以史为鉴，开创未来的政治自觉、历史自觉。勇于自我革命，既是马克思主义政党保持先进性和纯洁性的要求，也是时代和人民的要求。检察机关加强党的政治建设，必须站在勇于自我革命、保持党的先进性和纯洁性的高度，不断提高检察人员政治判断力、政治领悟力、政治执行力，建设政治过硬、业务过硬、责任过硬、纪律过硬、作风过硬的检察队伍。

坚守忠诚的政治本色。检察机关是党领导下的司法机关，忠诚不但是执政之基，也是立检之基。对党忠诚，是共产党人首要的政治品质。检察工作是政治性极强的业务工作，也是业务性极强的政治工作。坚定政治信仰。习近平总书记在建党一百周年重要讲话中提出内涵丰富、意义深远的伟大建党精神，是百年党史的光辉写照，凝聚着共产党人的精神特质，是中国共产党人精神谱系的高度浓缩和升华。要发扬伟大建党精神，加强党的政治建设，深刻领悟"两个确立"的决定性意义，增强"四个意识"，坚定"四个自信，"做到"两个维护"，始终坚持党对检察工作的绝对领导，始终以党的旗帜为旗帜，以党的方向为方向，以党的意志为意志，坚决听从党中央和习近平总书记指挥，永葆绝对忠诚、绝对纯洁、绝对可靠的政治本色。要全面贯彻习近平法治思想，深学笃用、全面领会，认真读原著、学原文、悟原理，汲取政治营养，固本培元，补信仰之"钙"，把牢理想信念总开关，牢固树立立党为公、勤政为民的宗旨意识，在构建新发展格局、推动高质量发

展的进程中主动担当、能动履职，矢志不渝践行初心使命，为人民幸福、国家富强贡献政治智慧、法治智慧和检察智慧。严明政治纪律，加强纪律建设是全面从严治党的治本之策。党的十九大把纪律建设纳入新时代党的建设总体布局，把六大纪律载入党章，表明了用严明纪律管党治党的坚定决心。严明党的政治纪律和政治规矩，监督执纪问责坚持从政治上审视，首先查明违反政治纪律问题。紧盯"七个有之"等违反政治纪律和政治规矩的突出问题，坚决清除阳奉阴违的两面人、两面派，用铁的纪律维护党的团结。要落实"两个责任"，完善民主评议机制、纠错机制和追责机制，加强党风廉政建设。定期开展检务督察，将政治表现、思想作风和遵章守纪作为评先争优、职务职级晋升的重要依据。把好工作圈、生活圈、社交圈，自觉约束业余活动，坚决惩治自身腐败，严格监督、正风肃纪，持续整治不正之风，开展批评与自我批评，守纪律、讲规矩、知敬畏、存戒惧，养成良好的纪律作风和工作作风。

践行为民的政治使命。江山就是人民，人民就是江山，打江山，守江山守的是人民的心。要坚持人民至上，始终同人民同呼吸共命运心连心，为中国人民谋幸福，为中华民族谋复兴。要牢记为民的宗旨意识，密切联系群众是党的最大政治优势和优良作风，共产党员要以天下苍生为念。把为党尽忠、为国尽责、为民服务作为最纯粹的信念和最高价值追求，为民谋利，为民造福。金杯银杯不如老百姓口碑，金奖银奖不如老百姓夸奖。把实现好、维护好、发展好群众的利益作为检察工作的根本目的，以群众满意不满意、赞成不赞成、拥护不拥护、答应不答应作为检察工作的出发点和着力点，把实现好、维护好、发展好群众的利益作为追求政绩的根本目的，深怀爱民之心，恪守为民之责，善谋富民之策，多办利民之事。厚植爱民的公仆情怀。习近平总书记曾语重心长地说，官员是人民的公仆，不管领导，还是一般公职人员，都要为老百姓服务，人民对美好生活的向往就是我们的奋斗目标。要坚持以人民为中心，依法打击黄赌毒黑拐骗等违法犯罪活动，严惩教育、社会保障、医疗卫生等领域犯罪，坚持以事实为依据，以法律为准绳，坚守办案的客观公正义务，依法独立行使检察权，维护程序公正和实体公正，让违法者受到惩处，让守法者得到保护。要积极拓展检务公开渠道，突出检务公开重点，丰富检务公开载体，健全检务公开机制，全面营造"公开、公正、公信"的阳光检察氛围，通过检察院门户网站、12309网络平台，"两微一端"新媒体，收集群众的呼声、诉求、意见、建议，深入践行新时代

"枫桥经验"，邀请人大代表、政协委员、律师等第三方参与检察听证，解决群众的"急难愁盼"，充分体现人民国家之情、人民立法之义、人民司法之本，努力让人民群众在每一个司法案件中感受到公平正义。

锤炼清廉的政治作风。要弘扬社会主义核心价值观，用中华优秀传统文化滋养心灵，心中高悬法纪的明镜，手中紧握法纪的戒尺，正心修身、戒贪止欲，常修为政之德，常思贪欲之害，常怀律己之心。清朝廉吏张伯行说：一丝一粒，我之名节，一厘一毫，民之脂膏，宽一分，民受赐不止一分，取一文，我为人不值一文。高尚的道德，泽被后世。魏晋初期，胡质、胡威父子皆以清廉著称于世。有人曾问胡威，他和其父谁更廉，胡威说吾父廉于我，吾父廉惟恐谁知，吾廉惟恐谁不知。唐代的姚崇不仅自己清廉无私，还要求百官清正廉洁，在《执称诫》中，要求"为政以公，毫厘不差"，在《辞金诫》中，要求官吏"以不贪为宝，以廉慎为师"，在《冰壶诫》中，告诫官场上的人们："与其浊富，宁比清贫。"管仲把廉与礼、义和耻作为国之四维。晏子认为，为政的根本、政治的根本就是廉。《周礼》提出官员"六廉"标准："廉善，廉能，廉敬，廉正，廉法，廉辨。"吏不畏吾严，而畏吾廉，民不服吾能，而服吾公，公生明，廉生威。新时代，要以检察官职业道德基本准则、职业行为基本规范为基础，加强职业伦理教育，用团结奋进、勤学善研、爱岗敬业、甘于奉献的集体典型和执剑惩腐、一身正气、刚正不阿、攻坚克难的个人典型教育干警胸怀大志，信念坚定，忠诚于党和人民；引导干警甘于清贫，乐于奉献，爱岗敬业、清正廉洁。使广大检察人员保持忠于党、忠于国家、忠于人民、忠于法律的职业本色，树立忠诚、为民、担当、公正、廉洁的职业理念，养成崇尚法治、恪守良知、理性公允的职业品格，守住廉洁从检的职业底线，树立良好职业形象。

全面从严治党，既要治标，猛药去疴，重典治乱；也要治本，正心修身，涵养文化，守住为政之本。检察人员要学史明理，学史增信，学史崇德，学史力行。勿忘昨天的苦难辉煌，无愧今天的使命担当，不负明天的伟大梦想，自警、自醒、自重、自励，不断提高自我，改善自我，发展自我，超越自我，为民司法，公正司法，交出人民满意的时代答卷。

文化强国背景下检察文化建设路径

王东海[*]

一、检察文化建设的定位、内涵和功能

文化作为一种管理理论,是随着现代企业文化的兴起而出现的。文化的作用既表现在对社会发展的导向作用上,又表现在对社会某一群体的规范、调控作用上,还表现在对社会组成分子的思想凝聚和行为驱动作用上。可以通过检察文化的熏陶、教化、激励作用,发挥出检察文化的凝聚、润滑、整合作用,指导检察干警的行动。

(一)检察文化的定位:既是管理手段,又是检察工作的目标

文化是人们非常熟悉的一个概念,但文化的内涵又是一个非常模糊的东西。英国文化人类学家泰勒将文化表述为:"文化,或文明,就其广泛的民族学意义来讲,是包括全部的知识、信仰、艺术、道德、法律、风俗以及作为社会成员的人所掌握和接受的任何其他的才能和习惯的复合体。"《现代汉语词典》把"文化"解释为:"人类在社会历史发展过程中所创造的物质财富和精神财富的总和。"

综合检察工作实际,从检察管理学的角度看,我们认为检察文化应当界定为:检察文化是以检察官为主体的全体检察人员在行使法律监督职能的过程中,逐渐形成并共同遵循的理想信念、执法理念、价值判断、道德涵养、兴趣品位等精神生活的抽象集合,以及因此而表现出来的行为、形象、仪式、氛围和效果等。

从这一层次讲检察文化既是一种管理手段,又是检察工作的目标。作为管理手段,营造起一种职业氛围和职业精神,使全体检察人员在共同的执法理念指导下规范执法、养成职业自豪感、形成职业内在约束机制,从而实现

---

[*] 作者单位:重庆市江北区人民检察院。

提升检察机关软实力的目标；而作为检察工作目标，文化建设始终是体现检察机关综合实力的一项重要指标，是向外界传达这一职业特殊意义的有效载体，因此各级检察机关都把文化建设列为一项重要指标，从自身实际发掘出具有地方特色的做法，这需要我们进一步加强调研，形成可供借鉴的经验，以期在更广阔的范围内推广。

（二）检察文化的内涵：渊源多样、内容多层、特征复合

1. 检察文化的渊源具有多样性。检察文化的渊源主要体现在以下五个方面，一是意识形态方面。指检察人员的世界观、人生观、价值观、是非观，理想、信念，道德修养，精神风貌等思想意识领域。二是职业技能方面。指检察人员所具有的履行检察工作所必须具备的法律专业知识、业务技能，特有的工作能力、职业素养，与工作相关的各种知识、技能，以及从事检察工作所积累的各种经验。三是文化素养方面。指检察人员所学习、掌握的各种优秀科学文化知识；检察机关通过其人员形象、文化活动、环境设施所体现的文化内涵等。四是行为、作风方面。指检察人员在日常工作、学习、生活中体现出来的与检察职业工作相适应的态度和行为。五是其他方面。这方面的表现形式多种多样。如在检察机关中定期举行各种仪式，具体如升旗仪式、宣誓仪式等；又可在检察机关中开展各种文艺、体育等活动，如唱检察官之歌，举办书画、摄影活动，以及通过各种媒体传播有关检察事业、工作的信息等，不断弘扬崇高精神，增强先进检察文化的认同感、归属感。

2. 检察文化的内容具有层级性。可以把"检察文化"分为三个层次，即检察器物文化、检察制度文化和检察精神文化。检察器物文化是指检察建筑、设备、服饰等具体存在的物质所表现出的文化，是一种表层次的文化；检察制度文化是指各类检察制度所透视出的文化，它随着时事的变迁或兴或废，是一种中层次的文化；检察精神文化则是检察人员的思维方式和价值体系中蕴含的文化，介于哲学和意识形态之间，是一种深层次的文化。检察精神文化是检察文化的核心，检察器物文化和检察制度文化往往是检察精神文化的客观反映。

3. 检察文化的特征具有复合性。一是党性。党性是先进检察文化的灵魂。先进检察文化是党领导下的检察机关的广大工作人员所创造的一种主流检察文化，因而必然体现出其固有的党性特征。先进检察文化必然要求党员检察官不断加强共产党员的党性修养。二是人民性。我国社会主义检察机关

称为人民检察院,检察官是人民检察官,先进检察文化必然体现人民检察官时刻把党和人民利益放在首位,把人民拥护不拥护、赞成不赞成、支持不支持,作为干工作、想问题的出发点和落脚点,始终保持与人民群众的紧密联系,真正体察人民群众冷暖,热情为人民群众服务,执法为民,维护人民群众利益的这样一种思想意识。三是职业特性。先进检察文化也必然体现检察机关的职业特性。检察机关是国家法律监督机关,先进检察文化符合法治发展的潮流,体现高水平的检察工作的职业特点,体现为最广大人民根本利益服务的执法思想。同时,检察职业工作者作为检察工作人员的忠诚清廉、公正无私、刚直不阿、追求真理与正义的人格力量也能通过先进检察文化而体现出来。四是融合性。先进检察文化是融合人类优秀文化,结合自身特点所创造的先进文化成果。它既继承和汲取了中华优秀传统文化的精髓,特别是自党创建工农民主政权以来至今所积累的检察文化成果,又面向世界,博采世界上各种检察文化的成就,从而取其精华,不断融合、创新。

(三)检察文化的功能:导向、自律、凝聚、激励、形象

与传统的管理手段相比,检察文化具有独特的功能。通常认为检察文化具有以下功能:

1. 导向功能。检察文化对检察人员群体和个体的价值、行为取向能起到引导作用,使之符合检察机关的职能和宗旨。检察文化所崇尚的,就是广大检察人员所应追求的。其导向作用具体体现为通过贯彻检察工作共同的目标和信念,能够以更有效的方式把检察人员的思想统一到检察工作所确立的总体目标上来,使人们自觉为实现这一目标而努力工作。

2. 自律功能。检察文化对检察人员个体的思想、心理和行为具有规范作用。这种规范不是制度式的硬性约束,而是一种源自于检察机关内部弥漫的文化氛围、行为准则、道德规范的无形的软性约束。通过营造一流的环境,建立规范高效的办公秩序;检察机关有着严格的执法准则,行为标准及一系列规章制度,这些对检察人员的行为有着积极的约束作用;通过文化管理来提高检察人员的自律能力,养成一种友好的群体意识,用理念来约束人,使文化管理成为一种无声无形的管理,并变成检察人员自觉的行为准则。

3. 凝聚功能。检察文化的目标是通过精神力量的作用,把检察人员组织成一个有机的整体,显示共同的目标和追求,使个人对团体产生信赖感、安全感,甚至是依赖感和归属感,检察文化能使检察人员认识检察机关的共

同目标、齐心协力，尽可能地减少内耗，达到调整其行为的作用。

4. 激励功能。检察文化把尊重人作为其中心内容，崇尚以人为本、以能为本。它对人的激励不是一种外在的推动，而是一种内在的引导；它不是被动消极地满足人们对实现自身价值的心理需求，而是通过检察文化的塑造，使每位检察人员的内心深处自觉产生为检察事业拼搏的献身精神。

5. 形象功能。检察文化一旦形成较为固定的模式，它不仅会在检察机关内部发挥作用，对检察人员产生影响，而且也会通过各种渠道对社会产生影响，从而在社会上树立起公正、高效、廉洁、文明的良好检察形象。

二、当前检察文化研究的现状及存在的主要问题

（一）当前检察文化理论研究的现状

最高人民检察院原常务副检察长张耕在全国检察机关文化建设巡礼上指出，检察文化是中国特色社会主义先进文化的组成部分，是检察机关履行法律监督职能过程中衍生的法律文化。这实际上给检察文化做了一个定性，即检察文化是法律文化的一种。但很多时候，这个观点并没有被我们实务部门在检察文化的建设实践中注意。

不管是否为人们所了解，检察文化都是与检察机关相伴而生的，检察文化在我国已经有了几十年的发展历史。但对检察文化进行系统研究只是近十几年的事情。在20世纪末，我国的国家机关文化建设兴起，促使着检察文化建设也逐渐勃兴。有学者研究认为，20世纪90年代初，"加强机关文化建设"的提法屡见于检察队伍建设的文本中，直到20世纪末才普遍采用"检察文化"这一称谓。由于两者之间的这种传承关系，可以认为，现有的检察文化的前身是机关文化，故而许多实务部门的同志认为检察文化只是传统机关文化建设的一种，这在客观上使得检察文化建设约等于常见的娱乐类文化建设，没有体现出应有的法律性特征。

对检察文化进一步准确定性的问题已经引起了有识之士的高度重视，特别是近几年，一些检察工作者对以往的检察文化的定义进行了重新的审视，认为检察文化的建设应当体现出检察机关与众不同之处。检察文化包括制度、理念、信仰等具有意识形态特征的文化要素，也包括器物、仪式、符号等具有物质载体特征的文化要素。而其中前者是核心部分，后者是前者的映射。还有一些同志进行的"廉政文化""监督文化"等方面文化的研究实际

上也是对具有检察机关内在气质的检察文化的新研究,可以说,检察文化已经到了从歌唱比赛、征文、诗朗诵等浅层次文化研究向深层次文化演进的关键时期。

(二) 当前检察文化建设中存在的主要问题

目前在实践中,由于受地域、经济、文化传统等各种综合因素的影响,部分检察院尚存在着对检察文化重视不够、检察文化内在本质把握不准确、以及检察文化建设表层化、功利化的问题。

1. 对检察文化及其建设的重要性缺乏全面认识。部分检察院和检察干警对检察文化内涵和外延的理解还不够全面、准确,对检察文化建设不重视,将检察文化理解为仅仅就是检察机关内部开展的文艺、体育、娱乐等活动,认为只要加强政治和业务方面的学习、努力工作、圆满完成各项任务就可以,对检察文化建设的认识还只停留在表层化的局限和误区上,未意识到检察文化建设的重要性和必要性。

2. 只注重检察文化的物质外在形式,忽视检察文化的精神内涵。在检察文化当中,物质文化只是检察文化的载体,精神文化才是检察文化的核心内涵。检察机关的物质文化建设的目的是为检察文化建设提供基础,并使它成为承担精神文化的载体,物质文化的建设不是目的,而是手段。但是,有的检察院甚至把检察文化建设的意义等同于机关环境的美化和丰富全体干警的业余生活,离开了检察机关的精神文化建设。这样,单纯的物质文化建设就失去了文化建设的意义。

3. 检察文化建设形式单一、载体不够。有的检察院把检察文化建设附属于工作安排和人事管理,着重强调其控制功能、导向功能、凝聚功能、激励功能以及改善工作、生活、学习条件的物质功能,只把检察文化建设看作法律监督活动的管理方法和管理手段。有的检察院把检察文化建设等同于对全体干警的思想政治教育、业务学习和业余活动的开展,并没有把其放在整体检察文化建设的大背景下来实施。

4. 检察文化建设自身创新不够,检察文化建设缺乏鲜明的地方特色。检察文化既有共性的一面,也应有其鲜明的个性,这正是检察文化具有无限的生命力,对检察干警具有巨大的号召力、感召力的根源所在。因此,检察文化建设应该具有自身鲜明的地方特色。但一些检察院在检察文化建设中,尤其是促进检察文化理念的形成中,存在思路不够清晰,载体不够创新的现象。如部分检察院是根据上级检察机关下发的方案与考核办法进行检察文建设，以满足上级检察机关对检察文化建设的形式要求；不注重体现自身特色，盲目模仿，照搬先进院或相邻院的思维模式和操作方案，文化建设内容同质化，个性不够突出，不利于发挥检察文化的激励功能。

三、检察文化建设的路径选择

基层院文化建设是一项涉及基层院检察思想政治建设、执法理念建设、行为规范建设、职业道德和职业形象建设的系统工程，任何器物、行为、制度和理念、精神等内容都可以纳入文化建设的范畴。面对如此庞杂的内容，我们要突出主流、包容个性、涵盖全部，明确检察文化建设的总体思路和目标，把检察文化建设成为一个塔字形的有序结构。应当通过对自有文化的提炼、检察文化的培育、科学合理的激励和形式多样的展示来推进这一系统工程，并且要结合自身实际突出基层检察特色和地方特色，避免同质化、简单化，从而选择一条既具有自身特色又带有普遍意义的道路，为提升检察机关的软实力增添动力。

（一）自有文化的提炼

1. 自身原有文化的提炼。每个单位在成长过程中必然会产生具有自身特质的文化，只不过平时我们会忽视其存在和自觉遵循业已形成的规则和习惯来办案做事，这就是平时讲的"熟视无睹"现象。同时，文化未经提炼，必然存在良莠不分、泥沙俱下的问题。其实，我们在日常的工作生活中，在有意、无意之间经常展现出某种文化的特性。小到日常的工作笔记、人际交流和工作方法，中到定期的工作、学习小结，经验交流，大到中远期工作规划，处处透射出特定的思维方式、行为习惯等文化内容，所不足的仅仅是较为散乱、无序，让人难以从不同的行为中立即感受、判断和梳理出存在着自洽和谐的文化体系，进而无法探究其本身存在的文化渊源和发展流变。原有文化提炼时，特别要注意到：文化的传承性、文化的变迁性、文化的差异性。

2. 新文化理念的充实和萃取。检察文化既是历史的，也是现实和发展的。社会的变革和法治步伐的推进，必然带给我们新的思想、新的要求，在已经成型的文化体系中加入新的元素使其适应成长的需要是明智的选择。当然，如何确定新的文化理念具有生命力，具有置换和扬弃原有某些文化理念并和谐融入整个文化体系中，依然是每个有志于将检察文化不断推进的检察机关的长久课题。因而，新文化理念的萃取是需严格甄别的，不能跟着潮流走,凭着感觉走。如对于西方法律思想史,就不能盲目全盘接受,必须在扬弃的基础上,结合国情和区情合理充实,使它们的闪光点和智慧成为构建我们中国特色的检察文化的利器。

（二）检察文化的培育

检察文化的形成发展是一个历史的过程,是一个自身发展和引进消化吸收的统一,基层院的检察文化尤其如此。我们必须看到文化观念是与时俱进的,需要不断发展丰富；文化的生命力在于根植人心,文化的内心确认需要一个培育过程；文化的创新需要导入,导入文化与自身文化的融合共荣需要磨合。作为文化育检的途径,培育对于检察文化的成形具有重要地位。其中我们尤其要注意做到：培育过程是主流与非主流文化的共荣,培育过程是灌输与吸收的互动,培育过程是理性思考与实践的统一,培育过程是制度与行为的和谐。

（三）科学合理的激励

人具有避害趋利的本性,所以在选择推进检察文化建设的途径时,必须正视这一客观事实,这也是当今社会提出人本化管理的原因。关于人本化管理的含义,我们较认同湖北省武汉市汉阳区检察院的诠释,他们认为所谓人本化管理必须做到：体现人的尊严,保护人的权利,塑造人的品格,启迪人的智慧,彰显人的价值,尊重人的情感,包容人的个性,提升人的素质。我们感到要实现上述八个方面要求,激励是首选的方法。对于激励,道格拉斯·麦克雷戈把激励因素分为外附激励和内滋激励。外附激励方式既包括赞许、奖赏等正激励,又包括压力、约束等负激励；内滋激励属于主体自身产生的发自内心的自学精神力量,如认同感和义务感。这一定义将影响人的各种因素均已纳入了激励的范畴。激励就是一种导向,指引组织成员努力的方向；激励是一种动力,推动组织成员向一个共同目标前进；激励是一座桥梁,是维系组织意志、组织目标与组织成员需求联系的纽带；激励是一种手段,是组织调动组织成员实现意图的有效方法。

在文化建设过程中,必然存在负激励措施使用由多到少、由常用到备用的过程,这种过程的变化反映了检察文化的逐步成熟。基于这样的认识,检察文化建设的初始阶段,作为激励的存在形式的制度,在检察文化建设过程中具有十分突出的作用,它既是记录文化建设历程的重要成果,也是基层院采用行政手段推进文化建设的主要载体。

（四）文化成果的展示

1. 文化精神和理念的立体展示。赋予文化精神和理念这一检察文化的核心以无穷活力，必须让基层检察院的每一个成员时刻熏陶在文化的氛围中，时刻体味着文化的精髓和魅力，让每一个接近该检察院的人都能了解和体会到检察文化的精要，所以将文化的精髓和理念以最为直观和立体的方式展示给全院干警的确是推进文化建设深入的重要途径。在内部的各种不同场所将自己的文化理念和精神展示出来，将院子、走廊、墙壁、门厅都洋溢出文化的气息，通过雕塑、浮雕、文字、书画等多种手段将该院成形的文化精神和理念直观化、形象化，更为全体同志了解、熟悉和欣然接受。

2. 文化建设成果的推介。文化成果的认同最终表现于社会，孤芳自赏绝非检察文化建设的目标，所以用好成果推介这一手段是必然的选择。在具体推介过程中，要特别把握推介的介质，推介的内容和推介的地域范围和对象选择等问题。就推介的介质而言，要注意检察机关的内部宣传通道和社会媒介的共用，就推介的内容来看，应是全方位地展示，其中特别要注意推介反映本检察院特有的理念、制度、工作方法和成效，要抓住典型案例和先进事迹，树典型、扬正气。就推介的地域来看，立足本地，面向全国是基本态度，其中立足本地强调社会效应，面向全国更多强调行业效应。

（五）突出基层检察特色和地方特色

基层检察文化建设不能流于表面化，不能被简单地等同于各项文体活动。业余文体活动、政治思想工作属于检察文化的范畴，但不是检察文化的核心和主体，检察文化建设应该突出检察特色，围绕检察工作的特点、检察官的职业需求来开展。在检察文化建设中，基层检察院不能一味按照上级检察机关的方案进行开展，也不能一味照搬兄弟院的经验和模式，应结合本地实际，突出地方特色，不断强化"文化育检"的理念，树立以和谐为价值取向的文化精神。采用教育、启发、诱导、吸引、熏陶和激励等多种方式提高干警的思想道德修养，积极培养复合型人才，促进干警的全面发展和进步。

关于检察机关选树先进典型的实践与思考

——以湖南省检察机关为视角

谭亚峰[*]

近几年来,湖南省检察院党组高度重视检察队伍建设,积极培育、挖掘、选树、宣传先进典型,并发挥先进典型的示范带动作用,推动形成了风清气正、干事创业的良好氛围。本文结合湖南检察实际,就检察机关选树先进典型工作进行研究思考,分析存在的问题不足及产生问题的主要原因,提出加强和改进工作的意见建议。

一、深刻认识检察机关选树先进典型的重大意义

习近平总书记深刻指出,中华民族是崇尚英雄、成就英雄、英雄辈出的民族,和平年代同样需要英雄情怀。从某种意义上说,先进典型就是和平时期涌现出来的英雄人物。各级检察机关要深刻认识选树先进典型的重要作用,将其作为新时代检察机关的一项根本性、长期性、战略性工作来落实。

(一)选树先进典型是落实"从政治上看"的必要之举

检察机关是政治性极强的业务机关,也是业务性极强的政治机关。作为党领导下的司法机关,检察机关的首要任务是落实好党的路线方针政策,特别是在检察工作实践中落实党的司法政策,服务好党和国家发展大局。在选树先进典型的过程中,检察机关始终把政治标准放在第一位,真正将政治过硬的先进典型选树出来,能够形成正确导向,引导全体检察人员强化政治意识,增强"从政治上看"的思想自觉和行动自觉。

(二)选树先进典型是打造高素质检察队伍的应有之义

建立一支高素质的检察队伍是推动检察工作高质量发展的基础和保障,

---

[*] 作者单位:湖南省人民检察院。

而一支高素质的检察队伍必然要有一批各条线各领域的先进人物。选树出来的先进典型，都是各条线各单位的业务骨干，或者在某一方面表现特别突出，享有较高的知名度。在选树过程中，集中展示和宣传报道他们的先进事迹，能够营造比学赶超的浓厚氛围，激发广大干警学理论、钻业务、强本领的热情，从而带动全体干警综合素能的提升。

（三）选树先进典型是培树检察机关新风正气的务实之策

办案就是办当事人的人生。检察机关是国家法律监督机关，通过办理一个一个具体案件，保障人民群众的合法权益，维护社会公平正义，巩固党的执政根基。因此，检察官要履好职、尽好责，必须要有深厚的群众感情、强烈的使命担当和过硬的能力作风。选树先进典型，就是把想干事、能干事、干成事的优秀人才挖掘出来、培育起来、宣传开来，凝聚忠诚、干净、担当的正能量，鼓舞和激励广大干警笃行不怠、勇毅前行，形成干事创业、担当作为、清正廉洁的新风正气，推动检察工作干在实处、争创一流。

（四）选树先进典型是树立检察机关良好形象的关键之处

2021年，根据中央部署要求，全国检察机关分两批次集中开展了检察队伍教育整顿，一批违纪违法检察人员受到坚决查处，彰显了党和国家惩治腐败的坚定决心，人民群众和社会各界给予充分肯定。但也要清醒地看到，"害群之马"的出现，给检察形象造成了负面影响。因此，在巩固深化检察队伍教育整顿成果的特殊时期，树立检察机关良好形象的关键是要加大先进典型的选树和宣传工作力度，让人民群众看到，违纪违法的检察人员只是少数，检察队伍的主流是好的，优秀检察人员仍然占据主导地位，通过持续不断地强化正面形象来消除"害群之马"对检察机关产生的负面影响。

二、湖南省检察机关选树先进典型的主要做法

2018年以来，湖南省检察机关认真组织开展先进典型选树工作，挖掘和培育了一批先进集体和先进个人。单位或集体获评全国文明单位21个、全国模范检察院1个、全国先进基层检察院8个、集体一等功4个、集体二等功14个；干警个人被评为全国、全省先进工作者各1人次、"守望正义——新时代最美检察官"1人次、全国模范检察官和模范检察干部3人次（其中追授1人）、记一等功5人、记二等功200人次。彭庆文、姚红、张秀娟、谢新星、何秋花等9名检察干警获评全省政法英模，谢祖元、伍松林等

12 人被湖南省院评为"身边最美检察蓝"。主要做法是：

（一）以公认增公信，抓实选准选优

坚持政治标准、道德标准、业绩标准、廉洁标准，注重群众公认，确保选树的先进典型立得住、叫得响、推得开。一是严把群众反映关。发现优秀苗子后，政工部门派员先行赴其所在单位、社区（村组）召开座谈会，走访知情群众，了解核实相关情况，挖掘先进事迹。如岳阳县院彭庆文、桂东县院张秀娟（2021 年 5 月退休）等的先进事迹经媒体报道后感动了无数人，湖南省院和所在的岳阳市院、郴州市院派员赴其所在单位，组织召开座谈会，走访相关人员，进一步了解核实他们的相关事迹。二是严把组织考察关。经省院党组研究，拟确定为选树的先进典型后，派出考察组开展实地考察，全面了解推荐对象的基本情况。如在选树 12 名"身边最美检察蓝"时，省院派出 3 个考察组，分别赴他们所在单位、支部逐一开展了考察。三是严把廉政关。向当地纪检监察机关或驻院纪检监察组发函，征求拟选树的先进典型是否存在违纪问题或举报线索，提请开具廉政审查意见。省院近几年来选树的先进典型，均事先进行了廉政查询。

（二）以共识聚合力，抓紧组织推动

在选树彭庆文的过程中，省院党组积极争取上级和相关部门的重视支持，特别是叶晓颖检察长积极部署、调度、协调，凝聚各方力量推出了这一重大典型。一是积极向上级机关请示汇报。以省院党组名义向最高检、省委请示报告，请求追授彭庆文同志为"全国模范检察干部""全省优秀共产党员"，叶晓颖检察长还分别向最高检、省委领导同志专题汇报彭庆文同志的先进事迹，得到了上级机关的重视和认可。最高检、省委、省委政法委均发文，号召向彭庆文同志学习。2021 年 6 月 22 日，最高检、湖南省委联合召开追授彭庆文同志称号表彰大会。二是主动争取相关部门的协助配合。省院党组分别致函省人社厅、省扶贫办，请求支持将彭庆文作为重大典型进行宣传，省人社厅积极向人社部申报，促成人社部、最高检联合发文追授彭庆文同志为"全国模范检察干部"，省扶贫办追授彭庆文同志为"湖南省百名最美扶贫人"。三是加强与地方党委的沟通协调。省院多次派出工作组与岳阳市委、岳阳县委联系对接，共同商讨彭庆文典型事迹的宣传推介工作，并组织拍摄了专题宣传片。岳阳市委、岳阳县委分别追授彭庆文同志为"全市优秀共产党员""全县优秀共产党员"，并号召全市、全县广大党员向彭庆文同志学习。

(三) 以平凡见伟大,抓细深度挖掘

注重从点滴事迹中发掘可贵精神,从平凡工作中提炼高贵品质,以小见大,见微知著,增强先进典型的感染力、亲和力、号召力。一是聚焦急难险重中的闪光点。从讲政治、勇担当、重奉献入手,注重选树在面对重大危险或承担重要工作中涌现出来的先进典型。2018年5月6日,娄星区院干警谢新星不顾生命危险,勇擒持枪歹徒,帮助一名群众夺回被抢财物,成功制服歹徒后,又主动表明身份,说服围观群众保持理性,防止以暴制暴。经集中宣传报道后,谢新星获评湖南省见义勇为英雄、全国先进工作者等荣誉,在人民大会堂受到党和国家领导人的亲切接见。省院刘振峰同志担任省院扶贫督查办公室负责人,连续18天带病参加联点督查,助推石门县高分通过"国考"。在他的主抓力推下,省院扶贫督查组被评为"全国脱贫攻坚先进集体",他个人2次被评为全省脱贫攻坚先进个人并荣登湖南脱贫攻坚"群英谱"。二是聚焦工作业绩中的突出点。注重选树业绩突出的先进典型,切实增强选树效果。省院检察官姚红以求极致的工匠精神对待每一起案件,自办或指导办理的案件中,获评全国检察机关(公益诉讼)指导性案例1件、典型案例10件、服务保障长江经济带发展典型案例3件等。特别是以姚红为主办理了"洞庭湖下塞湖矮围"公益诉讼案,提起4289万元生态环境损害赔偿的民事公益诉讼获二审判决支持,并促成洞庭湖环境治理和生态修复,实现办案双赢多赢效果。省院胡细罗同志坚守司法办案一线十余年,检察机关内设机构改革以来,办理的行政抗诉案件占全省总数的一半,所办案件先后被评为全省检察机关十大优秀案件、全国检察机关行政检察优秀案件和"实质性化解行政争议"典型案例,他个人被记二等功2次、三等功5次。三是聚焦司法为民中的感人点。省院伍松林同志始终坚信民生无小事,以公正良善之心传递检察监督温情。所办案件中,有古稀老人冒雨送来锦旗,重燃生活希望;有民营企业经抗诉获公正裁判,摆脱经营困顿;还有交恶多年的当事人在以心换心、真诚沟通后达成谅解,握手言和。除了选树司法为民的先进个人外,还注重挖掘在保障人民生命财产安全、维护群众合法权益中涌现出来的先进集体。如湘潭市岳塘区院在办理一起非法集资案时,为千余名受害群众追赃挽损数千万元,10余名被告人被判处有期徒刑。此外,还在疫情防控、扫黑除恶、服务非公经济发展等方面做了大量的民生实事,该院获评"全国先进基层检察院""湖南省文明标兵单位"等荣誉。

（四）以宣传造声势，抓好引领带动

以开展检察队伍教育整顿为契机，切实加大先进典型的学习、宣传和推介力度，带动全省检察干警见贤思齐、创优争先。一是组织开展高密度的学习教育。省院印发《关于开展向彭庆文同志学习的决定》，制发《关于进一步掀起向彭庆文同志学习热潮的通知》《关于表扬"身边最美检察蓝"的通报》，并将选树的先进典型作为英模教育的重点内容。同时，组织党组中心组、各支部对先进人物的事迹进行集中学习研讨。二是组织开展高频度的宣传报道。推出9名政法英模、12名"身边最美检察蓝"等先进典型后，切实加强与新闻媒体的协作配合，组织开展全方位、多轮次的宣传报道。《检察日报》、《中国警察》、新华网、《法治日报》、《法制周报》、《湖南日报》、湖南卫视等媒体纷纷报道了彭庆文同志的先进事迹。谢新星被《检察日报》、正义网等28家权威媒体集中采访报道。何秋花被《法治日报》、湖南政法微信公众号、《株洲日报》等刊文报道。按照每天2人的频率，持续在省院门户网站、微信公众号等刊发12名"身边最美检察蓝"的先进事迹。三是组织开展高效度的巡回宣讲。彭庆文、张秀娟、姚红、何秋花等4人入选全省巡回宣讲名单。2021年省院举办2期英模事迹报告会，集中宣讲5位英模人物和12名"身边最美检察蓝"的先进事迹。岳阳市分别在全市政法领导干部政治轮训班、临湘市、岳阳县、平江县和云溪区政法队伍政治轮训班讲述彭庆文同志感人故事。通过宣扬英模人物的先进事迹，激励广大检察干警明大德、守公德、严私德，坚守初心使命，争创一流业绩。

三、当前湖南省检察机关选树先进典型工作中存在的问题及主要原因

存在的问题主要有：一是培育和选树先进典型的意识不够强。个别单位、支部对先进典型的认识存在偏差，错误地认为只有干出惊天动地的事迹、获得全国全省重大荣誉的干警才是先进典型，导致从平凡的身边人物中发现和挖掘"闪光点"的意识不强，有的先进典型在被媒体报道后才被发现。二是融媒体、常态化宣传报道不够深。一方面，新媒体专业技术人才储备不足，运用全媒体推介先进典型经验不足、措施不多，宣传先进典型还存在堵点。另一方面，宣传途径多借助报纸、电视等传统媒体，对新媒体的运用不够充分，宣传效果有待进一步提升。三是先进事迹的社会影响面不够广。对先进典型的宣传报道，系统内宣传多，系统外宣传少，宣传工作时紧

时松,受众面不够宽,社会影响力不够大,先进人物的公众知晓度还不够高。

存在上述问题的原因主要有:一是部分干警创优争先的意识不够强。有的干警认为,先进典型非常"高大上",离自己很遥远,争当先进的信心不足;有的干警受不良思想的影响,缺乏艰苦奋斗、干事创业的精神,工作安于现状,不思进取,创优争先的动力不足。二是对先进典型的挖掘宣传力度不够大。先进典型大多是身边的平凡英雄,需要用心发现和挖掘。虽然"千里马"常有,但"伯乐"不常有,一些干警的"闪光点"没有及时发现、总结出来;有的虽然已经树立为先进典型,但对他的先进事迹挖掘不深、宣传不够,特别是有的先进典型宣传报道存在"一阵风"现象,持续宣传报道不够,崇尚先进、学习先进的氛围不够浓。三是关心关爱先进典型的激励措施不够到位。一方面,先进典型的社会关注度高,社会各界对他们的能力素质、作风形象等要求更高,他们承受的压力更大。另一方面,虽然各级组织对于选树出来的先进典型,均制定了相应的待遇保障措施,但有的地方和单位重选树、轻保障,正向激励作用没有充分发挥出来,在一定程度上影响了广大干警争先创优的积极性。

四、做好检察机关先进典型选树工作的建议

一是要聚焦检察主责主业突出时代树英模。围绕"四大检察",重点突出检察机关履行法律监督职能的情况,既要聚焦在脱贫攻坚、见义勇为中的先进典型,更要聚焦在履职尽责、司法办案中的先进典型。

二是要组织拍摄更多以先进典型为题材的影视作品。要以新时代检察机关先进典型为蓝本,组织拍摄群众喜闻乐见的微视频、微电影、连续剧等影视作品,更加形象、生动地讲好检察故事。要争取党委宣传部门的重视支持,借助专业影视力量,通过高质量的影视作品展现检察新担当新作为新成效。

三是要建立健全典型人物常态化评选、宣传、慰问工作机制。要健全评选机制,及时发现和评选先进典型。要采取座谈交流、先进事迹报告会、创作文艺作品等形式,加强宣传展示,增强先进典型的传播力、感召力和影响力。要落实国家有关表彰奖励、困难帮扶等政策措施,建立完善因公牺牲伤残检察干警及家庭抚恤优待制度,常态化帮助解决生活困难。

四是要制定新的检察机关奖励指引。新《公务员奖励规定》颁布实施

后，我省在实施记功奖励中遇到两个难题：第一，定期奖励与及时奖励不够规范。《公务员奖励规定》虽然明确了地市级以上机关可以对本系统开展及时奖励，但标准不够具体，可操作性不够强。定期奖励对于奖励主体、时间周期没有明确，协调难度大。第二，奖励标准难以把握。检察机关的主要任务是办案，如果按照一般党政机关标准开展记功奖励，不利于调动检察人员的工作积极性。基于上述问题，建议最高检制定新的检察机关奖励指引，明确开展及时记功奖励的标准以及定期奖励的时间周期、审批程序等，为检察机关开展记功奖励提供制度支撑。

以史为鉴：慎刑思想在新时代检察文化建设中的"古为今用"

吴兴亮　张　茂　邵淑琼[*]

一、慎刑思想的内涵与发展

何谓慎刑？《说文解字》记载："慎"，谨也，即是谨慎、小心之意，慎刑的含义也呼之欲出，即谨慎刑罚、审慎用刑。"钦哉，钦哉，惟刑之恤哉！"古代先贤如此呼吁道，此中之"恤"即体恤，告诫用刑者施加刑罚务求审慎，又如："罪疑惟轻，功疑惟重，与其杀不辜，宁失不经。"大致就是说案件有疑点就要从轻从无处理，这样才能避免错杀无辜，体现出当今"疑罪从无"的刑法适用原则。这说明，从上古虞舜时期，我国慎刑思想便已萌芽。直到西周时期，周人鉴于夏、商两朝"重刑辟""乱罚无罪，杀无辜"而导致"怨有同，是丛于厥身"的教训，遂提出"明德慎罚"，载于《尚书·周书·康诰》："惟乃丕显考文王，克明德慎罚；不敢侮鳏寡，庸庸，祗祗，威威，显民。"主张重视道德教化、刑罚适中，此即为慎刑思想。

春秋时期，以孔子为代表的儒家继承发展西周以来的"礼""天命""明德慎罚"等思想，以此为基础进而将慎刑思想系统化，提出了以仁为核心的政治理论，主张德主刑辅、以德去刑、省刑罚、隆礼重法。在孔子看来"礼乐不兴，则刑罚不中；刑罚不中，则民无所措手足"。礼乐兴盛，刑罚就会中和、轻重得当，反之道德败坏那么刑罚就会被滥用，民众将无所适从、惶惶不可终日。孟子则更加重视民心的向背，主张统治者要施仁政于民，反对严刑峻罚、滥杀无辜。

西汉武帝时"罢黜百家、独尊儒术"，开启了"官方"认定的儒家时

---

[*] 作者单位：贵州省毕节市金沙县人民检察院。

代，董仲舒集儒家、法家、墨家、黄老之学等诸家思想，主张"德主刑辅，礼刑并用"开始成为封建正统法律思想的核心部分，其认为"是故教化立而奸邪皆止也，其提防完也；教化废而奸邪并出，刑罚不能胜者，其堤防坏也。古之王者明于此，是故南面而治天下，莫不以教化为大务，立太学以教于国，设庠序以化于邑，渐民以仁，摩民以谊，节民以礼，故其刑罚甚轻而禁不犯者，教化行而习俗美也"。通过教化使民众明晓礼仪、宽仁，即使刑罚轻微也不会有所触犯，强调了道德教化的作用。此外，董仲舒还提出了"诛首恶"原则，与以往"连坐"制度的残酷形成鲜明对比。

《唐律疏议》强调："德礼为政教之本，刑罚为政教之用。"唐初统治者认为礼乐制度为人们经济生活、社会往来和政治活动提供指引和方向，并且是制定法律和刑罚的底本和根本精神，奉行"德主刑辅、礼法并用"的法律思想，正如后世评价那般"一准乎礼，而得古今之平"，主张慎重行刑、法务宽简、宽严相济，用刑既要顺应天理，也要平衡国法与情理。尤其是对于死刑与刑罚的适用，司法官员尤需持审慎态度。在司法领域则体现为死刑复核、三司推事制度等，从死刑的判决到推勘、复核，一系列严格的程序使得慎刑思想得以贯彻到司法实务中。

在中国古代，历代统治者大都崇尚重农抑商政策，但宋朝开始农商并重，建立起逐渐完善的商业法律制度，以法律的形式承认了民营商业的存在及合法性，使得宋朝商品经济空前繁荣。这亦与慎刑思想的延续密不可分，《宋刑统》承《唐律疏议》而制，囿于时代的更替部分法律规定有所不同，但慎刑思想却也一脉相承。史书记载："其君一以宽仁为治，故立法之制严，而用法之情恕。狱有小疑，覆奏则得减宥。"此外，为了加强对民营商业的保护，政府颁布法令规定"诏诸州勿得苛留行旅赍装，除货币当输算外，不得辄发箧搜索"，"留滞三日加一等，非止徒二年。因而乞取财物，赃重者，徒一年"。

延至元明清时期，由于统治的需要，统治者用刑思想逐渐向重刑主义转化，但主流思想仍是慎刑思想。如明代丘浚在《慎刑宪·存钦恤之心》对《尚书·舜典》"钦哉钦哉，惟刑之恤哉"评述道："帝舜之心，无所不用其敬，而于刑尤加敬焉。故不徒曰钦，而又曰哉者，赞叹之不已也。不止一言而再言之，所以明敬之不可不敬，以致其叮咛反复之意也。……若夫刑者，帝尧所付之民，不幸而入于其中，肢体将于是乎残，性命将于是乎殒，于此尤在所敬谨者焉。是以敬而又敬，拳拳不已，惟刑之忧念耳。"清朝作为中国最后一个封建王朝，仍承袭明德慎罚的司法理念，康熙帝从"敬慎庶刑，刑期无刑"的思想出发，经常告诫司法官员："刑罚关系人命，凡审撇用刑，理应恪守先制，精译慎重，不得恣意酷虐，致滋冤滥……恐不肖官员，日久玩忽，乃于法外妄用重刑，有负钦恤之意。"

二、检察文化建设中慎刑文化的脉络梳理

欲知大道，必先为史。对检察机关慎刑文化进行历史梳理有助于当代检察人更好地理解慎刑在检察工作中的具体体现，赋予古人慎刑思想新的时代内涵，让慎刑文化在检察机关彰显出新的时代伟力。

新中国成立初期，最高人民检察署正式成立，制定并通过《中央人民政府最高人民检察署试行组织条例》，条例规定："对各级司法机关之违法判决提起抗议……对于全国社会与劳动人民利益有关之民事案件及一切行政案件，均得代表国家公益参与之。"一如"民为邦本、本固邦宁"的慎刑思想，条例的出台充分体现了检察机关成立之初坚持人民性及监督职能的理念。为了保卫新生的人民政权，新生的检察机关积极响应党中央号召，投入"三反""五反"运动，履行法律职责，积累查办贪污贿赂犯罪案件的经验，在刘青山、张子善贪污案中坚持法律面前人人平等，有力地践行司法公正的誓言。再如为慎重处理民族资本家乔铭勋合同诈骗一案，最高人民检察署先后研究论证，征求有关部委意见，最终对乔铭勋依法进行处理。

社会主义道路探索时期，鉴于检察工作的重要性，毛泽东主席提议把"检察署"改为"检察院"，由"五四宪法"和人民检察院组织法予以明确，并在人民检察院组织法中规定地方各级人民检察院行使侦查活动监督、对刑事案件进行侦查提起公诉等职权。在此时期各级人民检察院注重发挥法律监督作用，保证办案质量。如鉴于特务分子张毅受政府政策感召，投案自首并检举反革命分子的情节，检察机关决定对其宽大处理，于1956年对其宣布不起诉决定书。此外，检察机关在侦诉和处理日本战犯工作中，综合日本战犯的认罪态度、表现等，适用免诉制度，教育感化了一批战争犯罪分子。1958年12月，中央提出："在我们国家已经空前巩固……捕人、杀人要少；管制也要比过去少……"检察机关认真贯彻落实这一政策，同时结合捕人少、治安好的"枫桥经验"，注意依靠群众办案，在工作中广泛积累干群结合的检察工作经验。

1978年3月，第五届全国人大第一次会议通过《中华人民共和国宪

法》，人民检察院得以重建。同时党的十一届三中全会公报指出："检察机关和司法机关要保持应有的独立性；要忠实于法律和制度，忠实于人民，忠实于事实真相；要保证人民在自己的法律面前人人平等，不允许任何人有超越法律的特权。"重建伊始，各级检察机关根据群众的迫切要求和有错必纠原则，积极平反、纠正冤假错案。在第七次全国检察长会议上，胡耀邦同志提出："抓好冤案、错案的平反工作，要做到彻底平反，善始善终。在处理现行反革命案件和刑事犯罪案件时，必须重证据、重调查研究，严禁逼供信，防止错捕、错判。对罪犯要重视思想改造，实行革命的人道主义，严禁虐待，根除封建的野蛮行径。要同城市居民委员会和农村社队密切配合，采取民主的、批评教育的方法，解决好人民内部矛盾，增进人民的团结，尽量少用法律惩办的手段。"这与明德慎罚、以德辅刑的慎刑思想追求一致。

囿于社会治安形势及打击经济犯罪的实际需要，"刑罚世轻世重"，检察机关积极适应历次刑法、刑事诉讼法修改和刑事政策的变化。第六届全国人民代表大会期间，各级检察机关积极投入严打斗争，严厉打击严重刑事犯罪、经济犯罪等，积极开展民事行政检察工作，秉持教育、感化、挽救方针开展青少年罪犯工作，同时提出建设高标准、符合干部"四化"要求的检察队伍，要求检察队伍首先提高政治素质——革命化，而后加强干警的年轻化、知识化和专业化建设，并于1985年3月召开了第一次先进集体、先进个人表彰大会。第八届全国人民代表大会期间，检察机关始终坚持服务于经济建设这个中心，把贯彻执行党的路线和国家法律同检察工作具体实践紧密结合，配合开展好第二次"严打"和刑事诉讼法修改。修改后的刑事诉讼法废除了免予起诉制度，建立了酌定不起诉制度，同时《检察官法》出台，标志着我国检察官管理的法治化。第九届全国人民代表大会期间，各级检察机关强化法律监督，深化检察改革，大力加强检察队伍建设和基层检察院建设，涌现出方工同志等先进典型。第十届全国人民代表大会期间，检察机关强化监督，清理了大量的羁押案件，同时建立人民监督员制度，拓宽了接受监督途径，平反胥敬祥冤案、建议法院再审孙万刚案等都是检察机关强化监督职能、审慎办案的生动实践。第十一届全国人民代表大会期间，全国检察机关顺应人民群众新期待，坚持检察业务、队伍建设和检务保障一体建设，强化法律监督、强化自身监督、强化队伍建设，规范司法行为、深化司法改革、狠抓基层基础，把队伍建设作为根本，推进严格执法、公正司法，努力建设清正廉洁的检察队伍，同时强调要深入贯彻宽严相济的刑事政策，坚持该严则严、当宽则宽、区别对待、注重效果。

迈入新时代，检察机关在不断前进中探索"四大检察"法律监督新格局。在队伍建设中，完善检察官考核遴选及员额退出等机制，明晰司法责任；强化司法责任认定与惩戒机制建设，全面排查刑事错案，以追责问责倒逼责任落实，推动形成司法责任体系的有效闭环，确保检察权公正行使。在案件办理中，衡平人民群众在司法个案中对公平正义的切身感受，强化证据意识，构建以证据为核心的刑事指控体系，主动部署开展羁押必要性审查专项活动，通过审查提出变更强制措施或释放建议2.4万人次，有效避免了不当羁押现象的产生，充分体现了当代检察机关对人权司法的保障。在政策制度制定中，推进认罪认罚从宽制度改革，落实宽严相济刑事政策、全面铺开涉企案件合规工作等。新时代检察机关强调办理案件要区别处理，持审慎态度，既要考虑体现认罪认罚从宽，又要考虑其所犯罪行的轻重、应负刑事责任和人身危险性的大小，全面审查、认定证据，确保罚当其罪，避免罪刑失衡。一如古人所言："人有小罪，非眚，乃惟终，自作不典，式尔，有厥罪小，乃不可不杀。乃有大罪，非终，乃惟眚灾，适尔；既道极厥辜，时乃不可杀。"

三、新时代检察机关慎刑文化建设路径

2021年11月8日，党的十九届六中全会进一步强调要"推动中华优秀传统文化创造性转化、创新性发展"。慎刑思想作为民族文化的历史积淀，绝不止于历史叙事价值，世间万物都处在不断变化与发展中，《尚书·吕刑》有云："刑罚世轻世重，惟齐非齐，有伦有要。"刑罚适用亦讲究因时制宜原则。随着新时代经济发展及犯罪结构的不断变化，慎刑思想无声无息地深植于今天的社会生活中，越来越受到检察机关的关注，深植于新时代检察人的内心。

（一）以人民为中心：司法制度的运行要紧密围绕人民的最根本利益

以史为鉴，开创未来，这是习近平总书记"七一"重要讲话的重要内容，古代司法文明的核心价值就在于民心向背，这句论断放之今日同样重要，坚持以人民为中心，中国特色社会主义司法制度的运行要紧密围绕人民群众的最根本利益。《管子·牧民》云"政之所行，在顺民心；政之所废，在逆民心"。历史总是在某个特定的时间拐角，让世人明晓过往之理，汲取

相应的智慧。无论何时,民心选择始终是考验执政者的最高标准,人民群众的福祉永远是司法工作的根本目标,也是长期以来党和国家政法事业建设的根本导向。如果一项司法制度让人民群众无法信赖,因为各种滥权、腐败、不作为使人民群众对其失望,那么这项制度将无法生存,更毋庸运转可言。2020年11月16日至17日,习近平总书记在中央全面依法治国工作会议上强调:"全面依法治国要坚持以人民为中心。全面依法治国最广泛、最深厚的基础是人民,必须坚持为了人民、依靠人民。要把体现人民利益、反映人民愿望、维护人民权益、增进人民福祉落实到全面依法治国各领域全过程。推进全面依法治国,根本目的是依法保障人民权益。要积极回应人民群众新要求新期待,系统研究谋划和解决法治领域人民群众反映强烈的突出问题。"对新时代检察人员而言,人民性就是最根本的政治属性,"以人民为中心"就是要将人民群众的根本利益作为检察工作的中心和重心,将人民对于司法公正的向往作为检察文化建设和司法制度建构的终极目标追求。

人民群众对案件的公正感并非仅仅来自于一纸裁判,还来源于对案件办理过程的切身体会。"善政得民财,善教得民心。"一项好的政策制度必然是从群众中来,最终走向群众。因此,公开化、可视化便成为当前司法改革的重点任务之一,处在司法改革大潮中的检察机关就必须对这一问题加以重视,主动接受人民监督,切莫闭门造车。首先,对案件要分门别类地进行处理,大多数能够公开的案件要从受理、办理到结案全部重要流程节点公开化、可视化、透明化,让社会公众能够第一时间了解案情、体知办理流程,让每一份检察文书既能符合条文规定和法理逻辑,又能够最大限度让群众满意。其次,对于少数涉及国家秘密、商业机密和个人隐私的案件,要做好案件的保密工作,放任案情的外泄,既对当事方主体权益造成损害,也会给检察工作的认真性和严肃性带来负面影响。

(二)营造慎刑氛围:灵活性与原则性相结合的宽严相济司法指针

检察机关要充分借鉴中国古代司法文明"德主刑辅"的理念,在刑事办案中坚持教育和刑罚相结合的原则,保持宽缓和严苛相统一的辩证态度,"法治"和"德治"的有机统一在中华民族关于治国理政的思想中具有相当成熟的历史基因,所以既要发挥劝诫训导的道德教化作用,也要强调依法惩治的严肃性,以事实为依据、以法律为准绳,充分考量、区分各主体的参与程度、主观恶性和客观危害性,采取宽严相济的刑事政策。《中共中央关于加强新时代检察机关法律监督工作的意见》更是明确把"严格依法适用逮捕羁押措施，促进社会和谐稳定"作为检察机关的一项重要任务。就检察机关而言，随着认罪认罚从宽制度全面实施、高比例适用，检察机关不捕率、不诉率以及诉前羁押率均发生了明显变化。据统计，2021年1月至10月，全国检察机关不捕率为29.9%，同比增加7.4个百分点；不起诉率为15.0%，同比增加1.9个百分点；诉前羁押率为49.7%，同比下降4.6个百分点。

习近平总书记强调，法律和道德都具有规范社会行为、调节社会关系、维护社会秩序的作用。法安天下，德润人心。法律有效实施有赖于道德支持，道德践行也离不开法律约束。法治和德治在国家治理中相互补充、相互促进，既不可分离、亦不可偏废，国家治理需要法律和道德协同发力。各级检察机关要领会好、运用好习近平法治思想，树立共同的法治理念，准确把握宽严相济刑事政策的适用，秉持灵活性与原则性相结合的态度，继续推动认罪认罚从宽及企业合规制度的落实，不断将依法治国和以德治国相结合的道路向前推进。

（三）建设廉洁文化：制度约束与司法素养

法治之路，不难于立法，难于执法必严，难于司法公正。正如现代刑法学之父贝卡利亚在《论犯罪与刑罚》一书中有过这样一番论述："对于犯罪最强有力的约束力量不是刑罚的严酷性，而是刑罚的必定性，这种必定性要求司法官员谨守职责。"这就要求检察人员谨守职责，做到不枉不纵，法律的执行就是让白纸黑字的法律条文具有现实的约束力，一旦存在执法不严或者假公济私的情况，那么法律的现实效果便会大打折扣，司法公信力将会受到致命打击。《韩非子》云："法不阿贵，绳不挠曲。法之所加，智者弗能辞，勇者弗敢争。刑过不避大臣，赏善不遗匹夫。故矫上之失，诘下之邪，治乱决缪，绌羡齐非。"鉴古而至今，检察人员办理案件必须秉持"敬谨""公正"的态度，定罪量刑时务求高度谨慎，将中道司法积极贯彻在日常办案实践中，将公正当成司法实践的生命线。此外，要严格执行"三个规定"重大事项填报制度，对于个别领导干预司法办案的现象如实进行记录填报，对利用检察权违纪违法的案件，逐案倒查是否存在违反"三个规定"问题，加大通报和问责力度。全面动态掌握违规从业兼职情况，会同相关部门，定期通过大数据手段，排查在职、退休人员是否存在违规从事律师职业、在企业兼职、经商办企业问题。

梁治平先生曾说，一方面，"执政者要把人民视为道德上的主体，尊重他们的选择，实现他们的梦想"。另一方面，"党的各级组织，所有国家机构，各级政府官员，都要尊重法律的权威，严格依法行事"。唯有如此，才能"在人民中间建立起对法治的信仰，让人民成为法治的忠实崇尚者、自觉遵守者、坚定捍卫者"。作为新时代的检察人员，深厚的知识储备为工作之必要条件，高超的办案技巧也可以通过实践获得，但良好的道德修养却是不可多得的。中国古代司法文明一再强调的司法官员主体素养理念，在现代仍然具有较强的殷鉴意义。如若检察人员道德素质低下，那么案件的办理效果自然也不会理想，案件办理不能单一偏向于法律条文，优质案件的办理必然在情与法之间寻求衡量，务须以法律条文为依据、天理人伦为导向，人本感情为基础。而此三者皆与检察人员个人道德修养与公平正义之信念紧密关联，检察人员所从事的职业由于性质特殊、专业性强，执法司法权相对集中、自由裁量权较大，客观上容易滋生腐败问题。因此，新时代检察人员要厚植道德情操，以习近平法治思想为指引，坚定理想信念，切实做政治忠诚的模范、廉洁办事的模范、担当作为的模范；以司法为民的法治理念、公平正义的价值追求、刚毅劲直的道德品格树立起正确的法治观、职业观、道德观，从古今楷模榜样身上学习精神品质，在人民群众之间找寻朴素价值追求。通过道德修养的柔性约束与党纪国法的刚性约束，真正实现"权为民所用，心为民所想，利为民所谋"的法治目标。

四、结语

纵观前代殷鉴，明晓今世之道。从上古虞舜时期到封建时代末期，慎刑思想可谓是深入人心，反映了古人在司法公正和谨慎用刑方面的灼灼追求；从检察机关薪火相传的检察实践中，慎刑思想亦得以延续。"旧有旧之是，新有新之是"，沈家本先生在《寄簃丛书·法学名著序》一书中如是说。总之，慎刑思想作为我国优秀法律文化的传统结晶，在法治道路上将其发扬光大是我们新时代检察机关的担当与使命，唯有秉持着批判式继承、创新式发展的思维和路径，对慎刑思想的有益价值进行深度挖掘，推陈出新，革故鼎新，继往开来，方可让中华法文化的古老价值在现代社会绽放新的生机与活力。

运用地方红色文化资源加强新时期检察文化建设的若干思考

邢志坚　王维新[*]

红色代表着希望、胜利、创造、勤劳、勇敢、自力更生、艰苦奋斗、不怕流血牺牲等，是中国共产党价值追求和中华民族精神内涵最生动的象征。在100多年革命、建设、改革的伟大实践中，中国共产党带领人民创造了独特的红色文化。红色文化是马克思主义基本原理同中国具体实际相结合的精神结晶，是对中华优秀传统文化和世界优秀文化的继承、发展与创新。在实现中华民族伟大复兴中国梦的征程中，大力弘扬红色文化，从中汲取昂扬奋进、团结拼搏的精神动力，具有重要现实意义。

一、陕西丰富的红色文化资源给检察工作创新发展带来的机遇

陕西作为中国红色革命根据地、革命的摇篮，是全国红色文化资源最丰富的地区之一，涵盖了中国革命的各个时期，数量多、分布广、影响大。据陕西党史部门革命遗址普查工作统计显示，陕西省共普查遗址2155个（革命遗址2051个，其他遗址104个）。其中已确定为国家级爱国主义教育基地19个，省级爱国主义教育基地30个，市级爱国主义教育基地49个，县级爱国主义教育基地128个。陕西红色文化具有以下鲜明特点：一是数量很多。延安留下了大量中国现代史史迹，是全国重点革命文物最多的地区之一。与此同时，关中的西安、宝鸡、铜川，陕南的汉中、安康等地市也都有大量红色文化资源。二是内容丰富。表现在有反映工农红军长征到陕北打的第一个漂亮战役——直罗镇战役遗址；有反映全国各族人民在党的领导下英勇抗战的史实；有反映解放战争波澜壮阔的历史画卷；也有反映老一辈无产阶级革命家伟大人格、崇高精神和个人生活的遗存。三是主题鲜明。全国确

---

[*] 作者单位：陕西省宝鸡市人民检察院。

定的12个重点红色区中陕西涉及2个，它们是以延安为中心的"陕甘宁红色区"，主题形象是"延安精神，革命圣地"；以渝中、川东北为重点的"川陕渝红色区"，主题形象是"川陕苏区，红岩精神"。四是类型多样。陕西红色文化构成的类型极为丰富，主要可以分为：革命圣地，如延安革命纪念地；重大历史事件发生地，如临潼兵谏亭；战争发生地，如麟游起义、渭华起义；重要会议的会址，如洛川会议旧址；纪念馆，如扶眉战役纪念馆、凤县习仲勋"两当起义"革命纪念馆；纪念碑，如宁陕毛楚雄纪念碑等；革命旧址，如西安八路军办事处、旬邑县马栏革命旧址、耀县照金革命旧址等。作为陕西人民，我们理应在新形势下探索红色文化的创新之路，用红色文化打造国内一流的全民教育基地，架设党史党建研究和学术交流的平台，形成展示陕西新形象的窗口。

陕西得天独厚的红色资源，形成了陕西省检察机关独有的红色传统，需要我们进一步继承发扬。为此，陕西省人民检察院党组提出"传承红色基因，打造陕西检察品牌"的思路目标，以政治建设为引领，立足检察职能，深挖红色检察内涵，坚持以人民为中心的发展思想，坚持自力更生、艰苦奋斗的优良传统，将红色文化与检察工作深度融合，推动检察工作全面协调充分发展，为谱写新时代陕西追赶超越新篇章提供了有力司法保障。

全省检察机关要在最高检和陕西省委的坚强领导下，贯彻落实省院党组"传承红色基因、打造陕西检察品牌"的发展目标，深入挖掘发扬红色文化优势，传承红色检察基因，提供强大精神动力，不断开创新时代全省检察工作新局面。

二、红色文化对新时期检察政治工作的重要影响

在新时期社会主义检察事业的进程中，充分发挥各个地区独具特色的红色文化引领、熏陶作用，根据检察的职业特点，造就先进的检察文化，能够促使检察官群体成为具有良好的政治修养和法律素质，具有崇高的正义感和使命感的一个职业群体，以适应现代法治文明的需求，也有利于从根本上解决检察事业发展过程中的各种深层次问题。简言之，文化力能促进检察力。

（一）红色文化是检察机关加强意识形态工作的有力思想武器

红色文化作为文化的一种存在形态，有其鲜明的时代背景和内涵。在各种文化中，红色文化的独特作用体现在鲜明的政治立场、崇高的价值取向、

深厚的群众基础、坚决的奋斗精神等方面。运用红色文化来引导推进检察工作，是党领导检察干警推进检察事业创新发展的一条重要途径，对新时代检察工作具有重要的引导与借鉴意义。检察工作是党领导下人民民主政权的重要组成部分，从诞生起就烙下了强烈的政治属性。一代一代的检察人在党的领导下，开展了一系列维护党的领导和国家政权的斗争，展现出了绝对的忠诚，这种忠诚的品质薪火相传，形成了红色检察文化基因。在新时代，我们就是要汲取这种"忠诚"价值，牢记检察工作是政治性极强的业务工作，也是业务性极强的政治工作，大力加强检察干警理想信念教育，使检察干警做党和人民的忠诚卫士。在意识形态领域，红色文化百炼成钢，是抵御西方腐朽反动思想文化侵蚀、防止"和平演变"的利器，我们应充分认识其内涵、意义，切实用好这一思想武器。

（二）红色文化能引领新时期检察工作实现创新发展

文化建设的首要任务，就是用先进的思想和先进的文化引领工作航向，结合实践不断创新发展。各地独具特色的红色文化是地方人民的宝贵精神财富。作为生活和工作在这块土地上的地方检察机关，如何从中汲取精神力量，如何去继承和发扬光荣传统，如何以红色文化引领检察工作创新发展是应当始终认真思考和积极探讨的课题。红色文化通过培育检察人员敬业、勤业、精业精神，全面提升检察人员素质和文化品位，增强检察机关凝聚力、向心力，充分发挥检察机关在社会主义建设中的积极作用。所以说，红色文化反映了"以人为本"的理念，是检察工作不断创新发展的精神动力。红色文化把人的价值的实现摆在突出位置，通过先进文化的引导、凝聚、协调、教育作用，努力营造鼓励人才干事业，帮助人才干好事业的良好环境，使检察人员自觉地追求、信仰和实践符合先进文化前进方向的法治理念，推动检察工作创新发展。在检察业务的不断实践创新中，在具有中国特色社会主义检察理论的研讨中，在检察文化不断发展和繁荣的过程中，检察机关可以通过对红色文化的感悟、提炼，逐步形成具有地方特色的检察品牌。

（三）利用红色文化资源能进一步提高检察机关教育培训的针对性和实效性

随着社会发展的深刻转型和检察事业的不断深入推进，传统的教育培训模式已经不能满足新时期检察工作的需要，单一的讲授式的教育教学方式已经不能满足干部教育培训的要求，把红色文化资源转化为党性教育的实践资源，把党性教育课堂搬到革命斗争的现场，将特定历史现场转化为党性锤炼的课堂，引领检察机关党员干部走进党的历史，感悟革命传统，震撼思想灵魂，强化党性观念，将使党性教育在现场教学中凸显时代性，彰显生命力，也将为检察机关的教育培训增添新的活力，增加吸引力。通过丰富的红色文化资源对检察人员进行现场教学，将在开展党性教育中发挥重要作用。如果充分开发党性教育的红色基地，以现场教学的活动，寓党性教育于丰富生动的形式之中，通过组织学员参观考察历史遗迹、革命文物、特色纪念馆等现场教学点，让党员干部实地探访、聆听讲解、追寻革命足迹，在历史事实和真实场景中亲自去感知和体验，从而有效地把外在的教育内容内化为自己的党性修养，促使其党性修养、政治品质和道德境界有效提升。

（四）红色文化的融合能进一步丰富检察文化的内容

检察文化是检察机关在履行职能中形成的职业文化，是检察工作的外在表现，是检察工作发展的重要支撑，是检察政治工作的重要组成部分。红色文化是文化的一种存在形态，有其鲜明的时代背景和内涵，是党领导检察干警推进检察事业创新发展的宝贵财富，将红色文化有效融入到检察文化当中，对新时代检察工作具有重要的启示与借鉴意义。充分发挥文化育检功能，全面促进了检察队伍建设，积极利用丰富的红色文化资源，定期组织干警到爱国主义教育基地接受红色教育，传承老前辈"不怕困难、不怕牺牲、勇于担当、勇于胜利"的革命精神。运用多种形式，对全体干警的学习、工作、生活进行全方位的红色文化渗透，营造出浓厚的文化氛围。开展丰富的文化活动，拓宽思维空间，提升文化修养，增强干警参与文体活动的积极性。立足红色文化资源优势，将红色传统文化融入检察文化建设之中，通过举办检察文化节等多种形式加强红色检察文化建设，可以培树独具特色的红色检察文化品牌。

三、依托红色资源促进检察文化建设中需要把握好的问题

党的十九大以来，各地检察机关坚持以习近平新时代中国特色社会主义思想为指导，大力实施"文化育检"战略，充分发挥先进文化的引领、熏陶作用，在组织推动、工作创新、机制建设、理论研究等方面取得了丰硕的成果。但是，目前在实践中，由于受地域、经济、文化传统等各种综合因素的影响，一些地方检察院尚存在着对文化育检的理解不透彻、检察文化内在

本质把握不准确，以及检察文化建设表层化等问题。这些问题，在实践中必须引起足够重视，确保红色文化在促进检察工作中方向不走偏，形式不走样，作用发挥好，效果最大化。

（一）对发挥红色文化作用的重要性缺乏正确认识

部分检察院和检察干警对红色文化的内涵和外延的理解还不够全面、准确，将文化建设理解为仅仅就是检察系统内部开展的教育、文体等活动，认为只要加强政治和业务方面的学习、努力工作、圆满完成各项任务就可以，对文化建设的认识还只停留在表层化的局限和误区上。

（二）过于注重文化的物质外在形式，忽视文化的精神内涵

在检察文化当中，物质文化只是检察文化的载体，精神文化才是检察文化的核心内涵。检察机关的物质文化建设的目的是为检察文化建设提供基础，并使它成为承担精神文化的载体，物质文化的建设不是目的，而是手段。但是，实践中，个别检察院把检察文化建设的意义等同于机关环境的美化和丰富干警的业余生活，只是一味强调建设纪念场馆、文化设施。这样，离开了精神文化，单纯的物质文化建设就失去了文化建设的意义。

（三）文化建设形式单一、载体不够

一些检察院把文化建设附属于工作安排和人事管理，只把检察文化建设看作法律监督活动的管理方法和管理手段。有的着重强调其改善工作、生活、学习条件的物质功能。有的把检察文化建设等同于对全体干警的思想政治教育、业务学习和业余活动的开展，并没有把文化建设放在促进整体检察工作的大背景下来实施。有的把文化建设与检察干警在年龄结构、文化背景、心理因素、业务能力、工作投入、思想认识、政治素养等方面割裂开来，限制了文化功能的发挥。

（四）完全照搬盲目模仿，文化建设地方特色不明显

各个地区的文化既有共性的一面，也应有其鲜明的个性特征，这正是文化具有无限的生命力，对检察人员具有巨大的号召力、感染力的根源所在。但是，在实际中，有的检察院在发扬红色基因，推进文化建设过程中，尚未注重体现本地区的自身特点、传统和发展趋势，盲目照搬照抄其他检察机关的经验，使文化建设趋于庸俗化、功利化，未能发挥本地区红色文化所具有的独特作用。

四、运用红色资源实施"文化育检"的思路和方法

检察文化建设是一项涵盖检察思想政治建设、司法理念建设、行为规范建设、职业道德和职业形象建设的复杂的系统性工程。检察机关在开展检察文化建设过程中，要特别注重突出地方特色，运用好地方红色文化资源，打造具有鲜明特色的检察文化，为检察工作良好发展提供源动力。具体可以从以下几个方面进行：

（一）充分认识新形势下开展检察文化建设的重要性

检察文化是检察机关的"灵魂"，加强检察文化建设对于促进文化育检，保障"强化法律监督、维护公平正义"目标的实现，提高检察机关的群体素质和工作效能具有重要的意义，发挥着独特的功能。红色文化是中国先进文化的结晶，蕴涵着丰富的革命精神和厚重的历史文化。红色文化以其特有的魅力，以润物细无声的方式，为人民大众提供着强大的精神动力，在社会主义精神文明建设特别是党的思想政治建设中发挥着独特而重要的作用。全党上下开展"不忘初心、牢记使命"主题教育，对于检察机关来说，充分利用好各地红色文化资源，发挥其文化育人的重要作用，增进检察官群体的爱国情怀、培育高尚情操、铸就创新精神，对于新时期全面推进检察工作，深化社会主义法治建设具有重要的现实意义和深远的历史意义。

（二）确立利用红色资源打造检察文化品牌的思路和目标

检察文化建设是一项系统性工程，必须紧紧围绕"强化法律监督、维护公平正义"，坚持以提高检察队伍整体素质，确立推进司法体制改革和检察职业化建设为核心。以培育检察精神、强化检察职业道德、营造团结向上的良好氛围为着力点、全面规划，逐步实施，整体推进。陕西省人民检察院立足全省丰富的红色文化资源，结合检察机关实际，提出"传承红色基因、打造陕西检察品牌"的发展目标，全省各个基层检察院要定位于新时代检察工作所处的历史坐标，立足于各地实际对红色文化进行传承打造。根据检察工作和检察队伍建设的实际需要，充分吸收各地区红色文化基因，创新检察文化建设的载体，丰富检察文化建设的内涵，不断提升检察文化建设的层次，着力打造具有鲜明特色的红色文化，为检察工作良好发展提供源动力。

（三）检察文化必须突出红色文化特点和地方特色

检察文化建设不能流于表面化，不能被简单地等同于各项科教文体活

动。文体活动、政治思想工作属于检察文化的范畴，但不是检察文化的核心和主体，检察文化建设应该突出检察特色，围绕检察工作的特点、检察官的职业需求来开展。在利用红色文化资源开展检察文化建设中，要结合本地工作实际，突出红色文化特色，充分利用红色文化资源，注重将历史的学习与现实的实践有机结合，在红色文化的熏陶中深化对党员干警的教育和体验。善于利用各地丰富的红色文化资源，开发红色文化产品，打造具有地方特色的检察文化品牌。用小说、诗歌、书画、舞蹈、影视等人民群众喜闻乐见的形式宣传红色文化，发挥好图书馆、博物馆、文化馆等公益场所的作用，开展形式多样的以红色文化为载体的教育宣传，使党的优良传统和作风不断深入人心。

（四）运用红色文化不断提高检察队伍整体素质

检察文化建设的关键是人的建设。要充分利用红色文化资源，采用教育、启发、诱导、吸引、熏陶和激励等多种方式提高检察人员的思想道德修养，积极培养复合型人才，促进检察人员的全面发展和进步。利用"五四"青年节、"七一"建党节等时机组织干警到红色教育基地学习参观，了解革命前辈英雄事迹，学习传承红色革命精神，开展理想信念教育，补足干警精神之钙。不断完善检察干警教育培训机制，将"党校课堂＋教育基地"的模式延伸深化为集课堂理论教学、红色教育基地教学、警示教育，以及调研实践的"四位一体"模式，引导党员干警以科学理论为指导，理论联系实际，在丰富生动的实践体验中感受"红色"精神并将其内化为自我需要和自觉行动，始终保持共产党人全心全意为人民服务的政治本色。

（五）宣传红色文化塑造检察机关的良好形象

检察文化建设要以队伍建设为载体，注重塑造检察机关的形象、彰显检察权的法律权威。围绕"传得开"发力，拓展红色文化宣传教育平台，推动红色文化大众化、形象化，把红色文化保护、传承和弘扬工作纳入检察文化建设的重要内容，融入精神文明创建全过程，作为培育和践行社会主义核心价值观的重要抓手，运用生活化场景、日常化活动、具象化载体，让人们在潜移默化中接受红色文化熏陶。统筹运用传统媒体和新兴媒体，策划有节奏、有声势、有影响的宣传推介，开展全方位、多角度、立体化传播，把红色检察文化讲精彩、讲响亮，不断提高覆盖面和精准度，让主流思想舆论阵地的"红色地带"越来越宽广。充分调动干警的工作积极性、主动性和创造性，挖掘干警潜能，开展敬业教育，使干警明确自己身上的责、权、利，从而确立检察文化建设的道德基础和价值观念。注重对内营造文化氛围，树立文化建设理念，不断创新活动内涵，调动干警积极性，对外要重视培养宣传骨干分子，建设文化阵地，树立形象，树立旗帜。通过一系列措施，使检察机关良好形象在人民群众中深入人心。

法治文化建设中的地方特色考量

——以青海自然与社会特征为视点

马天山[*]

凡文化建设均可以视之为夯基工程。围绕法治提出法治文化建设，这不但是宏观性、长期性的夯基工程，同时也是法治建设方式的深化，具有战略深意。中国地域广袤，自然和社会差异极大，不同地方如何推进法治文化建设，以地方法治文化丰富国家法治文化内容，以地方法治文化推动国家法治文化全面发展，打造整体国家法治文化大环境，需要认真思考和研究。

一、法治与法治文化是互为推进的整体

文化是环境的产物，环境是文化的母体，有什么样的母体，就有什么样的文化酝酿、诞生和延续，一如有什么样的土壤，就会有什么样的果实，二者是产生与被产生的关系。文化又是时代的产物，时代是文化的滋养者，有什么样的滋养，就有什么样的文化"容颜"，一如服饰的演进，其材质、工艺、式样均随时代变化而变化，二者同样是产生与被产生的关系。文化以环境为载体、以时代为滋养而生存和发展、变化和传播，离不开环境与时代的护佑和滋养。文化与地域、与时代"血脉相连"，无论什么类型的文化都是特定环境、特定时代的产物，享誉世界的四大文明古国，便是以地域来划分的人类文明类型。

世界上没有哪一种文化能离开具体环境和时代而存在，一方水土养一方人，也养一方那个时代的文化。

法治文化是文化的有机组成部分，二者在内容上是整体与局部、包容与被包容的关系，但实质上二者既互为表里又相互推进。在法治文化中，文化

---

[*] 作者单位：国家检察官学院青海分院。

是法治的载体，法治是文化的核心。总体上，法治文化是法治建设程度和水平的文化表现，反映全体公民特别是国家机关及其工作人员等社会主体制定及尊学守用法律的基本态度，是法律意识、法治素养等诸方面的综合性体现。法治文化气息愈浓则表明法治建设程度和水平愈高，而法治建设程度和水平愈高则表明法治文化气息愈浓，因此二者呈现的是互为表里又相互推进的辩证关系。

如果说法治文化是一种法的社会状态、社会氛围以及民众对法的态度的描述，是法的精神实质的形象化展示，那么法治建设则指向的是一个个具体的法治事项、环节和步骤，是法律制度产生、纸上的法律变为现实的法律的过程的揭示。没有法治文化的滋养，法治建设将会失去优渥的环境影响；没有法治建设的引领，法治文化就会失去推动的力量从而成为一潭死水。党的十九大报告明确提出建设社会主义法治文化，实践证明并将继续证明，深化依法治国实践必须加强法治文化建设，只有加强法治文化建设，才能更加深入地推进法治建设和依法治国实践，使其深入人心、深入灵魂，二者是一项整体的伟大事业的两个方面，不可分割。"文化是一个国家、一个民族的灵魂。文化兴国运兴，文化强民族强。没有高度的文化自信，没有文化的繁荣昌盛，就没有中华民族伟大复兴。"

地方性法治文化是法治文化的有机组成部分。强调并且应当强调地方特色，是因为法治文化既是时代文化也是地域文化，是具有浓厚地方性因素的地方性知识。从全球视野看，所谓英美法系、大陆法系、印度法系、中华法系便是依据宏观地理范围做出的划分，是对一个较大区域范围内法治文化相同点的概括。具体到一个国家，地方性法律知识则构成最基础的法治文化的原材料。在美国，由于联邦政体之故，各州都有自己的法律系统，即地方法律是联邦法律体系的直接组成部分。中国是统一的多民族的国家，实行统一的法律体系，但地方性法律知识在我国法治实践中并非没有作用而是一直作用巨大，对立法、执法、司法、普法各个环节起着或正向或消极的影响。因此，研究地方法治文化建设，对继承优秀法治传统，摒弃糟粕，弘扬法治精神，因时因地提升法治建设的效率和质量，坚持全面依法治国意义十分重大。

我国面积广大，许多地方有着特殊的发展轨迹、自然及社会条件和文化影响，地方性特色和法治建设之间有着特殊的互动关系，以此观察法治文化建设，会获得诸多启示。

二、地方法治文化建设中的基础条件：地方特色

法治文化怎么建设向什么方向发展，如何更好地体现法治文化的作用，首先取决于对基础条件的准确认知。决定特色法治文化建设的基础条件表现在两大方面，一是国家法治建设的目的、性质和现状。它孕育法治文化的共性特征。二是地方本身的具体条件。它孕育法治文化的个性特征。法治文化在具有国家共性特征的基础上，还应当具有浓郁的地方特征。

（一）国家法治建设的目的、性质和现状

国家法治建设的目的、性质和现状，事关法治文化怎么建设和向什么方向发展等重大问题，是赋予法治文化核心内容的最重要因素。于此，主要考量两个问题，一是国家法治建设的现实追求。二是国家对法治建设的未来需求。

2011年3月10日，我国庄严宣布：立足中国国情和实际、适应改革开放和社会主义现代化建设需要、集中体现党和人民意志的，以宪法为统帅，以宪法相关法、民法商法等多个法律部门的法律为主干，由法律、行政法规、地方性法规与自治条例、单行条例等三个层次的法律规范构成的中国特色社会主义法律体系已经形成。这表明中国已在根本上实现了从无法可依到有法可依的历史性转变，各项事业发展步入法治化轨道，从此国家经济建设、政治建设、文化建设、社会建设以及生态文明建设的各个方面，都已实现有法可依。随后国务院新闻办发表《中国特色社会主义法律体系》白皮书，全面介绍了中国特色社会主义法律体系的形成和内涵，展示了新中国卓越的立法成就。

2014年10月23日，党的十八届四中全会通过了《中共中央关于全面推进依法治国若干重大问题的决定》，指出全面推进依法治国，总目标是建设中国特色社会主义法治体系，建设社会主义法治国家。这就是，在中国共产党领导下，坚持中国特色社会主义制度，贯彻中国特色社会主义法治理论，形成完备的法律规范体系、高效的法治实施体系、严密的法治监督体系、有力的法治保障体系，形成完善的党内法规体系，坚持依法治国、依法执政、依法行政共同推进，坚持法治国家、法治政府、法治社会一体建设，实现科学立法、严格执法、公正司法、全民守法，促进国家治理体系和治理能力现代化。由此，法治建设的总目标、法律体系的构成、法治建设的环节、要求和发展的方向得到了清晰的揭示，这是十分重大的成就，正如国务

院在《中国特色社会主义法律体系》白皮书里指出的,中国特色社会主义法律体系,是中国特色社会主义永葆本色的法制根基,是中国特色社会主义创新实践的法制体现,是中国特色社会主义兴旺发达的法制保障。它的形成,是中国社会主义民主法治建设的一个重要里程碑,体现了改革开放和社会主义现代化建设的伟大成果,具有重大的现实意义和深远的历史意义。

积极发展社会主义民主政治,推进全面依法治国,党的领导、人民当家作主、依法治国有机统一的制度建设全面加强。科学立法、严格执法、公正司法、全民守法深入推进,法治国家、法治政府、法治社会建设相互促进,中国特色社会主义法治体系日益完善,全社会法治观念明显增强。成绩虽然巨大,但我们也面临着社会矛盾和问题交织叠加,全面依法治国任务仍然繁重,国家治理体系和治理能力有待加强的挑战。新时代中国特色社会主义思想明确强调,全面推进依法治国总目标是建设中国特色社会主义法治体系、建设社会主义法治国家。国家不断强调坚持全面依法治国,在表明国家对法治高度重视的同时,也表明国家对法治的需求迫切而巨大。

从一系列关于当前中国时代特点、新形势和新任务、总目标和法治体系、路径和要求等频繁出现的关键词中,可以清晰解读出我们党对中国特点的准确把握和法治建设认识水平的新飞跃,更为重要的是鲜明地表达出了当代中国对法治建设的强烈希求和对未来法治建设方向的深思熟虑。显而易见,这也是给法治文化提供的舞台和擘画的蓝图,我们所要建设的应当是符合新时代中国特色社会主义思想要求的法治文化。

(二)地方本身的具体条件

国家大环境决定法治文化的共性特征,赋予法治文化本质属性和根本追求,使法治文化内涵相同、目标一致,从而构成法治文化宏观统一的核心要素,而法治文化的"细节"则由地方特点决定,构成彼此在形式上的区别因素。

地方性因素主要构成法治文化的形式差异,在此意义上,法治文化是地方性产品。换言之,不同地方的法治文化应当深刻体现地方特点,因为只有深刻体现地方特点的法治文化,才会在接地气的过程中吸取丰富的营养,具有鲜活的生命力,产生巨大的影响力。

中国地域广大,发展程度各有不同,加之民族众多,文化多元,面临着巨大的需求差异,在统一的法律制度下,只有建构起具有地方特点的法治文化,才能从不同的角度满足国家法治建设的需要,亦即我们所要建构的,还应当是符合地方法治建设需要的具有地方特点的社会主义法治文化。符合地方实际的法治文化，才是推动当地法治建设不断前进的巨大力量。

对于地方特点的把握，主要体现在自然和社会两大方面，并且应当侧重于具有影响力的"细节"上。以青海为例，它与其他省份显著不同的具有影响力的"细节"，体现在自然方面，主要表现为面积广大、地处高原、气候多样、资源丰富、位置重要等因素上。体现在社会方面，主要表现为起步不同、文化多样、民族众多、经济落后、教育欠缺、宗教影响巨大、行政区划特殊等因素上。

"细节"是客观存在的，揭示这些地方性"细节"的目的，主要在于获取有益于地方法治文化建设的启示。

1. 地方法治文化建设必须遵从时代潮流。从大环境看，加强法治建设是大趋势，如何走、怎么走、走向哪里，国家有明确的顶层设计。这样的大环境，在宏观上对法治文化建设不但有着巨大而坚定的推动力量，而且规定了中国法治文化正确的发展方向、全面的内容建构和科学的实现路径，法治文化建设必须遵从。

2. 地方法治文化建设必须从本地实际出发。

其一，从地方自然因素实际出发。一般而言，地方自然因素决定当地民众的生产方式、生活方式、居住方式、行为特点、交流联系、血缘纽带、文化传播，也对法治文化建设有着巨大影响。例如，在青海，在青藏、青新两大交通线一带，随物资交流形成了历史悠久又非常活跃的文化交流带。在河湟谷地，由于宜农宜居，当地民众以农业为主，都建有宅院，定居生活，而青南各州，则以畜牧业为主，许多人过着逐水草而居的游牧生活。整体看，由于青海地处边远，世居人口大多在有限范围内交流沟通，由此形成的血缘圈子，同时也成了相互影响的文化圈子，两者叠加，将自然因素的巨大力量深深铭刻于当地社会之中。在这样的环境中进行法治文化建设，对方式、内容、目标乃至语言都会产生许多特殊要求。

其二，从地方社会因素实际出发。不同地方的社会特点，既构成当地与外地在社会层面上的显著不同点，又构成文化在当地生存、发展、演变的具体社会条件。在青海，就文化建设而言，一直与全国发展水平存在较大差距，既有历史原因，也有现实原因。资料表明，青海自汉时设县以来，"高上（尚）气力，轻视诗书，尚鬼信巫，乡饮不举"。解放后教育事业虽然有巨大发展，但历史的欠账仍然难以迅速还清。由于现代文化包括法治文化的影响力不足，守法、团结、理性、宽厚、包容、真善、忍让、辨别、进取、尊重等成为较为稀缺的资源，于此，法治文化建设中社会环境如何营造，实际上等于有了特别清晰的目标指引。不同地方的社会特点，反映出的是当地的发展阶段、文化样态、教育状况、经济水平，这是准确认识地方特点的重要切入点，也是进行法治文化建设的重要切入点。

其三，从地方文化因素实际出发。地方文化特别是传统文化对当地社会主体、社会行为、民众生产生活等诸多方面同样有着巨大影响。在青海，由于开发史与移民史同步，随人口流动逐步形成了汉文化以及佛教文化和伊斯兰文化三个大的文化圈，青海的文化史，很大程度上就是三种文化相互交流、碰撞、融合、同化和影响的历史。在青海地方文化中，宗教是鲜明、复杂、活跃的组成部分，构成影响社会主体思想、行为的重要因素，构成拉力极强且高度敏感、形同血缘但又大于血缘的多维度联系纽带，很多人对宗教较为依赖，使生活宗教化、宗教生活化，一动百动。这是青海民间文化的重要存在形态，其活动方式、影响情形等是青海法治文化建设必须直面的现实。

三、应当建设什么样的地方法治文化：目标选定及内涵赋予

发展中国特色社会主义文化，就是以马克思主义为指导，坚守中华文化立场，立足当代中国现实，结合当今时代条件，发展面向现代化、面向世界、面向未来的，民族的科学的大众的社会主义文化，推动社会主义物质文明和精神文明协调发展。

中国已完成脱贫攻坚、全面建成小康社会的历史任务，中国正处在中国特色社会主义进入新时代的关键时期。在中国特色社会主义理论指引下，应当建设什么样的法治文化，需要用审慎的目光、宽阔的视野、科学的态度、正确的方式去对待。这是一个应当包括发现问题、揭示特点、推测趋势、摸索规律、给出建议等诸多内容的复杂工程。

仍以青海为例。青海的历史沿革与现实表明，这一地区既有古老中华文化的深厚积淀，又深受传入该地的民族宗教的影响，既有多元文化的冲撞融合，又有多种地方政权的频繁更迭，不但是青海乃至青藏高原社会变迁、文化交流、生产和生活不断改进的典型地区，更是一个可以看到国家发展、民族融合、宗教演进、法治进步大趋势、大潮流的多维度窗口。青海的进步是巨大的，但在法治发展方面，存在的问题仍然不少，表现在促使社会前进的

推动力、规范社会秩序的控制力、统一社会行为的整合力、克服不良因素的引导力、打击违法犯罪的威慑力均与时代要求存在相当大的差距等诸多方面。

据此，青海法治文化建设至少应当包含以下价值内涵的培养：

(一) 理论内涵

理论是行动的先导，正确的行动来源于正确理论的指引。解决理论问题特别是基本理论问题，是行动具有明确目的、正确方法的重要前提。

习近平法治思想立足新时代的历史方位、基本国情和国际环境，立时代之潮头、发时代之先声，科学回答了新时代中国法治建设走什么路、向哪里走、实现什么目标以及怎么实现目标等根本性问题，描绘了全面依法治国的华丽篇章，必将引领中国特色社会主义国家由法治大国迈向法治强国。

在地方法治文化建设过程中，如何深入贯彻习近平法治思想，需要回答很多问题，例如，地方法治文化与国家整体法治建设和法治文化有什么关系，它们之间有什么样的互动规律；地方法治文化应当包括什么内容、怎么样体现地方特色与维护国家法治的统一；具体的立法、执法、普法、司法、守法行为与法治文化怎么样有效对应等。这些问题既有涉及国家制度、地区发展、法治建设、法治文化等方面的宏观内容，也有涉及操作层面的方法论等方面的具体内容，反映出实践对理论的强烈期待，需要从理论上及时关注并作出回应。

法治文化建设本质上是法治环境的营造问题，对于个人、群体、地方、国家而言具有不同的含义，对涉及的理论进行研究，有助于在传统理论没有关注或者关注不深的局限性上有所进展，以此推动地方法治文化建设沿着正确方向不断深入发展、繁荣兴旺。

(二) 实践内涵

法治文化建设是实践性极强的话题，一方面大量法治问题、一系列社会需求必须通过实践才能得到及时、公正、合理的解决，另一方面促进社会形成浓厚的法治氛围必须依赖实践。实践是法治文化成长壮大的深厚基础和重大推动力量。

国家、社会、时代及民众对法治文化的需要，只有在实践中才能发现，也只有经过实践才能得到锤炼。秉持什么样的原则、制定什么样的制度、采取什么样的手段、达到什么样的效果，构成考量当代法治实践的重要内容。

党的十九大强调深化依法治国实践，必须坚持厉行法治，就是对法治实践提出的重大要求。长期以来，我们虽然在法治建设上有着丰富的实践活动，但仍存在一些问题，影响着维系安宁的纽带，时刻提示着人们必须高度重视法治实践，完善治理体系，提升治理的水平和能力。

（三）理论内涵与实践内涵的细化

基于国家法治建设实际，以上两大内涵可以细化阐述。

1. 法治文化建设中应当突出法律本身的价值，强调法治属性。依法治国是宪法原则，这一原则的深入贯彻需要长期坚持。在我国，虽然已经建立起了具有中国特色的社会主义法律体系，但法律制度的进一步完善、深化和细化需要时间，严格的执法能力的培养需要时间，全民法律意识的培养需要时间。换言之，法治文化建设需要法律本身的价值深入人心。进行现代化建设和社会治理，既要有相应的法律制度的普及，又要有相应的执法能力的扶掖，还要有法律意识的滋润。

法治文化建设的手段是多样的，但不突出法律本身价值的建设，无法取得任何持久而稳定的效果。就青海来说，围绕法律本身价值推进法治文化建设，就要回答国家立法、地方立法以及立法的价值取向，回答推进法治建设的必要性、可行性，回答为什么要遵学守用法律等问题，以期传导当代中国法律制度的先进性，更为重要的是传导符合时代要求的法治理念，告诉地方治理者法律意识高于其他治理意识，告诉所有民众尊崇法律是基本义务和责任，告诉宗教从业人员及信教民众，遵守法律是遵从教律的基本前提，法律之下才是教律，国家之下才是寺院，从而使全社会树立起国家法律的绝对权威，使知法、遵法、守法、护法成为所有人的自觉行为，在现代化的背景下，达成治理体系、治理能力和治理水平的高度统一，实现国家意识、法律意识、地方意识、民族意识和宗教意识的有机融合，深度促进并巩固发展、稳定、团结、繁荣、进步和平等的局面，这才是青海法治文化建设的核心内容，是当前法治建设亟待解决的重大问题。

2. 法治文化建设中应当突出发展的理念，强调进步。青海总体上属于欠发达地区，发展程度较为落后，表现在两方面，一方面是经济、文化、教育、卫生等各项社会事业落后，另一方面是基层政权和基层自治组织建设相对落后。多重性落后互为因果，既阻碍了社会的发展，又限制了地方法治文化与现代社会的相互适应。

社会治理既是现实问题，又是和发展一样漫长，一定会延及未来的重大问题。从目前情形看，在青海少数地区，一些人对发展的理解存在偏颇，一是不知道如何发展，二是不知道发展什么，以为修建寺庙就是投资旅游产业，进行宗教活动就是传承民族文化。对发展的片面理解，最终会因为与地方以及社会发展所需要的诸如资金、土地、新生力量等的争夺而影响到发展本身的方向和生命力。

没有均衡、充分、全面和科学的发展，很多问题就难以有效解决。对青海来说，法治文化建设的重要目标就是为了改变落后，促进发展。在法治文化建设中，贯彻、推进、维护均衡、充分、全面和科学发展，就是指人、自然、社会、国家等元素的协调发展，而不是指将兴趣点、财富和人力集中于某一点的片面式发展，或者是依靠并破坏资源的掠夺式发展。片面式发展、掠夺式的发展等都不是真正的持久的发展，具有很大的破坏性，与其说是发展，不如说是社会以及生态的倒退和灾难。秩序稳定、民族团结、经济发展、文化繁荣等，才是泽被后世的科学的发展。

3. 法治文化建设中应当突出团结的理念，强调统一。祖国是一个大家庭，家和万事兴。团结是社会稳定、民族和谐、国家繁荣富强的基石。这必须也应该是一种共识。在青海法治文化建设中，突出团结意义非常重大。一部地方历史，应该就是一部团结史。一部地方发展史，更是一部团结发展史。历史的辉煌、现实的壮丽、未来的美好，没有能离得开团结的。团结意味着繁荣发展，不团结则意味着矛盾与不安，不仅仅是隔阂、歧视，有时候甚至还会是敌视和分裂。

在地方法治文化建设中突出团结的理念，就是要用法治手段，给团结一片自由舞动的广阔蓝天，使各民族亲如手足，各宗教平等相处，而不是狭隘的、少部分人的、局部性质的团结，是建立在平等、相互尊重基础上的团结，而不是布施或者居高临下的恩赐，是内心认同式的、自觉自愿的、目标一致的团结，而不是流于形式的、应景式的团结。关注地方文化建设中团结的价值的挖掘，对团结的全面性、广泛性做深入的文化植入，有利于实现广泛、真诚、持久和牢固的团结。

4. 法治文化建设中应当突出稳定的理念，强调和谐和秩序。稳定是发展的基石，和谐是秩序的前提。在青海这种欠发达地区，社会稳定的基础较内地脆弱，引发社会矛盾的因素也较多。因此，在地方法治文化建设中注入维护稳定的因素，是筑牢社会稳定基础、减少不稳定诱因的重要举措。对个人而言，稳定意味着生产生活秩序正常，个人实现梦想有充足的空间和条件。对国家而言，稳定意味着政权巩固、形势大好，有能力担负起富国强民的责任。从本质上看，稳定表明社会秩序运行良好、社会主体关系和睦、社会利益分配合理、人们内心安宁踏实。

实践证明，没有国家的长治久安，一切都是空话。破坏社会稳定的事件一旦发生，除直接危害后果外，还会产生一系列衍生性危害后果，形成叠加效应，产生持续性不良影响。因此，稳定是带有根本性、全局性、战略性的价值目标，是法治文化建设中的核心元素之一。

5. 法治文化建设中应当突出文化的广泛价值，强调协调一致。文化的法治和法治的文化是完全不同的两个概念，揭示的是法治和文化之间的不同关系，其精妙之处在于，前者表达的是文化视野中的法治，重点是文化中具有多少法治属性。后者表达的是法治视野中的文化，重点是法治中具有多少文化属性。建设法治文化，一方面要在文化的视野中纳入法治因素，另一方面要在法治的视野中纳入文化的因素，使法治和文化不再陌生、不再分离，达到以文化育法治思想、法治意识，以法治护健康文化，促共同发展的目的。

探讨地方法治文化建设，既是对特殊问题的认真思考，也包含着对共性问题的深刻认知。青海虽然有着特殊的自然和社会环境，但作为地方政府，它所面临的政治制度、法律制度、文化制度、经济制度又是全国统一的，这就使得特殊问题有了可资借鉴的共性基础，亦即问题是青海的，答案却可以共享。法治文化建设，只有在准确体现社会主义核心价值观，遵从法治文化建设一般规律的基础上，糅合进地方特色，才能植根于中国大地而茁壮成长，与国家和地方的法治建设相得益彰。离开社会主义核心价值观，离开具体环境这块沃野，法治文化建设将成为无源之水、无本之木，不会产生任何功效。

四、如何建设富有地方特色的法治文化：路径确定

中国法治进入了新的大发展时期，建设富有地方特色的法治文化，用只有七十多年法治建设和文化建设的成就去解决数千年形成的问题，任务极其繁重。因此，一方面必须坚持文化自信原则，另一方面必须注重路径选择。以下三条路径应当一并考虑：

1. 弘扬与创新之路。即弘扬社会主义法治文化，创新弘扬的内容和方式，既坚持正确方向，又不固步自封、墨守成规。

2. 挖掘与继承之路。即对丰富多彩的传统法文化和相关文化进行挖掘整理，审慎鉴别，优秀部分为我所用，部分合理的加以改造。

3. 批判与扬弃之路。多元文化之地，文化纷繁复杂，必须秉持理性和科学态度，以当代的法治思维正确对待。特别是对习惯法、民族法等历史上的法律文化，应当进行全面的比较和分析，认真区分哪些是可以挖掘的，哪些是必须弘扬的，哪些是应当批判的。

为此，需要做好以下几个方面的工作：

（一）需要做到"四个把握"

1. 把握大趋势。坚持习近平新时代中国特色社会主义思想指引，以习近平法治思想武装头脑，不断深化依法治国实践是大趋势。把法治化治理当作有效方式加以运用，不只是治理手段规范化的问题，更为重要的是国家发展和强大需要秩序，尽管各地法治发展的水平不同、历史传承不同，运用法治的能力可能千差万别，但法治化的总体趋势无法改变。因此，法治文化建设不是一时一地之事业。

2. 把握基本原则。即地方法治文化建设必须坚持党的领导、坚持社会主义方向、坚持维护国家法制统一、坚持正确导向、坚持文化自信，反对、剔除、抵制一切腐朽、落后、愚昧文化的侵蚀，弘扬主旋律、释放正能量。

3. 把握重点环节。有三个重点，一是地方特点。地方的法治文化建设一定要体现当地特色。二是责任主体，即全体公民对法治文化建设承担公民责任，所有国家机关和各类机构承担与职责相应的责任。不能把法治文化建设仅仅视为某些机关、某些人的事情，法治文化建设中没有责任的例外者。三是相关环节，即在立法、执法、普法、守法等环节融合进法治文化建设的任务，使文化建设有支撑点和着力点。法治建设需要与社会整体的文化构建同步进行，每个主体、每个环节都做好了，一定会促成社会法治意识的整体提升，地方法治的发展必然水到渠成。

需要特别强调的是，在当代社会中，现代传媒具有迅速、广泛而独特的影响力，构成法治文化建设的又一重点环节。毫无疑问，大众传媒扮演着一个为社会里的成员提供集体经验的角色。经验教训表明，做好法治文化建设工作，一方面必须特别注重媒体作用的发挥，另一方面又要特别强调对媒体，特别是网络类自媒体的规范和引导，不得歪曲、攻击、谩骂、诽谤、挑拨，使其在享受权利的同时，承担相应的责任和义务。

4. 把握时代特点。时代发生变化，一定会促使社会主体的思想、行为发生变化，而变化了的社会，会以新方式产生影响，这意味着不同时代的需要有不同的法治来治理，需要不同的法治文化作支撑。文化的生命力就在于文化与时代的适应上。依时代变化创新法治文化的内容体系、规范法治文化的传播行为、扩大法治文化的影响范围，是法治文化建设之树常青的重要方面。

（二）应当以加强推动社会前进的正向力量为导向

加强法治文化建设，应当以加强推动社会前进的正向力量为导向，以便为法治建设打造"文化脊梁"。以青海为例，以下正向力量，应当是重点：

1. 充分保障国家强制力。强制性是国家机器的根本属性之一，而国家强制性是通过法治得以实现的。国家强制力应该存在于每一个地区、每一个人、每一件应当由国家治理的事情之中，不能有法外之地、法外之人、法外之事。国家强制力既体现在打击上，更体现在保护上，二者不能有任何偏废。以法治文化之功效保障国家强制力充分实现，目的就是使各项合法权益得到真实而有效的保护，各种非法活动受到坚决打击，不能有"第二套政府、第二套班子、第二类司法机构"弱化甚至取代国家权力。在经济和文化发展落后的地区，强调国家强制力有着特别重要的现实意义。国家强制力的充分实现，是各项国家功能实现的基本前提。

2. 充分保障经济推动力。经济是基础，一个地方是否发展，很大程度上取决于当地有多大的经济推动力。因此，建设雄厚的经济基础，应当成为地方法治文化建设的重要责任。经济能否顺利、快速发展，取决于法治提供了多大程度的保障，就青海而言，以法治文化建设的方式保障经济推动力，要点有三，一是要确定经济的地位，发展经济还是发展别的什么，必须在文化引导战略上做出选择，而且选择应当清晰、明确，不能以此之名行彼之实。二是要确保并引导劳动力、社会财富等优势资源集中于经济领域，创造更多有利于国家、社会和个人的财富，为地方发展搭建经济台阶。三是要确保地方经济发展策略的正确和连贯，既不能违背国家政策，还要符合当地自然和社会状况，量力而行、科学发展，不能竭泽而渔，不能破坏生态环境。

3. 充分保障文化凝聚力。重视经济推动力但不能迷信经济，还要确保发挥文化的凝聚力。文化是中华民族、中国历史中最值得重视的传统。青海有巨大的文化资源，但良莠并杂，通过地方法治文化建设，要清晰传达出倡导、保护、鼓舞、发展先进文化和优秀文化，打击、摒弃文化糟粕的理念，使之与社会主义核心价值观相适应。在青海，充分保障文化凝聚力，其实质就是对传统地方文化的扬弃，从而使社会主义核心价值观成为不同宗教、所有信众的共同认同标准。这是信仰空间的最好弥补方式。当理想、道德、情操、纪律、法治等主流价值观在法治文化中得以充分体现，优秀文化占据地方意识形态高地则为必然，形成凝聚力亦为必然，反之，难免产生问题。

4. 充分保障科学引领力。科学总是和迷信、愚昧、落后相对立，没有科学光芒普照的地方、没有科学知识武装的人们，一定摆脱不了精神的贫瘠。通过法治文化建设整体树立重视科学的社会风尚，充分保障现代科学知识的引领力，无疑会促进地方科学知识水平的提升，在这种大趋势下，公民个人科学知识水平的提升则为必然。充分保障科学引领力，其实质就是使每一个公民都应当具有正确的鉴别力、判断力以及是非标准和选择能力，能用科学的眼光看待宗教、世界、自己以及命运。某种意义上，在当下青海一些地方，倡导科学就是实行"第二次解放"，即解放信众的思想、解放信众的灵魂。

5. 充分保障民族向心力。民族向宗教团结还是向现代文化团结、是本民族内部团结还是中华民族大团结、是地方范围的团结还是国家的团结，是非常重要的现实问题。在地方法治文化建设中强调保障民族向心力，一方面是要给出团结的内涵，提出团结的要求，树立确保团结的强大信心，为团结提供强力手段。另一方面是给民族树立一个更为真实、更能带来幸福的依靠目标，这个目标就是国家、就是中华民族互依互靠。以国家为向心之点，以法律为保障手段，则各民族、各宗教都能在根本利益一致的基础上紧密团结起来。

6. 充分保障时代感召力。就青海实际而言，有两大差距不能不正视，其一，历史形成的"代差"。其二，当代发展所形成的综合性差距，主要表现在经济、文化、卫生、教育等方面。不同的时代有不同的感召力，摆脱落后局面，必须紧跟时代前进。当前，中国正处在大变革、大发展的新的历史阶段，通过地方法治文化建设保障紧跟时代步伐，就是要在正确认识地方差距、正视国家发展现实的基础上，充分把握当代中国发展的机遇期，乘势而上，谋自身稳定与发展。地方法治文化如果不对时代特点进行准确把握，则所倡导之内容必与时代脱节，"代差"与综合性差距将会进一步拉大。

7. 充分保障共同奋斗力。青海是多民族、多宗教地区，如何确保心往一处想、劲往一处使，直接关系到稳定和发展大局。在地方法治文化建设中确定各民族、各宗教的共同奋斗目标，不但能够同心聚力谋发展、求幸福，更为重要的是能将各族民众紧密团结在一起，克服各种矛盾，共同营造和谐稳定的政治局面，共同创造政治文明、物质文明、精神文明和生态文明，共同书写灿烂辉煌的当代青海发展史。只有共同奋斗，才能共创未来。因此，能不能激发、倡导、保护共同奋斗，是地方法治文化有没有生命力，能不能保持号召力的重要衡量指标。

　　法治文化的活力，取决于我们对自然、社会等环境因素的适应，越是有特色的文化，越是有实际影响力的文化。在当代社会中，良好的地方法律文化环境的建构，对一个地方公民法治素养的提升，是极大的环境熏染、大众推进和社会监督，更是文化自信的重要表现。文化因环境而生，但却是人类创造的产物。因此，人的创造性因素，是催生、延续和创新文化的直接动力。文化以什么面目诞生、朝什么方向发展、如何发展，取决于人的创造力。以法治文化化育人心，以人心向往促进法治文化，则法治建设必将大踏步前进。

媒体融合环境下"本在检察工作、要在检察文化、效在新闻宣传"理念实现路径探析

李建功　王克权[*]

随着融媒体快速发展,媒体格局、舆论生态发生深刻变化,各种宣传资源、传播手段加速聚合。"本在检察工作、要在检察文化、效在新闻宣传"理念(以下简称"三位一体"理念),是检察机关适应融媒体时代新变化,推动检察业务、检察文化、检察新闻宣传在思想、组织、谋划、主体等方面全方位融合的实践探索经验,对实现检察工作高质量发展具有重要的导向意义。

一、"三位一体"理念的理论创新和实践意义

"三位一体"理念具有深刻的政治理论背景和检察实践支撑,"三位一体"理念的提出和践行,有利于构建中国特色社会主义检察理论体系,有利于创新和丰富检察权能的运行机制,有利于推动新时代检察监督法治化现代化,有利于把检察制度优势转化为国家治理效能。

(一)"三位一体"理念是检察机关坚定"四个自信",积极履行法律监督职责的深刻总结

有别于大陆法系和英美法系国家的检察制度,中国特色社会主义检察制度,是在深刻总结中国法治建设的历史经验和教训基础上,适应我国基本国情和政治制度,以法律监督宪法定位为根基的检察制度体系。党的十八大以来,在习近平新时代中国特色社会主义思想指导下,检察机关全面贯彻习近平法治思想,积极践行全面深化改革、全面依法治国等一系列国家重大战略,主动适应司法体制改革、监察体制改革和诉讼制度改革的叠加影响,在法定

---

[*] 作者单位:甘肃省人民检察院。

职责、权力运行机制和检察理念等方面都作出了积极调整。"三位一体"理念从检察履职、法治文化、思想舆论、工作思路等多个角度彰显出检察机关坚定中国特色社会主义检察道路自信、理论自信、制度自信、文化自信,持续为统筹推进"五位一体"总体布局、协调推进"四个全面"战略布局服务,努力使人民群众有更多、更优、更现实的获得感、幸福感、安全感的精神追求,显示出检察机关充分发挥宪法法律赋予的法律监督职责,以检察履职不断适应满足新时代人民群众在民主、法治、公平、正义、安全、环境等方面内涵更丰富、标准更高需求的实践探索。

(二)"三位一体"理念是马克思主义哲学理论检察实践的逻辑思辨和科学概括

从马克思主义哲学唯物辩证法的高度审视,世界是相互联系、互相依存的统一体,每一具体事物都是这个统一体上的一个"环节"或者"链条"。"三位一体"的理念从马克思主义哲学的角度阐释出检察工作、检察文化、检察宣传同样也不是割裂的个体,而是互相关联、互相促进的整体。"检察工作是本体、核心、基础;检察文化是源动力;检察新闻宣传是落实好以人民为中心,实现检察办案政治、社会、法律三个效果统一最好最直接的媒介。三者互为促进又互为里表。""三位一体"的理念表达符合马克思主义哲学唯物辩证法普遍联系的观点。还应当明确,将检察工作与检察文化、检察宣传一体部署推进,不仅是马克思主义的哲学观点的思辨,也是马克思主义观点方法在检察工作中的具体运用。"三位一体"理念的检察实践实际打通了检察工作、检察文化和检察宣传的联系,提高了检察工作统筹层级和实施效率,能够有效实现检察文化对检察工作的指引,能够实现法律监督职能助推法治中国建设的效能,还能够最大限度构建维系群众对司法公正性的信任。

(三)"三位一体"理念是新时代满足人民群众司法新需求,实现检察办案"三效合一"的路径指引

为大局服务、为人民司法、为法治担当,是检察机关担负的职责使命。面对新时代人民群众对民主法治、公平正义提出更高期待,检察机关必须适应新形势新要求,为人民群众提供更加优质高效的检察产品。"三位一体"理念涉及的检察工作、检察文化、检察新闻宣传等领域均以"以人民为中心发展理念"要求为底蕴,追求检察办案政治效果、社会效果、法律效果

有机统一的质效目标。从人民群众满意度看，检察办案"公平正义"的价值目标当然也应然有"案-件比""抗诉改变率"等客观评价指标，但人民群众满意度表达更多的却是"正义得到伸张"的主观感受。实现检察办案结果"正义感受"应当有三个前提：一是人民群众认同检察办案的法治文化和司法理念，"客观公正立场""双赢多赢共赢""能动履职"等检察理念应当也必须同样是人民群众对司法公正的价值理念；二是人民群众认可检察办案本身及其社会成效，从《汉谟拉比法典》表达的同态复仇到现代社会学对公平正义表达的"机会均等"，人民群众对公平正义的理解始终聚焦过程公正和结果公正展开；三是人民群众有获悉检察办案正当性的渠道，"正义不仅应当得到实现，而且应当以人们看得见的方式得到实现"，在"人人都是新闻发言人"的新媒体环境下，只有建立健全权威高效的检察新闻宣传体系，构建检察机关与人民群众的互动联结机制，人民群众才有更多机会了解检察办案的进展，感受公平正义就在身边。

（四）"三位一体"理念是检察机关依法能动履职的经验聚集

随着检察机关依法能动履职理念和实践的持续深化，认罪认罚从宽、涉案企业合规改革、虚假诉讼治理、行政争议实质化化解、公益诉讼诉前程序、"一号检察建议"落实等一大批新类型检察业务快速发展成熟，为检察工作主动适应经济社会高质量发展以及实现检察机关自身高质量发展奠定了坚实的司法实践和司法理论基础。从检察权的权力属性分析，检察权不仅具有批捕、起诉等司法权属性，而且具有公益保护等法律监督属性。"三位一体"理念充分反映出检察机关履行法律监督职责依法能动履职的"主动性"。这种区别于司法权"消极被动"的能动履职"主动性"，一方面表现为检察机关对国家法治进程的建设性态度，"本在检察工作、要在检察文化、效在新闻宣传"的核心在检察机关推动国家治理体系和治理能力现代化中积极作为的集体意志表现，另一方面表现为检察机关对法治文化价值理念的主动实践，检察办案不仅要求"精准监督"，达到办理一案、治理一片的程度，更要求溯源思维，实现"案结事了政和"的社会效果。

二、"三位一体"理念的深刻内涵及实现维度

"三位一体"理念具有引领理论创新、指导检察实践的深刻内涵，厘清检察办案、检察文化、检察宣传、舆情引导等关系，探析"三位一体"理念实现维度，对于统筹推进检察工作、检察文化、检察宣传，引领、谋划、

推动检察工作高质量发展迈上新台阶具有重要意义。

(一)"三位一体"理念的深刻内涵

本在检察工作、要在检察文化、效在新闻宣传的"三位一体"理念,在充分肯定检察工作的基础地位、检察文化动力引擎作用、检察宣传媒介桥梁价值的同时,又特别强调检察工作、检察文化、检察宣传的综合价值,要求全面、整体、动态地统筹三项工作。"没有检察文化引领、没有检察工作基础,检察新闻宣传就无法做深做透。反之,做深做好检察新闻宣传,可以促进、引领传播检察文化,引导、推动检察工作实效。"分析把握"三位一体"理念的内涵,需要综合检察办案、检察文化、检察宣传、舆情引导等关系,站在整体、宏观的高度辩证看待"三位一体"的"本、要、效"。

1. 检察办案与检察宣传的互补关系。检察机关履职办案是实现法律监督职能的基本承载形式。具体地看,检察办案覆盖法律监督职能、"四大检察"业务范围内的所有已经或者可能失去既定社会公允利益价值及其关系的再平衡,并且检察办案价值实现不应当局限于检察机关、法院、律师、犯罪嫌疑人、被害人、当事人等狭义主体,而应当代表国家整体利益满足于社会公共利益保护和国家政治基础稳定。从检察办案的进程来看,"案结事了"依法公正处置案件当事人之间的利益纠纷,只是检察办案的初步价值,"案结事了"背后的司法理念、司法价值得到社会的广泛认可,促进社会治理现代化,才是检察办案的最终价值追求。因此,检察办案、检察宣传是检察机关法律监督职责发挥的一体两面,"三位一体"理念要求检察机关不能局限于案件本身"就案办案",也不能超越案件"空洞宣传"。

2. 检察文化与检察理念的派生关系。检察文化是检察机关在长期法律监督实践活动和管理活动中逐步形成的与中国特色社会主义检察制度相关的思想观念、职业精神、道德规范、行为方式以及相关载体和物质表现的总和。思想是行动的先导,我国检察文化根植于封建御史文化,发源于西方检察文化和苏联检察文化,成熟于社会主义法治文化,伴随检察制度一路走来的检察文化,深刻影响着检察理念,导引着检察机关在法治轨道上推进国家治理体系和治理能力现代化的进程。

维护中央权威的传统文化演进的"一切从政治上看""政治性与业务性相统一""以人民为中心理念""政治自觉、法治自觉、检察自觉"等理念,要求检察机关必须强调政治机关的属性,在法治实践中更好贯彻党的路线方针、服务中心大局、把握社会治理的最大公约数;保证社会和谐稳定、国家长治久安的治理文化演进的"双赢多赢共赢"理念,基本逻辑在于监督者与被监督者基于共同的社会主义事业建设者的身份,强调监督不是你错我对的零和博弈,而是目标一致的共同工作。此外,维护社会公平正义、限制公权保护人权的法治文化演进的"客观公正立场"理念;宪法及宪法文化演进的"四大检察全面协调充分发展"理念,"在办案中监督,在监督中办案""公益守护"理念;法律继承借鉴文化传统演进的"智慧借助""精准监督""跟进监督""求极致"的理念等,也都刻有深刻的法治文化、检察文化烙印。概言之,法治文化、检察文化等不同层级文化概念,共同派生衍化出法治理念、检察理念,这其中,检察文化间接地影响形成检察管理的方法理念,直接地引导检察管理;间接地影响形成检察人员人际关系的处世哲学理念,直接地指导各类检察人际关系;间接地影响形成服务态度的精神境界等理念,直接地推动检察工作发展。

3. 检察宣传与舆情引导的平衡关系。融媒体时代的宣传工作具有传播主体多元化、传播渠道多样化、意见表达复杂化的特点,社会现实中的突发事件、热点事件会通过各类媒体终端特别是自媒体快速传播,并且不同于传统媒体的单向传播,自媒体不但引导公众对事件本身的关注,而且有公众参与表达意见和情感的渠道。检察宣传内容大多与检察工作相关,社会关注度高,具有相当的冲突性和专业性,容易形成舆情事件。必须高度关注的是,融媒体时代背景下缺乏信息审核辨别的自媒体信息传播机制极容易造成信息失真,尤其是在检察办案的司法领域,片面理解的案情、当事人的特殊身份、与公众朴素价值观有出入的司法处理结果等都极易引发舆情危机,影响公众对于司法公正的认知。因此,检察宣传中应当始终紧绷舆情引导的弦,高度重视新闻表达可能涵盖的敏感内容及波及影响的范围,切实达到检察新闻宣传添彩不出乱子的宣传效果。

(二)"三位一体"理念的实现维度

1. "三位一体"理念的基础维度——检察工作。检察工作是新时代中国特色社会主义事业的重要组成部分,应当站在国家发展的大局角度观察分析讨论检察工作。检察工作维度应当包括至少三个层次。一是为大局服务、为人民司法、为法治担当的最高层次,这一层级要求检察机关充分彰显政治机关定位,充分体现以人民为中心的发展理念,通过检察履职来体现创新使命、政治自觉。二是发挥检察机关法律监督职能,促进法律统一正确实施,推动司法公正高效权威,体现检察机关的宪法法律定位、法治自觉。这一层级要求检察机关充分发挥宪法规定的法律监督职能,在履职办案中维护国家政权、社会秩序平稳。三是统筹推进"四大检察"及党务、政务、后勤等各项工作,体现检察机关具体业务、检察自觉。这一层级要求检察机关加强自身功能完善,通过体系化程序化的检察职能运行,支撑配合国家政权体制、社会功能的正常运转。

2. "三位一体"理念的导向维度——检察文化。质言之,检察文化是检察机关履行法律监督职责过程中产生的法律文化。在检察实践的过程中,检察机关通过履行法律监督职责,逐渐凝聚形成了先进法治文化引领、检察职业精神塑造、先进典型激励、廉政文化武装等方面的检察文化特色。

一是检察宣传中的文化价值引领。检察机关是业务性极强的政治机关,以社会主义核心价值观为核心的检察精神文化建设是检察宣传的重要组成部分。依托本地红色资源、爱国主义教育基地和检察教育培训基地等开展革命传统教育、理想信念教育,引导包括检察干警在内的各界人民群众深刻领悟党的奋斗历程和法治建设进程,增进对中国特色社会主义建设事业的情感认同和行为支持等,都是检察机关传递检察文化价值的具体实践。

二是检察文化中的检察职业精神塑造。检察官作为"犯罪的追诉者""无辜的保护者""中国特色社会主义法律意识和法治进步的引领者","忠诚、为民、担当、公正、廉洁"的检察职业价值观以及"求极致"的职业态度规定了检察机关独具特色的职业精神追求。一方面,检察文化需要通过宣传、教育等途径实现检察人员客观公正立场等职业价值认可,另一方面,检察文化需要文化渲染、场景设置等实现检察职业身份的自我认同、情感归宿。

三是检察文化中的典型代表激励。任何组织中人员表现都有好、中、差之分,检察文化典型激励的内涵是通过创设各种表现好的需要的条件,激发检察干警向好动机,使之产生实现检察目标特定行为的过程。回归到检察文化价值,检察文化典型激励就是激发全体检察干警个人目标与检察机关整体目标协调一致的过程。检察实践中,宣传阵地大力弘扬的全国层面的"全国模范检察官"和省级层面的"身边的榜样""巾帼之星""办案能手"等,都是对典型事迹的展示,目的是激励干警爱岗敬业、敢于担当,营造崇尚先进、争当模范的氛围,培育检察干警奋发进取的精神。

四是检察文化中的廉政文化熏陶。廉洁检察文化建设,是检察精神文化的特殊重要组成部分。廉洁检察不仅要求打击检察机关内部各类涉司法职务犯罪，"刀刃向内"清理检察队伍"害群之马"，实现猛药去疴重典治乱，更要坚决消除周永康等流毒影响，正心修身，以正义文化涵养、厚植廉洁奉公精神基础，培养检察干警廉洁自律的道德操守，弘扬崇廉拒腐的社会风尚。

3. "三位一体"理念的效能维度——检察宣传。"三位一体"理念的宣传维度，应当从宣传重点、宣传导向、宣传效果、宣传能力等角度进行综合衡量。一是检察宣传应当注重宣传导向，始终坚持正确政治方向，始终以人民为中心，大力宣传平安法治建设、检察队伍建设、检察领域全面深化改革等重点工作成效，深化以案释法，回应社会关切，传播解读案例的普法价值和法治理念。二是检察宣传应当突出重点工作内容，聚焦"四大检察"，深入挖掘认罪认罚从宽、群众来信件件有回复、公益诉讼"等"外监督、行政争议实质化化解、检察建议、指导性案例、第三方合规审核等重点方面内容，让社会关心关注新时代检察工作的新变化。三是检察宣传应当强调宣传能力建设，宣传新闻人员要始终把握正确政治方向，增强战略思维、问题思维，增强新闻采访能力和策划统筹能力，用敏锐的专业视野监督检察工作、发现办案线索、反映检察办案成效。

三、"三位一体"理念的实现路径

检察机关践行"三位一体"理念，必须始终紧紧围绕学习宣传贯彻习近平新时代中国特色社会主义思想，全面贯彻落实习近平法治思想，以法律监督职能为依托，精心组织各类检察文化宣传活动，进一步实现统一思想、凝聚共识、鼓舞士气、促进发展的工作目的。

（一）保证正确政治导向

坚持把学习宣传阐释习近平新时代中国特色社会主义思想作为践行"三位一体"理念的重中之重，深入学习领会习近平法治思想核心要义、真理力量和实践品格，不断提升政治判断力、政治领悟力、政治执行力，用新时代党的创新理论武装头脑、指导文化宣传实践，坚定不移把党对检察工作的绝对领导融会贯通到践行"三位一体"理念的全过程各环节。一是坚持在国之大者中找方向，检察机关应当全方位发挥检察职能，全面贯彻落实党中央决策部署，围绕党和国家重大会议、重大政治活动、事关经济社会发展的行动等重大事项，在服务保障中心大局中体现检察担当和检察职责。二是坚持在省之要情中找坐标，检察机关要找准服务保障地方经济发展的结合点和着力点，聚焦地方党委政府关心关注的生态环境保护、优化营商法治环境、助力乡村振兴、扫黑除恶斗争等热点问题，充分发挥检察机关防风险、保安全、护稳定、促发展的职能作用，为地方经济社会高质量发展作出检察贡献。三是坚持在民之大业中找落点，深入推进"检察为民办实事"等务实举措，持续加大"民生检察"力度，扎实抓好"一号检察建议"、"七日内回复"、司法救助、公开听证、行政争议实质性化解工作等重点工作，切实解决群众急难愁盼问题，以检察履职不断提升人民群众的安全感、幸福感、获得感。

（二）树立检察工作、检察文化、检察宣传"一盘棋"思想

践行"三位一体"理念，需要打通检察机关内部部门局限，加强上下级之间、部门之间、检察系统与新闻媒体之间的协调，建立健全"三位一体"沟通联系桥梁，立足检察工作基础打出检察文化、检察宣传的"组合拳"。一是坚持上下一体。要始终强调检察文化引领作用，进一步统一四级检察机关理念思路，深度整合四级检察机关资源，发挥检察机关整体优势，切实提升检察办案和检察宣传的成效。建议最高检、省级检察院进一步加强对正当防卫、优化营商法治环境、检察建议、公开听证等项工作的规范性文件、指导性案例指导，统筹协调检察宣传、检察办案一体化推进过程中出现的疑难复杂问题。市县两级院主动加强与上级院相关条线的请示，主动加强跟班培训力度，一体化推进"三位一体"理念落实成效。二是坚持横向联动。"三位一体"理念践行需要业务部门、综合宣传部门发挥各自领域优势，打破检察办案与舆论宣传的界限，建立健全互通机制，持续加强协作配合，凝聚形成文化宣传的合力。建议建立健全业务部门与宣传部门之间的信息交流机制，确定专门对接人员，检察业务部门履职办案中形成的亮点特色、办案成效能够及时反映到宣传平台，综合宣传部门的宣传策划部署、重点推介业务方向能够有效反馈到业务部门，两者之间能够产生持久连续地良性互动。三是坚持协同作战。检察宣传的成效绝不应当是宣传部门"单打独斗、孤身奋战"，而必须是包括宣传部门在内的检察机关"兵团作战、围点打援"的结果。建议业务部门与宣传部门之间、检察机关与新闻媒体之间、上下级检察机关之间不断完善协作关系，压实责任体系，探索推行跨部门兼职制，与主流媒体建立常态化沟通联系机制，深化检察媒体座谈会合作内容，持续在典型案例解析、法律文书公开、网络舆情应对等方面形成整体协同、合作配合检察工作新格局。

（三）坚持检察宣传内容为王、质量第一

在新媒体环境下，检察宣传的成效考量应当从单纯数量和规模的累计向以受众愿意接受的"内容为王"转变，这也是践行"三位一体"理念，实现检察宣传"破层出圈"的"最后一公里"。一是加强网络意识形态阵地管理。在新媒体环境下，各级检察机关应当持续强化意识形态审核把关，把讲政治放在新媒体运营管理的首位，严格落实"三审"制度，在宣传板块设计、主题策划、动态发布、政策解读等方面，确保表述表达符合党中央精神、省委部署要求，严守宣传政治关、导向关、政策关，让检察机关新媒体平台在讲好检察故事的同时，杜绝造成任何负面舆情，切实维护意识形态安全。二是加强检察宣传的技术硬件支撑。建议进一步加强宣传矩阵建设，各级检察机关或者至少市级以上检察机关规划融媒体宣传平台，整合媒体资源库、信息宣传发布、舆情监测处置等业务于一体，集成新闻发布厅、演播室等功能，推动各媒体融合发展，实现本地区优势互补、合作共赢、合力发出检察好声音。三是加强检察宣传的人才支撑。建议通过组织选调、定向招录、劳务派遣、政府购买服务等途径，进一步充实完善检察宣传队伍，吸纳新媒体工作骨干、资深通讯员等组建选题策划团队，推进新媒体业务人员轮训锻炼，培养新生业务骨干，保证新媒体运行、宣传策划、文稿创作、审核把关、舆情监测应对等方面人员力量。四是强调以高质量的作品说话。检察宣传部门要把新媒体推送质量视作生命线，聚焦检察主责主业、突出专业水准、做好专题策划、压实专人责任，务求取得检察宣传"三效合一"的实效。建议检察微信公众号首发信息要落实"五审制"，从案件背景、主题内容、视觉呈现、政策依据、舆情风险等角度全方位审核，让检察微信公众号信息发布兼顾直观审美和内涵深度。

（四）实现"三位一体"理念指引下的创新发展

检察文化引领、检察工作成效、检察宣传反响没有上限评价标准，只有与时俱进、更上层楼的审美要求。保持苟日新、日日新、又日新的创新精神，是凝聚检察软实力，打造检察文化品牌的必由之路。一是突出问题导向。针对新媒体发布"关注量少、阅读量少、稿件量少"等问题，建议采取主题征文点对点约稿引流，检察系统发动、推广，检媒合作引入"外脑"等策略，持续提升检察工作与检察宣传的整合成效。二是突出目标导向。检察新闻宣传应当不断探索检察新闻宣传"精干、精准、及时"的宣传路径，提炼总结社会关注、群众关心的检察业务宣传经验。例如，从讲好一个"小"故事、输出一个"小"观点、理清一个"小"措施的角度讲述检察办案经历、普及法治知识。三是突出结果导向。检察新闻宣传应当遵循宣传规律，不断增强主动意识和互联网思维，把握传播主体、受众主体、传播媒体和传播内容，把宣传工作作为弘扬检察工作正能量，呈现检察队伍新风采的有力抓手，用有情节、有温度、有影响、带流量的新闻好故事好作品，全面展现检察工作发展新成效，为检察工作高质量发展提供强有力的思想保障和舆论支持。

新时代法治文化建设理论征文

三等奖作品

育、树、用好先进典型
为检察队伍注入"源头活水"

董宇丹[*]

典型是旗帜,是方向;典型是形象,也是成果。选树先进典型,是加强检察队伍建设的重要抓手。辽宁省丹东市检察机关紧紧围绕"育苗""树苗""用苗"做文章,用身边榜样这个"活教材"激励和引导广大检察干警增强政治自觉、法治自觉、检察自觉,为检察事业行稳致远引入"源头活水"。2017年以来,全市检察机关涌现出党的二十大代表、党的十九大代表、全国先进工作者、全国人民满意的公务员、全国模范检察官、全国检察机关优秀办案检察官、全国优秀公诉人等先进典型,带动一批青年业务骨干获全省检察业务标兵、能手等称号20人。

一、在培育上注重"长线经营",不搞"短线操作"

"木桶定律"是讲,决定事物发展的长板固然重要,但更取决于最短的那块板。同样,决定检察人员或者检察队伍走得是否长远,在检察人员能力培养上扬长补短尤为关键。这就要求检察人员要破除单一思维壁垒,走出办案"舒适圈",实现理念更新、思维转变、能力提升,把整个队伍的底子垫厚、基础打牢,才能"大河涨水小河满",先进典型脱颖而出就水到渠成。

(一)补齐短板"练"能力

中国特色社会主义进入新时代,犯罪的数量和类型也随之发生变化,人民群众对民主、法治、公平、正义、安全、环境等方面的要求日益增长,对标对表习近平法治思想,立足新时代检察工作新的坐标定位,聚焦《中共中央关于加强新时代检察机关法律监督工作的意见》的落地落实,只有选

---

[*] 作者单位:辽宁省丹东市人民检察院。

代观念、苦练内功，才能消除检察人员"本领恐慌"，成为法治崇尚者、捍卫者、传播者、实践者。为此，丹东市检察机关通过"跨界"培育，注重强化检察人员综合素能提升，谋求"育苗"最大公约数。

跨条线引导培育。丹东市检察机关打破部门壁垒，强化各条线间培训交流的横向协作，通过举办检察论坛、青年研讨沙龙等活动，引发大家深层次的思考，实现检察工作新突破。为适应"捕诉一体化"改革需要，使年轻的检察官助理尽快掌握捕诉业务和工作流程，跨部门举办多期检察业务实训班，提升检察人员控、辩、研、写、说能力。探索刑民融合培训方式，通过办理案件学、带着问题学、刑民融合学，实现补短板、共成长。为弥补年轻干警欠缺办案、解决群众难题等方面工作经验，建立轮岗锻炼工作机制，年轻干警轮班到12309检察服务中心进行窗口服务，接待来访群众，提升服务群众和化解纠纷的能力水平。大力提倡开设微课堂，立足实际工作，精练经验和亮点，总结短板和弱项，利用检委会、部门例会和主题党日活动等时间，开展"短平快"授课，实现"党建+业务""1+1>2"的效果。

跨系统引导培育。破除检察机关内部藩篱，打通公、检、法等同堂培训平台，通过联席会议、研讨会商等形式，就证据标准、量刑标准、质效标准等问题，面对面谈意见，点对点找问题，实打实弥分歧，推进法律职业共同体建设。如针对刑事案件几类犯罪同案不同罚问题，召开研讨会，分析比对数据，形成指导意见，为今后办案提供有价值参考。举办丹东市公诉人与律师辩论赛，选取社会热点、颇有争议的案件，同堂辩论，各抒己见，强化法律职业共同体意识。与法院联合举办民法典专题培训，针对适用民法典中的难点问题进行及时沟通，不断提高依法运用民法典的能力和水平，切实保障民法典统一正确实施，全面提升案件质效。

跨区域引导培育。打破区域界限，与省内兄弟市院开展联合培训，充分发挥地域及协调优势，共享培训资源，相互借鉴有益成果，实现协同、融合、共赢发展。跨市联合举办案件管理、公益诉讼、综合行政等研讨教学，聚焦解决实践问题，围绕能力清单，培养检察人员发现问题、思考问题、解决问题的能力。认罪认罚从宽制度工作开展初期，组织刑检部门干警"走出去"，到试点先行地区了解情况，学习经验，梳理问题盲区，并结合本地实际进行传导培训，为迅速打开此项工作局面奠定坚实基础。充分发挥国家检察官学院丹东教学实践示范基地作用，构建学践结合、资源共享、优势互补的培训平台，2017年以来，共举办、承办各类检察培训、竞赛、论坛70

余次，为本地检察人员互学互鉴、学习取经提供了广阔的交流平台。

（二）瞄准长板"挖"潜力

传统的"填鸭式""漫灌式"教育培训，让工作任务日益繁重的检察人员一定程度上存在抵触情绪。因此，我们坚持以学员为中心，以问题为导向，尽量给予部门乃至检察人员在培训内容及形式上的自主权，真正让学员学起来"解渴"、实践中"管用"，通过灵活多样、有针对性、多元化教育培训，有效激发检察人员潜力，发挥长板优势。

培训练兵强化案例意识。结合检察业务发展实际需求，按照"按需所培、按岗所培"的原则，分层分类科学制定检察干警教育培训计划，重点加强中层干部综合素能和年轻干部业务拓展的专业知识培训。通过开展辩论赛、庭审观摩、案件评议、案件复盘、一案一总结等活动，紧贴办案实践，做实岗位练兵，强化对实际办案能力的考察锻炼，达到"一案观摩，全员思考"的效果。通过对案件反复、全方位的打磨，增强检察人员的证据意识、程序意识，深化检察人员对办案"求极致""止于至善"的理解，提升办案质量门槛。2017年以来，丹东市检察机关被最高检、辽宁省检察院评为精品或典型案事例52件次。在两届全省检察机关案例演说会中，丹东地区3个案例入选。

现场教学强化专业协作。深入办案实地，开展体验式教学，把课堂搬到取证现场，使学员更具亲历性。如公益诉讼部门将培训会安排到一家轮胎炼油厂，结合办案实地勘查，通过无人机拍摄影像现场了解周边情况，邀请相关专家就公益诉讼生态环境领域问题现场教学，使专业知识更加直观、明了易懂，达到事半功倍的效果。就河流域保护公益诉讼工作，跨市联合开展巡讲实地教学活动，拓展公益诉讼线索发现渠道，增强专业知识水平。

红色教育强化使命担当。依托丹东这一英雄城市名片，借助丹东抗美援朝纪念馆、鸭绿江断桥、虎山长城、毛丰美干部学校等红色教育基地、大专院校拓展培训项目，通过现场教学植入红色基因，传承民族精神，提升培训效果。升级改造院史室，打造长期化、深层化、品牌化、精品化的检察文化新阵地。将参观院史馆作为检察新人入职"第一课"，让其在铭记历史、传承精神、启迪未来中推进新时代检察工作科学发展。在"七一"、国庆节、烈士纪念日、国家宪法日等重要时间节点，通过开展重温入党誓词、主题演讲、情景互动式党课等活动，进一步塑造检察队伍的政治品格，凝聚队伍士气。

（三）拓展新板"激"活力

身边人看得见、摸得着，一言一行、一案一事更具有说服力和引导力，身边先进典型就犹如一面"镜子"，能让检察人员见贤思齐，对标对表，时刻校正自己的言行，更快地成长历练，也能有效增强检察人员的职业归属感和职业尊荣感，激发检察队伍内在活力。

头雁效应带头表率。入额院领导干部带头办案，是履行检察官职责的具体体现，也是落实司法责任制的应有之义。检察机关落实以办案为中心，领导干部重不重视、能不能带头办案，不仅检察官在看，群众也在看。丹东市检察机关深入贯彻落实习近平总书记坚持抓住领导干部这个"关键少数"重要要求，不断健全领导干部带头办案制度，院领导既"挂帅"管总，又"出征"作战，不仅带头办案、办信，带头召开公开听证，还带头担任法治副校长，带头实行"谁执法谁普法"责任制，将新时代司法理念贯彻至每一起案件，将"法、理、情"结合的释法说理工作落到实处，以个案类案办理推动社会诉源治理，充分发挥"关键少数"领头雁、主心骨的作用，以"头雁效应"激发"群雁活力"的生动实践。

部门导师传帮锻炼。充分发挥优秀资深检察官在思想政治、职业品德、办案经验技巧、文书写作等方面的示范和传承作用，在部门负责人、业务骨干中指定"师傅"，与年轻干部、岗位新人"结对学习"，在传帮带中促进"雏鸟"快速成长为"雄鹰"，切实提高青年干警的业务技能、职业精神和责任意识。在业务办案中通过教授阅卷笔录、文书撰写、案件审查、参与实际办案等工作，帮助青年干警养成良好的办案习惯；在综合工作中围绕公文写作、文件收发、财务管理等工作对培养对象进行详细讲解和指导并对撰写的信息等材料进行细致修改提出指导性意见，提升培养对象综合素质。通过点对点传导式教学，以老带新、以新促老，实现互帮互学、共同提高。打造"学员即教员"平台，参加上级培训的学员在培训结束后通过授课、学习体会分享等方式，将所学知识进行传导，达到"一人参训，全员受益"的效果。

业务骨干示范引领。从岗位需求和工作需要出发，不定期组织开展讲坛或论坛，变"大锅煮"为"小锅炒"精准式培训，授课中有理论、有案例、有故事、有启示，不仅专业实用，更具现实意义。抽调年轻干部参与重大案件办理，让检察人员在"经风雨、见世面"中"壮筋骨、长才干"。借助各业务条线分口培训的契机，让理论功底深厚、业务经验丰富、实战技能扎实的优秀骨干人才走上讲台，分享经验，传经送宝，打造善研究、精办案、能调研的复合型人才，每年在各级期刊、理论年会发表或获奖理论文章数十篇，有6人被评为全省检察业务专家。此外，院党组根据检察人员学习需求购买相关书籍并提供图书室，在图书室内配备沙龙区以及电脑等设备，为青年干警提供了良好的学习环境。

二、在选树上形成"百花齐放"，不搞"一枝独秀"

一花独放不是春，百花齐放春满园。选树先进典型不应仅仅局限于个人，对检察一体化办案深耕协作下，脱颖而出的政治过硬、业务过硬、队伍过硬的办案团队、科室集体、优秀党支部等先进集体也应大力倡导、积极选树、宣传表彰，深入挖掘不同层次、不同类型、不同条线既保"底色"更有"亮色"的新时代检察英模群像，并实现"破层出圈"，让"墙内开花墙外香"。

"个人+集体"联动。以涌现出的先进典型为引领，加强检察梯队建设，带动锻造一支政治坚定、业务精通、执法严明、朝气蓬勃的检察团队，在中耕培土、播种育苗、造林成荫中，结下累累硕果。丹东市院第一检察部在党的二十大代表、部门主任苏凤琴的带领下，不仅把部门打造成"学习的校园、精神的家园、工作的乐园"，更让部门每名干警将感受到的温暖和力量转化为做好检察工作的强大动力。近年来，该部门荣获全国维护妇女儿童权益先进集体、辽宁省先进基层党组织、辽宁省青年文明号、辽宁省优秀妇女儿童维权岗等称号，30余人次获国家、省、市级荣誉称号，20余人次立功受奖，总结的"传承、情怀、精品、积淀、团队"五种公诉精神，在全省检察机关分享经验。丹东市院第四检察部在全国检察机关优秀办案检察官、部门主任石宏的带领下，积极推进"党建+业务"模式，从"相加到相融"，从"相融到相长"，用心做党建，用情办业务，促进党建与业务深度融合、共同提高，被评为五星党支部、市直机关先进基层党组织。《中华人民共和国民法典》颁布后，该党支部将宣传推广与党建活动相结合，主动创新宣传形式，以"微课堂"短视频形式推出《检说民法典》系列宣传片，通过微信公众号、微博、"学习强国"推广，深入社区、军队、企业、村镇等各行各业宣讲，增强群众对民法典的了解和对法律的认识，懂得拿起法律武器捍卫自身权益。综合运用检察听证、司法救助、释法说理等手段，将检察温情送到家，帮助人民群众解决燃眉之急，让检察蓝在党旗下熠熠生辉。

"内部+外部"联动。"酒香也怕巷子深",选树先进典型,既要把检察队伍中立得住、叫得响的先进典型选出来,又要通过多种形式将先进典型的感人事迹、凡人善举传播出去,不断增强说服力、感召力、引领力,通过具体人、具体案、具体事,增强检察机关影响力,引领公众信仰法治、尊崇法治。我们在做好系统内宣传的同时,积极争取市委宣传部、市委政法委等有关部门支持,从更高层面、用更大力度把先进典型树起来。在全市检察机关开展"劳模精神·榜样力量"学习创优活动,向全国先进工作者、辽宁五一劳动奖章获得者、丹东五一劳动奖章获得者、凤城市劳动模范"四朵劳模检花"学习,举办先进事迹报告会,邀请市人大、政协、宣传部、政法委、机关工委、妇联等部门人员,以及人大代表、政协委员、人民监督员参会,两级院全体干警共同收听收看报告会,用守望正义、公正司法、为民服务的鲜活故事,以及忠诚、干净、担当的时代风貌,激励检察人员对标先进、激情干事、勇争一流。在省纪委机关、省委宣传部、省直机关工委、省妇联联合举办的辽宁省"勤廉家庭"故事分享会上,吴凤杰的家风故事引起现场观众的强烈共鸣。在首届"榜样的力量"全省政法系统先进模范事迹报告会上,苏凤琴作为全省检察系统唯一代表讲述了自己的从检故事。教育整顿期间,苏凤琴又作为全市政法系统代表,参加多轮先进报告事迹巡讲。

"线下+线上"联动。先进典型带头办案、当检察官,既是无声的宣传,更是鲜活的"教材"。苏凤琴、石宏作为全省检察业务专家和兼职教师,带头办理重大疑难复杂案件,又积极总结办案经验,将法律理论与检察实务相结合,推广给更多的检察同仁受益。苏凤琴总结的"苏式阅卷法",根据案件类别、案情繁简程度、案卷数量等因素,提出创新性选择重点阅卷法、交叉阅卷法、倒序阅卷法、阅卷笔录法等,大大提高了阅卷效率,深受检察干警欢迎。石宏结合多年来办理虚假诉讼案件经验,形成研究课题成果,被最高检内刊、《检察日报》等采用,撰写的近百篇法学理论文章获国家、省、市级奖项,多次获评全省精品课程。组建"丹东检察师资库",积极为省内外、援疆地区检察干警授课,让先进典型从"纸上""网上"走到身边、走进工作中,更可感、更可学、更可及。发挥传统媒体和新媒体优势,既借助权威性强、影响力大的《法治日报》《检察日报》《辽宁日报》等传统媒体,又用好传播速度快、覆盖面广的门户网站、"两微一端"等新媒体,"同频共振"讲好检察故事。在官方媒体矩阵开设"身边榜样"专栏,涵盖检察官、检察官助理、司法行政人员等各类人员,广泛宣传优秀共产党员、劳动模范、办案标兵、抗疫先进等模范事迹,推出身边榜样24名,并在重要时间节点通过海报、视频等多种形式集中宣传,让检察群像深入人心。

三、在任用上坚持"知人善任",不搞"论资排辈"

先进典型是检察队伍中的旗帜、标杆。先进典型选出来、树起来了,更重要的是用好用活,发挥好"风向标"作用。这既是对先进典型最好的宣传,对检察队伍长远发展的规划,也能更好激励广大检察人员崇尚先进、学习先进、争当先进、赶超先进。

用人导向要"正"。用一贤人则群贤毕至。丹东市院明确提出要把敢不敢担当、愿不愿做事、能不能干事作为选拔干部的根本依据,树立优者上、庸者下、劣者汰的鲜明导向,大力提拔使用肯实干、勇担当、有作为的干部,让"有为者有位、吃苦者吃香"在检察机关蔚然成风。重点选拔使用那些"在综合行政岗位默默奉献、忘我工作、作出重要贡献""在重大案件查处中经受考验、立功受奖""在省级以上重要竞赛中取得优异成绩、能力出众"和"在扶贫攻坚、抗击疫情、综治维稳等急难险重工作中表现优秀"的同志,引导干警凭业绩上、凭能力上、凭水平上。近年来,尤其是检察机关内设机构改革后,丹东市检察队伍的人员结构、能力素质得到了较大程度的优化,特别是两级院领导班子、中层干部队伍逐渐年轻化、专业化,干事创业激情进一步提升。2018年以来,丹东市检察机关提拔在省检察业务竞赛中获标兵、能手称号的同志担任市院中层干部、基层院副检察长16人。2017年,马原野以第一名的成绩荣获全省十佳公诉人,他业务能力强、工作扎实、勇于担当,被提拔为丹东市院第二检察部主任。2021年,逄燕妮以第一名的成绩荣获全省未检业务标兵,能力素质全面,工作耐心细致,现牵头负责丹东市院未检工作。

制度牵引要"准"。制度是行动的保障,要以司法改革为契机,勇于探索,积极作为,创造良好的育才、选才、用才机制,为先进典型脱颖而出提供坚强制度保障。一是建立创先争优机制。将检察人才培养工作纳入党组的议事议程,制定检察人才和先进典型培育选树阶段性规划,丹东市院出台《关于做好先进典型培育选树和学习宣传工作方案》,为检察队伍梯队建设和检察事业长远发展"墩苗"。二是建立人才库储备机制。以辽宁省院"四类人才"推荐为契机，建立市级领军人才、高层次人才、急需紧缺人才、青年骨干人才库，从覆盖面上加强专业人才队伍建设，给先进典型发芽生长提供土壤、水分和阳光。三是健全激励关爱机制。完善检察职业荣誉制度，推行荣誉退休制度，让老干警暖心，让新干警安心。对获得重大荣誉奖励的先进典型，灵活采取送奖到岗、喜报到家等多种方式，切实增强先进典型的荣誉感、认同感、获得感。根据先进典型的特点，积极为其创造良好的工作环境和条件，依据典型年龄、身体情况适当调整岗位，避免"鞭打快牛、累垮典型"，切实让其感受到组织的温暖和关怀。

文化沁润要"浓"。培育塑造先进典型，需要检察机关营造宽松、和谐的内外部环境。一是对内营造氛围。坚持以检察工作为中心，鼓励干警认真履职尽责、扎实办案，切实提高检察技能，争当检察业务的行家里手。以先进典型为指引，扎实开展"树典型、学先进"活动，在内部形成"比、学、赶、超"浓厚氛围。二是对外树立形象。鼓励检察干警主动访民意、听民声、聚民智、解民忧，多参与司法为民的公益活动，办好检察为民实事，展现新时代检察官的良好形象。三是弘扬法治文化。加强对干警的保护，及时澄清社会对检察机关、检察干警的误解和曲解，严厉打击恶意中伤，让检察干警敢于担当、勇于担当，增强先进典型开拓进取的锐气、蓬勃向上的朝气、不畏艰难的勇气，积极营造法治氛围，大力锻造一支符合新时代要求的高素质检察铁军。

新时代检察文化品牌塑造

——以"富春"系列检察品牌为例

桑 涛 蔡旭栋[*]

2021年6月,党中央印发《中共中央关于加强新时代检察机关法律监督工作的意见》,为新时代检察事业高质量发展举旗定向、谋篇布局。检察文化作为检察工作中不可或缺的一部分,是检察事业高质量发展的强心剂和助推器,是引领检察事业创新发展的精神力量。检察文化品牌是检察文化建设的一种形式,是检察文化繁荣发展的重要标志,也是检察机关向外展现良好形象的有效路径。2022年以来,杭州市富阳区人民检察院以检察文化建设为引领,出台《关于加强检察文化建设 打造"富春"系列检察品牌的工作方案》,打造10余个"富春"系列检察品牌,为培养、教育、激励、造就一支高素质检察队伍,积极带动富阳检察工作高水平高质量发展提供检察文化"软实力"保障。

一、提高政治站位,领会检察文化品牌塑造的题中之义

(一)充分认识检察文化品牌塑造的重要性

中华民族五千多年文明历史所孕育的传统文化,是民族凝聚力和创造力的重要源泉,也是综合国力竞争的重要因素。近年来,党中央把文化建设提升到新的历史高度,并将"文化自信明显增强"视为新时代文化建设的突出成就,体现了高度的文化自觉。检察文化是中国特色社会主义先进文化的组成部分,是检察事业发展的精神动力。加强检察文化建设,塑造检察文化品牌,是检察机关高举习近平新时代中国特色社会主义思想伟大旗帜,培育弘扬社会主义核心价值观的必然要求,是围绕忠实践行"八八战略"、奋力

---

[*] 作者单位:浙江省杭州市富阳区人民检察院。

打造"重要窗口",奋进新时代、建设新天堂,打造现代版"富春山居图"的必然要求。我们要充分认识检察文化品牌塑造的重要性、必要性和紧迫性,以服务和推进检察事业科学发展为根本,以培育和践行检察职业精神为重点,紧贴检察工作和队伍建设实际,大力加强检察文化品牌的培育和发展,为推动新时代富阳检察事业科学发展提供精神动力、舆论支持、文化保障。

(二)准确把握检察文化品牌塑造的核心内涵

最高人民检察院《关于加强检察文化建设的意见》指出,检察文化是检察机关在长期法律监督实践和管理活动中逐步形成的与中国特色社会主义检察制度相关的思想观念、职业精神、道德规范、行为方式以及相关载体和物质表现的总和,是社会主义先进文化的重要组成部分,是检察事业不断发展的重要力量源泉。检察文化建设是一项系统工程,它包括深层的检察精神文化、中层的制度文化、浅层的行为文化和表层的物质文化。[1] 把握检察文化品牌的核心内涵,就可以掌握检察文化建设的规律,从而在新时代语境下,不断推陈出新,真正释放检察文化潜力。

(三)不断拓展检察文化品牌塑造的载体

文化是通过语言载体和物质载体进行传承的。检察文化亦是如此,需要借助不同的载体,实现检察文化的输出。从全国检察机关文化品牌选树活动来看,检察文化品牌建设的载体主要有几种形式,一是以某类检察业务工作的开展为载体的品牌,比如"五的N次方",展示了海淀检察知识产权检察专业化建设情况;二是以办案团队、工作室的打造为载体的品牌,比如"益·守护"公益诉讼办案团队、"静芳工作室",展现了团队的相关工作成效;三是以单项工作为载体的品牌,比如"抗联血脉·检如磐石"文化品牌立足吉林省磐石市红色文化资源,将抗联精神与检察工作紧密融合。除此之外,还有一些如先进人物、典型事迹人物的塑造,精品、典型案例的评比,电影电视剧的制作等形式,也是检察文化品牌需要不断拓展的重要载体。

---

[1] 刘荣九、刘正:《检察文化的塑造及其途径》,载《政治与法律》2007年第1期。

二、强化能动履职，找准检察文化品牌塑造的时代定位

（一）大局与细处深度结合

检察机关是政治性极强的业务机关，也是业务性极强的政治机关。在新时代检察文化品牌的塑造过程中，要始终心系"国之大者"，围绕中心大局，把旗帜鲜明讲政治放在首要顺位，即要牢牢把握党委政府当前重点关注的工作领域，找准检察机关服务大局、为民司法的着眼点，把服务保障经济社会高质量发展融入检察文化品牌的塑造中，提升检察文化品牌的政治属性。同时，在落实具体工作中，要注重细节，通过层层动员统一思想，提高各方对检察文化建设重要性的认识；通过深入开展调查研究，制定检察文化建设工作方案，明确检察文化建设思路，成立文化建设领导机构，确保检察文化品牌塑造各项工作按照既定的要求逐步落实，整体推进。

（二）文化与业务深度融合

检察文化品牌塑造是立足于检察业务实践，检察业务发展既需要检察文化品牌提供内生动力，亦反哺擦亮检察文化品牌，二者密不可分、共生共长。检察文化品牌塑造的方向，无论是从品牌塑造的整体框架，还是从品牌展现的名称、内容等，均是围绕检察业务主责主业，经总结提炼、包装推广后的检察产品。文化与业务本身是一体统一的，不存在"两张皮"现象，正确认知和理解文化与业务的互动共融、促进发展是塑造高质量检察文化品牌的前提和基础。新时代检察文化品牌工作的高质量发展必须充分释放文化与业务深度融合的活力，循律而动、顺势而为，寻求解决好两者融合的广度、发展的深度等问题，实现检察文化品牌塑造与检察业务发展同频共振。

（三）全面与特色深度探求

检察机关经机构改革后，已经形成了"四大检察"的新的良好格局，其中可供检察文化品牌运用元素既具数量优势，也具高度优势，为检察文化品牌的繁荣提供不竭动力。我们在塑造检察文化品牌过程中，要以多样化、多元化、个性化的目标，深入挖掘每一项业务中可塑造的检察文化品牌内容。检察文化品牌塑造虽有一些现成的模式可以借鉴，但如果千篇一律、没有创新，必将淹没于大海中。[①] 文化是一种历史的积淀，更是一种历史的延

[①] 王殿宏、张平：《检察文化品牌建设与发展》，载《人民检察》2013 年第 8 期。

续和继承,只有把检察文化放在历史与地域的范畴内,才能真正把握检察文化的发展方向和规律。因此,检察文化品牌的塑造必须要因地制宜,传承本地文明,才能百花齐放,百家争鸣。

三、坚持突出质效,塑造"富春"系列检察文化金品牌

塑造检察文化品牌需要选准地方特色,根据自身特点,打造具有较高辨识度和品牌效应的检察产品。富阳古称"富春",元代画家黄公望有不朽传世名作《富春山居图》,习近平总书记在论述统筹城乡发展中强调,要打造各具特色的现代版"富春山居图"。因此,"富春"作为富阳的代表意义和典型性相当浓厚,借此,我们将"富春"系列检察文化品牌作为品牌建设的总名称特色鲜明,辨识度高且社会影响大。

(一)聚力维护社会和谐稳定,多维度打造刑事检察文化品牌

1. 富春检控。紧扣最高检"质量建设年"部署要求,进一步构建公安、检察的大控方格局,着力培养优秀公诉人,打造"富春检控"优秀公诉团队,全面提升刑检部门指控犯罪的规范化、专业化水平,夯实刑事诉讼法律监督的根基。一方面,按照公、检两家签订的侦查监督与协作配合工作意见,形成"资深员额检察官常驻+年轻员额检察官按月派驻"模式,保证人员稳定性和工作持续性,实现监督"一室"开展、案件"一网"流转、速裁"一站"裁决。进一步完善信息共享与提前介入机制,通过查阅案件、旁听审讯、参加讨论等多种形式提前介入侦查活动,强化对案件动态监督,引导侦查取证,就典型案例、最新法律法规等与公安民警进行同堂培训,共同编发办案指引,提升执法能力水平。适时召开联席会议,共同分析研判办案中出现的新情况、新问题,开展案件质量分析,研究专项打击与防范对策,为区域治理提供决策参考。另一方面,以公诉能力提升活动为契机,开展常规评议庭、抽查考核庭、观摩评议庭"三庭"活动,重点为证人鉴定人出庭、职务犯罪、新类型新领域犯罪、重大疑难复杂案件等四类案件,通过评议提高公诉人出席疑难复杂案件庭审能力。

2. 富春辩法。坚持"求极致"的工匠精神和"钉钉子"的坚韧恒心,通过开展案例讲述、控辩赛和庭审模拟实训等活动,培养公诉人剖析、解析案件的能力,并结合刑事司法政策,达到办案效果的三个统一,进一步提升刑事检察运用法律手段化解社会矛盾,传递法律温度、维护公平正义的柔性影响力。一方面,关注重点案件以案辩法,从基本案情、争议难点、破解思

路、履职担当等角度对案例进行全面解剖，培养打造典型案例的能力。另一方面，通过座谈评议、专家评议等方式，进一步挖掘案例的潜在价值，形成以个案检察履职工作达到类案监督、社会治理的目的。

3. 富春检企驿站。联合区工商联设立"富春检企驿站"服务营商环境检察官办公室，以该办公室为品牌载体，建立信息互通等常态化运行机制，密切检察机关同工商联组织及民营企业家的沟通联系，向广大民营企业提供更直接、更便捷、更高效的法律服务，营造最优法治营商环境。一是加强对重大涉企刑事案件处理的沟通联系，双方互通关于重大涉企案件办理、涉案企业生产经营状况、追赃挽损情况、属地政府部门意见等相关情况。二是共同推进涉案企业刑事合规相关工作，协同建立第三方监督评估组织，监督合规考察工作依法依规进行，组织开展涉案企业法律处理听证工作等，促进"带病"企业获得"司法康复"。三是根据企业实际需求、工作推进需要等组织开展各项法治服务进企业活动，结合实际案例开展法治宣传、警示教育、合规建议，不定期举办专题法治讲座、典型案件庭审观摩，开展企业家与检察官"亲清直通车—检企恳谈会"等面对面沟通交流活动，通过线上线下多种途径，为企业提供法律咨询、政策解答等服务。

（二）时时坚守司法为民初心，高标准打造公益诉讼文化品牌

富春山居，只此青绿。"公望益站办案团队"坚持益心为公、守望公平正义、守护美好生活，以守护现代版"富春山居图"为主线，聚焦"绿水青山、绿色食品、绿色通道、绿色亚运"，办理了一批在全省乃至全国有影响力的案件，其中2起案件获评最高检典型案例、2起案件获评省院典型案例。创新"网格化＋公益诉讼"工作机制，线上线下发挥网格员在公益诉讼线索摸排方面的作用，进一步拓宽案件来源渠道。建立并完善驻生态环境富阳分局检察官办公室工作制度，联合出台《关于加强生态环境损害赔偿磋商协助配合的若干规定（试行）》，通过法律咨询、召开联席会议等方式支持开展生态环境损害赔偿磋商工作。打造"河长＋林长＋田长＋检察长"首届"富春山居 四长论坛"，并建立服务保障浙江高质量发展建设共同富裕示范区"四长论坛"工作机制，发挥检察机关"三查融合"等工作机制优势服务助力浙江缩小城乡区域发展差距，高质量创建乡村振兴示范省，率先实现城乡一体化发展、守护"绿水青山就是金山银山"理念诞生地生态环境，服务高水平建设美丽浙江，统筹山水林田湖草系统以及环境、矿产资源、野生动植物保护治理。

（三）倾力守护未成年人成长环境，全方位打造未检文化品牌

富春启明。聚力保障未成年人合法权益、帮教观护涉罪未成年人、预防减少未成年人犯罪等方面，敢于探索、勤于实践、勇于创新，从三个方面全力擦亮未检工作：一是"四大检察"立体保护未成年人权益，综合运用刑事、民事、行政、公益诉讼手段，打击涉未刑事犯罪、开展涉未监护、代理、抚养、收养、继承、教育等民事、行政案件的审判监督和执行活动监督；稳妥拓展未成年人公益诉讼案件范围，办理校园周边食品安全、未成年人个人信息保护等领域公益诉讼监督案件。二是建立完善涉未权益工作机制，推动区妇联制定未成年人权益侵害预防保护工作机制、性侵未成年人案件特别程序意见，推动区卫健局建立强制报告制度。联合区12家单位会签《关于罪错未成年人分级处遇协作机制的意见（试行）》，新挂牌成立"启明星涉案未成年人分级处遇社会工作站""启明星涉案未成年人家庭教育指导站"，进一步提升未成年人保护专业化和犯罪预防社会化。三是数字赋能完善未成年人保护体系，依托"家和智联""未来学校"等大数据平台，打造集法治宣传、矫治教育、心理干预、困难帮扶、权益保护等功能于一体的数字化场景应用，实现未成年人保护工作的协调、协同、协作，促进未成年人保护体系更加完善，工作联动更加紧密，保护成效更加凸显。

（四）全面延伸法律监督触角，精细化打造基层检察室文化品牌

新城小案。新登镇，古称"新城"，北宋文学家苏东坡曾有一首诗《新城道中》，描述的就是古新登的景象。借此，我们以"新城不新，蕴藏千年古韵，小案不小，件件联接民心"为主题，打造具有富春韵味的"新城小案"品牌。新登检察室下辖新登、永昌、胥口、渌渚、洞桥、万市6个乡镇，是检察职能深入乡镇的主要"阵地"。检察室以体民情、察民意、解民忧、聚合力为己任，全面延伸法律监督触角，以职能履行为依托，以案件办理为核心，以检察为民为要义，共话小检察室的"实"作为。一是"小案精办"，以"微检察"模式保障共同富裕，通过"微办案""微联动""微监督"等手段，就地、就近开展刑事和解、公开听证等各项检察特色工作，及时倾听乡情民意，并邀请村干部、村民代表等参与公开听证、检察开放日等检察工作，促进实现公共法律服务优质共享，夯实共同富裕的群众基础。二是立足辖区特色，以检察能动履职促乡村振兴，新登检察室下辖的多个乡镇山区均以特色农业产业发展为重点，要以个案作为小切口，在依法办案的

同时深入调查案件反映出的当地特色农业发展制约因素，密切关注农业生产、农民致富等重点领域的群众诉求，充分发挥检察监督职能，维护乡镇村民合法权益，助力乡村振兴。三是深化"一室一品"，以"新城小案"品牌扩大示范效应，在微信公众号等新媒体及传统媒体中塑造"新城小案"品牌栏目，充分挖掘培育精品案事例，提高检察工作覆盖面和影响力。

（五）用心做好检察宣传教育，立体化打造综合行政文化品牌

1. 富春察社。"察社"作为"茶社"的谐音，旨在打造一档讲述性检察栏目，透过检察视角向读者讲述发生在富春大地上的案、事、人，以朴实接地气的语言拉近与读者间的距离，更好传递检察好声音。采用约稿制和投稿制并行的方式，办公室通过走访业务部门、查阅文书资料等方式了解掌握各部门办理案件、重点工作、创新创亮等情况，共同挖掘宣传点，由部门提供初稿、办公室后期加工，同时积极与上级院和各级媒体联络，力争高级别录用转发。

2. 富春检视。透过检察视角看大事小情，培养法律思维辨是非曲直，以情景模拟还原第一现场，以释法说理点破重重迷局，代入式感受检察力量。采用情景剧等群众喜闻乐见的形式制作普法宣传短视频，包括但不限于以案说法、法条解析、时事热评等类型，培养一批擅长编、导、演的检察宣传人才。以"壹检"新媒体工作室为主要平台，根据年初制定的分组及拍摄计划，每组自编自导自演自剪检察宣传视频，办公室负责统筹、建议及发布。同时根据本年度岗位练兵方案，年底对全年的视频作品进行评优表彰，提高干警参与积极性。

3. 富春讲武堂。立足杭州检察首创的"实案实训"教育培训品牌，结合富阳实际情况，以办案问题为导向，以案例教学为重点，"教、学、练、战"系统推进，有效提升检察干警的新型疑难复杂案件办理能力，推动富检干警从"跟跑者"向"领跑者"转型。一是案例讲述，业务部门围绕案件办理中可以吸取的经验以及可提供借鉴的做法，从基本案情、检察履职、办案思路、典型意义等方面进行讲述，提出自己的见解、想法，进行思想交锋和观点碰撞。二是庭审、公开听证模拟实训，以"四大检察"真实案例为蓝本，挑选实务中存在一定争议、有一定挑战的案件，严格按照庭审或者公开听证的程序进行模拟训练，强化干警对办案三个效果的理解，不断提升办案质效。

4. 富检专家讲坛。围绕"四大检察"，关注检察干警应当具备的案件研

判、法律适用、释法说理、服务群众、文稿写作、沟通协调等"六项能力"和线索发现、调查核实、阅卷审查、讯问询问、文书制作、公开听证、科技运用、出庭公诉、矛盾化解、法治宣传等"十项本领",邀请高校或党校老师、检察业务专家、业务人才来院授课,提升培训层次和成效,拓展干警知识广度和深度,持续推进检察干警的综合业务素质。

弘扬东北抗联精神　打造红色检察文化

姜宝奎　吴广泰[*]

文化的影响无形，但其作用却是无比强大的。吉林省靖宇县人民检察院充分发挥检察文化建设辐射带动作用，坚持以东北抗联精神滋养队伍的作风，以红色检察文化锻造队伍的精魂，培养出了一支始终冲在一线的检察精兵。先后多次获得全省文明单位、全省普法依法治理先进集体、全省优秀青少年维权岗和全省先进基层检察院等荣誉，被最高检通报表扬并评为全国先进基层检察院。

一、功崇惟志，进一步坚定理想信念

结合地域特色，加强党性和理想信念教育，让干警在潜移默化中形成自己的人格魅力，继而形成整个检察队伍自己的工作风格。

（一）激活靖宇检察基因，确定文化建设方向

1. 加强领导，强化意识形态管理。坚持将文化建设与检察工作同频共振。结合工作实际，组织实施了2021年度计划，出台了《靖宇县检察院制度汇编》。院党组时刻不忘加强意识形态领域价值引领、思想引导和阵地管理。通过组织重走东北抗联路、东北抗联历史学者现场教学和重大节日专题党课等活动，让干警熟知东北抗联历史，学习东北抗联精神，实现对党员领导干部意识形态工作教育培训全覆盖。

2. 广泛动员，沉淀检察文化底蕴。结合靖宇县红色旅游和东北抗联党性教育培训基地建设，开展"红色解说员"选拔活动，组建"检察院东北抗联精神宣讲团"，充分调动检察人员的积极性。与县委组织、宣传部门一起，深挖东北抗联文化资源，参与编撰《杨靖宇将军故事百篇》等书籍，参与承办"东北抗联文化高端论坛"等大型活动，逐渐沉淀检察干警的红

---

[*] 作者单位：吉林省白山市靖宇县人民检察院。

色文化底蕴。

（二）感悟东北抗联精神，突出文化建设重点

1. 以"八字院训"为工作指南。对照东北抗联精神，立足工作实际，提炼出"对党忠诚、敢于担当、开拓进取、敢于奉献"的精神作为靖宇县院院训。继而又集合全院力量谱写了自己的院歌，并设计出了靖宇县检察院未检工作标识。

2. 以人文关怀为工作支撑。重新添置了健身器材，每年举办篮球、乒乓球比赛；每年举办春联征集活动；每年组织全体干警定期体检，定期参加"健康知识讲座"；为每名干警预定生日蛋糕；"三八"国际妇女节为女干警组织专门体检，并购买保险；为全院30个办公室量身制作了"座右铭"；利用大厅LED显示屏、局域网不间断播放党组寄语、文化格言等，营造了和谐良好的办公环境和温馨的人文环境。

（三）深入推进学习教育，夯实文化建设基础

1. 党性锻炼活动，把支部推向基层。为深入推进"两学一做"学习教育常态化、制度化，推出了一支部一计划的工作措施。院政治部选定了一个社区、一个贫困村，作为党性锻炼基地，各支部党员干警分批接受轮训，到社区服务大厅与工作人员一起为群众提供各项服务；到村屯去包保贫困户，制定脱贫计划，同吃同住同劳动，年末由社区党委和村委会根据实际表现出具考核建议。

2. 主题宣讲活动，让干警坚定理想信念。组织党员干警分批次到井冈山和延安进行培训，邀请当地干部培训学院讲师进行"井冈山精神"和"延安精神"宣讲，让干警接受革命洗礼。每年在"五四""七一"等特殊节点，都要邀请县委党校教师、抗联老战士和上级院相关领导进行主题教育和检察官宣讲活动。

二、业广惟勤，进一步提高职业素质

通过文化建设，不断提高干警综合素质，在司法体制改革的大背景下，不断提高整支检察队伍适应新形势、新常态的能力。

（一）培养学习型检察官

1. 提高"靖检"能力。我院党组提出着力提高干警的逻辑思维、文字表达、执法办案、群众工作、创新发展等十种"靖检能力"，开展"周一学

习会""读书周""法律沙龙"活动，实行办案人"1＋1"带培机制，实现"1＋1＞2"的人才培养效应。近年来，我院涌现出了一批全省检察业务专家、业务尖子和办案能手。

2. 营造学习氛围。将习近平总书记讲话精神、东北抗联大事记、检察工作、廉政文化、规范司法和干警个人文艺作品等多种元素糅合到一起，打造了特色鲜明的走廊文化。专门建设了文体活动室和阅览室。为每名"精英"专项购买了价值1000元的书籍充实到阅览室，开展全员"荐书"活动。以白山市院精品课巡讲为契机，大力开展自己的"精英大讲堂"，实施以点带面策略，带动全体检察干警向"精英"看齐。鼓励干警展开检察文化理论研究，开展"司考学霸"传经验和"考研攻略"活动，积极支持干警攻读心理咨询师和注册会计师等资格考试。在全院掀起比、学、赶、超的热潮。

（二）打造科技型检察院

1. 阳光检察照亮民生。建设了集案件信息查询、业务咨询、信访接待、律师库及视频接访于一体的检务公开大厅。独立触摸屏查询机内设置了科学完善的查询系统，建立了包括综合信息类和业务信息两大类的8个板块。其中，"案件信息公开板块"极大地方便了律师和各类群众。

2. 数字检察点亮办公。为全体干警配备了"检务通"，每名干警手机中都有专用的APP软件，该软件具有会议通知、检务新闻、车辆预约、通知公告、文件学习和本院动态等多项功能。引进了数字检委会办公会议系统，把检委会"搬到"网上开，从议题的提起、案件讨论和表决意见都在网上进行，智能化的后台管理系统对议事议案、会前审查和案件汇报实施全程监督切实提高了检委会办公的工作质量。

（三）推出服务型检察理念

1. 精准把握，服务大局。多年来我院坚持把文化建设融入到服务大局中。专门出台了《靖宇县检察院服务矿泉水产业发展的具体意见》，开展保护水资源调查课题研究，该项目被省社科院列为重点研究课题并顺利结项。结合精准扶贫工作，推出了"零工程"服务理念，即零公里服务、零距离监管和零容忍查处，制定了《靖宇县人民检察院为"乡村振兴"提供法律保障和法律服务的十五项措施》，院领导带队成立了12人的服务工作组，深入到乡镇、村屯、项目现场进行法律咨询和法律宣讲。

2. 十年专注，深耕有成。高度重视未检工作，建设了全省第一个亲情接待室和心理疏导室，成立了"绿色家园青少年法治教育基地"，坚持开展"开学一堂课、放假一封信"等系列活动。建立了一整套行之有效的"检校家""公检法"共同维护未成年人权益的工作制度和流程，受到了最高检的通报表扬。

三、惟克慎独，进一步规范司法行为

坚持以检察改革为主线，以规范司法行为为抓手，着力打造公开透明的司法环境，全面提升检察公信力。

（一）抓常态，紧扣主题文化建设，筑牢思想根基

1. 加强法治理念教育。制定规范司法主题文化工作方案，每年组织规范司法主题知识竞赛和演讲比赛。演讲过程中，要求选手分别结合自身工作、生活实际，谈自己对规范司法行为的认识、看法，讲述自己在公正、规范司法方面的办案心得以及身边人严格公正司法的典型故事。精心设计和建设了院史荣誉室和陈列室，与县纪委在杨靖宇将军纪念馆联合建设了警示教育基地，在初任检察官、检察人员入职和其他重要节点，利用上述场所引导检察人员树立规范司法理念。在检察开放日中，则对外开放，向外界展示检察队伍防腐拒变的决心。

2. 提高职业荣誉感。在《巡回检察组》热播时，组织干警撰写心得体会，文体不限、字数不限、畅所欲言，并将优秀作品对外展播。邀请专业讲师开展宣讲活动，以群众的角度提出对检察队伍的期望和要求，增强检察干警的职业荣誉感和责任感。

（二）抓长效，紧扣管理文化建设，坚持从严治检

1. 督导规范职业行为。依托统一业务应用系统，强化对办案期限、诉讼程序和涉案财物管理等环节的警示提醒。深化案件质量评查工作，每年重点对各业务部门主要办理的案卷从实体、程序和法律文书方面逐一进行了认真的评查。通过月调度、季讲评、半年总结、年度综合考评等形式，强化对各部门的日常指导和刚性督促检查，并将考核结果与干警经济待遇和政治荣誉挂钩。

2. 保持良好职业形象。开展职业礼仪培训，研究制作了《靖宇县检察院礼仪规范手册》，通过推行接待礼仪、信访礼仪、着装礼仪等11项礼仪

规范内容，提高检察人员自我约束、自我克制的能力。

（三）抓执行，紧扣改革文化建设，彰显先锋本色

1. 跃迁之时，当需志勇之策。在干警思想工作上下功夫，在落实改革政策上求实效。我院按时完成了员额内检察官选任、主任检察官选拔、内设机构整合、检察人员分类管理四项主要改革任务，遴选出员额内检察官16名，主任检察官7名，两名班子成员主动退出员额遴选。内设机构整合为"八部一总支"。

2. 改革之际，当需磅礴之力。为确保新机制运行顺畅，我院出台了《深化机构改革和检察人员分类管理的工作方案》和《主任检察官责权清单》，突出员额内检察官的主体办案地位、充分培养综合部门干警"一专多能"的能力、完善检委会讨论决定案件的机制。同时致力于深化干部人事制度改革，在政治待遇上，引入岗位竞争机制，年度考核，择优任用，末位淘汰，形成了"能者上、庸者下"的良好竞争环境。

四、守正创新，进一步提升检察形象

通过丰富文化载体，繁荣文艺创作，创新宣传形式，提高检察队伍的社会感知度和人民群众对检察事业的认同感。

（一）提振精气神，坚定文化自信

1. 形成文化品牌。习近平总书记指出，文化自信，是更基础、更广泛、更深厚的自信。着力增强文化自豪感。我院结合东北抗联文化资源，形成了"弘扬东北抗联精神　打造红色检察文化"的检察文化品牌。先后多次组织东北抗联征文和东北抗联主题诗词大会活动，获奖作品在长白山日报专刊发行。检法两院干警组成的"红歌合唱团"多次参加市、县两级部门组织的"庆七一""十一国庆"等活动，其经典曲目"东北抗联第一路军军歌"多次获奖。

2. 开展理论研究。我院"晨曦学友会"成员撰写的调研文章、散文、诗歌多次在中央和省市媒体发表，并在最高检和全国法学会组织的论坛和活动中获奖。干警撰写的《浅谈如何用抗联精神引领检察文化建设》和《检察文化之魂》两篇理论研究被吉林省检察院网站采用。

（二）共筑检察情，展现文化硕果

1. 丰富文化建设载体。为活跃机关生活，培养干警良好的生活作风和

健康的生活情趣，我院组织了多个兴趣小组和团队，经历了多年的发展，形成了良好的文化氛围。书法、剪纸两小组成员不时将自己的得意作品赠送给院内同事，和大家共同分享喜悦。检察院的"健康徒步暴走团"，每日都在微信群里晒成绩，"评第一"。我院还特邀了摄影专家，为全院干警讲授"走近手机摄影"，教大家随时随地记录下工作和生活中美好的瞬间，并适时举办摄影大赛，鼓励干警进行"原生态创作"。

2. 深化法治宣传教育。在白山市院的大力支持下，我院拍摄，并由干警出演的微电影《黑手》，在省市县三级媒体播放，取得了非常好的效果，被最高检评为"扶贫领域专题警示宣传教育基层行活动优秀作品"。利用社区惠民日、农村赶大集的节点，组织干警现场进行法治宣传；检察干警和小学生一起合作录制的快板节目《讲完法律讲校规》，获得了社会各界的一致好评。

（三）弘扬主旋律，传递文化正能量

1. 提升检察事业形象。在门户网站、局域网和微信公众号平台，开发"检察文化"专栏，以"讲述靖宇检察官自己的故事""传递法治正能量"和"弘扬东北抗联精神"三个板块为载体，将忠诚、公正、高效、爱民、廉洁、文明的"六种靖宇检察形象"对外传递，其中我院现援藏干部撰写的《一名检察干部的援藏感悟》一文，以真挚的文笔和新时期检察干部的奉献情怀打动了无数年轻干部，在靖宇县内和白山市检察系统引起轰动。

2. 引领志愿者服务风尚。我院一名干警被推选为靖宇贴吧吧主，其组织成立的网络志愿者团队囊括了各行各业的志愿者，现已发展至70余人；院内老兵们组织成立的"老班长服务团"，连续十几年一直坚持义务献血；院领导带队成立的"大手拉小手"志愿者服务团队，已经为32名留守儿童做过代理家长。我院的"三个团"一直活跃在义务服务的阵线上，多次受到省、市有关部门的表彰。

鲜血热土定当培育志士仁人，靖宇县人民检察院正在以红色检察文化为载体引领检察人员的精神世界，着力培养"不高人一等，但高人一筹"专家型有信仰的检察官群体，为推进检察事业发展作出新的贡献。

公益诉讼视域下红色文化遗产保护实践进路研究

刘慧萍* 鲁春燕 白 薇**

红色文化遗产指的是中国共产党领导各族人民在革命、建设和改革伟大实践中形成的具有历史价值、教育意义、纪念意义的遗址、旧址和纪念设施等物质文化资源，以及人物事迹革命精神、文献和文艺作品等非物质红色文化资源。红色文化遗产是加强社会主义精神文明建设、激发人民爱国热情、振奋民族精神的生动教材。一直以来，习近平总书记高度重视对红色文化资源的保护利用、对红色血脉的赓续传承。2022 年 8 月 16 日，习近平总书记在考察辽沈战役纪念馆时指出，红色江山来之不易，守好江山责任重大。要讲好党的故事、革命的故事、英雄的故事，把红色基因传承下去，确保红色江山后继有人、代代相传。

近几年来，我国在红色文化遗产的保护工作方面取得了相当大的成果。在完善保护立法，加强保护执法等环节着重发力，此外检察机关作为公共利益的代表，对于红色文化遗产保护所提起的公益诉讼更是成为我国红色文化遗产保护工作体系中的另一新兴动力。优化完善检察机关公益诉讼的具体工作对于红色文化遗产的保护来说具有切实的现实意义。

一、近年来我国在红色文化遗产公益诉讼领域取得突破进展

近几年来，检察机关在保护红色文化遗产进行公益诉讼工作方面积极履职，充分有效地发挥了检察机关在我国红色文化资源保护工作中所起到的监督检查作用。

2020 年 4 月，最高检、中央军委政法委员会联合印发《关于加强军地

---

* 作者单位：东北农业大学。
** 作者单位：黑龙江省齐齐哈尔市建华区人民检察院。

检察机关公益诉讼协作工作的意见》（以下简称《意见》），其中"关于协作案件范围"规定"军地检察机关在依法办理生态环境和资源保护食品药品安全、国有财产保护、国有土地使用权出让、英雄烈士保护等领域涉军公益诉讼案件中加强协作配合……加大对破坏军事设施、侵占军用土地等涉军公益诉讼案件的办理力度，积极稳妥探索办理在国防动员、国防教育、国防资产、军事行动、军队形象声誉军人地位和权益保护等方面的公益诉讼案件，着力维护国防和军事利益"。自该《意见》实施以来，全国各地均有效开展了军地协作调查核实、制发检察建议工作。红色文物保护、烈士纪念设施、英烈名誉荣誉以及军人军属合法权益等得到有效维护。该《意见》的提出为军地双方检察机关共同办理红色文化遗产侵权案件搭建了沟通与协作的桥梁。

2021年4月，最高检专门下发通知，要求各级检察机关充分发挥公益诉讼检察职能，不断完善行政执法与检察公益诉讼协作机制，形成革命文物等红色资源保护合力。2021年9月，退役军人事务部、最高人民检察院发布一批烈士纪念设施保护行政公益诉讼典型案例，包含了陕西省延安市南泥湾三五九旅革命史迹保护行政公益诉讼案，甘肃省榆中县兴隆山烈士纪念设施保护行政公益诉讼案等共计9个典型案例。

二、公益诉讼视域下红色文化遗产保护存在的问题

（一）立法滞后，遗产保护法规有待完善

我国现行的有关红色文化遗产保护相关的法律体系还尚不完善，有关红色文化遗产保护公益诉讼的相关法规尚不完备。首先，目前我国有关红色遗产保护的法规没有形成体系化。目前在国家层面还没有关于红色文化遗产保护的统一立法，有关红色文化遗产保护的内容散见于《文物保护法》《英雄烈士保护法》《烈士褒扬条例》等法律法规中。由于缺乏统一的有关红色文化遗产保护的全国性立法，所以目前享有地方立法权的一些地方在涉及红色文化遗产保护立法时，在立法保护的对象界定方面存在着差异。例如，《丽水市革命遗址保护条例》规定，保护对象为见证新民主主义革命，特别是中国共产党领导人民开展革命斗争，反映革命历程和革命文化，被列入丽水市人民政府革命遗址保护名录的旧址、遗迹及纪念设施。《广东省革命遗址保护条例》中所界定的保护对象为见证近代以来中国人民抵御外来侵略、维护国家主权、捍卫民族独立、争取人民自由和中国共产党领导中国人民进

行革命、建设、改革的历史，具有纪念意义、教育意义或者史料价值的遗址。由于不同地方立法的不统一，在公益诉讼的过程中，不同地区保护对象范围的不同势必会造成公益诉讼中缺乏明确统一的标准问题。其次，有关红色文化资源的公益诉讼不属于公益诉讼检察"4+5"的范围之内。2021年，我国检察公益诉讼在法定办案领域上形成了"4+5"格局，即生态环境和资源保护、食品药品安全、国有财产保护、国有土地使用权出让4个诉讼法明确列举的领域和英烈权益保护、未成年人保护、安全生产、个人信息保护、军人地位和权益保护5个单行法授权的领域。由此观之，可以发现有关红色文化遗产的公益诉讼并不在这一范围之内。

（二）缺乏协作，机构间存在监管交叉难题

在实践层面，红色文化遗产保护是一项综合性较强的工作，涉及地方各级人民政府、文物保护主管部门、退役军人事务主管部门、军队有关部门、城市规划管理部门、文化旅游等多个行政部门，呈现出多部门多重管理并存的现象。

这种监管部门职能交叉，实践中容易造成红色文化遗产保护行政执法较为混乱。并且目前我国实行文物遗址保护主体与处罚主体合一的管理模式，在这种管理模式下容易滋生有法不依、执法不严、相互推诿等情况。这种履职主体确定难度大的问题，给公益诉讼也带来了较大困难。这主要体现在红色文化遗产保护的公益诉讼过程之中，一方面体现在诉前程序中监督对象的确定，另一方面体现在诉讼程序中被告的确定。根据《行政诉讼法》第25条第4款的规定，在检察机关负责的文物遗址保护公益诉讼案件中，相对应的履职主体应为对文物保护"负有监督管理职责的行政机关"，但在实际情况下，一方面现有规定对于何为对文物保护"负有监督管理职责的行政机关"不够明确且责任主体不明，另一方面，需要检察机关以公益诉讼方式进行保护的红色文化遗产大多为一些保存状态较差、长期无人监管、地理位置偏远、易被忽略的一些遗址遗迹，对这些遗产的保护负责机构进行前期确定的工作难度更大，直接阻碍着公益诉讼活动中诉前建议的提出。同样，在《文物保护法》中，也只是笼统规定了文物保护法定职责应由文物保护工作部门、地方各级人民政府以及县级以上人民政府的有关行政部门共同承担，对具体职责划分并未作出规定。

此外，若在公益诉讼中未能对相应的履职主体范围进行确定，还会对公益诉讼判决的履行效果产生影响，难以保证生效判决的履行效果。

（三）诉讼路径不清，民事公益诉讼与行政公益诉讼有待讨论

目前有关红色文化遗产的公益诉讼可以分为两大类，一类为行政公益诉讼，另一类为民事公益诉讼，并且这两类诉讼在实际案件的办理过程中往往会出现着交叉矛盾。这主要是因为存在着一些既可以作为民事公益诉讼办理，又可以作为行政公益诉讼办理的案件。实践中导致红色文物、遗址受破坏的原因较为复杂，有一些是行政机关违法行使职权或怠于行使职权而发生的破坏，还有一些破坏是由于行为人违法行为（如破坏拆毁古遗迹、遗址、文物等）而导致的结果。在我国"二元化"的公益诉讼模式下，检察机关既可以以违法行为人为被告提起民事公益诉讼，也可以以行政主体为被告提起行政公益诉讼。但目前理论学界对于民事公益诉讼与行政公益诉讼二者之间的关系存在争议，对检察机关办理文物保护公益诉讼案件是应当采取二者"并行"方式，还是"择一"方式适用以及二者的适用顺位等问题，尚未形成共识。有学者认为，检察机关应当"优先"提起行政公益诉讼；有学者则认为，"民事公益诉讼与行政公益诉讼应该有主次之分、轻重之别，即以前者为原则、后者为例外"。有学者在对民事公益诉讼与行政公益诉讼的案由、目的、功能及内容等进行系统研究后认为，在处理二者的关系时，应以"尽量避免并立""尽量统一处理""尽量提前处理"为原则进行衔接。在现有的公益诉讼的实践案例中，很少有针对同一文物受损案件同时提起民事公益诉讼与行政公益诉讼的案例，但检察人员在办理文物保护公益诉讼案件时，对于民事公益诉讼与行政公益诉讼是应当"并行"还是"择一"以及何者优先，在认识上同样存在着一定的分歧。

三、公益诉讼视域下红色文化遗产保护工作推进建议

（一）强化相关立法研究，推进完善立法

如前所述，由于目前现有涉及检察机关公益诉讼的法律依据尚不充分，所以治本之策是加强立法研究，推动实现对红色文化遗产的全面保护。具体而言，首先，在当下拥有立法权的市在立法过程中，要进一步统一立法思路，在对于红色文化资源保护对象的认定方面应在充分、全面考虑基本的保护范围的基础之上，再结合本地方的实际历史文化特点予以丰富完善。为了加大对红色文化遗产的保护力度，提高红色文化遗址遗迹活化利用水平，应将红色文化遗产定义为从1921年中国共产党诞生至今产生的中央革命根据

地、红军长征、抗日战争、解放战争时期以及新中国成立之后和改革开放以来的革命纪念地、纪念馆、纪念物及其所承载的革命精神。一方面在历史宽度上予以延伸，将围绕着新中国发展的革命、建设、改革的全流程遗产予以保护，避免了现有地方的立法只将保护范围限定在革命时期的遗产而过窄的问题。另一方面在遗产的种类范围上予以丰富，红色文化遗产不应仅仅包含那些具有实体的遗址遗迹，同时对于那些具有红色文化精神的红色故事、红色戏剧、红色歌曲等无形的红色遗产同样应予以关注与保护。只有在确立好统一的标准之后，才能形成大范围内的检察公益诉讼一盘棋的格局，从而避免产生因认定标准不同而导致的"同况异办"的问题出现。

其次，要完善立法对检察机关公益诉讼活动的支撑。如前所述，依据现有的法律法规，检察机关在办理涉及红色文化遗产公益诉讼的案件时碍于尚无明确的立法依据，并不能实现对红色文化遗产的全方位保护。因此，在今后的立法活动中应积极推进立法将红色文化遗产保护纳入到公益诉讼领域，例如可在正在进行修订的《文物保护法》中予以规范，赋予检察机关对红色文化遗产侵权行为提起保护公益诉讼的资格，为检察机关开展红色文化遗产公益诉讼保护工作提供法律支撑。

（二）构建协作配合机制，协调多方共管共治

为充分发挥公益诉讼检察职能，促进红色文化遗产的保护与传承，下一阶段要进一步加强红色文化遗产公益诉讼保护相关单位协作机制的建设。首先，要进一步加强军地检察机关的协作，2020年最高检与中央军委政法委员会联合印发了《意见》，《意见》印发以来，军地检察机关积极开展军事检察公益诉讼实践，至今已办理公益诉讼案件600余起，涉及红色资源和英烈纪念设施保护案件300余件，纠治革命历史文化遗产管理保护不善等问题370余个，取得了良好的合作成果。但在具体的司法实践中仍存在一定的信息共享不畅、军事检察机关在公益诉讼中作用不强等问题。因此下一阶段，应进一步强化军地两方在红色文化遗产保护公益诉讼中的沟通协调，进一步细化双方在实际案件中的分工协作，最大限度地发挥军地两方检察机关在办理红色文化遗产保护案件中的优势互补作用。

其次，检察机关在办理红色文化遗产公益诉讼案件的过程中应联系各方，充分发挥桥梁纽带作用，通过圆桌会议、府院联席会议等机制，协同多元主体共同推进相关公益损害问题的系统性解决。例如，在2021年最高检与退役军人事务部联合发布红色资源保护公益诉讼典型案例中，陕西省志丹

县人民检察院督促保护保安革命旧址行政公益诉讼案一案中，陕西省志丹县人民检察院经过走访调查发现志丹县保安革命旧址遭受破坏严重，志丹县院遂向县城管局、文旅局发出诉前检察建议，县政府随之成立了由城管局、住建局、文旅局、社区服务中心、征收办、城投公司等多部门单位的行动小组，对该革命旧址进行保护。因此，对于这类在红色文化遗产保护中多部门、机构负有行政监管职责且存在职能交叉的情形时，应当进一步推动检察机关通过诉前检察建议，组织召开落实整改圆桌会议、联席会议等方式，督促多部门、机构之间形成保护合力，从而实现红色文化资源保护的目的。

（三）厘清民事与行政公益诉讼二者关系

进一步明确在红色文化遗产保护案件中民事公益诉讼与行政公益诉讼之间的关系，对于下一阶段检察机关办理相关案件具有明确的指引作用。行政公益诉讼的最终结果指向是行政行为，民事公益诉讼最终结果指向是侵权的民事行为。因此，针对红色文化遗产侵权行为，检察机关在选择提起诉讼时，究竟是民事公益诉讼优先还是行政公益诉讼优先，实质上反映的是司法权与行政权在公益保护方面的关系问题。

由于公益"两诉"竞合案件存在民事、行政两种不同性质的纠纷交叉、重叠的现象，其从本质上来说属于民行交叉案件。比较法研究显示，虽大陆法系和英美法系的国家法律体系存在诸多不同，但各国在处理民行交叉案件上的处理上颇有默契，都不约而同地适用穷尽行政救济的原则。基本都遵循行政执法"优先"原则，为公益诉讼的提起设置了前置程序或者规定了限制条件。首先，出于维护行政机关的专业判断和管理权力，同时给予行政机关一个自我纠正的机会的考量。行政机关和检察机关虽然同属于国家机关序列，但是二者权力性质并不相同，基于检察权谦抑性原则，检察机关应尊重行政机关行使行政职权，不进行过度的介入和干预。其次，赋予行政机关自我纠错的渠道和途径，行政管理手段具有多样性、及时高效性等特点，尽可能依靠行政手段对存在的侵害红色文化遗产行为进行规制，能够柔性解决矛盾。最后，通过行政机关先行处理实现案件的分流，减少流入法院的案件数量，能够进一步减轻法院的负担。基于穷尽行政救济的原则，在公益诉讼竞合案件中，行政公益诉讼优先适用，但并不意味着民事公益诉讼没有适用的空间。当难以提起行政公益诉讼时，或当运用行政手段不能有效处理相关案件时，民事公益诉讼应当起到最终的保障和兜底的作用。

基于此，在红色文化遗产保护检察公益诉讼中，在处理"两诉"之间的关系时，应遵循非必要不"并行"原则，尽可能"择一"适用。同时，考虑到行政执法的"优先性"与"专业性"，应优先适用行政公益诉讼递补适用民事公益诉讼。

红色文化遗产保护公益诉讼是检察机关履行监管职责、拓展公益诉讼案件范围，强化公益诉讼检察职能的一项重要举措，是红色遗产保护的一种重要途径。近年来，我国检察机关通过开展红色文化遗产保护公益诉讼，挽救和修复了一大批具有重要价值的红色遗迹遗址。目前，相关检察公益诉讼虽然已经在全国范围内全面推开，但从其实践情况来看，仍存在较大的不足，不论是从立法体系上还是公益诉讼各方的协作配合上都亟须进一步加强。本文试对我国红色文化遗产保护公益诉讼的发展提出了在法规上予以完善、在办案机制上多方协作配合、在思路上"行政优先，民事补充"的几点思考与建议，助力我国红色文化遗产保护工作取得更大的实践收获。

新时代检察文化与检察业务的融合发展

——以检察文化与公益诉讼业务双融双促为例

邢光英　施　蓓　许佩琰[*]

新时代检察文化是中国特色社会主义文化的一部分,随着文化建设不断深入向前,检察文化在新时代的洪流中不断创新、不断发展,本文以上海市崇明区人民检察院检察文化引领公益诉讼业务高质量发展为例,探索新时代检察文化与检察业务融合的具体方式,以期为推动检察文化建设更具活力贡献有益样本。

一、文化育检,指明公益诉讼业务前进方向

检察工作是政治性极强的业务工作,也是业务性极强的政治工作,新时代检察文化以弘扬中国特色社会主义法治文明为己任,通过检察个案的办理满足人民群众在民主、法治、公平、正义、安全、环境等方面更高水平的新需求。检察公益诉讼旨在维护国家利益和社会公共利益,是守护人民群众美好生活的前沿阵地,上海市崇明区人民检察院找准检察文化与业务发展的着力点,在检察文化建设中始终坚持"抓文化建设带队伍建设促业务发展"工作思路,把文化建设工作作为推动检察公益诉讼工作发展的重要引擎,积极探索"文化建设+公益诉讼双融双促"工作模式,把文化建设工作与检察公益诉讼业务工作有机结合、深度融合、精准契合,努力将文化建设优势转化为业务优势、将文化建设资源转化为业务资源、将文化建设成果转化为业务成果,实现文化建设工作与业务工作联动发展,为加快推进检察公益诉讼高质量发展提供坚实保障。

开拓进取,在探索中突出检察智慧。新时代检察工作新发展、队伍建设

---

[*] 作者单位:上海市崇明区人民检察院。

新形势要求检察机关在司法体制改革中，始终突出讲政治的灵魂，崇明区院主动适应新时代检察工作新发展、队伍建设新形势，探索"文化育检"新路径，在公益诉讼部门设置了行政主任专人专职抓政治建设、文化建设。首先，行政主任是文化建设的"指导员"，行政主任可以结合部门检察业务职能，开展文化建设相关活动，如崇明区院公益诉讼部门行政主任带领部门干警开展交通志愿者服务、疫情防控工作志愿者等活动，通过种植检察公益林、投身抗疫一线等形式发扬雷锋精神，助力崇明世界级生态岛建设和美丽乡村建设；其次，行政主任也是党风廉政建设的"监督员"，可以结合重要时间节点、文化节假日节点开展专题警示教育，组织干警重点学习"过问或干预、插手检察办案等重大事项记录报告工作"有关规定，有助于树立风清气正的检察文化；最后，行政主任还可以是检察文化的"宣传员"，崇明区院公益诉讼部门行政主任结合"公益诉讼守护人民群众美好生活"主题，组织检察官、检察官助理送法下乡，开展"检察百村行"等一系列活动，以生动的语言将公益诉讼检察制度送入寻常百姓家。

求真务实，在服务中体现检察担当。检察文化的核心在于满足人民群众日益增长的民主、法治、环境等方面的新需求，崇明区院公益诉讼部门积极打造"服务型"公益诉讼办案团队，满足人民群众多元司法需求，开展多层次多维度司法便民服务。依托"益心为公"检察云平台，崇明区院公益诉讼部门招募中共党员、各民主党派、社会团体中热心公益人士成为公益诉讼志愿观察员，拓展社会力量参与检察公益诉讼渠道；主动回应群众关切，崇明区院公益诉讼部门经过5年的探索运行，初步形成了极具崇明地域特色、兼具短视频、微课堂等多种新媒体形态的检察宣传矩阵，提高公民法律意识、普及法律知识，解决群众的烦心事、操心事、揪心事，如组织干警撰写《检谈民法典》《公益诉讼守护群众美好生活》等课题，依托"检察百村行"专项行动，深入基层展示检察工作成果，为群众在法律问题上答疑解惑；结合春节等传统节日，崇明区院公益诉讼部门与社区共同开展走访慰问活动，看望社区中老党员、困难党员，致以亲切问候，切实把关怀送到人民群众心坎上，让人民群众获得感更足、幸福感更持续。

二、文化润检，提升公益诉讼队伍良好形象

文化是一个民族的"三观"，其作为一种精神力量，能够在人们认识世界、改造世界的过程中转化为物质力量，检察文化在检察机关不断发展、演

化的过程中逐渐形成,新时代检察文化的"三观"亦是检察人员的"三观",要求检察人员"忠实执行宪法法律、维护社会公平正义、全心全意为人民服务"。崇明区院公益诉讼部门以检察文化中的政治修养建设、法律修养培育、社会责任感养成、为民服务理念夯实为维度,通过文化指引全方位打造"学习型""示范型""品牌型"公益诉讼办案队伍。

崇明区院坚持把政治建设放在首位,结合检察公益诉讼业务特点,通过创新党史教育学习方式、打造党员先锋模范队伍、设立特色支部品牌等形式在培育检察干警上下功夫,使得检察干警积极性、主动性、创造性显著提升,团队组织力、战斗力、凝聚力明显加强,为推动文化、业务相促进、相融合夯实基础,为立足中心、服务大局提供有力保证。

更加注重文化的传承作用。崇明区院公益诉讼部门在传承历史文化脉络的基础上,把检察文化融入到崇明世界级生态岛建设的大局中。依托"三会一课"、主题党日活动、"青训班"教育培训等多种形式,引导公益诉讼办案队伍开展多维度学习,做到有组织、有导向地提升检察监督能力水平,在"青训班"培训活动中,组织干警分享红色文化遗产保护等10个公益诉讼"等"外领域的研究成果,在检察文化教育中发现公益诉讼案件线索,在公益诉讼业务学习中接受检察文化精神洗礼,赓续红色血脉,激活业务发展的"感应末梢";在红色历史文化案件办理中,将公益诉讼"回头看"工作变成生动的爱国主义教育课,借助爱国主义教育基地属性特点,通过鲜活的办案教育引领干警营造崇尚英雄、缅怀先烈的氛围。

更加注重文化的激励作用。崇明区院公益诉讼部门积极组织干警参加三八红旗手评选、业务能手、办案标兵竞赛、"崇检星火"选树等活动,鞭策激励干警增强进取意识,同时发挥先进干警"头雁效应",激发"群雁活力",带动提振办案团队内其他干警精神状态,着力建立一支为崇明世界级生态岛建设提供优质检察服务和保障的先锋团队。现已培育上海市三八红旗手、上海市公益诉讼检察标兵、崇明区十大政法英模先进典型,在团队内形成了人人学习先进、争当先进的良好氛围。检察文化的力量始终是检察人员克服艰难险阻、生生不息的精神支撑,崇明区院公益诉讼部门通过文化建设营造"带头深入"的团队氛围,在"民之所向,政之所向,民有所呼,我有所应"的检察文化熏陶下,检察干警淬炼出"敢啃硬骨头,敢于涉险滩"的勇气,如针对检察公益诉讼办案中线索发现难问题,不分日夜、主动出击,办理的夜间噪声污染案获群众广泛好评,2021年以来,崇明区院公益诉讼部门通过探索多种途径自行发现受理的案件线索共180余件，占全部受理总数的70%。

更加注重文化的辐射作用。深化"品牌"意识，通过打造党支部特色品牌、公益诉讼业务品牌，展现支部建设成果、业务办案成果，激发公益诉讼办案团队的自豪感和成就感。结合公益诉讼维护国家利益和社会公共利益的特点，深入开展"一支部一品牌"活动，创建"益心践初心"特色品牌，通过实实在在的公益诉讼办案数据、整改效果、制度成果充实丰富公益诉讼团队品牌内容，积极参与"庆花开中国 迎建党百年"风采展示，让团队干警对业务和党建融合的效果"看得见、摸得着"，在比学赶超中进一步提升团队工作的主动性和创造性，形成文化建设与检察公益诉讼工作相融互通、双融双促的发展模式，以拓展品牌辐射效应夯实干警思想根基，塑强干警的检察文化"骨骼肌体"。

三、文化强检，助力公益诉讼业务提质增效

文化是历史的积淀、智慧的结晶，检察文化是一代代检察人在检察个案办理中累积的智慧，崇明区院公益诉讼部门始终坚持扭住"文化引领""牛鼻子"，促进文化建设与公益诉讼检察业务深度融合，不断释放发展效能。

以文化建设助推检察公益诉讼发展，突出典型案例打造。中华文化蕴含着"大同"思想，合作共赢、协同推进同样也是检察文化发展过程中累积的宝贵财富。崇明区院公益诉讼部门以"双赢多赢共赢"文化内涵为主线，打造了多个典型案例。对内，公益诉讼部门主动凝聚院内刑事检察力量，刑事与公益诉讼双管齐下，共同办理了涉8人11支枪的非法狩猎刑事附带民事公益诉讼案件，首创"货币赔偿+劳务代偿"生态环境损害赔偿责任承担形式并经人民法院司法确认，为检察公益诉讼与生态环境损害赔偿制度高效衔接提供有益样本，案例成功获评上海市检察机关十大典型案例。对外，崇明区院与外省市检察机关、行政机关通力协作，探索了一条全新的跨区域、跨部门、跨职能生态保护协作路径。立足崇明世界级生态岛建设，办理党委政府高度关注、人民群众反映强烈的督促行政机关履行道路监管职责守护河道边公路安全系列案，团队干警带头谋划调查方案、探索预防型行政公益诉讼办案方式、制定"路长、警长+检察长"工作协作机制，与行政机关形成合力守护崇明道路安全运行，案件成功获评上海市检察机关公益诉讼十大典型案例；立足崇明长江入海口区位特点，聚焦沪苏交界长江B7浮水

域非法采砂顽疾，在攻克跨省管辖、多头管理、风险型公益诉讼等诸多实践难点问题的基础上，联合江苏、安徽检察机关成功办理了21件长江经济带跨省公益诉讼案件，推动沪苏两地检察、公安、水务、海事部门以签订合作备忘录形式共建北长江口生态资源保护协作机制，实现对北长江口非法采砂行为闭环监管，保障长江水域生态环境资源安全，相关案例获评最高检服务保障长江经济带发展典型案例，相关工作被推动长江经济带发展领导小组办公室纳入绿色发展经验做法首批清单，向长江经济带沿线11省市示范推广，为检察机关履行公益诉讼检察职能守护长江生态环境输出了可复制、可推广的经验，以典型案件的办理助力构建起一张涵盖长江口"水—砂—渔"多种资源在内的立体屏障，为跨区域生态环境保护构筑新优势、拓展新空间、注入新活力。

以文化建设激发公益诉讼办案动力，服务中心大局工作。"人无精神不立，国无精神不强"，文化强检，需要找准文化与业务共同发展的发力点、根本点、支撑点。崇明区院公益诉讼部门始终锚定"创一流业务、建一流队伍"目标，找准发力点，统筹抓好业务工作和文化建设工作，开展创先争优活动，调动团队干警工作的积极性，增强团队凝聚力和向心力，通过每季度对办案团队内干警文化建设、业务成绩双评价，引导干警始终保持真干实干、奋勇当先的精神状态，真正形成业务办案、文化建设互相促进的正向激励导向，在文化建设工作的引领下，崇明区院公益诉讼部门在上海市公益诉讼条线考核的排名从2019年度全市第11名跃至2021年度全市第1名；找准支撑点，"司法为民""服务中心大局"是检察文化与业务融合的"命题作文"，确保文化建设工作与公益诉讼业务同谋划、同部署、同推进，就要找准服务大局这个关键点。崇明区院公益诉讼部门结合为党的二十大顺利召开提供检察助力，迅速谋划部署"公护安全、益心为民"公益诉讼专项行动方案，持续为崇明城市安全运行保驾护航；结合服务保障崇明世界级生态岛建设，积极开展共联共建，与区水务局共同开展生态检察志愿者服务，守护崇明生物多样性，与区生态环境局、区水务局联合建立"河长、湖长、环长+检察长"四长协同机制，共同打好环境污染防治攻坚战，以文化建设活动凝聚合力，为基层社会治理能力现代化建设贡献新作为、新模式、正能量。

以文化建设践行公益诉讼办案宗旨，坚持以人民为中心。良好的生态环境是最普惠的民生福祉，两年来，崇明区院公益诉讼部门始终坚持以最坚定的决心和最严密的法治保护生态环境,把人民群众对优美生态环境的需要作为工作出发点、落脚点。结合"蓝天、碧水、净土"三大保卫战,出台"守土有我"服务保障乡村振兴公益诉讼专项行动方案,两年间通过履行公益诉讼检察职能,督促有关责任主体清理被污染水域2000余公里、清除各类违法堆放的固体废物1万余吨、关停和整治违法排放废气污染物企业近10家、向生态环境损害个人索赔修复费用40余万元、复垦被非法改变用途的基本农田1万余亩,以扎实的办案数据全力打好污染防治攻坚战,切实解决人民群众身边最突出的环境问题。

　　检察文化以人民为中心、以传统文化为滋养、以创新为动力、以开放为取向、以人才为根本,检察文化最能代表一个检察办案团队的风貌,在文化建设的道路上,崇明区院公益诉讼部门坚持破解文化建设与业务建设"融合不够"问题,通过集聚团队整体力量同向发力打造典型案例、发挥文化建设业务建设双考核指挥棒作用、把各项方针政策和群众需求体现在具体业务工作中,推动文化建设、业务建设同轴运转、同频共振、同向发力。该种文化建设与检察公益诉讼业务双融双促的模式能够最大限度"集智聚力抓大事、同心同德谋发展",在检察文化的引领、熏陶下,检察业务工作的出发点会更实、切入点会更精、着力点会更准,形成检察文化与业务建设深度融合、相互激励的新格局。

传统清廉官德对检察廉洁文化建设的启示

董史统[*]

国家公务员局出台《公务员职业道德培训大纲》，着重加入中国古代如何加强"官德"修养的内容。进入新时代，崇尚依法治国的理念得以确立，而以德治国或者说德行感召的施政理念也在逐步推行，双管齐下，从而解决"徒法不足以自行"的问题。现今社会把领导干部的德行问题放在一个非常重要的位置上，深刻意识到官德的好坏直接影响到老百姓的福祉、关系到老百姓的获得感。在梳理现有廉政文化基础素材，推进廉政机制建设的过程中，我们把更多的目光投向传统文化，这是因为在中国绚烂的传统文化中，蕴含着丰富的官德文化内容，在几千年"学而优则仕"的背景下，其中较为突出的就是清廉官德思想文化。

众所周知，随着社会经济的不断发展，贫富分化逐步演进，公共权力慢慢集中到少数人手中，受限于人类自私逐利本性、权力易被滥用等因素，贪污腐败现象随之产生。中华文明作为现今仍在延续的文明，源远流长，在治乱之路中不断徘徊，同步积累深厚的廉政文化。中国传统廉政文化的许多内容，体现中国古代政治家、思想家结合中国实际对廉政问题的缜密思考，体现了中国古代政治文明的卓越智慧。在建设中国特色社会主义廉政文化的今天，中国传统廉政文化就有大量的经验值得借鉴和大力宣扬。贯穿于中华民族文化始终的底色是道德、良知，这是中国古代为官为政的最重要方面——做官先做人，做人德为先。为官者道德修养，官德的好坏，表现出来的就是官德修养。不同的历史阶段，有不同的概括，具体来说大体的德目就是忠孝仁义、清廉守正、公平恭让等，而清廉官德往往是传统官德之要。检察官是公务员队伍中的重要群体，随着国家监察体制改革，在强化外部监督制约的基础上，有待传统官德、职业道德融入内核，强化廉洁从检意识。

---

[*] 作者单位：浙江省温州市鹿城区人民检察院。

一、传统清廉官德的具体内涵与社会效用

将中国古代加强"官德"修养的内容纳入公务员职业道德培训中,无疑是期望通过传统"官德"学习,提升依法行政时多点审慎、善意、人性化的考虑,不仅合法也要合理合情。传统"官德"扎根于历史悠远、博大精深的中华传统文化中,有关"官德"修养的思想非常丰富和成熟,是中华传统美德的组成部分之一。

(一) 传统清廉官德的价值内涵

清廉的基本含义就是廉洁自律,洁身自好,不取不义之财,不贪不义之利。① 对于为官者是否清廉,不能只"听其言信其行",而应做到"听其言观其行"。廉洁就像是少女的贞洁,一旦被玷污,就会终身会留下污点缺憾。明朝大思想家薛瑄说廉洁有层次之分,分为三个层次:第一个层次就是真心地心甘情愿地去奉行这样一种精神,信念非常坚定,真正去做廉洁的人;第二个层次就是为了博取好的名声而去做廉洁的人;第三个层次就是为了不受法律的制裁不得不去做廉洁的人。我们常说的反腐倡廉,和廉相对的另一个方面就是贪。如果说廉是民之表的话,那么贪就是民之贼,是老百姓的祸害,所以做君主的贪必丧其国,那么为人臣贪必亡其身。所谓官德,也就是从政道德,是为官当政者从政德行的综合反映,包括思想政治和品德作风等方面的素养。② 纵观历朝官方文献和私人著作对官德条目的种种规定和论述,可以发现中国传统官德的内涵最主要的两条就是:公正无私、清廉勤谨。清廉官德文化具有广博的思想意蕴和深刻的思想内容,成为当时社会反腐清源的重要思想资源。清廉为官德之首。武则天在《臣轨》中强调清廉为官德之首,并对清廉的价值作出透彻的说明。"君子虽富贵,不以养伤身;虽贫贱,不以利毁廉";"理官莫如平,临财莫如廉。廉平之德,吏之宝也"。武则天阐释清廉的美德对于国家对于官员的重要意义,既是对以往官德建设的高度概括和深入总结,也是对贞观之治中吏治经验的理论升华和发展延续。

(二) 传世名言中的清廉官德思想

中国作为文化一直延续的文明古国,历朝历代重视官德的言论颇多。许

---

① 韩锴:《中国古代廉政建设的现代阐释》,载《浙江学刊》2006年第3期。
② 梁衡:《官德》,北京联合出版公司2012年版,第1-2页。

多明君、贤相、清官留下了警醒当世、鉴示后人的名言佳句。譬如,《论语·为政》所说的"为政以德,譬如北辰居其所,而众星拱之",意思是为政者若能以自身的德性为基本,那就会像北极星一样,安居其所而不用动,无数星辰可以围绕着它旋转。宋代吕祖谦《官箴》指出,"当官之法惟有三事,曰清、曰慎、曰勤",意思是做官的办法只有三件事,一是清廉,二是谨慎,三是勤奋。清代朱舜水更是说道,"公则生明,廉则生威",公正自然使人明白事理,廉洁自然使人产生威信。《汉书·郑崇传》中记载的"臣门如市,臣心如水",意思是登我之门求见的人虽然很多,但我的心像水一样洁净。这短短的八字即是廉洁奉公、不弄权谋私的清官的自白。汉代桓宽的《盐铁论·疾贪》所述的"欲影正者端其表,欲下廉者先治身",就是说要想影子正,就必须端正投影的标杆,要想下面的人廉洁,自己首先要做到廉洁。宋代陆游《春日杂兴》中的诗句,"但得官清吏不横,即是村中歌舞时",意思是只要当官为吏的清正廉明,乡民百姓就会载歌载舞、其乐融融。以上种种格言警句之所以能够作为传世名言而代代相传,正是因为其中所传达的清廉官德思想随着学校教育而深入人心,更会因科举入仕的人毕生追求,继而为当时的社会各界和统治阶级所看重,更为士大夫所推崇。虽然部分为官的人后续背离而迈上贪腐之路,但清廉官德却始终是其内心所想要的。

(三)传统清廉官德的社会效用

自古以来,各行各业都有各自的职业道德要求,也有相应的一些规定和说法。在各种职业道德中,以官德为最重要,这是因为官德起着风向标的作用,因为官德的好坏、官员的道德修养如何,不仅关乎着国家的兴衰存亡,还关乎着社会民风的好坏。此外,清廉官德中蕴含的清廉文化对官员的人格、气节以及道德情操的培育都有极大的助益。孔子所说的"其身正,不令而行;其身不正,虽令不从"说的就是这个道理。中国古代农业社会始终存在着家族宗法制度和思想意识,通常情况下百姓视官如父母,官德如风,民德如草,官德有先导作用、表率作用,这是很自然的。至于官德的极端重要性,在国家治乱兴亡、人民福祉谋求中典型案例比比皆是,史不绝书。反观现在,从近年来查处的领导干部违纪违法案件看,腐败分子走上违法犯罪的道路,大都是从道德品质上出问题开始的,即品德跟不上时代的要求。传统文化中有许多优秀的思想资源,其中重视为官者的道德修养,重视修身正己,即重视慎独律己和道德人格的培养,正是中国文化中最重要最核心的思想内容之一，而这正是我们今天社会尤其是官员从政最需要的东西。

二、传统清廉官德文化与检察廉政文化建设的现实互动

检察官职业道德的基本要求是"忠诚、为民、担当、公正、廉洁"，而这清廉发轫于我国传统的清廉官德思想，可谓一脉相承，也是传统清廉官德在现代的直接体现。当前，我国正处于社会矛盾凸显期，各种矛盾纠纷越来越多的以案件形式进入司法程序，群众对司法机关的期待越来越高，对公正廉洁执法的要求越来越高。检察人员在执法办案中常会遇到各种诱惑和考验，这就要求我们必须牢固树立清廉意识，防止出现权力异化现象，切实保证权为民所用，利为民所谋。从目前来说，从严治党和从严治检是一脉相承的，从严治检是对从严治党的工作具化和职业细化，廉洁从检又是从严治检中相对纯粹，需要予以重点强调的内容。

（一）发挥法律监督职能，依托反贪传统防腐拒变

1. 实现贪腐整治的古今对照。中国古代历朝历代，采用重刑惩治贪官污吏，确实起到了杀一儆百的作用。[①] 与此同时，廉政文化也伴生兴起。而现代中国的廉政文化已然有严惩贪贿腐败的刑法作为强有力的后台予以推进，在对贪污、受贿、渎职等腐败行为规定比较完善的惩罚措施之外，制定较为完善的预防体系。党的十八大以来，通过高压反贪、持续反腐，坚定不移"打虎""拍蝇""猎狐"，"不敢腐"的目标初步实现，"不能腐"的笼子越扎越牢，"不想腐"的堤坝正在构筑，反腐败斗争压倒性态势已经形成并巩固发展。

2. 自身监督与法律监督的双向推进。检察机关作为法律监督机关，同时具有反腐败的长久传统，但不能认为与腐败绝缘。因此，既要勇于监督别人，更要敢于接受监督，而廉洁即是检察机关接受外部监督的重要内容。要把强化自身监督放在与强化法律监督同等重要位置来抓，尤其是对于职务犯罪案件的线索移送、案件审查等关键环节，还要放在更加重要的位置来抓、抓出成效。只有强化自身监督，把检察队伍建设好，始终做到秉公执法、清正廉洁，才能履行好法律赋予的法律监督职责，才能在反腐败斗争中发挥应有的作用。

---

① 余华青：《中国廉政制度史论》，人民出版社2007年版，第76页。

3. 以廉洁强化法律监督质效。对于检察机关而言，除了法律监督的自身本领要过硬外，还要持身甚正、廉洁无污。即通过传统清廉官德文化的深度借鉴和现代熏陶，做到廉洁自守，不惧怕廉洁之污、贪腐之嫌，敢于旗帜鲜明、理直气壮地进行法律监督，始终保留法律监督的底气，真正实现法律监督的硬气，从而确保法律监督的工作质效。

（二）加强廉政文化建设，努力落实廉洁从检要求

1. 加速传统廉政文化的内化进程。我国传统廉政文化的一个重要特点是廉政思想文化丰富多彩。传统廉政官德集中体现中国古代廉政文化的精华，应当结合现代各种新的廉政思想、不断涌现出的各种值得表扬和学习的典型事迹和先进人物，形成独特的现代廉政思想文化，接着采取喜闻乐见的有效方式，进行大力宣传，推动廉政思想文化进机关、进支部，深度融入公务员群体的血液中，真正体现到廉洁从政、廉洁从检当中。

2. 实现廉洁从检的再出发。通过深挖传统廉政思想文化的现代内涵，实现传统廉政思想文化的再激发、再传承，大力倡导廉洁奉公、诚实守信、爱岗敬业、公道正派、秉公用权的思想理念，增强检察干警廉洁从检意识和拒腐防变的能力。[①] 作为检察人员，要从讲政治、顾大局的高度，学习贯彻《廉政准则》以及廉洁从检各项纪律规定，进一步增强检察干部廉洁从检的责任感和自觉性，进一步树立清廉意识，真正做到以廉护法、以廉生威，不断提升检察机关的司法公信力，更好地履行法律监督职能，切实维护社会公平正义。

3. 推动廉政文化融入检察职业道德。社会对检察人员的要求一以贯之，即要具有高尚的职业道德修养和较深的廉政素养，既要对人民群众具有较大的亲和力，又要对犯罪分子具有强大的威慑力。这就要求，单纯的现代廉政思想文化尚显不够，还要通过认真学习、深入剖析、深度萃取等方式，努力汲取传统廉政官德的核心精髓，融入现代的检察官职业道德，真正达到更高层次的廉洁从检。一方面，实现廉政文化在检察事业得以传承和发展；另一方面，实现检察官职业道德的不断完善和健全。

（三）吸收传统官德文化，推进检察廉政文化建设

1. 实现检察廉政文化本土化。从文化的归属来看，检察廉政文化建设

[①] 王京中、袁林森主编：《反腐倡廉建设与预防职务犯罪》，中央文献出版社2009年版，第646页。

作为中国廉政文化建设的重要分支,也是当前社会主义先进文化建设的重要组成部分。如上所述,中国传统清廉官德文化博大精深。目前,要建构符合中国特色的检察廉政文化,要从传统清廉官德文化中吸取优秀经验,才能使廉政制度更加完善,进而推动廉政文化融入检察工作和办案实务,显著提升司法质量、效力和公信力。

2. 实现检察廉政文化现代化。只有长期不懈地进行反腐倡廉,才能保证国家的长治久安,而大环境的稳定反过来为推进检察廉政文化建设提供重要的保障。吸收传统清廉官德文化,只有立足于民主和法治的基础上,才能保证廉政建设走向成功,才是完整意义上的廉政文化现代化。社会主义进入新时代,传统清廉官德也应找到现代化的载体和途径,融入检察廉政文化建设中,实现传统和现代的古今对照、相融共生。

3. 实现廉政文化体系化。一个文化品牌的形成,需要有一定的地域历史文脉渊源作为基本的培育土壤,更需要有合适的载体,通过与相关工作的融合推进得以继承和发扬。检察机关可以在这方面作出积极示范,以检察文化为依托打造廉政文化品牌,既深度彰显检察文化的良好形象,又主动融合新时代"廉洁"主题的执政理念。以传统清廉官德为载体,打造风清气正的廉洁文化氛围,采取有效廉政措施,推动廉洁文化建设工作由虚转实,构建廉政文化体系。

三、传统清廉官德对检察廉洁文化建设的现代启示

应当指出,传统文化包括清廉文化在内,都是传统人治社会环境的产物,都与当前人民群众当家作主的社会主义法治环境存在明显的不同,这是我们在借鉴传统文化时必须要注意的。但是,作为文化形态的清廉文化,具有相对独立性,其中的某些优秀内容可以超越时空、面向未来,对现今推进廉政建设仍不乏较高的借鉴价值。比如,清廉文化中的自律性可资借鉴,清廉文化具有警示性可以使领导干部深省。领导干部应当造福一方,以回报民众。如不知感恩,反而荼毒百姓,必遭历史的惩罚。[①] 传统清廉文化中蕴含的优秀内容,由于凝聚几千年政法管理与法律实践的经验与智慧,已然成为中华民族的宝贵精神财富。我们讲传统清廉官德文化是面向未来、为现在服

---

① 王海燕:《中国古代廉政文化建设经验及其现代启示》,载《嘉应学院学报(哲学社会科学版)》2010年第9期。

务的，而不是发思古之幽情。

（一）加强清廉官德修养，有效减少腐败现象

1. 清廉官德对贪腐惩治的直接作用。领导干部是党的方针、政策的执行者，官德的好坏直接关乎政策落地、社会民风。官德纯则民风正，官德毁则民风降。中央提出德才兼备、以德为先的用人标准，开始把官员的德放在一个重要的位置上。而传统官德修养中的廉政讲的就是做官应清廉自律，洁身自好，清廉品质应是机关工作人员的安身立命之道。

2. 以德为先对减少贪腐的现实启示。纵观中国历代王朝，始终把以德治官放在一个突出的位置，治民先治吏成为共识。[①] 中国古代在对官吏的考课制度中将德与绩两者结合起来，并凸显德的优先地位，特别注重官员的清廉节操。通过褒善惩恶、奖优罚劣，来保障职官队伍的活力和效率，[②] 这些规定和做法，至今值得我们珍视和借鉴。当前，我们在选拔任用干部时，始终坚持德才兼备、以德为先的用人标准。可见，官德尤其是清廉官德，在减少贪腐、惠及人民方面确实起到了应有的作用。

3. 清廉官德对廉洁从检的直接引导。检察官代表着国家司法形象，肩负着强化法律监督、守护公平正义最后防线之重任，只有胸怀法治的信仰，方可在内心激发出高昂的情绪和奋进的精神力量，以应对纷繁复杂的司法环境，在社会事实与实定规范之间张弛有度，实现法的正义性、安定性和目的性。[③] 加强清廉官德修养，融入检察官职业道德，可以帮助检察机关和检察官构建反贪腐、倡廉政的基本底线，增强司法公正的亮丽底线。

（二）清廉官德必须走制度化、法律化的路子

1. 清廉官德的制度吸纳。官德不是万能的，就像法律、金钱不是万能的一样。官德一定要通过法律制度来约束，因为制度、法律规范好比舆论的外部监督，比一个人的官德，比一个人的德性更要靠得住。现在从中央到地方在这方面也做了大量的工作，比如说公务员法中规定公务员录用的标准是"德、能、勤、绩、廉"，比如说共产党员廉洁自律条例等，中国古代把对

[①] 王永华：《论实现传统廉政文化与时代的对接》，载《大连干部学刊》2010年第26期。

[②] 范少辰：《中国古代廉政思想及其启示》，载《中共成都市委党校学报》2010年第2期。

[③] 史笑晓：《检察职业精神的三个维度》，载《人民检察》2017年第23期。

为官者的道德素质要求放在重要的位置，特别强调官德在治国理政中的主导作用。现今对待德才关系问题也一样，德始终居于主导地位。

2. 清廉官德融入检察工作。将这些以前行之有效、而今充分吸收的官德文化，进行系统梳理、分门别类，有针对性地进行借鉴，推动检察工作新发展。检察官职业道德教育作为干警思想政治工作的一部分，做好这项工作，必须立足新方位，找准新坐标，从而为新时代检察工作的发展提供坚实的政治保障和精神动力。[①] 如，推动清廉官德融入新时代检察工作，服务经济发展，助力社会治理，以不断提高法治产品、检察产品内在品质，进一步提升人民群众的司法获得感，对检察事业而言，无疑具有极强的时代意义。

3. 清廉官德指导队伍建设。在今后的检察官教育和检察队伍建设上，要着重把清廉官德培育融入日常制度，形成法律规范和制度机制，不因人而异，不会"人亡政息"半途而废，从而追求一种广泛、深远的效力和持续的影响力。在这种常态化、机制化的检察队伍教育中，清廉官德将作为一种切切实实的工作方法论进入检察工作，指导检察工作推进。

（三）清廉官德培养需要长期、多样化的途径

1. 加强清廉官德的后天习得。从传统上看，官德修养不是单一的，而是一个综合素养的体现。高尚的廉政官德从来也不是与生俱来的，而是通过后天的不断学习和从政实践修养积累而成的。从历史上看，为众人称颂的清官廉吏，无不重视自身的官德修养，从大处着眼、小处着手，坚定不移，持之以恒，方才赢得清廉美誉，从而流芳千古。

2. 清廉官德培育的外部推动。培养清廉官德，不能单纯依靠学习和自律，还是要界定和明确现代官德修养的标准，使之成为官员的道德守则。一方面，就要对失德官员进行有效惩罚，使之不敢逾越官德规矩，对清廉官德永葆敬畏之心；另一方面，还要强化舆论监督，让失德官员失信、失颜，无地自容，从而激发重修清廉官德的决心。中国传统官德对唤醒官吏政治良知、反对官场腐化堕落起到一定作用，其中一些思想和做法在今天仍不失借鉴意义，如现今推行的"从严治党"，提出八个"务必从严"中的"惩治腐败从严"就是传统清廉官德精华的现代萃取。

3. 检察清廉官德的现实体现。检察官作为公务员队伍中的特殊群体，

[①] 董学华：《新时代检察队伍思想政治工作》，载《中国检察官》2019年第9期。

专业性较强，而其具有的司法属性又与人民群众日益增长的公平正义要求密切相关，这种获得观感直接表现为持续性需求，需要源源不断的司法力量投入和司法正面产出，这就要求提供长期性的清廉官德支撑。而考虑到单一的清廉文化塑造和培养方式难以起到有效引导干警廉洁内化的目的，需要不断创新载体，对清廉官德文化进行深度包装后进行靶向投送到目标性的受众群体——检察官。

廉政官德修养问题，不管是在过去还是现在都是一个非常重要的问题。不能因其来源于古代，就认为其与现今社会格格不入，我们必须看到尽管社会状态发生变化，但社会对官德的基本要求没有改变，道德底线没有改变，不能因为时代不同，就否定传统官德。现今中国共产党提出"从严治党"的重要治党原则，惩治腐败从严，也是现今对传统清廉官德的一个集中呼应和深度吸收。通过传统官德的借鉴，可以为当下领导干部的廉洁自律，永葆一身正气、两袖清风提供一些借鉴和提供一些启迪。领导干部以史为鉴，从中国传统文化中汲取"廉"的养分，注重强化廉政修养与德行修养，"常修为政之德，常思贪念之害，常怀律己之心"。作为特殊个体的检察官，因有法律规范的刚性约束，更应该引入廉政官德的柔性自觉，真正实现廉洁从检，从而以高品质的法律监督，满足新时代人民群众对公平正义的更高需求。

新时代检察机关先进典型培树路径思考

葛业锋　刘光跃[*]

中国特色社会主义进入新时代，人民检察事业也进入新的历史时期。党的十八大以来，以习近平同志为核心的党中央站在时代发展的制高点上，着眼实现中华民族伟大复兴中国梦的宏大愿景，把典型示范作为重要途径，用榜样的力量温暖人鼓舞人启迪人，将榜样的力量融入祖国改革发展的伟大事业之中、融入人民创造历史的伟大奋斗之中，激励全党全军全国各族人民撸起袖子加油干，凝心聚力谱华章，意气风发向未来。伟大时代需要伟大精神，崇高事业需要榜样引领。新时代检察事业先进典型是行业的旗帜和标杆，具有思想感召、凝心聚力、示范引领等多重功能，有效选育新时代先进典型，积极扩散新进典型的正能量品质，能够为全面推进司法改革顺利进行和开创新时代检察事业新局面提供不竭动力。

一、端正态度，认清新时代检察机关先进典型培树的意义

最高检党组多次强调，要加强培育和选树英模工作，用好"身边人""身边事"，发挥榜样的力量，引导干警自觉向先进看齐，向英模学习。实际工作中，有的单位对先进典型培树的重要意义认识不清，对先进典型选树培养不争取、不主动。仅仅把记功授奖、授予荣誉称号当作对单位或个人一段时期、某一方面成绩的肯定，导致个别先进典型树立起来后，拉不出、站不住、打不响、树不长。认识上存在不足，工作中就会打折扣，推进典型培树工作有序向前，首要的就是清理头脑中的偏差认知。

（一）纠正"培树典型没有用"的认识

一支没有英雄的军队，是没有战斗力的军队。同样，一个单位没有自己的英模典型，全面工作很难立得住、叫得响。单位为典型搭建了成长成才的

---

[*] 作者单位：山东省泰安市人民检察院。

平台，典型也扩大了单位的影响、带动了单位的全面建设，两者相互促进、共同发展，水涨船高、齐头跃升。单位抓典型，主要就是为了发挥先进典型的示范、引领和激励作用，用典型的崇高精神激励人们的斗志，用典型的先进思想启迪人们的理念，用典型的高尚品德陶冶人们的情操，用典型的先进经验带动工作的开展，从而推动各项工作取得更好的成效。

（二）纠正"缺少苗子推不出"的认识

现在，有的单位片面地认为自己的人员结构比较单一且基数不大，特别是司法体制改革之后，主观上就认为"推不出典型"。正所谓"千里马常有，而伯乐不常有"。有时推不出典型不是因为真的缺少典型苗子，而是因为没有全面了解情况、没有深入挖掘线索，缺少了"识金慧眼"而漏掉了"千里良驹"。各级检察机关应当坚持用信任的眼光、欣赏的眼光、发展的眼光看待广大干警，切实消除"贴标签""戴有色眼镜"的偏见态度，力避出现成像失真、评判失准的问题，以敏锐的眼光、深远的格局和过硬的能力，及时发掘出各自单位的先进典型。

（三）纠正"推典型是博眼球"的认识

习近平总书记就曾指示过，注意总结典型，及时起示范推动作用。抓典型不是一项额外的工作，而是我党的优良传统，是思想政治工作的重要内容，是科学有效的领导方法，是推动检察工作的实际需要。树好一个典型，对于提高工作标准层次、鼓舞干劲能够起到良好效果。在发掘培树宣传典型的过程中，保持科学理性的态度，保持马克思主义者的公心，不做"过度渲染""掺杂水分"，不搞"面子工程""弄虚作假"，切实将"典型效应"传递为"群体效应"的"学用结合"，就不同于"出名挂号""沽名钓誉"，就是对检察工作高质量发展卓有益处的实功。

（四）纠正"典型就是一阵风"的认识

典型承载历史，代表着一个时代的特征和发展方向，不同时代的典型其思想内涵、精神风貌、模范行为，体现着不同的时代精神，反映着那个历史时期人们的精神面貌和时代特征。不同时代的典型都是引领那一时代的典范和旗帜，是时代精神的窗口。从检察履职中把握时代脉搏，在检察领域培养和发掘更多先进模范，一直是最高检思想政治工作的重要内容之一。随着"四大检察"的理念正式提出，怎样回答"新时代检察英模、先进典型的精神特质是什么？"我们的典型宣传也迎来"重塑"，随之调整思路与方式，以更贴合方式展现司法改革给检察工作带来的变化。

二、理性审视，把握新时代检察机关先进典型具备的优良品质

发现典型是培树典型的先决条件，既要有慧眼学识，更应有科学理念。随着党的二十大依法治国宏伟蓝图的擘画，社会公众对司法有了更高的期盼和期待，检察机关工作面临着改革所带来的一系列挑战，希望检察机关涌现出更多先进典型。新时代，检察机关培育和塑造先进典型的过程中，应当凸显以下六个优良品质。

（一）政治忠诚的捍卫者

忠诚，是检察官最高政治原则，也是新时代检察人员崇高品质。旗帜鲜明讲政治、保证党的团结和集中统一是党的生命，也是我们党能成为百年大党、创造世纪伟业的关键所在。习近平总书记关于政法队伍建设"五个过硬"总要求中，首先强调的就是政治过硬。《中共中央关于加强新时代检察机关法律监督工作的意见》明确提出，要"确保检察人员绝对忠诚、绝对纯洁、绝对可靠"，这是对新时代检察人政治素养的根本要求。纵观涌现出的英模、先进典型，他们身上共同的闪亮点，首先就是旗帜鲜明讲政治，始终坚定信念跟党走，时时刻刻都把对党忠诚牢记在心中、落实在具体行动上。

（二）司法为民的实干者

江山就是人民，人民就是江山，打江山、守江山，守的是人民的心。党的十九届六中全会再次强调，全党必须永远保持同人民群众的血肉联系，践行以人民为中心的发展思想，不断实现好、维护好、发展好最广大人民群众根本利益，团结带领全国各族人民不断为美好生活而奋斗。新时代检察英模，始终秉持"如我在诉"的为民情怀，坚持找准症结，化解心结，为老百姓解决好问题、化解好矛盾，努力让人民群众在每一个司法案件中感受到公平正义。把人民放在心中最高位置，在一个个具体案件、一件件检察实事中践行、落实以人民为中心，厚植党执政的政治根基。

（三）公平正义的守望者

身处基层一线的检察官要在司法办案中注入检察温度，以追求公平正义为己任，秉持客观公正立场，推动"法不能向不法让步"的理念深入人心，引领社会新风气。检察官的能力体现在法律监督的公平公正和精确的法律诠

释，让当事人感受司法之公，享受司法之正。新时代，检察官更需秉持无私之念、怀揣正义之心，敢于追求事实真相，善于求真持正。实践中，优秀检察官必须灵活运用四种司法能力。一是精准的法律运用能力。掌握办案的技巧方法，运用法治思维，正确使用法律，规范司法行为。二是娴熟的文书制作能力。突出检察文书说理的针对性、准确性、透彻性，体现法律的逻辑性、目的性、体系性。三是深入的司法调研能力。注重总结检察经验，探索司法规律，破解检察难题。四是强大的群众工作能力。了解社情民意和风土人情，综合分析公众评价和群众感受，巧用心理疏导技巧化解纠纷。

（四）能动履职的践行者

最高检对青年检察干部提出希望：要正确理解把握政治效果、社会效果、法律效果，依法能动履职，做好做实诉源治理，在办案办事中做到"三个效果"有机统一。作为新时代检察英模，就要有勇担当、善作为的精神，心怀"国之大者"，以"无我"之境界、"有我"之责任，能动司法、追求极致，为党担当、为人民担当、为党和人民的检察事业担当。面对新时代人民群众对司法公正的更高要求，广大检察人员必须以"求极致"的精神履行法律监督职责，为社会提供更优更实的"法治产品""检察产品"。要把每一次办案都当成是一次彰显公平正义的机会，坚持把"规范化、精细化、专业化"理念融入到每个办案环节，所办的案件均成为铁案，以能动检察履职实现"三个效果"有机统一。

（五）敢于斗争的担当者

"知者不惑，勇者不惧。"检察官担当为民伸张正义之责，弘扬司法的"正能量"。新时代，检察官更要时刻增强党性修养，强化责任意识，敢于担当、勇于担当、善于担当、能够担当。优秀检察官手持正义之利器，就要敢于攻坚克难，有逢山开路、遇水架桥的拼搏精神，不回避司法障碍，积极战胜司法难题，要敢于坚持原则底线，敢于对歪风邪气说"不"，避免"老好人"的错误思想，防止办案遭到不利因素干扰；要敢于面对诘责，自觉接受他人监督，以坦诚的胸襟化解外界的质疑；要敢于承担责任，不断总结失败经验，果断摒弃错误思想的思维和方法，着力提高司法技能和司法公信力。

（六）崇德尚廉的律己者

"吏不畏我严而畏我廉，民不服我能而服我公。"司法廉洁是司法公信力的重要组成部分，检察官更是树立法律威严而神圣的地位关键。新时代，优秀检察官始终保持廉洁的司法定力，自觉遵守廉政纪律，坚信廉政理念，恪守职业伦理道德和司法良知，有所为、有所慎为。除了司法定力以外，优秀检察官还要长期注重修炼自身的人文素养，不断丰富内心世界和精神品质，自觉净化社交圈、生活圈、朋友圈，远离低俗趣味，不戚戚于贫贱，不汲汲于富贵，树立阳光心态，保持淡定情怀，尊重人生价值，不生贪欲之心，不妄自菲薄，不自轻自贱，不谋取私利，做到慎权、慎友、慎言、慎欲。

三、全程跟进，科学做好新时代检察机关先进典型的培树

结出典型的硕果离不开浇水施肥的过程。典型培树工作切忌等靠思想，不能总想着"是金子自会发光""不待扬鞭自奋蹄"，而是要结合单位实际、形势任务和环境特点，对培养典型进行系统谋划、科学设计，拿出"计划书"，规划"线路图"，培好育强先进典型。

（一）制度牵引要"准"

制度是行动的保障，要以司法改革为契机，勇于探索，积极作为，创造良好的育才、选才机制，为英模人物脱颖而出提供坚强制度保障。一是建立创先争优机制。将"创先争优"工作纳入党组的议事议程和检察机关的重点工作，要牢牢把握"围绕中心、服务发展"总体思路，制定详实的培育方案和争创规范，让先进典型"出得来"。二是建立人员培养机制。常态化开展"先进检察集体""业务标兵"等创建和评比工作，不断提高业务技能，为优秀人才崭露头角搭建平台。设立"先进典型储备库"，综合考察个人的德、能、勤、绩、廉表现，充分运用信息化评估手段，对检察工作、调研成果进行量化，将符合要求的人员纳入后备库，打破先进典型评选中的"资历论""黑马论"。三是建立先进典型的激励机制。对先进典型在精神上、物质上给予奖励，着力解决先进典型在工作、生活、思想上存在的问题，让有为者有位，吃苦者吃香，增强先进典型的荣誉感和归属感。

（二）用人导向要"正"

用人导向是定盘星。在先进典型的培树过程中，要始终坚持风清气正的用人导向，牢固树立"德才兼备、用人之长"的原则，发掘先进人物的典型性、代表性、可塑性，重点挖掘先进人物的六类优秀品质。一是对党忠诚

的政治品格，能否牢记党的性质宗旨，做到坚决听党指挥、忠诚担当、清正廉洁，始终保持在党言党、为党奉献、为党分忧的政治品格。二是扎根基层的奉献精神，能否坚守岗位，不计名利，全心全意为检察事业贡献力量。三是求真务实的工作作风，能否保持钻研劲头，注重司法能力和业务水平的提高，创造领导和群众认同的检察业绩。四是服务百姓的公仆情怀，能否树立群众意识，严格落实司法为民、利民、便民措施，维护群众根本利益。五是秉公办案的职业良知，能否把维护司法公正作为社会主义司法的首要价值追求，严守法治原则，严格依法办事。六是两袖清风的清廉本色，能否牢固树立司法廉洁意识，切实加强自身修养，严格遵守廉政纪律，始终保持公正廉洁。

（三）环境沁润要"深"

培育塑造先进典型，需要检察机关营造宽松、和谐的内外部环境。一是对内营造氛围。坚持以检察事务为中心，鼓励干警认真履职尽责、扎实办案，切实提高检察技能，争当检察业务的行家里手。要以先进典型为指引，扎实开展"树典型、学先进"活动，在内部形成"比、学、赶、超"的良好氛围。二是对外树立形象。要鼓励检察官主动访民意、听民声、聚民智、解民忧，多参与司法为民的公益活动，展现新时代检察官的良好形象。三是打造法治环境。要加强对干警的保护，及时澄清社会对检察机关、检察官的误解和曲解，严厉打击恶意中伤者，让检察官敢于担当、勇于担当，增强先进人物开拓进取的锐气、蓬勃向上的朝气、不畏艰难的勇气，不断提升法治氛围。

（四）形象塑造要"细"

"千里马常有，而伯乐不常有。"如何让先进典型选得准、叫得响、树得牢，需要采用合理科学的方式。一是挖掘先进典型闪光点。要深入到先进典型身边，通过走访、座谈、调研，将先进典型在检察工作、生活实践中朴素、分散、直观的事迹条理化、系统化，提取发现与时代相符的思想因子，提炼出具有新意的检察元素，确保人物个性饱满、形象生动，避免模式化、概念化。二是扩展选育范围。结合工作实际，注重在不同县区、不同类型、不同层次中挖掘先进典型，既要注重关注经济发达地区，也要推出默默奉献的"黄牛式"检察官，形成"百花齐放"的集聚效应。三是遵循宣传规律。按照"走出去、请进来"的模式，采取报告会、交流会、表彰会等形式在检察机关内部予以"集中式"宣传；主动邀请宣传部门、新闻媒体等上门报道，形成内外合力。

(五) 典型引领要"活"

"士不可以不弘毅，任重而道远。"先进典型培树是一项长期性、系统性的工程，要以抓铁有痕、踏石留印的劲头抓下去。实践中，保持正确的典型培育方向，要灵活处理好两类关系。一是新典型和老先进的关系。新老先进都是检察机关的宝贵财富，都具有精神凝聚和示范引领作用，应当结合新时代的要求，积极整合资源，最大化的为检察事业助力。鼓励新典型向老先进学习，汲取检察经验，增强政治素养和业务素质；鼓励老先进保持优良传统，发挥"传、帮、带"作用，让检察机关人才辈出。二是针对性培育与长期规划的关系。积极关注典型的培养与成长，要在检察事务和综合事务上给任务、压担子，全面锤炼其能力。同时要针对性地制定发展规划，不断丰富内涵，常树常新，避免形象的弱化。

(六) 宣传力度要"大"

培树典型的出发点和落脚点在于用好典型，唯有积极推广典型，让典型"迈出屋门""走出巷子""站到台上"，才能起到示范引领的积极作用，才能实现培树典型的本来意义。一是注重"广泛性"的宣传，让典型具有感召力。通过线上线下多种渠道，利用"两微一端"等多种载体，对本单位先进典型事迹进行大力宣传，激励先进典型珍惜荣誉，激励广大干警争取荣誉，营造人人谈论典型、人人学习典型、人人争做典型的良好氛围。二是注重"有分量"的宣传，让典型具有影响力。对一些重要典型，注重整合资源。协调力量，加强对外宣传推广，提升宣传层次，扩大宣传规模，力争在更高一级、更大范围内形成影响力。积极邀请上级记者到单位进行采访，加大新闻采写工作的力度，将典型事迹向官媒报刊、上级"两微一端"等媒体平台推荐，强化宣传效应，使先进典型"墙内开花里外香"。三是注重"持续性"的宣传，让典型具有生命力。充分利用新干警报到、晋职晋级宣誓、年终总结和执行重大任务等时机，组织先进典型进行经验介绍，开展体会交流等活动，让先进典型走上讲台谈体会，走下讲台做示范。用好典型具体、鲜明、生动的事迹和经验，结合具体的人、事、工作及各项活动，充分发挥典型的"酵母"作用，恒常持久发挥先进典型的感召激励作用。

论基层检察院新时代检察文化的建设与完善

郑晓静*

检察文化是社会主义法治文化的有机组成部分。近年来，检察文化作为一种"软实力"的象征，在各级检察机关建设中的重要性日益凸显，逐步成为提升检察人员综合素质、推进各项检察工作、助推检察品牌创建的重要"推进器"。而基层检察院因承担着检察系统大部分的业务工作，是新时代检察文化建设的主力军。故加强对基层检察院检察文化建设理论研究，搞清检察文化的含义、特征，弄懂基层检察院检察文化建设存在的问题和不足，从而对症下药，提出相应的完善措施和建设路径，在当前具有十分突出的现实意义。

一、检察文化的含义与特征

按照人类认识事物的规律，只有正确把握事物的本质才能对事物的内在规律进行深入挖掘，从而科学认识其内涵与外延。由此，要进行检察文化建设的基础与前提是必须得弄清楚检察文化是什么。

（一）检察文化的含义

检察文化的含义被包含于"文化"一词的衍生含义中，若要明确检察文化的含义，首先就要对"文化"一词进行界定。

关于"文化"的定义向来众说纷纭，但主流的观点认为：文化是知识、信仰、艺术、道德、法律、习惯及其他人作为社会成员而获得的所有能力和习性的复合的总体。[①] 并在后来被进一步概括提炼为：任何一种文化都由三

---

* 作者单位：福建省漳州市龙海区人民检察院。

① ［英］爱德华·泰勒：《原始文化》，连树声译，上海文艺出版社1992年版，第1页。

个方面的要素构成，即精神文化①、行为文化②、物质文化③三个方面。这三个方面的要素恰好可以对应为检察文化内涵的三个层面，即检察精神文化、检察行为文化、检察物质文化。而检察精神文化是指在检察活动中，由检察工作人员所体现的思维方式和价值体系；检察行为文化是指在检察实践活动中，由检察工作人员所表现的执法行为、管理行为、教育行为等；检察物质文化是指由检察建筑、制服、设备等具体物质或外在表征所体现的文化内涵。

由此可以推定检察文化的定义，即检察文化是检察工作人员以中国特色社会主义检察制度及检察权的运行为依据，在检察工作实践中所体现出来的群体性思维方式、行为方式和外在表征的总和。④ 并且，在最高人民检察院2010年印发的《关于加强检察文化建设的意见》中就明确提出有关检察文化的含义，即检察机关在长期法律监督实践和管理活动中逐步形成的与中国特色社会主义检察制度相关的思想观念、职业精神、道德规范、行为方式以及相关载体和物质表现的总和。

（二）检察文化的特征

我国宪法确立检察机关为国家的法律监督机关，代表国家依法独立行使检察权，承担法律监督职能。检察机关独特的法律监督属性是其他形式的监督所不能替代的，并且也由这一属性演化形成独特的法律监督文化。

同时，检察文化是法治文化的重要组成部分，亦是社会主义先进文化的重要组成部分。随着时代发展，新时代检察文化随着检察制度的不断完善和检察实践活动的纵深推进不断培育壮大，对外逐渐形成一种兼具科学性与实践性的倡导规则之治、专业精神的法治文化，具有能动服务大局、司法为民的鲜明特色。⑤ 对内形成培育和提高与法律监督职能活动密切联系，符合职

---

① 精神文化，或称文化的心理要素，包括思维方式、思想观念、价值观念、科学意识等。

② 行为文化，或称文化的行为要素，包括规范、风俗、习惯、生活制度等。

③ 物质文化，或称文化的物质要素，包括各种生产工具、生活用具，以及其他物质产品。

④ 徐汉明：《检察文化建设：理念更新与实践创新》，载《法学评论》2011年第3期。

⑤ 《新时代检察文化建设脉络》，载最高人民检察院官网，最后访问日期：2022年10月28日。

业特点要求的执法思想及职业道德准则、道德情操和道德品质,树立公正、平和、规范、文明的检察执法理念,培养"忠诚、为民、担当、公正、廉洁"的检察官职业道德等内容的新时代检察文化核心价值。

二、新时代检察文化建设的意义

检察文化是检察机关和检察工作人员的精神旗帜,是新时代检察事业发展的"软实力"。新时代检察文化建设不仅关乎检察机关和检察队伍建设,也关乎检察事业长远发展的重要保障,还关乎检察工作的社会向心力和检察权行使的社会公信力;其不仅包含着检察工作"是什么"的价值支撑,同时也蕴含着检察工作"该怎么做"的价值判断,以此来引导新时代中国特色社会主义检察事业全面协调发展。

进入新时代以来,人民群众在民主、法治、公平、正义、安全、环境等方面的要求日益增长,且因基层检察院承担了大部分业务工作,"案多人少"矛盾日益突出,服务好中心工作、重点工作的标准越来越高,任务越来越重;同时,随着改革的深入推进,检察职能、机构设置、队伍结构都发生了变化,基层检察院的发展理念、管理方法、监督机制,以及人员的能力水平等都面临新的挑战。于此,做好新时代基层检察院检察文化建设,对于推动基层检察院发展意义深远。

(一)新时代检察文化建设有助于引领价值体系的塑造

文化具有很强的价值导向功能,决定着一个团队或组织的价值目标取向。检察文化亦是如此,先进的检察文化能够通过思想引领、价值导向、道德规范等途径,统一检察工作人员的思想认识、价值取向和判断标准,强化检察工作人员的认同感和归属感,使之在同一检察机关达成政治信仰、时代精神、执法理念、道德追求等方面的思想共识。

新时代检察文化的价值导向功能主要体现在:一是以马克思主义中国化的最新成果来武装检察人员的思想,用中国特色社会主义的共同理想来凝聚力量;二是以习近平法治思想为指引,习近平法治思想是马克思主义法学理论中国化的最新成果,是习近平新时代中国特色社会主义思想的重要组成部分,是新时代全面依法治国的根本遵循和行动指南,[①] 要始终将"三个坚

---

① 《习近平法治思想的核心要义》,载中国法院网,最后访问时间:2022年10月29日。

持"融入检察队伍建设全过程,贯穿于检察工作的各个方面,转化为全体检察人员的自觉追求;三是始终践行"立检为公,执法为民"的检察职业宗旨,培育检察人员正确的、坚定的职业信仰。

(二) 新时代检察文化建设有助于规范检察人员的行为

文化本身具有无形的约束力,检察文化亦是如此。这一特性决定了检察文化具有行为规范功能,这种规范功能主要源于检察机关内部的历史积淀和文化氛围,它使得检察人员的行为被限定在法律、检察职业道德规范及规章制度等所许可的范围内。

新时代检察文化的行为规范功能主要体现在:一是通过检察机关构建的激励机制、典型案例、人文关怀等手段和方式所产生的激励功能,以此充分发挥检察人员的主观能动性、调动检察人员的主观积极性,进而不断推动检察事业发展;二是通过检察机关所创设的规章制度以及长久积淀的文化氛围、行为准则、道德规范等所产生的约束功能,向检察人员传达"何为可为""何为不可为""何为不能为"的行为规范。

(三) 新时代检察文化建设有助于增强机关内部凝聚力

检察文化的凝聚功能是价值导向功能的延伸,检察文化可以潜移默化地影响检察队伍建设,通过目标调适、机构和制度的调适、人员行为的调适等,让检察人员在同一环境中形成同一的思维方式和价值观念,达到各部分的协调与行动一致,实现科学管理和有效制约;并且,通过一定的法律制度、检察体制、工作机制等,促使检察机关的内设机构构成一个协调的功能体系,相互协作配合,从而实现各部门的合作效果"1 + 1 > 2"。

简言之,新时代检察文化所展现的凝聚功能最终体现为增强检察机关的内部团结、协调检察机关之间的合作、保证检察职能正确履行的功能。[①]

(四) 新时代检察文化建设有助于塑造检察机关的形象

检察机关的形象指的是检察机关对外所展现的精神面貌、思想作风和工作质效等印象,其不仅包含检察机关的外在建筑、设施等面貌,还包括社会各界对于检察工作的各方面评价。

新时代检察文化的行为规范功能主要体现在:一方面,它推动检察机关

---

① 徐汉明:《检察文化建设:理念更新与实践创新》,载《法学评论》2011 年第 3 期。

及其检察人员在检察实践中不懈追求新时代检察理念,并在这一过程中持续树立检察机关和检察人员的良好形象,从而增强检察机关整体形象的认同感和说服力,提高检察机关的公信力。另一方面,在提高检察机关公信力的过程中,持续将新时代先进检察文化的价值理念、行为作风等传达给社会各界,从而不断地扩大检察机关的社会影响力。

三、当前基层检察院检察文化建设存在的问题

（一）对检察文化建设的内涵和外延理解不足

检察机关对于检察文化建设的内涵和外延理解的深度将影响检察文化建设的深度和广度。在实际的基层检察院检察文化建设过程中,存在着少数检察人员对于检察文化建设的理解片面、狭隘的情况:一是仅将检察文化建设看作是政治部、办公室等综合部门的事,而与检察业务部门无关,因此缺乏参与检察院文化建设的热情和主动性;二是认为开展检察文化活动是对正常工作秩序的冲击,是把有限的资金用在美化机关环境、建设文化活动设施、开展检察文化活动的形象工程;三是没有认识到检察文化还具有检察官的道德观念、价值理念、思维模式、行为规范,以及其外在物质表现和培育检察官精神、提高检察官素质、树立司法权威等的丰富内涵。

（二）对检察文化建设的制度保障不够完善

检察文化是检察制度和检察事业综合衍生的文化现象,伴随着检察机关各项制度的发展、完善而不断丰富、充实。检察文化建设的关键之一便在于制度的建设与完善,而目前在基层检察院中存在两个方面的不足:一是制度保障不够充分,基层检察院制定的检察文化建设相关制度或实施意见在职责分工、工作流程、质量标准、考评体系等方面大都存在精细化不足的问题,仍有待进一步细化、明确;二是经费保障不够充足,基层院检察文化建设活动经费使用多为"一活动一申报",活动的举办尝试"有一说一,有一做一",呈现碎片化、零散化的状况,从而导致检察文化建设的脉络难以清晰,经验难以得到复制和延续,影响检察文化建设的可持续发展。

（三）地方特色融入检察文化建设不够鲜明

检察文化既有共性的一面,也有其鲜明的个性特征,这正是检察文化具有无限的生命力,对检察干警具有巨大的号召力、感召力的根源所在。于此,检察文化建设应将地方历史文化、地域人文环境与检察事业发展深度融

合，方可创造地方检察特色、打造多样检察文化品牌，丰富检察文化精神内涵。

但在实践中，基层检察院之间本身的地理位置、地缘政治、历史文化等具有相似性，加之各基层院之间联系紧密，常常往来交流、借鉴学习先进做法、先进经验，故而基层院之间的特色亮点具有雷同性，难以体现自身亮点优势。而且在具体的检察文化建设中容易出现"顾此失彼"的情况，即易将检察文化建设囿于单纯的文体活动而脱离了检察文化的法律属性，忽视对检察干警履职能力的培养和建设，抑或是将文化建设仅限于法律和司法领域，忽视了对检察干警人文素养的培养和熏陶；再者，在现有检察文化建设样式、品种、载体、风格等方面，常囿于陈规，方式陈旧，难有精品，形成自有品牌的为数不多，检察文化品牌创建仍任重道远。

（四）检察文化建设形式较为单薄

因对检察文化建设的内涵和外延理解不充分，进而导致检察文化建设停留在较为浅显的层面上，一定程度上消解了检察文化的价值。

首先，在具体建设过程中，易将一些大众化的技能培训、理论学习和宣传教育活动等同于检察文化活动，在举办这些活动时也甚少考虑活动与检察制度、检察工作和检察管理等之间的关联性，也没有考虑这些文化活动是否体现了检察文化的法律监督特性。

其次，少数检察人员知识和水平不能适应新时代检察文化建设的要求，有些基层检察院检察人员知识结构仍较单一，缺乏研究型人才，人员整体理论基础薄弱，理论指导作用发挥不全面；且基层检察院因"案多人少"矛盾较为突出，存在"重办案、轻调研"现象，这也导致了检察人员在业务工作中容易出现重视法律条文的运用、轻视对法理的学习理解和把握、检察业务科室反映动态的数字材料多，深层次调研材料少等情况。

最后，基层检察院中，专门负责检察文化建设的人员较少，常常由其他科室人员兼任有关工作；加之检察机关内部大多是法学专业出身，缺乏宣传、创作、新媒体等方面的专业型人才，导致检察文化建设存在瓶颈，难以创造性、专业性地打造检察文化建设品牌。

四、新时代基层检察院检察文化建设的完善路径

（一）加强新时代检察精神文化建设

检察精神文化是检察机关在法律监督、工作管理、对外交流等过程中所

形成的独具检察特征的意识观、价值观和知识产品,[①] 是检察文化的核心,是其他检察文化建设的基石。故要加强新时代基层检察院检察文化建设,就要把检察精神文化建设摆在首位,以此展开,从而纵深推进其他检察文化的建设。

塑造新时代基层院检察精神文化可从如下几个方面入手:

首先,要着力打造本基层院的核心价值观。价值观是检察文化的核心,起着总领全局的重要作用。打造好核心价值观,就可以按照精神文化的组成体系逐项分解设计各项要素。基层检察院要从自己定位和任务出发,坚持党的领导,坚持以社会主义先进文化和价值观为指导,围绕党的路线、方针和政策,积极学习和弘扬优秀检察传统文化,深化检察文化理论研究,紧跟时代步伐,不断创新和吸收新的优良检察文化,建设体现检察工作特色的观念文化、制度文化、管理文化和检察工作人员的精神文化。

其次,要多种形式、多种途径宣传新时代检察文化建设的必要性和重要性,与时俱进加强政治理论、会议精神的学习,时刻强调检察人员要树立执法为民的人生观、独立公正的执法观、廉洁自律的道德观和献身检察事业的价值观;要以核心价值观为精髓铸造检察职业精神,充分发挥主观能动性,不断学习新知识和先进文化,提高自身的思想政治素质、文化素质和业务素质,增强自身的使命感、责任感和荣誉感。

最后,要注重提炼本单位的优秀传统文化,培育本单位的先进典型实例。任何一家基层检察院在长期发展的历程中,都会有相应的历史文化积淀,涌现诸多的先进典型,这些都是构成这个基层检察院独有的优良传统精神文化。但这种精神文化是零碎的、不成体系的,它常表现为零散的一个典型案例、一个先进典型、一篇宣传报道、一张老照片、一个奖章……要积极收集整理,汇总成本单位的检察精神文化产品,从中锤炼出精神瑰宝,让它们代代相传。

(二) 加强新时代检察制度文化建设

检察制度文化建设是基层检察机关实现检察业务、队伍、检务保障等诸项工作标准化管理的重要手段,同时也是塑造检察文化的重要抓手。

强化新时代基层院检察制度文化建设可从如下几个方面入手:

---

① 施业家、罗林:《论我国检察文化的建设与完善》,载《江汉大学学报(社会科学版)》2013 年第 4 期。

首先,要建立健全一套相对完备的规章制度。上级院制定的规章制度往往侧重于原则性和指导性,不会非常细化、具体,而在基层院执法办案和管理内务的过程中,势必会出现一些无规可依、规定模糊的情况。这就要求各基层院在认真调研的基础上,实事求是针对每一个检察工作环节制定出符合本单位实际的、切实可行的规范,并且可在此基础上制定相应的业务标准,做到事事有规可依、处处有"制"可循。

其次,要增强规章制度的执行力。制度的生命力在于执行,领导干部是关键少数,要用关键少数带动绝大多数,领导干部要做遵守规章制度的带头人,自觉用规章制度来管事、管人、管物,引领检察人员养成遵规守纪的良好风气。

最后,要建立健全制度执行的监督保障机制。建立配套的考核评价机制和责任追究机制,如将遵守规章制度与年底考评、评优评先等相挂钩,对模范遵守规章制度的要及时表扬激励,对违反规章制度的要严格惩处,在检察院内部形成有过必究、令行禁止的良好风气。

(三)加强新时代检察特色文化建设

建设富有地方特色的检察文化,是实现新时代检察文化繁荣发展的基本要求。我国幅员辽阔,各地都有独特的民俗文化、传统文化。而检察文化亦不例外,检察文化虽有其检察职能和价值功能为本质特征,但落实到每个基层检察院,必定也会打上当地的地域文化烙印。

强化新时代基层院检察特色文化建设可从如下几个方面入手:

首先,从检察精神层面上看,基层检察院在检察文化建设过程中既要坚持政治信仰和法律信仰,坚持检察工作的基本原则,还要吸收当地主流精神文化,把握本土文化内涵,充分提取地域文化中的精华成分,在推动检察人员精神教育的同时,用好本地文化资源,不仅可以为打造独具特色的检察文化注入当地文化精华,也会加快检察人员对精神文化的认知进程。

其次,从检察职责层面上看,基层检察院既要立足法律监督职能,又要服务地方经济社会发展大局,将自身检察工作与当地经济社会发展相结合,提炼出具有地方特色的职责文化,增加人民群众对检察工作的认同感,从而强化基层检察院司法公信力。

最后,从检察品牌创建层面上看,要将本土特色文化与当地检察文化融合发展,因地制宜、因势制宜,挖掘特色文化与检察文化相适应的部分,深挖打造成"本土化"检察文化品牌,增强当地人民群众对于检察工作的认知度和认同感。

（四）丰富新时代检察文化建设形式

新时代检察文化建设不仅要为现有的检察文化注入活力，还要搞好检察文化品牌建设，突出亮点，打造独具特色的基层检察院检察文化品牌，增强检察文化软实力。

丰富新时代基层院检察文化建设形式可从如下几个方面入手：

首先，要注重检察文化主要阵地建设。加强对基层检察院的建筑文化建设，同时要充分配齐完善相关的与其他单位共建的诸如侦查与协作配合办公室等设施建设，凸显检察文化特色。同时，要发挥互联网时代新型文化载体和宣传手段的作用，加快检察工作网络信息化建设，建立网络交流平台和联动机制，积极占领网上舆论阵地。充分运用网络文化传播平台，通过微博、微信公众号等渠道，拓展检察文化的传播渠道和发展空间，为检察文化的健康发展注入新的活力。

其次，要丰富检察文化普及形式。多管齐下提高检察人员科研能力和业务水平。可开展诸如检察业务比武、检察业务成果展评、检察经验交流会和研讨会等学习交流活动，邀请法律名家、大学教授、业务标兵等举行专题讲座，切实加强检察业务专家、办案能手和高层次法律人才的培养，着力提升检察队伍的专业化水平。并且，要突出检察职责和使命，发挥检察人员的特长，多角度培养宣传技能，以"忠诚、为民、担当、公正、廉洁"为主题，组织业余文艺创作、书画摄影和各种体育健身活动，以营造良好的人文环境，陶冶检察工作人员的思想情操。

基层检察机关推进社区治理的理论探讨与实践路径[*]

——以江西省靖安县人民检察院为研究样本

解天明[**]

社区作为社会组织结构的基本单元和神经末梢，不仅是人民安居乐业的居住空间，更是国家基层社会治理的重要组成部分。党的十八大以来，习近平总书记在不同场合多次强调，社区治理在国家治理中的重要意义，"推进国家治理体系和治理能力现代化，社区治理只能加强、不能削弱"。尤其是将社区治理形象生动地比喻为市域治理的"最后一公里"，充分彰显了国家治理重心向基层转移的应然期许与实然诉求。职是之故，基层检察机关作为重要的驻区单位，不仅要积极主动地参与社区治理，更要以新时代"枫桥经验"为重要依托，以加强诉源治理为重要抓手，立足新发展阶段，贯彻新发展理念，在社区治理中充分发挥检察职能，推进社区治理更加符合时代面向，促进社区空间场域的政治、经济、社会和文化向上向善，以高质量的社区治理成效引领助推县域治理现代化。

一、基层检察机关推进社区治理的价值意蕴

在法治哲学语境下，基层检察机关作为驻区单位被赋予了重要的权属角色与职能定位，是推进国家治理现代化的重要杠杆和动力来源，在推进社区治理的进程中，基层检察机关的价值意蕴源于其生成逻辑、现实需要以及定位使然。

---

[*] 本文系宜春市 2022 年度党建研究课题"驻区机关党员推进社区治理的理论证成与建设路径——以靖安县人民检察院为研究样本"（Ycdj2022 - 102）的阶段性成果。

[**] 作者单位：江西省靖安县人民检察院。

（一）法律监督权属形塑转捩的生成逻辑

检察机关法律监督权渊源来自于马克思主义国家学说，根植中华优秀传统法律文化血脉，生发于马克思主义法治理论，拔萃于以人民为中心的主旨要义。在九十多年的检察权属衍变机理中，其内涵嬗变、生成逻辑以及价值特质伴随国家治理范式的历史演进自洽地进行时代变革，不啻如此，国家治理逻辑的变化与治理任务的调整亦作用于检察权的发展理路。作为国家治理权力的重要组成部分，在打击刑事犯罪维护社会秩序的基础上，权责定位不仅受到治理价值指引和应用场景匡正，也逐渐催生检察权极强的社会回应功能，拓展构建具有谦抑性的社会责任期待，形成了与时俱进的社会治理应对。在社会治理视域下，新时代新理念新要求决定基层检察机关在县域治理层级中的角色定位，确定基层检察机关的权力范畴，推动诉源治理成为顺应时代发展解码社会治理应对的行动指南。对此，法律监督权属的时代形塑，不仅实现罪责科刑与社会治理的价值耦合，进而赋能基层检察机关成为社会诉源治理的担当者、实践者和开拓者，进一步释放检察机关能动检察的"生产力"，以基层检察机关大力开展诉源治理助力社区治理，以社区治理的效果体现提升基层检察机关的办案质效，二者相辅相成相得益彰，共同推进县域治理体系和治理能力现代化。

（二）全面贯彻落实国家战略的现实需要

习近平总书记在不同场合多次强调，"基层是一切工作的落脚点，社会治理的重心必须落实到城乡、社区"。在国家治理体系和治理能力现代化战略部署的大背景下，特别是中共中央办公厅、国务院办公厅于2022年5月印发了《关于推进以县城为重要载体的城镇化建设的意见》，越发凸显了县域治理在国家治理体系和治理能力现代化战略维度上的重要性。此份文件不仅体现了党领导国家治理的非凡历程和县域治理的宝贵经验，更是先后从7个方面提出了33项具体任务，特别着重强调了"提升社区治理能力"，足以体现社区治理是"中国之治"政法哲学与"平安中国"司法实践的集成性成果。深中肯綮的是，社区治理能力的强弱，治理水平的高低，治理成效的好坏，关乎社会治理新格局的发展完善，事关国家重大战略部署的贯彻落实，更关系着广大人民群众的幸福感、获得感和安全感。检察机关作为政治性极强的业务机关，业务性极强的政治机关，必须做到旗帜鲜明地讲政治，全力做到党委中心工作在哪里，检察工作就延伸到哪里，以高质量的检察工作服务保障国家战略的贯彻落实，真正做到一切检察工作"从政治上看"，努力让检察实践实绩更有"温度"，人民法治信仰更有"深度"，服务大局答卷更有"厚度"，在推进社区治理的发展新格局中贡献检察智慧和检察力量。

（三）坚持能动检察履职尽责的定位使然

九十多年来，检察事业因党的初心使命而立、为党的初心使命而兴、靠践行党的初心使命而强，始终坚持党的领导是检察机关永恒不变的"根"和"魂"，是检察机关高质量发展的内在需求、价值追求和实践要求。随着中央全面深化改革委员会第十八次会议审议通过《关于加强诉源治理推动矛盾纠纷源头化解的意见》，突出强调，"要坚持和发展新时代'枫桥经验'，把非诉讼纠纷解决机制挺在前面，推动更多法治力量向引导和疏导端用力，加强矛盾纠纷源头预防、前端化解、关口把控，完善预防性法律制度，从源头上减少诉讼增量"。特别是在《中共中央关于加强新时代检察机关法律监督工作的意见》出台之后，"坚持以人民为中心的发展思想，顺应新时代人民对美好生活的新需求"成为检察机关在新时代服务保障"中国之治"和"平安建设"的目标愿景，平衡诸职能定位与微观进路，能动检察履职尽责需要基层检察机关做到目标与动力的双变革，质量与效率的双提升，实现变革与提升的前后衔接、相互依存、环环相扣。职是之故，加强社区治理成为基层检察机关能动检察履职尽责的必然要求，增进人民福祉成为基层检察机关能动检察履职尽责的使命任务，践行诉源治理成为基层检察机关推进新型基层社会治理的行动指南。

二、基层检察机关参与社区治理的"靖安样本"

近年来，靖安县人民检察院始终坚持以党的政治建设为统领，牢牢秉持新时代检察工作总要求，持续推进"党建+""检察+"业务模式，着力将驻区机关党员加强社区治理融入检察工作肌理，不断满足新时代对检察工作的应然期许与实然诉求。

（一）"检察+联勤联动"织就社区治理"安全网"

近年来，靖安县检察院以"让党放心、让人民满意"为出发点和落脚点，着力将县第十六次党代会绘就的建设"双一流"靖安蓝图与"四大检察"紧密融合起来，着力将靖安经济社会发展大局与检察业务紧密融合起来，着力将社区治理与推进诉源治理紧密结合起来，立足"质量建设年"工作目标，着眼"三拼三促"工作任务，注重发挥党员旗帜作用，在业务推进中把牢政治方向，持续强化"检察＋联勤联动"工作模式，组织机关党员干部以强烈的责任感使命感投入到扫黑除恶常态化斗争，打击养老诈骗专项行动。同时，始终坚持在监督中办案、在办案中监督，依托派驻检察室、监督平台实行"一案一监督"。深入开展司法工作人员职务犯罪侦查"百日攻坚行动"、"减假暂"监督活动，对社区矫正、剥夺政治权利工作等进行专项监督检察，针对排查出来的问题，发放纠违通知书和检察建议，优化"四位一体"的刑事检察工作格局，为法治社区、平安社区以及幸福社区贡献检察力量。

（二）"检察＋公益诉讼"书写社区治理"大文章"

为推动公益诉讼有机融入社区治理，靖安县检察院始终牢记"检察官是公共利益代表"的职责使命，坚持"双赢多赢共赢"理念，主动发挥"守护人"作用，构建驻区检察机关推进社区治理大格局。一方面，靖安县检察院积极加强与所在社区的交流，增强与社区网格员的沟通，挖掘公益诉讼线索，拓展社会治理案源，搭建横向到边、纵向到底的检察公益监督网。另一方面，积极开展"保障千家万户舌尖上的安全"检察公益诉讼专项监督活动，联合相关单位排查网络外卖平台、中小学食堂、食品批发部和酒店等30余家餐饮场所，加大食品安全监管力度，保障人民群众"舌尖上的安全"，对涉及食品安全、环境整治、生态保护等方面案件发出诉前检察建议17件并督促落实，切实维护社会公共利益。再一方面，立足公益诉讼检察职能，厚植检察机关为民情怀，针对社区垃圾侵占土地污染土壤，影响居民身体健康、生活环境和县域形象，发出检察建议，督促优化县城垃圾中转站5个，用实际行动守护群众美好生活，彰显公益诉讼检察新担当，展现检察新作为。

（三）"检察＋普法宣传"共画社区治理"同心圆"

社区是普法工作的大课堂，也是普法工作的主阵地。靖安县检察院坚持以习近平新时代中国特色社会主义思想为指导，深入学习贯彻习近平法治思想，全面贯彻落实"谁执法，谁普法"的普法责任制，主动对接新时代广大人民群众的法律需求，积极主动地走入社区、深入社区和融入社区，立足检察职能、更新司法理念、积极主动作为，着力打好普法工作组合拳。针对社会关切度极高的电信网络诈骗、涉疫诈骗以及金融诈骗等侵财类犯罪，组织 25 名党员干警带头进社区，通过悬挂主题横幅 100 多条、发放宣传资料 2000 多份、组织开展"面对面""点对点""心贴心"答疑释法会 50 多场次等方式，走进群众身边。同时，切实加强"走出去"与"请进来"相结合，开展"检察开放日"等系列主题活动，邀请居委会工作人员、网格员以及社区居民等社会各界人士来参观检察法治建设，通过讲解分析典型案例等举措，实现了政治效果、社会效果、法律效果相统一，营造尊崇宪法、遵守法律、信仰法治的浓厚氛围。

三、基层检察机关参与社区治理的问题窘境

随着经济社会迅猛发展，社会关系更加错综复杂，人民对美好社区生活的向往与社区主体发展不平衡、不充分之间的矛盾十分尖锐，致使社区治理在一定程度上未能实现预设期许和理想状态。

（一）社区组织的自身症结

如何在社区治理进程中下好统筹发展"一盘棋"，织密服务群众"一张网"，奏响联勤联动"一个调"，不仅考验社区治理现代化的能力，更直接影响社区治理的成效、成绩以及成果。在实践过程中，囿于社区机构自身症结的一般属性和普惠特性，致使部分社区活动未能产生预期活动效果。在调研过程中发现，"社区工作人员少、任务重和项目多"是大家反映较大的问题，特别是在疫情叠加效应的影响下，这类问题产生的负面也在进一步地被放大凸显。疫情期间，有的网格员需要进入社区挨家挨户地进行排查统计，有的社区工作人员需要进行流调排查，有的社区工作人员需要进入社区关键位置进行封闭管控，有的社区工作人员甚至需要被抽调参与到全员核酸工作，导致社区工作人员严重短缺，部分社区工作存在一定程度的拖沓滞后。在此基础上，对于驻区单位组织开展的特色工作和亮点活动，确实部分存在"心有余而力不足"的现象，驻区单位在与其沟通交流过程中，遇到反馈不及时、沟通不顺畅以及反应不积极的情况，导致了部分驻区单位在社区开展活动时工作热情消解和投入力度减少。

（二）驻区单位的内部掣肘

对于所驻社区的工作活动，部分检察机关的工作人员重视程度不高，特别是基层检察机关的办案人员对于所驻社区的工作、活动不重视。在调研过

程中，部分办案人员对于所驻社区开展的活动不了解、积极性不高，并且部分办案人员表示没有过多时间参加此类活动，有些办案人员已经连续多年未参加所驻社区举办的各类活动。在这其中，基层检察机关参与所驻社区的活动多为基层检察院的检务支持部门，即政治部、办公室以及案件管理的检务支持部门，对于检务支持部门在所驻社区参加的活动，多为普法宣传类活动，以靖安县检察院为例，2022年以来已经组织宣传类普法活动30多场次。

（三）社区活动的要素困局

社区是个体原子化和社会碎片化的概括表达，人员呈现分子化特性，社会黏性普遍不高，需要社区组织与驻区单位共同疏浚构建公民个体与社会组织之间的良性互动。在调研过程中发现，有些社区区域范围过大，囊括十多条街道和十多个社区，辖区内居民人数将近1万人，对于此类结构的超大社区，不论是社区组织进行网格化管理，还是驻区单位在所驻社区开展活动，在人力、精力和物力的投入上都存在较大困难，驻区单位开展好、落实好、组织好有特色、有特点、有意义活动的困难程度更是呈几何数的叠加。因此，对于此类超大社区，驻区单位若想开展活动，需要与所驻社区有更多的沟通交流，在策划上要花心思，在组织上要下功夫。与此同时，社区内部形态也不尽相同，社区所属人员的认知形态、学识水平以及经历背景更是参差不齐，对于所驻社区和驻区单位组织开展的活动，参与热情与参加程度各有差异，据部分活动组织者反映，同样的普法宣传活动，在不同的社区开展，业主参与度有70%左右的差距，甚至有些活动存在无人问津的现象。

四、基层检察机关参与社区治理的建设进路

如何在现有条件下，实现社区治理要素的激励赋能，关键在于是否能够充分调动驻区企事业单位充分参与社区治理的积极性，核心在于是否能够推动驻区机关有效参与到社区公共事务管理，真正形成基层党组织领导下的社区干部、辖区居民和社会组织以及驻区单位齐抓共管的新格局，共促社区治理呈现出前所未有的新高度，展现出欣欣向荣的新气象。因此，对于基层检察机关应该做到以下几个方面。

（一）刑事检察要进一步做"优"

基层检察机关作为重要的驻区单位，立足"四大检察"，是助力社区高

质量发展的重要抓手，要进一步把握"诉源治理"的核心要义，贯彻落实"以更强力度守护平安稳定"的工作目标，深耕检察主责主业，释放模范机关效能，放大党建和业务互促共进的叠加效应，坚持顶格标准，保持满格状态，拿出真格措施，要把打造平安社区、法治社区和幸福社区作为深耕检察主责主业的"重中之重"，坚持把司法办案作为服务民生维护民利的基本途径，坚决打击生态环境、食品安全等领域侵害民生民利犯罪，突出惩治非法集资、网络诈骗等群众反映强烈的犯罪，持续巩固扫黑除恶斗争成果，严厉打击非法集资、电信网络诈骗等突出违法行为，优化"四位一体"的刑事检察工作格局，坚决以更大的决心、更有力的举措，奏响诉源治理的最强音，全面承担驻区单位服务社区的目标任务。

（二）民事检察要进一步做"强"

民为邦本，法系根基，中国特色社会主义法治建设的根本目的是保障人民权益。基层检察机关要全面贯彻落实《中共中央关于加强新时代检察机关法律监督工作的意见》，作为驻区单位，要更加主动适应广大人民群众日益增强的权利意识和司法需求，增强权利监督与权利救济相结合的办案理念，培育权力监督与权利救济相结合的民事检察思维，健全完善检察机关民事支持起诉职能。针对社区人员复杂、结构繁杂和诉求多元的情况，基层检察机关要充分发挥民事检察在保护妇女儿童等弱势群体权益方面的作用，以扎实有效的检察实践切实增强社区业主的获得感和幸福感。基层检察机关必须坚持以人民为中心的原则，努力让人民群众在每一项司法制度、每一个执法决定、每一宗司法案件中感受到公平正义，为广大社区业主带来越来越多的福祉。

（三）行政检察要进一步做"实"

行政检察"一手托两家"，既是维护司法公正的重要举措，更是检察机关推进社区治理的重要抓手。基层检察机关将坚持以办案为中心，在办案中监督，在监督中办案，依法履行行政诉讼监督职能。在办案理念上，要践行双赢多赢共赢、精准监督理念，提高行政检察监督质效。自觉履行法律监督职能，督促行政机关依法行政，着力限定行政权力范围，确保行政机关在行使权力的过程中不失位不失范。在诉源治理的视域下，使行政检察职权与社区治理形成良性互动，最大限度激发治理"法治效应""共生效应"，全面推进法治的引领和示范作用，助力行政机关提升依法行政能力，推进社区治理法治化、现代化。与此同时，为了能够突破单一的介绍性、灌输式的普法方式，针对新时代的普法需求，立足职能，更新观念、创新举措，综合运用"两微一端"等新媒体形式，通过对普法内容艺术化的诠释表达和形象演绎，依托典型案例，用人民群众喜闻乐见的形式，植根检察文化工作土壤，增强普法亲和力，形成强大声势，取得普法实效。

（四）公益诉讼要进一步做"好"

公共利益无小事，公益保护无止境。《中共中央关于加强新时代检察机关法律监督工作的意见》指出："积极稳妥拓展公益诉讼案件范围，探索办理安全生产、公共卫生、妇女及残疾人权益保护、个人信息保护、文物和文化遗产保护等领域公益损害案件，总结实践经验，完善相关立法。"作为基层检察机关，在服务社区的过程中，要抓好抓实公益诉讼这个有力武器，维护好发展好公共利益，深化公益诉讼协作联动，聚焦生态环境和资源保护、食品药品安全等重点领域，让公益诉讼真正体现治理之道，推动形成与行政机关共同保护公共利益的新格局，以更高质量的公益诉讼保护社区公共居住环境，提升社区人居环境质量，努力为经济社会健康稳定发展营造良好法治环境，以检察公益诉讼实践增进民生福祉，让社区的广大业主切实感受到检察温度。

五、结语

立足让党满意，着眼让人民放心，基层检察机关在推进社区治理的新征程上，坚持以党的政治建设为统领，牢牢秉持新时代检察工作总要求，把社会回应功能基因融入检察工作肌理，不断满足新时代对检察工作的应然期许与实然诉求，刑事检察要努力做"优"，民事检察要着力做"强"，行政检察要全力做"实"，公益诉讼要奋力做"好"，忠诚履行法律监督职责，以扎实有效的检察实践增进民生福祉，以模范机关的担当作为传递检察温度，切实提高社区业务的获得感和幸福感，实现检察职权与社区治理的良性互动，为法治社区、平安社区和幸福社区的建设贡献检察智慧和检察力量。

新时代基层检察文化建设的理论反思、政治逻辑与实现机制

赵圣囡* 李宝诚**

党的二十大报告提出："全面建设社会主义现代化国家，必须坚持中国特色社会主义文化发展道路，增强文化自信，围绕举旗帜、聚民心、育新人、兴文化、展形象建设社会主义文化强国，发展面向现代化、面向世界、面向未来的，民族的科学的大众的社会主义文化，激发全民族文化创新创造活力，增强实现中华民族伟大复兴的精神力量。"这一论断回答了当代中国文化建设工作的总体方向和发展思路。

发展中国特色社会主义法治文化是文化强国建设的应有之义，而检察文化，作为检察机关在长期法律监督实践和管理活动中逐步形成的与中国特色社会主义检察制度相关的思想观念、职业精神、道德规范、行为方式以及相关载体和物质表现的总和，是法治文化的重要组成部分，是实现"让人民群众在每一个司法案件中感受到公平正义"的有机文化载体。[①] 进入新时代，作为检察文化的前沿开创者与践行者、中国特色社会主义法治文化的忠实传承者和弘扬者，基层检察院在开创和践行先进检察文化、传承和弘扬优秀法治文化中，需要采用什么战略，运用什么手段，通过何种途径，并且在此过程中，基层党建究竟发挥了什么样的作用，其实现机制是什么，未来发展空间在哪里等，这些问题亟待人们在实践中不断探索并作出系统回答。

一、基层检察文化建设的四种理论视角及其反思

目前关于基层检察文化建设的研究文献，主要遵循四种比较流行的理论

---

* 作者单位：山东省泰安市泰山区人民检察院。
** 作者单位：西南政法大学警察科学研究所。
① 参见最高人民检察院《关于加强检察文化建设的意见》。

视角：伦理文化视角、制度文化视角、行为文化视角、功利主义视角。

（一）理论视角

一是伦理文化视角。该视角聚焦于人们对不同价值结构的文化认知，更关注于文化系统中相对"形而上"的范畴。这种理论视角的现实关怀是在目标人群中建立正确价值结构。为此，相关文献特别关注符合"价值正确"标准的检察文化有哪些类型以及如何发展与弘扬此类检察文化。在这种视角下，有研究者提出要注重从政治伦理文化、法治伦理文化、道德伦理文化等层面进行检察文化的构建，并且提出要"检察机关强化政治伦理，检察人员协调法治伦理，滋养道德伦理，以实现'弹性治理'和'刚性治理'有机统一"的检察伦理文化建设模式。①

二是制度文化视角。该视角强调制度带有根本性、全局性、稳定性和长期性，文化制度是稳步推进文化建设的可靠力量。认为基层检察文化建设要以建立与实务制度相配套的文化制度为依归。如有研究者认为，"根据调整对象或适用范围的不同，检察制度文化可分为业务制度文化和廉洁制度文化"。同时，检察制度文化是检察文化建设的核心环节，以伦理文化为思想基础，以行为文化为实践路径，对于推进检察工作现代化具有基础性、全局性作用。针对如何建设检察制度文化的问题，有研究者指出既要健全相关工作制度，实现科学化、精细化管理，还要强化内部管理，加大对制度执行情况的监督，在"良法"的基础上实现"善治"。②

三是行为文化视角。该视角强调文化是以价值取向为核心，通过人的日常行为体现出的一种修为。在这种视角下，基层检察文化建设应当以检察人员公正履职，服务群众，秉承高尚职业操守为检验标准与目标追求。而实现路径就是要培养基层检察人员的服务观念，营造为人民群众服务的文化氛围，充分发挥法律服务人民群众的职能作用。③

四是功利主义视角。该视角是在反思检察文化建设实务工作的基础上形成的。这种视角认为，在文化建设中，过度追求文化外观而忽略目的、实质

---

① 张晓东：《新时代检察文化建设脉络》，载最高人民检察院官网。
② 李继征：《基层检察院加强新时代检察文化建设的思考与实践》，载《中国检察官》2021年第1期。
③ 冒宏伟、张廷勇：《立足职能定位强化基层检察文化建设》，载《检察日报》2018年1月19日，第3版。

与核心，会使得文化建设脱离其初衷，沦为滋生形式主义的"温床"。有研究者提出，目前基层检察文化建设面临着一些问题，解决的办法就是推动检察文化建设回归功利主义导向，不以"长廊文化""墙面文化"论英雄，不以联欢娱乐、出行考察评高低，而是要一切以推进基层检察实务工作为己任，同时，必须随时以检察工作的推进情况作为参照。

上述四种理论视角在审视检察文化建设时各有侧重，丰富了检察文化研究，同时也暴露出了各自的局限之处："伦理文化""制度文化""行为文化"从检察文化的内容角度出发，其视角缺乏对检察文化建设的全局性把握，而且还存在三者内部之间缺乏逻辑连接的弊端，更倾向于经验主义的归纳却并无明确的逻辑指导。"功利主义"视角对文化相对独立的自身价值有所忽视，进入新时代，文化建设本身已经成为现代国家治理的重要组成部分，而不仅仅是服务实务工作的工具，在新时代党的文化强国战略视域下，文化治理应当从"搭台逻辑"向"阵地逻辑"转型，不再是"文化搭台，业务唱戏"，而是要把检察文化建设看作主要业务之一，这是基层检察文化建设做出实效的需要，也是实现文化发展由"失位"到"复位"的要求，是增强文化自信的需要，但是，"功利主义"视角与这一现实需求存在矛盾。

（二）理论反思

基层检察文化建设的四种理论视角为我们理解基层检察文化建设的内容、价值导向与实践路径提供了帮助。但是，仅透过这四种理论视角，我们还很难理解检察文化建设的定位，以及此过程中党的领导呈现方式与行动策略。而且显然几种理论之间缺乏统一的逻辑指引，倾向于经验主义的归纳式理论，也使我们对检察文化的认识并不周延，因而很难真正揭示基层检察文化建设的实践逻辑及本质特征。

事实上，在基层检察文化建设中，起关键性作用的是基层检察院的党组织，尤其是院党组织的领导同志。基层工作有其自身特点，就基层检察院而言，干警工作较为繁重、业务部门办案压力较大、空余时间少、资源较为紧张是限制基层检察文化建设开展的主要原因。坚持意识形态前置，强化检察干警的政治意识和社会责任感，是检察文化的政治逻辑；而客观条件（资源有限等）不能完全满足发展要求，则是基层检察院检察文化建设受阻碍的现实逻辑，比如，在检察机关的量化考核以及检察人员的评先树优中，在检察文化建设方面作出的贡献，并没有得到有足够吸引力的反馈。在实践中，基层检察院党组织应当将基层党建与基层检察文化建设结合在一起。

总之，探讨基层检察文化建设的问题与解决路径，必然应当在"党领导一切"的前提下展开，而且必须在理论建构上坚持"党的建设"这一核心要素。对此，笔者以"党建引领"为理论视角，统筹检察文化的"政治逻辑"与基层检察文化建设的"现实逻辑"，从基层党组织在党的建设中弘扬中国特色社会主义文化，即引领和践行先进文化、传承和弘扬优秀传统文化的角度出发，探讨新时代基层检察文化建设的内涵及其实现机制。

二、党建引领基层检察文化建设的政治逻辑与实现机制

对于检察机关而言，新时代基层检察文化建设承担着建设一支政治过硬的检察队伍、推动检察工作高质量发展、培育法治文化自信深厚土壤的三重使命。为实现这些目的，基层检察机关必须适应基层工作特点，依托基层党组织，以党的建设为核心和引领，在加强和完善党的领导中丰富和发展检察文化、推动检察文化建设，这是推进基层检察文化建设的政治逻辑。新时代基层检察文化建设的核心是党建引领，其实现机制包括新老交流机制、内外联动机制、品牌文化机制、政策激励机制等，主要内容包括伦理文化、制度文化、行为文化等方面。

（一）党建引领基层检察文化建设的政治逻辑

不同于公共文化建设，基层检察文化建设有其特殊使命。[1] 第一重使命是推动建设一支政治过硬的检察队伍，在党的建设中强化党员干部的政治自觉与使命担当，以党的组织建设带动检察队伍建设，促使党员干警在检察业务工作中主动践行"为人民服务"的政治承诺。第二重使命是推动检察工作高质量发展，通过检察文化建设，一方面开展理论研究、业务探讨，直接提高办案质量，另一方面服务好单位干警，做好文化保障，分担其"后顾之忧"，使其可以更加集中精力做好业务，努力达成"让人民群众在每一个司法案件中感受到公平正义"的司法公正目标追求。[2] 第三重使命是培育法治文化自信深厚土壤，在吸纳优秀文化产品走进来的同时，推动检察文化"走出去"，通过与社区、学校共建，在联动中发展检察文化，在宣传中弘

---

[1] 唐亚林、刘伟：《党建引领：新时代基层公共文化建设的政治逻辑、实现机制与新型空间》，载《毛泽东邓小平理论研究》2018年第6期。

[2] 参见最高人民检察院《关于加强新时代基层检察院建设的意见》。

扬检察文化，为在全社会形成文化自信奠定基础。为顺利实现上述使命，基层检察机关必须以党建来引领检察文化建设，由此形成了基层检察文化建设的政治逻辑。

（二）党建引领基层检察文化建设的实现机制

综合而言，基层检察文化建设的实现机制应当以适应基层工作特点为必要前提，以新老交流机制、内外联动机制、品牌文化机制、政策激励机制为具体机制，以伦理文化、制度文化、行为文化为主要内容，其目的与归宿是实现建设一支政治过硬的检察队伍、推动检察工作高质量发展和培育法治文化自信深厚土壤的使命。（如图 1 所示）

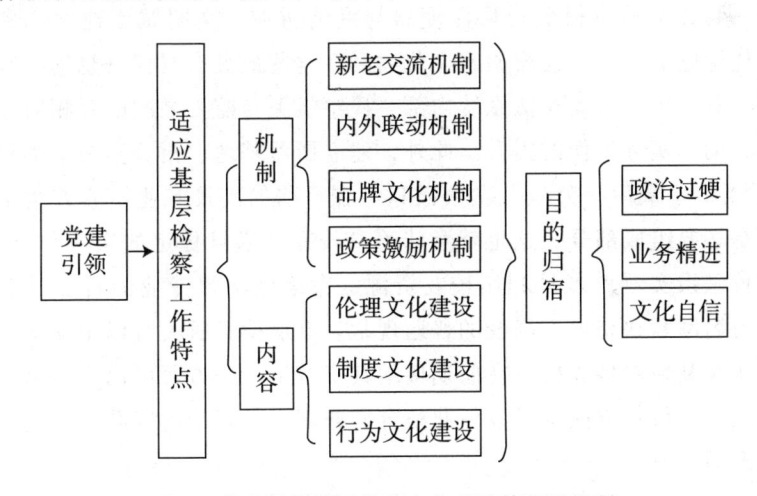

图 1　党建引领基层检察文化建设的实现机制

党建引领机制起着根本性作用，脱离了党建引领，其他机制难以发挥作用和取得实效。新老交流机制是指基层检察院通过开展"新老党员交流会""结对传帮带"等方式，在基层检察文化建设的过程中传承红色基因，可持续地注入政治担当精神、共产党人使命精神，同时充分发动具有深厚经验积累的老同志的积极性和丰富理论知识新干警的积极性，更充分地收集意见推动检察工作高质量发展。可以在新老党员座谈交流会工作中，形成定期由院党组成员向离退休老同志通报工作、由老同志提出建议分享经验的机制，有效促进优良传统的传承与经验价值的最大化发挥。或者探索将老同志光荣退休仪式与新进人员座谈会结合的模式，在新老交流中，更好地推动业务工作的完善与检察文化的传承。此外值得注意的是，出于历史原因，检察机关的离退休老干部中，目前有一定比例的离退休军人，其中不乏在捍卫国家主权的历次斗争中参战的老指战员，他们在战火中践行了党的初心使命，在当下的检察文化建设中，对"传承检察红色基因"的工作也具有重要意义，可以发挥重要作用。在"传帮带"育新人方面，重点是形成人才培养方案，保证单位人才梯队可持续，并通过组织检察官参加业务比赛锻炼能力、传递经验。

内外联动机制是指基层检察机关通过建立"双报到""检校合作"等平台，与检察系统以外甚至是司法系统以外的单位、集体与个人合作开展检察文化建设。此过程中，"支部共建"是实现内外联动的关键桥梁。"支部共建"其一可以为检察机关提供深度参与疫情防控、文明城市建设、乡村振兴等时代课题的机会，使得检察文化内涵在这些最具有时代气息的实践中得到丰富。其二可以带动司法系统内部、检察机关与监委之间的互相监督与协作配合，助力实务工作的提升。此外，建立研习基地、招募实习生则是打通"检校合作""最后一公里"的突破口。在目前的高校专业培养方案中，专业实习是必要组成部分，这也就意味着高校有旺盛且稳定的实习单位需求。目前高校联系实习点多是利用校友资源，考虑到法律专业的特点，实习点少、实习名额紧缺是地方高校的普遍现状。基层检察机关可以主动出击，通过建立研学基地对接高校，在假期接纳其实习生，一方面可以给本单位非核心业务减负，另一方面也可以借此整合实务部门与高校的资源，打造新的检察文化产品。

品牌文化机制是聚焦某类检察业务，形成系列成果的检察品牌，通过赋予检察品牌深刻而丰富的文化内涵，建立鲜明的文化定位，打造代表着检察系统的形象的"门面"的机制，建设目的是内强素质，外树形象。检察文化品牌包括品牌名称、品牌内涵、品牌事（实）迹、品牌社会影响力等，并通常以海报和形象宣传片的形式紧紧围绕"四大检察"的亮点进行提炼打造。目前全国检察机关文化品牌选树活动已经举办了两届，已经在全国形成了广泛建设、深度打磨的建设氛围，还应在做出实效和开放交流等方面发力，让检察文化品牌建设的成果能够在更多司法案件中得到实践。

政策激励机制是指通过荣誉授予、评优评先、奖励等多种方式激励干警发挥主动性，自觉参与基层检察文化服务的供给，改善自身的工作环境与文化生态。政策激励机制的一种重要形式是项目资金撬动，即聚焦业务有需求、单位有资源、干警有能力的检察文化建设议题设立资金项目，以"立项结项"的形式加以扶持，兼顾安全性与效率的前提下，鼓励更多干警参与基层检察文化建设。还可以将检察文化建设的成果纳入量化考核指标，定期通报，形成"比学赶帮"的建设氛围。此外，对掌握检察文化建设中"冷门绝技"的干警，要予以足够力度的扶持和指导。

以适应基层工作特点为前提是基层检察文化建设可持续开展的必然要求，也是检验建设是否超出合理范围的试金石。基层院的普遍特点是：级别低、资源少、场地小、地理位置通常较为偏僻、新型犯罪案例少、前沿研究素材少、干警办案压力大。第一，级别、资源和地理位置的特点，决定了基层检察文化建设中"检校合作"的主要目标不应片面定位为名校名师，而应以地方高校、非重点高校及其老师为宜。第二，场地小决定了基层院不能同时招募过多实习生，可组织生源为单位所在地的同学，或是提出条件由学校在学生中择优集中前来实习。第三，虽有新型犯罪案例少、前沿研究素材少等限制，但仍可以通过与公安、法院等单位合作开展前沿理论研究，或者对危险驾驶等常规案件开展深入研究，丰富检察文化建设成果的出产。第四，基层检察机关干警办案压力较大，可以通过"引进来""走出去"的形式来实现，邀请办案能手来院授课，扩大"导师"范围，丰富分享交流形式；依托法治副校长制度，与本地中小学、高校进行法治宣讲等。基层检察文化建设应当以适应基层工作特点为前提，这一理念应当体现在各具体机制运行的方方面面。

三、党建引领基层检察文化建设的生动实践——基于泰安市泰山区人民检察院的个案分析

泰安市泰山区位于鲁中地区，区域面积336.86平方千米，是泰安市的中心城区，下辖5个街道、2个镇、1个乡。泰山区人民检察院内设办公室、政治部、五个检察部、检察业务管理中心、机关党委。泰山区检察院有它独特的优势，该院2021年被评为泰安市扫黑除恶专项斗争先进集体、区经济社会发展综合考核先进单位、区平安建设先进单位、区信访先进单位，具有开展检察文化建设的基础条件，且处于中心城区，公共文化服务资源较为充足。2021年以来，泰山区检察院确立并逐步推进"党建引领"的检察文化建设战略，取得了明显的成效，连续两年获评全国检察机关检察宣传先进单位。这有赖于泰山区检察院对新老交流、内外联动、品牌文化、政策激励等机制的综合运用。

（一）高度重视党建引领检察文化建设

泰山区检察院在推动基层公共文化建设时，非常重视以党的建设引领检察文化建设实践。在 2020 年 12 月 28 日最高检印发《关于加强新时代基层检察院建设的意见》后，院党组明确将"党建引领下的基层检察文化建设"作为重点工作，加强了党建对基层公共文化建设的引领作用。

以"司法为民"这一检察文化内涵为例，近年来，泰安市泰山区人民检察院在习近平法治思想指引下，坚持政治建设有力量，业务建设有灵魂，以增强检察队伍政治素质和专业素养为核心弘扬检察文化，充分发挥"党建红"对"检察蓝"的引领作用，将司法救助工作作为检察办案与"司法为民"检察文化有机融合的实践载体，将党组织触角延伸到办案一线，创建"党建＋司法救助"特色办案模式，全面提升为民办事成效。泰山区人民检察院以党建为引领，以业务为纽带，以文化为内涵，着力打造"党建＋司法救助"特色办案模式，聚焦工作机制创新，层层深入推进。充分发挥社会救助、托底部门职能作用，跨党支部、联合党小组成立了司法救助领导小组，构建以控申部门为主、各业务部门相互协作的司法救助内部信息共享衔接机制，不断拓展案源，对造成被害人重伤、残疾，或者死亡的案件进行逐案审查，从中分析排查司法救助案件。创建"1＋N"特色多元救助模式，不断加强与区直各部门对接，扩大多元救助格局，形成救助合力。除给予被害人经济补助之外，探索建立长效救助机制，定期对救助对象跟进回访，持续解决群众的急愁难盼问题，以实际行动践行初心使命，以检察力量彰显为民情怀，以精进业务践行检察文化。截至目前，该院共为 50 余名家庭困难群众发放司法救助金 60 余万元，以实际行动传递党和政府的温暖，以宗旨意识深入践行党的群众路线，不断提升人民群众的司法获得感和幸福感，努力让人民群众在每一个司法案件中感受到公平正义。

（二）形成了具有自身特色的基层检察文化建设实现机制

泰山区检察院的检察文化建设，在党建引领下逐步形成了一套具有自身特色的基层检察文化建设具体实现机制。

一是以定期召开干警座谈会实现新老交流。泰山区检察院目前已形成以定期召开干警座谈会、荣誉退休仪式为特征的新老交流机制。紧抓精神感召、业务探讨、作风整顿主基调。检察文化具体内容方面则侧重于强调新党员要传承光荣传统、弘扬优良作风，始终保持崇高的理想信念、担当如铁的精神状态、初心如磐的为民情怀、清正廉洁的政治本色，以老党员为标杆和榜样，从老党员身上感悟初心，把老党员对党忠诚、为党奉献的精神融入工作。同时，充分发动具有深厚经验积累的老同志的积极性和丰富理论知识新干警的积极性，更充分地收集意见推动检察工作高质量发展。

二是以社区"双报到"和济南大学"检校共建"实现内外联动。在社区联动方面，泰山区检察院以"双报到"落实共建，以"党建引领、支部号召、党员带头"的工作模式发挥党员干部模范带头和基层党组织战斗堡垒作用，按照"带队领导＋队员"的模式，协助社区抓好常态化疫情防控工作。以开展机关作风集中整顿活动为契机，定期由院领导带队，党员干警深入辖区社区"双报到"，开展"优化作风，助力防疫"主题党日活动。随社区人员入户走访，向居民宣传防疫知识，针对居民关心的环境治安问题进行了答疑解惑，以检察力量助力群众满意度的提升，助力检察文化在基层入户入心。

在"检校共建"方面，目前泰山区检察院与济南大学已经签署了检校共建合作协议、济南大学本科实践教学基地协议、就业见习基地协议、社会实践基地协议和青年就业创业基地协议。检察文化建设在合作共建中多有体现：突出高标高效，推动检校合作长远发展；突出合作共赢，推动法学理论实务融合发展；突出借力引智，推动检察工作转型发展。双方将以优势互补更好服务创新驱动发展，形成常态化、规范化交流机制，实现资源共享、难题共解、合作共赢，携手促进法学研究、法学教育、人才培养与司法实践的深度融合。此外，该院还在假期期间接收了来自西南政法大学、中国海洋大学的部分法学专业学生前来实习，深度参与检察文化建设，目前已有合作的科研学术成果在《检察日报》等权威报刊和《辽宁警察学院学报》等政法系统学术期刊发表。

三是以"泰山先锋"公益诉讼实现文化品牌建设。自检察机关提起公益诉讼制度全面实施以来，泰山区检察院摸索出一条"打造品牌党建，保护泰山文化"的公益诉讼实践之路。"泰山先锋"党建品牌成立以来，把党建工作融入公益诉讼检察中，在该领域提出诉前检察建议18件，督促职能部门检查24家、约谈并责令整改11家，为保护泰山"文化双遗产"作出了积极贡献，在践行检察文化要求的同时丰富着检察文化的内涵。该院通过公益诉讼一体化办案机制，督促监管部门统一为322棵古树用弹簧丝悬挂编号牌，拆除乱建违建49处，安装悬挂灭火器近千个，让"日常巡查＋定期检查＋不定期抽查"成为常态化。办理的这起泰山古树保护案被评选为山东省检察机关公益诉讼典型案例。该院落实"党员干部上讲台"机制，邀请区委党校政研室的教授授课，在此过程中，广大干警认识到了只有了解泰山底蕴和泰山精神，才能在保护泰山中形成政治自觉和检察自觉。围绕争创"泰山先锋"党建品牌，该院有17名党员和2个党支部先后被评为"优秀党务工作者""优秀党员"和"基层党建先进单位"。依托"党组中心组＋机关党委＋党支部＋党员"四级联动学习机制，各支部积极开展"一支部一主题"活动，"泰山先锋""正义泰山"党建队分别组建宣讲团，深入企业、社区、农村、学校进行法治宣讲30余场次，受众人数上万人。

四、结语

本文基于对现有理论研究视角的回顾与反思，梳理了检察文化建设的政治逻辑和实现机制，提出了机制的有效运作以适应基层检察工作特点为必要前提，以建设一支政治过硬的检察队伍、推动检察工作高质量发展、培育法治文化自信深厚土壤为使命和归宿。未来随着大数据、AR、VR、智慧司法等新技术应用向基层普及，基层检察文化建设将进一步提质增效，实现数据赋能、思维更新、覆盖面扩大，开创基层检察文化建设的新局面。

浅议新时代检察机关的廉洁文化建设

周新文[*]

随着我国民主法治进程的加速推进，民众的权利意识不断增强，对公正司法的要求越来越高，社会舆论监督的力度越来越大，检察机关法律监督工作面临更多挑战。全面提升检察机关法律监督能力，是检察机关在推进法治、促进和谐、服务发展的历史进程中，实现检察事业深入健康发展必须着力解决好的一个重要课题。提升检察机关法律监督能力，必须坚持问题导向，找准影响和制约检察工作质效的主要因素，明确改进的着力点。提升检察机关法律监督能力的途径有很多，如公正执法、确保案件质量、加强教育培训、提高检察人员素质、严格管理、提高检察服务质量等，笔者认为加强检察廉洁文化建设尤为重要，故本文主要从检察廉洁文化建设的视角就提升检察机关法律监督能力问题略述浅见。

一、廉洁是检察机关法律监督能力的基石

检察文化是检察机关履行法律监督职能过程中衍生的法律文化，是检察机关及全体检察人员共同拥有的、用来指导彼此行为的价值观体系。它是由精神文化、制度（或行为）文化和物质文化共同组成的生命体，是中国特色社会主义先进文化的组成部分。检察廉洁文化是检察文化建设和廉洁建设相结合的产物，对于维护和提升检察机关法律监督能力具有特殊意义，是检察机关法律监督能力的基础和保障。

检察廉洁建设具有极端重要性。腐败是人民群众最为痛恨的社会现象之一，检察机关与党的纪检监察等机关一道，承担着专门机关反腐败的重任，因此，检察队伍的廉洁问题是人民群众最关心的问题之一。检察队伍是否廉洁、是否有战斗力、是否值得信任，事关能否获得人民群众的支持、事关反

---

[*] 作者单位：河南省南阳市内乡县人民检察院。

腐倡廉工作的成败。腐败是司法公正的最大破坏者，执法者的腐败使社会丧失了公正的底线，与人民的期望背道而驰。为什么有的地方涉检信访数量居高不下，群众满意度不高？其根源就在于个别检察人员为检不廉，贪赃枉法、滥用职权、失职渎职。著名哲学家培根说过："一次不公正的裁判，其恶果甚至超过十次犯罪。因为犯罪虽是无视法律——好比污染了水流，而不公正的审判则毁坏法律——好比污染了水源。"由于个别检察人员在廉洁方面出了问题，必然影响到群众对检察机关工作的信任，一些当事人就会据此认为案件处理不公、存在司法腐败，从而不信任检察机关，转而通过越级上访、闹访、缠访等不正常渠道解决问题，导致信访不信法的现象愈演愈烈，检察机关法律监督能力受损。虽然腐败的检察人员只是"极少数"，但这个"极少数"对检察机关的伤害却是"极大"的，廉洁已成为检察机关法律监督能力的支撑和基石。

检察队伍廉洁是检察权威的重要保障。"公生明，廉生威"，检察机关和检察人员的威信从何而来？清廉二字占有很重要的分量。检察人员如能切实做到"自身正、自身硬、自身净"，廉洁执法，干净做事，严格自律，自觉接受监督，做清正廉洁的模范，就能树立良好的执法形象，使人民群众确信检察机关的执法活动是严格依法进行的，对当事人是公正的；确信检察机关的办案活动是规范的、文明的；确信检察官的执法水平是高的，监督是有力的；确信检察官的人格是高尚的，行为是廉洁的，不存在徇私枉法、以权谋私的现象，就能使检察机关的法律监督能力最大限度地发挥作用。检察机关作为国家法律监督机关的宪法定位，以及"强化法律监督，维护公平正义"的工作职责，决定了检察机关及其工作人员在廉洁从检方面有着不同于一般国家机关工作人员的更高的要求。只有从检察文化建设的高度，把廉洁建设的内容纳入进去，形成独特的检察廉洁文化，并采取得力措施，常抓不懈，使廉洁内化为检察干警的当然品格，成为所有检察人员的共同品质，廉字当先，心底无私，就具有了公正执法，务实为民的基本条件，即使偶尔因为能力所限，所办案件不能完全令人满意，甚至有一些失误，群众也容易理解和谅解，无形中会使检察机关法律监督能力的基础更加牢固。

二、检察廉洁文化建设具有深厚的历史和现实基础

廉洁一词最早出现在屈原《楚辞·招魂》中，"朕幼清以廉洁兮，身服义而未沫"，王逸在《楚辞·章句》中注释为"不受曰廉，不污曰洁"，

《辞源》谓公正,不贪污,指不贪财货,立身清白。《周礼》记载,古代对官员的考核有六廉,即廉善、廉能、廉敬、廉正、廉法、廉辨,要求一个官员必须具备善良、能干、敬业、公正、守法、明辨是非等基本品格,均以"廉"为冠。明代郭允礼《官箴》明确提出"吏不畏吾严而畏吾廉,民不服吾能而服吾公,公则吏不敢慢,廉则民不敢欺,公生明,廉生威",成为对公廉的经赋解释。自古以来,我国人民就有着浓厚的"清官"情结,"清官"的重要标志之一就是廉洁,不廉洁者不符合官员的基本标准,如汉代规定每二十万户中每年要推举孝廉一人,由朝廷任命官职。被举之学子,除博学多才外,更须孝顺父母,行为清廉,没有"孝廉"品德者不能为官。一些官员追求廉洁自守的品质甚至到了苛刻的程度。有着"北有故宫南有县衙"美誉的清代内乡县衙博物馆,其众多楹联与廉洁相关,如"尔俸尔禄,民脂民膏";"廉不言贫勤不言苦;尊其所闻行其所知","宽一分,民多受一分赐;取一文,官不值一文钱","报国当存清政志;为民可效廉明臣","选官擢吏贤而举;考政核绩廉以衡"等,堪称是廉洁教育的活标本。

现阶段,我们党的用人原则是德才兼备,注重实绩,群众公认。组织用人要考察其德、能、勤、绩、廉,领导干部年度要述职述廉述学述法,把廉洁放在了重要位置,单独作为干部考核一项内容,更体现了党对党员干部廉洁品德的重视和高标准、高要求。

进入新时代,以习近平同志为核心的党中央坚持全面从严治党,以零容忍的态度、以反腐倡廉永远在路上的决心和韧劲,坚持"苍蝇"和"老虎"一起打,把权力关进制度的笼子里,改革监察体制,制定一系列廉政准则规范,驰而不息狠抓落实,取得了反腐败斗争压倒性胜利。这是新时代党中央对建设更加廉洁高效党员干部队伍这一人民群众新期待的有力回应。历史和现实都为检察廉洁文化建设提供了丰厚的基础。

三、当前基层检察廉洁文化建设的常见问题

廉洁文化建设是一项长期的系统工程,它包括物质文化、制度文化、精神文化三个层面的内容,其中精神文化是核心层面;制度文化是组织精神、组织价值观的动态反映;而物质文化是组织文化的最外层,是无形文化的有形表现。经过多年来的努力,当前基层的检察廉洁文化建设取得了一定的效果,在制度化、规范化、系统化方面都有明显进步,但相较于形势和任务的要求,相较于党和人民期望,特别是相较于加强新时代检察机关法律监督工

作的需要而言，还存在一些不相适应的地方，主要表现在：

一是站位不高，认识不深。由于对检察廉洁文化内涵的认识还不够全面、准确，对检察廉洁文化作用的理解还不够深入到位，部分检察干警对廉洁文化建设重要性缺乏正确认识。有的干警认为检察院和检察干警整天干的就是反腐败工作，自然对腐败具有天生的免疫力，只要能加强政治和业务学习、努力完成各项工作任务、在工作中不出乱子就可以，对于廉洁文化建设、开展检察廉洁文化活动，设立廉政警示牌、悬挂廉政标语、拍摄廉政公益广告等不够重视。

二是注重形式，忽视内涵。只注重检察廉洁文化的物质外在形式，甚至把检察廉洁文化建设的意义等同于签订廉洁承诺书，建立执法档案，开展一定数量廉洁教育和宣传等具体可见的活动，有的甚至规定了检查验收的详细数量标准，将形式等同于效果，忽视了检察廉洁文化的精神内涵。

三是手段单一，方法单一。有的地方没有把检察廉洁文化建设放在整体检察文化建设的大背景下来实施，而是把检察廉洁文化建设等同于对干警的思想政治教育的一项内容来做，满足于开展几次廉洁谈话、组织几次警示教育、学习培训等灌输式教育活动，没有真正把干警作为检察廉洁文化建设的主体，根据其职业特点、生活状态、认识水平等实际情况采取适当的干警喜闻乐见的方法措施充分调动其参与的积极性、主动性和创造性，影响了检察廉洁文化建设效果。

四是盲目模仿，缺乏特色。检察廉洁文化与一般的廉洁文化既有共性的一面，也应有其鲜明的个性特征，这本应是检察廉洁文化的生命力所在。但在实践中，基层检察院在推进检察廉洁文化建设时不注重体现检察机关自身特点、历史渊源和发展趋势，满足于一般化，缺乏个性，没有特色。

四、加强检察廉洁文化建设的路径

基层检察院党组要从保障和提升检察机关法律监督工作能力的高度，充分认识加强检察廉洁文化建设的重要意义，切实把廉洁文化建设作为检察文化建设的重要内容和新形势下开展党风廉政建设和反腐败工作的重要载体，摆上重要议事日程，专题研究，统筹规划，采取得力措施，大力推进。

一是要在精神层面进一步加强教育，提高干警的廉洁意识。通过组织广大干警学习《检察纪律手册》、廉洁法律条规等内容，举办廉洁教育专题讲座，组织观看正反两方面反腐倡廉电教片，讲廉洁文化党课，重大节假日重申和强调党风廉政建设及廉洁自律规定等形式，增强全院党员干部和检察干警拒腐防变、廉洁自律的自觉性，重点克服少数干警对廉洁从检教育活动重要性、必要性的认识不足，麻痹大意的思想，帮助干警牢固树立廉洁从检意识。工作中要充分把握检察廉洁文化建设的长期性、艰巨性，大处着眼，细处着手，坚持走春风化雨、润物无声、持续养成的正确道路，避免急功近利，急于求成。

二是要在制度层面进一步规范管理，强化干警的廉洁责任。要坚持领导带头，认真贯彻党风廉政建设责任制，以领导班子成员和各部门负责人为各自职责范围内的党风廉政建设第一责任人，把反腐倡廉贯穿于检察工作的各个环节、各个层面，检察长对班子成员、班子成员对分管部门负责人、部门负责人对部门干警层层签订党风廉政建设责任书，公开领导班子和领导班子成员的廉洁承诺，接受干警和群众的监督。加强廉洁执纪执法，对于群众反映的和干警中暴露出来的廉洁方面违纪违规苗头和问题，及时组织力量进行调查核实，依规依纪处理。要落实好廉洁谈话制度，通过任前谈话、定期谈话、诫勉谈话、提醒谈话等，促进检察干警廉洁自律，管好自己，带好下属，处好社会关系。

三是要在物质层面进一步强化投入，营造更优的廉洁环境。这里说的廉洁环境，并不仅指投入资金在检察机关院内设立廉政宣传专栏，悬挂廉洁标语、格言警句，制作廉洁网页、编发廉洁短信等一般意义上的载体建设，也要加强相应的硬件建设，将强化监督管理与从优待警有机结合起来，如在为公务车辆加装卫星定位装置，随时掌握车辆位置，从技术上防范公车私用、私车公养的同时，要根据情况设置机关通勤车辆，解决好干警上下班的交通问题；在加强上下班督察的同时，要落实好年休假制度、节假日加班和夜晚值班调休制度；在严查公款大吃大喝、铺张浪费的同时，要建好机关公务灶，解决好公务接待及干警加班就餐问题；在严查重处利用检察权经商谋利捞外快的同时，要及时足额解决干警按政策应当享受的津贴、补贴以及养老、医疗、住房等社会保障资金，解决好干警待遇问题，并根据经济发展和物价水平，建立相应的工资—物价联动保障机制，使干警靠工资能够在当地维持中等的生活水平等。

四是要在方法层面进一步探索创新，接受广泛的社会监督。牢固树立监督者更要接受监督的意识，通过更深入地实施检务公开，推进阳光检务，把检察权运行过程中容易出现问题的关键环节、重点领域、重大决策、重要事项，如案件办理流程、时限、强制措施情况、案件的最终处理结果、涉案款物的处理情况、检察人员办案纪律、发现检察人员违纪的投诉渠道等，凡是能够公开的一律公开，重点案件实行公开审查、公开听证、公开说理、公开答复，满足群众的知情权、监督权、参与权，将检察权置于群众的广泛监督之下，消除群众因信息公开不够而产生的不信任感，以公开促廉洁，以公开赢公信。

五是要在落实层面进一步细化规范，力求更大的实际效果。要改进对检察廉洁文化建设效果的考核评价标准，突出群众满意度因素，扩大抽样调查范围，将上级有关部门接到的有关检察人员执法行为不规范、不廉洁等方面的投诉和处理情况等作为重要参考指标，科学评价年度检察廉洁文化建设工作的优劣得失，树立正确的目标导向。

总之，相信通过卓有成效地开展检察廉洁文化建设，积极倡导以廉为荣、以贪为耻的社会风尚，必将有利于检察人员筑牢思想防线，严守法纪红线，坚守道德底线，必将有利于打造一支一身正气，公道正派，清白做人，干净做事，忠诚、为民、担当、公正、廉洁的检察队伍，必将对加强检察机关法律监督能力建设发挥巨大的作用。

新时代检察文化的建设路径考察：
概念、立场与方法

郑国宝[*]

一、新时代检察文化概念的解读

目前，我国理论界对检察文化的研究理论基础比较薄弱，近年来虽偏向于检察文化研究，但成果数量较少，且作者基本上为一线检察官。而在司法实践中，全国各级检察机关也充分意识到一种特有的文化建设，对检察官职权行使所具有的特殊作用，因此纷纷开展了以各种形式为载体的检察文化建设。但从概念厘定上，由于检察文化本身纵横于抽象与具体之间，难免总让人感觉过于宽泛和模糊，这也为在检察文化建设中试图将整体性表述的文化内容进行个体化的明晰带来了难题。

（一）维度：整体性与层级性

目前，有关检察文化的概念还没有权威的界定，认识也较为模糊，但就其涵盖的具体内容而言，虽然表述不尽相同，但总体的外延边界相对清晰。由此，在对检察文化进行整体性和系统性考量时，检察文化包含的内容极其丰富，如包含有检察官的职业心理、价值观念、伦理规范、职业精神和习惯、检察工作的传统，以及检察官在实行自己的职责过程中对社会公众的影响、社会公众对检察官的一种认知和评价、社会对检察职业与检察活动的看法等。这其中无论是思想与精神、行为与制度，还是评价与认知，都构成了检察文化不可或缺的整体性要素的一环，这些内容相伴而生，彼此依赖，有些甚至是难以完全区分的共同决定、影响和制约着一国检察制度的设计和检察职能的发挥。当然这些要素也不是无序排列的，其中的核心和统率是检察

---

[*] 作者单位：湖南省常宁市人民检察院。

精神文化，其在检察文化立体结构中更为内隐地存在着，也最能反映一国检察官这一特殊群体共同的价值理念和思维方式，并使得检察官团体具有了某种群体性的行为方式，并在具体的制度设计中能够体现和保障这一精神思想的落实。而通过具体的职能发挥，这一精神思想由抽象走向具体，为社会其他成员和团体所认知和接受，并渐渐形成一种特有的评判标准。由此，检察文化具有一定的层级性，正是检察文化的这种层级化特质，使得检察文化能够去抽象化，进而具有了相对明晰的外延边界。

无论对检察文化进行怎样的内涵界定和外延拓展，检察文化一定从属于法律文化，从属于文化大概念，不同的文化背景，滋养出不同的法律文化，也必然会生出不同的检察文化。由于检察文化涵盖的内容过于宽泛，如果试图从全面的角度去界定一种检察文化，难免会让人感觉过大过空，尤其是在我国检察文化建设的初期，大而全的界定方式容易遮掩其独有的文化特质。因此，对于检察文化，其表述和理解的"点"的定向尤为重要。

（二）立场：法律理性守护者

现代意义上的检察制度真正出现是在18世纪法国大革命时期，但法国人一直认为14世纪初，检察机关就产生了，源自14世纪的国王代理人制度和国王律师制度，其中国王代理人，就是在刑事案件中以国王的名义对犯罪嫌疑人提起控诉的专门的官员，也被认为是自诉向公诉转变的开始。

综观中西方国家检察制度的发展，无论其职能历经怎样的变迁，抽象概括下最能体现其文化隐喻的精神就是法律守护，是正义化身下的一种事实探求和法律坚守。无论是英美法系国家还是大陆法系国家，在检察官的性格特征和文化品格里，法律守护人的内涵是相当明显的。所以，检察官是正直、勇敢的代名词，对法律的绝对忠诚和理性守护最能反映检察官团体的品格特征，这也是各国检察文化中最为核心的精神内涵。

检察官鲜明的职业性格，从其产生之初就开始形成，慢慢累积成一种文化，并具有了某种传承性。不同于法官的中立，如果法官具有较强的攻击性和鲜明的性格特征，反而会成为人们担忧是否会获得公正审判的一个因素。同样不同于警察行为中的追诉职能，检察官对犯罪的追诉具有更多的理性成分，既要有对犯罪进行打击的无畏精神，又要能够去除警察侦查中可能产生的违法行为，避免国家追诉出现问题。由此，在各国检察精神文化的导向下，检察行为的理性成为其重要的文化隐喻，并体现在检察物质文化和制度文化的建设过程中，如检察官服饰的变化等，正是通过这样的文化传承，检察官对正义的理性和忠诚守护逐渐赢得了普通民众的认同和信任。

（三）视角：品格与特性

对于我国检察文化，每个深入其中的实践者和理论研究人员可能都会有自己独特的理解。如有论者主张应充分关注我国检察文化的独特品格，而有论者则持完全不同态度，认为我国检察文化并不具有太多的独立品格，其只是法律文化的组成部分之一，对于我国法律文化的理解和认同完全可以涵盖检察职业特性。在检察文化的建设问题上，有论者主张应强调检察文化的统一性和导向性，但也有论者提出应充分尊重检察文化的个性化问题，应去除规范化、教条化。此外，对于检察文化的主体也有应为"检察制度""检察机关"和"检察官"的不同理解等。

检察文化具有自己独特的品格，其内容具有较强的整体性和高度概括性，检察文化的主体应以检察官为核心进行考量和推进，我国检察文化建设应去除个性化倾向。由此，检察文化应为检察行为的灵魂，是每个检察官的心灵之音，是一生都为之奋斗与守卫的某种精神。无论检察工作肩负何种历史使命，检察文化都应确立以正义为本位的法律价值观念，推崇一种忠诚守护的人生信仰，即对法律的忠诚、对事实的忠诚、对国家和社会的忠诚，对自己和他人的忠诚。这是检察权赖以存在的精神基础，也是检察文化区别于其他类型法律文化的根本所在。

考察域外一些国家的检察文化发现，检察官的客观义务成为检察文化的重要符号。对于这种客观义务两大法系的理解并不完全相同。在大陆法系国家和地区，检察官的客观义务是协调其司法官的身份与控诉职能的关系的一种制度安排。在英美法系国家和地区，检察官的客观义务是对控辩双方片面对抗的一种矫正，是在经历了一系列的司法挫败之后做出的现实选择，一定意义上也体现了司法竞技理论与真实发现理论的一种融合。但无论是最初还是继受性的主动或被动地强调检察官的客观义务，也无论是严格意义上适用的"狭义的"检察官客观义务，还是一般意义上适用的"广义的"检察官客观义务，也无论缘起于角色冲突的检察官客观义务具有怎样的实践限度，检察制度的运行及检察官的角色使命都与一定意义的"客观义务"相伴而生。我国检察权运行中，对办案主体的身份及角色要求也有类似的冲突和选择，对此，正确认识有助于检察官在办案过程中的立场坚守，有助于为权力的独立运行获得一种社会民众层面的信任支持。

二、新时代检察文化建设的困境

无论是一个国家也好,一个民族也好,一个机关也好,一个人也好,文化的形成往往与时间的累积密切相关,所以,我们经常用厚重来形容文化。文化与内涵、修养、文明经常紧密相关。制度可以瞬间移植,但文化的继承传播与传承转变往往是漫长的过程,而某种文化一旦形成就具有相对稳定性。如果以检察制度为原点探究检察文化,我国的检察制度发展时间很短且最初具有相当程度的舶来性。现代意义的检察制度1949年到1953年创建,1954年到1966年发展与波折时期出现过合署办公,1967年到1977年中断,1978年到现在重建和发展,1979年《人民检察院组织法》通过,至2008年中国检察制度也不过恢复重建了30年。综观中国检察制度的发展可谓一波三折,其雏形设计很大程度上借鉴于苏联,当然这种借鉴是基于特有的政治体制和权力结构模式的基础上。但制度可以舶来,可以移植吸收,文化却需要传承发展。所以,我们必须认识到,中国的检察文化其实刚刚起步,我们还没有形成概念与内容相对明晰,且具有较大共识的一种检察文化。我国1978年以前一直没有形成独立的检察官群体,更没有独立的检察文化。可能有论者不赞同这样的观点,因为一说起检察制度的起源,很多人都会追溯我国自周朝至清朝一直存在的御史制度,并认为这是我国检察制度的雏形。对此,笔者认为,御史制度纠察百官、监督制约权力的特点,与现代中国检察制度有一定的传承关系,但不能把御史制度简单地视为现代中国检察制度的渊源,其与现代检察制度倡导的权力制约和权利保护不具有太多的共性,尤其是在文化层面,二者更不具有文化层面的某种连接。任何一种文化都需要时间的沉淀和打磨,很多制度移植后之所以在实践中难以实行,表面差异的是制度,实质差异的是内在文化。

三、新时代检察文化建设的具体路径

(一)基于法律监督者的立场

正确理解我国检察文化的独特内容无法绕开一个极具争议的概念命题,那就是"法律监督"。将我国检察文化定义为法律监督者的忠诚与理性守护,如何对法律监督进行正确的角色认知,如何使抽象的文化符号物化为具体的检察职能和检察行为,如何提升检察官群体的本体认同感及增强普通民众的认知和接受程度,是检察文化建设的重要内容。对此,一方面应对检察文化进行去抽象化的制度建设，以具体办案和具体职能为载体将检察文化同其他法律主体的文化建设进行区分，另一方面应着力绕开法律监督的理论争点，以监督的实际效果反向确立监督的立足点和发力点。这也意味着要实现法律监督者对法律的忠诚和理性守护，我国的检察文化建设一方面在角色承担上应以去冲突化为路径链接，另一方面应将"文化"作为一种立场和方法引入到检察机关的执法办案和制度建设中，而只有二者相结合，检察文化才能具有真正的含义。

首先，以制度建设支撑文化内涵需要在角色承担上去冲突化。社会学意义上，角色是人们行为的依据。检察官由于职权的多样性，其职权运行代表了多种利益，有些利益甚至具有某种冲突性，这一状况使得检察官承受比其他社会角色更为多元的压力，非常容易形成所谓的"角色超载"，即对一个主体有过多的角色要求，但又无力去协调它们，因为这些显性或隐性的冲突有些可能是天然存在的，有些甚至是需要常态面对的。虽然这些冲突更多可能是表面性的，而非实质性的，但是在具体案件处理中，检察官无疑面临着更多的利益考量和现实挑战。在我国，检察机关法律监督者的身份与其他多重角色的竞合，使得"角色超载"更加严重。对此，"角色超载并不一定就导致角色紧张与角色冲突，只有在多重角色中某一角色要求妨碍另一角色要求的实现时，才会发生角色冲突"。因此，现今的检察改革应着力以去冲突化的角色配置为路径链接，从而以制度建设支撑文化内涵。

其次，实现检察文化语义分析和现实认知由"空"到"实"的转变，充分发挥文化建设所应具有的价值和功能，有必要将检察文化作为一种立场和方法引入到检察机关的执法办案和制度建设中。这不仅有利于将检察文化从抽象到具体，将文化精神和检察心理行为化，也有利于避开现有"法律监督"的各种理论争点，从监督效果等方面实现更加符合立法本意的诉讼监督，从而促进检察职能的充分发挥，保障检察权能够真正独立行使。在现今制度支持还难以与文化建设形成良性互动的大背景下，这种以监督效果为出发点反向推动的检察文化建设，可能更有实际的运行价值和操作空间。

（二）以回应群众期待为导向的方法

回顾从文化到法律文化的发展历程，认识、理解和运用"法律文化"可以有两种不同（但又互相联系）的角度，一是把法律文化作为一种立场和方法，二是把法律文化作为一种论域和对象。具体到检察文化当中，在立场的把握上，强调应以法律监督者的理性思维来审视案件，并进行相应的程序推进，从而践行对法律的忠诚和理性守护。

在面临夹杂了多重利益诉求中的民意表达时，检察机关和检察官们如何理解、把握、缓冲司法可能造成的与社会公正意识之间的价值冲突？如何满足公众可能超越司法功能的诸多期待？案件处理中如何体现检察立场？如何通过检察职能发挥，如抗诉等监督手段来回应民众期待，实现司法对社会价值取向的指导和牵引功能？在检察立场和底线的把握和运用中加强案件的检察影响力就显得尤为重要。而对此点的把握和认知，就使得检察文化建设中"监督者"的"忠诚""理性"守护从抽象概念具有了实在的内容指向。监督者与裁判者对案件处理的视角不同。由此，我国检察文化应注重作为一种立场和方法的建设路径，法律监督者们既要关注案件处理的大的社会背景，拓展式处理案件，另外又要敢于、善于运用法理分析解决一些司法盲点，以符合法治正义观和公众期待的检察立场，实现对敏感案件、重大案件、特殊案件、一类案件进而到所有案件的检察价值引导，只有这样的监督才是能取得实际效果和符合立法本意的一种监督，才能回应民众对正义的诉求，这样的一种对法律的理性、忠诚守护才是我国检察文化的核心要义。

文化强国背景下检察文化建设之理论解读与路径探索

谢瑞琴[*]

一、引言

党的十九届五中全会确立到 2035 年建设文化强国的目标后,党中央对"十四五"时期推进社会主义文化强国建设进行了高屋建瓴的战略部署。法律文化的进步与发展是文化强国的关键推动力量,而检察文化是法律文化的重要组成部分。检察机关发挥法律监督职能,开展法律监督工作,是检察文化的重要体现。

在新的时代背景下,文化强国总体目标赋予了法律文化、检察文化新的内涵与指引。在全面推进国家治理体系和治理能力现代化的整体进程中,检察文化的内容革新、制度建设将为社会主义法律文化的长足发展注入新的动力。新时代的检察文化建设,必须以习近平新时代中国特色社会主义思想为指导,深入贯彻习近平总书记关于文化自信的重要论述,以习近平法治思想为理论指引,为检察机关能动履职,发挥文化积极影响作用提供精神指引与制度载体。

二、文化强国整体战略下检察文化建设的理论探析

(一)建设文化强国的时代需求与政策解读

"文化现代化建设是建设社会主义现代化强国的重要内容。"一个国家优良文化的继承与发展,必须将其所根植的沃土作为基础,结合新的时代背景,激发新的活力。中华优秀传统文化的核心旨趣,蕴含了强烈的自我批

---

[*] 作者单位:广东省清远市清新区人民检察院。

判、革故鼎新的精神气质。在实践进程中不断反思，坚持批评与自我批评，是中国共产党长期以来不断保持先进性和进步性的根本之道。因此，在世界格局发生巨大变化的时代背景下，习近平总书记明确提出建设文化强国对于实现中华民族伟大复兴历史任务的重要作用。

回顾革命和建设的整体历程，中国共产党始终致力于继承与发展中华民族优秀传统文化。建党百年以来，中国共产党在文化建设方面实现创新，为人类文明的发展作出了重大、独特的贡献。2020年10月，习近平总书记在党的十九届五中全会报告中明确提出，坚定文化自信，坚持以社会主义核心价值观引领文化建设，加强社会主义精神文明建设，推进社会主义文化强国建设的整体要求。从内涵上对文化自信进行解读，建设文化强国对内指向人民精神文化生活的充实与提高、文化产业制度的繁荣与发展。而在全球化的背景中，文化强国对外则是要求建立中国优秀文化的话语体系。总体而言，文化强国目标的实现对解决我国现阶段社会主要矛盾具有至关重要的作用，与国家治理体系与治理能力现代化建设息息相关。

（二）具有中国特色的检察文化之概念评析

检察文化是法律文化的重要组成部分。一般而言，法律文化是集合了法律历史、典章器物、法律信仰和思想观念、法律行为的综合体。申言之，法律文化是一种社会制度、社会观念折射出的这一制度所蕴含思想的高度凝练，并对社会中的主体产生直观的影响。在我国的语境中审视法治文化，应当是在党的领导下，融贯中华传统法律文化之精华与西方法治建设先进经验的，具有中国特色的法治理念文化综合体。只要法律制度持续运作，这种高度凝练的精神财富就会以一种抽象的方式自然而然地出现。同理，检察文化也是检察机关、检察制度和检察工作人员在履职的过程中自然产生的。这种文化既带有刑事司法的一贯特征，也会因为所处环境的特殊性衍生出独有的特征。因此，我国的检察文化，既有着全世界范围内检察机关履职形成的共同特征，也具有鲜明的中国特色，是中国特色社会主义检察文化。

最高人民检察院在2010年下发的《关于加强检察文化建设的意见》中指出"检察文化是检察机关在长期法律监督实践和管理活动中逐步形成的与中国特色社会主义检察制度相关的思想观念、职业精神、道德规范、行为方式以及相关载体和物质表现的总和，是社会主义先进文化的重要组成部分，是检察事业不断发展的重要力量源泉"。从检察文化的中国特色来看，检察文化主要体现为以下几个方面：一是在指导思想方面，检察机关的文化建设在中国共产党的领导下开展，在全心全意为人民服务宗旨的指引下，检察机关确立了"立检为公，执法为民"的执法观念。二是在人员管理与组织建设方面，在整体法治文化与社会主义核心价值观的指引下确立了"忠诚、为民、担当、公正、廉洁"的职业道德观念。三是在检察制度设计方面，在中国特色社会主义法治体系内，确立了具有中国特色的职权统一行使原则和检察建议制度、公诉制度、审判监督制度等检察监督职能。

（三）文化强国战略与检察文化建设的内涵契合

从分类来看，有学者将检察文化划分为物质层面的检察文化和精神层面的检察文化两个大的方面。其中，物质层面的检察文化指向检察机关建筑、检察人员服饰等需要通过一定物质载体凸显的文化表现形式。而精神层面的检察文化则是指向检察工作的历史传统、价值理念与履职意识形态等，是一种无形的检察文化。因需要依托一定的物质载体，所以物质层面的检察文化具有相对的稳定性。与之对比，精神层面的物质文化则相对多变。具体而言，检察文化精神层面的多变性主要体现为检察机关积极主动地随着时代背景的变化而不断对自身的价值理念和制度设计加以发展、修正，是一种不断前进和上升的变化，具有明显的时代特征，体现了检察机关积极顺应时代变化的能动履职取向。

从检察文化的历史发展脉络来看，我国检察机关从未停止过对其不断前进、持续更迭的探索。早在1996年，最高人民检察院就曾印发《关于加强检察机关社会主义精神文明建设的意见》，并明确指出应当努力发展检察宣传的文化事业，加强法学和检察理论研究。随后，在2010年12月，《关于加强检察文化建设的意见》则是进一步对检察文化建设的指导思想、总体目标、基本原则作出了详细的规定。

在新的历史时期，检察文化的发展与建设同样需要契合文化强国的时代背景。文化是一个民族的精神和灵魂，推动文化发展，是增加国家软实力的总体需求。而检察机关担负社会治理的重要职责，也必然从战略布局的高度，社会治理的角度，为社会主义文化的发展与繁荣贡献检察力量，提供良好的社会环境。同时，检察机关应当将中华民族优秀传统文化融入自身的履职行为中，创新工作方式方法，协同推进制度革新、落实。

三、以习近平法治思想作为检察文化建设的思想指引

党的十八大以来，中国特色社会主义法治建设取得的最大成就当属习近平

法治思想的形成。刑事法治理念是习近平法治思想的重要组成部分，更是体现了传统中华优秀法制文明新发展前途的基本脉络。"习近平法治思想的主题是通过全面依法治国建成法治中国。"从刑事法治理念的理论基础、主要内容和目标指向三个方面来看，习近平法治思想为新时代刑事司法改革的理论构建与实践路径提供了根本的行动指南。基于此，新时期检察文化建设应同样将习近平法治思想作为思想指引，主要包括坚持以人民为中心的根本思想、激活中华优秀法治文化的历史底蕴和立足国际化视野，融通世界优秀法治文明成果的大国格局三个主要方面。

（一）民惟邦本：坚持以人民为中心的根本宗旨

"治国有长，而利民为本。"习近平总书记指出："全面依法治国，根本目的是依法保障人民权益。"让人民群众在每一个司法案件中感受到公平正义是新时期刑事法治建设的基本要求，也是检察机关开展检察文化建设的根本遵循。

"党的领导是社会主义法治最根本的保证"，全心全意为人民服务是中国共产党的根本宗旨。检察机关在党的领导下履行法律监督等各项职能，也必须坚持人民的主体地位。坚持群众路线是刑事司法的基本原则之一。因此，检察机关在开展新时期检察文化建设工作时，必须时刻将人民置于优先位置。必须从根本上坚持检察文化建设为了人民，检察文化建设围绕人民，检察文化建设成果由人民共享。申言之，检察机关在开展检察文化建设工作时，应当确立以人为本的基本价值观念，全面推进严格执法，健全人权司法保障机制，保障人民群众合法权益。具体来说，应充分发挥"枫桥经验"，与人民群众生活实际相结合，最终实现保障人民群众安居乐业的总体目标。

（二）隆礼重法：激活中华优秀法治文化的历史底蕴

历经五千年风霜洗礼，中华民族优秀传统文化源远流长，博大精深。自古以来，中华优秀法治文明就是中华民族优秀传统文化的重要组成部分。无论是"天子犯法与庶民同罪"的朴素法律平等观念，还是"德主刑辅、严谨刑罚适用"的教育与慎刑思想，抑或是隆礼重法的基本治国方略，都彰显了刑事司法优秀传统文化的历史底蕴，为当前的法治文化建设提供了厚重的历史滋养。

习近平总书记十分重视中华优秀法律传统对于新时期社会主义法治建设的关键作用。在这一思想的指引下，检察机关在开展文化建设工作时，应当着重对中华传统法制文化取其精华,去其糟粕。在汲取优秀刑事法律文化为检察文化建设提供滋养的同时,结合当前大的时代背景,对其推陈出新、革故鼎新,坚守刑事司法对公平与正义的追求,激发其新时期创造性活力。

(三)横贯中西:融通优秀法治文明成果的大国格局

任何一种优秀传统文化,如若想在新的时代背景下迸发生机与活力,都不能囿于一方有限天地而固步自封。伴随着全新国际秩序的形成与发展,各国之间人口、经济、资本流动愈发频繁,文化的交流也呈现出多样的形式与高度的活跃性。因此,想要在全球范围内建设以中华法系为主的法律话语体系,必须在发扬中华优秀传统法律文化的同时,汲取全球优秀法治文明成果,以一种更为开放和包容的大国格局逐步建构中国特色刑事法律在世界范围内的话语权。

习近平总书记在全球治理这一重大议题中提出构建人类命运共同体的关键方略。在法律层面,习近平总书记更是指出"加快法治工作战略布局,协调推进国内治理与国际治理"。因此,在统筹国际、国内两个大局的要求下,刑事法治文化建设更要把握走出去和引进来的双重逻辑主线,从全球法治层面把握主动权,在发挥本土资源优势的同时,为中国企业开拓国际市场提供坚定的制度支持与后备保护,维护中国公民的安全与利益。

四、"精致"路径探索:强化检察文化建设的着力点解析

长期以来,对检察文化具体内涵的研究蔚为壮观,观点见仁见智。有学者采用系统分析方法,将检察文化划分为包括理念文化、组织文化、制度文化、设施文化、行为文化和语言文本文化等六个子系统的宏观理论体系。有研究则是将检察文化归纳为与检察官行使职权过程中形成的抽象精神成果,如价值观念、思维模式、道德准则、精神风范;还有研究则是在前述精神抽象成果的基础上,将与之相关的物质表现也纳入检察文化的内涵中。

总体而言,检察文化是一个涵摄广泛的概念,其立足于检察工作实践,既包含抽象的指导精神层面,也囊括具体的检察制度设计。抽象的检察文化借具体的制度设计、人员安排、语言体系得以具象化。有学者指出,检察文化的建设必须与检察机关监督职能的履行有机统一,最终目标在于助推检察实务。因此,笔者从精神和物质两个角度,结合新时期检察机关履职实践,对检察文化具体内容加以展开,具体包括以下四个方面:

（一）以检察精神文化建设作为理念导向

检察精神文化是检察文化理论体系的首要组成部分，其指向检察人员履职意识，是检察机关开展检察文化建设的理念导向。具体而言，检察精神文化包含现代法治文化的基本概念，同时具有一定的中国特色。

首先，检察机关开展法律监督与社会治理工作需要时刻把握以人民为中心的根本宗旨。在履职过程中，应时刻将人民群众的权益保障放在首位。检察机关履职的刑事司法场域，具有解决人民群众激烈冲突的功能取向。因此，检察机关应在检察人员内部开展为人民服务的精神文化教育。一方面帮助检察人员形成尊重人权、合法履职的思维惯性；另一方面则需要树立为民执法的政治信仰，对违法犯罪行为绝不姑息、严厉惩治，保障人民群众的生命和财产安全不受威胁。

其次，则应通过机关内精神文明建设促使检察官牢固树立坚守公平正义的核心理念。在宽严相济刑事政策基础上，检察机关应严格把握法律监督权力的行使方式与行使限度，力图通过每一个案件的办理，让人民群众感知刑事司法对于公平正义的追求。

就笔者工作的清远市清新区人民检察院而言，自2012年以来，本院以"精致检察"理念作为开展检察文化建设的基因。所谓将"精致"理念融入检察文化建设，即在检察业务建设、队伍建设方面，不断构建精致载体、营造精致学风、激励精致士气、强化精致管理、培育精致境界。而在培育良好司法作风方面，清新区人民检察院以开展检察职业道德教育等为契机，开设"道德讲堂"和"新时代文明讲堂"；同时，加强法治理念教育，引导本院工作人员树立正确司法理念，持续推进文明执法、规范司法信念建设，以提高司法水平和检察公信力。

（二）以检察行为文化建设作为自我约束

检察行为文化主要指向检察机关履职行为的规范性。"徒法不足以自行"，法律的生命力就在于实施，检察职能的履行以检察行为为依托，检察文化的显现以检察行为为载体。检察行为规范与否直接影响人民群众对于检察权力行使的评价，而行为的规范离不开监督作为保障。因此，发挥检察行为文化建设的约束功能，应当将内部约束和外部约束作为共同抓手。

在内部约束方面，检察人员应当在日常工作的开展中对个人行为随时加以省思。作为检察文化外部展现的微观载体，检察人员必须时刻贯彻落实规范执法行为这一底线,将检察文化中优秀的检察传统、检察理念融入自身的履职行为中。同时,检察机关内部应当对检察人员日常的履职行为加以监督,对其执法行为加以规范。

在外部约束方面,则是要借助新兴技术的发展,充分发挥人民群众监督、社会监督等积极作用,倒逼检察行为文化自身的建设与发展。自最高人民检察院2020年颁行《人民检察院审查案件听证工作规定》以来,全国各地检察机关全力推行检察听证工作开展,将刑事司法民主推向一个新的高度。检察听证在不起诉、羁押必要性审查等方面的运用,一方面增强了人民群众对于刑事司法的参与感,实现了对检察工作的外部监督。另一方面,则是让人民群众通过直接参与司法的方式,更好地了解司法运作流程,提升了司法行为的可接受度,实现了较为深入的普法教育效果。

在这一理念的引领下,清新区人民检察院充分发挥业务数据"指挥棒"作用,强化对"人"和"案"的管理,精心设置11类115项检察业务考核指标,制定形成《综合管理考核细则》《部门业绩分类考核细则》等监督管理细则,构建起"全院目标+部门业绩+个人绩效"的"3+3"等次层级考核体系,高度激发了检察人员履职热情。扎实推进从严治检,认真落实党风廉政建设"两个责任",抓严抓实纪律作风建设,增强党员干警的纪律观念。

(三)以检察制度文化建设作为关键载体

"经国序民,正其制度",一项法律文化在司法实践中发挥积极作用,需要承载于具体的制度建设。长期以来,检察机关在发挥法律监督职能时,就应当将检察文化的各个方面融入日常的制度设计之中,以构建、完善"文化立检、文化育检、文化活检、文化强检、文化亮检"的"五位一体"检察文化建设体系。

首先,将中华传统法治文化的优良品格融入检察机关新时期的文化制度建设中。具体而言,中国刑事法治的优秀传统文化中包含着追求和谐、谨慎刑罚和爱护下一代的精神内核。如"枫桥经验"所倡导的搭建对话平台,及时化解矛盾的理念历久弥新,为检察机关新时期刑事司法的柔性运行提供了制度空间。而传统的慎刑思想则是衍生为对人身强制措施的谨慎采用,外化为宽严相济的刑事政策。而对于下一代的爱护和关注,则凸显为中国特色少年司法制度的创立与发展,表现为制度层面优先、特殊、双向保护原则的贯彻落实。

其次，检察机关在进行制度文化建设时，同样将优秀的传统法制文化与刑事司法实践的域外成果相结合。在我国经济转型的重要时期，为了提高民族企业在国际世界上的经济竞争力，为经济大局走出去提供稳定的法治后备环境，最高人民检察院借认罪认罚从宽制度的全面推行，在单位犯罪领域借鉴国外有益经验，开展企业合规改革，实现了制度设计从"治罪"到"治理"的转变。同时，检察机关积极与域外制度接轨，学习司法信息技术、大数据的新型检察职能运作方式，更能将风险化解于尚未形成之时。在检察制度文化的建设中，勇立挑战潮头，并将潜在风险转化为现实机遇，体现了新时期检察机关的大格局、新气象。在具体的制度建设方面，清新区人民检察院自2012年以来，加强机关内规章制度建设，广泛听取社会意见，高度重视制度运行体制机制的规范。具体而言，建立完善了涵盖"党建、业务、后勤、信息化、自身监督"五大管理板块67项制度，提升了制度运行体制机制的规范性，提高了履职效能。

一直以来，清新区人民检察院把传统文化中具有岭南特色的传统"精致"理念和奋进争先精神落实到检察业务工作各个环节，开展"一院一品牌、一科一亮点、一人一故事"的"型格文化"建设。如开设"清新检察大讲堂"，实行"检察官教检察官"等，落实院领导带头办案制度——检察长亲自办理疑难大要案，定期组织检察官联席会议开展案件讲评。又如，本院积极学习先进刑事科学技术，在清远市率先设立心理测试实验室、电子证据实验室，推动云计算、大数据平台的业务应用，并在2015年10月被最高人民检察院评为"科技强检示范院"，将"精致检察"文化理念融入检察机关日常的制度建设和履职内容中，使其迸发更多活力。

（四）以检察管理文化建设作为保障机制

检察管理文化是检察文化建设的保障机制，主要包括对内对外两个方面。对内的落脚点在于激发检察工作人员工作活力，使其投身于检察文化建设工作中。对外，则是发挥检察文化广泛的引导与教育作用，依靠群众、走进群众。

首先，应当激发检察人员投身于检察文化建设的工作激情。一方面，加大对优秀检察英模、检察优秀事迹的宣传力度，发挥检察文化建设"强素质、促发展、树形象"的典型成效。同时，在当前任务繁重的工作环境下，可以发挥检察文化对检察人员工作的积极影响，调整工作状态，缓解其工作压力。汲取基层检察院制度文化建设经验，通过开展检察工作人员关怀活动、业余生活文体活动等营造良好的工作环境，激发检察人员的工作活力。

其次，在发挥检察文化对人民群众的积极影响方面，必须坚持群众路线，开展文艺作品创作。检察文化作品既不能是阳春白雪，也不能是下里巴人，应当贴近现实、贴近群众，具有广泛的教育意义。具体而言，2017年最高人民检察院结合一段时间以来反腐倡廉环境大局，指导其影视中心拍摄的电视剧《人民的名义》，讲述了当代检察官坚守正义、坚决维护国家和人民群众利益的故事，在人民群众中广受好评。除此之外，检察人员应当积极开展日常宣讲活动，走进基层，走入人民群众，了解人民群众最为关心的司法实践问题，释法明理，通过开展普法活动增强人民群众的司法参与度。

具体到微观层面，清新区人民检察院高度重视文化活动在发展和提高检察文化影响力方面发挥的重要作用，不断完善检察文化基础设施建设，充分发挥党支部及工青妇群团组织作用，广泛开展各类检察文化活动。如自2003年以来，连续开展十九届"主题迎新春摄影书画展"，已经成为本院文化建设的突出亮点。为更好地方便人民群众了解检察机关的工作日常，本院结合新兴科技发展，开创多样化检察文化宣传方式。自编自导自演的《清新人·检察梦》诠释了清新检察人为民、务实、清廉的型格与情怀；《关注成长心灵，播种灿烂明天》等法治微视频，则是在保护未成年人、建设校园文化方面发挥了重要作用；获全国二等奖的《"我与宪法"的故事》普法微视频，以本院公益诉讼案件的办理过程和干警办案体会为拍摄主线，充分反映了清新区检察院干警依法办案，做宪法的忠实践行者。

清新区人民检察院发挥检察文化引导与教育作用时，始终深入群众，坚持群众路线。动员组织检察干警面向基层、面向群众开展形式多样的法治宣传活动，努力创作优质法治文化产品，营造良好的法治社会氛围。如组织开展"蓝丝带·平安法治进万家"之扫黑除恶专项斗争、禁毒法治宣传活动，进一步扩大宣传成效，清新检察的好形象更加深入人心。

五、结语

在岭南古邑、粤北沃土中孕育的"精致文化"，通过精雕细琢、精耕细作，已与清新检察融为一体、连成一脉。在"精致检察"理念的引领下，清新区人民检察院在2018年2月作为粤东西北地区唯一基层检察院被最高人民检察院评定为2017年度"全国检察文化建设示范院"。在新的时代坐标下，作为对检察文化建设工作新要求的回应，2020年以来，清新区人民检察院以"四个强化"为党建抓手,以"党建红"为基础底色、"检察蓝"为专属特色,精心打造全新的"红蓝相映清新风"一院两品(党建+业务)融合品牌,同样取得了丰硕成果,作为清远市检察机关唯一一家获广东省人民检察院 2022 年度全省基层检察院"一院两品"融合品牌称号的检察院,在广东检察政治工作高质量发展研讨班上展播。

"文化兴则国运兴,文化强则民族强",在实现中华民族伟大复兴的历史道路上,检察机关必须时刻牢记继承和发扬中华民族优秀传统文化的职责与使命。总体而言,加强社会主义精神文明建设,离不开法治思想的发展,必须借助于新时代法律文化的弘扬。在改革与建设的浪潮中,在刑事司法工作新的历史方位上,检察机关应当立足检察工作实践,恪守能动履职要求,坚持习近平法治思想作为重要指引,深入贯彻习近平总书记重要讲话精神。充分发挥检察文化工作建设的主动性、积极性。在更高的起点上,结合文化强国整体要求,把握检察工作开展的逻辑与规律,在检察精神文化建设、检察行为文化建设、检察制度文化建设和检察管理文化建设四个方面持续发力,贯彻法治理念,激发检察文化强大生命力,致力于服务新时期国家的建设与发展。

新时代基层检察文化建设路径探究

——以广西壮族自治区田东县为例

零霄宇 黄色秀[*]

习近平总书记在党的二十大报告中提出,全面建设社会主义现代化国家,必须坚持中国特色社会主义文化发展道路,增强文化自信,围绕举旗帜、聚民心、育新人、兴文化、展形象建设社会主义文化强国。检察文化是社会主义文化的重要组成部分,是全体检察人员共有的价值体系,是增强检察工作决策力、向心力、凝聚力和战斗力的强大精神支柱。本文结合田东县人民检察院加强检察文化建设的实践成果以及基层检察文化建设情况,谈谈新时代基层检察文化建设的路径选择。

一、田东县检察文化建设的现状及实践成果

(一)打造"三个阵地",做好"塑形"示范

1. 打造"浸润式"文化阵地,以文塑检。学习是进步的阶梯,是推动检察事业发展的动力源泉,田东县检察院立足干警需求,多渠道建立文化阵地,筑牢干警精神高地。一是建立"检察文苑"交流互助学。配齐各类书籍2000多册,集纸质图书、电子书籍于一体,供干警阅览、借阅,经常性开展读书分享、交流活动等,真正做到内化于心、外践于行。二是建立"楼道文化"潜移默化学。按照"一楼一主题,一层一特色"的理念,在院内围栏、各楼层走廊设立文化墙,在草坪地立上宣传牌,包含社会主义核心价值观、执法理念、法律谚语、清廉格言、文明礼仪等内容交互融合,育、养、教于一体,让干警耳濡目染又潜移默化。三是筹建"院史馆"承前启后学。组织力量收集整理图片、文字,展示田东县院成立77年的风雨历程,

---

[*] 作者单位:广西壮族自治区田东县人民检察院。

集文字、图片、实物于一室，集院史陈列和荣誉展示为一体，努力把院史陈列室建设成为展示检察院发展历程和干警奋发向上精神风貌的重要窗口。同时抓好院内美化绿化亮化建设，还规划建设干警训练馆及"红湾"主题阅读体验区等，以文化人，以文塑检。

2. 打造"走心式"红色阵地，以检彰文。广西田东是一片红色的热土，是邓小平、张云逸等老一辈无产阶级革命家打响百色起义第一枪的策源地，具有丰富的红色资源和深厚的文化底蕴。田东县检察院充分挖掘红色资源的"引擎"作用。一是设立"红色课堂"。采取授课与观看红色影片相结合，院领导亲自上课，并邀请老党员、县宣讲团到院授课，饱含深情讲述党史、革命史、检察史等，不断增强干警的历史使命感和责任感。二是设立"红色广播"。利用上、下午上班时间，在院内灵活播放红色历史、红色小故事等，让党史故事"声"动人心，入脑入心。三是设立"红色线路"。依托县内丰富的红色教育基地，组织干警到右江革命纪念馆、百谷红军村、红军码头、那恒村革命史馆、邓小平在真良故居等爱国主义教育基地接受革命教育，重走红军路，重温入党誓词，树牢初心使命意识。

3. 打造"渗透式"新时代文明实践阵地，检文相融。新时代文明实践活动是宣传思想文化和精神文明建设的重要载体，田东县检察院把新时代文明实践载体作为丰富干警精神文明和文化生活的重要窗口，积极营造崇德向善、见贤思齐的良好风气。一是建立新时代文明实践所。按照"一个场所、一套制度、一个氛围、一支队伍、一套标识、一系列活动、一面宣传栏"等"七个一"规范化建设，累计开展"法律宣传进乡村·助力乡村振兴""疫情防控·干警进社区进防疫点"等各类文明实践活动100多次。二是共建乡村文明实践活动。与帮扶联系村——思林镇百笔村、定阳村结对共建文明实践活动，以"办实事、解难题、送温暖、传党恩"为主题，宣传法律法规和文明礼仪，移风易俗，清洁乡村等，传播文明、引领风尚，并多方筹措资金帮助解决村部基础设施问题，推进新时代文明实践所工作走深、走实，助力乡村振兴。三是培育志愿服务队伍。共建立法律宣讲志愿服务队、救灾应急志愿服务队、乡村振兴志愿服务队、疫情防控志愿服务队、理论宣讲志愿服务队等5支志愿服务队，形成了文明实践所"吹哨"、服务队联动、干警主动参与的生动局面。

（二）搭建"四个平台"，做好"铸魂"示范

1. 推进"互联网+"新媒体平台建设，对外宣传有"力度"。"互联网+"

新媒体是检察对外宣传的新平台、展示检察形象的新窗口、架起检民联系的新桥梁。田东县检察院扎实推进新媒体平台"智慧检务工程"建设，打造"指尖上的检察院"。一是组建工作专班压实责任。推选有写作能力且掌握互联网知识的干警组成工作专班，明晰工作职责、目标任务，培育壮大新媒体信息员队伍，严格落实教育、管理、监督、激励等机制。二是新媒体平台建设"多点开花"。不断深化完善微信、微博、手机APP、门户网站、今日头条、抖音等新媒体平台建设力度，及时更新发布检察新闻、法治动态、典型案例等资讯，并打造成为全院干警思想教育"百科全书"和提升业务技能的"知识库"。三是筑牢网络意识形态"安全防线"。成立网络舆情工作领导小组，落实专人负责，完善网络舆情的监测、收集、研判、报送和处置引导机制，严格履行新媒体平台发布信息宣传内容审批机制，做到"先审后发、文责自负"，严格把好信息发布政治关、内容关和文字关。

2. 推进"线上+线下"宣讲教育平台建设，理论武装有"深度"。理论武装工作是推进检察工作高质量发展的重要引擎，田东县检察院采取"线上+线下"多维立体式，持续强化理论武装工作。一是线上"菜单式"宣讲服务"量体裁衣"。结合阶段工作，适时将习近平法治思想、党的知识、法律知识等内容上传到内网、专网及公众号、检察群，并在一楼大厅LED大屏幕进行展播。用活用足"检答网"，充实自身"智库"。二是线下集中授课+实地观摩"有的放矢"。设立微党课、道德讲坛、普法课堂、文明礼仪、健康课堂等，既立行壮体，又提神醒脑，院领导以上率下，率先为干警授课辅导。邀请县宣讲团、专家学者系统授课，新媒体专题制作、干警主题演讲、外出参观学习等灵活多样的形式，"对症下药"，确保党的创新理论入脑入心。三是建立"一周一学一主题"机制。制定年度学习计划，列出每月学习指引、每周例会学习主题，开办"原文诵读班""专题研讨班""交流分享班""成果转化班"等，通过每周一导学、每月一研讨、每季一小结、每年一展评等方式，引导干警学思践行，知行合一，努力将学习成果转化为实践成果。

3. 推进"点+线+面"未成年人法治宣传教育平台建设，法治教育有"广度"。未成年人保护是一项系统工程，更是检察机关义不容辞的责任。田东县检察院拓宽未成年人法治宣传教育的路径，织密未成年人"保护网"。一是搭建线下法治副校长普法"一条线"。不断完善"检校共建、法护成长"等机制，院领导、员额检察官均担任城区和乡镇中小学校的"法治副校长"以及全面开展"一校一法治橱窗"活动,让"法治进校园"全覆盖无死角,组织未成年人参加模拟法庭、观摩庭审、检察开放日等主题活动,不断增强未成年人法律意识和自我保护意识。二是打造线上"智慧未检"法治宣传教育全覆盖。开通了未成年人权益保护热线——"马大姐热线",开通未成年人网络法治直播课,采取微课堂、微视频、微漫画等丰富多彩又通俗易懂的方式,不断提高未成年人法治教育的针对性、实效性。三是发挥青少年励志教育学校示范点作用。田东县于2021年建立青少年励志教育学校,这是一所对有严重不良行为、未达到刑事责任年龄但有危害社会及犯罪行为的未成年人进行教育矫治的专门学校,田东县检察院依托"检校共管"机制,积极推进与专门学校的工作衔接机制,成立"蓝星"教室,院领导亲自到校上课,以案释法等,促进涉案未成年人改过自新、回归社会。"蓝星"教室的创建活动和成效得到自治区人大有关领导的肯定。

4. 推进"12309"服务平台建设,便民利民有"温度"。12309检察服务中心是检察机关直接面向群众的服务窗口,关乎检察形象和效能。田东县检察院全面优化12309检察服务中心,打通服务群众"最后一公里"。一是精心打造12309"四位一体"集成式服务阵地。建成标准化、规范化的12309检察服务大厅、12309检察服务网络平台、12309检察服务热线、12309微信公众号,形成"信、访、网、电"全方位、全覆盖、立体式检察服务综合平台,让"数据多跑路,群众少跑腿",最大限度地方便群众、服务群众,成为对外宣传的一张靓丽名片。二是打造"12309""文秀式"服务品牌。在12309检察服务中心设立文秀先锋岗、检务导航台,开通律师、残疾人、困难群众等"绿色服务通道",专岗专人优先接待。开通"一站式"告知服务,让群众少跑腿、办成事。对涉企业案件实行"优先受理、优先移送、快速办理",最大限度减少涉案民营企业诉累。三是推进"智慧检务"多元开放。开展远程视频提审、远程视频开庭、远程接访受访,实现网上"面对面"、远程"零距离"办公办案,创新检务公开方式,常态化开展检察开放日活动,做实做细对外宣传的"窗口"。

(三)实施"五大工程",做好"赋能"示范

1. 实施"党建红+检察蓝"党建引领工程。坚持用红色锻铸检魂,为芒乡田东提供检察守护。以邓小平同志"第一脚"踏上田东这片红土地,领导开展轰轰烈烈的百色起义革命斗争精神为思想引领,树立争创"第一流"检察工作理念。创建主题鲜明、内涵深刻、措施具体、载体丰富、影

响广泛的党建工作品牌。深化拓展"循小平足迹 争创第一流"田东检察品牌，各部门结合工作实际，创造性地开展了"党旗红引领检察蓝，公平正义铸检魂"、"铸红城检魂，助民生振兴"、"党建+12309便民一站式服务"、"检察心向党，服务为人民"、"东检政能量"等"一部门一品牌一特色"创建活动，全面推动"四大检察"全面协调充分发展，成效显著。推动"党建红+检察蓝"进社区进网格"双报到"、领微心愿，积极参与疫情防控、平安建设、文明创建、民族团结示范创建、乡村振兴等工作，切实为群众办好事解难事，让"老区红"红在哪里，哪里就有"检察蓝"的身影，让党旗在基层一线高高飘扬。积极发挥党建工作品牌的示范带动效应，着力打造政治立场坚定、法治信仰鲜明、岗位技能突出的新时代党员队伍，把党支部建设成为凝聚人心、推动发展、促进和谐、提升司法公信力和党组织的战斗堡垒作用，为推动芒乡红城田东检察工作、强化队伍建设提供坚强的政治、思想和组织保障。

2. 实施"五子并行"人才培养工程。院党组高度重视对青年干警的引导和培育，通过搭梯子、引路子、结对子、压担子、给位子等"五子并行"，激励青年干警成长、成才。实施人才培养计划，制订一系列激励机制和培养管理意见，为青年干警展示自我、提升素能搭建晋升"阶梯"。通过岗位练兵、业务竞赛、跟班挂职锻炼、派驻贫困村第一书记（工作队员）、疫情防控一线值守、轮岗学习实践、列席党组会、一对一传帮带等，培养一批综合素质优良、善于处理复杂事务、能够独当一面的复合型人才，做到"青蓝相继、薪火相传"。已有1名副检察长提拔为检察长，2名干警提拔为党组成员、副检察长，3名提拔为中层正职领导岗位，有9名提拔为中层副职领导岗位。

3. 实施"提质增效"素能提升工程。制定"一三五"人才培养规划，即用一年打基础，培养一名全市优秀公诉人；用三年赶先进，培养一名全区优秀公诉人；用五年走前列，培养一名全国优秀公诉人。加强对办案人员的业务轮训，采取外出培训、实地辩论实训、出庭观摩、文书制作评查等方式，不断提升办案质效和水平，如期完成一年打基础，培养一名全市优秀公诉人的目标。同时依托检察业务应用系统、广西检察机关司法办案监督管理平台、案件信息公开系统等数据平台，严把案件管理"出入口关""监督关""质量关""审核关""公开关"，不断优化流程监控管理，深化案件质量评查，强化业务数据分析研判，细化案件信息公开工作。每月召开核心业务数据分析会，坚持问题导向，找准对策措施，提升"强项"，补齐"弱项"，消除"空白项"，连续两年全市核心业务数据排位前三，不断规范司法行为，提高办案质效，提升司法公信力。

4. 实施争先创优品牌工程。强化"单项工作争第一，全面工作创一流"的争先意识，以争创全国先进基层检察院、全国文明单位、全国文明接待室等为目标，深化开展"一部一品"活动，要求每个部门每年要争创一个先进（优秀）品牌、树立一个以上先进典型，推出一批精品案件。制定完善信息宣传、理论调研等各项奖励机制。三年来，共有30多个集体、50多名干警获得自治区、市级以上表彰。

5. 实施"五位一体"清廉检察工程。深入开展"赓续红色血脉、建设清廉检察"活动，持续推动清廉思想、制度、纪律、作风、文化"五位一体"建设，打造政治清明、检察清廉、干部清正、文化清朗、作风清新的清廉检察机关。成立工作专班，设立五个专责组，严格落实职责任务等，健全完善"一月一汇总、一季一分析、半年一会商、一年一评估"机制，制定各项廉政建设制度，建立廉政文化长廊，筹建廉政文化教育基地，落实廉政"周例会"、队伍状况"月分析"，常态化开展廉政教育、警示教育、纪律作风专项整治等。引导干警做到不踩"红线"、不越"底线"、不碰"高压线"，不断提高执法公信力。

二、当前基层检察文化建设存在的问题和不足

（一）基层检察文化阵地不足，作用较空泛化

由于经费、人员等诸多因素影响，一些基层检察院的文化阵地（基地）较少，有的没有专门的图书阅览室、文体活动室、院史馆等，或者有阵地但文化基础设施简陋，面积小，容纳率不高，图书借阅率、阅览率不高，有的活动室利用率也不高，文化阵地都没有充分发挥功能作用。

（二）基层检察文化形式单一，整体活力较不足

基层检察院由于案多事多人少的问题比较突出，加上中心工作任务繁重，面面俱到，事事参与，有时顾此失彼，活动方式淡化、弱化，活力不足，检察文化往往办不起、唱不起、舞不起、活不起，干警特别是一些年轻干警自愿参与的积极性不大。

（三）基层检察文化大多缺乏地方特色，文化品牌特色不显

一些基层检察院对检察文化重视不够，认识不足，片面认为检察文化就

是一般的思想政治教育、理论学习和文体活动以及机关美化绿化，文化基地也因大家建而建，人云亦云，忽视了精神内涵的提炼和浸润，更体现不出检察文化的导向、凝聚、激励、约束等功能作用，积淀不丰，底蕴不浓，经不起时代的考验，很少有叫得响、叫得出或者是让干部群众听得懂、记得住的检察文化品牌，特色不显，影响不大。

（四）基层检察文化机制不够健全完善，文化人才短缺，创新力不足

一些基层检察院由于人财物短缺，特别是严重缺乏文化创作等专业人才，导致文化资源优势没有得到很好转化，基本上没有健全完善检察文化目标管理、考核评价和激励制度等，没有长远建设规划，文化产品和服务短缺。缺乏传承发展意识，一些历史资料严重丢失。缺乏检察文化自信和自觉，文艺创作特别是具有特色的优秀检察文艺作品、文化精品不多，检察文化感召力、凝聚力不强。

（五）打造优秀检察自媒体力度不够，检民良性互动平台还有待加强

除了日常的检察新闻在官方网站、微博、微信等发布以外，其他宣传内容不多，特别是普及检察知识和法律文化的宣传手段不够灵活多样，检察文化的发展空间和传播渠道比较狭窄，检察文化"五进"力度不够，畅通社会宣传沟通途径也还不够到位。"12309"检民良性互动平台还未能形成多维度全方位宣传格局，检察工作社会化和检察文化传播社会化还有待加强改进。

三、推进基层检察文化建设的对策建议

（一）高起点建构检察文化制度机制，让检察文化引领人

文化的繁荣发展离不开制度的保障和护航。基层检察院要认真落实中共中央办公厅、国务院办公厅《关于加强社会主义法治文化建设的意见》、最高人民检察院《"十四五"时期检察工作发展规划》等文件精神，按照最高检、自治区和市检察院关于加强检察文化建设的要求，结合基层检察院工作实际，对标对表先进，研究制订检察文化建设规划，明确检察文化建设的目标、内容、重点、途径、方法措施等，并出台《关于加强检察文化建设的意见》及配套实施方案，强化检察文化阵地建设、创作文艺精品、打造特

色文化品牌、培养文艺人才等系列措施，高标准谋划、更合理布局，将检察文化与检察业务有效衔接，根据基层检察文化特点和资源优势，大胆探索检文相融合的途径，让检察文化作用和价值凸显出来，进一步发挥检察文化的导向引领作用。

（二）高标准夯实检察文化阵地，让检察文化塑造人

文化阵地是文化传播的主战场，是文化繁荣发展的载体和依托。上级检察机关和财政部门应从财力、文化资源等方面向基层检察院倾斜，坚持重心下移、资源下移、服务下移，把检察文化基础设施建设纳入"两房"建设范畴，进一步加大基层检察文化的硬件建设力度，力求每个基层检察院都配备有功能完备的图书室、阅览室、活动室、院史馆、荣誉室、健身室、文化广场等文化服务中心，实现基层检察院文化活动场所、体育健身器材全覆盖，不断满足基层干警文体娱乐、宣传教育等精神文化生活需求，进一步增强干警的凝聚力和感召力。

（三）高品位提炼检察文化精神，让检察文化激励人

检察文化贯穿检察工作的方方面面，是推动检察工作高质量发展的核心和灵魂，也是上下贯通、心手相连的一条直达线。基层检察院要结合发展现状，推进检察文化与本地文化资源的融合共进，大力挖掘检察文化内涵，从日常工作、价值理念、业务素养等中总结提炼出各具特色、各有优势又能深刻展示检察形象的基层检察精神，既丰富法治精神的时代内涵，又构筑新的精神高地。同时着力打造具有地方特色且有强大影响力的核心检察文化品牌。并通过新媒体宣传平台，不断扩大检察精神、检察文化品牌的传播力和影响力，为检察高质量发展提供智力支持和精神动力。

（四）高效能打造检察新媒体传播矩阵，让检察文化鼓舞人

信息化和数字化是当今时代的显著特征，以计算机网络为依托的电子信息技术，为传统文化的数字化保存、传播和创新，创造了前所未有的机遇和空间，也为数字经济的发展创造了良好条件。基层检察院要紧紧抓住新媒体迅猛发展的良好机遇，主动适应传播格局新变化、传媒技术新发展，以现代网络信息技术和数字化技术为强大支撑，整合官方网站、微博、微信、移动客户端、今日头条、抖音等新媒体矩阵，加强与基层融媒体中心、政法新媒体的资源共享和联通互动，创建检察文化数字博物馆、展览馆等，积极构建多元化多层次检察文化传播格局。同时培育壮大检察新媒体管理员队伍、网

军队伍、信息员队伍，采取多手段、多维度的新媒体传播技术，多范围多层次传播检察好声音，传递检察正能量，为基层长治久安提供强大精神动力和有力舆论支持。

（五）高水平创作一批精品力作，让检察文化感染人

检察文化的繁荣发展关键靠人才。基层检察院要加强与基层文联、社科联等部门的联系沟通，积极开展丰富多彩的群体性文化活动，通过采风创作、对外交流、教育培训、检察夏令营等方式，大力培养检察复合型人才。并利用人才优势，采取"借锅下米""借鸡生蛋"方式，变"送文化"为"种文化"，不断提升文化人才队伍能力和水平，传承和推动检察文化发展。制定激励选用机制，鼓励文艺创作和文化理论研究，组织干警深入一线，紧密结合检察工作主题，创作出一批主题鲜明、内涵深刻的优秀歌曲、快板、诗歌、小说、报告文学以及美术、摄影作品等，制作出一批形式新颖、各具特色的微电影、短视频、检察漫画、检察图册、检察直播等优秀检察文艺作品，积极唱响检察声音、讲好检察故事、树立检察形象、传播检察正能量。

文化是民族的血脉，是人民的精神家园。检察文化建设是一项长期系统工程，不可能一蹴而就，需要全体检察人员共同努力、持之以恒，内化于心、外践于行，切实让文化"软实力"变成检察工作的"硬实力"，持续推动检察事业高质量发展。

廉洁文化建设对基层检察事业的价值和完善路径

戴丽萍[*]

廉洁文化建设是加强党风廉政建设全面从严治党的基本要求和重要方式，是来源于实践，在实践中丰富、深化和创新的重要理论，与各行业业务的发展是融合共进的关系。检察机关是我国法律监督机关和司法机关，必须要深入学习贯彻廉洁文化，提高法律监督和司法办案水平。基层检察机关是接触人民群众最多最广的层级，是服务人民群众、促进经济社会高质量发展的重要环节，必须抓好学习贯彻廉洁文化的关键，展示良好的检察形象，依法全面能动履职，通过实现检察事业高质量发展不断满足人民群众对美好生活的新期待。

一、廉洁文化培育的重要价值

（一）落实从严治党的要求

"坚持党对检察工作的绝对领导"是新时代检察工作的基本定位，也是人民和历史的选择。基层检察机关在依法履职中，首先，要明确检察工作必须坚持党的领导，把党的领导贯彻到基层检察工作的各方面全过程，避免党的政治建设与业务"两张皮"的情况，必须要做到"两融合双提升"，促进廉洁文化和检察业务协同发展。其次，要深入理解和明确政治和法治、改革和法治等关系，善于运用廉洁文化的基础作用统筹指导处理各项工作关系，在实践中既要注重业务学习，更要注重政治理论学习，注重加强党风廉政建设，注重运用廉洁文化对其他理论知识的统筹，建立新时代检察人科学的、全面的以廉洁文化为基底，各种检察文化相辅相成、各业务知识融合发展的

---

[*] 作者单位：广西壮族自治区北海市人民检察院。

"知识树"。最后，要统筹学习《中国共产党政法工作条例》等法律法规内容，依法依规履职，《中国共产党政法工作条例》贯彻廉洁治警的法治成果和创新的党内法规，学习贯彻《中国共产党政法工作条例》，就是坚持党对检察工作的绝对领导，就是不断贯彻落实政治要求。把从严治党当作检察事业发展的中心点，就要把党的各种廉政要求贯彻到检察工作中，廉洁文化是其中起到基础性、全面性的措施，是实现"不想腐"的重要方式。因此基层检察机关必须筑牢廉洁文化，真正把从严治党落实到文化中、检察基因中来。

（二）服务保障经济社会高质量发展的前提

习近平总书记指出，发展是解决中国所有问题的关键，也是中国共产党执政兴国的第一要务。"检察机关是政治性极强的业务机关"，检察机关政治性的体现需要立足扎实的司法办案，必须发挥职能，把推进高质量发展和高水平安全作为工作的重中之重，不断促进经济社会发展。但长期以来，基层检察机关存在思维模式固化单一、系统思维不足的情况，不能很好地适应经济社会发展需要，不能更好地为经济发展提供与时俱进的服务。归根结底，是文化育检存在不足，廉洁文化导向不足。因此，基层检察机关必须把服务发展大局作为检察工作的着力点。首先，要把检察工作放在发展全局中谋划。检察工作绝不是、也绝不能孤立地开展，它必须和全局发展同向发力，防止在工作中出现只顾自己一亩三分地，对整体社会发展等考虑不全面，工作抓不住重点等问题，特别是防止出现对需要全局配合等事项支持不够、配合不够的问题。因此，基层检察工作要想科学开展，必须要深入抓好党风廉政建设，在"指明灯"的引领下从有利于全局发展中谋篇布局。其次，基层检察机关、检察人员要有服务和保障意识。检察工作不是简单的法律监督、司法办案，而是和人民群众息息相关、和经济社会发展息息相关的事业，必须要在司法办案中彰显温度和担当，有智慧、有水平，服务人民群众，保障经济社会高质量发展。最后，要与党委政府中心工作同频共振。善于找准找实检察工作服务发展大局的实际举措，切实增强检察服务的精准性、高效性，在司法办案中要有政治智慧，运用好捕、诉职能营造良好的法治化营商环境，发挥好公益诉讼等职能，平衡好经济发展和环境保护之间的关系，为经济社会各项事业发展提供高质量检察产品。

（三）坚持以人民为中心的体现

廉洁是保证基层检察机关同人民群众血肉联系的关键。坚持以人民为中心是廉洁文化的核心要义,也是全面推进依法治国的重要保证。要深入贯彻廉洁文化,把以人民为中心作为开展司法办案的出发点是关键。为什么要以人民为中心,习近平总书记曾多次作出重要论述,就法治层面而言,全面依法治国最广泛、最深厚的基础是人民,必须坚持为了人民,依靠人民,因此坚持以人民为中心,是检察工作的根本立场。以人民为中心,不是理论上说,而是要落实到基层检察的方方面面。首先,检察人员应坚定理想信念,坚守职责,将人民装在心里。我们党的初心和使命就是为中国人民谋幸福、为中华民族谋复兴,这当然也是所有检察人员的职责和使命。其次,基层检察机关与人民群众接触最密切,必须坚持专门工作和群众路线相结合,着眼于通过司法办案维护群众利益,结合工作职责,一方面要忠于职守清正廉洁,另一方面要与时俱进,根据新形势新任务新要求,在工作职权范围内适时增加或调整事关群众权益方面的具体内容,如发挥好民事检察职能,为人民群众守好合法权益。最后,基层检察机关工作应在保障民生、维护民生、服务民生上下功夫,对群众反映强烈的突出问题要加快解决,特别是对一些影响社会稳定的大案要案、突出违法犯罪、黑恶势力等,要始终保持高压严打态势,坚决杜绝"金钱案""人情案",通过实实在在的办案为人民司法。

(四)发挥"利剑"作用的要求

"检察机关是业务性极强的政治机关",党手中的"利剑",必须是"干净的剑"。维护社会稳定保障国家政权安全是检察机关第一要务,检察机关特别是基层检察机关,必须提高政治站位,提高办案水平,"要切实维护好国家安全、社会安定、人民安宁的重大责任,让人民群众切实感受到公平正义就在身边"。基层检察机关面临的社会矛盾频繁、复杂、尖锐,因此检察机关必须要恪尽职守、清清白白,充分发挥法律监督作用,维护好社会稳定。首先,要在司法办案中坚持总体国家安全观,对相关案件,要严把质量关、证据关,做好对接沟通,把国家安全置于发展全局中统筹谋划,维护好国家政权安全、制度安全、意识形态安全等。其次,要配合好和相关侦查机关统筹运用多种方法手段,强化社会治理的整体性和协同性,综合施策,精准施策,实现对影响社会稳定的各类难题的综合治理、有效治理。最后,要统筹协调,推动有关方面资源整合、力量融合、功能聚合,全力消除各种不安全不稳定因素,维护社会公平正义。

二、基层检察机关廉洁文化建设的应然状态

（一）将廉洁文化贯彻到基层检察工作的各方面全过程

"廉洁文化"于 2022 年 1 月 18 日在十九届中央纪委第六次全会上，习近平总书记首次明确提出。随后，党中央出台《关于加强新时代廉洁文化建设的意见》，要求全党建设廉洁文化，推进全面从严治党向纵深发展。因此，检察机关特别是基层检察机关，必须要以廉洁文化为指导，将其贯彻到司法办案工作的全过程各方面，全面指导法律监督和司法实践。首先，基层检察机关党组要发挥好领导职能作用，通过多种方式培育好廉洁文化，确保所有检察人员都接受到马克思传统理论和我国廉洁文化的熏陶教育，带领检察人员认真贯彻落实好党中央和习近平总书记关于检察工作的有关精神和重要指示批示，对"四大检察"涉及的各类案件事件，"守正创新"，全面做好指导、支持、督促等工作。其次，办案人员在司法实践中要保持初心以廉为本，善于将廉洁文化和本地区、本部门工作实际结合起来，通过创造性工作，更好地促进社会公平正义，更好地维护群众的合法权益。最后，上级检察机关、基层检察机关党组要将检察机关、检察人员贯彻落实廉洁文化，党建与业务融合情况纳入考评体系，明确对个人发展的评价指标和意义，通过领导、促进，确保基层检察机关能不折不扣贯彻落实并实践好廉洁文化。

（二）将廉洁文化作为提升司法质效和公信力的指引

事实证明，只有重视将廉洁文化融入党建，将党建和廉洁文化融入到检察工作的方方面面，才能真正提高检察战斗力。实践中不重视廉洁文化的培育和应用，会导致业务质效和质量反复，因此要全面持续提升司法质效和公信力，就要加强党建，加强廉洁文化，全面贯彻落实从严治党要求，就要做到廉洁文化与检察业务协同发展。文化业务协同发展是检察事业的根本推力和前进方向，只有将"党旗插在业务一线"，才能从根本上提高检察业务质效。只有真正抓好廉政建设，培养出一批党性强、能发挥战斗堡垒作用、善于运用党的理论指导检察工作的检察干警，才能把业务能力作为行动力量，才能实现廉洁文化与检察业务融合发展，才能从根源上提高各项检察业务。涉及具体方法时，就要在廉洁文化引领下，全面加强党建，建立司法责任制，健全诉讼制度体系，打造一支过硬的党员干部检察队伍，确保案件的质效和公信力。

（三）以高质量检察产品服务保障经济社会高质量发展

随着经济社会的不断发展，我国对于法治建设到了"精耕细作"的时期，需要更高质量的检察服务促进我国经济高质量发展，满足人民群众对美好生活的期待。基层检察机关与人民群众接触最密切，司法办案对经济社会发展影响最直接，因此需要不断贯彻廉洁文化，"守正创新"高质量推进检察工作。在实践中，一是精准办案，为经济高质量发展提供前沿护航，创新完善有利于执法司法政策措施，为推动经济高质量发展提供优质政策先导，全面贯彻落实宽严相济刑事政策，积极探索企业合规不起诉制度，通过积极负责、精准高效的办案护航经济社会发展。二是加强对安全生产、疫情防控、市场秩序等重点领域的司法办案，为经济高质量发展提供安全的市场环境，确保市场主体安全生产、安心工作。全面落实各项法律政策，立足案件证据事实、又能跳出案件视野办案，做到从全局出发、从疫情防控出发、从经济社会发展出发、从人民的利益出发主动办案，提供高质量检察产品。三是着力提升政法服务能力，为经济高质量发展提供重要保障，不断优化营商法治环境，不断完善知识产权保护体系，推进反暴利、反不正当竞争等领域司法力度，在安商惠企方面不断推出便利措施等，尽一切可能为市场主体服务好，让市场主体安心经营、放手发展。

三、基层检察机关廉洁文化和检察业务融合发展路径

（一）人财物倾斜更注重基层检察机关廉洁文化培育

基层检察机关面临各类社会问题，是源头治理化解各类社会矛盾，保障经济社会平稳发展的重要力量。习近平总书记多次强调要树立大抓基层、大抓基础的导向。因此，上级检察机关要提高基层检察机关能力，首先就要培育好廉洁文化。从"案件不出问题""人员不出问题"开始，到"案件高质量办理""检察队伍综合素质过硬"，让廉洁文化在基层落地生根，全面持续地积极地影响着检察事业的发展。实践中必须要直接或推动相关部门支持基层检察工作做实、做牢、做稳，形成强有力的检察队伍，在一线化解和减少社会上的不安全、不稳定因素，减少日常生活中的各种矛盾、冲突，并通过法律监督减少各种违法违规行为、枉法裁判等情形，奠定和谐社会的坚实基础。当前我国处于百年未有之大变局，国际形势复杂多变，国内深化改革进入攻坚期，整个社会进入信息化网络化时代，社会各种风险隐患、矛盾易

发多发，影响社会安定的因素也在增多，疫情防控带来了一些新问题等，都对检察工作提出了更高的要求。因此需要对基层检察机关予以充分支持。一是科学统筹部署。按照地方实际情况对检察人财物进行部署布局，强调长远发展做实文化培育，减少"工具式"工程，进一步细化基层工作体系，坚持基层检察工作开展的科学性、完整性、规范性，帮助基层检察机关建立完善科学高效的文化基调和工作模式，对业务量大的基层检察院，在人员编制、员额检察官名额、经费、绩效奖金、车辆等方面予以支持，帮助协调组织人事财政部门解决实际难题。二是建立科学高效的矛盾化解模式。对重复信访、信访积案等，要加大治理力度，更要统筹处理，与信访等单位建立工作机制，通过工作机制分流来信来访，并实现矛盾纠纷联动化解，让基层检察机关能集中力量开展司法办案。三是开展各类培训练兵，开展人员挂职交流，全面提升司法办案能力水平。基层检察机关必须培养重程序、讲规矩的理念和氛围，加强法律政策学习，强化队伍纪律，同时通过各条线业务培训，不断提高业务能力；实现人员挂职交流，不断更新理念，注入新活力；加大对基层检察队伍人员培训，不断提升队伍人员政治素养、职业素养，提升队伍法律服务能力，担得起促进经济高质量发展的任务。四是加强基层院班子建设，畅通职业晋升通道，要将检察人员基层工作履历、工作业绩作为职务、职级晋升的考核依据等，实现区域内一盘棋。

（二）推动基层检察机关履职创新发展

基层是社会治理的前沿堡垒，基层社会治理是社会治理的重中之重。基层检察机关是基层治理的重要力量，要"守正创新"，推动各项工作高质量发展。检察机关在基层治理中的定位是把握方向、化解矛盾、保驾护航，基层社会治理纷繁复杂，这就要求基层检察工作不断创新发展适应形势需要。比如，在社区纠正时，充分利用好科技发展成果，将科技发展成果化作更多更好的便民利企措施；在办理涉企案件时，要创新工作方式方法，既惩治犯罪，又保障企业发展，保障市场主体发展，满足人民群众需求。又如，防范和化解矛盾和风险方面，可以采取多元化解决纠纷的方式，通过优化分层治理，根据矛盾大小将矛盾化解在网格、基层、市域等不同层次，提高防范化解矛盾和风险的效能。再比如，在基层治理中，检察机关推动人民群众参与社会治理，打造共建共治共享的社会治理格局，也可以不断优化法律服务和法治产品等。基层检察工作要高质量发展，一定要做好基层群众工作。一是心中有群众，把群众所急、所想、所难问题当作大事来抓，及时回应和维护群众合理合法诉求。二是行动依靠群众，坚持问题导向，深入群众和依靠群众，利用群众的力量解决问题。三是提高法治服务质量，发挥好"四大检察"职能，不断提高检察履职效能，不断满足人民群众对美好生活的追求，同时要不断加强政治建设、能力作风建设等，固根本，强基础，抓长远，夯实做好群众工作的坚实基础。

（三）不断丰富文化业务融合方式实现高质量发展

廉洁文化是基层检察机关高质量发展的保证，也是贯彻落实从严治党的题中之义。因此基层检察机关要不断在实践中创新和发展文化业务融合工作方法。赋予文化和业务融合本地、本单位特色，将业务质效打造成党建品牌，将党建品牌具化为各项检察业务。挖掘本地特色和检察工作特点亮点，打造本地、本系统品牌，如北海检察机关围绕保护向海经济开展文化业务融合，主动服务地方党委政府大局，在海洋司法环境保护、跨区域司法协同、加强海事审判监督等方面着手，打造"北部湾检察""海上枫桥经验"等品牌；在检察业务特色上，刑事检察方面打造"党建+诉源治理"品牌，公益诉讼方面打造红树林和红色资源的"双红品牌"，通过实实在在的创新，创造文化业务融合发展示范点。创新开展"四大检察"，在全面落实中央和上级检察机关相关政策时，创新开展廉洁文化和业务融合工作，赋予文化业务新的定义。如在落实认罪认罚从宽、诉源治理等政策和制度时，从根源上化解社会矛盾，在基层末梢全面落实党的决策，在政策落实过程中实现文化和业务融合发展。

四、结语

廉洁文化建设不是基层检察机关发展的"额外工作"，而是助推发展的内生动力，只有真正根植廉洁，不断弘扬和践行忠诚可靠、公道正派、诚实守信的价值观，严格遵守政治规矩和廉洁纪律，主动崇德尚廉、反贪拒腐，在司法办案中守好初心使命，才能在法治建设中彰显检察担当。

检察机关在法治文化建设中的使命担当

李永航[*]

钱穆先生说:"一切问题,由文化问题产生;一切问题,由文化问题解决。"有什么样的文化,就会有什么样的法治状态。我国建设社会主义法治国家必然需要营造一个好的文化环境。近年来,党中央高度重视法治文化建设。党的十八届四中全会《关于全面推进依法治国若干重大问题的决定》中提出:"必须弘扬社会主义法治精神,建设社会主义法治文化。"2021年4月,中共中央办公厅、国务院办公厅印发的《关于加强社会主义法治文化建设的意见》把社会主义法治文化建设作为建设中国特色社会主义法治体系、建设社会主义法治国家的战略性、基础性工作和建设社会主义文化强国的重要内容。可见,法治文化建设对我国法治建设的意义之重大。法治文化建设是一项系统工程,需要社会各界的共同努力。检察机关作为我国的法律监督机关和司法机关,是我国法治建设的重要力量,在我国法治文化建设中必然要担负重要的使命和责任。本文在思考法治文化内涵的基础上,将重点研究检察机关在法治文化建设中应发挥什么样的作用,以及检察机关推进法治文化建设的路径。

一、法治文化的内涵

早在20世纪90年代,理论界就开始了对法治文化问题进行研究,许多学者从不同视角对法治文化的内涵进行界定。周友苏教授将法治文化分为广义的法治文化和狭义的法治文化。认为广义的法治文化是指法律现象;狭义的法治文化是指法律现象中的精神部分,包括人们的法律观念、法律思想、法律意识、法律价值取向等内容。通常意义上的法治文化是指狭义的法治文化。刘斌教授将法治文化分为隐性法治文化和显性法治文化。隐性法治文化

---

[*] 作者单位:重庆市江北区人民检察院。

是指溶注在人们心底和行为方式中的法治意识、法治原则、法治精神、法律行为及其价值追求。显性法治文化则主要包括法律制度、法律组织、法律行为和法律设施。李林教授认为，法治文化主要包括作为精神文明成果的法治文化、作为制度文明成果的法治文化和作为社会行为方式的法治文化。梁平教授将法治文化分为三个层面：一是物化的法治文化；二是法律规范和法律制度；三是社会公众的法治观念。党的十七届六中全会提出："加强法制宣传教育，弘扬社会主义法治精神……提高全民法律素质，推动人人学法尊法守法用法，维护法律权威和社会公平正义。"李德顺教授认为，这些内容成为现实，便形成一种社会性的法治文化。上述学者对法治文化内涵的界定存在一定的共同之处，那就是均认为法治文化包括法治精神、法治意识、法治理念等精神层面内容。只不过对于法治文化是否包含精神层面以外的法律制度、法律设施、法律行为等内容，以及如何对精神层面以外的内容进行分类，各位学者持不同的观点。

周友苏教授、刘斌教授、李林教授和梁平教授对法治文化内涵的界定，实际上是用法治用文化的外延和特征来框定法治，有学者将这种对界定法治文化内涵的方式称之为"法治的文化化"。这种对法治文化的界定方式存在最大的问题，就是容易混淆法治文化与法律文化、法制文化、司法文化等概念，很难将其作出明确区分。相比上述其他几位教授的观点，笔者更为赞同李德顺教授关于法治文化内涵的理解，法治文化是精神层面的概念，主要是指法治社会所应有的一种文化氛围，法律的权威和法治理念在全社会得以树立，尊法学法守法用法的法治氛围在全社会得以形成。法治文化是法治社会建设的重要基础，法治社会的建成必然是以法治文化的形成为前提。习近平总书记在党的二十大报告中提到的"引导全体人民做社会主义法治的忠实崇尚者、自觉遵守者、坚定捍卫者"，"努力让尊法学法守法用法在全社会蔚然成风"，实质上指的就是法治文化建设。

"法治文化"是与"人治文化"相对立的一种政治文化类型。法治文化的核心是追求社会公平正义。与人治文化相比，法治文化中人们普遍具有以下四种意识：一是崇尚法律的意识。宪法和法律具有绝对的权威，社会各阶层普遍崇尚法律，公权力必须在法治轨道下运行已成为全社会的共识。二是遵守法律的意识。法律成为人们政治、经济和社会生活的基本遵循，人们普遍敬畏法律，具有自觉遵守法律的意识。三是运用法律的意识。当合法权益遭受不法侵害时，人们普遍具有运用法律手段维护自身权益的意识；当遇到纠纷争端时，人们普遍具有运用法律手段解决问题的意识。四是维护法律的意识。法治已成为人们的基本生活方式，能够自觉抵制违法行为，自觉维护法律的权威。

在理解法治文化内涵时，应当注意以下三点：一是注意区分法治文化与法律文化、司法文化。法律文化的外延要大于法治文化，二者是包含与被包含之间的关系；而法治文化与司法文化在外延上存在交叉，二者同属于法律文化的范畴。法律规范、法律制度、法律设施属于法律文化，但不属于法治文化；法袍、审判制度、检察史属于司法文化和法律文化，但不属于法治文化。二是法治文化不同于法治文化产品。反映法治内容的影视剧、小说等虽然能够起到传播法治观念和法治思想的作用，但其实质上属于文化产品，不属于法治文化。将法治文化产品视为法治文化，实质上是将文化法治化的做法。三是法治文化不等同于以法治的方式保护文化产品或文化产业。法治文化是一个整体概念，不能把"法治"和"文化"割裂来看，通过法治方式保护文化产业属于文化保护，但不属于法治文化。

法治文化有利于社会主义核心价值观的确立，有利于中国社会主义法律体系的完善，有利于法治行为习惯的养成。然而，法治文化建设是一个长期过程，绝非一朝一夕所能完成的。当前，我国法治文化建设的关键在于：加强对公权力的制约监督，树立法律在政治、经济和社会生活中的绝对权威；提升司法公信力，增强公民对法治的信心，破解"信访不信法"的问题；提高社会公众的法律素养，增强社会公众的法治意识，提高公众运用法律途径解决问题的意识。

二、检察机关在法治文化建设中的使命

法治文化与法治实践是相辅相成的关系，法治实践离不开法治文化的浸润，法治实践可以涵养法治文化。在我国法治文化建设中，检察机关应结合检察工作积极担当作为，发挥职能作用，担负起应有的职责使命。具体而言：

（一）以公正司法践行法治精神

公平正义是法治文化的核心价值追求，司法公正是社会公平正义的最后一道防线。公正司法是法治文化建设的根基，对法律权威的树立和法律信仰的形成起到至关重要的作用。当犯罪者受到应有的惩处，无辜者得到应有的保护，正义得以伸张，法律得以正确实施，人民群众能够从司法案件办理中

感受到公平正义。久而久之，法律权威必然得以树立，法律信仰必然树立。反之，司法不公是对法治文化最大的破坏，如果人民群众在司法案件中感受到司法不公，司法机关的公信力必然大打折扣，法律的权威难以树立，法律信仰更难以形成。因此，检察机关在法治文化建设中最基础的工作就是通过公正司法传播法治理念，增强人民群众对法治的信心，培育其法治信仰；通过公正司法传播法律知识，提升公民的法律素养。具体而言，在实体上，主要体现在准确定罪量刑上，要让犯罪者受到应有的惩处，让无辜者不被错误追诉，要为蒙冤者提供充分的救济；在程序上，要尊重和保障被追诉人、被害人等诉讼参与人的诉讼权益，要让人民群众在检察办案过程中感受到公平正义。

（二）以法律监督维护法律权威

法治文化的形成首先取决于公权力行使主体能否真正遵守法律至上原则，是否具备法治意识，能否切实将依法办事作为自觉的行为，这是能否落实依法治国方略的关键。法治文化建设最大的症结就是权力滥用。权力制衡与监督原则是当代法治文化的主要原则之一。要防止滥用权力，就必须以权力制约权力。检察机关作为我国的法律监督机关，负有对侦查权、审判权及其他公权力的制约监督职责，这也是检察权有别于其他公权力的特殊价值。检察机关开展法律监督的根本目的就是防止侦查权、审判权等公权力的恣意滥用，确保国家法律的统一正确实施。检察机关开展法律监督工作主要是通过抗诉、制发纠正违法通知书、检察建议等方式，针对审判机关、侦查机关、行政机关违法行使职权行为提出监督意见，纠正违法的处理决定，为诉讼参与人提供相应的救济，最终消解不公正的公权力处理决定对人民群众带来的负面社会影响，重塑司法公信力，维护法律权威效果。

（三）以法治宣传增强法治意识

法治文化形成最为显著的标志，就是社会成员办事依法、遇事找法、解决问题靠法的法治环境的形成，尊法学法守法用法在全社会蔚然成风。但目前我国社会大众法律素养仍需提升，社会大众学法守法用法的氛围还不浓厚。这就需要加大法治宣传力度，以增强公民的法治意识，提升公民的法律素养。法治宣传是一项系统工程，需要司法机关、执法机关的共同努力；法治宣传工作也是一项长期工程，短时间内很难取得实效。检察机关是我国法治宣传大格局中的重要组成部分，应当结合检察工作，落实法治宣传责任，通过法治宣传培育公民的法治意识。积极开展法治进校园、进社区、进企业等活动。检察机关开展法治宣传，应当认识到法治宣传有别于法制宣传，法治宣传包括但不仅限于普法宣传，不应局限于犯罪预防和教授公民防范受到犯罪侵害，法治宣传应当重点着眼于以下几点：一是传播法律知识，提升公民法律素质，引导公民办事依法、遇事找法、解决问题靠法；二是培育人民群众的法治信仰，使其认识到建设法治国家的重大意义，增强社会公众维护法治的使命感和责任感，并自觉抵制违法行为；三是讲好法治故事，传播法治理念，让人民群众感受到公平正义，通过法治宣传进一步提升司法公信力，从而筑牢公民崇法、信法、守法的理念。检察机关应当增强法治宣传的使命感和责任感，除了开展专门的法治宣传活动以外，还可以将法治宣传工作融入具体的检察工作中，如信访矛盾化解、检察听证、释法说理等。

（四）以改革创新引领法治进步

在法治文化建设的过程中，检察官不仅要做到准确适用法律，履行好法律监督职责，做好办案法律"工匠"工作，从深远的意义上讲，还应引领法治进步，推动良法善治。"检察官既是犯罪的追诉者，也是无辜的保护者，更要努力成为中国特色社会主义法律意识和法治进步的引领者。"检察机关引领法治进步的方式主要有三种：一是通过案件办理引领法治进步。在办理社会影响较大的案件时，通过创造性地适用法律，实现案件办理的实质正义，并以此推动司法解释的制定、健全和完善。如检察机关办理陆某销售假药案，引发了社会对"未经批准生产、进口、检验的药品"是否应当界定为假药的思考，推动了《药品管理法》的修改；再如检察机关通过提前介入昆山反杀案，并同意公安机关撤销案件的处理决定，引发社会对正当防卫界定的广泛关注，并推动了正当防卫相关司法解释的出台。二是通过制度创新引领法治进步。根据法治思维和法治原则，在诉讼制度和工作机制上创新，使诉讼参与人的相关权利得以充分保障，案件得以公正处理，并以此推动相关立法的完善。三是通过检察制度改革引领法治发展。深入开展司法责任制改革，优化检察权的运行方式，使检察权能够按照法治方式运行，以此推动法治进步。

三、检察机关推进法治文化建设的具体路径

检察机关推进法治文化建设，实质上是"践行法治精神—传播法治思想—引领法治进步"的循环往复过程。在推进全面依法治国的大背景下，

应当增强责任感和使命感,将检察工作摆入法治中国建设的大局中考虑。

(一) 加强法治队伍建设

"打铁还需自身硬。"法治人才队伍建设是检察机关推进法治文化建设的前提基础,检察机关只有建设一支过硬的法治人才队伍,才能够生产出符合人民群众需求的法治产品,才能履行好法治文化建设中的使命责任。首先,要筑牢检察干警的法治信仰。作为司法者和法律监督者,检察官要以建设社会主义法治国家为使命担当,以实现公平正义为己任,办案中恪守检察官的客观义务,坚持宪法、法律至上。检察官唯有坚定法治信仰,坚持法治初心,在面对权势、金钱、人情、关系时,才能够抵得住诱惑,扛得住干扰,才能真正做到践行公平正义。其次,应提升检察干警的业务水平。检察干警的专业水平决定了办案质效和监督效果,也会影响人民群众对公平正义的感受,最终决定了检察机关法治文化建设水平。检察机关应当以举办培训班、邀请学者讲座、案例研讨班、业务竞赛等形式提升检察干警的业务水平,以确保其在办案中能够实现实体正义和程序正义。要注重提升定罪量刑的精准度,也要注意提升检察干警释法说理能力,提升检察干警发现法律监督线索的敏锐性,提升法治宣传水平。最后,要优化内部制约监督体系。加强案件管理部门、控告申诉部门、检务督察部门、纪检组在线索移送、案件审查等方面的协作配合。探索跨辖区执法督察、不同基层检察机关交叉检查、借助地方政府审计机构力量、购买社会服务等方式方法,有效破解"熟人社会"的监督难题。

(二) 提高人权保障水平

尊重和保障人权是法治文化的应有之义,检察机关加强法治文化建设,必然要注重提升人权保障水平。就目前检察工作而言,检察机关应当着重从以下几个方面提高人权保障水平:一是认真落实宽严相济刑事政策。羁押率也直接说明了司法机关的文明进度和人权观念,折射出侦查机关的办案能力和自信程度。落实宽严相济刑事政策,推进非羁押强制措施的适用,是"推进国家治理体系和治理能力现代化"的总体要求,是以人民为中心的习近平法治思想的体现,是无罪推定原则的要求,有助于被追诉人充分有效行使辩护权,减少羁押决定对起诉和量刑的影响,保障案件的公正处理,有助于减少司法成本、节约司法资源。检察机关应严格把握社会危险性的认定标准,通过非羁押码、电子手环等机制完善取保候审的诉讼保障功能,实行羁押必要性审查实质化，对被羁押者提供有效救济，以降低羁押率，推进非羁押强制措施的适用率。二是保障被追诉人获得有效法律帮助的权利。在办理认罪认罚案件中，要履行好主导责任，对于没有律师的被追诉人，应当为其提供律师，并为律师知情权、会见、提供法律咨询、参与量刑协商提供必要的便利条件，以保障被追诉人认罪认罚的自愿性、真实性和合法性。三是保障律师阅卷、会见等诉讼权利。探索互联网阅卷制度和异地阅卷制度，为律师充分行使诉讼权利提供必要的便利，通过专项流程监控等方式，对于不及时听取律师意见，怠于处理律师变更强制措施申请的，及时提出监督意见，对公安司法机关故意阻碍律师行使诉讼权利的及时监督纠正。四是加大侵财犯罪案件追赃挽损力度。在财产犯罪案件中，对被害人和被害单位权益最大的保障莫过于惩治犯罪和追赃挽损，追赃挽损有助于提高人民群众的安全感和获得感，有助于彰显公平正义和提高司法公信力。

（三）充分发挥各项法律监督职能

2021年6月，中共中央印发了《中共中央关于加强新时代检察机关法律监督工作的意见》，就加强新时代检察机关法律监督工作提出了相关要求。充分发挥法律监督职能，提升法律监督质效，是检察机关在推进全面依法治国、建设社会主义法治国家的使命责任，是建设社会主义法治文化的重要途径。当前，检察机关充分发挥法律监督职能，应着重做好以下几点：首先，要持续完善侦查监督与协作配合机制，加强侦查监督工作。通过侦查监督与协作配合办公室延伸侦查监督工作的时空维度，拓宽监督线索发现渠道，既要注重对"应当立案而不立案""不应当立案而立案"等实体法问题的监督，也要注重对"违法适用刑事拘留措施""不当延长刑事拘留期限"等程序法问题的监督。市、县检察机关要配精配强派驻检察人员，并保障其有充足的时间履行监督职责，夯实派驻检察之基；上级检察机关应帮助破解信息共享难题，避免监督线索的获取受制于被监督者，并加强业务督导。其次，要进一步加强审判监督工作。既要注重运用抗诉、再审检察建议等方式及时纠正定罪量刑明显不当等实体法问题，也要注重通过制发纠正违法通知纠正审判机关不当中止审理、延期审理等程序法问题。要完善刑事申诉制度，健全冤假错案的及时纠正机制，确保公平正义不缺席、不迟到。与法院建立民事审判和行政审判信息共享机制，拓宽行政诉讼监督和民事诉讼监督渠道。最后，要深化两法衔接和公益诉讼制度，加强对行政机关的监督。深化行政执法与刑事司法衔接信息共享机制，建立公益诉讼检察与行政执法信息共享机制，通过制发检察建议等方式推进行政机关依法履职，维护行政相对人的合法权益。

（四）加强法治宣传教育

法治宣传是法治文化建设的重要措施，是提升公民法律素养、增强公民法治意识的重要手段。检察机关应充分认识法治宣传的价值意义，高度重视法治宣传工作，加大法治宣传力度，突出法治宣传重点。把普法教育和传播法治理念相结合，既要传播法律知识提升社会公众的法律素质，教授民众遇到问题如何通过法治方式解决，也要传播法治理念培育公民崇法、信法、护法的精神。要丰富法治宣传方式，通过法治宣讲、法律咨询、制作法治短视频、法治文艺汇演等多种形式对人民群众开展法治宣传，普法方式务必要贴近生活，寓教于乐。普法宣传要结合人们常见的法律问题开展，要根据宣传对象的不同调整法治宣传内容，如针对青少年要从预防青少年犯罪和青少年保护的角度开展法治宣讲，针对政府工作人员，要从依法行政的角度开展法治宣讲，针对企业，要从如何规避法律风险的角度开展法治宣讲；针对社区居民，要从如何运用法治手段解决问题的角度开展法治宣讲。要让普通民众能够接近法律，切实地感受到法的存在，并成为文化生活的一项重要内容。要注重正面典型宣传与反面典型警示相结合，既要宣传弘扬法治精神的典型事迹，如张飚检察官依法履职促进张氏叔侄案的纠正，也要宣传徇私枉法者被惩治的案例。法治宣传要注重青少年法治思想的培育。

（五）深化检察制度改革

检察制度改革是检察机关引领法治进步，推动法治文化建设的重要方式。近年来，我国检察制度改革虽然取得了一定的成效，但仍需进一步深化。检察机关深化检察改革要遵循以下两项原则：一是要坚持法治思维，改革措施要符合法治原则，要遵循司法规律。检察制度改革应以更好地维护宪法法律权威为遵循，更好地实现公平正义，更好地提高诉讼效率。二是要坚持问题导向，要着力解决实践中客观存在的影响司法公正、有碍诉讼效率、制约检察职能发挥的问题，检察制度改革要以提高人权保障水平，促进公平正义，优化权力运行方式为目标。当前，我国检察机关应当着重做好以下几项工作：一是深化认罪认罚从宽制度改革。认罪认罚案件占检察机关办理审查起诉案件的85%以上，在量刑协商过程中，检察机关要履行好主导责任，切实保障被追诉人认罪认罚的自愿性、真实性、合法性，保障被追诉人获得有效的法律帮助，实现司法公正与诉讼效率的有效平衡。二是推进企业合规制度改革。探索涉企案件的程序出罪机制，尽量防止"办了一个案子，垮了一个厂子"的现象发生。三是优化检察权运行方式。继续深化检察官办案责任制改革，对检察权的行使方式去行政化，使检察权的运行方式更为符合司法规律。四是完善逮捕权的制约监督体系。探索羁押决定的司法救济制度，赋予被羁押者对检察机关作出的逮捕决定，向法院提出司法审查的权利，法院接到被羁押者的申请后，应当启动对检察机关逮捕决定的合法性和合理性进行司法审查。五是加强检察理论研究。思想是行动的先导，理论是实践的指南。检察机关应当针对司法实践中存在的问题，积极开展理论研究，并在机制建设、立法完善等方面提出建议，推动国家治理走向良法善治的新境界。

基层检察品牌建设"质量效应"思考

赵 霞[*]

检察品牌是在检察工作中经过系统思考、精心提炼和实践检验的检察理念、方法、措施、机制和效果的总和。成功的检察品牌对提升基层检察机关对外影响力、公信力、满意度和推进检察工作提质增效具有重要促进作用。实践中,部分基层检察机关受旧有理念、现实条件等影响,品牌建设工作仍一定程度上限于口号式、形式化和单兵作战,在带动干警个人能动履职,推进与执法司法机关协作共赢、与地方发展深度同频上存在质效不足的问题,未能充分发挥检察品牌应有的带动提升作用。新时代对检察事业发展提出了更实要求,检察品牌建设不应局限于简单的树"铭牌"、做外宣,而是切实推动实际工作,在品牌培树中对内、对外实现双赢多赢共赢,并最终彻底释放出"质量效应"。

一、新时代检察品牌建设呼唤"质量效应"

2021年3月7日,习近平总书记在参加十三届全国人大四次会议青海代表团审议时强调:"高质量发展是'十四五'乃至更长时期我国经济社会发展的主题,关系我国社会主义现代化建设全局。"换言之,发展必须体现出质量,高质量是对经济社会发展方方面面的总要求。2021年6月,党中央印发《中共中央关于加强新时代检察机关法律监督工作的意见》,用9个条文提出一系列要求,进一步指明了新时代检察工作高质量发展的路径,为检察机关走好高质量发展实践路径提供了遵循:实现新时代检察工作高质量发展,既要抓"本"的提升,即"求极致",更要有"质"的嬗变,即"提质增效"。为此,2022年全国检察长会议上,最高检党组把2022年确定为检察工作"质量建设年",提出以强作风、重落实、提效能为导向,推动

---

[*] 作者单位:四川省邛崃市人民检察院。

检察政治建设、履职能力水平整体提升，强调检察机关必须从宏观上、从总体上把握大局大势，找准定位、努力适应。检察工作只有走高质量发展之路，从供给侧提供更优质的检察产品、法治产品，才能紧紧跟上、适应新时代，而检察品牌正是打造高质量检察工作成果的重要承载。这要求检察机关应以检察产品理念为指引，在供给检察产品的每个环节上下足功夫，做实做精，持续打造特色鲜明、"质量效应"显著的检察品牌，确保品牌建设既有质量，更能切实推动检察工作提质增效。

二、基层检察品牌建设中的"质量效应"困境

"法立，有犯而必施；令出，唯行而不返。"法律设计再好，若得不到有效执行，便会形成"破窗效应"并最终影响其公信力。代表检察机关形象的检察品牌同样如此，若品牌建设缺乏"质量效应"，仅仅浮于形式，效果会大打折扣。以基层检察院为例，部分地区由于理念滞后、重视度不够、基础薄弱等因素的影响，检察品牌建设仍一定程度上停留在表面化、低效能，形式上有做法，实质上效果不佳。具体表现在对检察品牌与干警个人、检察机关与其他执法司法机关、检察事业与地方发展"三对关系"的认识、适用不够，品牌建设缺乏更深度的化学反应。

（一）品牌建设未能充分带动干警个人能动履职

相较于干警履职中的具体工作，品牌建设常常呈现出更系统、更高层级的外在形象，容易给人一种"高高在上"的感觉，导致少数干警常认为品牌建设与自己无关，是单位的事情，既不关心，更怠于参与，即使取得建设成效也认为是他人的功劳。同时，部分基层检察院品牌建设缺乏完善的参与、共享机制，或者通过更务实的内容设置为干警量身打造能充分履职的品牌建设项目，无法让干警充分感受到品牌建设中的积极作用。

（二）品牌建设与司法、执法部门协作不足

品牌建设中，部分检察机关与其他单位缺乏更有效的协作共赢，常表现为检察机关没有思考找准着力点，让其他政法部门、行政机关参与进来，致使外部借力不够，更无从谈起实现共赢。同时，在基层工作中，品牌建设更多处于内部运转，立足自身的检察实际。品牌建设的具体内容与司法、行政机关契合度不高，在品牌打造中，更多体现的是检察机关单向地推出工作名片，对某项工作或者职能开展宣传，向服务对象开展检察服务，开展专题活

动,未能充分发动司法、行政机关协作开展一体工作。如,对于刑事检察类品牌,未能深入思考如何通过品牌建设推进司法机关在具体履职领域与检察机关建立良好的会商互动机制,对更好开展司法活动达成统一标准。又如,在公益诉讼、未成年人保护等事关人民群众切身利益的品牌建设中,未能以品牌为载体,有效联合具有相应职能的单位开展更具操作性的协作互动,从而共同促进依法行政,更好回应群众需求,帮助行政机关提升依法行政水平,共同提升检察、行政机关工作在群众中的正面反馈。

(三)品牌建设与地方发展缺乏深度同频

实践中,部分基层检察院在推进品牌建设中,多表现为形式上的同频,检察机关在品牌建设的思考谋划中,更多体现在名称或形式上与中心工作保持"契合",较少把检察品牌放在中心工作的具体措施中推进。较少考虑是否会跟检察品牌建设中涉及的检察工作、履职方向有紧密的联系,能够促进更好服务保障中心工作,抑或较少思考如何以品牌建设为支点,让检察机关在履行"四大检察"职能中通过具体的办案、开展定点服务、参与社会治理等方式,助力解决地方经济社会发展中面临的痛点、难点问题。

三、提升品牌建设"质量效应"的破题路径

基层品牌建设是项长期工程,破解困境难题,提升"质量效应",离不开系统思维和务实的破题措施。以邛崃市检察院"崃"系列检察品牌打造为实例,其通过自身做好一次全面"质检",梳理团队的短板与优势,了解地方人文、经济特色,在此基础上正确处理检察品牌与干警个人、检察机关与其他执法司法机关、检察事业与地方发展"三对关系",在多方良性互动中实现检察工作的提质增效。

(一)全面摸清检察家底与地方发展底数

首先,注重以问题为导向,做足做细内部的梳理自检工作。一方面,厘清全院干警的人员构成情况,通过学历、籍贯、年龄、性格、工作经历的比对,筛选、召集适合的人员组建品牌建设团队。另一方面,梳理近5年办案质量和犯罪态势基本情况,既认清自身的工作优势和业务短板,又掌握地方人文特色以及基层一线社会治理中的薄弱环节,借此找准品牌建设的小切口,"手术刀式"打造特色检察品牌。其次,主动对外听取各方的意见建议,并转化为品牌建设工作路径支撑。充分用好检察开放日、公开听证、特

色党建活动等方式方法,有效推动办案调查核实权、检察建议等职权行使,切实掌握当事人、服务对象对检察机关如何更好履职的意见建议。最后,注重及时对上请示争取,为品牌建设提供必要指引与保障。结合工作开展实际,主动向上级院和市委请示汇报检察履职和品牌建设工作情况,了解相关重大决策部署和上级对本院的评价、建议和工作要求,确保对品牌建设有更清晰的定位,更明确的施策方向。

(二)正确处理检察品牌与干警个人的关系

打破传统单纯以部门职能定品牌的思维模式,改变检察品牌只能是某类业务、综合部门干警才能参加的职能界限。通过前期的品牌构思确定创建"崃"系列检察品牌,再结合干警基本情况在不同部门中筛选合适人选,共同组建具体品牌团队,把品牌建设作为推进队伍建设的重要载体,并以"品牌+"集群效应带动干警履职提能。如打造"崃护未"检察品牌,筛选未成年人工作经验丰富,或者有爱心、善沟通、形象气质符合未成年人工作要求的干警共同组建团队,有方法、有计划地推动品牌创建,通过建立"检察+民政"双牵头工作协调机制,形成未成年人保护合力,推动干警履职尽责。打造"崃公益"检察品牌,以数名有多行业工作经验的业务骨干为成员,聚焦生态保护、食品药品安全等领域扎实做好公益诉讼案件的办理和公益诉讼检察职能的宣传等工作,牵头推动建立公益诉讼协同化、社会化工作机制。做实"崃禁毒"检察品牌,通过案件办理、禁毒宣传、类案分析锤炼提升"崃禁毒"团队综合素能,帮助困难镇(街道)、村(社区)实现禁毒摘帽。创建"崃益企"检察品牌,以精力充沛、能多方跑动的青年干警为主力充实团队专业力量,通过长期驻企、办理涉企犯罪案件、开展涉企"挂案"清理、刑事检察合规工作等举措切实服务企业,为企业办实事、解难题,以专班为平台帮助干警实现业务提升。创新"崃普法"检察品牌,将检察普法与检察履职高度融合,结合人大代表、政协委员联络工作扩大普法点位、普法面,持续推进与其他"崃"系列检察品牌的协同建设,带动检察干警通过特色检察普法工作,提升综合素能。

(三)正确处理检察机关与执法、司法机关的关系

法律是一门社会科学,检察工作亦有其社会性规律和特点,检察品牌建设既不能离开政法单位、行政机关谈检察,也不能脱离检察主责主业谈品牌,必须以品牌建设为依托,推进与其他单位、组织在协作共建中持续巩固

与执法司法机关良性关系，并最终实现双赢多赢共赢。如以"崃护未"检察品牌建设为抓手，将党建作为纽带，将检察职能作为路径，引领全面综合司法保护，凝聚未成年人保护社会合力。率先在成都市范围内探索建立"检察＋民政"双牵头的未成人保护工作协调机制，汇聚多方合力，从强化政府兜底保护、明确社会保护责任、发挥司法保护职能、健全学校保护机制、推动落实家庭监护和加强网络保护监管等多个领域明确各成员单位职责分工，从内部组织保障、保护阵地建设、专业队伍建设和加强宣传引导四个方面提出具体要求，有效促进了成员单位间整合优势资源，推动未成年人保护法律责任体系落地落实，并在此基础上主动促进邛崃市关爱妇女儿童综合党委的成功建立，统筹11家重点成员单位做好维护妇女儿童权益等相关工作。在"崃"系列检察品牌建设中，推动新津区、邛崃市、大邑县、蒲江县人民法院共同签署《关于依法推进行政争议调解工作的实施意见》，通过建立线索移送及反馈机制、办案协作机制、沟通协商机制、协同宣传机制，强化四地行政争议化解资源共享、优势互补、信息互联、发展互动，形成跨域联动的工作合力，实现行政争议协同化解新格局。依托"崃禁毒"检察品牌的深化拓展，进一步健全完善预防、打击、社区矫正一体化管控机制，结合"法律六进""一村一讲堂""无毒社区"创建等活动，构建了全民禁毒预防的新格局。在"崃普法"检察品牌的探索推进中，加强与政法单位、行政执法部门、社会团体、普法志愿者等力量的协作配合，充分整合普法资源、载体及人员力量，聚焦提升邛崃城市依法治理效能、乡村振兴、省级依法治市示范试点工作、幸福美好十大工程，共同唱响法治"好声音"，构筑起市域司法治理"同心圆"。

（四）正确处理检察事业与地方发展的关系

作为检察系统的最基础单元，基层检察院辖区范围一般较小。一方面，所在地区人文、经济发展特点相对集中，较好提炼对外宣传点位。另一方面，因县域范围有限，基层检察院及其所在区（县）外部知晓度不高，需要有力的对外宣传渠道。检察品牌建设则可承担这一职责，打造成对外宣传家乡发展成效、人文特色的窗口，对内服务地方发展大局的重要支点，也能将基层检察院与地方特色、法治文化紧密联系在一起，为基层检察院建设方向提供必要的参考。如"崃"系列品牌，从品牌Logo的设计理念到检察履职，均充分借鉴了地域特色，并落脚到推进地方中心工作。"崃护未"品牌在品牌Logo中融入邛崃市地标建筑"迴澜塔"，取其经百年风雨仍巍然屹立之意，寓意对公平正义的坚守；"崃公益"品牌 Logo 融入"凤求凰""天台山"等邛崃本土人文历史元素，整体展示了"崃公益"团队充分履行公益诉讼检察职能，守护绿水青山，建设美好家园的信心和决心；"崃益企"品牌 Logo 融入邛崃"老南桥""南河"本土元素，寓意搭建检企合作桥梁，以法治之水滋养企业，地域特色鲜明；"崃普法"品牌 Logo 结合邛崃"邛竹"本土特色和"法"字蕴含的法治文化元素，象征检察事业蒸蒸日上，代表检察官刚正不阿、廉洁自律的节气，体现检察机关独立行使检察权，恪守法律底线的使命担当。品牌初步成形后，在邛崃市委"一核两翼、三区协同"发展格局中找准定位，聚焦邛崃市省级依法治市示范试点建设、乡村振兴战略、优质白酒品牌打造、龙门山生态价值转化示范区建设、红色资源保护等特色亮点工作依法充分履职。如"崃护未"团队深度参与社会治理，通过"检察+民政"双牵头未成年人保护工作协调机制，推进涉未成年人"四大检察"业务统一集中办理，促进各领域、全流程未成年人权益保护；"崃公益"团队实施林业资源保护、食品药品"四个最严"和"守护红色根脉、弘扬英烈精神"红色资源保护等专项公益保护行动，紧扣邛崃"共建共治共享的社会治理体系加快完善"的目标定位，构建共治共享共担共赢公益保护新模式；"崃禁毒"团队全面落实邛崃市委禁毒攻坚部署要求，会同市公安局、市法院完善打击毒品犯罪制度和措施，与辖区内重点村（社区）联合创建"无毒、无邪社区"，自制《带"货"之祸》等禁毒宣传片，开展毒品案件和毒情实务调研，总结邛崃毒品犯罪现状及特点，精准提出社会治理工作建议；"崃益企"团队深入开展助力酒业等中小微企业发展和服务营商环境各项工作，推进涉案企业合规改革试点，健全长效服务机制，开展涉企案件"挂案"监督，相关案件入选成都政法系统保护民营企业合法权益十大典型案例。同时，以服务发展大局为中心，争创精品案件、典型案件，扩大对外宣传，探索形成有检察特色、地域特色鲜明、可推广的品牌模式，通过做强做大"崃"系列检察品牌，持续供给优质检察产品，讲好新时代检察故事，增强了公众对检察工作的知晓度，优化了检察公共关系，既能赢得广泛认同，更能持续推动高质量发展。

浅析"检察工作为本、检察文化为要、新闻宣传为效"理念

曾啟秀[*]

2019年12月2日,最高人民检察院在全国检察机关"学习贯彻四中全会精神 做好意识形态工作"培训班上提出"检察工作为本、检察文化为要、新闻宣传为效"三位一体理念,还总结出了固本强基、持要图强、重效求实的"12字真经"。检察工作、检察文化和新闻宣传都是检察工作的一部分,如何践行好三位一体理念,做到三者均衡协调发展,笔者试从三者关系、三方面自身发展、三者如何相互统一浅谈个人想法。

一、提高认识,明确树立三者辩证统一的关系

"求木之长者,必固其根本;欲流之远者,必浚其泉源。"检察工作是木之根,流之源,而检察文化和新闻宣传就是强根固本最有效的手段,三者之间虽然在组织人员、具体工作上各有分工,但三项任务本质上是融为一体、不可分割的。

(一)检察工作是核心

检察机关是国家的法律监督机关,行使检察权,履行法律监督职能,它的实施由检察机关各业务部门依照法律规定的职责共同承担来实现,这就决定着检察业务工作是检察机关的本体、核心、基础。没有检察工作作出基础支撑,检察宣传就成了无源之水、无本之木,检察文化就无法丰富和完善。一是由检察机关的政治地位决定的。检察机关是我国的法律监督机关,而检察业务是检察院存在的基本保障,没有检察权的行使,就不能充分发挥法律监督的职能,就不能完成宪法、法律赋予的职责。二是由检察机关的职能定

---

[*] 作者单位:四川省绵竹市人民检察院。

位决定的。检察机关的根本职责在于实施法律监督,维护国家法律的统一正确实施,保障在全社会实现公平和正义。因此检察活动中,必须坚持业务立检。三是由当前经济社会发展需要决定的。当前社会仍旧存在很多突出矛盾,而实施法律监督有助于保持和谐稳定的社会环境和协调有序的社会关系,因此在不断发展和进步的同时,更需要履行好检察机关的职能,为和谐社会、法治社会保驾护航。

(二)检察文化是源动力

习近平总书记强调,文化是民族的血脉、人民的精神家园;一个民族的复兴需要强大的物质力量,也需要强大的精神力量。检察文化是中国特色社会主义文化的重要组成部分,是检察机关在长期法律监督实践和管理活动中逐步形成的与中国特色社会主义检察制度相关的思想观念、职业精神、道德规范、行为方式以及相关载体和物质表现的总和,是检察事业不断发展的重要力量源泉。一是由检察文化的历史渊源决定的。90多年的人民检察史汇聚了百年党史、百年法治的建设,是党领导人民探索推进社会主义民主法治建设的"缩影",人民检察事业一直跟随党领导革命的铿锵步伐,取得了一系列不平凡的成绩。90多年的检察史是中国检察人共同的精神记忆,是检察文化建设的精神财富。二是由检察文化的功能价值决定的。检察文化具有价值引领、行为规范、结构聚合、形象塑造和辐射传播等功能,它是检察机关的一面精神旗帜,始终服务于检察事业发展。三是由检察文化的作用决定的。检察文化具有指导、激发和传达作用,它是检察人员在工作中获得认知的产物,促使检察人员以共同的思想和认知为参照,规范言论、整理行为,通过检察文化潜移默化的作用,提升检察官、带动老百姓、创建更优社会环境。

(三)新闻宣传是实现办案效果"三个统一"的媒介

新闻宣传是检察机关的喉舌,是检察机关向外界展示形象的窗口,是社会各界了解检察工作的途径,是检察队伍与人民群众密切联系的渠道。一是由新闻宣传自身的传播规律决定的。新闻宣传的规律主要包括真实性、价值性和实效性,这三个规律要求检察机关在新闻宣传中必须及时、真实、客观地向社会大众传播有阅读和参考价值的检察信息,才能促使检察工作形成良性循环,传播检察文化,形成检察队伍合力。二是由新闻宣传在新形势下的必然要求决定的。新时代,人民群众实现小康,生活好了,就更加注重

"礼"了,对民主、法治、公平、正义、安全、环境等方面的要求也就更高了,检察机关不仅要提供更优质的司法产品、检察产品,还要宣传好阐释好工作背后、职能深层的法治意义,让人民群众感受到公平正义。特别是随着"两反"转隶和内设机构改革后,检察机关的职责发生了改变,形成了"四大检察"格局,检察工作踏上新征程,这就对检察机关与人民群众之间的互动关系提出了更高要求,需要通过新闻宣传的方式来传播新形势下的检察工作,提升检察形象和公信力。三是由新闻宣传的内外部效果决定的。从内部来说,新闻宣传具有统筹性,不仅能调动干警的积极性,也能进一步促进检察工作、引领检察文化。从外部来说,新闻宣传是反映检察工作成效的一个窗口,能有效传播检察机关自身价值观,塑造检察机关在公众面前的正面形象,引导社会各行业领域、社会公众以及代表、政协委员、人大代表等特殊群体认可和支持检察工作。

二、重效求实,确保三方面工作均衡发展

最高检在全国检察机关"学习贯彻四中全会精神 做好意识形态工作"培训班上提出了检察工作、检察文化和新闻宣传如何发展的具体做法,固"本"强基,做深做实检察本体工作,让新闻宣传有"话"可说;持"要"图强,以深厚的检察文化自信助力检察与新闻宣传行稳致远;重"效"求实,遵循规律务实创新,让新时代检察新闻宣传持续绽放异彩,成为检察中心工作的"进军号""助推器"。在笔者看来,要确保三方面工作均衡发展,才能使三者关系互为促进。

(一)突出业务工作

检察业务工作是检察机关工作的中心环节,也是检察机关的"硬实力",业务工作做好了,成效明显了,新闻宣传才有"话"可说,检察文化才能示范引领全体检察人员依法能动履职。一是要牢固树立以办案为中心的检察理念。新时代,检察机关业务工作已经形成刑事、民事、行政和公益诉讼"四大检察"新格局,而这些最终都要体现在办案上。办案是检察机关履行法律监督职责的基本手段,要坚持在办案中做到"三个并重"有机统一,即"实体与程序并重""打击与保护并重""刑事与民事并重",使"三个并重"相互融合、相互支持,形成良性互动。二是要注重办案质量,提高业务工作能力和水平。案件质量是检察业务工作的生命线,是优秀检察文化和新闻宣传的保证,要构建案件质量保障机制,加强办案流程监控,特

别是要用好"案-件比"评价指标、业绩考评指标、案件质量评查等方式，引领检察官在办案的每一个环节做到极致。三是要强化精品意识，做出有特色有亮点的检察工作。优质的法治产品不能提高检察机关的公信力，还能成为老百姓的法治财富。要在办案中将精品案件的培育落实到每一个环节，深耕细作、精益求精，做出精品案，发挥好"关键少数"的作用，达到"一个案例胜过一打文件"的教育功能，并为检察文化和新闻宣传提供可用素材。

（二）加强文化建设

检察工作同样离不开检察文化的滋养，最高检党组副书记、常务副检察长童建明在第二届全国检察机关文化品牌选树活动定评会上强调要积极树立"从检察业务中丰富积淀检察文化、以优秀检察文化引领推动检察业务"的理念。通过检察文化潜移默化的作用，不仅能带动老百姓创建更优社会环境，更能提升检察工作质效。一是要推动检察文化与检察工作深入融合、相互促进。检察文化不是片面的"栽花种草、刻字挂画"等"门面工程"，是在检察业务工作中逐渐积淀出来的，并通过优秀的检察文化能够引领带动检察业务高质量发展。要把检察文化置于检察事业发展全局中谋划，围绕检察中心工作，立足长远，以"文化育检"，为检察工作高质量发展提供精神支撑和保障。二是要培树具有地方特色、内涵品质、辨识度强的文化品牌。检察文化不仅仅是检察业务工作的提炼，还要与地域特色、党建、红色文化、廉洁文化等有机结合，通过理念创新、手段创新、基层工作创新，深入挖掘检察文化品牌的内涵，将文化"软实力"转化为检察新动能，促进检察工作科学发展。三是要不断创新检察文化，提升检察文化产品的社会影响力和价值凝聚力。检察文化来源于检察工作实践，检察工作在不断发展变化，检察文化也要不断适应新时代检察工作发展的要求，满足新时代社会主义核心价值观的要求。

（三）强化宣传意识

检察新闻宣传是意识形态的重要组成部分，是指检察机关通过多种形式和渠道，就检察职能、法律政策、检察工作等内容向社会和人民群众所作的讲解说明与新闻报道，其目的是提高公民法律水平、推动国家法治进程、预防犯罪和弘扬检察队伍形象与精神面貌，为检察事业可持续发展创造良好的舆论环境。再好的检察工作、检察文化没有宣传的力量也起不到广而周知的效果。一要牢固树立大宣传理念、深入推进大宣传格局。新闻宣传不是政治部一个部门的事情,是各条战线各部门一起来努力的事情,要牢固树立"一盘棋、一体化"的理念,动员全体检察人员参与,把检察新闻宣传分散、交叉的力量整合、集成起来,捕捉社会、公众、党委、政府关注的热点、要点,形成内外结合、上下一体、多方联动的"大宣传"格局。二要紧扣检察工作主题,创新思路理念和方式方法。检察业务和检察文化建设成效,最终要通过检察新闻宣传更深更广服务大局、服务社会、服务人民群众。要以"四大检察"为核心宣传内容,把握检察工作规律、新闻传播规律和宣传工作纪律,充分利用好"两微一端"等新媒体平台,在宣传方式和方法上不断创新,多角度展示检察人员形象和检察工作成效。三要培育优秀人才,加强新闻宣传队伍建设。新闻宣传人员需要不断增强脚力、眼力、脑力和笔力,因此培养一支优秀的宣传队伍很重要。要合理配置人才资源,要求新闻宣传人员政治素养强、懂业务、会宣传、懂网络,才能宣传好阐释好检察工作背后和检察职能深层的法治意义,让人民群众感受到公平正义。

三、创新思维,积极做好"三个统一"

"检察工作为本、检察文化为要、新闻宣传为效"精辟阐释了检察工作、检察文化和新闻宣传三者之间的辩证关系,只有做好"三个统一",才能贯彻好、实施好三位一体理念。

(一)坚持政治性与全局性相统一

"检察机关是政治性极强的业务机关,也是业务性极强的政治机关。"无论是检察工作,还是检察文化和新闻宣传,首先都要凡事从"政治上看",把坚持党的领导作为根本底色,坚持正确的政治方向、舆论导向、价值取向,把以人民为中心作为重要发展思想,全面落实政治建设、文化建设和新闻宣传融入业务建设要求。把习近平法治思想融入三方面工作中,用讲政治引领三方面工作融合发展,把讲政治落实到具体业务工作中,在检察文化引领和新闻宣传效果上体现更高政治站位,努力以"三个自觉"实现"三个效果"的最大化,既做到讲政治,又要站在全局的高度看待三者关系,统筹三者均衡发展,真正把讲政治融合到三者工作中。

(二)坚持"主角"与"配角"相统一

检察工作、检察文化和新闻宣传都是检察机关的重要工作,但其也有

"主角"和"配角"之分，检察业务工作首先是所有工作的基础，也是最重要的工作，显然是"主角"，必须放在一切工作的首位，以办案为中心，提供高质量检察产品，突出法律监督主责主业，让人民群众切切实实地在每一个司法案件中感受到公平正义。检察文化和新闻宣传是在检察业务工作基础之上的升华和提炼，高质量的检察文化和新闻宣传能够促进检察工作良性健康发展，同样发挥着不可替代的作用，但与检察业务工作相比，后者显然是"配角"。要坚持以检察业务工作为"主角"和检察文化、新闻宣传为"配角"的相互统一，不能只重视业务工作，不重视检察文化和新闻宣传工作，也不能只重视新闻宣传工作，而忽略了业务工作，要有主有次、有先有后。做好检察业务工作的同时，发挥好检察业务工作的作用，让检察文化和新闻宣传围绕业务建设这个根本、主体和中心，融入到业务工作中去开展工作，实现三者同频共振、良性互动。

（三）坚持融合发展与整体推进相统一

检察业务工作是检察官的主业，检察文化和新闻宣传是凝聚检察力量的精神支柱，两者的力量能全面提升检察人员的素养，实现检察工作科学、高质量发展。但检察文化和新闻宣传的发展不能脱离检察业务工作，要把二者纳入整体检察工作来谋划和考虑，一手抓业务工作固本强基的硬实力，一手抓检察文化和新闻宣传的"软实力"，把检察文化的精神内涵、新闻宣传的"三位一体"效果在业务引领上植入，让检察文化和新闻宣传检验检察业务工作成效，既双向互动融入又整体向前推进，促进检察干警人文素质和办案能力双提升，释放出新时代文化与业务融合的检察活力，促进新时代检察事业创新发展。

基层视野中的检察文化品牌建设路径

杨 坤 饶万兰[*]

一、检察文化的内涵

检察文化是中国特色社会主义文化建设的重要组成部分，是检察机关履行法律监督职能过程中衍生的法律文化，伴随着中国特色社会主义检察事业的发展而不断丰富完善，检察文化建设涵盖了检察思想政治建设、执法理念建设、行为规范建设、廉政文化建设、职业道德建设等。从结构上看，检察文化应当包括物质文化、精神文化和管理文化三个方面，其中，物质文化是基础，精神文化是核心，管理文化是保障。检察文化是检察机关正确履行法律监督职能的思想指导和文化保障，是检察队伍的价值观体系。它反映了中国特色社会主义法律体系的精神本质，不但继承了中华文化"修身、立德、自律、刚正"的历史精髓，还体现了"立检为公、执法为民""强化法律监督、维护公平正义"的鲜明时代特征。

二、基层检察文化品牌建设

（一）检察文化品牌的价值和意义

通过检察文化品牌，让更多的人民群众易于理解而增加关注度信任度满意度，便于调集整合更多的社会资源，创新构建新的平台机制，推动具体检察工作的跳跃式发展。

正是基于此，对于检察文化品牌的塑造是否成功，不能单纯以是否出名为标准，出名不是目的而是推进工作的手段，真正的目标是整合更多的资源推进检察工作。所以应该是以检察文化品牌是否真正助力了检察工作为标准。即使有些品牌没有名气，甚至没有成功，只要真正促进了工作，都是非

---

[*] 作者单位：四川省乐山市犍为县人民检察院。

常有价值的。我们的检察文化品牌不是市场经济的商品品牌，着眼点不是政绩大小而是人民群众是否真的接受和融入，大家不要抱着功利心去做这项工作，单纯资源的堆砌只能是形式主义。

(二) 基层检察文化品牌建设的可行性

1. 顺应新时代法治社会建设的呼唤。2019年12月，最高检领导强调，要以习近平新时代中国特色社会主义思想为指引，树立检察工作、检察文化、检察新闻宣传"三位一体"统筹推进的理念。2021年初，最高人民检察院召开检察新闻宣传工作座谈会，会上最高检领导作出新的诠释："新时代，人民群众实现小康之后，生活好了，就更加注重'礼'了，对民主、法治、公平、正义、安全、环境等方面的要求也就更高了，检察机关不仅要提供更优质的司法产品、检察产品，还要宣传好阐释好工作背后、职能深层的法治意义，让人民群众感受到公平正义。"构建新型社会主义法治社会的首要任务就是培育社会主义法治精神，法治精神的培育与检察文化息息相关，与检察文化品牌建设更是密不可分，宣传和体现法治精神是检察文化品牌建设中的关键。

2. 有打造品牌的基础。基层检察院作为全国检察机关办案最多的级别，且各个基层院所在地区都有独特的地域文化特色、产业特色、人文环境，具有厚实的工作实践和文化基础，各基层院可以结合本地实际整合资源，发挥基层亮点优势，在各个特定领域形成特色品牌。例如Q县检察院结合所在地区现存的世界上唯一一台在运行的蒸汽机窄轨火车，创建党建品牌"开往春天的火车"。

3. 有打造品牌的意愿。基层检察院通过文化品牌的打造获得了实实在在的助力，获取了广泛公信力和人民满意度。通过检察文化品牌，让人民群众易于理解而增加关注度信任度满意度，便于调集整合更多的社会资源，创新构建新的平台机制，推动检察工作的跨越式发展。

(三) 基层检察文化品牌建设的重要性

1. 检察文化、法治文化浸润人心，潜移默化提升法治信仰的作用不容忽视。尤其对于基层而言，可以说，凡是重视抓检察文化的检察院，工作更容易出彩，当地人民群众的认可度更高，司法公信力更强。

2. 最高人民检察院印发的《"十三五"时期检察文化建设规划纲要》明确了检察文化具有精神凝聚、辐射带动、创新引领、展示交流和服务保障功能，检察文化建设总体目标的具体表现是社会主义核心价值体系建设深入推进，检察文化建设服务保障大局成效明显，检察职业形象进一步提升，检察文化建设体制机制不断健全，检察文化建设保障措施更加有力。加强检察文化品牌建设对提高检察人员的道德素质和业务能力，全面推进检察事业的发展具有重要的意义。

3. 优秀的检察文化品牌体现了检察职业的崇高理想和价值追求，它是检察人员普遍接受和认同的价值取向，因此对检察人员的行为具有导向作用。检察文化品牌将个体力量整合为统一目标下的整体力量的作用，促使全体检察人员形成强烈的认同感、归属感和群体意识，促使全体检察人员同心协力地为检察机关的整体目标而努力工作。检察文化品牌自带无形的、非正式的和不成文的行为规范，如党建品牌，使得每位检察人员进行自我控制和自我约束。

三、基层检察文化品牌建设存在的问题

（一）认识不深，重视不够

检察文化品牌建设主抓领导是政治部主任或者分管检察长，主抓部门多是综合部门，部分业务部门参与不深。检察文化品牌建设实质上是为检察业务工作服务的，否则检察文化品牌建设就失去了现实意义。检察业务水平的高低，反过来对检察文化建设，尤其是品牌建设又起着至关重要的反作用，检察业务的精品是造就检察文化品牌的源泉，在检察业务精品上打造检察文化品牌，进一步做好检察文化品牌的延伸工作，由点及面，逐渐扩大到检察文化整体建设上，从而提升整个检察机关的影响力和创造力。部分业务部门对检察文化品牌建设的重要性和责任主体认识不足，有时重业务而轻文化建设，参与的积极性不高。

（二）过度依赖，外行实施

有的基层检察院在打造文化品牌时没有亲自参与把关，没有自己的思考，而是外包给广告创意公司；有的基层院没有做深入的调研，只是简单地罗列法律概念，或者简单地把有法律内容的书法、绘画当作法律文化的全部，导致检察文化品牌的质量不高，不能推动检察工作高质量发展，反而浪费了大量资源。

（三）缺乏创新，高度雷同

在推进检察文化品牌建设的过程中，忽视了检察文化所依托的基础和地

域环境，缺少与本地人文历史以及检察工作自身特点的结合，未挖掘出体现自身特色的价值观和文化理念，没有使文化品牌建设内涵本土化，存在与其他检察院品牌建设上的雷同。

（四）主次不分，业务分离

"无源之水"的建设不可能树立起有说服力、影响力的检察文化品牌。有些基层检察院在开展检察文化品牌建设时，把检察文化等同于文体建设、院容院貌建设、丰富业余生活等方面，没有深刻认识到检察文化品牌建设是立足于检察业务实践，没有洞悉检察文化品牌建设和检察业务建设之间互动、互补、互进的关系，没有对品牌建设进行长期规划。

四、基层检察文化品牌建设的现状及分类

（一）基层检察文化品牌建设的现状

近年来，全国检察机关坚持以习近平新时代中国特色社会主义思想为指导，突出"本在检察工作、要在检察文化、效在新闻宣传"新理念，充分发挥检察文化"示范引领、凝聚检心、助力主业"新作用，涌现出了一大批独具特色的检察文化品牌建设成果。有些单位，不仅提出了自己的品牌名称，阐明了品牌内涵，还形成了一整套服务品牌理念，走在了检察机关创建服务品牌的前列。

（二）常见的基层检察文化品牌的分类

常见的基层检察文化品牌分为政工类品牌和业务类品牌。其中，政工类品牌包括中心工作品牌（脱贫攻坚）、党建品牌、团队品牌（女子团队）等；业务类品牌包括刑事检察品牌、未成年人检察品牌、食品安全公益诉讼品牌、生态环境公益诉讼品牌、控告申诉接访品牌等。

五、基层检察文化品牌建设的"调定整构升"五步工作法

"调定整构升"五步工作法：充分调研、精准定位、资源整合、机制构建、文艺升华。

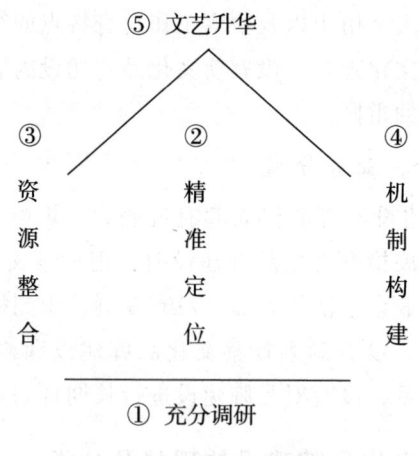

```
            ⑤ 文艺升华

  ③              ②              ④
  资              精              机
  源              准              制
  整              定              构
  合              位              建

            ① 充分调研
```

图 1　五步工作法图

（一）充分调研

调研是品牌的基础，是检察文化品牌的稳固度，就如搭建的一个房子的地基。政治类品牌应涵盖所在地方的人文历史、名胜古迹、名家名篇，以及当前及以后一段时期的党委政府的中心工作、重点工作，本地区的发展思路和重点工程；最新的政治类的文件精神及党的组织、学习方面新的要求，如党史学习，机关党建。业务类品牌要调研全国检察机关的业务重点难点热点，尤其是法律上存在空白鼓励进行基层实践的领域；业务工作中涉及的地方党政关注的重大工程、中心工作、人民群众反响热烈的问题线索，尤其要注重未成年人检察、公益诉讼检察、控告申诉工作领域。

（二）精准定位

精准的定位保证了检察文化品牌能够达到的高度，就如搭建的房子的主心骨支柱。做充分的调研后，结合我们的工作实际需求，并把它放在全国、全省、全市不同层面进行分析是否具有独创性，人民群众是否能够认可，是否真正地能为人民群众解决实际问题，或者解决本院的团队建设问题，还要横向考虑在本地区、某个行业、某类型案件是否有这个工作品牌的需求，从而找准品牌的定位。

（三）资源整合

资源整合的好坏直接决定了品牌外延延伸的宽度广度，就如搭建的房子的面积和水泥砖块。资源分为资金的资源、技术的资源、宣传的资源。这个资源分为两种方式，一种方式是本单位的资源，调集多部门进行整合，形成合力。另一种方式是和行政主管部门合作搭建平台，还包括和体制外的资源进行合作。

（四）机制构建

机制构建是检察文化品牌的牌子硬度，又如搭建的房子的加固装置。确定了资源整合后，资源的提供方也是机制构建的合作方，就需要把其他部门和检察机关相互协调、相互配合的工作机制确认下来，形成一个长效的机制，尤其在资源的运用消耗管理、财务审计以及运营方面不能马虎，最佳状态是达到自动运行。

（五）文艺升华

文艺升华是这座房子的名声。也许赋予其一个好听的名字，或者有一个很有名的代言人，或者有一个特别感动的故事，那么这个房子会非常受欢迎。检察文艺工作是检察文化的重要组成部分，是检察文化品牌建设最容易出彩，最能为广大人民群众所知晓、易接受的文化传播途径。因此，开展检察文化品牌建设工作，可以在检察文艺工作上下功夫，把它作为一种新的路径进行探索。可以不拘一格地使用诗歌、文字、图案 Logo、音乐、微电影、戏曲、小品等文艺方式，通过文艺的升华让品牌的接受度、理解度等得到最大限度的释放，用共情的角度获得更多的支持和反馈。

六、基层检察品牌案例分析

以笔者在基层检察院参与打造未成年人检察工作品牌"点亮火把"为视角解析检察文化品牌建设的路径。

（一）充分调研

结合所在地区是少数民族聚居区，调研大小凉山彝区禁毒防艾预防工作现状及存在的问题、金口河区的禁毒工作情况、脱贫攻坚的中心工作、彝族地区毒品历史、彝族的民间传说风俗，以及大小凉山地区未成年人的禁毒教育情况。

人数，716，18%

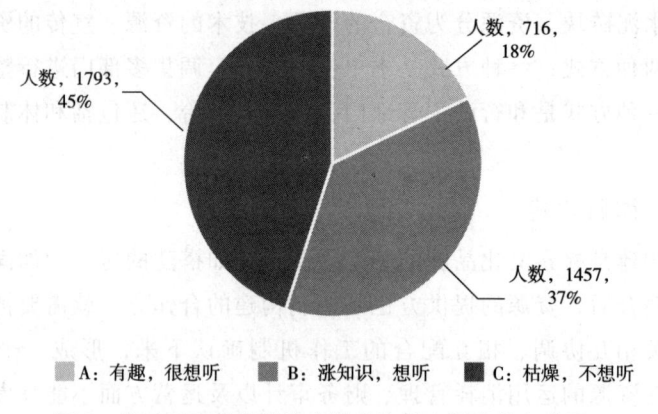

人数，1793，45%

人数，1457，37%

■ A：有趣，很想听　　■ B：涨知识，想听　　■ C：枯燥，不想听

图 2　你对现阶段学校举办的法治教育课有什么感受？

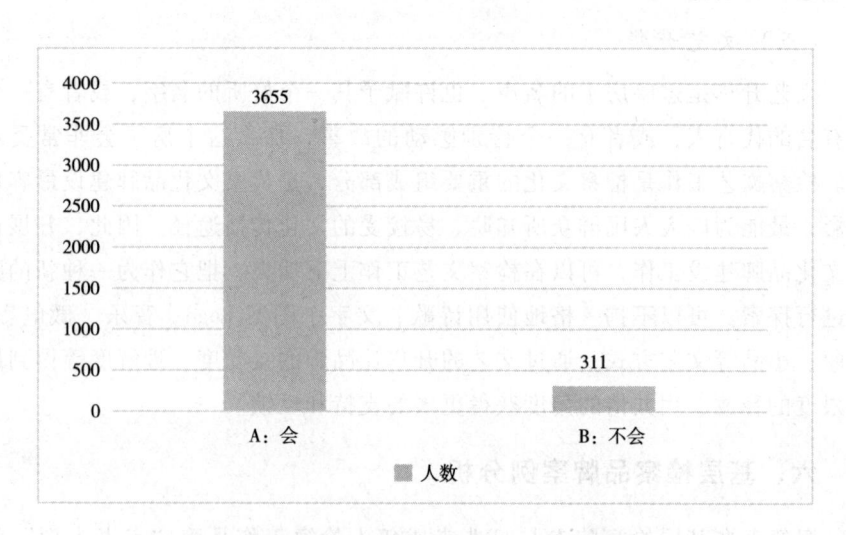

3655

311

A：会　　　　　　　　　　　　　　B：不会

■ 人数

图 3　如果在音乐中来进行法治教育，你会感兴趣吗？

（二）精准定位

1. 从国家战略和检察工作确定大方向：禁毒防艾助力脱贫攻坚。

2. 结合检察工作和金口河案件实际情况再次缩小范围为青少年禁毒防艾做预防工作。

3. 针对现有禁毒防艾工作存在的问题，进行分析：要做出民族特色，从民族精神中寻找自强答案，选择了从彝族人民的重要节日——"火把节"的来源提炼核心内涵——"点亮彝火把"。火把是彝人战胜邪恶，战胜困难的重要工具，更是彝族的民族文化图腾。因此，"点亮彝火把"便寓意着引领彝汉群众团结一致，唤醒吸毒人员的民族自豪感和归属感，战胜毒品和艾滋病的侵蚀。据此，金口河区人民检察院未成年人检察工作室设计了专属Logo。

该Logo整体为火把形状，火把下方以彝汉双语注明"点亮彝火把"文字。颜色上采用了彝族特色的红黄黑白的民族色彩。黑色代表土地、红色代表火、黄色是太阳光辉的象征，白色则是法律所保护和追求的纯洁和清白。在火焰线条上体现了彝绣的元素，并涵盖了查尔瓦在风中飘扬的意境。整体体现了彝族的民族精神和自强不息的归属感。点亮体现在背景由暗到亮，象征着禁毒防艾的决心，引领彝区未成年人不断奋进追求光明。

（三）资源整合

将教育局、民族宗教委员会、扶贫办以及四川师范大学青少年法治教育中心、四川省红十字会资源整合起来，共同打造好品牌。

（四）机制构建

金口河区检察院配备了专业的办案力量（7名员额检察官、专业的彝语彝文翻译和心理咨询师），同时全院所有员额制检察官全部参与工作，改进和完善未成年人犯罪检察工作制度等。发动了省市区三级彝族人大代表作为顾问团队，建立了涵盖辖区内所有初高中小学的教育网络体系；结合民族习俗，充分结合彝族家支文化，吸收家支代表10人共同建立家支禁毒防艾预防教育网络体系；与区关心下一代工作委员会、区传染病疾控中心建立了联席工作制度。

（五）文艺升华

"点亮彝火把"工作室在开展工作过程中发现，未成年人在常规的法治宣讲中不容易进入状态，有时还存在逆反心理，法治宣传单方灌输的方式让预防效果大打折扣。因此金口河区检察院不断思考，根据让未成年人在自己喜欢的方式下潜移默化地接受宣教这一思路，进行了大胆设想。在对收集的近百首禁毒歌曲进行仔细研究后，工作室运用彝族语言和文字的特点，吸收彝族神话传说中抵制邪恶的精华，再提炼真实案例中吸毒人员的惨痛教训，创作出了工作室的品牌歌曲《点亮火把》。

《点亮火把》由小凉山一线检察官创作，采用彝汉双语演绎，由大凉山籍彝族歌手吉克隽逸纯公益性演唱。歌曲通过彝族同胞的民间传说引申出用火把驱除邪恶的毒品这一自发的民族精神，在歌曲曲折感人的旋律和震撼人心的歌声中,展现彝族同胞和汉族同胞面对毒品这一困难和挫折时,共同面对、一道自强的精神风貌和坚强意志,体现了禁毒防艾的信心和决心。四川省人民检察院对歌曲创作过程高度重视,进行了专业把关。歌曲录制完成后,乐山市检察院高度重视该项工作,精心选择了MV拍摄的专业电影团队完成拍摄。精致的画面展现了歌曲想表达的彝人精神、大山的脊梁、阿妈的泪水、驱除邪恶的呐喊和点亮火把的坚定,使歌曲的表现力更上一层楼。

七、结语

通过五步打造法,笔者深刻体会到了检察文化品牌对于检察整体工作的推动作用,在未来更期待与大家一起更深刻地理解检察文化的重大意义。不论是政工部门还是业务部门,在做工作时自觉增加法治文化的思维,因为检察文化不仅仅是领导的事情,不只是政工部门的事情,需要我们每一位检察人在法治文化事业上贡献出自己的力量,这就是我们的责任,以梦为马,不负韶华。

新时代检察文化与检察业务的融合发展

——以 B 市检察机关检察文化建设工作为视角

廖国柳 陈 桃[*]

文化蕴含着奋进的力量,指引着前进方向。它存在于人类活动的方方面面,在潜移默化中影响和改变人们的行为,犹如一只无形的手,推动着历史滚滚向前。正如习近平总书记在党的二十大报告中鲜明指出:"推进文化自信自强,铸就社会主义文化新辉煌。"检察文化自信为检察工作全面发展带来无穷力量。自检察制度在新中国诞生开始,检察文化就在不断的传承、创新、发展中前进。检察文化建设是检察事业发展的强大动力,是检察人的"塑魂"工程,涵盖理想信念、价值追求、职业道德、行为准则等,它能够凝聚人心、激励斗志、规范行为,其重要性不言而喻。新时代的检察文化将在检察实务中不断丰富和完善,并成为推动检察机关能动履职的不竭源泉,运用好、实践好、发展好关系着检察工作的长远发展。

一、检察文化的官方定义和表现形式

目前关于检察文化的定义,在理论界和实务界暂未达成共识。在新中国成立以来的不同时期,学者和检察人员均尝试给检察文化下定义,但未得到官方的认可,直到 2010 年最高人民检察院在《关于加强检察文化建设的意见》中指出:"检察文化是检察机关在长期法律监督实践和管理活动中逐步形成的与中国特色社会主义检察制度相关的思想观念、职业精神、道德规范、行为方式以及相关载体和物质表现的总和,是社会主义先进文化的重要组成部分,是检察事业不断发展的重要力量源泉。"至此,检察文化有了官方定义。2016 年,最高检印发《"十三五"时期检察文化建设规划纲要》,

---

[*] 作者单位:贵州省毕节市人民检察院。

要求全国各级检察院深入推进检察文化建设，努力建设中国特色社会主义先进检察文化。可见，检察文化仍在不断演化和发展中，检察文化的内涵也会越来越深厚。

检察文化是机关文化的一种，它充分展现了检察机关在履行法律监督过程中的工作表现和状态。从检察机关的定位和功能上看，笔者认为检察文化的表现形式应包含有检察思想文化、检察职业文化、检察道德文化、检察法治文化、检察行为文化、检察廉洁文化等。

二、检察文化与检察业务的关系辨析

通过对检察文化的定义梳理，可以进一步理解建设检察文化的具体载体，有利于在检察工作中做实、做深、做细检察文化建设工作。而检察业务，广义上理解则是检察机关在履行法律监督职能职责过程中开展的各项工作的总称。90余载人民检察制度风雨兼程，展现了检察文化与检察业务千丝万缕的关系。深入分析两者之间的内在联系，即可发现两者之间的共通之处和细微差别，这是探寻检察文化与检察业务融合发展路径的前提。

（一）"花与根"的关系

检察文化不能脱离于检察业务而独立存在，没有检察业务的蓬勃发展，检察文化将是无源之水、无本之木。笔者认为，检察文化犹如艺术，来源于生活但高于生活。因此检察业务是根，它给予了检察文化全面发展所需的营养；检察文化是花，绽放了检察业务的千姿百媚、万紫千红。新时代检察机关主要围绕"四大检察"履行法律监督职责，而检察文化正扎根于各项检察业务的肥沃土壤之上，并茁壮成长、开花结果。

（二）"水与舟"的关系

"水能载舟亦能覆舟"原本是比喻君王与臣民的关系，但在检察文化与检察业务关系上也能体现如此。检察文化是水，发挥其引导、规范等作用，就能促进检察业务有质效的发展；反之，检察文化作用发挥受限，就将会影响到检察业务的进步。检察文化建设水平的层次直接影响检察机关的外在形象，文化层次高的检察机关必然得到社会认可，公众也更加了解和理解检察机关工作，从而支持、促进检察事业的发展。

（三）"里与面"的关系

检察业务是检察机关工作的直观体现，是检察机关的"面子"工作，而检察文化则是检察机关的内在精神，属于"里子"工程。在做好"面子"的基础上，丰满"里子"，实现内外双修，才能全面推动新时代检察工作高质量发展，不断把检察机关打造成体格强健、品格高尚的"优质青壮年"。判断、检验某个检察院检察文化建设是否深入人心、有所长效，看检察业务工作即可知其大概，有"一叶知秋"之感。

综上，检察文化与检察业务互相影响、互相依存，某种程度上体现出了唇亡齿寒的依赖效果。两者好比"车之两轮、鸟之双翼"，任何一方都不可或缺，在检察实务中相辅相成、相得益彰、相互促进，共同发展。

三、B市检察机关检察文化与检察业务发展现状及存在的问题

近三年来，B市检察机关在最高检、省院的领导下，结合本地检察实际情况，攻坚克难、砥砺奋进，尤其是2022年，两级院换届之际配齐配强了班子成员，形成了以上率下、团结一致的工作氛围，B市检察机关检察文化与检察业务融合发展取得了新成效，尤其体现在检察干警干事创业的劲头更足，更富有精气神，敢于迎难而上、攻坚克难；检察业务上，B市检察机关在全省的业务指标考核总体排名靠前，亮点工作较多，如调研成果丰硕、干警或集体获省级以上表彰逐年递增、工作经验获省部级以上领导批示肯定，并转发全国或全省检察机关学习等，检察工作逐步迈入发展的黄金轨道。

虽然取得不少成绩，但两级院当前存在检察文化与检察业务之间融合不够、不深、不细等"两张皮"问题仍较明显，各院之间发展不均衡依然存在。具体表现为：

（一）思想上，对建设发展检察文化的重要性认识不足

一是重部署、轻落实。每年年初召开的全市检察工作会，市院党组制定了本年度欲打造的检察文化品牌项目，但在后期落实中，各有关院或部门缺乏对检察文化建设工作的敏锐性，对检察业务工作亮点成效的总结提炼不及时，不能形成文化品牌效应，加之缺乏督促落实的具体举措，导致好计划有时不能实施。

二是重业务、轻文化。对检察文化建设的重视程度不够，片面强调检察业务的发展，不注重对检察文化的打造和培育，导致检察文化未能发挥出引导、凝聚、激励等功能作用。同时，文化建设发展地区之间不均衡，尤其是基层建设"薄弱院"，过于重视业务脱薄，而忽视文化建设。

三是重外在了解、轻悟透实质。对检察文化的本质认识不清，解读过于

片面、不够系统。部分干警对检察文化的认识还较浅薄，对检察文化的内涵实质分析研究较少或者还不够深入、不够透彻，简单地将新时代检察文化单纯定位为特定的几种传统形式，忽视了检察文化的可持续发展，一定程度上阻碍了检察文化的全面发展。

（二）举措上，对建设发展检察文化的手段方法不够丰富

一是重眼前、轻长远。单位内部举办的检察文化活动缺乏规划性和系统性，零散化、碎片化，缺乏对检察文化建设的中、长期规划，自主性和创新性不够。

二是重形式、轻内容。活动载体和平台单一有限，文化建设有时重形式、走过场，存在表面化、简单化、功利化现象，两级院联合举办的活动不多，缺少一体化思维和上下联动。

三是重"抄袭"、轻特色。文化建设思考谋划不多，常常人云亦云，因地制宜开展文化建设较少，与检察机关的职业特点和地方特色结合较少，文化建设大同小异，难出精品，未能形成在全国、全省拿得出、叫得响的检察文化品牌。

四、检察文化与检察业务融合发展的路径探索

检察业务涵盖了检察工作的方方面面，与检察文化融合发展中，无需面面俱到，但要突出重点，尤其注重与"四大检察"的深度融合。笔者认为，两者之间融合发展是相辅相成的辩证统一关系，不能也不需要把检察文化与检察业务割裂开，要在实践中尽可能形成水乳交融的发展状态，从而不断丰富检察文化的内涵和外延。检察文化与检察业务的融合发展是新时代检察文化建设的趋势所在。"要以习近平新时代中国特色社会主义思想为指引，树立检察工作、检察文化、检察新闻宣传三位一体统筹推进的理念。其中，本在检察工作，要在检察文化，效在新闻宣传。"检察业务是本、检察文化是要，应固"本"强基，做深做实检察本体；持"要"图强，以深厚检察文化自信助力检察。

（一）转变理念、提高认识，为检察文化与检察业务融合发展夯实内生动力

理念一新天地宽。做好检察文化与检察业务融合发展的前提就是扭转对检察文化的片面认识。近年来，最高检结合检察工作实际，先后制定出台了

《关于检察机关培育和践行社会主义核心价值观的意见》《"十三五"时期检察文化建设规划纲要》《关于深化"全国检察文化建设示范院"创建工作的指导意见》等一系列文件,对新时期检察文化建设工作进行了全面规划部署,为检察文化建设沿着正确方向发展奠定了坚实的思想理论基础。

一是提高站位,从检察发展的大局上看,把检察文化作为引领检察业务发展的重要举措,不断认清、悟透检察文化的内涵实质,以"一把手"工程推动检察文化建设工作不断发展,用法治思维和法治方式谋划部署检察文化,制定短期措施+长远建设规划,做到系统推进,改变以往零散式的检察文化建设。

二是定期邀请系统内外专家学者为全体检察干警举办"检察文化建设"主题的专题讲座,凝聚共识,聚重智为一体推进检察文化建设出谋划策。另外,对年初部署的重点文化品牌打造项目,要做到善始善终、久久为功,成立专门的工作督导组,分前、中、后三个阶段,适时与相关部门或院组织召开座谈会、推进会统筹推进,对落实不力的,按相关规定追究责任,不断在检察系统内释放出重文化、造品牌的清晰信号。

(二)以人为本、一地一品,为检察文化与检察业务融合发展注入人文关怀

一是聚力打造人人参与、人人共享的检察文化学习平台。及时组织学习相关法律法规、政策文件等检察业务知识,打造学习型、素能型检察机关,既是建设检察文化的内容之一,也是提升检察干警素能的重要举措。在机关内部推行"日学一时,周听一课,月读一书,年学一技"的"四个一"学习计划,明确每名干警的学习任务,做到人人参与,着力培养干警常学习、爱学习的主动性,营造浓厚的机关学习氛围。同时,要突出检察文化基础设施建设,建设文化活动阵地,丰富活动载体形式。检察文化既要内化于心坚定信仰,也要外化于行引导工作。要以全体检察干警为主体,充分调动广大检察人员的积极性和能动性,充分让检察干警参与建设过程,共享建设成果,以此提升单位集体荣誉感和职业尊荣感。将各院已建的图书馆、院史馆等场所进行适当改造,布局读书角、沙龙、咖啡吧等,搭建轻松、活泼的学习交流平台,以平台搭建促文化交流传播。

二是因地制宜,强化打造地域特色检察文化品牌。检察文化形成品牌后,就具有独特的影响力,传播的途径就愈加宽广,品牌建设是检察文化建设的重要目标和关键环节。B市位于乌蒙腹地,是一个多民族聚居、历史文

化悠久、红星闪耀的地方，其最大的特色就是作为全国唯一以"开发扶贫、生态建设"为主题的试验区。结合 B 市市情，检察机关大有文章可做。市级检察院可立足本地实际，建立以"检察蓝保护生态绿"为品牌的检察文化项目，各县（市、区）院亦可结合当地实际开展"一地一品"文化品牌建设，如 Q 区院立足从事电信诈骗犯罪人员众多等实情，可尝试成立"电信诈骗犯罪研究基地"；Z 县院结合当地毒品犯罪高发情况，申请建立"毒品犯罪打击与治理试点县"；D 县院位于奢香故里，可专门研究少数民族文化检察保护等。通过深度融合地方历史文化、民族风情、经济社会发展形成的带有浓郁地方特色的元素，打造出"人无我有、人有我优、人有我精"的品牌检察文化，并在实践中进一步深化这些品牌文化的内涵底蕴，通过品牌读懂和展示检察机关特有的内在精神属性。

（三）统筹部署、形成合力，为检察文化与检察业务融合发展推进一体化建设

一是与全面、协调、充分发展的"四大检察"相融合。人民群众对司法的新需求，催生了"四大检察"新格局。当前，"四大检察"是检察机关的核心业务，其他业务基本围绕和服务"四大检察"而开展，在新时代检察文化建设中，要坚持以"四大检察"为根基，充分挖掘出刑事、民事、行政、公益诉讼检察业务的自身特点，打造一批具有检察特色的职业文化。一方面，以业务发展促文化建设。"四大检察"条线要更加注重干警的业务素能培养，有序有力地打造出几个专、精、尖的条线代表人物和业务专家。以刑事检察为例，内设机构改革后，涉及刑事检察职能的部门占了检察业务部门一半之多，检察机关要提供好学习、锻炼平台，不断锤炼出干警过硬的业务本领，以更优的办案质量、更好的群众口碑，助力提升司法办案规范化、专业化、公正性。最终，以点带面建立起理性、平和的司法理念，公平、正义、担当、作为的检察文化。另一方面，以文化引导业务更好发展。通过已建立的检察文化，引导和规范全体干警的司法行为。着力加强司法理念引导，持续通过检察文化软硬件配套设施的建设，促使全体检察干警在司法办案过程中精益求精，减少瑕疵案件，把案件办成铁案，经得起历史检验。并借助选树标杆、典型等激励机制，重点推出一批规范司法办案的典型人物和事例，切实营造能动履职、干事创业的浓厚氛围，助推形成规范司法行为的主动性和自觉性。

二是与深入检察理论研究相融合。理论是行动的先导。检察机关研究室

要主动履职，充分发挥理论调研这一主责主业的职能作用，牵头与宣传等部门联合，开展检察文化建设专题调研，从多部门、多领域、多学科角度，围绕检察文化基本内涵、性质特征、功能作用、表现形式、发展规律等方面，结合本地市情和各院实际等特色地域要素，开展深入调研，重点研究新时代检察文化建设的路径，推出一批有内涵、有高度、有深度、可操作的B市检察文化理论研究成果，为推动检察文化建设提供可参照、可复制的检察理论指导，不断夯实检察文化建设根基。同时，以举办主题征文活动、岗位练兵等形式，尽量搭建更多的理论研究平台，与年底考评和职级晋升等激励措施相结合，充分调动全体干警理论调研热情，对表现优秀的干警可支持鼓励外出参加学历继续教育、调研成果研讨会等，多措并举促进检察干警检察调研素能提升。

三是与加强党的建设相融合。从政治上看，是新时代检察工作的落脚点和出发点，检察文化要始终坚持在党的领导下生根发芽、开花结果。第一，以党的政治建设统领检察文化建设。党的政治建设是党的根本性建设。在建设检察文化中，要把准政治方向，坚持党的政治领导，把践行社会主义核心价值观融入检察工作各环节，夯实政治根基、严明政治纪律，加强对党的大政方针政策的及时学习与践行，让检察文化在党的政治建设下统领发展前进。第二，树牢廉洁从检意识，加强廉洁文化建设。廉洁文化是检察文化的重要组成部分，要严格执行新时代政法干警"十个严禁"，巩固拓展政法队伍教育整顿工作成果，推动"学习思廉""警示倡廉""氛围造廉""宣传颂廉""机制保廉"等"五廉"活动在机关内部常态化开展，构建符合各院实际、突出检察特色的教育、警示、氛围、宣传、机制的廉政文化体系，以清正廉洁守护司法公平正义。要将廉洁文化由全体干警的"工作圈"延伸至"生活圈"，并融入到机关工作氛围中，充分发挥廉洁文化的导向功能、规范功能，强化检察干警廉洁从检的工作作风建设，不断提升讲政治、守纪律、有底线的思想自觉和行动自觉。

四是与打造大宣传格局相融合。检察文化要起到传播、引领作用，离不开宣传部门的职责发挥。检察机关要突出培育、弘扬检察职业精神，在检察队伍中发掘涌现出的先进人物和先进事迹，大力宣扬恪守检察职业道德、公正廉洁司法检察干警的先进典型，不断树牢爱岗敬业、公正严明的检察职业道德意识。同时，鼓励和支持检察文艺作品创作，在社会上营造出浓厚的检察文化氛围。用好、用活各院建立的检察融媒体中心，与相关文化公司共同合作，以身边的检察干警、检察故事为作品蓝本，创作出主题鲜明、内涵深刻、表现形式新颖、感染力强的优秀检察文艺作品，在传统媒体和新媒体上推送，大力弘扬检察正能量，发出检察好声音。

五、结语

道阻且长，行则将至。检察文化建设虽任重道远，但检察机关必将全力以赴、砥砺前行，大力弘扬检察文化，塑造检察精神。检察文化与检察业务密不可分，两者互相成就。新征程上，检察文化应在"四大检察"法律监督新格局的变化中不断丰富内涵、拓展外延，彰显检察机关向善、向上的机关形象，检察干警唯新、为新的工作姿态。

以检察文化建设助推检察工作高质量发展

魏忠敬[*]

一、检察文化的内涵与外延

(一)检察文化的内容

文化是一个国家、一个民族存在的根与魂,是一个民族发展进步的源泉。中华民族传统文化拥有五千多年光辉灿烂的文明史,在世界文明史中具有举足轻重的地位,为我们国家和社会的发展进步提供了厚实而坚固的精神土壤,是提升国家综合实力的精神资源。检察文化作为法律文化的某种表现形式,离不开传统文化、区域文化、各民族文化以及红色文化的浸润,其本身兼具检察价值取向、精神风貌、行为方式、制度规范和物质实体等各个方面。检察文化植根于检察人员内心的对法治的信仰、对法律的理解、对社会的责任以及对人民的情怀之中,在案件办理过程中具体表现为行使法律授予的权力,依法惩治犯罪嫌疑人和保障人权并重的检察理念。世界上没有两片相同的树叶,有什么样的人就有什么样的价值观,检察人员也必须有自己的主流价值观,检察文化的核心精髓是检察精神,也就是检察价值观。从历史和现实实践的角度看,检察价值观是增强民族认同感和归属感,团结各族检察干警为实现检察工作高质量发展的精神支柱。具体到检察办案中,检察价值观离不开检察人员忠诚公正、清廉为民、理性平和、文明规范等内容,是构成社会共同体的思想基础和文化之魄、思想之髓。

(二)检察文化的特征及其表现形式

与域外法系相比,作为社会主义法系国家,我国新时代的检察文化具有鲜明的社会主义国家文化特征。一是检察机关政治结构决定了检察文化必须以法律监督为主要内容。我国《宪法》规定,人民检察院是国家的法律监

---

[*] 作者单位:西藏自治区芒康县人民检察院。

督机关,与公安机关、审判机关办理案件时,应当分工负责、互相配合、互相制约。同时开展各类检察监督以及办理刑事、民事、行政和公益诉讼等"四大检察"时,必须在宪法法律赋予的框架下实施,这便决定了检察文化必须以法律监督为主要内容。二是检察机关的性质决定了检察文化必须以人为本的价值取向。与西方国家政权相比,我国属于人民民主专政的社会主义国家,国家的一切权力皆由人民赋予。检察机关在办理相关案件过程中,必须以人民根本利益为遵循,尊重和保障人权,这便决定构建具有新时代中国特色社会主义检察文化不可忽视"人本思想"。三是检察机关的人民属性决定了检察人员法律维护者的角色定位。检察机关的定位是"法律的维护者",在办理相关案件时,务必牢固树立政治意识、法律意识、证据意识和程序意识,既要依法惩治犯罪者,又要保障被害者或无辜者合法权益,确保最大限度发挥法律监督者角色的效能。

检察文化主要表现为弥散在检察院的某种思维方式和行为表现形式,主要包括物质方面、精神方面和制度方面等内容。从物质方面讲,检察设施、新技术的运用,互联网、微信微博等新媒体的兴起,信息化、大数据赋值法律监督办案等的采用,人文环境、场地文化是检察文化表层的部分。从精神方面讲,是检察干警植根于内心最深处的价值观念、检察理念、行为模式和工作目标等,是检察文化的内核和关键,是检察文化的根与魂。从制度层面上讲,检察文化包括法律制度、单位行为规范、工作管理体制和检察职业道德等一切规章制度和行为准则的总和。

二、C 市检察文化建设情况

C 市检察院坚持文明立院、文明兴院工作思路,紧紧围绕"强化法律监督,维护公平正义"根本任务,以"力争作西藏第一方阵,打造康区第一检察院"为目标,以"七位一体"创建措施为引领,坚持检察机关宪法定位,突出区域特色,依法能动履职,不断探索司法服务保障新途径,积极搭建社会治理服务新品牌。

(一)打造催人奋进的红色文化

红色文化催人奋进,红色基因需要传承。C 市作为西藏第一面五星红旗升起的雪域圣地,C 市检察院充分发挥红色文化作用,以"突出党建引领,彰显检察特色"为目标,常态化开展党史学习教育和"三更"专题教育,各个支部活动室正中央悬挂党旗,每名党员胸前佩戴党徽,经常性开展

"学习红色事迹""传承红色基因"等主题党日活动,组织干警走访十八军红色遗址、参观西藏解放第一村、烈士陵园纪念馆以及开展红色文化竞赛等活动,推动红色文化注入检察干警灵魂命脉。同时根据当地实际,打造检察红色文化长廊,形成"一层一主题,一楼一特色"的长廊文化。

(二)打造公平公正的法治文化

多措并举推进法治文化阵地建设,能有效发挥"有形"阵地的"无形"作用,不断增强法治文化的影响力、渗透力和感染力,让检察干警形成公正司法、高效便民、依法办好法律监督案件的良好行为习惯。为此,C市检察院通过鼓励干警报考清华大学、北京大学等国内知名院校硕士、博士研究生,通过金剑·经典书目读书会、组建法学沙龙研讨会以及邀请专家教授开展检察大讲堂等形式,激励干警加强理论研究。依托中检网院、检答网平台,制定年度培训工作计划,持续抓好以检察官为主体的专业培训,分层分类推进检察官助理、司法警察、书记员等检察辅助人员和司法行政人员培训,持续加大执法监督执纪工作力度,使规范文明执法水平得到有效提升。

(三)打造风清气正的廉洁文化

为弘扬廉洁文化、引领清风正气,C市检察院以"注重实效、与时俱进"为原则,深入开展清廉机关建设,积极邀请纪委监委领导为检察干警作廉政报告,组织干警参观本院清正廉洁室,开展《新时代政法干警"十个严禁"》《西藏自治区政法干警行为规范"十个一律"》以及防止干预司法"三个规定"体会交流,引导干警坚定理想信念,树牢纪法意识,厚植文明根基。结合全区改进作风狠抓落实工作,用好"四查四问"这面镜子,聚焦"四个着力解决",强化规矩意识和纪律意识,加强党员干部"八小时"外管理,定期推送纪委"四风"警示案例,对奢靡浪费等问题坚持露头就打,以严管体现厚爱,不断营造风清气正的场所生态。

(四)打造地域特色的担当文化

检察文化建设工作是提升干警综合素质的有效途径和有力保障。C市检察院紧紧围绕少数民族地区文化发展特点,积极加强党建工作与检察业务深度融合路径,以"一院一品"创建工作为依托,以着力解决制约检察工作瓶颈为突破口,从党的建设、业务建设、队伍建设方面打造品牌、培育亮点,在"特"上力求突破、在"做"上整体推进,以创新强基础、求发展、谋未来。"一院一品"创建工作得到了上级部门充分肯定,指出C市"一院一品"创建工作已走在了全区检察机关前列,已基本形成了市院"七位一体"创新措施为引领,县区院"一院一品、各具特色、竞相发展"的创新工作格局。

(五)打造纪律严明的场地文化

外树形象,内强素质。为深入开展学习型检察机关建设,C市检察院邀请专家学者开展传统文化讲座,在走廊墙壁上、电梯内、电子滚动屏等醒目位置张贴或播放国学名言,将历史人物、检察英模事迹循环展示,打造流动课堂。同时加大督察力度,要求干警警容严整、着装规范;定期举办检察岗位练兵、擂台比赛以及应急处置等检察技能大练兵大比武,在"3·28"百万农奴解放纪念日、"6·1"国际儿童节、"6·26"禁毒宣传日、"12·4"宪法宣传日等重要时间节点,邀请各级人大代表、政协委员、人民监督员等社会各界代表走进检察机关开展形式多样的检察开放日等活动,传播检察文化,展现新时代检察干警形象。

(六)打造检察为民的共情文化

以检察为民办实事为契机,积极沟通当地党委、政府和政法委,争取司法救助资金支持。联合相关部门制定出台司法救助支持脱贫攻坚等工作机制,明确刑事案件特困人员司法救助的工作流程,对符合救助条件的涉案人员依法开展司法救助,发放司法救助金270余万元。同时,聚焦群众急难愁盼,深入基层解决群众最关心最直接最现实的问题,多措并举解决群众合法诉求和上访上诉案件430余件,帮助困难群众解决实际困难1.3万余人次,帮助农民工追回工资256万元,派出驻村工作队员100余人次,解决矛盾纠纷380余件,不断以司法力量助推当地脱贫攻坚。加强机关内部基础设施建设,协调当地政府解决全市干警无周转住房问题,购入30余万元智能饮水机,解决干警饮水难题。充分发挥援藏资金作用,建设集健身、休闲、娱乐等为一体的检察干警活动中心,积极为干警强身健体和愉悦身心营造良好环境。

三、C市检察文化建设面临的现实困境

(一)经济发展与检察文化建设不够适应

C市由于地处我国深度贫困的"三区三州"地区,贫困人口规模占比较高,直到2020年底才实现脱贫摘帽。检察文化的发展经历了从物质层面

到制度层面，再到精神层面三个过程。物质文化作为检察文化系统的表层，最易呈现和沟通交流；制度文化和行为文化处于文化系统的中间层，需要经过一定努力才能交流和实现其价值；精神文化作为检察文化的最核心部分，直接决定着检察文化发展方向，因而较难交流和改变。C市检察机关地处比较偏远的边疆地区，经济基础决定上层建筑，由于本身经济发展落后，对检察文化三层次建设缺乏有效支撑，导致检察文化发展不能跟上新时代全国检察步伐。

（二）检察文化建设保障机制不够健全

制度文化作为检察文化的中间层，在检察文化建设和发展中起着承上启下的作用。C市检察文化建设制度机制不健全，考核文化不够系统具体，对检察干警激励效应关注正向作用，忽视负面作用。同时检察文化建设理论研究不多，大数据赋能检察监督机制跟不上时代步伐，检察文化指导检察业务工作不够有力，检察文化制度保障机制欠缺，未能完全覆盖检察工作的各个方面。加之现有机制不能结合当地民族文化进行有效融通，以检察文化指导检察工作的约束力度不够、执行力度不强，未最大限度发挥制度本身的价值和作用，在一定程度上影响了C市检察业务的高质量发展。

（三）环境文化建设与民族文化融合不够紧密

环境文化以协调人与自然关系为根本，是行为人对居住周边环境的某种认识观念。环境文化作为检察文化的外在表现形式，是一种最易被干警感知和影响的物质载体。C市检察机关虽然投入大量经费开展机关内外软硬件设施的建设，通过打造舒适温馨的办公环境、开展楼道文化建设，部分检察院还建立了廉政教育室，并从内地省市引入先进技术协同办案，不断营造文化育检的良好氛围。但在环境文化建设过程中，囿于当地人才、经费、技术等资源禀赋有限，同时部分检察院未能发挥民族文化的激励和影响力作用，忽视了将检察环境文化与当地藏族文化进行有效衔接和融合，没有充分考虑各族干警实际情况，导致干警的集体荣誉感和归属感不强。

四、提高民族地区检察文化建设之路径

（一）坚守文化底色，提高公平正义的办案文化理念

检察改革要与检察文化建设同步推进，把培育干警核心价值观作为公平正义文化底色的重要支撑，以此作为检察官履行法律监督职责的核心内容，

教育引导广大干警树立正气，出色高效完成国家法律赋予的检察使命。检察干警要发扬传统文化与藏民族文化作用，牢固树立公正司法理念，让人民群众在每一个司法案件中感受到公平正义。首先，要培养检察干警爱岗敬业的品德，检察机关肩负着维护国家法律权威和尊严的职责，作为检察干警，任务光荣而艰巨，干警务必热爱检察事业，在工作中尽职尽责，兢兢业业，认真负责，一丝不苟地做好本职工作，不辜负法律赋予检察干警的职责和人民的期望。其次，要培养干警无私奉献的精神，教育引导干警在思想上自觉抵制各种奢靡腐败生活的影响，严格落实中央八项规定和检察机关"三个规定"根本要求，树立正确的检察价值观，当国家和人民的生命财产受到严重威胁时，检察干警要坚决同一切危害国家、人民、社会的违法犯罪作斗争，积极为当地社会和谐稳定和经济高质量发展贡献检察力量。

(二) 坚持以文立检，着力办好检察监督案件

检察文化建设要以法律监督为基础，需要具有强大竞争力和法律监督执行力支撑检察工作，离开检察业务，检察文化便不能发挥其应有的作用。立足法律监督主责主业，重在体现执法公信力上，在法律监督过程中始终把立案、侦查活动监督、追捕追诉、追漏罪漏犯以及根据审判监督程序提出抗诉的案件，作为惩治犯罪、保障人权和提高司法公信力的重要措施。充分发挥检察文化引领作用，引导干警注重自身检察行为文化建设，恪守检察职业道德，注重仪表整洁等，以良好工作作风抓好检察工作落实。积极开展"四大检察"领域学习研讨、业务培训和岗位大练兵，选派优秀年轻干部与援助省市检察机关开展干部顶岗互派交流学习，条件较好的检察院与区内艰苦偏远检察院互派干部锻炼学习，并运用"两微一端"等新媒体平台及时传递检察好声音，释放检察机关法律监督正能量。同时，能动履职加强文化创新，在全市检察机关组织征文比赛、精品案例、微电影、动漫短片制作等评比活动，激发检察干警的创造性和理论研究能力，不断营造检察工作良好氛围。

(三) 坚持凝聚功能，扎实做好制度环境文化建设

物质文化建设是检察文化建设的外在体现，良好的物质文化氛围能够使干警激发团队精神，提高凝聚力和战斗力；舒适浓郁的工作环境，使干警在潜移默化中提高综合素养。加强检察装备建设力度。注重科技应用高标准建设办案区建设，配置高科技远程视频提审平台、数字检察监督模型及公检法

等执法办案统一查询系统等,让干警在办案中感受和应用到数据业务的快捷方便。强化制度保障功能。制度依靠执行赋予生命力,通过建立"谁承办,谁负责"的逐级问责机制、案件质量工作办法与绩效考核制度、公示制度等,确保检察文化在制度保障下指引各项检察工作,真正实现以制度管人。同时,根据马斯洛需求层次理论,在完成前三个层次需求的基础上,进一步加强尊重和自我实现的建设力度。尊重人才,加大优秀办案检察官和办案团队等人员的表彰力度,在物质和精神文化方面给予特别激励,切实让检察干警感受到尊重的真谛。同时,积极为干警营造良好工作生活环境,不断强化干警追求自我超越,实现个人的自我价值。

(四)坚持因地制宜,培育新时代民族地区特色检察文化

我国是一个多民族国家,不同群众语言不同,文化程度不同,生活习惯也不同,有不满意的地方要具体分析,把问题弄清楚。党的十九大报告中指出,发展面向现代化、面向世界、面向未来的,民族的科学的大众的社会主义文化,要坚持百花齐放、百家争鸣。民族地区文化是各民族创造的,是各个民族的命根、灵魂和标志,是本民族延续发展的源泉和动力,文化消亡,民族也就随之消亡。检察文化作为文化的一种表现形式,其本身具有民族性,历史变迁形成特色风俗习惯、民族文化,故检察文化应与民族元素共同发展与繁荣。检察文化具有地域性,边疆民族地区因不同的地域环境产生了不同的地域文化,检察文化建设应以开放包容的态度吸收地域文化精髓,形成地域特色。因此,在开展检察文化建设时,应充分体现当地民风民俗,将藏文化精神融入干警的每一项检察工作中,并与时俱进适时吸纳域外先进文化理念,在特定的文化氛围中潜移默化地影响干警形成新的思维理念、行为模式,促成全市检察机关进一步改进作风,狠抓工作落实。

五、结语

在民族地区,狠抓检察文化建设就是抓业务、抓人心、抓稳定、抓发展。C市检察机关要在遵循检察文化建设共性规律的基础上,结合当地实际,在共性中突出地域特色,积极加强内功建设,通过开展新时代地域特色文化、检察担当文化、理论研究文化、创新文化以及悲悯文化等检察文化建设,以"一院一品"创建工作为契机,坚持有形文化与无形文化相结合,在潜移默化中不断增强干警文化认同感、归属感和自豪感,以检察监督提升文化自信支撑政治定力,从而实现检察文化建设引领藏区检察工作高质量运行。

新时代新闻宣传工作释放检察文化品牌生命力的思考与实践

——以陕西检察机关文化品牌构建为例

刘孟骐　郝　雪　张　林[*]

习近平总书记指出,"体现一个国家综合实力最核心的、最高层的,还是文化软实力,这事关一个民族精气神的凝聚"。党的十八大以来,以习近平同志为核心的党中央高度重视文化建设。承载检察事业、展现检察形象、凝聚检察精神的检察文化品牌作为社会主义法治文化的重要组成部分,始终在与时代同步前行,与业务同频共振中发挥着重要作用,如何将为大局服务、为人民司法、为法治担当中优质的检察文化品牌推出"检察圈",宣传好阐释好检察文化品牌背后的法治思想、司法理念,这是做好新时代新闻宣传工作的题中应有之义,也是陕西检察机关长期以来始终思考和实践的问题。本文旨在通过生动丰富的例证、精准翔实的数据,从基本定义出发,在分析新闻宣传工作与检察文化品牌构建的内在关系的基础上,论证新闻宣传在塑造、助推释放检察文化品牌工作的重要作用,并对未来的工作方向进行展望。

一、充分认识文化品牌概念,深度把握新闻宣传工作与检察文化的关系

文化品牌,来自上海辞书出版社《大辞海》的定义,是指给拥有的文化企业带来溢价、产生增值的一种无形资产,包括商誉、产品、企业文化以及整体营运的管理。是一个企业经过艰苦追求、长期积累所形成的总体竞争或企业竞争力的总和。本质是消费者内心对产品和服务的一种内在的感受。

检察文化品牌,从形式上引用或者沿用了这一商业用语,但它既不是商

---

[*] 作者单位:陕西省人民检察院。

业品牌，也不是企业品牌，而是具有一定社会价值的，检察业务与历史文化、地域文化、创新文化深度融合的重要成果，拥有着检察工作独特的价值理念、文本制度、工作机制和组织形式，表达了新时代检察工作对人民的守护、对公平的追求、对检察事业的无限热爱，蕴含了深刻的政治意义、社会意义和法治意义。

从这个角度看，让人民群众以看得见的方式集中感受检察机关工作品牌带来的中国特色社会主义法治新发展新成效就显得尤为重要。

我们知道，品牌文化塑造的一个重要基础，是要理解和认知，而品牌真正发挥作用的是它的文化氛围、文化传承、文化支撑、文化内容和文化组织，但这个认知过程并不总是主动地、自觉地，需要我们有目的地进行推广和宣传。与检察机关工作相联系，就是如何处理检察业务、检察文化与检察新闻宣传的关系，即"三位一体"（本在检察工作、要在检察文化、效在新闻宣传）理念。从这个概念出发，检察工作是本体、核心、基础；检察文化是源动力，是检察人员共有的精神家园；检察新闻宣传是落实好以人民为中心，体现检察办案政治、社会、法律"三个效果"统一最好最直接的媒介。做深做实做透检察新闻宣传，可以锻造检察人特有的"精气神"，营造良好的内外环境，引导、深化、推动检察工作创新发展，对以检察软实力为代表的检察工作品牌的塑造有着深刻的作用，可以进一步助推司法公信力提升，进一步增强检察自信。

有了理论基础，我们再次深入检视检察文化品牌的形成过程。我们发现，和任何一个品牌一样，检察文化品牌的形成，也不是一蹴而就的，需要经过一个漫长而反复的过程，一般而言，这个过程可以分为三个阶段。第一个阶段是自我成长阶段。一个检察文化工作品牌的形成，首先是在检察机关的内部形成了一定影响，通过不断改进和完善使自身理论体系和实践成效逐步获得内部人员的认可，从而吸引了更多的内部人员参与其中。在这个阶段中，需要对品牌不断进行研究和打磨，不断进行精心设计和谋划，使检察文化品牌自身特性更加明确、主题更加鲜明。第二个阶段则是小圈子推广阶段。检察文化品牌经过了自身组织领域中的磨练，已经具备了一定的影响力和生命力。此时，就需要在同行业、同领域、同地域、同地区开展有针对性地推广和宣传，这个阶段重点在于精准推送，要在与检察业务紧密相连的组织、人员以及领域中开展实验性的推广，用这样的方式来检验该品牌是否具有可复制性。第三个阶段是社会推广阶段。经历了前两个阶段的宣传推广，我们会得到该品牌建设和发展是否有基本生命力的实践数据，接下来我们就需要将工作品牌的运行模式、程序内容、规划设计、思路方法再一次提炼固化，形成一套在检察机关普遍适用的一套可操作、可实施的经验模板，利用发达的新闻宣传渠道广而告之、广而宣之、广而推之，进而在社会层面形成更广泛的影响力。

从品牌文化的形成过程，我们再一次证明了检察文化品牌的塑造中新闻宣传工作的重要作用，可以说，检察新闻宣传工作是伴随着检察文化品牌的诞生、成长和发展的，是检察工作品牌的建设核心。而新时代如何利用新闻宣传工作打造品牌、擦亮品牌、深耕品牌是我们一直思考的问题。

二、牢固树立文化品牌意识，在新闻宣传实践中释放检察文化强大生命力

要利用新闻宣传工作打造擦亮检察文化品牌的亮点，首先就是要在实践中把握好检察文化品牌积淀的过程和阶段，简而言之，就是要从新闻宣传的角度处理好品牌建设的四个关系。

（一）处理好"有"和"用"的关系

有了检察品牌，首先要做的就是用好品牌，毕竟千辛万苦打造出来的品牌，不是放在那里等着它闪闪发光吸引人群的，而是在实践中不断检验品牌的作用和能力，根据实际工作不断改进和完善品牌的特色，这就要求我们在进行新闻宣传时，也不能将检察文化品牌只固化成一种高高在上、不接地气的"吉祥物"，而是要突出它在实实在在的百姓生活中的作用。这一点，陕西省汉中市汉台区检察院的"栈道公益诉讼团队"就进行了很好的尝试——近年来，他们以秦岭生态保护专项活动为抓手，针对秦岭、汉江区域的垃圾污染和资源受损问题，办理案件205件清理各类垃圾260余吨。在进行新闻宣传时，他们主要以案例为蓝本，多用通讯的方式，完全清晰地记录了"栈道公益诉讼团队"文化品牌不断完善服务、提纯品牌的过程，其中《秦岭那抹绿色中飘动着的"检察蓝"》一经刊出，在当地群众中引起了强烈的反响，达到了预期的目的。

（二）处理好"实"和"虚"的关系

在新闻宣传中，要坚持"没有检察工作基础，检察文化、检察新闻宣传就是无根之水、无米之炊"的理念，检察文化品牌的宣传工作一定是建

立在坚实的工作基础之上的。陕西省检察机关在近些年的建设检察文化的实践中格外注重这一点，在陕西延安宝塔区人民检察院"宝塔春晖"一直是他们主打的未检文化品牌，但是从品牌的诞生到孵化、成长，他们走过了整整五年的时间，这五年，他们培养和聚集了一批优秀的未检检察官，办理了一批精品案例，完成了派设法治副校长全覆盖，建成了"一站式"和关爱中心和青少年法治教育基地，而他们工作进展的每一步，都伴随着一批高质量的新闻宣传作品，其中，在《法治日报》整版刊登的《宝塔山下"检察蓝"护佑孩子们成长》一文取得了良好的传播效果。由此可见，检察文化品牌与新闻宣传必须是相辅相成的，必须建立在工作实绩的基础上，否则，不管是偏向任何一方，都会造成负面的传播效应。

（三）处理好"小"和"大"的关系

这个问题主要是针对检察文化品牌宣传工作的受众而言的。我们知道，一个文化品牌之所以能够被推广，既因为它具有自己独特的优势和亮点，更重要的是，它们不应该是"私人定制"和"独家专利"，而应该具有一定的传播性和可复制性，这点就要求我们在进行新闻宣传的时候，既要在擦亮文化品牌亮点时做到"五个精心"，即精心策划、精心培育、精心整理、精心组织和精心包装，也要注重该品牌对其他市县院的检察工作的可借鉴性。在这一点上，陕西省咸阳市秦都区的"秦检朝阳"便做得较好，他们在宣传工作中，既突出了身处三秦大地的"秦"元素，又重点宣传打造"全方位、立体化法治宣传教育模式"，司法救助、医疗救助、心理援助、医疗救护"四位一体"的未成年人救助机制，双管齐下，既让大家耳目一新，又有可借鉴的模式和样本，可以更大范围内的推广和宣传，起到了良好的传播效果。

（四）处理好"地区"和"区域"的关系

一个成熟的、有特色的检察文化品牌，必然是检察业务与历史文化、地域文化、创新文化深度融合的重要成果。地域特色，是我们无法忽略的一个重要的方面。比如，在陕西省汉中市，"汉小未"未检办案团队的名称就与汉中本身的地理文化息息相关——其中"汉"字，得益于自古享有"汉家发祥地，中华聚宝盆"之美称的"汉中"，"汉小未"之"小"，乃"小小幼苗"，"汉小未"之"未"，乃"未成年人检察"工作；而在陕西华阴，"山、水、廉、道、情"检察文化长廊，则主动利用地域文化优势，努力把道家优秀传统文化和智取华山敢于胜利的现代文化与党性教育、检察业务相结合，坚持"传承华山精神，彰显检察风范"的思路，以"山、水、廉、道、情"五字特色文化理念为核心，打造了具有鲜明时代特色的华阴检察文化建设体系，深刻践行"勤劳质朴、开放包容、实干进取"的华阴人精神，着力提升干事创业精气神和加快追赶超越内动力。但我们同时要注意，地域性不是绝对的，在新闻宣传工作中，不能将全部精力都放在"特性"上，否则，这个品牌的亮点和功能很难服务于大众，这样的检察文化品牌也注定不会"长寿"。

总之，检察文化品牌的新闻宣传工作是一个长期且复杂的过程，需要我们结合实际，深耕新闻宣传工作的特点和规律，踏实下心，耐得住性，用心耕耘，用实践磨合，用时间铸造，只有这样，检察文化品牌才能立得住、更持久。

三、深化文化品牌宣传策略，加强"融合"共筑新时代检察工作"增长极"

检察文化品牌作为检察文化建设的抓手，宣传推广从检察业务中积淀的优秀的检察文化，既是检察新闻工作者的使命，也是必须要面对的难题和必须要加强的能力。因此，陕西检察机关新闻宣传部门始终以"融合"理念为根本，采取"三位一体"的宣传策略，切实提升检察文化品牌宣传实效，努力释放品牌蕴含的内生价值。

（一）坚持传统与新兴并重

一是守好主阵地。高度重视传统媒体的权威性，是陕西检察机关新闻宣传工作中一贯秉持的理念，而在宣传检察文化品牌上，我们也很好地将这一优势发挥到了极致，持续瞄准传统媒体，加强与之沟通联系和协作配合，积极提供新闻线索和便利条件，加大宣传力度，形成强大的检察主流舆论场，切实做到了主流引导、权威引领。仅 2021 年，陕西检察机关本级发表的 287 篇传统宣传报道中，有关检察文化品牌建设的文章就占比 35% 以上；在汉中，"汉小未"未检品牌围绕检察履职撰写的《汉中检察守护未成年人成长进行时》被《法治日报》全文推广。

二是用好新兴平台。新时代，陕西检察新闻宣传工作勇于打破桎梏，顺势而为，积极适应传统主流媒体、新兴媒体和自有媒体并生的全媒体宣传格局，强化立体传播理念，将检察机关门户网站、"两微一端"平台打造成社会各界了解检察文化品牌的首选窗口,例如,陕西延安市的"检察院线"工作品牌,作为一档检察官的普法直播节目,检察官走进直播间,以案释法、答疑解惑,始终将普法功能作为首位,以展示检察机关法律监督主责主业为切入点,坚持策划先行,通过会议讨论确定访谈节目内容,部门参与节目提纲的审核把关,深度解读公众关注的社会、法律问题,"检察院线"成为延安融媒体中心的一档名牌栏目,受众广泛,影响深远。以上做法是检察职能的延伸,是检察能动履职的体现,是检察业务与传媒的深度合作和融合,在提升检察官综合素质的同时,营造出检察机关与公众良好互动的公共关系。

(二)坚持数量与质量并重

在检察文化品牌的宣传中,保持适度的数量规模一直是陕西检察新闻宣传工作的重点。但是,这种数量规模要求是保持适度的原则,摒弃以数字论英雄的简单做法,采取针对性的措施,力求检察宣传数量稳中有升。比如,在"陕西检察"微信平台,开设专题专栏进行检察文化品牌巡礼,接连三年举办"陕检·微电影"节,将检察文化品牌输出为老百姓喜闻乐见的形式,强化传播效应,在陕西省检察机关共有新媒体账号453个,其中微博124个,微信124个,头条号124个,视频账号81个。2020年共展播134条,播放量总计538.19万,点赞量总计4.5万;2021年共展播131条,播放量总计1124万,点赞量总计7.56万;2022年上半年共展播252条,播放量总计55.8万,点赞量总计2.8万。我们可以看到,通过新媒体平台对检察文化作品进行展播量是一个逐年上升的趋势,这既说明了陕西检察机关对检察文化品牌宣传工作的重视,也说明了随着新媒体平台的建设发展,利用新媒体平台进行检察文化品牌塑造成为越来越多选择的方式。

在强调数量的同时,始终严把质量关,注重提升检察宣传工作的质量和实效。定好风向标、挥好指挥棒,对一些好的检察文化品牌的新闻线索,通过省院统一调配力量、组织人员进行深度挖掘,找准结合点,选准角度,将好的素材打造成有观点、有新意、有内容的精品稿件。例如,在2022年,为了宣传陕西检察公益诉讼文化品牌,由省院新闻宣传处组织拍摄的《美丽秦岭,有多少力量在默默守护》的微视频,不仅单日点击量突破1.1万,被最高检微信公众平台转载,同时获得了陕西省第六届平安陕西"三微"比赛的一等奖,在出精品、提质量的基础上,也起到了良好的传播作用。

（三）坚持创新与规范并重

检察文化品牌的新闻宣传工作创新，必须以坚持方向为前提，要始终把围绕中心、服务大局作为基本职责，胸怀大局、把握大势、着眼大势，始终坚持正确的政治方向和舆论导向。强化制度意识，配齐配强新闻发言人、检察新闻宣传文化部门领导班子和干部队伍，严格执行新闻宣传稿件、出版物、网络新媒体等审校审读制度，但是守正的同时，创新也要齐头并举，2022年以来，陕西检察机关首先在省院机关进行了新闻宣传工作的结构改革，将原本管理思想教育、综合事务、新闻宣传的宣传处进行了调整，剥离了与新闻宣传本业无关的事务，单设新闻宣传处，从机制上保证了陕西新闻宣传工作的专业性。机制改革带来的变化，首先是工作方式、工作要求上的不同，以往面对检察文化品牌的宣传工作，往往是你有什么，我宣传什么，而如今，更多的时候，更加专业的新闻宣传人员主动前置，主动策划，根据专业媒体的党报党刊的不同需要，突出检察属性、突出检察特色，做到媒体的需求是什么，我们品牌宣传的供给就是什么，媒体运用什么样的传播形式，检察文化宣传就采取什么样的传播形式，媒体的触角拓展到哪里，检察宣传的范围就延伸到哪里，真正实现检察宣传的"全方位、全覆盖、无死角"。

社会主义核心价值观融入检察工作的三重路径

庞 磊[*]

习近平总书记指出，人类社会发展的历史表明，对一个民族、一个国家来说，最持久、最深层的力量是全社会共同认可的核心价值观。党的十八大强调，倡导富强、民主、文明、和谐，倡导自由、平等、公正、法治，倡导爱国、敬业、诚信、友善，积极培育和践行社会主义核心价值观。检察机关作为国家机关的重要组成部分和专门的法律监督机关，理应自觉贯彻和弘扬社会主义核心价值观。在检察工作中贯彻和落实社会主义核心价值观，应当从以下三重路径着手。

一、在思想理念上坚持社会主义核心价值观

思想是行动的先导。要想在检察工作中融入社会主义核心价值观，首先要从价值理念上入手，将社会主义核心价值观融入检察机关执法办案和检察干警价值理念，通过从内心深处予以认可和接受，最终达到融入思想、融入灵魂的效果。

（一）坚持社会主义核心价值观是贯彻落实习近平新时代中国特色社会主义思想和习近平法治思想的必然要求

习近平新时代中国特色社会主义思想的核心内容是"八个明确"和"十四个坚持"，在"十四个坚持"当中，坚持社会主义核心价值体系是其中重要一项。习近平总书记指出，核心价值观是文化软实力的灵魂、文化软实力建设的重点。这是决定文化性质和方向的最深层次要素。他还指出，实现我们的发展目标，实现中国梦，必须增强道路自信、理论自信、制度自

---

[*] 作者单位：陕西省商洛市人民检察院。

信,"千磨万击还坚劲,任尔东南西北风"。而这"三个自信",需要我们对核心价值观的认定作支撑。由此可见,社会主义核心价值观之于"四个自信",具有重要的联系和意义。我们要在检察工作中深入学习贯彻习近平新时代中国特色社会主义思想和习近平法治思想,深刻领会"两个确立"的决定性意义,增强"四个意识"、坚定"四个自信"、做到"两个维护",就必须自觉贯彻和落实社会主义核心价值观,充分发挥社会主义核心价值观的引领作用。

(二)坚持社会主义核心价值观是检察机关参与和助力国家治理体系和治理能力现代化的必然要求

习近平总书记指出,培育和弘扬社会主义核心价值观,有效整合社会意识,是社会系统得以正常运转、社会秩序得以有效维护的重要途径,也是国家治理体系和治理能力的重要方面。法治是社会治理的最优模式,是社会治理现代化的重要标志。作为国家法律监督机关,检察机关在推进国家治理体系和治理能力现代化中肩负着重要政治责任和法律责任。检察机关要参与和助力国家治理体系和治理能力现代化,就必须在思想理念、法律适用、政策运用、执法效果等方面以社会主义核心价值观为引领和追求,促进国家的富强、民主、文明、和谐,社会的自由、平等、公正、法治,个人的爱国、敬业、诚信、友善。

(三)坚持社会主义核心价值观是落实司法为民理念的必然要求

以人民为中心是习近平新时代中国特色社会主义思想的重要内容,也是对全体检察机关和检察人员的要求。《检察官法》第3条规定:"检察官必须忠实执行宪法和法律,维护社会公平正义,全心全意为人民服务。"《检察官职业道德基本准则》也明确提出,坚持为民宗旨,保障人民权益。中国特色社会主义进入新时代,我国社会的主要矛盾已经转化为人民日益增长的美好生活需要和不平衡不充分的发展之间的矛盾,人民群众在民主、法治、公平、正义、安全、环境等方面提出新的更高要求。而这些要求正是社会主义核心价值观的重要内容,也是评判检察工作成效的重要标准。只有自觉坚持社会主义核心价值观,将这些要求落实到检察工作当中,才能让人民高兴、让人民满意、让人民答应,才能真正实现立检为公、执法为民。

（四）坚持社会主义核心价值观是以检察工作高质量发展服务经济社会高质量发展的必然要求

最高检《"十四五"时期检察工作发展规划》提出以高质量发展为主题，以完善检察机关法律监督体系、提升法律监督能力为主线，加强基层组织、基础工作、基本能力建设，深化司法体制改革，更好服务经济社会高质量发展、推动检察工作自身高质量发展，为全面建设社会主义现代化国家提供有力司法保障。而要实现高质量发展，就必须围绕中心、服务大局，紧扣主旋律，用社会主义核心价值观武装头脑、鼓舞干劲、指导行动，从中汲取高质量发展的智慧和力量。

二、在司法办案中践行社会主义核心价值观

法律法规体现鲜明的价值导向，社会主义法律法规是社会主义核心价值观的重要承载，直接影响人民群众对社会主义核心价值观的认知认同和自觉践行。检察机关作为司法机关和法律监督机关，在践行社会主义核心价值观方面负有多重任务，要通过法律法规的正确适用和检察履职活动，做好社会主义核心价值观的贯彻和传播。

（一）突出办案重点，捍卫社会主义核心价值观

一是严厉打击危害国家安全犯罪和暴力恐怖犯罪，积极维护国家政治安全。打击网上造谣诽谤等违法犯罪，维护风清气正网络环境。开展扫黄打非，有效净化文化环境。二是始终保持对危害公共安全和侵害人身权利等犯罪的高压态势，深入贯彻落实反有组织犯罪法，持续推进扫黑除恶常态化斗争，持续推进打击整治养老诈骗常态化斗争，严厉打击电信网络诈骗犯罪，维护人民群众切身利益，努力营造和谐稳定社会环境。三是着眼维护健康市场秩序和公平市场环境，严厉打击破坏社会主义市场经济秩序的犯罪行为，依法惩治和预防非法吸收公众存款、集资诈骗、非法高利放贷等经济金融领域犯罪，有效惩治、预防洗钱和逃税骗税犯罪，依法打击强迫交易、恶意阻工等破坏市场经济秩序犯罪，努力净化和维护市场经营秩序，促进市场主体正常经营、公平竞争。四是加强职务犯罪案件办理，协同推进反腐败斗争，努力营造风清气正的政治环境。五是积极开展英烈保护等公益诉讼活动，大力弘扬爱国主义精神。

（二）优化办案质效，彰显社会主义核心价值观

一是坚持以事实为依据、以法律为准绳，严格依照事实和法律办案，确保办案过程符合程序公正、办案结果符合实体公正，用公正司法培育和弘扬社会主义核心价值观。二是加强司法政策导向，加强弱势群体合法权益司法保护，加大涉民生案件查办工作力度，通过具体案件的办理，推动形成良好社会关系和社会氛围。三是强化认罪认罚从宽制度适用，积极运用简易程序和速裁程序，引导和鼓励自主选择调解、和解、协调等纠纷解决方式，在更高层次上实现公正和效率的平衡。四是提升办案效率，落实"案－件比"要求，减少不必要的退回补充侦查等程序，最大限度杜绝"迟到的正义"。五是严格落实罪刑法定、疑罪从无、非法证据排除等法律原则和制度，建立健全纠错机制，有效防范冤假错案，切实增强人民群众对社会主义核心价值观的信心。

（三）服务中心大局，助推社会主义核心价值观

一是参与自然环境治理，维护生态文明。严厉打击破坏资源环境类违法犯罪，结合办案积极提出环境治理检察建议；加强民事行政方面涉生态环境案件审判监督，发挥公益诉讼检察职能作用，强化污染防治、环境保护公益案件办理，探索完善生态检察模式，促进生态环境共同治理。二是优化营商环境，强化产权保护，助力经济发展和国家富强。在执法办案中落实各类市场主体平等保护要求，防止和纠正以刑事手段插手民事经济纠纷，持续深化涉企刑事"挂案"清理。探索推进涉案企业刑事合规改革，落实宽严相济刑事政策，合理运用认罪认罚从宽、不起诉、检察建议等方式，实现打击和挽救并重，促进企业守法经营。三是参与乡村振兴，促进基层和谐。严厉打击涉农犯罪，强化耕地保护。从严惩处拐卖妇女儿童等违法犯罪，维护留守妇女儿童合法权益。强化对因案致贫返贫刑事被害人司法救助，维护基层和谐稳定。四是聚焦与人民群众密切相关的生活、生产领域突出问题，持续开展好守护群众"舌尖上""头顶上""脚底下""邮包里"安全专项监督。以"如我在诉、情同此心"的感同身受，办好群众身边每一起"小案"，增强人民群众对司法、对党和政府的信赖，增强人民群众获得感幸福感。

（四）参与社会治理，厚植社会主义核心价值观

一是通过典型案件的办理，积极引导社会价值导向。如通过正当防卫典型案件的办理，向社会传播"法不能向不法让步"的理念；通过支持起诉

案件的办理，鼓励弱势群体积极拿起法律武器维护自身合法权益；通过对虚假诉讼的打击，弘扬诚实守信的精神。二是深入落实宽严相济刑事政策，运用恢复性司法理念，促进当事人刑事和解，强化法律文书说理，积极开展公开听证、司法救助，努力实现案结事了，最大限度减少社会对立面。三是结合执法办案，积极提出有针对性、操作性的社会治理类检察建议，努力实现更高层面、更高水平的源头治理，促进治罪与治理并重。四是积极开展矛盾纠纷化解。发挥控告申诉检察职能作用，深入开展矛盾纠纷排查化解和积案清理，深入落实群众信访"件件有回复"制度，努力做好矛盾化解和维稳工作。五是做好未成年人检察工作，结合案件办理，营造文明友善的校园环境，将社会主义核心价值观弘扬到青少年当中。

（五）优化工作方式，贯彻社会主义核心价值观

一是以开展各类专项监督活动、案件评查、公开听证等活动为契机，主动邀请人大代表、政协委员、人民监督员、律师、特邀检察官助理等，参与融入检察监督办案当中，积极促进司法民主。二是坚持司法的力度和温度并重，努力提供便民利民服务。在执法办案中注重倾听人民群众的呼声，用人民群众听得懂的语言进行释法说理，在严格执法的同时，注重用耐心爱心和同理心教育和感化当事人。综合运用12309网站、热线、移动客户端、微信公众号等线上信访渠道，丰富12309大厅便民利民设施和服务，让信访案件办理更加快捷和暖心，并做好满意度调查和电话回访。推行远程视频接访和律师网上阅卷等机制，让人民群众从"只跑一次"到"一次都不用跑"。方便群众诉讼，减轻群众诉累，依法保障当事人和其他诉讼参与人的诉讼权利，最大限度发挥司法的人权保障功能。三是促进检察权阳光下运行。坚持以公开促公正、以透明保廉洁，严格落实司法责任制，落实执法办案三项规定，深入开展法律文书公开，自觉接受社会各界和人民群众的监督，实现检察工作的客观公正。

（六）开展法治宣传教育，传播社会主义核心价值观

一是深入学习宣传习近平新时代中国特色社会主义思想、习近平法治思想，增强走中国特色社会主义法治道路的自觉性和坚定性。二是深入开展宪法宣传教育和民法典等法律法规的宣传，在全社会树立法治意识，培育人民群众在民事活动中的自由平等、诚实守信、公序良俗、友善互助和契约精神。三是通过法律文书说理、典型案例发布、诉前诉后答疑、新媒体宣传等

方式，警示和反对歪风邪气、不良观念，弘扬社会主义核心价值观，引导全体公民自觉守法、遇事找法、解决问题靠法。四是深入开展党章和党内法规学习教育，明确基本标准，树立行为规范。完善国家工作人员学法用法制度，提高党员、干部法治思维和依法办事能力，发挥党员干警在全社会尊崇法治、弘扬社会主义核心价值观中的带头示范作用。五是落实"谁执法谁普法"责任制和检察官以案释法制度，结合精神文明创建、未成年人检察工作和乡村振兴等，推动法律"六进"，促进法律的全面适用。

三、在队伍建设上体现社会主义核心价值观

事业成败的关键在人。贯彻落实社会主义核心价值观是检察队伍建设的重要内容。社会主义核心价值观既要融入日常的检察办案活动，更要成为全体检察干警的行为自觉。

（一）以社会主义核心价值观提升干警政治觉悟和敬业精神

检察工作是政治性极强的业务工作，也是业务性极强的政治工作。检察机关政治建设要求检察干警必须加强政治理论学习，用习近平新时代中国特色社会主义思想和习近平法治思想武装头脑、指导行动。习近平新时代中国特色社会主义思想和习近平法治思想的学习贯彻中，社会主义核心价值观是重要内容。检察干警只有深入理解和掌握社会主义核心价值观，才能自觉紧跟和维护社会主流价值导向，与主旋律同频共振，始终保证检察工作的正确方向，才能爱岗敬业、无私奉献，自觉献身党和人民的事业，以"求极致"的精神做好各项检察工作。

（二）以社会主义核心价值观拓展干警业务素能

检察干警要更好地完成各项职责使命，就必须具备过硬的业务素能。检察干警的业务素能，既包括法律法规的掌握和运用，也包括对司法政策、社情民意、群众呼声的熟悉和把握，以及与其他司法机关、司法工作者、案件当事人、人民群众打交道的技巧和能力。社会主义核心价值观不但是思想和行为的导向，更是一个很好的宝藏，里面蕴含着做好各项工作的智慧和方法。通过理解和掌握社会主义核心价值观，可以更好地探寻立法的精神，从而准确地理解和适用法律；可以更好地把握国情民意，从而运用好各项司法政策，防止脱离实际；可以更好地了解党和政府的关切、社会的关注之所在，提高服务经济社会发展大局和当前中心工作的能力；可以更好地以人民

群众听得懂的方式进行释法说理和沟通表达，从而增强执法办案和法律监督的效果。

（三）以社会主义核心价值观培育干警良好作风

作风建设永远在路上，是队伍建设永恒的主题。作风建设既要依靠规章制度的外在强制性约束，也要依靠干警自身思想观念的转变提升。文明、和谐、自由、平等、公正、法治、诚信、友善等，既是社会主义核心价值观的重要内容，也是检察职业道德和检察干警作风建设的内在要求。通过对社会主义核心价值观的不断深入学习和自觉遵从，内化于心、外化于行，在整个机关营造良好的氛围，在潜移默化中熏陶和培养检察干警严格规范公正文明执法的思想意识和行为方式，从而在开展工作和接待群众时理性平和、平等待人、公道正派，守纪律讲规矩，讲究方式方法，以良好的作风体现出检察干警的素质。

关于新时代基层检察文化建设路径的思考与探索

李郁军[*]

"文化是一个国家、一个民族的灵魂。文化兴国运兴，文化强民族强。"检察文化作为社会主义法治文化的重要组成部分，是在我国人民民主专政国体和司法体制下，与中国特色社会主义检察制度相适应的思想观念、职业精神、道德规范、制度体系、行为方式以及物态载体的总和，是社会主义文化大发展大繁荣的具体体现，是检察机关和检察人员在检察工作中创造、发展和凝聚起来的精神家园，是推进检察事业高质量发展的重要力量源泉。积极推进检察文化建设是贯彻落实党的十九大、二十大精神，践行习近平法治思想，确立检察文化核心价值体系并付诸实践，促进工作健康发展的重要方面，对实现检察事业持续高质量发展具有十分重大的现实意义。

近年来，随着我国检察事业的快速发展，各地检察机关特别是经济发达地区检察文化建设如火如荼、方兴未艾，检察文化建设成果丰硕，达到了新的高度。作为西北地区基层检察机关，我们不论是在理念，还是投入上都存在较大差距，推进检察文化建设中仍然有不少问题和困惑。主要表现在：一是缺乏深刻认识，检察文化建设形式化。对检察文化研究不透彻、理解不全面，实践中将检察文化建设简单地等同于文体活动和基础设施建设。二是缺乏有效规划，检察文化建设功利化。持续投入不足，检察文化无法贯穿到检察工作各个环节，干警积极性受挫，参与度不高。三是缺乏创新意识，检察文化建设一般化。忽视了检察文化依托的地域环境、文化传统、队伍特点等具体情况，执行"拿来主义"，缺少特色新意，导致无法深入人心，也无法发挥其特有的引导、教育、激励作用等。基于这些问题，对如何更加有效地

---

[*] 作者单位：甘肃省平凉市人民检察院。

推进基层检察文化建设，有三个方面思考。

一、立足关键点，坚持在科学理念下以文凝心

（一）立足党绝对领导的政治保障

坚持党的领导是社会主义检察制度与资本主义检察制度的根本区别。中国共产党是我国社会主义事业的领导核心，也是社会主义检察事业的领导核心。检察文化建设只有在党的领导下，才能充分调动和发挥各方面力量的积极性。要在党的领导下建立检察文化建设领导机制，把推进检察文化建设作为检察机关党组的一项重要职责，把检察文化建设纳入议事日程，与其他工作同部署、同检查、同考核，明确检察文化建设主管部门和职责，形成主管部门负责组织、各职能部门分工落实、检察干警广泛参与的工作体系，建立考核评价和激励机制，确保检察文化建设工作顺畅运行。要在党的领导下加强检察文化建设思想引导，加强检察文化的理论和实践研究，积极探索检察文化建设的理论体系、操作方法和客观规律，及时总结党组织在检察文化中的积极作用和经验并进行创新，确保检察人员的价值观、人生观和世界观的科学性。要充分发挥党组织思想政治工作优势，把思想政治工作作为服务于检察文化建设的切入点和有效载体，深入学习贯彻习近平新时代中国特色社会主义思想，教育引导检察人员深刻认识"两个确立"的决定性意义，增强"四个意识"，坚定"四个自信"，做到"两个维护"。要坚守检察核心价值体系，做到党的事业至上、人民利益至上、宪法法律至上。

（二）立足中国特色社会主义检察制度

检察文化是以检察制度为核心的文化，体现着检察权的规范高效运行。先进的检察文化可以为检察制度的完善和变革提供不竭动力，起到丰富检察基础理论、提高检察队伍素质、塑造检察行政管理模式、推动检察改革的作用，最终推动检察制度的理性发展。要把检察制度作为理论基础，《宪法》和《人民检察院组织法》规定，人民检察院是国家的法律监督机关，行使国家检察权，检察机关上下级之间是领导与被领导的关系，体现了很强的集中统一性，这就决定了检察文化建设的方向和基本原则，从更高层次上对检察文化发挥先进性作用提出了要求。要把检察官制度作为核心要素，《检察官法》对检察官的职责、义务和权力、条件和遴选、任免、管理、考核、奖励和惩戒、职业保障作出了明确规定。推动以检察官为主体的检察文化建

设，可以充分发挥检察官主观能动性、调动工作积极性，优化价值观念，形成良好的工作环境，保障人民检察院依法独立行使检察权，推动司法公正。要把检察工作制度作为基本依据，人民检察院根据业务的范围和活动形成了侦查监督制度、公诉制度、审判监督制度、对刑事判决的执行和监所的监督制度、公益诉讼制度等，检察文化建设只有按照检察工作制度的基本要求，才能保障检察文化建设的正确方向。以检察工作制度为载体，既具有制度强制性的规范特征，又具有内在的约束和激励的特征，能够更好地实现检察文化建设的目标。

（三）立足以人民为中心的司法理念

党的十八大以来，以习近平同志为核心的党中央从关系党和国家长治久安的战略和全局高度定位法治、布局法治、厉行法治，坚持党的领导、人民当家作主、依法治国有机统一，推动中国特色社会主义法治体系建设取得了历史性成就，充分彰显了中国特色社会主义法治道路、理论、制度、文化的强大生命力和巨大优越性。习近平总书记提出了坚持以人民为中心的发展思想，强调"努力让人民群众在每一个司法案件中感受到公平正义"，人民检察院作为国家法律监督机关，是保证法律有效实施的重要力量。在推进检察文化建设进程中，要始终真学真信笃行习近平法治思想，始终围绕党和国家工作大局，坚持依法履职，切实维护国家政治安全、确保社会大局稳定、促进社会公平正义、保障人民安居乐业。要把习近平总书记人民立场和文化情怀作为检察文化建设根本遵循，悟透"我是谁、为了谁、依靠谁"等基本问题，始终把实现好、维护好、发展好最广大人民群众根本利益作为出发点和落脚点。要践行和弘扬社会主义核心价值观，落实发展新时代"枫桥经验"，高效公开听证，推动矛盾纠纷实质性化解，坚持用"小案件"讲好"大道理"，让人民群众切实感受到更有力量、有温度、有情怀的新时代检察文化。

二、把握切入点，注重在拓展载体中以文铸魂

（一）构建核心价值体系

习近平总书记指出，"唯有在精神上达到一定的高度，这个民族才能在历史的洪流中屹立不倒、奋勇向前"。推动新时代中国特色社会主义检察文化建设，必须丰富精神文化内涵，围绕法律信仰、价值取向、执法思想和执

法理念等基本问题，构建检察文化价值体系。实践中，平凉市检察院紧紧围绕"强化法律监督，维护公平正义"的检察工作主题，"立检为公、执法为民"的检察职业宗旨，"理性、平和、文明、规范"的执法理念，"忠诚、为民、担当、公正、廉洁"的检察职业道德，积极创建学习型检察机关，遵循"平等、互学、共享、双赢"原则，学习借鉴经济发达地区、兄弟院先进管理理念和模式，丰富检察文化创建内涵。通过在全市检察机关征集、工作专班多次讨论、最终由院党组审议确定的形式，提炼出"崇德、尚法、守正、笃行"的八字院训，以及"求精至善、求实唯新、和衷共济、踔厉奋进"的平检精神。倡导干警建立个人目标愿景，部门建立团队目标愿景，基层院建立符合自身工作实际和发展规划的目标愿景，自下而上层层推进，最终形成平凉检察"争先进、创品牌、做模范检察机关"的共同愿景。在此过程中，我们充分发挥检察长的大力倡导和行动自觉作用，对检察精神文化的总结塑造、宣传倡导和表率示范，起到了至关重要的引领带动作用。注重发动全员参与，把全市广大检察人员作为检察文化建设的主体，倾听基层院和检察干警心声，反映全体检察人员意愿。通过把检察长的主导作用和全体检察人员的主体作用结合起来，集思广益、群策群力、全员共建，形成了检察干警普遍认同的核心理念，达到了更好的执行和推动效果。

（二）塑造制度文化模式

"文化是制度之母"，文化中蕴含着制度，制度中也体现着文化。检察文化建设要靠制度化方式将先进的理念落到实处，通过制度统率检察人员思想、引导干警规范行为、塑造行为模式。实践中，我们根据工作实际和发展变化，切实做好规章制度的"废、改、立"，废止不适应新情况的旧制度12项，修订完善44项，新增88项，编印了《平凉市人民检察院制度汇编》，涉及工作职责、议事决策、综合管理、检察业务、党的建设和队伍建设各方面，切实增强制度体系的科学性和针对性。聚焦司法体制综合配套改革，加强协调联动，主动与相关部门建立民事支持起诉、"三长"协作护绿、农业农村领域执法司法衔接、律师参与化解涉法涉诉信访案件等工作机制，形成维护民生民利的强大合力。积极探索业务一体化机制，统筹调配办案力量，组建办案团队，提升工作质效。围绕构建权责统一监督体系，进一步明确层级负责制，强化数据预警、动态监控，对案件的事实、证据和法律适用层层把关，健全以质效监控为核心的制约机制。完善案件质量评查和检察官业绩考评机制，引导检察官办好案、办精品案，健全以数据治理为支撑的考评系统。构建主体明确、范围清晰、层次分明的权责清单，构建以风险防控为关键的监督体系。营造干事良好氛围和"拴心留人"工作环境，完善落实检察人员履行法定职责保护机制、合法权益因履行职务受到侵害的保障救济机制、不实举报澄清机制、容错纠错机制。制定检察人员荣誉退休制度，创新开展"六个一"（召开一次座谈会、颁发一个光荣退休荣誉纪念牌、写一封感谢信、赠一份纪念品、献一束鲜花、拍摄一张集体合影）活动。用真情关心关爱青年干警，开展心理健康教育，帮助解决家庭、食宿等实际问题，落实生日祝福、生病慰问等人文关怀。

（三）固化文化建设载体

检察实践活动的物质基础，是产生检察精神文化的前提和基础，也是检察文化建设的"硬环境"。将检察文化固化为看得见、感受得到、能参与进去的有形物质和形式，不仅能够让单位成为检察干警的工作场所，也成为共同的精神家园。近年来，平凉市检察院努力在硬件设施建设上下功夫，主动争取支持，解决经费保障，新"两房"项目于2020年6月建成投用，配套建设了12309检察服务中心、检察业务调度指挥中心、"省特级"档案室等工作阵地，初步实现了办案办公信息化、智能化、现代化。建成了党建室、院史馆、图书阅览室、道德讲堂、健身活动场所和职工食堂，让检察人员的工作环境更加舒适、充满活力，业余生活更加丰富、积极向上。持续建好融媒体中心、检察门户网站，擦亮检察机关面向社会公众的信息窗口，搭建检民互动平台。在文体活动载体上出实招，提出打造颜值更高、气质更好、韵味更浓、内涵更深、获得感更强的模范机关，"七一""十一"升国旗唱国歌，打卡红色圣地，开展革命传统教育。围绕"我们的节日"主题活动，元宵、端午、中秋等传统节日开展民俗文化活动，传承弘扬中华民族优秀传统文化。经常性组织举办职工运动会、登山比赛、文艺演出、读书分享等活动，用高雅的文体活动建立检察干警情感纽带，营造健康向上的文化环境。在公共环境载体上做文章，加强对外沟通协调，主动邀请社会各界参观检察机关、视察检察工作，"上门纳谏"走访人大代表，组织"进农村、进企业、进社区、进学校"等社会实践活动，让检察人员融入经济建设、融入基层群众、融入社会实践。持续深化检务公开，接受社会监督。组织"法治宣传日""国家宪法日""国际禁毒日"宣传，举办新闻发布会、检察开放日，向社会及时发布案件信息，回应社会关切，加强检察工作透明度和公信力，筑牢检察文化自信。

（四）营造浓厚文化氛围

检察文化是历史的积淀，检察文化氛围是在检察制度建设、检察文化传承、检察文化创造过程中营造和孕育出来的。只有不断自觉地去营造和发展检察文化氛围，才能使它不断获得新的发展，不断趋向广博、深厚和浓烈，从而产生广泛的渗透力和影响力。苏霍姆林斯基说过"一所好的学校，墙壁也会说话"。按照三季有花、四季见绿，平凉市检察院对机关庭院进行绿化美化、园艺式改造升级，对停车场进行合理规划布局，对办公大楼实施光亮工程，打造舒心优雅办公环境。坚持"简洁大气、内涵丰富、寓意深刻、庄重厚实、合理布局"原则，在门厅竖立壁雕，镌刻院训和平检精神，在各层楼打造主题鲜明、层次分明、富有特色的平凉检察文化墙，使干警在工作期间随时都能感受到文化气息扑面而来，在潜移默化中接受教育，在耳濡目染中陶冶情操，浓郁的检察文化氛围浸润人心、涵养品格、激励斗志，起到以文化人、以文聚力的良好效果。我们还建成了建筑面积约180平方米的院史馆，分为序厅、历史沿革厅、当代风采厅、荣誉展示厅、展望未来厅五大部分，集检察发展史、检察荣誉和检察品牌成果于一体的展示内容，凝练而集中地展示平凉检察事业创建、奋进、发展的壮阔历程和辉煌成就。通过院史室发挥教育、借鉴和传播功能，以回顾过去、记录历史来揭示规律、启迪当下，激发干警职业归属感、集体荣誉感和神圣使命感，成为平凉检察机关的形象窗口和检察文化对外传播的重要场所。同时，我们积极发挥检察官文联、检察官协会作用，组织书画、摄影比赛和文艺创作活动，拍摄微视频、微电影，用笔头、镜头交流思想，用文化搭建沟通桥梁，既宣传检察工作，也陶冶干警情操。

三、找准结合点，坚持在高效融合上以文培元

（一）与检察工作结合，赋予成果性

检察文化源自依法治国进程所孕育的优秀法治文化，熔铸于党领导各级检察机关和检察人员创造的检察文化和社会主义先进文化，根植于检察工作具体实践，是检察事业发展的"软实力"。研究检察文化发展的一个重要目的就是推动应用和实践，要把握检察文化基本功能，发挥检察文化基本效用，自始至终服务于检察事业健康发展。我们坚持以先进的检察精神文化作支撑、检察制度文化作依据、检察物质文化作保障，研究确定平凉检察工作

高质量发展的目标定位和施工蓝图。围绕党建"红心"引领业务"匠心",创建"党建+检察业务"工作品牌,创新性开展"一基层院一品牌""一业务条线一亮点""一综合部门一特色"的"三个一"创建活动,通过这些形式,更好地提炼检察工作特有的价值,树立职业信仰,增添精神动力,取得工作成效。近年来,平凉市检察院获评"全国维护妇女儿童权益先进集体"、"全国基层检察院建设组织奖"、全国检察机关"文明接待室"等多项荣誉,多项工作、集体和个人荣获省级以上表彰奖励,如期实现"全省上游"的奋斗目标。

(二)与传统文化结合,体现传承性

"万物有所生,而独知守其根。"中华民族在长期的历史发展中逐渐形成的精神文化传统,已经牢固地根植于我们民族的性格和血脉里,中华民族传统文化的深厚积淀为检察文化的发展提供了核心基因。推进检察文化建设,必须传承中华民族传统文化精髓。中华民族传统精神文化有着十分丰富的内涵,例如儒家文化包含的坚韧不拔、厚德载物的宽容品格、贵和尚中的和谐理想、崇德重义的价值观念、整体趋同的思维方式、自强不息的奋进精神、崇尚节俭的生活作风等,还有其倡导的强烈的爱国意识、忧患意识、责任意识、慎独意识,既是中华民族的一种风骨与气度,也是当前我们塑造检察人员的检察精神和向社会传达检察精神文化的重要内容。

(三)与地域文化结合,彰显独特性

任何文化的培育都是在一定的环境下发生的,不同地区,受文化传统、经济社会发展和地理环境的影响,文化形态都有不同,北方文化形态豪迈粗犷,南方文化形态细腻婉约。平凉位于陕甘宁三省(区)交汇处,有着独特的区位优势和良好的自然生态,特别是诞生了崆峒山道教文化、古成纪伏羲文化、西王母远古文化、皇甫谧医学文化,文化底蕴深厚。检察文化建设,必然会打上地域文化烙印,要坚持因地制宜,深入挖掘优秀地域文化的价值和人文根脉,积极培育具有浓郁地方特色的检察文化形态。我们积极与甘肃、平凉地域文化融合,主动参与崆峒文化旅游节、万人太极拳展演等各类本土文化特色活动,积极引导干警发扬传承"人一之我十之,人十之我百之"的甘肃精神,"包容、和谐、务实、进取"的平凉精神和庄浪梯田精神,弘扬勤奋质朴、吃苦耐劳、坚韧执着、百折不挠的陇人品格。

（四）与先进文化结合，保持开放性

党的二十大报告指出，"全面建设社会主义现代化国家，必须坚持中国特色社会主义文化发展道路，增强文化自信，围绕举旗帜、聚民心、育新人、兴文化、展形象建设社会主义文化强国，发展面向现代化、面向世界、面向未来的，民族的科学的大众的社会主义文化，激发全民族文化创新创造活力，增强实现中华民族伟大复兴的精神力量"。加强平凉检察文化建设，要在坚持和完善社会主义检察制度的前提下，借鉴人类社会发展的一切文明成果，吸收外来文化，学习其他行业先进文化，借鉴其他检察机关的检察文化建设经验，去芜存菁、去伪存真，做到古为今用、洋为中用、人为我用。只有立足继承传统文化、吸收法律文化、借鉴先进文化，与时俱进、开拓创新、丰富内涵，才能彰显检察文化独特性，增强生命力。

以习近平法治思想为指导
"书写"新时代高质量检察文化实践探究

赵德金[*]

检察文化是中国特色社会主义文化的组成部分。检察文化有广义和狭义之分，狭义的检察文化是指检察人员的文化、艺术、文体娱乐活动等；广义的检察文化是检察机关和检察人员在履行法律监督职能过程中产生的法律文化，包括检察工作文化、思想道德文化、精神情感文化、物质生活文化、廉洁自律文化、制度建设文化等。检察文化离不开维护法律的尊严，维护宪法权威。

"书写"好高质量检察文化，是新时代服务大局、提升检察公信力的必然要求。党的十八大以来，以习近平同志为核心的党中央高度重视文化建设，特别是把文化自信与道路自信、理论自信、制度自信并列为中国特色社会主义"四个自信"，紧紧围绕社会主义文化强国目标，推动文化建设取得重大历史成就，为检察文化工作明确了目标任务，指明了前进方向。武威市两级检察院秉持"文化育检、文化兴检、文化强检"理念，坚持理念文化铸魂、管理文化育制、素质文化提能、特色文化树形，不断加强组织领导，充分发挥自身优势，着力打造富有特色的检察文化精神高地。经验和启示证明，书写好高质量检察文化，必须坚持以习近平法治思想为指导、以能动履职为基础、以创新发展为驱动，为经济社会高质量发展贡献检察智慧。

一、深刻领会准确把握习近平法治思想是"书写"新时代检察文化的首要条件

（一）坚持在践行根本宗旨中深刻领会准确把握习近平法治思想

中国共产党的根本宗旨是全心全意为人民服务。全面依法治国最广泛、

---

[*] 作者单位：甘肃省武威市人民检察院。

最深厚的基础是人民，推进全面依法治国的根本目的是依法保障人民权益。检察机关贯彻落实习近平法治思想，就是要牢牢把握根本宗旨，把习近平法治思想落实到检察履职的全过程各方面。"要把习近平法治思想做到最实，一个根本的立场就是以人民为中心。"检察机关务必守初心、担使命，牢记根本宗旨，践行司法为民理念，推动实现良法善治，让检察工作更深更实体现政治要求、人民意志。

（二）坚持在服务保障社会发展中深刻领会准确把握习近平法治思想

习近平法治思想，其根本是实现国家繁荣稳定，经济社会高质量发展。检察机关贯彻落实习近平法治思想，就是要牢牢把握检察机关的政治属性，把检察工作主动融入"五位一体"总体布局和"四个全面"战略布局。全面落实武威市委《关于加强新时代全市检察机关法律监督工作的实施意见》各项工作要求，以出台的《全市检察机关依法能动履职服务保障"六个新武威"建设实施意见》为抓手，找准检察工作的发力点、结合点，着力在"四大检察"全面协调充分发展、武威经济社会高质量发展上出实招、下功夫、发长力。

（三）坚持在高质量检察实践中深刻领会准确把握习近平法治思想

习近平法治思想的核心内容就是依法保障人民合法权益。实践证明，检察机关学习贯彻习近平法治思想，务必做到自身的高质量发展。近年来，武威检察机关不断以通透的检察实践，努力让人民群众在每一个司法案件中感受到公平正义。"十四五"时期是我国实现新的更大发展的关键期、转折点，也是党的检察事业夯实基础、深化发展的关键期。检察机关要对标对表习近平法治思想，正视差距，查找短板弱项，以只争朝夕、永不懈怠的精神状态，从基层着手、从基础做起、从基本能力抓起、从检察实务出发，努力实现自身高质量发展。

二、开拓进取勇于创新是以习近平法治思想为指导"书写"新时代检察文化的驱动要素

创新是发展的灵魂，只有不断开拓创新，事业发展方能走得更加长远。习近平总书记指出，"要把开拓创新作为一种常态"。面对人民日益增长的民主、法治、公平、正义等方面的需求，厘清新时代检察工作的发展方向、

职责任务、将创新作为引领检察事业发展的重要动力,突出重点、抓住关键、大胆探索、勇于实践,推动工作理念、思路、体制、机制、方法、手段创新,开辟检察工作新境界。

(一)刑事诉讼法律监督要有新发展

要加强刑事立案侦查监督,将检察机关的监督触角延伸到立案之前,实施案件办理全程跟踪监督;要加强适用强制措施监督,探索对诉讼程序中强制措施的动态化监督;加强刑事审判监督,建立当庭、庭后监督机制多元化监督方式;要加强刑事执行监督,健全日常检察、专项检察与巡回检察相结合工作机制,进一步完善刑事变更执行的同步监督机制,有效防止和纠正违法减刑、假释、暂予监外执行等问题。

(二)民事诉讼监督、行政诉讼监督要有新突破

进一步加强和改进民事、行政诉讼监督能力水平,强化精准监督,提升监督质效。加强对民事行政生效裁判、调解书的监督,拓宽案源渠道,在提升抗诉和再审检察建议质量上求突破。加强审判人员违法行为监督,丰富检察监督类型,形成对人监督与对事(案)监督合力,实现办案人员能力素质、责任担当突破。强化民事执行活动监督,完善监督机制,提高执行监督质量和效果。深入开展虚假诉讼监督等专项行动,依法行使调查核实权,凝聚监督合力,推动健全惩治防范长效机制。

(三)公益诉讼检察监督要有新拓展

采取有效措施,认真落实2020年7月甘肃省人民代表大会常务委员会《关于加强检察公益诉讼工作的意见》和市委印发的《关于支持检察机关依法开展公益工作的措施》,加强与监察机关、审判机关以及环保、国土资源、食品药品监管等行政执法部门的衔接,形成工作合力。要聚焦"国之大者""省之大事""市之要事",紧盯公益损害问题,关注社会热点,重点围绕祁连山生态环境保护、土壤污染防治行动、危害食药安全犯罪立案监督、破坏环境资源犯罪立案监督等专项活动开展公益诉讼,切实发挥公益诉讼在促进自然资源和生态环境保护、保护消费者合法权益等民生领域的重大作用。

(四)依法保护企业合法权益要有新提升

探索建立涉案企业有效管理机制,以企业合规改革取得刑事宽大处理,实现社会效益最大化。探索涉案企业合规考察的适用范围问题,对轻微违法

可适用不起诉处理，对重大犯罪可采取分案处理模式，针对发生环境污染等轻微违法行为的中小微企业，可采取简易模式等。对单位犯罪直接责任人应当审慎处理。积极探索合规监管人的合理配置，探索和完善刑事合规和行政监管合规的衔接机制。

（五）检察队伍建设要有新举措

近年来，相继开展了"不忘初心、牢记使命"主题教育、政法队伍教育整顿、党史学习教育等一系列卓有成效的教育活动，检察队伍建设不断加强，忠诚干净、担当作为的检察干警层出不穷，全市两级检察机关能够严格按照习近平总书记对政法队伍建设提出的"政治过硬、业务过硬、素质过硬、纪律过硬、作风过硬"总要求锻造过硬检察队伍。加强党的建设，坚定不移从严治党治检，严格执行中央"八项规定"，驰而不息纠治"四风"，深化实战性、"素能+"教育培训模式，高标准打造经济犯罪、黑恶势力犯罪、网络犯罪、环境资源犯罪等检察专业团队，提升职业素养，培养"绣花"功夫，弘扬"工匠"精神，努力打造面向未来高素质检察队伍。

（六）检察理论研究要有新高度

武威市两级检察机关认真贯彻落实《全国检察机关加强政治建设暨深化检察改革与理论研究工作推进会》的会议精神，进一步深化全市检察理论研究，促进各项检察工作全面协调充分发展，研究出台了《关于加强和改进全市检察机关检察理论研究工作实施意见》，把检察理论研究作为推动检察工作高质量发展的基础性工程与检察业务工作同步推进。近年来，武威市检察机关坚持以习近平法治思想为引领，聚焦中心大局，牢牢把握检察理论研究热点、难点问题，围绕新时代人民群众新需求，发挥理论研究之力，为检察工作高质量发展提供更多理论产品。坚持内外联动，健全与高校、法学期刊的长效合作机制，厚植理论研究之势，推动检察基础理论研究深入开展。坚持强化成果转化，增强研究成果的吸引力，着重加强对"四大检察"创新发展的研究，围绕"能动司法检察"等检察新理念和司法新政策，紧贴涉案企业合规改革、检察科学管理等改革创新，在理论上进一步探索、完善，将检察文化"书写"在检察实践的沃土上。

（七）推进检察工作要有新思路

思路决定出路。武威市两级检察机关坚持把司法办案、优化服务、加强管理作为提升工作质效的"三驾马车"，以做强刑事检察工作夯实立检基础，以做强民事检察和公益诉讼检察工作拓展发展空间，以做优检务保障工作强化外部支撑，以做细综合管理工作激发内生动力，统筹互补，齐头并进，推动全市检察工作平衡全面发展。要弘扬检察文化特色，反映检察文化的时代性，着力开展"检察产品"创建活动，打造有影响可复制的检察"品牌亮点"，促进检察工作高质量发展。要不断扩展检察文化内涵，以文学、诗歌、书法、绘画等不同形式，体现检察文化的多样性。

三、能动履职止于至善是以习近平法治思想为指导"书写"新时代高质量检察文化的基本路径

能动履职，止于至善！在2022年的两会上，依法"能动履职"成为代表委员和社会各界热议检察工作的高频词句。第十三届全国人大五次会议《关于最高检工作报告的决议》，把依法"能动履职"首次写入。如何依法能动履职？结合贯彻甘肃省第十四次党代会议精神，需要我们自觉把检察工作放到大局中去思考，把当前各项工作放到未来趋势中去谋划，以永远在路上的定力，以"九分落实"的韧劲，把宪法法律监督职责落实到位。

（一）聚焦政治站位能动履职

最高检强调，把"从政治上看"落到检察履职全过程，"政治与业务融合既是认识问题，也是能力问题"。检察机关要认真贯彻落实《中国共产党政法工作条例》，坚持重大事项请示报告制度，不折不扣贯彻上级决策部署。以政治建设为根本，推进党建工作与业务工作深度融合。要持续跟进学习习近平新时代中国特色社会主义思想，更好地把习近平法治思想贯彻、融入检察履职。规范党组理论学习中心组和党支部"三会一课"，坚持"第一议题"，用习近平新时代中国特色社会主义思想武装头脑、指导实践，做到一切检察工作"从政治上看"，正确处理政治和法治的关系，在检察实践中提高政治判断力、政治领悟力、政治执行力，实现政治效果、社会效果、法律效果有机统一。

（二）聚焦服务大局能动履职

武威检察机关要对照省第十四次党代会提出的"一核三带"区域发展格局，聚焦市第五次党代会确定的"六个新武威"建设目标，坚决扛起维护国家"五大安全"政治责任，坚持保护生态就是保护生产力，改善环境

就是发展生产力，运用法治思维和法治方式服务生态文明建设大局。把维护国家政治安全和社会稳定作为首要任务，常态化开展好扫黑除恶，持续营造法治化营商环境，严格依法办理电信网络诈骗、食品药品安全、生态环境保护等领域案件。要优化12309网络平台检察服务，办好群众信访件件有回复、司法救助、农资打假、依法维护农民工合法权益等"检察为民办实事"实践活动，为增进民生福祉提供更好检察服务。

(三) 聚焦主责主业能动履职

认真贯彻落实《中共中央关于加强新时代检察机关法律监督工作的意见》，推动"四大检察"全面协调充分发展。贯彻落实"在办案中监督、在监督中办案""双赢多赢共赢"等新时代"检察文化"理念，以新思想、新理念引领各项检察工作与检察文化深度融合、深入开展。把握发展大势、发展大局，解放思想，积极探索、不断拓宽法律监督的规律和途径，要深耕主责主业，以检察核心业务全面提质为抓手，层层传导压力，全力提升业务水平。要紧抓检察业务的增长点，促进检察工作补齐短板，均衡发展。要规范自身监督，强化检察权监督制约机制建设，确保检察权规范运行，充分用好宽严相济刑事政策，最大限度化解矛盾。

(四) 聚焦队伍建设能动履职

以"全国检察机关质量建设年"和武威市"基层党建质量提升年"活动为契机，创新"支部工作法"，抓党建、带队伍、促工作。围绕"一二三四五"检察提质增效工程，认真落实"五步工作法"，推动重点工作不断落实落地。不断巩固政法队伍教育整顿成果，强化"一岗双责"，常态化开展执法司法顽瘴痼疾排查整治工作，从严去"管"，严格执行"三个规定"和新时代政法干警"十个严禁"，压实数据填报和到期提醒，开展以案释法、党纪党规等专题廉政教育。加强对检察干警的培养，坚持严管与厚爱相结合，深化对"人"和"案"的管理，向科学管理要生产力、战斗力。要落实检察人员考核制度，发挥考核"指挥棒"和"风向标"作用，促进检察队伍以"求极致"的精神向着"止于至善"的目标努力，书写新时代高质量检察文化，为实现中华民族伟大复兴的中国梦贡献检察力量。

综上，"书写"高质量检察文化，要始终坚持以习近平法治思想为指导，因为，"习近平法治思想从统筹国内和国际两个大局、实现党和国家长治久安的战略高度，深刻回答了新时代为什么实行全面依法治国、怎样实行全面依法治国等一系列重大问题,是顺应实现中华民族伟大复兴时代要求应运而生的重大理论成果,是马克思主义法治理论中国化的最新成果,是习近平新时代中国特色社会主义思想的重要组成部分,是引领法治中国建设在新发展阶段实现更大发展的思想旗帜,具有强大的真理力量和实践伟力"。古人云,"奉法者强则国强,奉法者弱则国弱"。检察机关要不断传承优秀法治文化,在强化法律监督实践和管理活动中"书写"新时代高质量检察文化;在与中国特色社会主义检察制度相关的思想观念、职业精神、道德规范、行为方式中"书写"新时代高质量检察文化,彰显检察文化的时代性、民族性、地域性等特征,将检察人员个人的文化认识、文化实践、文化产品予以整合,形成系统性检察文化体系,实现正义守护与能动履职相结合、检察工作的高质量与服务保障经济社会的高质量相适应、仰望星空与脚踏实地相统一的新时代高质量检察文化。

新时代基层检察文化建设途径

郭孟强[*]

检察机关作为国家法律监督机关,是保障国家法律统一正确实施的司法机关,是保护国家和社会公共利益的重要力量和国家监督体系的重要组成部分,既是建设社会主义文化强国的参与者和推动者,也是社会主义文化建设的主力军、责任者。为此,检察机关要主动融入到文化强国战略的实施过程中,更加注重加强检察文化建设,不断丰富检察文化载体,为检察文化的发展进步作出积极探索,以文化建设的成果带动检察工作高质量发展。

一、加强新时代基层检察文化建设的理论和实践依据

(一)加强新时代基层检察文化建设的理论依据

1. 加强新时代基层检察文化建设是推动实施文化强国战略的具体实践。党的十七届六中全会提出了建设社会主义文化强国的奋斗目标和宏伟蓝图,标志着我国的文化改革和发展进入新的历史时期。党的十八大把建设和发展中国特色社会主义文化又提到了一个新的历史高度,强调建设社会主义文化强国,关键是增强全民族文化创造活力。党的十九大报告,提出了新时代文化建设的基本方略;提出了新时代文化建设的目标是坚持中国特色社会主义文化发展道路,激发全民族文化创新创造活力,建设社会主义文化强国;提出了新时代文化建设的基本要求是三个坚持:坚持为人民服务、为社会主义服务,坚持百花齐放、百家争鸣,坚持创造性转化、创新性发展。党的十九大报告中提到"没有高度的文化自信,没有文化的繁荣兴盛,就没有中华民族伟大复兴"。党的二十大报告中要求:推进文化自信自强,铸就社会主义文化新辉煌。因此,新时代基层检察文化,是社会主义文化的组成部分,是社会主义文化建设在新时代检察机关的具体落实。

---

[*] 作者单位:宁夏回族自治区海原县人民检察院。

2. 加强新时代基层检察文化建设是贯彻落实中央意见的具体体现。《中共中央关于加强新时代检察机关法律监督工作的意见》，要求"着力提升检察人员专业素养。围绕检察机关专业化建设目标，全面提升检察人员专业知识、专业能力、专业作风、专业精神"。"积极引领社会法治意识。将社会主义核心价值观融入法律监督，通过促进严格执法、公正司法，规范社会行为、引领社会风尚。定期分析公布法律监督工作有关情况，深化检务公开，提升司法公信力，以司法公正引领社会公正。落实'谁执法，谁普法'普法责任制，及时发布指导性案例和典型案例，加强法律文书说理和以案释法，深化法治进校园、进社区等活动，促进全民法治观念养成。"因此，作为基层检察院必须贯彻中央部署要求，将检察文化建设融入司法办案和检察工作的全过程、各环节。

3. 加强新时代基层检察文化建设是加强新时代基层检察院建设的具体抓手。最高检印发的《关于加强新时代基层检察院建设的意见》，分析了新时代基层检察院建设面临的形势，明确了新时代基层检察院建设的任务要求，提出"全面加强政治建设、业务建设、队伍建设、纪律作风建设、智慧检务建设，着力打造对党忠诚、服务人民、司法公正、纪律严明、保障有力的新时代基层检察院"的目标任务。在政治建设方面，强调把党对检察工作的绝对领导落细落实，持续在学懂弄通做实习近平新时代中国特色社会主义思想特别是习近平法治思想上下功夫，提升基层党建质量，抓实意识形态工作，推进基层检察文化建设百花齐放。

4. 加强新时代基层检察文化建设是基层检察院转变司法理念的具体内容。面对新形势新任务新要求，最高检坚持理念创新和理念转变，先后提出了"在监督中办案、在办案中监督""双赢多赢共赢""以检察工作自身高质量发展服务保障经济社会高质量发展""依法能动履职"等新理念。提出要增强做好检察工作的"政治自觉、法治自觉、检察自觉"。认真落实"一个案例胜过一打文件"的理念，加强案例编发工作。注重大数据平台运用，着力构建以案件管理为中枢的检察业务管理体系。进一步加强检察听证、邀请人民监督员同程监督、检察建议现场宣告送达、"群众来信件件有回复"、"七日内程序性回复、三个月内实体性答复"、监狱巡回检察等新型办案模式和监督方式的程序规范和实践运用，加大释法说理、定分止争、程序规范和邀请第三方参与监督等工作力度，面对面澄清事实、明辨是非、答疑释惑、破解难题和依法依规消除分歧、满足诉求，不断增强法律监督的针对性、合法性、合理性和实效性，切实提升法律监督工作的司法公信力和群众认可度。

（二）加强新时代基层检察文化建设的实践依据

1. 加强新时代基层检察文化建设是检察人员公正司法的内在驱动。文化属于意识范畴，是客观世界的主观反映，能够反作用于客观世界。文化修养，则是用文化修身养神，历练形成个体或者团队的职业精神、价值追求、内在素能和高尚品质。检察文化，就是用检察文化锻造检察人员的内心世界。公正司法，是法治精神的内在要求，是检察人员职业道德的底线原则，更是为大局服务、为人民司法、为法治担当理念的重要体现，需要与之相适应的文化修养来保证。而加强检察文化，能够筑牢公正司法的思想防线，是公正司法的内心驱动。只有加强检察文化建设，才能不断强化公正司法理念，进一步驱动公正司法。

2. 加强新时代基层检察文化建设是检察人员素质能力提升的有效途径。习近平总书记指出，要坚持建设德才兼备的高素质法治工作队伍。对法治专门队伍的管理必须坚持更严标准、更高要求。检察人员的素质能力，是推动检察工作高质量发展的重要保证。检察人员的职务行为，主要体现在司法办案上，要求在司法实践中实现政治效果、社会效果和法律效果的有机统一，让人民群众在每一个司法案件中感受到公平正义、让人民群众切实感受到公平正义就在身边。而检察文化，是贯穿于司法办案全过程、各环节的司法原则和法治精神，是公平正义的理念外延。这样，加强检察文化建设，则是检察人员素能提升的内在需要和有效途径。也就是说，检察人员要达到符合实际需要和群众期盼的执业水平和法治效果，就必须加强文化建设并具备较高的素质能力，潜意识地作用于检察人员的司法活动。

3. 加强新时代基层检察文化建设是检察人员思想认识提高的传统经验。思想是行动的先导。检察文化，是推动形成严格规范公正文明的法治境界，是检察人员维护司法公正和公平正义、做到公正司法思想意识形成的重要途径，是检察人员职业道德和规范司法自觉的思想强化。只有不断加强检察文化建设，才能将严格规范公正文明的司法意识注入检察人员的思想领域，促进形成检察人员严格规范公正文明司法的意识形态，切实增强检察人员严格规范公正文明的思想自觉，强化检察人员对严格规范公正文明司法的职业追求，为严格规范公正文明司法的行动自觉提供坚实有力的思想保证。

4. 加强新时代基层检察文化建设是检察人员道德品质储备的重要抓手。检察人员职业道德的基本要求是"忠诚、为民、担当、公正、廉洁",是检察人员职业操守的价值判断。依法能动履职、促进司法公正、推动严格执法,是检察人员践行职业道德的重要体现,是检察人员保持职业操守的外在表现。而检察文化,是检察人员忠诚、为民、担当、公正、廉洁职业道德和职业操守形成的必经程序,是检察人员做到公正司法、维护司法公正的必要条件。只有不断加强检察文化建设,才能将忠诚、为民、担当、公正、廉洁的职业道德精神根植于检察人员的灵魂深处,内化于心、外化于行,以忠诚、为民、担当、公正、廉洁的文化修养和道德标准引领司法作为、规范司法行为。

5. 加强新时代基层检察文化建设是检察人员职业规范形成的推动力量。习近平总书记指出,严格规范公正文明执法,提高司法公信力,是维护民法典权威的有效手段。要加强民事司法工作,提高办案质量和司法公信力。要推进严格规范公正文明执法,提高司法公信力。只有通过不断丰富职业文化内涵,并通过实践转化成职业习惯,才能增强其实践性、可行性和自觉性。这样,培育检察人员的职业习惯尤其是严格规范公正文明的司法习惯,就需要通过不断加强检察文化建设和检察人员的文化修养,渐进式地将严格规范公正文明的司法理念、忠诚为民担当公正廉洁的职业道德和职业追求,转化成检察人员的内在品质,进而养成严格规范公正文明司法的职业习惯,自觉不自觉地付诸司法活动。

6. 加强新时代基层检察文化建设是检察人员文化修养提升的必要路径。唯物辩证法告诉我们,事物的发展是存在因果关系的,但因果关系存在多样性,即一果多因、一因多果等。另外,必要条件,从逻辑学上来讲,是事物发展进步必不可少的前提条件。这样,如果说严格规范公正文明司法是"果",那么引起它的则是多种原因,但检察文化则是其引起原因的必要元素和必要路径。只有不断加强以检察文化为必要元素的原因条件,才能催生严格规范公正文明司法的实践结果。同样,只有不断加强检察文化,才能为严格规范公正文明司法创造必要条件。

二、新时代检察文化的内涵与外延

检察文化是检察人员在履行法律职责的工作中逐步形成的、为全体检察人员所认可并遵循的精神成果和物质成果的总和。

（一）新时代检察法治文化

在"谁执法，谁普法"的普法责任制落实体系中，"八五"普法吹响了全面依法治国新形势下普法工作的号角，正在进一步提升全民法治思维能力和法治应用水平上发挥积极作用。普法，是一个系统的且复杂的工程，表面上是普及法律，但实际上普及的是一种思维能力和生活方式，属于文化活动范畴，具体讲就是一种法治文化活动。加之，由于法律的主观属性和文化属性，决定着其必须随着经济社会的发展变化而不断修订完善，在法律体系中可谓静中有动、动中有静，内容变化快、规定更新快。这就要求，新时代基层检察文化建设要立足检察工作职能定位，主动融入法治建设格局，转变理念、改进方式、加强措施、力求实效，在法治文化建设中兑现检察职业作为。

（二）新时代检察物质文化

检察机关作为党政机关、国家法律监督机关、司法机关，其文化具有机关属性和特点，应该突出机关的政治性、严肃性等性质，要通过一定可见可触可感的有形物质载体来表现、展现，这些物质载体是检察文化的重要组成部分，是检察文化氛围营造的有效抓手，是检察文化建设效果的集中体现。实践中通常以检察文化室、检察史馆等形式存在和打造，已经成为新时代基层检察文化建设的重点任务和重要实践，以有形的形式展现精神的力量、激发创造的活力、催生智慧的成果、推动事业的发展。

（三）新时代检察形象文化

习惯是一种无形的力量。一种良好的职业习惯，良好的行为习惯就会在实践中成为自觉行动，受良好行为习惯影响和指导下的自觉行动展示和体现着一个机关和个人的形象。检察文化，更多地表现为一种检察精神和对外形象，过硬的团队精神需要文化形式来展现，良好的职业形象也需要文化形式来展现，在一定程度上说，一支过硬的队伍背后一定有强大的文化力量来支撑，一个良好的职业形象身后必定有文化的精神力量在作用。这样，检察文化无论从内涵还是外延上，均有形象培树和形象展示的内容，表现为一种形象文化。

（四）新时代检察书香文化

书香文化，即学习文化。学习既是文化建设的形式，也是文化建设的内容。作为检察机关，必须要在抓学习上下功夫，通过学习打硬干事本领、提升素质能力、储备智慧力量。检察文化建设尤其是检察机关文化建设，离不开书的内容、书的形式，更离不开学习活动的加强、学习内容的丰富、学习氛围的营造，也离不开学习型人才参与、学习型人才的培养。通过丰富多彩的学习活动，把学习氛围往浓里营造、学习效果往好里促进、把学习本领往高里提升。这样，检察学习文化，则成为检察文化的重要内容和组成部分。

（五）新时代检察廉洁文化

廉洁文化是一种传统文化形式，是文化建设的重要内容，是预防职务违纪违法犯罪、加强干部廉洁自律教育的重要举措，更是文化建设成果品质好坏的集中体现，对推动全面从严治党向纵深发展具有重要意义，在本质上属于管理文化，通过多样的廉洁文化形式宣传纪律规范、强化内部防控、严肃党纪国法、促进廉洁履职，具有预防、警示、教育、管理等职能作用。中央高度重视和加强新时代廉洁文化建设，中共中央办公厅于2022年2月印发了《关于加强新时代廉洁文化建设的意见》，并发出通知，要求各地区各部门结合实际认真贯彻落实。这种廉洁文化，当然成为检察文化建设的重要内容，同时廉洁文化建设，当然成为检察机关的重要政治责任。

（六）新时代检察诚信文化

"人无信不立，业无信不兴。""诚"与"信"可以说是中国传统文化的基石。我国自古以"礼仪之邦"著称于世，重义轻利一直是中华民族的传统美德。两千多年前，孔子就主张"言必信，行必果"。此外，我国的语言体系里还有大量诸如"一言九鼎""一诺千金""一言既出，驷马难追"这样称赞诚信精神的成语。中国传统文化中集中体现着诚信精神。这样，检察文化理应包括检察诚信文化。受法律法规规范、配套制度约束的检察诚信文化，表现为检察人员在日常工作和司法办案过程中兑现承诺的内在涵养和行为习惯，能够将为民诚信、司法诚信内化于心、外践于行，充分体现检察机关的"人民性"。

三、新时代基层检察文化建设方向探析

（一）推动新时代基层检察法治文化优质化

新时代基层检察文化建设要立足检察工作四个职能定位，主动融入法治建设格局，以落实"谁执法，谁普法"责任制为抓手，转变理念、改进方式、加强措施、力求实效，在普法中突出检察特色、作出检察贡献，在司法

中突出普法责任、强化职业作为，在守法中突出自身建设、发挥表率作用，在法治文化建设中兑现检察职业作为，推动法治文化建设全覆盖、无缝隙、宽领域、有成效，着力为法治建设提供更加坚实的基础保障。

（二）推动新时代基层检察机关文化规范化

严格落实社会主义文化建设的规定精神和部署要求，紧紧围绕《中共中央关于加强新时代检察机关法律监督工作的意见》，坚持以习近平新时代中国特色社会主义思想为指导，深入践行习近平法治思想，坚持和加强党的领导，增强政治纪律规矩意识，在抓好检察环节落实上下功夫、在做好检察环节结合上做文章，以规范的思维、规定的动作、规制的形式抓新时代基层检察文化建设，推动社会主义文化强国战略在基层检察机关规范化实施、规范化落实、规范化提升。

（三）推动新时代基层检察形象文化职业化

检察形象文化需要在培树上下功夫，在为大局服务、为人民司法、为法治担当中突出检察职业特点和职业作为，以实实在在的司法成果惠及广大人民群众，切实增强人民群众获得感、幸福感、安全感，在内强素质过程中外树形象，在公正司法中司法为民。要将检察形象文化建设定位到习惯的养成上，真正把住检察形象文化建设的脉搏，有的放矢、对症下药、因时制宜，推动科学、有效、健康发展。要将检察形象建设贯穿于检察文化建设的全过程、各环节，以检察文化建设培育严格规范公正文明的司法理念和为大局服务、为人民司法、为法治担当的情怀，真正把新的司法理念、司法精神转化为职业习惯，推动树立良好的对外形象和司法公信。

（四）推动新时代基层检察书香文化氛围化

检察机关文化建设的根本是营造一种浓厚的文化氛围，使检察工作在浓厚的文化氛围中得到推进和发展，使检察人员在浓厚的文化氛围中得到熏陶和进步，用一种浓厚的文化氛围培养规范的司法办案行为、孕育先进的文化修养、塑造良好的职业形象、陶冶高尚的精神情操。新时代基层检察书香文化建设，要坚持以人民为中心的发展思想，注重个人的个性差别和素能差异，在优化效果上狠下功夫、在提升素能上多做努力，建立能够满足区别化需要的学习机制，制定适合不同专业技能、业务素质、兴趣爱好的队伍培养规划，实现学习文化的差别化发展和重点经营，不断为检察书香文化发展注入新活力、新动力，以学习文化的差别化、氛围化培养行业人才、专业人才、骨干人才、专家人才。

（五）推动新时代基层检察廉洁文化建设常态化

中共中央办公厅印发的《关于加强新时代廉洁文化建设的意见》指出，要把加强廉洁文化建设作为一体推进不敢腐、不能腐、不想腐的基础性工程抓紧抓实抓好，为推进全面从严治党向纵深发展提供重要支撑。要求各地区各部门要担负起廉洁文化建设的政治责任，把廉洁文化建设纳入党风廉政建设和反腐败工作布局进行谋划，建立廉洁文化建设统筹协调机制，久久为功，抓好落实，推动新时代廉洁文化建设深入开展。作为检察机关，必须融入到加强新时代廉洁文化建设的部署要求和具体实践之中，将廉洁文化作为新时代检察文化建设的重要内容谋划和部署，推动廉洁文化建设优质发展，为推动全面从严治党向纵深发展提供重要支撑。

（六）推动新时代基层检察诚信文化司法化

常言道，百姓心中有杆秤。检察诚信文化贯穿于具体的司法实践过程中，体现在具体的案件办理过程中。检察诚信文化建设，要牢固树立"群众利益无小事"的理念，聚焦"努力让人民群众感受到公平正义就在身边"的司法目标和"让人民群众切实感受到公平正义就在身边"的指示要求，在办案细节上下功夫、办好小案上下细功，培养形成检察机关和检察人民更好地围绕人民群众的司法新需要和司法新期待来开展工作，用宪法和法律赋予检察机关的法律监督权来解决群众的"急难愁盼"问题和烦心事、揪心事、操心事，以可见可触可感的公平正义赢得人民群众的充分信赖和大力支持，切实提升检察工作的司法公信力。

四、加强新时代基层检察文化建设构想

（一）以全面落实普法责任为载体，扎实推动新时代基层检察法治文化建设

要切实履行"谁执法，谁普法"普法责任，在营造浓厚的法治文化氛围、推动法治思维和工作方式转变上下功夫、强措施、求成效，将法治文化建设的理念贯穿于检察工作的全过程、各环节，善于营造法治文化氛围和运用法治文化方式，借助检察法治文化的力量在法治建设中提质增效、发展进步。一要在提升检察法治文化建设效果上下功夫。要将法治文化建设贯穿于检察工作的全过程、各环节，注重法治文化与业务工作的融合发展，在司法

实践中培养、树立严格规范公正文明的司法作风和司法形象；将普法工作融入到各种学习教育活动和日常业务工作之中，注重方式方法，创新载体形式，推动责任落实，结合业务抓普法、结合普法强业务，促进检察法治文化建设质量和效果。二要在借力检察法治文化建设资源上下功夫。要切实履行法治建设成员单位职责，畅通信息渠道、学习借鉴经验，加强与各方的沟通、协调和配合工作，形成强有力的法治文化建设合力，联合开展法治文化进农村、进社区、进机关、进学校、进企业等活动，选择以案说法、现身说法等群众喜闻乐见的方式进行宣传教育、释法说理，努力营造浓厚的法治文化建设氛围。三要在转变检察法治文化考核评估方式上下功夫。结合法治建设规划科学设定考核标准和考核内容，采取明察暗访、实地走访等形式，定期或者不定期地进行检察法治文化建设效果评估，对照上级考核标准对检察机关法治文化建设工作考核评估标准进行动态修订和阶段性完善，明确"考什么、怎么考"的问题，引领法治文化建设工作健康、持续、有效进行，努力在浓厚的法治文化氛围中加强检察文化建设和在浓厚的检察文化氛围中建设法治文化，实现二者的良性互动和共赢发展。四要在压紧靠实检察法治工作责任上下功夫。要坚持法治引领，立足检察职能细化法治工作任务、分解法治工作责任，层层压实责任、密织责任链条，加强检察队伍的文化修养，培育检察队伍的法治信仰和职业尊荣，形成检察队伍的司法精神，持续增强检察机关的政治自觉、法治自觉和检察自觉，推动提升司法公信力。五要在推动依法治理、诉源治理上下功夫。坚持"从政治上看"，聚焦主责主业，依法能动履职，紧跟发展需要，着力构建"四大检察"全面协调充分发展格局，尤其要充分发挥打击犯罪、保障人权、维护司法公正、化解矛盾纠纷等检察职能在促进依法治理、诉源治理方面的积极作用，以检察工作的高质量发展促进依法治理、诉源治理。

（二）以弘扬优秀传统文化为抓手，扎实推动新时代基层检察机关文化建设

习近平总书记指出："国无德不兴，人无德不立。"要将弘扬优秀传统文化贯穿于党员干部道德修养始终，切实提升党员干部的道德水平和精神境界。一要搭建优秀传统文化教育新平台育德。要结合党员教育和干部培训等活动，进一步丰富载体形式，搭建起优秀传统文化教育新平台，切实将优秀传统文化教育作为党员教育和干部培训的必修课，经常抓、长期督，力争用优秀传统文化感染一批党员干部、培育一支优秀队伍、形成一种道德品质。

二要促成优秀传统文化学习新常态立德。要将传承优秀传统文化作为一种精神追求和价值选择，切实增强学习自觉性，长期坚持、坚决弘扬，认真学习传承优秀传统文化的系统内容，深入领会优秀传统文化的精神实质，全面掌握优秀传统文化蕴含的优良道德品质，以优立德、以神聚德、以史续德，努力构建党员及党员领导干部学习优秀传统文化的新常态。三要丰富优秀传统文化传承新理念树德。传承优秀传统文化，唯物史观的实践运用，能够丰富党员干部的精神生活、优化党员干部的精神追求、矫正党员干部的价值判断。要大胆汲取优秀传统文化的精神内容，切实用优秀传统文化补充精神食粮、保证精神营养，树立"修身齐家治国平天下"之传统道德品质，提升自身的道德水平。四要谋求优秀传统文化治理新作为正德。坚持"以德为先、德才兼备"的干部选拔任用标准，保证了选人用人的质量。同时，优秀传统文化在党员教育和干部培训中的拓展延伸，在加强党员干部自身修养、丰富党员干部精神境界等方面发挥积极作用。要高度重视优秀传统文化的治理作用，在全体党员干部之中大兴德治，以德树人、以德育人、以德正人，切实将优秀传统文化根植于党员干部的精神灵魂。五要力争优秀传统文化实践新成果固德。习近平总书记指出，"精神的力量是无穷的，道德的力量也是无穷的"。要不断加强优秀传统文化成果的巩固、转化和实践应用，切实用优秀传统文化因素丰富党员干部的精神境界、推动形成党员干部的道德品质。

（三）以严格规范公正文明为标准，扎实推动新时代基层检察形象文化建设

要大力加强政治建设和思想教育、持续转变司法作风、不断深化司法行为规范、重视检察人员群众工作能力培养，促进严格规范公正文明司法、塑造良好的检察职业形象。一要重视加强社会主义核心价值观教育。将社会主义核心价值观教育作为加强检察队伍文化修养的重要抓手，持续加强社会主义核心价值观教育，将责任牢牢抓在手上，坚持不懈抓组织、抓落实、抓强化、抓实效，教育引导检察人员积极培育和践行社会主义核心价值观，不断增强司法办案价值标准的公正性、法治性、人民性。二要重视加强检察人员职业道德修养。创新性、针对性、实效性、经常性地开展检察职业道德教育，把先进的文化理念融入思想道德教育之中，加强道德修养、自身修养、职业修养，真正用"忠诚、为民、担当、公正、廉洁"职业道德，变道德的软性约束为司法的刚性要求。三要重视加强司法规范体系建设。创新载体

促司法规范、典型示范促司法规范、案件评查促司法规范、问题查纠促司法规范,教育、引导、监督检察人员严格遵守司法行为规范、用语规范、礼仪规范,以规范行为、规范用语、规范礼仪塑造规范的司法形象。四要重视加强检察人员群众工作能力提升。建立新老干警"导师帮带"机制,推行"三托一""1+1"群众工作能力培养机制和接续培训、领导干部讲党课、普通干警上讲台等教育制度,分批选派年轻干警驻村一线实训、信访窗口轮岗锻炼,察民情、访民苦、问民需、护民利,不断增强检察人员对基层群众的了解、理解和情感,整体提升检察人员的群众工作能力。五要重视加强检察人员司法作风转变。自觉从思想认识上转变司法作风,放眼全局、站位大局、立足实际,增强对检察职业的认知程度,将认识真正统一到新时代检察工作的要求、检察职权的定位上来,彻底消除认识误区。自觉从行动上转变司法作风,加强思想认识提升成果的实践转化,将思想认识上的文化修养成效体现在具体的司法办案中,付诸具体的司法实践,持续转变司法作风,以司法实践检验文化建设成效。

(四)以培养优秀专业人才为重点,扎实推动新时代基层检察书香文化建设

坚持不懈地开展"学习型"检察院和"学习型"检察人员建设,带动检察队伍素质能力不断改善、领导干部不断成长、检察事业不断发展。一要坚持开展"书香型"基层检察院建设。要加强对学习环境的改善,借鉴引进先进的检察文化阵地建设和管理经验,进一步优化检察官书屋等检察文化阵地功能,创新图书采购和管理机制,配备门类齐全、可读实用、深受欢迎的各类书籍,确保各类已征订党报等报刊在检察官书屋上架,实现借阅读书便捷化,读书管理规范化,学习活动经常化,使检察人员有愉悦心身、陶冶情操、读书学习的文化阵地,激发鼓励检察人员爱读书、多读书、读好书。二要科学推进"学习型"检察人才建设。在坚持理论中心组学习、每周集中学习、党员轮训、网络培训等学习活动的基础上,研究制定符合检察工作发展需要的学习教育培训规划,统筹将上级检察院、同级党委的学习内容纳入学习计划,科学设定教育培训内容,加强对检察人员的学习教育、业务培训,引导检察人员更新工作观念、更新知识结构,推动形成善于学习、终身学习、全面学习、创新学习、集体学习的自觉和习惯,做"学习型"检察人员,促进严格规范公正文明司法。三要创新加强"学习型"骨干力量建设。加强新时代检察理论研究和文艺创作,不定期开展检察理论研讨会、主

题有奖征文等学术活动，组织开展检察人员笔会等文艺创作活动和检察人员摄影等艺术活动，营造浓厚的学术创作氛围，激发检察人员的创作热情，推动理论研究人才培养工程落实和检察文艺创造融入日常，厚植检察文化的发展基础。不定期举办公诉人论辩赛等岗位练兵活动，以练兵的形式发现人才、储备人才、培养人才，推动"学习型"业务骨干人才培养。四要全面深化"学习型"业务人员建设。要结合新的发展形势和职业需要，坚持各种学习形式相结合，不断加强政治理论武装和法学理论武装，深入践行习近平法治思想，切实增强政治判断力、政治领悟力和政治执行力。要培养形成学法、用法的职业习惯，在温习现有法律法规尤其是具体司法解释的基础上，认真学习掌握新修改或者新出台的法律法规，深入了解立法背景、条文规定，及时更新法律知识结构，切实转变司法理念，确保法律知识结构和法律应用能力与时俱进，保持灵活的法律思辨能力、精准的法律应用能力、专业的法律释读能力，主动适应形势发展新需要、新任务、新要求，不断满足人民群众的公正司法新期盼。五要着力做好"学习型"科技能人建设。要立足大数据时代，始终保持旺盛的求知欲，将学习科技文化知识作为人生必修课，经常修、长期修，不断拓展知识视野、丰富知识结构，增强认知世界、判断事物、评估价值的能力，端正价值标准，强化评价、评判事物的客观性，预防主观臆断，为缩小主观认识与客观存在之间的差距提供坚实的科学文化知识储备，为公正司法提供知识保障。

（五）以永葆清正廉洁本色为目标，扎实推动新时代基层检察廉洁文化建设

要担负起廉洁文化建设的政治责任，把廉洁文化建设纳入党风廉政建设和反腐败工作布局进行谋划，将廉洁文化建设放在更加突出的位置，与业务工作齐抓共管、协调推进、同步落实，以理想信念强基固本，以先进文化启智润心，以高尚道德砥砺品格，惩治震慑、制度约束、提高觉悟一体发力，推动廉洁文化建设实起来、强起来，以鲜活的形式、规范的体系、从严的要求强化廉洁意识、提升自律能力、净化价值追求。一要从加强廉洁教育入手强化廉洁从检意识。结合全面从严治党和党风廉政建设，巩固深化政法队伍教育整顿成果，认真落实"两个责任"，加强新时代检察队伍的廉洁教育，夯实清正廉洁思想根基，增强政治定力抵腐定力，筑牢拒腐防变思想防线，引领廉洁文化建设，切实增强法规党纪敬畏意识，培养树立正确的世界观、人生观、价值观、权力观、政绩观、发展观，切实增强全体人员践行廉洁从

检相关规定的主动性、自觉性，以过硬的廉洁修养、强烈的廉洁意识保证廉洁从检、公正司法。二要从加强制度建设入手培养廉洁从检行为。注重从制度和规范层面加强新时代基层检察廉洁文化建设，建立健全检察廉洁规范制度，建立起一个管用、实用、有用的检察廉洁规范体系，将廉洁文化制度化，增强廉洁文化的严肃性、实践性、规范性、实效性，用制度化的廉洁文化促进新的廉洁理念、司法理念、工作理念内化于检察人员的心灵、外化于检察人员的行为，使各种无形的制度产生有形的力量，强化检察人员的廉洁意识、责任意识、规范意识、自律意识。三要从加强从严监管入手促进廉洁从检规范。加强对业务运作、队伍建设、检务保障等检察规范的审查和修改，建立健全符合本院实际的，以目标管理、绩效管理、基础管理、流程管理等为主要内容的规范化管理体系，做到职责明确化、工作流程化、质量标准化，使工作有导向、衡量有标尺、考核有标准、奖惩有依据，以制度文化建设带动廉政文化建设。四要从加强作风建设入手补充廉洁从检元素。要将廉洁作为一种作风、一种价值标准、一种文化内容，紧扣廉洁主题，创新载体形式，开展形式多样的廉洁文化活动，不断补充文化智慧和力量，用革命文化淬炼公而忘私、甘于奉献的高尚品格，用社会主义先进文化培育为政清廉、秉公用权的文化土壤，用中华优秀传统文化涵养克己奉公、清廉自守的精神境界，加强检察队伍文化修养，塑造司法清廉形象，推动公正司法能量储备，触及思想灵魂深处，打硬廉洁从检作风。五要从营造廉洁氛围入手优化廉洁从检环境。要将廉洁文化氛围的营造，作为新时代司法作风建设和加强检察队伍文化修养的重要抓手，充分利用办公办案场所和软硬件设施，通过张挂廉政格言、警句、字画和展播廉洁教育专题片、图片视频资料等形式，实现办公办案事事有章程、时时有提醒、处处有监督，关紧"安全阀"、拉起"警戒线"、点亮"指示灯"，营造浓厚的廉洁文化氛围，促进形成检察人员的廉洁思维、廉洁作风、廉洁形象。

（六）以维护公平正义为使命，扎实推动新时代基层检察诚信文化建设

要加强新时代基层检察诚信文化建设，在司法办案活动中践行好新时代"枫桥经验"，做到矛盾不上交、平安不出事、服务不缺位，实现案结事了、息诉罢访、群众认可，大力提升检察机关的司法公信力。一要下功夫培育基层检察诚信文化实力。紧扣检察职业特点和检察机关人民性的要求，探索创新载体形式，不断加强司法技能培训、检察职业教育、岗位练兵活动，注重

检察职业诚信教育,在充分履行维护国家安全、社会安定、人民安宁的重大责任过程中,下大力气培育有利于司法公信力提升的文化元素,推动检察人员增强做好新时代检察工作的政治自觉、法治自觉、检察自觉,着力营造公正的法治环境。二要下功夫培养基层检察诚信文化理念。持续加大对检察人员诚信理念、诚信思维的培养力度,探索开展"诚信之星""检察之星""党员之星"评比活动,将诚信作为评星的必要条件,严格评定标准,规范评定程序,深挖诚信典型、宣传典型事迹,揭露失信典型、全面警示教育,鼓励引导、示范引领检察人员诚信司法、诚信办案、诚信履职,着力打造诚实守信的个人品格和职业品质。三要下功夫培树基层检察诚信文化成果。探索开展案件办理效果回访评估工作,由分管检务督察工作的院领导组织,检务督察职能部门人员牵头,邀请派驻纪检监察人员参加,事先梳理建立回访案件清单,尤其对各方争议大、社会影响大、诉辩分歧大、处理意见大的案件,不定期对案件当事人及其家属、代理人或者辩护律师、公安机关、人民法院等开展回访活动,听取他们对具体案件承办部门及承办人的评价和意见,并将回访意见纳入对个案评查结果的定论和个人业绩考核的评定,进一步强化全体检察人员的诚信意识。四要下功夫培植基层检察诚信文化精神。要坚持客观公正立场,通过长远规划、措施强化、机制深化,将新时代检察职业理念转化成引领检察工作发展、推动检察事业进步的职业精神,为加强检察队伍文化修养营造更加浓厚的职业精神氛围,提升检察队伍文化修养的层次和水平。五要下功夫培修基层检察诚信文化作风。要在现有法治环境和法律规定的基础上,将文化修养视为一种人生追求、作为一种习惯养成,悬高法治理想,净化精神境界,保持忠诚担当干净的政治品格。要将打造能干事、干成事、不出事的干事精神作为检察精神的主要部分和重要环节抓紧抓好,注重培育检察队伍干事精神,为检察文化建设营造浓厚的干事精神氛围和工作氛围。

构建中华民族共同体背景下新时代检察文化建设

魏江波　王新峰*

一、中华民族共同体意识是国家统一和社会稳定的基础

随着世界进入百年未有之变局，东西方意识形态领域斗争愈发尖锐，民族分裂主义、极端宗教思想、暴力恐怖活动对国家安全构成极大危害。维护边疆稳定和国家安全的任务仍十分艰巨。

党的二十大提出："推进国家安全体系和能力现代化，坚决维护国家安全和社会稳定。"其中，政治安全为根本，"要建立具有强大凝聚力和引领力的社会主义意识形态"。在这种背景下，铸牢中华民族共同体意识更具有战略的重要性和紧迫性。

（一）党的领导是铸牢中华民族共同体意识的根本保证

党的十九大指出"铸牢中华民族共同体意识，加强各民族交往交流交融"。2021年中央民族工作会议上，习近平总书记强调"以铸牢中华民族共同体意识为新时代党的民族工作的主线"，"铸牢中华民族共同体意识是新时代党的民族工作的'纲'"。提出要"引导人们树立正确的国家观、历史观、民族观、文化观"。"只有铸牢中华民族共同体意识，构建起维护国家统一和民族团结的坚固思想长城，各民族共同维护好国家安全和社会稳定，才能有效抵御各种极端、分裂思想的渗透颠覆，才能不断实现各族人民对美好生活的向往，才能实现好、维护好、发展好各民族根本利益。"

（二）民族认同是铸牢中华民族共同体意识的基本保证

作为共同体概念的"中华民族"，是近代社会的产物。清末面临西方入

---

* 作者单位：新疆维吾尔自治区库车市人民检察院。

侵,"救亡图存"成为时代主题。1902年梁启超率先提出和使用"中华民族"这个概念。经历辛亥革命、抗战历次斗争之后,由中国共产党凝聚全民族的内聚性和向心力,为新时代铸牢中华民族共同体意识铺平了道路。

中华民族是近百年来反抗侵略过程中形成的民族,中华民族是所有中国人的利益、政治、文化和命运共同体。

中华民族共同体是由共同的国家疆域、共有的历史记忆、共认的价值体系、共有的精神家园等诸多要素组成的统一体。这是历史的选择,也是实践的选择。

铸牢中华民族共同体意识在本质上是加强社会主义理想、信仰、价值观教育,尤其要重视"五个认同"的教育,构建中国话语体系。习近平总书记指出:"加强中华民族大团结,长远和根本的是增强文化认同,建设各民族共有精神家园,积极培养中华民族共同体意识。"民族认同主要是一种文化认同,是个人对一个民族群体的文化特性的接纳、承诺及其文化实践。中华民族共同体认同既是民族认同,也是国家认同,还是边疆民族地区真实的历史记忆。

新疆各民族文化和中原文化血脉相连、历史交融。西汉统一新疆地区后,汉语成为西域官府文书中的通用语之一,中原的农业生产技术、礼仪、书籍、音乐舞蹈在西域广泛传播。琵琶、羌笛等乐器由西域或通过西域传入中原,唐乐中龟兹乐、西凉乐、疏勒乐、高昌乐等来自西域。胡旋舞、胡腾舞、狮子舞风靡宫廷,长安一时流行"西域风"。边塞诗人岑参有诗"花门将军善胡歌,叶河藩王能汉语",是当时新疆民汉语言并用,文化繁荣的真实写照。宋辽时,维吾尔族学者穆罕默德·喀什噶里所著《突厥语大辞典》,体现出维吾尔族(喀喇汗王朝由回鹘人建立的西域地方政权,回鹘是维吾尔的前身)早在宋代就已经产生中国的认同。

历史证明,各民族文化与中华文化融入紧密时就繁荣灿烂。实践中,需要围绕"铸牢中华民族共同体意识"这一主线,完善法律法规,引导各族群众增强国家意识、公民意识、法治意识。

二、中华民族共同体意识构建下的新时代法治文化思想

(一)文化自信是实现中华民族伟大复兴的精神基石

文化是立国之本、兴国之基。文化自信是实现中华民族伟大复兴的思想先导,并为法治提供保障。文化兴国运兴,文化强民族强。文化上的自信,

是一个国家的文化共同体对本国自身文化元素及文化价值上的由衷认可，基础是文化认同。文化认同的核心是对一个民族基本价值的认同。文化认同催生出法治文化自信。

习近平总书记指出："中华文化是主干，各民族文化是枝叶，根深干壮才能枝繁叶茂"。"文化认同是民族团结的根脉。"中国各族人民对中华文化的认同，为中国作为统一的多民族国家提供了政治正当性基础，也正是这种文化认同衍生出来的国家认同。

习近平总书记强调文化自信的重要性，他指出："体现一个国家综合实力最核心的、最高层的，还是文化软实力，……我们要坚定道路自信、理论自信、制度自信，最根本的还有一个文化自信。"没有高度的文化自信，没有文化的繁荣兴盛就没有中华民族伟大复兴。

法治文化自信来源于传统法律文化精华，来源于新时代法治建设的成功实践，来源于对国外法治文明成果的吸收借鉴。新时代中国法治文化对中外法治文化进行分析鉴别、转化扬弃，继承了中国古代维护国家公共秩序稳定的治理经验，摒弃了人治、特权思想，借鉴了西方法治理念，如吸收了"保护权利""保障人权"等内容，否定了"三权分立""政党竞争"等西方政治体制，呈现出中国模式。

（二）中华优秀传统文化等是法治文化的源泉

中国法治理论具有鲜明的社会主义特性，即党的领导、人民当家作主、依法治国有机统一。习近平总书记对依法治国作了精辟论述："法治是治国理政的基本方式"，"是国家治理体系和治理能力的重要依托"。"法治兴则国家兴，法治衰则国家乱。"坚持以人民为中心是习近平法治思想的鲜明特点。民之所向，政之所行。实践中德法协同共治，二者辩证统一。

习近平法治思想在理论上渊源于马克思主义法治思想，深根于中华优秀传统文化之中。新时代中国法治理论坚持"立法为民""执法为民""司法为民"等理念。中国古人提出了"民惟邦本，本固邦宁"的观点，蕴含"施仁政于民，省刑罚，薄赋税"等人本思想。孟子有著名论断"民为贵，社稷次之，君为轻"。《管子·任法》说："君臣上下贵贱皆从法，此谓大治。"新时代法律内容也体现了中国传统文化。信访制度的形成与中国古代行政兼理司法的行政体制密切相关，调解制度的广泛运用也深受"和为贵"的道德观影响。

新时代的中国法治实现了"人治"向"法治"的华丽转身，其集中体现在社会主义核心价值观之中，体现在人民代表大会制度、民族区域自治制度等国家结构之上。

（三）法治思维和法治方式铸牢中华民族共同体意识

法治思维是关于法治的思想观念、逻辑判断的总和，对法治文化建设有指导意义。法治文化是依法而治，强调法律之治的形式。

1. 高度重视铸牢中华民族共同体意识的法治内涵及路径

通过法律规范，各族人民以中华民族的法律身份公平地参与法治共同体的建设，享受法律权益的保障，接受相应法律义务与责任的规范与约束。

宪法的生命在于实施，宪法的权威也在于实施。宪法概念的"中华民族""民族团结""民族区域自治"，正文中规定的单一制国家结构形式、平等权、公民义务条款等，都体现出铸牢中华民族共同体意识的国家意识。通过政治、经济、文化、社会发展等方面的手段建立铸牢中华民族共同体的根本法体系支撑。《宪法》规定"中华人民共和国各民族一律平等"，禁止任何民族歧视、仇恨和压迫的行为。《宪法》在维护民族团结方面的规定，具有规范公民权利义务的功能，《刑法》第249条确立的煽动民族仇恨、民族歧视罪，《反分裂国家法》等法律法规是中华民族共同体繁荣发展的法治保障。

铸牢中华民族共同体意识，需借助强大的制度体系，将56个民族融合成为中华民族共同体，依靠法治建设，增强中华民族归属感，实现由历史文化共同体转型为政治法律共同体。

国家采取有效措施，完善相关法律法规，通过《刑法》《国家安全法》《治安管理处罚法》等法律的设定来制止非法分子对民族团结的破坏。地方关于民族团结层面多采取立法形式，如《新疆维吾尔自治区民族团结进步工作条例》《玉树藏族自治州民族团结进步条例》等。

检察机关要立足检察职能，促进依法办案，坚持各民族一律平等，依法保障群众合法权益，把全面依法治国的要求落实到新疆工作各个领域。

2. 维护以学习和使用国家通用语言文字为要素的语言权利

社会主义国家把生存权、发展权作为首要基本人权。在现代人权体系中，语言权利居于重要地位，它寓于各项政治与社会权利之中，为所有权利发声，是所有权利的基础。

随着市场经济和科学技术迅猛发展，个体只有充分学习和使用国家通用语言文字，融入到全国语言文字共同体中，与其他地域成员发生信息交流与劳动合作，才能获得更好的生存和发展条件。

将语言文字纳入法治化轨道，坚持语言文字统一性与多样性相结合的立场。《宪法》第19条规定国家推广全国通用的普通话，《国家通用语言文字法》将交际行为纳为调整范围，适用于国家机关、学校和其他教育机构、公共服务行业，对个人其他场所做引导。《国家通用语言文字法》第8条以宪法为依据，规定各民族都有使用和发展自己的语言文字的自由，《宪法》规定："民族自治地方的自治机关在执行职务的时候，依照本民族自治地方自治条例的规定，使用当地通用的一种或者几种语言文字"，"各民族公民都有用本民族语言文字进行诉讼的权利"。《民族区域自治法》规定："民族自治地方的自治机关教育和鼓励各民族的干部互相学习语言文字。"

三、中华民族共同体构建下检察文化与检察业务的融合路径

习近平总书记指出：大力弘扬中华法治文化和司法文化，推动中华法治文明繁荣发展，以法治思维和法治方式铸牢中华民族共同体意识。

检察文化是中国特色社会主义文化的组成部分，是检察机关履行法律监督职能过程中产生的法律文化。检察文化离不开维护法律的尊严，维护宪法的权威，体现检察制度建设、实践活动，支配检察官的行为、理念，体现出检察官这一群体的处世哲学、工作感情和精神境界。检察文化是人民检察官共同信守的行为模式、生活方式及价值观念，并为检察事业发展提供深厚的底蕴和源动力。

检察机关要立足检察职能，促进依法办案，坚持民族平等，保障各族群众合法权益。

（一）加强党对检察工作的领导，培养检察官绝对忠诚的政治意识

《忠经》中说"天下至德，莫大乎忠"，"忠也者，一其心之谓也"。听党指挥，忠于宪法法律，检察队伍须敢于担当、严明纪律、清正廉洁、执法为民，必须严格遵循、推进公权力运行法治化。

库车市人民检察院强化党建工作，加强党史、新中国史、改革开放史和社会主义发展史的学习教育。革命文化涵括伟大的建党精神、红船精神、长征精神、抗美援朝精神。传承红色基因，磨砺忠诚品格，做到学史明理、学史增信。

库车市检察院有57名检察人员，由维吾尔、汉、回等民族构成，其中

党员35人，党员占比63.06%，退休人员和在职人员一样开展党建活动。2022年，库车市检察院投入19万元资金建立云党建，做好智慧党务工作。红色党建活动室的每一处都是红色文化、法治文化、检察文化多重元素的聚合，催人奋进。库车市检察院还开展看红色电影、唱红歌、撰写心得体会等活动，使忠诚意识入心入脑。

（二）加强法治宣传，纳入中华民族共同体意识建设

"法律必须被信仰，否则它将形同虚设。"习近平总书记指出："法治的根基在人民。要加大全民普法工作力度，弘扬社会主义法治精神，增强全民法治观念，完善公共法律服务体系，夯实依法治国社会基础。"

"求木之长者，必固其根本；欲流之远者，必浚其泉源"，检察工作是木之根，流之源，而检察文化和检察宣传就是强根固本的有效手段。

库车市人民检察院贯彻落实党的群众路线，全院检察人员每月分四批下沉走访包联乡村，宣传党的惠民政策，进行法治宣传教育，做好新疆四本白皮书的宣传工作，具体涵盖新疆经济发展、反恐、去极端化与人权保障等。收集群众困难诉求，讲好民族团结故事，推进中华民族共同体意识的铸造和固化。另外抽调6人专门成立释法宣讲团，有针对性地开展群众工作。

库车市检察院坚持学习《法治日报》《检察日报》《新疆法制报》等纸媒的宣传方法，学习宣传检察工作和队伍建设的亮点和创新经验，以及服务保障社会经济发展的经验和成果。同时，注重借助网络等新型传播媒介，如利用官网、微信公众号、抖音等，展示人民检察官信念坚定、执法为民、敢于担当、清正廉洁的良好形象，多渠道、多方式弘扬检察文化正能量。拓宽主流思想的传播渠道，积极传播主流价值观，弘扬主旋律，将传统文化以人们喜闻乐见的方式来推广。讲好民族团结故事，为促进中华民族共同体意识的构建提供正能量。

做好检察文化的创新性。例如，新疆维吾尔自治区玛纳斯县人民检察院运用检察新媒体打造普法品牌，该院创新思路举措、提升品牌效果和认可度，打造了"玛检说法"的品牌，用朴素的语言、亲民的方式开展普法宣传，被称为"百姓身边的普法宣传员"，并荣获"全国检察机关十佳文化品牌"（2021年）称号。借助"互联网+检察"模式，普法宣传接地气，解决群众的烦心事，如如何要回拖欠的工资，离婚后彩礼到底能不能退还，遭遇价格欺诈该如何维权等。以群众的关注点作为检察机关为民服务的着力点，利用直播、短视频、微动漫、"萌漫画"等多种新媒体形态进行普法宣

传。该院原创作品525个,阅读量达2000多万次,《一念之差》普法作品荣获第二届全国检察新媒体创意大赛音视频类银奖。

(三)检察业务中积淀文化,将检察文化融入业务

从古代"为政之要,惟在得人"到新时代培养社会主义法治人才都体现出国家治理的关键在于得到人才。习近平总书记在引用《治黎策》"人法兼资,而天下之治成"时,阐释了建设法治国家中选贤任能的重要性,再次强调法治人才能力的突出作用。如今,检察机关形成了"四大检察",对检察业务能力提出更高的要求。

1. 学以致用,坚持业务能力强检

充分利用案例辅助教学法,在具体复杂疑难案件办理中,在法学经典教材中学理论、看案例、找依据。结合党史学习、教育整顿实践,融入检察办案。旗帜鲜明把习近平法治思想作为灵魂融入其中、贯穿始终。"养成政治思维—历练政治能力—保持政治自觉"的路径。辨别政治是非、做到政治自觉。把"从政治上看"落实到"在案件中办"。

通过鲜活的案例,将法律适用、证据运用融会贯通,秉持客观公正的立场,强化证据意识和据实办案。用"看得见的方式"实现公平正义,程序正义是保障人权的重要路径,疑难争议案件启动听证程序。例如库车市检察院2022年上半年开展听证案件86件,有效发挥人民监督员作用。规范检察自由裁量权,切实履行法律监督职权,确保每一件案件定罪量刑精准化。坚持法治原则,让办理的每一个案件经得起历史和法律的检验。

牢牢把握时代之变,数字赋能法律监督。深入探索大数据与"四大检察"的深度应用和融合发展。提高以"数字革命"驱动新时代法律监督的意识,逐步推进检察工作整体提质增效。

贯彻宽严相济刑事政策,结合实践发展新时代"枫桥经验",有效落实认罪认罚从宽制度适用,实现捕人少、治安好的社会效果。如,库车市检察院"案-件比"为1∶1.05,不捕率为33%,不诉率为31%。用数据规范行使检察裁量权。量化评估,减少检察官主观因素,提高司法透明度。

新时代检察业务是"个案办理—类案监督—系统治理"的法律监督之路,检察办案中要优化类案监督,对多发类案进行系统梳理,强化类案监督的社会综合治理、系统治理。例如暴恐严打类案件、侵犯知识产权案件(假酒、假化肥)等。把检察建议作为提升社会治理体系和治理能力现代化的重要举措,落实"党委领导、政府主导、多方参与、司法保障"的检察

建议工作格局。

2. 文化铸魂，为新时代检察工作持续赋能

边疆地区检察机关利用地域文化优势，融合优秀传统文化、特色地域文化、中国法治文化和红色检察文化，打造检察文化新阵地，为铸牢中华民族共同体意识添砖加瓦。例如，库车市人民检察院结合地域特色，将红色精神、先进法治理念与检察文化融合，打造"红韵库检"文化品牌，内化于心、外化于行，引领新时代检察工作创新发展。

库车市检察院开展文物保护公益诉讼新领域探索，切实保护区域内红色资源，如林基路烈士陵园、纪念馆，以及库车苏巴什佛寺遗址及其他丝绸之路世界文化遗址。又如古龟兹（新疆库车）是佛教文化传入新疆的首站。再如众多佛教石窟群，阿克苏地区拜城的克孜尔千佛洞就是其中代表。库车克孜尔尕哈烽燧（建于汉宣帝年间），有突厥语"红色哨卡"或者"红色老鸹"之意。这些遗址有力驳斥"三股势力"鼓吹"伊斯兰文化是维吾尔文化源头"的谬论。组织检察人员参观红色革命旧址，感悟初心使命。红色资源是我们党艰辛而辉煌奋斗历程的见证，是最宝贵的精神财富。在抓好队伍"硬核力"的同时，不断增强"软实力"的提高。

国家在文化遗产保护利用方面也进行了创新，2021年发布《中华优秀传统文化传承发展工程"十四五"重点项目规划》，对于保护好、传承好、利用好非物质文化遗产，对于延续历史、坚定文化自信、推动文明交流互鉴起到促进作用。文化遗产是文化记忆的产物，是通向过去、导向未来的延伸。西域都护府遗址（新疆维吾尔自治区巴州轮台县）、安西都护府遗址（新疆维吾尔自治区阿克苏地区新和县）、北庭都护府遗址（新疆维吾尔自治区昌吉州吉木萨尔县），这些遗址无声诉说着新疆自古以来就是祖国版图不可分割的部分。

中华民族共同体不是空洞的，鲜活的文物古迹诉说着中华民族历史文化联系，包括政治、经济、文化、生活方式等方面，揭示出中华文明起源和发展的历史脉络。

通过潜移默化、润物无声的学习教育，广大检察人员深刻认识到铸牢中华民族共同体意识的历史必然性、极端重要性和现实针对性，正确把握中华民族共同体意识和各民族意识的关系、中华文化和各民族文化的关系，促进各民族在理想、信念、情感、文化上团结统一。

3. 强化检察文化工作保障，铸牢中华民族共同体意识

针对新疆民族地区工作特点，增进共同性，尊重和包容差异性是重要原则。加深各民族优秀传统文化都是中华文化组成部分的认识。

我国民族政策的实践需要不断创新、丰富完善。必须重视语言文字的文化载体和沟通工具作用，打破民族间交流交往交融的屏障。进入库车市人民检察院，映入眼帘的就是民族团结的标语，从大厅、走廊到电梯，营造浓厚的中华民族共同体意识氛围。普及国家通用语言文字是增进各民族共同性的重要举措。库车市检察院全体检察人员参加普通话测试，取得良好成绩，营造人人争说普通话的氛围；办公的公共场所必须使用汉语交流、汇报（除非当事人来自农村，汉语不熟练）。汉族干部也鼓励学习维吾尔语，以方便做群众工作，有两名汉族检察人员已达到日常交流无障碍水平。

库车市检察院以制度保障检察文化建设：一是健全检察文化工作机制，民族团结活动放在首位。二是建立检察文化平台，开展检察文化活动，通过云党建开展活动，以党建统领检察文化建设。三是将检察文化活动制度化，拟定活动计划，制定具体办法，内容丰富多彩，有专门经费保障。

"治国必治边，治边先稳疆。"文化是一个民族的灵魂，文化认同是民族团结的根脉。检察机关深入开展党史、新中国史、改革开放史、社会主义发展史教育，深入开展新疆地方和祖国关系史教育，引导各族群众树立正确的"五观"。宣传新疆自古以来同各民族交往交流交融的历史事实，引导各族群众深刻认识到中华民族是命运共同体，促进各民族交往交流交融。

构建起内在统一的中华民族共同体话语系统，赢得国际话语权，是我们持之以恒奋斗的目标。结合检察文化融入检察工作，作为检察人员，为实现中华民族伟大复兴的中国梦贡献力量。

新时代检察机关先进典型选树宣传一体化新路径探究

许耀允[*]

先进典型选树宣传作为检察文化建设的重要一环,在经验宣传、思想引领、榜样示范中起着至关重要的作用。在对近几年新疆检察系统宣传举措观察的基础上,提出先进典型选树学习宣传一体化的探究路径,通过严控标准、挖掘事迹、引起共鸣、讲好故事、凝聚力量、滋养精神等方面,建立闭环宣传路径,进一步发挥了先进典型引导人、鼓舞人、激励人的作用。

一、当前先进典型选树工作存在的问题分析

先进典型选树工作对检察机关及检察干警都有十分重要的意义,检察机关也十分重视先进典型选树工作,但在实际操作过程中,还存在以下问题:

(一)选树标准的不平衡

一是政法系统之间的不平衡。以 2021 年开展的政法队伍教育整顿英模选树为例,与公安系统的一线办案干警相比,尤其是从事一线暴恐工作的公安干警,从危险系数等多个方面来看,检察系统在同等选树标准下,可能会出现人员选树不平衡的问题。二是地域和办案量的不平衡。一些地区大案要案多,能够凸显个人素质的机会多,一些地区案件量少,量变无法有质变,即使有"小岗位大能耐"这种鼓励标语在前,面对选树机会时,与一线办案业务能力强的骨干相比较,也无法在众多优秀的办案能手中脱颖而出。三是典型选树类别的不细致。一线办案能手是先进典型,而相较于一线办案干警、技术人员、保密工作、后勤保障人员、信访接待人员等类别的先进典型的设置不够细致。

---

[*] 作者单位:新疆维吾尔自治区乌鲁木齐市天山区人民检察院。

（二）挖掘不足

受制于工作任务量多，宣传岗位少，缺少对先进典型的优秀事迹、精神内涵进行深挖掘的驱动力。虽然选拔出来了先进典型，但因为深挖掘事迹、提炼精神不够，有时局限于检察系统的内部宣传，没有达到"点亮一人，照亮一片"的效果。

（三）宣传范围不够宽

目前宣传表现在自治区检察新媒体转发相关链接，下属检察机关跟转的层面。自我选树和宣传的固定机制较少，即使进行了跟转，也只是局限于统计检察系统内部转发量，造成先进典型的辐射、示范和导向作用不明显。另外，检察机关一般习惯于借助微信等开展宣传，对新兴媒体的运用较少，对新型编辑软件的应用人才缺乏，忽视了外部宣传的灵活性。从选树先进典型开始到集中宣传的间隔时间较长，没有趁热打铁，抓住热点，及时性不足。

二、"六字诀"创新英模选树宣传机制

为更好地提升检察机关先进典型选树宣传工作，在观察前期宣传工作的基础上，提出先进典型选树宣传"六字诀"。严控选拔标准、挖掘闪光事迹、引起广大共鸣、讲好感人故事、凝聚磅礴力量、滋养党性灵魂。"六字诀"覆盖了先进典型的选评阶段、宣传阶段和效果提升阶段，将选树与宣传统一起来，形成了先进典型选树的闭环管理。

（一）"选"先进，统筹谋划广覆盖

制定选树活动方案。确定活动名称及主题，确定评选范围和人数，规范评选标准和流程。各单位一把手切实担负起抓队伍主体责任，充分发挥各级党组织、团组织重要职能作用，广泛发动党员干部、青年干警积极参与典型选树活动，鼓励广大干警在平凡的岗位作出不平凡的贡献。

多样的推荐形式。通过日常调研、实地走访、自荐和组织推荐等方式，自下而上选拔推优，推选真正有代表性、示范性、经得起检验的先进典型，确保群众公认、优中推优。例如乌鲁木齐市公安系统设置了"每月之星"栏目，由各单位按照警种要求干警个人撰写先进事迹上报，并由分管局领导把关，最终上传至内网栏目模块供全系统干警学习，营造了人人争当典型、人人学习典型的良好氛围。

严格入选标准。将道德标准作为先进典型评选的基本条件，严格把控先

进人物在精神层面的优秀性与先进性。更可在党的二十大新征程之际，评选推动一批先进典型，保证精神层面的先进性。

明确评选基本条件。严格把控先进人物的公信力与影响力。坚持征求纪检部门的意见，对于违规违纪、有重大信访问题的，暂缓评选或取消评选。融入专业标准，针对每一个基层岗位与类别，立足实际，深入了解与总结先进人物的典型特征，制定专业标准，实现先进典型评选活动融入专业领域。

（二）"树"典型，把准导向立榜样

1. 要想树立典型就要善于挖掘事迹

善抓时机。要善于利用疫情期间的重点人物事，或特殊节点中的时间段，敏感抓住宣传报道的有利时机，这不仅为打赢疫情战起到鼓舞士气的作用，也能在特殊节点凸显检察机关的一线战斗力。

挖掘先进典型要接地气。接地气就需要从小处着眼，从细节入手，通过具体事例去感染人。文字描述远不及图片的展现更具冲击力，图片形式更加直观和震撼，文字需逐字阅读，图片更具感染力的同时更快捷接地气，无论是重大案件深夜里研究探讨的一盏灯光，还是"访惠聚"乡亲送别时不舍的眼泪。无需多余的语言，就将检察官生动的工作生活状态展现出来。

展现先进典型要呈现多元性。一是选树角色的设定要均衡。不仅仅泛指为"最美检察官"，也可从多个角度进行典型梳理，如"最强公诉人""进击的助理检察官""保密业务能手""技术精英骨干"，就注重从多角度挖掘先进典型的多元性。在选拔的位置设置上要均衡。二是典型展现的角度要丰富，特别注意展现出本人的多元化，例如，除了工作技能专业化，也要展现生活中的温暖，个人爱好的广泛，固定的特质习惯等，活灵活现。

2. 要想树立典型就要善于引起共鸣

认同度是基础。只有群众和检察干警广泛参与、亲自评选出来的先进典型，才能获得普遍的认可，才有发挥典型示范作用的基础。例如召开党员大会进行推选，尊重党员的意愿，目的就是让先进典型有广泛的群众基础。利用群众投票也是先进典型群众基础的体现。

关注度是条件。既能够反映时代精神又具有普遍指导意义，既有感人事迹、高尚行为又有普通人喜怒哀乐的鲜活典型，才更能引起大众的情感共鸣，吸引大家在敬仰的同时去效仿和学习。例如对自身现阶段遇到的困难瓶颈的讲述，以一种娓娓道来的叙述方式引起大家的广泛认同和沉思。

影响力是效果。先进典型要不断自我提升，在更好的平台上发挥自己的影响力。既要注重培养发现新典型，也关注老典型的成长，使其发挥出更大的影响力。

（三）"学"英模，事迹教育塑品格

身边事教育身边人。深入基层单位，广泛开展调研走访，听取基层干警故事，精细挖掘"闪光点"，确保学习范围有广度，学习对象有的放矢，以"榜样在身边"为出发点，以体现检察队伍新时代精神、工作业绩突出、群众评价好为站位，确保学习的典型有高度。

邀请英模作报告。激发典型带头引领作用，邀请已经选树出的先进典型代表举办报告会、交流会。从榜样身上汲取忠诚使命、一心为民的强大精神力量和铁面无私的职业操守，以及追求卓越、勇创一流的拼搏精神，更好肩负起党和人民赋予的职责使命，努力创造无愧于党和人民的新业绩，引导广大干警在平凡的岗位作出不平凡的贡献。

认同检察文化。典型选树最根本的还是要坚持正确的价值导向，必须把思想引领和检察文化认同作为前提，把法治发展愿景与检察干警的精神追求统一起来，并将这些作为先进典型选树的目标指向和行动遵循。

激发内生动力。广大员工在感受先进典型的力量之后逐步吸收消化，最后形成企业特有的文化氛围和价值导向。在员工内心形成从认知到认同的精神力量，真正将这种价值导向外化于言行中，打上鲜明的移动烙印。

（四）"扬"正气，创新载体全推广

运用多种新媒体形式。综合运用短视频、动漫、H5、文字等多种形式，充分发挥新媒体"短、平、快"的特点，联动创新，突出微博、微信、抖音、快手等社交传播工具和平台作用，在可视化呈现、互动化传播上做文章，加快传播方式由"单一、定向、固定"向"多屏、移动、社交"多样态转变。

拍摄英模事迹宣传片。选取部分先进典型人物将拍摄宣传片广泛宣传，营造"崇尚英雄才会产生英雄，争做英雄才能英雄辈出"的学习氛围，集中展现首府政法队伍时代楷模、时代正气、时代风采，致敬英模，见贤思齐，提振气势，极大增强广大干警的职业荣誉感、自豪感、归属感，从而激发政法队伍奋勇当先的磅礴力量。

发挥党建宣传优势。强化党建活动，扩大典型影响。党员是骨干和核心，基层党支部通过常态化开展形式多样的先进典型学习教育，能实现典型影响力的放大效应。通过组织各级党组织先进典型讲授党课等方式，交流思想，讨论工作方法。以优秀共产党员影响其他党员，有效地发挥了党建宣传的优势。

编印先进典型系列丛书。将选树的先进典型人物，由自治区检察院编印成系列丛书，下发至各地州、区县院组织学习，也可由各地州院将自己开展的先进典型选树汇编成册，寄发至自治区各地州市交流学习。

（五）"办"实事，为民服务显实效

坚持围绕群众工作。将先进典型的影响力落到实处，将选树成果转化到为群众办实事的实处上来，针对群众满意度提升，组织评选服务办案组和明星接待组等，将用心为群众服务、提升检察形象的干警选拔出来，联合《法治日报》、《新疆法制报》、平安网集中对政法英模、学英模躬身实践的突出个人以及"我为群众办实事"典型事例进行深入采访，充分利用传统媒体和新媒体矩阵开展为群众办实事的宣传报道，让人民群众感受到检察队伍的新气象，展示检察队伍的新风采，树立检察队伍的新形象。将学到的先进典型精神实质熔铸进血液、铭记在灵魂，迸发出担当尽责、公正廉洁、拼搏奉献的精气神，真真正正转化为干警躬身实践精神动力，发挥政法各单位的专业特性，广泛征求群众意见建议，和群众联动营造宣传氛围。

（六）"严"审核，统一宣传发布口径

严把舆情监测。加大涉先进典型选树中的舆情监测和研判，发挥联合管控、信息互通等机制，提高第一时间的发现能力，强化与公安和网信的协调配合，全力确保出现的重大舆情讨论的第一时间落地查人处置。

严守舆论阵地。严格落实意识形态第一责任，将"三同步"工作贯穿先进典型宣传的全过程，加强对所属网站、新媒体平台管理，严格按照"谁主管谁负责、谁主办谁负责、谁运营谁负责"的要求，严格规范信息发布口径，强化信息发布"三审三校"审读把关制度落实，严把导向关和稿件来源。

严肃宣传纪律。突出正面宣传，严防不良炒作。如不符合先进典型的要求，有违纪违法实证的，将按照规定予以追责。

三、总结与思考

通过"六字诀"的运用，明确了选树原则、宣传要求和评价标准，在先进典型选树宣传上探索了一条新路径，能为检察系统先进典型选树宣传工作提供助益，从而凝聚人心、激发动力，促进检察工作高质量发展。但在先进典型选树宣传工作中，除了"六字诀"外，还要建立健全工作机制，保障先进典型选树宣传工作有序开展。

以下是相关的一些思考：建立健全先进典型选树机制。明确选树宣传一体化工作的部门。为避免"评先评优"工作杂、乱、散，应明确一个"评先评优"的总管部门，总体把握先进典型的选树表彰。

加强荣誉体系顶层设计。在已有的三级荣誉体系上，丰富各类表彰荣誉名称的三级荣誉。针对各工作岗位设置的先进典型的选拔奖项也分等级荣誉，最高是省级荣誉，其次是省各条线荣誉，最后是地市级荣誉。从时序跨度上，建立固定和机动荣誉体系。固定荣誉体系用于固定评选周期、评选标准，机动荣誉体系用于表彰临时、突发、阶段性工作的荣誉。

探索先进典型跟踪联动机制。在个人层面，先进典型要持续保持谦虚谨慎的工作作风，不能躺在功劳簿上停滞不前。在党支部层面，要加强对先进典型的关注，对先进典型的不足之处，要及时提醒，及时帮助改进。在党组层面，要组织先进典型交流学习、观摩学习，带领他们打开视野，站在宽阔的舞台上。

打造全方位多媒体宣传机制。一是事迹总结提炼。只有对先进典型的事迹进行整理、汇总、提升，才能从事迹层面升华到思想认识高度。二是用好媒体矩阵。在先进典型的宣传上，要集中力量，用好线上、线下多种媒体，发出一个声音，提升宣传效果。三是创新宣传载体。为先进典型人物量身定做工作室、荣誉墙等创新载体，发挥出用身边事激励身边人的作用。

强化先进典型日常管理机制。一是落实关怀激励，对选拔出来的先进典型，要在精神层面和物质层面建立健全关怀激励制度，并真正将激励兑现到位，让典型长期发挥作用。二是坚持选拔公正透明，要将先进典型的选树工作置于群众的监督下，力促选拔的典型得到组织认可，群众满意。三是注重典型能力素质的持续提升。要与时俱进，根据形势发展的需要，促进典型自身的提高，以保持先进典型的先进性和生命力。

聚焦法律监督主业背景下检察职业精神的塑造

吕 益*

新时代,检察职业精神至关重要。要让检察事业蓬勃发展,就得塑造和培养检察人员独特的职业精神,为法律监督注入强有力的精神血脉。检察职业的灵魂是一脉相承的,是根植于90多年人民检察制度,从检察实践中生发,以原本存在为基础的传承。审视检察人员的职业精神,政治性、客观性、情理性都是优良的精神财富,应该很好地传承下去。当前,尤其是近年司法体制改革带来的检察职能巨大变化,突出法律监督属性,完成法律监督工作,需要检察职业精神在继承的基础上作出更相适应的调整和完善。就是要回答这样一个命题:新时代,我们需要什么样的检察人员?

一、法律监督工作的职业特点

曾经有检察人员困惑,检察机关在宪法中定位是法律监督机关,但我们从事的公诉和自侦工作,到底算不算监督业务。[①]"两反"转隶后,刑事检察、民事检察、行政检察、公益诉讼检察"四大检察"这一涉及检察职能的框架被构建起来,法律监督格局予以确立。法律监督格局确立近四年来,自上而下都在为提升监督水平做着尝试和努力,法律监督的质效愈加突显出来,法律监督这一职业的特点需要被认真审视。

(一) 敢言不惧

坚持把马克思主义基本原理同中华优秀传统文化相结合,这是习近平总书记教给我们的工作方法。监督属性的职务设置,在我国历史悠久。御史制度就在先秦及封建社会长期存在,为监督制度的建立提供了本土文化渊源。

---

* 作者单位:江西省泰和县人民检察院。
① 全国检察机关十大业务系列教材的观点认为,对监察委员会、公安机关移送的构成犯罪的案件审查起诉,属于"对守法情况的监督"。

古代御史是言官和察官的结合，代表天子监察百官，行弹劾之权。美国学者巴直氏曾评价御史权是"中国的弹劾权，是自由与政府中间的一种良善调和方法"。御史这一群体，就展现了不一样的职业风貌。

我国现行检察制度与御史制度有本质区别，但也有继承和超越。法律监督是宪法关于检察机关的定位，监督是检察职业的最本质特征。《中共中央关于加强新时代检察机关法律监督工作的意见》明确指出，人民检察院是国家的法律监督机关，是保障国家法律统一正确实施的司法机关，是保护国家利益和社会公共利益的重要力量，是国家监督体系的重要组成部分。最高检召开的全国检察机关加强政治建设暨深化检察改革与理论研究工作推进会指出，要深化对诉讼活动法律监督，助推侦查、审判、执行以及相关行政执法等权力依法规范运行。检察机关法律监督的对象，是侦查权力、审判及执行权力、相关行政执法权力，目的是保障法律统一正确实施，防止权力滥用损害国家利益、社会公共利益。

检察权，是在法律规定范围内监督权力运行的权力。从事检察职业，行使检察职权，就要敢于对滥用权力、司法不公、擅权枉法的行为"亮剑"。在社会治理的分工中，检察人员是检举职权违法行为、纠正司法偏差行为、保障法律一以贯之得到遵循的正义化身。在群众的期待中，检察人员是公正的守护者，本就应当一身正气，在群众遭遇不公时为其挺身而出。因此，法律监督工作的首要职业特点，就是见不平而鸣，不怕得罪人。

（二）主动出击

我们先了解一下俄罗斯联邦的"一般监督"检察制度。俄罗斯承继了苏联的检察制度，规定检察机关的宪法定位是对俄罗斯联邦现行法律的执行情况实施监督，保障法制的统一，保护公民的权利与自由，捍卫国家和社会利益。俄罗斯检察官有权自由进入有关区域和除住宅以外的房屋进行检验检查，有权要求提供必要文件和资料，有权传唤负责人和公民等。如果发现行政机关执法活动违法，检察机关可以直接发出通知，要求行政机关在一个月内执行。如果没有执行，检察机关可以将有关材料收集起来，交给调查委员会进行调查，调查委员会可以进行纪律处分或追究刑事责任。[①] 从上述介绍可以看出，俄罗斯检察官的监督方式多样，监督力度很大。这是列宁法律监

---

① 王莉：《俄罗斯环境保护检察制度概况及启示》，载《人民检察》2019年第19期。

督思想的直接体现,"检察长的责任是使任何地方政权的任何决定都与法律不发生抵触,检察长必须仅仅从这一观点出发,对一切非法的决定提出抗议……"为了保障法制统一,俄罗斯检察官履行职权时,以主动出击为主要方式,进行法律执行情况的检查,并采取强有力措施纠正职权违法行为。

我国现行检察制度与一般监督是有区别的,我国检察机关的法律监督范围,主要体现在诉讼监督和公益诉讼检察。诉讼监督,是对刑事、民事、行政诉讼活动的监督,案件来源上有依申请监督和依职权监督两种。在诉讼监督规则中,基于当事人处分原则,依职权监督被限缩在诉讼活动有"损害国家利益或者社会公共利益的,审判人员、执行人员审判和执行案件时有贪污受贿、徇私舞弊、枉法裁判等行为的"等情形时。公益诉讼检察案件来源则相对宽泛,包括自然人等的检举控告、在办案中发现、行政执法信息平台上发现等。

诉讼监督和公益诉讼检察,作为检察人员进行法律监督的主要内容,体现的职业特点更为鲜明。依职权开展诉讼监督,就要主动发现案件线索,刑事案件量刑畸轻畸重、民事审判程序违法、执行过程中的超标的扣押冻结、虚假诉讼的监督等,需要检察人员通过必要途径主动履职,提出纠正建议或依法定程序抗诉。开展公益诉讼工作,更加需要主动摸排线索,走出去、在线上、多倾听,才能发现公益受损的现场情形或蛛丝马迹。尤其是基层检察机关,依申请开展诉讼监督的案件数量较少,公益诉讼办案体量要求较高,必然要求主动出击开展监督。这就是法律监督工作的显性职业特点,监督触角灵敏,依规主动纠偏。

(三) 协同规范

《人民检察》在庆祝党绝对领导下的人民检察制度创立90周年专刊上登载了一篇名为《从一般监督到公益诉讼——检察事业创新发展的历史见证》的文章。公益诉讼,作为检察机关对行政机关开展法律监督的重要制度安排,走过了五年的发展历程,从中可以深入感知法律监督的难与易,失与得。"由于检察机关是通过监督和制约侦查机关、审判机关等其他机关来履行职责的,容易受到抵触,在世界范围内多次出现过检察制度的存废之争。一般监督的范围和对象如此广泛,更容易受到质疑。"[1] 当前,检察公

---

[1] 胡卫列:《从一般监督到公益诉讼——检察事业创新发展的历史见证》,载《人民检察》2021年第21-22期合刊。

益诉讼制度在具体实践中赢得了广泛支持，人民群众对公益诉讼发挥更大作用充满期待。与此同时，个别行政机关工作人员对检察机关办理的公益诉讼案件提出的意见，值得我们重视。新中国成立初期，检察机关的职能设置在性质上属于一般监督，且积极进行了实践探索，其间遭受质疑，后因多方面原因在1957年左右被搁置。检察制度历史上的变与不变，需要我们深入进行研究。在新时代设立的检察公益诉讼制度，借鉴了一般监督合理内核，是全面依法治国背景下对一般监督的扬弃。

有争议并不可怕，并没有任何一个行政机关表示自身不受监督，或检察机关没有权力监督。在基层实践中，更多的疑问是"检察院还管这样的事"？这是检察公益诉讼作为一项"年轻"的制度，必然要经历的认知、认同的过程。这个过程就像塑造检察职业精神一样，新的履职内容带来职业精神的内外变化，作为检察人员，需要有新的认知并从内心认同"今日不同往时"的职业精神。怎么认识我们的监督？拿公益诉讼检察来说，检察机关的目标与行政机关是一致的，都是保护公益，公益诉讼检察是"公益之诉、协同之诉、督促之诉"。公益诉讼检察并非零和博弈，本质是通过加强对公益损害问题的监督，助力政府部门依法行政，共同维护人民根本利益。我们用好磋商、检察建议、提起诉讼的阶梯式办案方式，把诉前解决问题作为公益保护的最佳状态，有效加强沟通，减少行政机关的抵触，最大限度发挥行政机关主动纠错的积极性，提升公益保护效能。[①]

在实践中，我们有深刻的体会，公益诉讼监督具备这样的优势，就是能够凝聚多部门合力，共同解决同一个公益保护难题，变"九龙治水"为"握指成拳"。这也是行政机关最希望看到的，也最期待的。对于刑事、民事、行政检察，同样存在一个目标的问题，监督是为了共同维护司法公正，规范执法司法程序，守护人民权益。据此引申，法律监督的重要职业特点是有限而规范的监督，协同性而非对抗性。

二、新时代背景下的法律监督职业精神

无论从事什么职业，塑造精神内核并传承发展都至关重要。笔者看到，上海应急管理系统2021年组织了本系统职业精神的研究，在谈到为

---

① 刘硕：《发挥检察公益诉讼效能，为中国之治赋予新内涵——访最高人民检察院副检察长张雪樵》，载新华社官方账号，2022年2月28日。

什么要研究职业精神时提出，是"上海应急管理系统进一步增进职业认同，明确社会价值导向，激发和鼓舞广大干部职工工作士气，不断推进应急管理事业发展的重要举措"。最高检曾于2018年编著了《新时代检察职业精神》一书，书中很多内容都值得深入思考，具有很强的理论和实践意义。本文主要关注回归监督主责主业的背景下，检察人员应有怎样的价值观和行为导向，应具备哪些精神品质。也就是说，在更强调法律监督内核的情形下，为了助推检察事业蓬勃发展，我们需要何种品格特征的检察人员。

（一）沉着坚韧护公正

PANTONE（潘通）色彩研究所曾在2020年发布了年度代表色，经典蓝。蓝色代表理智、沉稳、勇气、永不放弃。恰巧，我们的检察制服，也是蓝色，一般称"检察蓝"。穿上庄严的制服，会给我们一种心理暗示，遇事要沉着冷静，不能盲目出击，要坚韧不拔，不能轻言放弃。我们开展法律监督业务，不能挥剑乱舞，要谋定而动，找准监督点位，精准出击。

贾宇在论述检察官客观公正立场时分析到，既要避免将客观公正立场简单理解为对犯罪嫌疑人、被告人无原则地妥协退让，又要克服"为绩效考核争取主动""图一时痛快争个你高我低"的监督功利化偏向；要秉持理性、谦抑、善意，又要担当、智慧、果敢，实现法律监督的双赢多赢共赢。[①] 站稳客观公正立场，自己首先就要客观而公正，这就需要检察人员沉着冷静，内控谦抑；实现客观公正终极目标，就是要与不客观、不公正的情形做斗争，这就需要检察人员意志坚定，坚韧顽强。

开展法律监督，有时候遇到的是法律实施过程中的沉疴旧疾，有的案件背后隐藏了极深的内情，需要检察人员运用法律赋予的监督手段，去揭开迷雾，实现正义。有的时候，为了维护群众利益，需要检察人员多方奔走，锲而不舍地推动行政机关履行职责，解决群众急难愁盼问题。在面对这些法律监督事项的时候，就更要求检察人员具备沉着坚韧的监督品格。

（二）能动进取优治理

中国政法大学教授吴宏耀对能动检察法理基础的论述甚为精辟。从权力

[①] 贾宇：《检察官客观公正立场的理论彰显和自觉实践》，载《人民检察》2021年第18期。

属性上讲,检察权是一种积极能动的权力。作为宪法上的法律监督机关、作为公共利益的代表,检察机关应当通过检察权的有效行使,以积极的姿态参与到波澜壮阔的社会主义法治实践之中。朱孝清在论述能动检察时指出,"法律监督的对象具有隐蔽性,大多不会自动暴露,且逃避对抗监督的能量很大,只有增强监督的主动性,才能发现、查处和纠正。因此,要积极进取,主动作为,一旦发现线索,就紧盯不放,查究到底"。① 当然,能动检察的核心要义在于检察人员要心怀"国之大者",从细微处入手,看到办案和监督背后的社会秩序问题,提出纠正和完善意见,落脚到优化社会治理,推进全面依法治国这一根本命题上。

进取型人格常描述为:为追求目标而不懈努力、坚毅自信、独立自主、洞察能力强,有独立的见解,热情开朗,渴望成功,兼具支配能力的人格特征。检察人员应崇尚并努力将自己塑造成进取型人格,具备进取的品格特质。行政检察倡导"穿透式"监督理念。这一理念的旨趣在于"实质法治",这意味着行政检察监督的目的是发现和化解实质性行政争议,进而消除不法行政行为的违法效果,而此消除技术就是所谓的"穿透"。② 穿透,就是穿过行政诉讼透析行政行为的是非曲直,维护群众合法权益,推进依法行政。如果没有进取精神,检察人员如何做到"穿透"?

入选最高检第 30 批指导性案例的"姚某诉福建省某县民政局撤销婚姻登记检察监督案",对推动解决以冒名顶替或弄虚作假办理婚姻登记引发的矛盾纠纷、维护婚姻登记秩序和当事人合法权益具有重大意义。该案的办理直接体现了检察人员能动履职、积极进取、追求"三个效果"有机统一的法律监督职业精神。

(三) 协同互动聚合力

现在比以往任何时候都考验检察人员的沟通协调、交往互动、组织推进能力。公开听证、诉前磋商、宣告送达等程序,参与人员有诉讼参与人、行政机关、人大代表、人民监督员等,都需要检察人员去协调参加并在会上达成预定效果。监督工作本来就是要人来人往,不可能只是文来文往,要在沟通交流互动中发现更深层次的问题,梳理更为妥当的路径,达到更获认可的

---

① 朱孝清:《论能动检察》,载《人民检察》2022 年第 13 期。
② 秦前红、李世豪:《以"穿透式"监督促行政检察功能更好实现》,载《检察日报》2022 年 2 月 11 日。

效果。近年来，检察机关深入领会习近平法治思想，提出双赢多赢共赢、精准监督、秉持客观公正立场、智慧借助等理念，要持续深化、力行，不仅自身要做到，还要通过检察监督，携手其他执法司法机关更好落实，促进法律监督效果倍增……善于监督，就要把政治智慧与法治方式结合起来，既落实政策要求、坚持法治原则，又做到换位思考、注意方式方法。[1] 显然，"政治智慧""换位思考""方式方法"，这些能力素养是新时代检察人员必须掌握的。

检察工作本就具有很强的社会属性，检察人员也是社会网络中的个体，更应该具备较强的社会交往能力。需要认识到，法律监督工作应该是双向互动的，不是自说自话。因此，检察人员必须提高理解别人的能力，增加别人理解自己的可能性，塑造协同互动的法律监督职业精神，在沟通交流中凝聚法治共识，携手构建中国特色社会主义法治体系。

三、结语

人民检察制度90多年风雨兼程，始终与党和国家事业同呼吸共命运。一代代检察人为实现法治中国梦辛勤耕耘，拓荒前行。在新的百年征程历史节点上，检察人员唯有抱持自我革命的毅力和勇气，坚决扛起法律监督的神圣使命，以"请党放心，强国有我"的精神状态，奋力谱写全面建设社会主义现代化国家的检察篇章。

为全面推进依法治国，更好履行法律监督职责，检察人员需要具备这些职业精神：维护法律权威，坚定捍卫公正，沉着坚韧敢于监督；心怀国之大者，做到见微知著，能动进取精于监督；凝聚法治共识，形成为民合力，协同互动善于监督。

---

[1] 张军：《坚持以习近平法治思想为指引 加强新时代检察机关法律监督》，载《求是》2022年第4期。

现状与展望：新时代检察文化与检察业务融合发展的"三大路径"

——以我国西南地区检察机关发展现状分析研究为例

陈星吉　罗燕梅[*]

中共中央办公厅、国务院办公厅于 2022 年 8 月印发《"十四五"文化发展规划》，标志着我国进入社会主义文化建设的关键时期。最高检也曾明确提出："要为检察事业高质量发展提供检察文化支撑。"新时代呼唤新担当，新征程需要新作为，本文主要以我国西南地区检察机关文化建设与业务发展现状为研究对象，通过走访调查、资料查阅、实证研究等方法，分析当前检察文化与检察业务发展存在的薄弱环节，提出通过"以文化发展规划为契机，塑造党建提素养环境；以现代信息技术为牵引，构建技术强能力格局；以文化阵地建设为抓手，打造传承助品牌突破"三大路径，以期更好地实现新时代检察文化与检察业务深入融合，推动检察整体工作高质量发展。

一、新时代检察文化与检察业务的概念

（一）新时代检察文化内涵探析

最高检《"十三五"时期检察文化建设规划纲要》明确检察文化具有精神凝聚、创新引领、辐射带动、展示交流及服务保障功能。与文化具有历史、时代、民族等属性一样，检察文化也同样具有这些属性。随着时代的发展，检察文化的内涵和外延也在不断发展，是在继承和发扬优秀传统文化的基础上，顺应时代发展，把握时代需求，深入贯彻"强化法律监督、维护公平正义"的检察工作主题下，逐步形成具有相对稳定性的思维模式、行

---

[*] 作者单位：四川省内江市东兴区人民检察院。

为准则、价值观念及相关物质载体蕴含的文化要素总和。笔者认为，新时代检察文化深刻反映检察机关属性、目标、功能，检察文化的核心精髓是检察精神，检察精神是检察职业的内在本质要求，也是凝聚检察力量的源泉。

（二）新时代对检察业务提出新要求

新时代背景下，最高检审时度势，清醒地认识到时代的发展及人民群众的新需求，以职能转隶为契机，以内设机构改革为突破口，提出"四大检察"法律监督的总体布局，"四大检察"得到全面协调充分发展。2021年4月，最高检发布的《"十四五"时期检察工作发展规划》指出，要优化法律监督格局，推动各项检察工作高质量发展；2021年6月，党中央印发《中共中央关于加强新时代检察机关法律监督工作的意见》明确指出，进入新发展阶段，检察机关应当充分发挥法律监督职能作用，不断满足人民群众在民主、法治、公平、正义、安全、环境等方面的新需求，以上相关文件为新时代检察机关法律监督工作明确了奋斗目标、指明了发展方向。

（三）检察文化与检察业务的内在联系

1. 检察文化为检察业务发展提供"内生动力"

检察文化建设实质是检察软实力的发展，对新时期检察干警的价值观念、思维方式、司法理念乃至行为准则具有重要的推动作用，营造良好的检察文化氛围有利于检察机关"内增凝聚力、外树好形象"，增强依法文明办案理念、促进执法司法公正、提升检察业务质效。

2. 检察业务为检察文化发展提供"基础源泉"

检察机关在履行法律监督职责的司法实践过程中，形成的先进经验及典型模范、工作品牌等，经过时间的锻造和积淀形成检察特色文化。检察文化总体为植根在法治社会建设的一种客观存在，并通过在检察业务监督工作实践发展中，得到逐步完善、发展和丰富。

3. 检察文化建设与检察业务发展"相辅相成"

检察业务的发展，是检察干警以意识统帅和精神引领为主导，创新推动发展的结果，表现出基础性、战略性、先导性等文化特质。检察文化与检察业务具有内在统一性，检察文化的建设方向，无论从命题主线还是结构框架均应与检察业务发展相契合，推动检察文化与业务实现互动共荣、俱进发展，能够充分释放二者融合发展的潜力和活力。

二、西南地区检察文化与检察业务发展取得多元成效

我国西南地区地域广阔、历史文化丰富、生态多样、民族特色突出,具有一定的代表性和典型性。笔者认为,以西南地区即重庆市、四川省、贵州省、云南省、西藏自治区等地的检察文化与检察业务发展为研究对象,不仅对深入了解地区现状具有重要意义,对研究全国情况也具有重要启示。调研可知,当前西南地区检察机关在检察文化建设与检察业务发展方面采取了系列举措,并形成了较为多元的实效。

(一)理念上有探索,不断推动检察文化内涵丰富

据分析,西南地区检察机关不断拓展检察文化的内涵和外延,以"硬设施"建设助推"软环境"发展,检察文化主要赋予了"物质文化、精神文化、制度文化、行为文化、廉洁文化"等方面,并不断通过加强文化基础设施建设,为干警工作学习提供良好的条件、营造良好氛围,进一步培育和弘扬"忠诚、为民、担当、公正、廉洁"的检察官职业道德,促使干警坚定了"立检为公、执法为民"的宗旨。

表1 西南地区检察机关检察文化建设概况

文化类型	主要探索	取得效果
物质文化	建设检察文化走廊、荣誉陈列室、图书阅览室、文化娱乐室等	营造积极向上、庄重和谐的办公环境
精神文化	培育和打造有信念、有担当、有本领、有正气的检察队伍	营造出崇尚法治、奋勇争先的精神环境
制度文化	完善管理制度,加强对干警意识形态的思想引导、价值引领和阵地管理	营造纪律严明、积极健康的制度环境
行为文化	开展"传帮带"、检察礼仪规范培训等活动传承和弘扬传统检察行为文化	营造催人奋进、保持良好形象的行为环境
廉洁文化	强化司法办案"三个规定"、政法干警"十个严禁"等纪律要求	营造风清气正、忠诚干净担当的检察廉洁环境

(二) 实践中有举措，不断助推检察办案实效提升

近年来，西南地区检察机关致力于检察干警综合素养提升，采取系列举措狠抓基层建设，如四川省检察院聚焦打造政治型、专业型、服务型、学习型、智慧型"五型"基层检察院，推进实施政治建检、人才兴检、改革创新、教育整顿、示范引领、管理提升"六大行动"；贵州省检察院深入基层调研，着力推动解决基层理念跟不上、班子结构不够优等问题；重庆市检察院采取"点对点"指导、"面对面"研讨和"线连线"电话回复等方式，及时解答基层业务难题；云南省检察院聚焦民族区域特点和办案实际，"量体裁衣"定制教育培训方案，突出对跨境、毒品等犯罪重点案例强化学习；西藏自治区检察院充分发挥援助干部"传帮带"作用，"手把手"帮教，传授司法理念、办案经验，帮助培养检察业务骨干。2021年西南地区各地检察机关在司法办案质效的"GDP"上下功夫，办案质量评价体系核心指标"案-件比"均有所下降，案件办理整体质效均有明显提升。

表2　西南各地2021年案件质量核心指标"案-件比"变化情况

西南地区	"案-件比"	变化情况
重庆	1∶1.17	下降0.27
四川	1∶1.16	下降0.14
贵州	1∶1.11	下降0.32
云南	1∶1.20	下降0.26
西藏	1∶1.07	下降0.60

(三) 工作中有实效，不断牵引素能提升品牌优化

经过长期的检察文化建设与发展，以先进文化为引领，在检察文化的熏陶、涵养、激励下，广大检察干警的革命性、先进性被不断激发，西南地区检察机关已形成自身较有特色的文化品牌，并在2021年全国检察机关20个获奖文化品牌中占比20%，充分展示了检察办案团队精神及检察品牌成效。2022年全国第二届文化品牌选树活动中，西南地区检察机关也有不少作品成功入围，通过先进品牌的塑造为全国检察机关树立了先进样板和先进典范。

表3 西南地区检察机关荣获2021—2022年全国检察机关文化品牌情况

西南地区	品牌名称	获得荣誉	业务类型
重庆	重庆市大渡口区检察院"莎姐"未成年人保护品牌	2021年十佳文化品牌	未成年人检察
重庆	重庆市人民检察院第一分院"雨澜释法"	2022年优秀文化品牌	"四大检察"
四川	四川省自贡市自流井区检察院的"盐×申"控告申诉检察品牌	2021年优秀文化品牌	控告申诉检察
四川	四川省崇州市检察院"微检治"	2022年十佳文化品牌	"四大检察"
贵州	贵州省盘州市检察院"巾帼公诉团队"专业化检察办案团队	2021年优秀文化品牌	刑事检察
云南	云南省普洱市检察院普洱"绿色检察"公益诉讼检察品牌	2021年优秀文化品牌	公益诉讼检察
云南	云南省保山市人民检察院"滇西禁毒检察利剑"	2022年优秀文化品牌	刑事检察

三、西南地区检察文化与检察业务发展的短板与不足

进入新时代，国家《"十四五"文化发展规划》及《关于加强社会主义法治文化建设的意见》从战略层面为社会主义法治文化发展明确了目标和任务，西南地区检察机关同全国检察机关一道面临着新的机遇和挑战，随着改革的深入推进，检察机关发展理念、管理方法、监督机制以及检察人员履职能力水平等都面临新的挑战，需要进一步探索和实践，巩固既有成果，寻找新的支点，持续破题攻坚。

（一）深入推动先进文化与检察业务"融合度"不够

作为政治性极强的业务机关，检察机关应充分认识到寻找支撑点和结合点，推动先进文化与检察业务的深度融合的重要作用。党建是将社会主义先进文化与检察业务融合的重要桥梁。当前，虽然西南地区不少检察机关有营造一定的党建文化氛围，但并未专门打造具有特色的党建品牌，尤其是基层检察院是离群众最近的机关，党建工作缺乏有效抓手，党支部在党员管理、引导党员发挥先锋模范作用上效果不够明显，"就案办案、程序空转、机械

司法"等问题依然存在，以"求极致""如我在诉"的精神发扬得不够，实现"案结事了人和"及"三个效果"的有机统一能动履职不足，需要下大力气、花大功夫切实改变现状、解决问题。

（二）深耕技术手段推动载体创新发展"内生力"不足

在现代技术日趋发达的今天，新媒体突破了平面传播的局限性，为检察文化宣传建设提供了立体化的渠道和平台。大数据时代的到来，为检察文化和检察业务注入了强大的驱动力，同时带来了前所未有的挑战和机遇。虽然西南地区检察机关基本建立"两微一端"，但不少地区尤其是基层检察院不懂得如何将检察文化建设与新媒体结合起来，运用新媒体宣传建设检察文化、促进检察业务发展的方法滞后，向外推广检察文化的形式和信息载体不丰富、内容单一，对以大数据促进检察文化及检察业务发展的能力水平"跟不上""不适应"，运用大数据促进检察各业务条线发展、提升检察办案质效的科技支撑及内生动力不足。

（三）深化文化内涵建设引领检察产品"供给侧"不足

对检察文化内涵的拓展和延伸不足，引领检察业务发展存在一定的局限性，如西南地区检察机关大多设置检察荣誉室、档案室、文化室等，但很少检察机关专门建立针对检察发展历程、功能较为完善史馆陈列室（简称检史馆）。据统计，已建和在建检史馆的检察院占比不足10%。由于缺乏对检察院发展历程的传承教育"阵地"，新时代检察干警尤其是新入职的青年检察干警，对检察机关的诞生、发展、完善等整体过程不清楚，对本院特有的文化特质、业务特色、工作亮点等不了解，对检察工作最新理念、指导思想、发展战略不明确，在传承检察文化、弘扬检察精神、缅怀先辈功绩方面的作用发挥不明显，继承和突破有效衔接不畅，新时代检察产品存在"供给不足""结构失衡""质效不高"等问题。

四、检察文化与检察业务深度融合发展的"三大路径"

新时代，检察机关应以贯彻落实《"十四五"文化发展规划》《关于加强社会主义法治文化建设的意见》为契机，锚定检察业务发展的新要求新目标，结合地域特色打造多元丰富的检察文化，以文化发展规划为契机、以现代信息技术为牵引、以文化阵地建设为抓手推动文化与业务深度融合发展。

（一）以文化发展规划为契机，营造"党建文化+业务素养"环境

党建工作与业务工作如"鸟之双翼、车之两轮"，二者相互影响、相互促进，积极推动检察机关党建品牌建设，将"文化强检"与"文化强国"发展战略保持同频共振，努力实现党建业务双融双促双提升。

1. 以过硬组织建设开创检察工作新局面

检察工作的灵魂是党的领导下中国特色社会主义法治之魂，坚持学懂弄通习近平法治思想，依托党建基地推动学习贯彻常态化，实现工作思路与方法与时俱进。如，创新拓展干警精神文明创建活动，以文明创建工程为抓手，打造"一楼一特色，一层一主题"的长廊特点，以先进性、纯洁性建设为主线，以党建"十化"建设为重点，全面推进"六有标准"、打造"五型"党组织，以党建文化为载体，充分链接中国特色社会主义文化的发展，将先进文化融入干警日常工作履职中，以先进组织、先进理念，引领检察机关科学、全面、依法能动履职，从而打造出更多党建业务深度融合典型案例。

2. 以过硬政治素养促进业务能力新提升

常态化开展政治建设主题活动，不断提高干警政治站位和政治觉悟，自觉将党的路线方针政策融入到检察工作实际、落实到具体岗位，体现到司法办案各环节及履职全过程。在办理每起案件、处理每件信访时，都应清醒地认识到检察机关的政治属性，坚持政治原则不动摇，充分考量政治效果、法律效果和社会效果。如，在贯彻落实宽严相济刑事政策、落实"认罪认罚从宽"制度、推进企业合规建设、开展群众信访件件有回复、公开听证等工作时，都检验着检察机关党建能力、考验着检察机关政治智慧。

3. 以过硬能力素养为检察业务添活力

针对年轻干警业务经验少、办事不够果敢等情况，采取"集体研学、见习轮岗、上挂下派"等多种方式因材施教，帮助干警成长为"全能型"或"专精型"骨干人才；通过"请进来"与"走出去"相结合方式，邀请专家、教授为党员干警授课，组织干警培训学习充电，开展岗位练兵和党务知识竞赛，提升干警业务水平；充分发挥示范引领作用，设立党员先锋岗，深入开展"争创业务品牌""勇当业务能手""检察官讲述办案故事"等活动，引领检察干警在党建与业务融合中创品牌、求极致、勇突破。

（二）以现代信息技术为牵引，构建"数字文化+业务能力"格局

充分把握时代发展需求，牢牢树立新时代检察工作的精髓"本在检察

工作、要在检察文化、效在新闻宣传"的"三位一体"工作理念，将现代信息技术发展的优势转化为检察文化建设业务发展的重要支撑和载体。

1. 建通建强群众沟通便捷桥梁

利用现代信息技术构建与群众沟通便捷桥梁是满足群众新需求、新期待的重要途径。由于互联网的便捷性，互联网"结点"的趋势不再限于固定的办公室内而是游走的"手掌上"，可以开发应用手机APP建设"掌上检察院"平台，促进检察工作与群众需求无缝衔接，提升检务公开的深度和效率；加强检察机关法治融媒体建设，依托"智慧普法"平台，组织开展法治动漫微视频展播等活动，落实公益普法责任；开发运用便民服务新系统，打造辩护人或诉讼代理人等智慧"全域式"模式，形成让群众办事"最多跑一次"甚至"一次也不用跑"的高效便民的检察文化。

2. 深化实化大数据助推监督质效

增强干警大数据意识、大数据思维，向大数据要"战斗力"和"内生力"，通过信息共享、大数据碰撞筛查，通过AI发现"类问题"或"潜信息"，实施监督及时发现和判断"四大检察"办案线索，有效破解线索发现、调查核实等问题。如，通过研判公安立案、撤案、刑拘等数据，统计分析裁判文书类案结果，分析违规"减假暂"等案件数据，强化对刑事侦查、审判及执行的监督；建立民事案件虚假诉讼智慧监督系统，以数据分析促进解决执行难问题；通过对行政诉讼相关法律文书、行政处罚文书等的收集汇总，及时监督纠正行政执行问题，促进行政争议实质性化解；加强与水利部、自然资源部等有关部委的数据共享，充分运用卫星遥感等数据加强在生态和自然资源保护、耕地保护、国有土地使用权出让等领域的公益保护。

3. 抓牢抓细数据运用增强办案实效

深化运用大数据助力检察办案实效提升，实现从"理念认同"到"落地应用"的有效转变，向先进地区学习经验，大力开展关于大数据画像、数据碰撞、数据穿透等方面的实训，培养检察干警深化运用现代信息技术、主动融入大数据办案的思维。如，在深入贯彻落实宽严相济刑事政策下，开发应用"非羁码""电子手环""智能管控APP""卫星定位系统"等，通过对非羁押智能管控系统进行"云"监控，实现由原始的"人盯人"到"系统监管人"的技术飞跃；为提升案件侦查与审查机关的办案质效，创新开发运用"案件码""预警码"等对提前介入及审查逮捕的案件证据质量进行基础判断，并形成三色预警管控机制，精准引导公安机关补充完善案件相关证据，有效缩短办案周期，提升办案质效。

（三）以文化阵地建设为抓手，打造"传承文化＋业务突破"品牌

在司法改革的背景下应重新审视检察文化，新时代检察干警应当不断汲取检察历史经验智慧，在检察文化建设中汲取优秀传统文化精髓，夯实检察文化根基，厚植检察文化土壤，充分发掘检察文化促进检察业务发展的潜能，实现在传承的基础上不断实现突破和发展，加强检察产品"供给侧"改革，推出更多的精品力作。

1. 建设体验感强、具有地方特色的"检史馆"

"前人奋斗史，激励后来人。"检察文化阵地建设是检察文化和精神传承之所在，各地区检察院可以根据本院的特点，打造特色名片，以展现检察历史进程、发展阶段等为主线，通过场景设置、历史照片、图文资料、检察实物、多媒体技术等多样化手段，打造检察干警缅怀历史、开拓进取的精神家园。检史馆的建设，为新一代检察人提供良好教育阵地，以生动的实物及史料为载体，重温检察发展历程，汲取奋进力量，厚植初心使命，提升干警的职业荣誉感和归属感，激励干警勇担使命、踔厉奋发、勇创荣耀，推动检察队伍建设和检察事业发展。

2. 创建科学规范、内涵丰富的制度"突破口"

"新时代新挑战，新任务新突破。"各级检察机关应着重发挥制度文化的牵引及保障功能，做好传统机制与新机制的衔接工作，不断探索符合各地现实需求及发展需要的新制度规范，如，建立和完善规范司法办案、案件质量管理、线索信息管理、长效内部监督、科学激励考核等制度机制，将检察文化从无形转化为有形，将精神还原为责任，让理想和追求转变为目标和规范，从而实现检察文化入心、入行、入责，有效提升检察实践能力、提高执法司法水平。

3. 打造载体创新、内涵丰富的检察"新产品"

"守正创新勇突破，开拓进取求极致。"立足各地历史文化、地域特色、政策环境等，以维护公平正义为核心、以提高法律监督能力为关键，在传承优秀文化的基础上，结合当前发展形势，寻找突破点和发力点，打造充分体现时代性、创新性的特色文化名片，用特色的文化擦亮法治文化产品，服务好"十四五"时期经济社会发展大局，深入挖掘涵盖"四大检察"的特色品牌，提升各项工作精神内核，为人民群众提供更多优质的检察"新产品"。

五、结语

新时代下,检察机关可以采取"以文化发展规划为契机强化党建文化融合、以现代信息技术为牵引推进数字文化强检、以文化阵地建设为抓手助力文化传承与突破"等举措,推动检察文化与检察业务深度融合发展,潜移默化中提高干警能力素养、提升检察品牌形象,持续优化法律监督格局,长效推动检察工作高质量发展,不断满足新时代下人民群众在民主、法治、公平、正义、安全、环境等方面的更高要求!

后　记

　　文明生生不息，思想与时俱进。党的十八大以来，以习近平同志为核心的党中央从全局和战略高度，对宣传思想文化工作作出系统谋划和部署，推动新时代宣传思想文化事业取得历史性成就。习近平总书记在新时代文化建设方面的新思想新观点新论断，是新时代党领导文化建设实践经验的理论总结，丰富和发展了马克思主义文化理论，构成了习近平新时代中国特色社会主义思想的文化篇，形成了习近平文化思想。

　　检察宣传思想文化工作是党的宣传思想文化工作的重要组成部分。为深入学习贯彻习近平新时代中国特色社会主义思想，全面贯彻习近平法治思想、习近平文化思想，贯彻落实《中共中央关于加强新时代检察机关法律监督工作的意见》，全面展示新时代"四大检察"发展和检察文化建设成果，最高人民检察院检察新闻宣传工作领导小组于2022年开展了以"弘扬法治文化，砥砺检察初心"为主题的新时代法治文化建设理论征文活动。各级检察机关高度重视、精心组织，检察系统内外人员热烈响应、积极投稿，撰写了一批政治站位高、思考研究深、针对性强的高质量文章。征文活动共收到理论文章1315篇，包含各省级检察院推荐报送812篇，全国各地从事司法实务、法学理论研究工作的个人投寄503篇。经初评、复评、定评环节层层把关、严格评审，最终评定获奖作品60篇。其中，一等奖10篇，二等奖20篇，三等奖30篇。同时，综合考虑组织报送征文工作的质量，决定给予浙江省人民检察院政治部宣传教育处等7个单位优秀组织奖。

　　新时代新征程，检察机关肩负着更重法治责任和新的文化使命。2023年11月30日，最高人民检察院召开全国检察宣传文化工作会议，深入学习贯彻习近平文化思想、习近平法治思想，认真贯彻落实习近平总书记对宣传思想文化工作的重要指示和全国宣传思想文化工作会议精神，研究部署以高质效履职服务文化强国建设，加强检察宣传文化工作。现将本次征文活动的优秀获奖作品结集出版，以集中展示新时代检察文化建设理论研究丰硕成果，同时激励广大检察人员坚持以习近平新时代中国特色社会主义思想为指导，把习近平法治思想、习近平文化思想融会贯通到检察履职中，进一步坚定政治信仰、践行核心价值、培育职业精神、塑造良好形象，不断推进检察文化自信自强，为以检察工作现代化服务中国式现代化、推进全面依法治国提供坚强思想保证和强大精神动力。

本书编写组

2023年12月

附：关于新时代法治文化建设理论征文活动获奖作品和优秀组织单位的通报

各省、自治区、直辖市人民检察院宣传文化部门，新疆生产建设兵团人民检察院宣传文化部门：

　　为深入学习贯彻习近平新时代中国特色社会主义思想，全面贯彻习近平法治思想，认真落实中共中央办公厅、国务院办公厅《关于加强社会主义法治文化建设的意见》（中办发〔2021〕21号）、最高人民检察院《"十四五"时期检察工作发展规划》等文件精神，全面展示新时代"四大检察"发展和文化建设成果，最高人民检察院检察新闻宣传工作领导小组于2022年5月开展了以"弘扬法治文化，砥砺检察初心"为主题的新时代法治文化建设理论征文活动。各级检察机关高度重视、精心组织，检察系统内外人员热烈响应、积极投稿，撰写了一批政治站位高、思考研究深、针对性强的高质量文章，集中展现了新时代检察文化建设理论研究丰硕成果。本次征文活动共收到理论文章1315篇，包含各省级检察院推荐报送812篇，全国各地从事司法实务、法学理论研究工作的个人投寄503篇。经初评、复评、定评环节层层把关、严格评审，最终评定获奖作品60篇。其中，一等奖10篇，二等奖20篇，三等奖30篇。同时，综合考虑报送征文的质量和数量，决定给予浙江省人民检察院政治部宣传教育处等7个单位优秀组织奖。

　　希望获奖单位和个人珍惜荣誉、再接再厉，发挥标杆示范作用，围绕检察文化建设实践，深入开展理论研究，不断丰富检察文化理论成果，推动新时代检察文化高质量发展。各级检察机关和检察人员要以获奖单位和个人为榜样，结合学习贯彻习近平新时代中国特色社会主义思想主题教育，在贯彻习近平法治思想的检察实践中，进一步坚定政治信仰、践行核心价值、培育职业精神、塑造良好形象，不断推进检察文化自信自强，为全面依法治国提供坚强思想保证和强大精神动力。

附件：1. 新时代法治文化建设理论征文活动获奖作品名单
2. 新时代法治文化建设理论征文活动优秀组织奖名单

最高人民检察院检察新闻宣传工作领导小组
最高人民检察院新闻办公室
2023 年 6 月 5 日

附件 1

新时代法治文化建设理论征文活动获奖作品名单

一等奖（10篇）

1. 构建新时代法律监督格局下的检察文化体系
　　——以江苏省苏州市检察机关为例
　作者：江苏省苏州市人民检察院　李　军
2. 学习贯彻习近平法治思想　塑造以"蒙古马精神"为核心的内蒙古检察文化
　作者：内蒙古自治区人民检察院　郑佳玫　陈宝峰　陈羽枫
3. 加强文化强国背景下的新时代检察文化建设
　　——以贵州省检察机关文化建设为视角
　作者：贵州省人民检察院　李　波　柳盘龙
4. 推进安徽检察文化建设的几点建议
　作者：安徽师范大学　王宇松
　安徽省人民检察院　吴贻伙
5. 文化强国背景下新时代检察文化的概念厘清和进路建构
　作者：浙江省杭州市人民检察院课题组
6. 社会主义核心价值观融入检察工作的路径
　作者：甘肃省人民检察院兰州铁路运输分院　王　炜　张　源
7. 深耕文化品牌建设　助推未检工作高质量发展
　作者：河北省邯郸市邯山区人民检察院　温建军　周慧娜
8. 新时代基层检察文化建设路径
　　——以基层检察机关工作实践为视角
　作者：湖南省衡阳铁路运输检察院　徐　菁

9. 论法律监督语境下新时代检察文化的内涵

作者：重庆市酉阳土家族苗族自治县人民检察院　刘少谷

10. 加强新时代基层检察文化建设的思考与实践

　　——以北京市密云区人民检察院为例展开

作者：北京市密云区人民检察院　熊　正

二等奖（20篇）

1. 区域法治文化建设对检察业务高质量发展的影响现状研究

　　——以粤港澳大湾区为例证

作者：广东省广州市越秀区人民检察院　褚　韵

2. 检察文化浸润下检察事业高质量发展研究

　　——"牧云书院"的探索与实践

作者：浙江省杭州市临安区人民检察院　李　军　胡玉兰

3. 检察公共关系文化的社会功能、价值功能与实践功能分析

作者：山东省博兴县人民检察院　任　磊　赵晓蕾

山东省滨州市委党校　刘　新

4. 简论新时代检察影视文艺精品创作的要点及探索方向

作者：天津市西青区人民检察院　张鑫慧

5. 以高质量文化建设铸魂固本凝心　彰显新时代检察担当

作者：江苏省无锡市惠山区人民检察院　唐晓宇

6. 站在人性基点上讲好案例故事

　　——《女检察官手记》二十年创作谈

作者：江苏省常州市人民检察院　纪　萍

7. 做好散落文物建筑保护的检察路径

作者：山西省平遥县人民检察院　郝慧琴　庞瑞波

8. 新时代基层检察机关文化品牌塑造的现状、困局与破局路径

　　——基于上海实践的样本分析

作者：上海市人民检察院　陈洁婷　徐蕾蕾

9. 榜样的力量是无穷的

　　——略论新时代检察先进典型培树工作

作者：山东省潍坊市人民检察院　崔增辉　田清路　陈玉环

附：关于新时代法治文化建设理论征文活动获奖作品和优秀组织单位的通报

10. 优秀传统文化融入检察工作路径分析

作者：安徽省池州市人民检察院　黄祖旺

11. 深耕品牌　筑魂立检

——以吉林检察文化品牌创建为视角谈新时代检察文化品牌塑造

作者：吉林省人民检察院　迟久阳

12. 夯实新时代检察法治文化建设的基础

作者：黑龙江省哈尔滨市阿城区人民检察院　刘宝林　刘　寅

13. 新时代检察文化与检察业务融合发展路径

作者：广东省广州市番禺区人民检察院　陈　宏

14. 加强新时代检察机关廉洁文化建设的实践路径

作者：重庆市江津区人民检察院　刘　峰

15. 文化强国背景下检察文化建设路径

作者：重庆市江北区人民检察院　王东海

16. 关于检察机关选树先进典型的实践与思考

——以湖南省检察机关为视角

作者：湖南省人民检察院政治部宣传教育处　谭亚峰

17. 以史为鉴：慎刑思想在新时代检察文化建设中的"古为今用"

作者：贵州省金沙县人民检察院　吴兴亮　张　茂　邵淑琼

18. 运用地方红色文化资源加强新时期检察文化建设的若干思考

作者：陕西省宝鸡市人民检察院　邢志坚　王维新

19. 法治文化建设中的地方特色考量

——以青海自然与社会特征为视点

作者：国家检察官学院青海分院　马天山

20. 媒体融合环境下"本在检察工作、要在检察文化、效在新闻宣传"理念实现路径探析

作者：甘肃省人民检察院　李建功　王克权

三等奖（30篇）

1. 育、树、用好先进典型　为检察队伍注入"源头活水"

作者：辽宁省丹东市人民检察院　董宇丹

2. 新时代检察文化品牌塑造

——以"富春"系列检察品牌为例

作者：浙江省杭州市富阳区人民检察院　桑　涛　蔡旭栋

3. 弘扬东北抗联精神　打造红色检察文化

作者：吉林省靖宇县人民检察院　姜宝奎　吴广泰

4. 公益诉讼视域下红色文化遗产保护实践进路研究

作者：东北农业大学　刘慧萍

黑龙江省齐齐哈尔市建华区人民检察院　鲁春燕　白　薇

5. 新时代检察文化与检察业务的融合发展
　　——以检察文化与公益诉讼业务双融双促为例

作者：上海市崇明区人民检察院　邢光英　施　蓓　许佩琰

6. 传统清廉官德对检察廉洁文化建设的启示

作者：浙江省温州市鹿城区人民检察院　董史统

7. 新时代检察机关先进典型培树路径思考

作者：山东省泰安市人民检察院　葛业锋　刘光跃

8. 论基层检察院新时代检察文化的建设与完善

作者：福建省漳州市龙海区人民检察院　郑晓静

9. 基层检察机关推进社区治理的理论探讨与实践路径
　　——以江西省靖安县人民检察院为研究样本

作者：江西省靖安县人民检察院　解天明

10. 新时代基层检察文化建设的理论反思、政治逻辑与实现机制

作者：山东省泰安市泰山区人民检察院　赵圣囡

西南政法大学警察科学研究所　李宝诚

11. 浅议新时代检察机关的廉洁文化建设

作者：河南省内乡县人民检察院　周新文

12. 新时代检察文化的建设路径考察：概念、立场与方法

作者：湖南省常宁市人民检察院　郑国宝

13. 文化强国背景下检察文化建设之理论解读与路径探索

作者：广东省清远市清新区人民检察院　谢瑞琴

14. 新时代基层检察文化建设路径探究
　　——以广西壮族自治区田东县为例

作者：广西壮族自治区田东县人民检察院　零霄宇　黄色秀

15. 廉洁文化建设对基层检察事业的价值和完善路径

作者：广西壮族自治区北海市人民检察院　戴丽萍

16. 检察机关在法治文化建设中的使命担当

作者：重庆市江北区人民检察院　李永航

附：关于新时代法治文化建设理论征文活动获奖作品和优秀组织单位的通报

17. 基层检察品牌建设"质量效应"思考

作者：四川省邛崃市人民检察院　赵　霞

18. 浅析"检察工作为本、检察文化为要、新闻宣传为效"理念

作者：四川省绵竹市人民检察院　曾启秀

19. 基层视野中的检察文化品牌建设路径

作者：四川省犍为县人民检察院　杨　坤　饶万兰

20. 新时代检察文化与检察业务的融合发展

　　——以 B 市检察机关检察文化建设工作为视角

作者：贵州省毕节市人民检察院　廖国柳　陈　桃

21. 以检察文化建设助推检察工作高质量发展

作者：西藏自治区芒康县人民检察院　魏忠敬

22. 新时代新闻宣传工作释放检察文化品牌生命力的思考与实践

　　——以陕西检察机关文化品牌构建为例

作者：陕西省人民检察院　刘孟骐　郝　雪　张　林

23. 社会主义核心价值观融入检察工作的三重路径

作者：陕西省商洛市人民检察院　庞　磊

24. 关于新时代基层检察文化建设路径的思考与探索

作者：甘肃省平凉市人民检察院　李郁军

25. 以习近平法治思想为指导"书写"新时代高质量检察文化实践探究

作者：甘肃省武威市人民检察院　赵德金

26. 新时代基层检察文化建设途径

作者：宁夏回族自治区海原县人民检察院　郭孟强

27. 构建中华民族共同体背景下新时代检察文化建设

作者：新疆维吾尔自治区库车市人民检察院　魏江波　王新峰

28. 新时代检察机关先进典型选树宣传一体化新路径探究

作者：新疆维吾尔自治区乌鲁木齐市天山区人民检察院　许耀允

29. 聚焦法律监督主业背景下检察职业精神的塑造

作者：江西省泰和县人民检察院　吕　益

30. 现状与展望：新时代检察文化与检察业务融合发展的"三大路径"

　　——以我国西南地区检察机关发展现状分析研究为例

作者：四川省内江市东兴区人民检察院　陈星吉　罗燕梅

附件 2

新时代法治文化建设理论征文活动优秀组织奖名单

浙江省人民检察院政治部宣传教育处
江苏省人民检察院宣传教育处
山东省人民检察院新闻宣传办公室
贵州省人民检察院基层处
河北省人民检察院政治部宣传处
安徽省人民检察院政治部宣传处
辽宁省人民检察院宣传处（新闻办公室）